2022年版全国一级建造师执业资格考试辅导用书

公路工程管理与实务
考 点 精 析

全国一级建造师执业资格考试辅导用书编写委员会 编写

中国建筑工业出版社

图书在版编目（CIP）数据

公路工程管理与实务考点精析/全国一级建造师执业资格考试辅导用书编写委员会编写．— 北京：中国建筑工业出版社，2022.5

2022年版全国一级建造师执业资格考试辅导用书
ISBN 978-7-112-27322-5

Ⅰ．①公… Ⅱ．①全… Ⅲ．①道路工程－施工管理－资格考试－自学参考资料 Ⅳ．①U415.1

中国版本图书馆CIP数据核字(2022)第063718号

责任编辑：田立平　牛　松　张国友
责任校对：姜小莲

2022年版全国一级建造师执业资格考试辅导用书
公路工程管理与实务考点精析
全国一级建造师执业资格考试辅导用书编写委员会　编写
*
中国建筑工业出版社出版、发行(北京海淀三里河路9号)
各地新华书店、建筑书店经销
北京红光制版公司制版
河北鹏润印刷有限公司印刷
*

开本：787毫米×1092毫米　1/16　印张：25　字数：605千字
2022年6月第一版　　2022年6月第一次印刷
定价：**46.00**元
ISBN 978-7-112-27322-5
(39078)

版权所有　翻印必究
如有印装质量问题，可寄本社图书出版中心退换
(邮政编码　100037)

前　　言

全国一级建造师执业资格考试辅导用书系列图书由教学名师编写，是在多年教学和培训的基础上开发出的新体系，能有效帮助考生快速掌握考试内容，特别适宜那些没有时间和精力深入系统学习考试用书的考生。

本系列图书秉承"极简极不同"的理念，将理论化、系统化和学科化的考试用书进行再加工，去粗（低频考点）取精（高频考点），删繁就简。创新运用图示和表格的形式精心编排一部内容全面而又重点突出的辅导用书，节省了考生进行自我总结和查找各方面资料的时间和精力，真正实现了考生自学也能快速通过考试的目的。考生只要能系统掌握本辅导教材的知识点，决胜考场将成为易如反掌之事。

本系列图书以真题为基石，重在应考能力的提升。辅导教材的编写体系遵循如下思路：

【考点图谱】对知识点进行概括，运用思维导图绘制考点图谱，帮助考生明晰知识点之间的逻辑关系，形成完备的知识体系。

【考点精析】图表结合讲解，考点简明总结。全书创新运用图示和表格的形式，通过数百幅图表简单明了地分析了考试涉及的知识。考点一目了然，省却了考生进行总结的过程，达到事半功倍的复习效果。

【考点归纳】为了提升考生的应试能力，尤其是对相关知识的综合掌握能力，全书又编写了综合归纳的部分，将相同、相似、易混的知识点进行归纳总结，图表结合讲解，考点简明总结。

本系列图书作为建造师执业资格考试的辅导教材，既源于考试用书，同时又有自身鲜明特色。是对考试用书的整理和总结，是考生考前复习的必备用书。相比较传统意义上的辅导教材，本系列辅导教材更加符合考生的学习规律和考前心理，能帮助考生从模拟试卷的题海中脱离出来，摒弃盲目押题和无凭据的猜题做法，以回归书本的认真态度，严谨细致地编排工作，实现与考生的共同成长。

本系列图书的作者都是一线教学和科研人员，有着丰富的教育教学经验，同时与实务界保持着密切的联系，熟知考生的知识背景和基础水平，编排的辅导教材在日常培训中取得了较好的效果。

本系列图书在编写过程中，参考了大量的资料，尤其是考试用书和历年真题，限于篇幅恕不一一列示致谢。在编写的过程中，立意较高颇具创新，但由于时间仓促、水平有限，虽经仔细推敲和多次校核，书中难免出现纰漏和瑕疵，敬请广大考生、读者批评和指正。

目 录

上篇 考点图谱与考点精析

1B410000 公路工程施工技术 ……………………………………………… 3

1B411000 路基工程 …………………………………………………………… 3
- 1B411010 路基施工技术 …………………………………………………… 3
- 1B411020 公路路基防护与支挡 ………………………………………… 26
- 1B411030 公路工程施工综合排水 ……………………………………… 32
- 1B411040 公路工程施工测量技术 ……………………………………… 36
- 1B411050 路基工程质量通病及防治措施 ……………………………… 39

1B412000 路面工程 ………………………………………………………… 44
- 1B412010 路面基层（底基层）施工技术 ……………………………… 44
- 1B412020 沥青路面施工技术 …………………………………………… 61
- 1B412030 水泥混凝土路面施工技术 …………………………………… 75
- 1B412040 中央分隔带及路肩施工技术 ………………………………… 85
- 1B412050 路面工程质量通病及防治措施 ……………………………… 88

1B413000 公路桥梁工程 …………………………………………………… 94
- 1B413010 桥梁的构造 …………………………………………………… 94
- 1B413020 常用模板、支架和拱架的设计与施工 ……………………… 103
- 1B413030 钢筋与混凝土施工技术 ……………………………………… 109
- 1B413040 桥梁基础工程施工技术 ……………………………………… 124
- 1B413050 桥梁下部结构施工技术 ……………………………………… 140
- 1B413060 桥梁上部结构施工技术 ……………………………………… 147
- 1B413070 大跨径桥梁施工 ……………………………………………… 171
- 1B413080 桥梁工程质量通病及防治措施 ……………………………… 192

1B414000 隧道工程 ………………………………………………………… 198
- 1B414010 隧道围岩分级与隧道构造 …………………………………… 198
- 1B414020 隧道地质超前预报和监控量测技术 ………………………… 199
- 1B414030 公路隧道施工技术 …………………………………………… 202
- 1B414040 特殊地段施工 ………………………………………………… 220
- 1B414050 隧道工程质量通病及防治措施 ……………………………… 227

1B415000 交通工程 ………………………………………………………… 230
- 1B415010 交通安全设施 ………………………………………………… 230
- 1B415020 监控系统 ……………………………………………………… 234

1B415030	收费系统	236
1B415040	通信系统	238
1B415050	供配电及照明系统	242

1B420000　公路工程项目施工管理 246

1B420010	公路工程项目施工组织与部署	246
1B420020	公路工程进度控制	252
1B420030	公路工程项目技术管理	255
1B420040	公路工程施工质量管理	265
1B420050	公路工程项目安全管理	272
1B420060	公路工程施工合同管理	291
1B420070	公路项目施工成本管理	297
1B420080	公路工程造价管理	304
1B420090	公路工程施工现场临时工程管理	315
1B420100	公路工程施工机械设备的使用管理	322

1B430000　公路工程项目施工相关法规及标准 330

1B431000	公路建设管理法规和标准	330
1B431010	公路建设法规体系和标准体系	330
1B431020	公路建设管理相关规定	331
1B432000	公路施工安全生产和质量管理相关规定	346
1B432010	公路工程施工安全生产相关规定	346
1B432020	公路工程质量管理相关规定	351

下篇　考点归纳

一、工艺流程、施工步骤和工作顺序 357

二、养护要求 370

三、有关系数（安全、松铺、渗透、压缩、稳定等） 376

四、强度要求 378

五、温度（℃）要求 387

六、术语简称 391

上篇　考点图谱与考点精析

上篇　学校図書館を知る

1B410000　公路工程施工技术

1B411000　路基工程

1B411010　路基施工技术

【考点图谱】

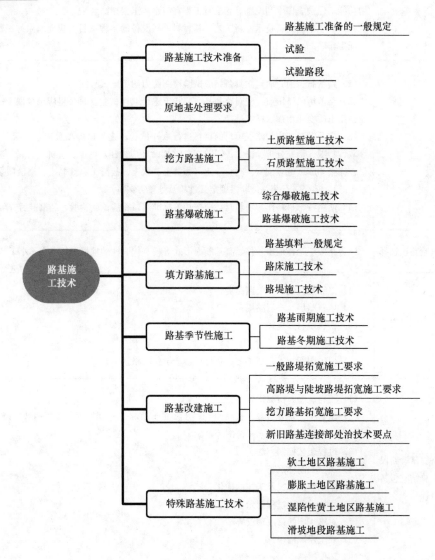

【考点精析】

考点1　路基施工技术准备

路基施工准备

序号	项目	内容
1	一般规定	（1）路基施工前，应熟悉设计文件、领会设计意图。 （2）应进行施工调查及现场核对，根据设计要求、合同条件及现场情况等编制施工组织设计。 （3）路基开工前应建立健全质量、环境、职业健康安全管理体系，并对各类施工人员进行岗位培训和技术、安全交底。 （4）临时工程，应满足正常施工需要，保证路基施工影响范围内原有道路、结构物的使用功能，保护农田水利设施等。临时工程宜与永久工程相结合。 （5）对拟采用的新技术、新工艺、新材料、新设备的工程项目，应提前做好试验研究和论证工作
2	试验	（1）路基施工前，应建立具备相应试验检测能力的工地试验室。 （2）路基填前碾压前，应对路基基底原状土进行取样试验。每公里应至少取2个点，并应根据土质变化增加取样点数。 （3）应及时对拟作为路堤填料的材料进行取样试验。土的试验项目应包括天然含水率、液限、塑限、颗粒分析、击实、CBR等，必要时还应做相对密度、有机质含量、易溶盐含量、冻胀和膨胀量等试验。对特殊土（如黄土、软土、盐渍土、红黏土、高液限黏土和膨胀土等），还要进行相关试验以确定其性质及处置方案。 （4）使用特殊材料作为填料时，应按相关标准进行相应试验检验，经批准后方可使用
3	试验路段选择	试验路段应选择地质条件、路基断面形式等具有代表性的地段，长度宜不小于200m
4	必须进行试验的路段	（1）二级及二级以上公路路堤； （2）填石路堤、土石路堤； （3）特殊填料路堤； （4）特殊路基； （5）拟采用新技术、新工艺、新材料、新设备的路基
5	路堤试验路段施工总结宜包括的内容	（1）填料试验、检测报告等。 （2）压实工艺主要参数：机械组合；压实机械规格、松铺厚度、碾压遍数、碾压速度、最佳含水率及碾压时含水率范围等。 （3）过程工艺控制方法。 （4）质量控制标准。 （5）施工组织方案及工艺的优化。 （6）原始记录、过程记录。 （7）对施工图的修改建议等。 （8）安全保障措施。 （9）环保措施

考点2 原地基处理要求

原地基处理要求

1. 地基表层碾压处理压实度控制标准为：二级及二级以上公路一般土质应不小于90%；三、四级公路应不小于85%。低路堤应对地基表层土进行超挖、分层回填压实，其处理深度应不小于路床厚度。

2. 原地面坑、洞、穴等，应在清除沉积物后，用合格填料分层回填、分层压实，压实度应符合规定。对可能存在空洞隐患的，应结合具体情况采取相应的处置措施。

3. 泉眼或露头地下水，应按设计要求采取有效导排措施，将地下水引离后方可填筑路堤。

4. 地基为耕地、松散土质、水稻田、湖塘、软土、过湿土等时，应按设计要求进行处理，局部软弹的部分应采取有效的处理措施。

5. 陡坡地段、填挖结合部、土石混合地段、高填方地段地基等应按设计要求进行处理。

6. 地下水位较高时，应按设计要求进行处理。

7. 特殊地段路基应先核对地勘资料，确定设计资料与实际的符合性、处理方法的适用性，必要时重新补勘地质、水文资料，根据结果重新确定处理方案。

考点3 挖方路基施工

土质路堑施工技术

序号	项目	子项目	内容
1	作业方法	横向挖掘法	土质路堑横向挖掘可采用人工作业，也可机械作业，具体方法有： (1) 单层横向全宽挖掘法：从开挖路堑的一端或两端按断面全宽一次性挖到设计标高，逐渐向纵深挖掘，挖出的土方一般都是向两侧运送。该方法适用于挖掘浅且短的路堑。 (2) 多层横向全宽挖掘法：从开挖路堑的一端或两端按断面分层挖到设计标高，适用于挖掘深且短的路堑
		纵向挖掘法	土质路堑纵向挖掘多采用机械作业，具体方法有： (1) 分层纵挖法：沿路堑全宽，以深度不大的纵向分层进行挖掘，适用于较长的路堑开挖。 (2) 通道纵挖法：先沿路堑纵向挖掘一通道，然后将通道向两侧拓宽以扩大工作面，并利用该通道作为运土路线及场内排水的出路。该层通道拓宽至路堑边坡后，再挖下层通道，如此向纵深开挖至路基标高，该法适用于较长、较深、两端地面纵坡较小的路堑开挖。 (3) 分段纵挖法：沿路堑纵向选择一个或几个适宜处，将较薄一侧堑壁横向挖穿，使路堑分成两段或数段，各段再纵向开挖。该法适用于过长、弃土运距过远、一侧堑壁较薄的傍山路堑开挖
		混合式挖掘法	多层横向全宽挖掘法和通道纵挖法混合使用。先沿路线纵向挖通道，然后沿横向坡面挖掘，以增加开挖面。该法适用于路线纵向长度和挖深都很大的路堑开挖

续表

序号	项目	子项目	内容
2	机械开挖作业方式	推土机开挖土质路堑作业	推土机开挖土方作业由切土、运土、卸土、倒退（或折返）、空回等过程组成一个循环。影响作业效率的主要因素是切土和运土两个环节，因此必须以最短的时间和距离切满土，并尽可能减少土在推运过程中散失。推土机开挖土质路堑作业方法与填筑路基相同的有下坡推土法、槽形推土法、并列推土法、接力推土法和波浪式推土法。另有斜铲推土法和侧铲推土法
		挖掘机开挖土质路堑作业	公路工程施工中以单斗挖掘机最为常见，而路堑土方开挖中又以正铲挖掘机使用最多。正铲挖掘机挖装作业灵活，回转速度快，工作效率高，特别适用于与运输车辆配合开挖土方路堑。正铲工作面的高度一般不应小于1.5m，否则将降低生产效率，过高则易塌方，损伤机具。其作业方法有侧向开挖和正向开挖
3	土方开挖规定		(1) 开挖应自上而下逐级进行，严禁掏底开挖。 (2) 开挖至边坡线前，应预留一定宽度，预留的宽度应保证刷坡过程中设计边坡线外的土层不受到扰动。 (3) 拟作为路基填料的土方，应分类开挖、分类使用。非适用材料作为弃方时，应按规定进行处理。 (4) 开挖至零填、路堑路床部分后，应及时进行路床施工；如不能及时进行，宜在设计路床顶标高以上预留至少300mm厚的保护层。 (5) 应采取临时排水措施，确保施工作业面不积水。 (6) 挖方路基施工遇到地下水时，应采取排导措施，将水引入路基排水系统，不得随意堵塞泉眼。路床土含水量高或为含水层时，应采取设置渗沟、换填、改良土质等处理措施，路床填料除应符合相关规定外，还应具有良好的透水性能

石质路堑施工技术

序号	项目	内容
1	开挖方式	(1) 钻爆开挖：是当前广泛采用的开挖施工方法。有薄层开挖、分层开挖（梯段开挖）、全断面一次开挖和特高梯段开挖等方式。 (2) 直接应用机械开挖：使用带有松土器的重型推土机破碎岩石，一次破碎深度约0.6~1.0m。该法适用于施工场地开阔、大方量的软岩石方工程。优点是没有钻爆工序作业，不需要风、水、电辅助设施，简化了场地布置，加快了施工进度，提高了生产能力。缺点是不适于破碎坚硬岩石。 (3) 静态破碎法：将膨胀剂放入炮孔内，利用产生的膨胀力，缓慢地作用于孔壁，经过数小时至24h达到300~500MPa的压力，使介质裂开。该法适用于在设备附近、高压线下以及开挖与浇筑过渡段等特定条件下的开挖。优点是安全可靠，没有爆破产生的公害。缺点是破碎效率低，开裂时间长
2	石方开挖施工规定	(1) 应根据岩石的类别、风化程度、岩层产状、岩体断裂构造、施工环境等因素确定开挖方案。 (2) 应逐级开挖，逐级按设计要求进行防护。 (3) 施工过程中，每挖深3~5m应进行边坡边线和坡率的复测。 (4) 爆破作业应符合现行《爆破安全规程》GB 6722—2014的有关规定。 (5) 严禁采用洞室爆破，靠近边坡部位的硬质岩应采用光面爆破或预裂爆破。 (6) 爆破法开挖石方，应先查明空中缆线、地下管线的位置，开挖边界线外可能受爆破影响的建筑物结构类型、居民居住情况等，对不能满足安全距离的石方宜采用化学静态爆破或机械开挖。 (7) 边坡应逐级进行整修，同时清除危石及松动石块

续表

序号	项目	内容
3	石质路床清理规定	(1) 欠挖部分应予凿除,超挖部分应采用强度高的砂砾、碎石进行找平处理,不得采用细粒土找平。 (2) 路床底面有地下水时,可设置渗沟进行排导,渗沟应采用硬质碎石回填。 (3) 路床的边沟应与路床同步施工。
4	深挖路堑施工规定	(1) 应根据地形特征设置边坡观测点,施工过程中应对深挖路堑的稳定性进行监测。 (2) 施工过程中,应核查地质情况,如与设计不符应及时反馈处理。 (3) 每挖深3~5m应复测一次边坡。

考点4 路基爆破施工

综合爆破施工技术

序号	项目	内容
1	一般规定	综合爆破一般包括小炮和洞室两大类。小炮主要包括钢钎炮、深孔爆破等钻孔爆破。洞室炮主要包括药壶炮和猫洞炮,随药包性质、断面形状和微地形的变化而不同。用药量1t以上为大炮,1t以下为中小炮
2	钢钎炮	(1) 通常指炮眼直径和深度分别小于70mm和5m的爆破方法。 (2) 钢钎炮比较灵活,适用于地形艰险及爆破量较小地段(如打水沟、开挖便道、基坑等),在综合爆破中是一种改造地形,为其他炮型服务的不可缺少的辅助炮型。由于钢钎炮炮眼浅,用药少,每次爆破的方数不多,并全靠人工清除,所以,不利于爆破能量的利用且工效较低
3	深孔爆破	(1) 是孔径大于75mm、深度在5m以上、采用延长药包的一种爆破方法。 (2) 深孔爆破炮孔需用大型的潜孔凿岩机或穿孔机钻孔,如用挖运机械清方可以实现石方施工全面机械化,劳动生产率高,一次爆落的方量多,施工进度快,爆破时比较安全,是大量石方(万方以上)快速施工的发展方向之一
4	药壶炮	(1) 是指在深2.5~3.0m以上的炮眼底部用小量炸药经一次或多次烘膛,使眼底成葫芦形,将炸药集中装入药壶中进行爆破。 (2) 药壶炮主要用于露天爆破,其使用条件是:岩石应在Ⅺ级以下,不含水分,阶梯高度(H)小于10~20m,自然地面坡度在70°左右。如果自然地面坡度较缓,一般先用钢钎炮切脚,炸出台阶后再使用。经验证明,药壶炮最好用于Ⅶ~Ⅸ级岩石,中心挖深4~6m,阶梯高度在7m以下。药壶炮装药量可根据药壶体积而定,一般介于10~60kg,最多可超过100kg。每次可炸岩石数十方至数百方,是小炮中最省工、省药的一种方法
5	猫洞炮	(1) 指炮洞直径为0.2~0.5m,洞穴成水平或略有倾斜(台眼),深度小于5m,用集中药包在炮洞中进行爆炸的一种方法。 (2) 猫洞炮充分利用岩体本身的崩塌作用,能用较浅的炮眼爆破较高的岩体,一般爆破可炸松15~150m³。其最佳使用条件是:岩石等级一般为Ⅸ级以下,最好是Ⅴ~Ⅶ级;阶梯高度最小应大于眼深的两倍,自然地面坡度不小于50°,最好在70°左右。由于炮眼直径较大,爆能利用率甚差,故炮眼深度应大于1.5~2.0m,不能放孤眼。猫洞炮工效一般可达4~10m³,单位耗药量在0.13~0.3kg/m³。在有裂缝的软石坚石中,阶梯高度大于4m,药壶炮药壶不易形成时,采用猫洞炮可以获得好的爆破效果

路基爆破施工技术

序号	项目	内容
1	常用爆破方法	(1) 光面爆破：在开挖限界的周边，适当排列一定间隔的炮孔，在有侧向临空面的情况下，用控制抵抗线和药量的方法进行爆破，使之形成一个光滑平整的边坡。 (2) 预裂爆破：在开挖限界处按适当间隔排列炮孔，在没有侧向临空面和最小抵抗线的情况下，用控制药量的方法，预先炸出一条裂缝，使拟爆体与山体分开，作为隔震减震带，起保护开挖限界以外山体或建筑物和减弱地震对其破坏的作用。 (3) 微差爆破：两相邻药包或前后排药包以若干毫秒的时间间隔（一般为 15～75ms）依次起爆，称为微差爆破，亦称毫秒爆破。 (4) 定向爆破：利用爆能将大量土石方按照指定的方向，搬移到一定的位置并堆积成路堤的一种爆破施工方法，称为定向爆破
2	石质路堑爆破施工技术要点	(1) 恢复路基中线，放出边线，钉牢边桩。 (2) 根据地形，地质及挖深选择适宜的开挖爆破方法，制订爆破方案，编制爆破施工组织设计，报有关部门审批。 (3) 用推土机整修施工便道，清理表层覆盖土及危石。 (4) 在地面上准确放出炮眼（井）位置，竖立标牌，标明孔（井）号，深度，装药量。 (5) 用推土机配合爆破，创造临空面，使最小抵抗线方向面向回填方向。 (6) 炮眼按其不同深度，采用手风钻或潜孔钻钻孔，炮眼布置在整体爆破时采用"梅花型"或"方格型"，预裂爆破时采用"一字型"，洞室爆破根据设计确定药包的位置和药量。 (7) 在居民区及地质不良可能引起坍塌后遗症的路段，原则上不采用大中型洞室爆破。在石方集中的深挖路堑采用洞室爆破时，应认真设计分集药包位置和装药量，精确测算爆破漏斗，防止超爆、少爆或振松边坡，留下后患。 (8) 爆破施工要严格控制飞石距离，采取切实可行的措施，确保人员和建筑物的安全，如采用毫秒微差爆破技术，将一响最大药量控制为最深单孔药量。 (9) 控制爆破也可以采用分段毫秒爆破方法。 (10) 确保边坡爆破质量，采用预裂爆破技术、光面爆破技术和微差爆破技术，同时配合选择合理的爆破参数，减少冲击波影响，降低石料大块率，以减少二次破碎，利于装运和填方。 (11) 装药前要布好警戒，选择好通行道路，认真检查炮孔、洞室，吹净残渣，排除积水，做好爆破器材的防水保护工作，雨期或有地下水时，可考虑采用乳化防水炸药。 (12) 装药分单层、分层装药，预裂装药及洞室内集中装药。炮眼装药后用木杆捣实，填塞黏土，洞室装药时，将预先加好的起爆体放在药包中心位置，周围填以硝酸安全炸药，用砂黏土填塞，填塞时要注意保护起爆线路。 (13) 认真设计，严密布设起爆网络，防止发生短路及二响重叠现象。 (14) 顺利起爆，并清除边坡危石后，用推土机清出道路，用推土机、铲运机纵向出土填方，运距较远时，用挖掘机械装土，自卸汽车运输。 (15) 随时注意控制开挖断面，切勿超爆，适时清理整修边坡和暴露的孤石。 (16) 路基开挖至设计标高，经复测检查断面尺寸合格后，及时开挖边沟、排水沟和截水沟，经监理工程师验收合格后，按设计对边沟、边坡进行防护，边沟施工要做到尺寸准确，线型直顺，曲线圆滑，沟底平顺，排水畅通，浆砌护坡要做到平整坚实，灰浆饱满。路槽整理要掌握好，不要留孤石和超爆，做到一次标准成型验收合格

考点5 填方路基施工

路基填料一般规定

1. 宜选用级配好的砾类土、砂类土等粗粒土作为填料。
2. 含草皮、生活垃圾、树根、腐殖质的土严禁作为填料。
3. 泥炭土、淤泥、冻土、强膨胀土、有机质土及易溶盐超过允许含量的土等,不得直接用于填筑路基;确需使用时,应采取技术措施进行处理,经检验满足要求后方可使用。
4. 粉质土不宜直接用于填筑二级及二级以上公路的路床,不得直接用于填筑冰冻地区的路床及浸水部分的路堤。
5. 路基填料最小承载比和最大粒径应符合规定。

路床施工技术

序号	项目	内容
1	零填、挖方路段的路床施工技术	(1) 路床范围原状土符合要求的,可直接进行成形施工。 (2) 路床范围为过湿土时应进行换填处理,设计有规定时按设计厚度换填,设计未规定时按以下要求换填:高速公路、一级公路换填厚度宜为0.8~1.2m,若过湿土的总厚度小于1.5m,则宜全部换填;二级公路的换填厚度宜为0.5~0.8m。 (3) 高速公路、一级公路路床范围为崩解性岩石或强风化软岩时应进行换填处理,设计有规定时按设计厚度换填,设计未规定时换填厚度宜为0.3~0.5m。 (4) 路床填筑,每层最大压实厚度宜不大于300mm,顶面最后一层压实厚度应不小于100mm
2	路床填料规定	高速公路、一级公路路床填料宜采用砂砾、碎石等水稳性好的粗粒料,也可采用级配好的碎石土、砾石土等;粗粒料缺乏时,可采用无机结合料改良细粒土

填土路堤施工技术

序号	项目	子项目	内容
1	填土路堤施工工序		填土路堤施工工序主要包括施工放样、清除表土、填前处理、分层填筑、整平、碾压、整修等
2	填土路堤的填筑技术	填筑方法	土质路堤填筑常用推土机、铲运机、平地机、压路机、挖掘机、装载机等机械按以下几种方式作业: (1) 水平分层填筑:填筑时按照横断面全宽分成水平层次,逐层向上填筑,是路基填筑的常用方式。 (2) 纵向分层填筑:依路线纵坡方向分层,逐层向上填筑。常用于地面纵坡大于12%、用推土机从路堑取料、填筑距离较短的路堤。缺点是不易碾压密实。 (3) 横向填筑:从路基一端或两端按横断面全高逐步推进填筑。由于填土过厚,不易压实,仅用于无法自下而上填筑的深谷、陡坡、断岩、泥沼等机械无法进场的路堤。 (4) 联合填筑:路堤下层用横向填筑而上层用水平分层填筑。适用于因地形限制或填筑堤身较高,不宜采用水平分层填筑或横向填筑法进行填筑的情况。单机或多机作业均可,一般沿线路分段进行,每段距离以20~40m为宜,多在地势平坦,或两侧有可利用的山地土场的场合采用

续表

序号	项目	子项目	内容
2	填土路堤的填筑技术	机械填筑路堤作业方式	(1) 推土机填筑路堤作业方式 推土机作业方式通常是由切土、推土、堆卸、空返等四个环节组成。作业方式一般有坑槽推土、波浪式推土、并列推土、下坡推土和接力推土。 (2) 挖掘机填筑路堤作业方式 利用挖掘机填筑路堤施工，一般有两种方式：一种为从路基一侧挖土，直接卸向另一侧填筑路堤。这种方式，用反铲挖掘机施工比较方便。另一种方式则配合运土车辆，挖掘机挖土装车后，运至路堤施工现场卸土填筑，这是挖土机填筑路堤施工的主要方式，正、反铲挖掘机都能适用，而且一般在取土场比较集中且运距较长的情况下，最宜采用。两种方式都宜与推土机配合施工
3	土质路堤压实施工技术要点		(1) 压实机械对土进行碾压时，一般以慢速效果最好，除羊足碾或凸块式碾外，压实速度以 2~4km/h 最为适宜。羊足碾的速度可以快些，在碾压黏土时最高可达 12~16km/h，还不至影响碾压质量。各种压实机械的作业速度，应在填方前作试验段碾压，找出最佳效果的碾压速度，正式施工时参照执行。 (2) 碾压一段终了时，宜采取纵向退行方式继续第二遍碾压，不宜采用掉头方式，以免因机械调头时搓挤土，使压实的土被翻松。故压路机始终要以纵向进退方式进行压实作业。 (3) 在整个全宽的填土上压实，宜纵向分行进行，直线段由两边向中间，曲线段宜由曲线的内侧向外侧（当曲线半径超过 200m 时，可以按直线段方式进行）。两行之间的接头一般应重叠 1/4~1/3 轮迹；对于三轮压路机则应重叠后轮的 1/2。 (4) 纵向分段压好以后，进行第二段压实时，其在纵向接头处的碾压范围，宜重叠 1~2m，以确保接头处平顺过渡。 (5) 土质路堤压实度应符合规定
4	土质路堤施工规定		(1) 性质不同的填料，应水平分层、分段填筑，分层压实。同一层路基应采用同一种填料，不得混合填筑。每种填料的填筑层压实后的连续厚度宜不小于 500mm。路基上部宜采用水稳性好或冻胀敏感性小的填料。有地下水的路段或浸水路堤，应填筑水稳性好的填料。 (2) 在透水性差的压实层上填筑透水性好的填料前，应在其表面设 2%~4%的双向横坡，并采取相应的防水措施。不得在透水性好的填料所填筑的路堤边坡上覆盖透水性差的填料。 (3) 每种填料的松铺厚度应通过试验确定。 (4) 每一填筑层压实后的宽度不得小于设计宽度。 (5) 路堤填筑时，应从最低处起分层填筑，逐层压实。 (6) 填方分几个作业段施工时，接头部位如不能交替填筑，先填路段按 1:1~1:2 坡度分层留台阶；如能交替填筑，应分层相互交替搭接，搭接长度应不小于 2m。 (7) 填土路堤施工过程质量控制：施工过程中，每一压实层均应进行压实度检测，检测频率为每 1000m² 不少于 2 点。压实度检测可采用灌砂法、环刀法等方法，检测应符合现行《公路路基路面现场测试规程》JTG 3450—2019 的有关规定。施工过程中，每填筑 2m 宜检测路线中线和宽度

填石路堤施工技术

序号	项目	子项目	内容
1	填筑方法	竖向填筑法（倾填法）	以路基一端按横断面的部分或全部高度自上往下倾卸石料，逐步推进填筑。主要用于二级及二级以下且铺设低级路面的公路，也可用在陡峻山坡施工特别困难或大量以爆破方式挖开填筑的路段；以及无法自下而上分层填筑的陡坡、断岩、泥沼地区和水中作业的填石路堤。该方法施工路基压实、稳定问题较多
		分层压实法（碾压法）	（1）自下而上水平分层，逐层填筑，逐层压实，是普遍采用并能保证填石路堤质量的方法。高速公路、一级公路和铺设高级路面的其他等级公路的填石路堤采用此方法。 （2）填石路堤将填方路段划分为四级施工台阶、四个作业区段，按施工工艺流程进行分层施工。四级施工台阶是：在路基面以下0.5m为第一级台阶，0.5~1.5m为第二级台阶，1.5~3.0m为第三级台阶，超过3.0m为第四级台阶。 （3）施工中填方和挖方作业面形成台阶状，台阶间距视具体情况和适应机械化作业而定，一般长为100m左右。填石作业自最低处开始，逐层水平填筑，每一分层先是机械摊铺主集料，平整作业铺撒嵌缝料，将填石空隙以小石或石屑填满铺平，采用重型振动压路机碾压，压至填筑层顶面石块稳定
		冲击压实法	利用冲击压实机的冲击碾周期性、大振幅、低频率地对路基填料进行冲击，压密填方。它具有分层法连续性的优点，又有强力夯实法压实厚度深的优点。缺点是在周围有建筑物时，使用受到限制
		强力夯实法	用起重机吊起夯锤从高处自由落下，利用强大的动力冲击，迫使岩土颗粒位移，提高填筑层的密实度和地基强度。该方法机械设备简单，击实效果显著，施工中不需铺撒细粒料，施工速度快，有效解决了大块石填筑地基厚层施工的夯实难题。对强夯施工后的表层松动层，采用振动碾压法进行压实
2	填石路堤施工要求		（1）填石路堤应分层填筑压实。在陡峻山坡地段施工特别困难时，三级及三级以下砂石路面公路的下路堤可采用倾填的方式填筑。 （2）岩性相差较大的填料应分层或分段填筑，软质石料与硬质石料不得混合使用。 （3）填石路堤顶面与细粒土填土层之间应填筑过渡层或铺设无纺土工布隔离层。 （4）压实机械宜选用自重不小于18t的振动压路机。 （5）填石路堤采用强夯、冲击压路机进行补压时，应避免对附近构造物造成影响。 （6）中硬、硬质石料填筑路堤时，应进行边坡码砌。码砌防护的石料强度、尺寸应满足设计要求。边坡码砌与路基填筑应基本同步进行。 （7）采用易风化岩石或软质岩石石料填筑时，应按设计要求采取边坡封闭和底部设置排水垫层、顶部设置防渗层等措施。 （8）填石路堤施工过程质量控制：施工过程中每一压实层，应采用试验路段确定的工艺流程、工艺参数控制，压实质量可采用沉降差指标进行检测。施工过程中，每填高3m宜检测路基中线和宽度。 （9）不同强度的石料，应分别采用不同的填筑层厚和压实控制标准。填石路堤的压实质量标准采用孔隙率作为控制指标，并符合规定要求。孔隙率的检测应采用水袋法进行

续表

序号	项目	子项目	内容
3		填石路堤填料要求	(1) 硬质岩石、中硬质岩石可用于路堤和路床填筑；软质岩石可用于路堤填筑，不得用于路床填筑；膨胀岩石、易溶性岩石和盐化岩石不得用于路基填筑。 (2) 路基的浸水部位，应采用稳定性好、不易膨胀崩解的石料填筑。 (3) 路堤填料粒径应不大于500mm，并宜不超过层厚的2/3。路床底面以下400mm范围内，填料最大粒径不得大于150mm，其中小于5mm的细料含量应不小于30％

填石路堤强力夯实法施工要点

序号	项目	内容
1	简要施工程序	(1) 填石分层强夯施工，要求分层填筑与强夯交叉进行，各分层厚度的松铺系数，第一层可取1.2，以后各层根据第一层的实际情况调整。每一分层连续挤密式夯击，夯后形成夯坑，夯坑以同类型石质填料填补。由于分层厚度4～5m，填筑作业以堆填法施工，装运须大型装载机和自卸汽车配合作业，铺筑须大型履带式推土机摊铺和平整，夯坑回填也须推土机完成，每层主夯和面层的主夯与满夯由起重机和夯锤实施，路基面需振动压路机进行最后的压实平整作业。 (2) 强夯法与碾压法相比，只是夯实与压实的工艺不同，而填料粒径控制、铺填厚度控制都要进行，强夯法控制夯击击数，碾压法控制压实遍数，机械装运摊铺平整作业完全一样，强夯法须进行夯坑回填
2	分层厚度	(1) 施工分层线采取与设计路面平行，以保证路堤、路床和路面底层压实的均匀性。强夯压实要求分层进行。分层厚度5.0m左右，高度20m以内的填石路堤分四层进行，其中底层稍厚，但不超过5.5m，面层稍薄，一般为4.0m。 (2) 层厚控制：由于分层层面与路面纵坡平行，按中桩桩号计算列出各分层在路堤相应位置的控制性层面标高，作为分层填筑之依据
3	各层夯点间距布置	各层夯点采用错位布置，即上层夯点位于下层夯点间，以获得良好的击实效果。纵向上第一层和第三层在道路中线上布置夯点，并向两侧展布；第二层和第四层在距中心线两侧2.25m处布置夯点，夯点间距4.5m×4.5m
4	其他规定	强夯石质填料的粒径控制一般为40cm以内，最大粒径不超过60cm；施工过程若发现夯锤歪斜，应及时将坑底整平再夯；在有结构物如涵洞、挡墙等附近作业时，涵背、墙背6m范围填石以碾压法施工，强夯施工一定要远离涵墙、挡土墙外6m作业，以保证结构物安全；测量仪器架设在距离夯点30m远处；夯机操作室前应安装牢固的安全防护网，注意检查滑钩、钢丝绳等；夯锤下落时，机下施工人员应距夯点30m外或站在夯机后方

土石路堤施工技术

序号	项目	内容
1	填筑方法	土石路堤不得采用倾填方法，只能采用分层填筑，分层压实。宜用推土机铺填，松铺厚度控制在40cm以内，接近路堤设计标高时，需改用土方填筑

续表

序号	项目	内容
2	土石路堤施工要求	(1) 压实机械宜选用自重不小于18t的振动压路机。 (2) 应分层填筑压实，不得倾填。 (3) 应使大粒径石料均匀分散在填料中，石料间孔隙应填充小粒径石料和土。 (4) 土石混合料来自不同料场，其岩性或土石比例相差大时，宜分层或分段填筑。 (5) 填料由土石混合材料变化为其他填料时，土石混合材料最后一层的压实厚度应小于300mm，该层填料最大粒径宜小于150mm，压实后表面应无孔洞。 (6) 中硬、硬质石料填筑土石路堤时，宜进行边坡码砌，码砌与路堤填筑宜同步进行，软质石料土石路堤的边坡按土路堤边坡处理。 (7) 采用强夯、冲击压路机进行补压时，应避免对附近构造物造成影响。 (8) 土石路堤施工过程质量控制：中硬及硬质岩石的土石路堤填筑施工过程中每一压实层，应采用试验路段确定的工艺流程、工艺参数，压实质量可采用沉降差指标进行检测。软质石料的土石路堤填筑质量标准应符合规定。施工过程中，每填筑3m高宜检测路线中线和宽度
3	土石路堤填料要求	(1) 膨胀岩石、易溶性岩石等不宜直接用于路基填筑，崩解性岩石和盐化岩石等不得用于路基填筑。 (2) 天然土石混合填料中，中硬、硬质石料的最大粒径不得大于压实层厚的2/3；石料为强风化石料或软质石料时，其CBR值应符合规定，石料最大粒径不得大于压实层厚

高路堤施工技术

序号	项目	内容
1	适用范围	路基填土边坡高度大于20m的路堤称为高路堤。高路堤填料宜优先采用强度高、水稳性好的材料，或采用轻质材料。受水淹、水浸的部分，应采用水稳性和透水性均好的材料
2	高路堤施工要求	(1) 高路堤段应优先安排施工，宜预留1个雨季或6个月以上的沉降期。 (2) 高路堤施工中应按设计要求预留高度与宽度，并进行动态监控。 (3) 高路堤宜每填筑2m冲击补压一次，或每填筑4~6m强夯补压一次。 (4) 高路堤填筑过程中应进行沉降和稳定性观测。 (5) 在不良地质路段的高路堤填筑，应控制填筑速率，并进行地表水平位移监测，必要时应进行地下土体分层水平位移监测

粉煤灰路堤施工技术

序号	项目	内容
1	适用范围	粉煤灰可用于各级公路路堤填筑，不得用于高速公路、一级公路的路床和二级公路的上路床。由于是轻质材料，粉煤灰的使用可减轻土体结构自重，减少软土路堤沉降，提高土体抗剪强度。凡是电厂排放的硅铝型低铝粉煤灰都可作为路堤填料。用于路基填筑的粉煤灰的烧失量应不大于20%，SO_3含量宜不大于3%，粉煤灰中不得含团块、腐殖质及其他杂质
2	粉煤灰路堤构成	粉煤灰路堤一般由路堤主体部分、护坡和封顶层以及隔离层、排水系统等组成，其施工步骤与土质路堤施工方法相类似，仅增加了包边土和设置边坡盲沟等工序

续表

序号	项目	内容
3	粉煤灰施工要求	(1) 大风或气温低于0℃时不宜施工。 (2) 有显著差别的灰源应分别堆放，分段填筑。 (3) 路堤高度超过4m时，可在路堤中部设置土质夹层。 (4) 粉煤灰路堤应进行包边防护，包边土应与粉煤灰同步施工，宽度宜不小于2m。 (5) 施工过程中，作业面应及时洒水润湿，并应合理设置行车便道。 (6) 施工间歇期，作业面应洒水润湿，并应封闭交通；间隙期长时，应在粉煤灰压实层顶面覆盖封闭土层。 (7) 粉煤灰路堤压实度标准应通过试验路段确定，并应符合规定。包边土和顶面封层土的压实度应符合规定。粉煤灰路堤压实度可采用填上层检下层的方式进行检测

台背与墙背填筑施工技术

序号	项目	内容
1	台背与墙背填筑施工要求	(1) 二级及二级以上公路应按设计做好过渡段，过渡段路堤压实度应不小于96%；二级以下公路的路堤与回填的联结部，应预留台阶。 (2) 台背和锥坡的回填宜同步进行。 (3) 台背与墙背1.0m范围内回填宜采用小型夯实机具压实。 (4) 分层压实厚度宜不大于150mm，填料粒径宜小于100mm，涵洞两侧回填填料粒径宜小于50mm，压实度不小于96%。 (5) 部位狭窄时，可采用低强度等级混凝土、浆砌片石等材料回填。 (6) 涵洞两侧应对称分层回填压实。 (7) 回填部分的路床宜与路堤路床同步填筑。 (8) 台背与墙背回填，应在结构物强度达到设计强度的75%以上时进行
2	台背与墙背填筑填料要求	填料宜采用透水性材料、轻质材料、无机结合料稳定材料等，崩解性岩石、膨胀土不得用于台背与墙背填筑

考点6 路基季节性施工

路基雨期施工技术

序号	项目	内容
1	雨期施工地段的选择	(1) 雨期路基施工地段一般应选择丘陵和山岭地区的砂类土、碎砾石和岩石地段和路堑的弃方地段。 (2) 重黏土、膨胀土及盐渍土地段不宜在雨期施工；平原地区排水困难，不宜安排雨期施工
2	雨期施工前的准备工作	(1) 对选择的雨期施工地段进行详细的现场调查研究，据实编制实施性的雨期施工组织计划。 (2) 应修建施工便道并保持晴雨畅通。 (3) 住地、库房、车辆机具停放场地、生产设施都应设在最高洪水位以上地点或高地上，并应远离泥石流沟槽冲积堆一定的安全距离。 (4) 应修建临时排水设施，保证雨期作业的场地不被洪水淹没并能及时排除地面水。 (5) 应储备足够的工程材料和生活物资

续表

序号	项目	内容
3	雨期填筑路堤	（1）填料应选用透水性好的碎石土、卵石土、砂砾、石方碎渣和砂类土等。利用挖方土作填料，含水率符合要求时，应随挖随填，及时压实。含水率过大难以晾晒的土不得用作雨期施工填料。 （2）每一填筑层表面应做成2%～4%双向路拱横坡以利于排水，低洼地带或高出设计洪水位0.5m以下部位应选用透水性好、饱水强度高的填料分层填筑，并及时施作护坡、坡脚等防护工程。 （3）雨期填筑路堤需借土时，取土坑的设置应满足路基稳定的要求。 （4）路堤应分层填筑，并及时碾压
4	雨期开挖路堑	（1）挖方边坡不宜一次挖到设计坡面，应预留一定厚度的覆盖层，待雨期过后再修整到设计坡面。 （2）雨期开挖路堑，当挖至路床顶面以上300～500mm时应停止开挖，并在两侧挖好临时排水沟，待雨期过后再施工。 （3）雨期开挖岩石路基，炮眼宜水平设置

路基冬期施工技术

序号	项目	内容
1	冬期施工含义	在季节性冻土地区，昼夜平均温度在−3℃以下且连续10d以上，或者昼夜平均温度虽在−3℃以上但冻土没有完全融化时，均应按冬期施工办理
2	路基工程可冬期进行的项目	（1）泥沼地带河湖冻结到一定深度后，如需换土时可趁冻结期挖去原地面的软土、淤泥层换填合格的其他填料。 （2）含水率高的流动土质、流沙地段的路堑可利用冻结期开挖。 （3）河滩地段可利用冬期水位低，开挖基坑修建防护工程，但应采取加温保温措施，注意养护。 （4）岩石地段的路堑或半填半挖地段，可进行开挖作业
3	路基工程不宜冬期施工的项目	（1）高速公路、一级公路的土质路堤和地质不良地区的公路路堤不宜进行冬期施工。土质路堤路床以下1m范围内，不得进行冬期施工。半填半挖地段、填挖交界处不得在冬期施工。 （2）铲除原地面的草皮、挖掘填方地段的台阶。 （3）整修路基边坡。 （4）在河滩低洼地带将被水淹的填土路堤
4	路基冬期施工前的准备工作	（1）对冬期施工项目按次排队，编制实施性的施工组织计划。 （2）冬期施工项目在冰冻前应进行现场放样，保护好控制桩并树立明显的标志，防止被冰雪掩埋。 （3）冰冻前应挖好坡地上填方的台阶，清除石方挖方的表面覆盖层、裸露岩体。 （4）维修保养冬期施工需用的车辆、机具设备，充分备足冬期施工期间的工程材料。 （5）准备施工队伍的生活设施、取暖照明设备、燃料和其他越冬所需的物资
5	冬期填筑路堤	（1）路堤填料应选用未冻结的砂类土、碎石、卵石土、石渣等透水性好的材料，不得含水率大的黏质土。 （2）填筑路堤应按横断面全宽平填，每层松铺厚度应比正常施工减少20%～30%，且松铺厚度不得超过300mm。当天填土应当天完成碾压。 （3）中途停止填筑时，应整平填层和边坡并进行覆盖防冻，恢复施工时应将表层冰雪清除，并补充压实。 （4）当填筑高程距路床底面1m时，碾压密实后应停止填筑，在顶面覆盖防冻保温层，待冬期过后整理复压，再分层填至设计高程。 （5）冬期过后应对填方路堤进行补充压实

续表

序号	项目	内容
6	冬期施工开挖路堑表层冻土的方法	(1) 爆破冻土法：当冰冻深度达1m以上时可用此法炸开冻土层。炮眼深度取冻土深度的0.75～0.9倍，炮眼间距取冰冻深度的1~1.3倍并按梅花形交错布置。 (2) 机械破冻法：1m以下的冻土层可选用专用破冻机械如冻土犁、冻土锯和冻土铲等，予以破碎清除。 (3) 人工破冻法：当冰冻层较薄，破冻面积不大，可用日光暴晒法、火烧法、热水开冻法、水针开冻法、蒸汽放热解冻法和电热法等方法胀开或融化冰冻层，并辅以人工撬挖
7	冬期开挖路堑	(1) 挖方边坡不得一次挖到设计线，应预留一定厚度的覆盖层，待到正常施工季节后再修整到设计坡面。 (2) 路基挖至路床顶面以上1m时，完成临时排水沟后，应停止开挖，待冬期过后再施工

考点7 路基改建施工

路堤拓宽施工要求

序号	项目	内容
1	一般路堤拓宽施工要求	(1) 拓宽路堤填筑前，应拆除原有排水沟、隔离栅等设施。拓宽部分的基底清除原地表土应不小于0.3m，清理后的场地应进行平整压实。老路堤坡面，清除的法向厚度应不小于0.3m。 (2) 拓宽路基的地基处理应符合设计和施工规范有关规定。 (3) 上边坡的既有防护工程宜与路基开挖同步拆除，下边坡的防护工程拆除时应采取措施保证既有路堤的稳定。 (4) 既有路堤的护脚挡土墙及抗滑桩可不拆除。路肩式挡土墙路基拼接时，上部支挡结构物应予拆除，宜拆除至路床底面以下。 (5) 既有路基有包边土时，宜去除包边土后再进行拼接。 (6) 从老路堤坡脚向上开挖台阶时，应随挖随填，台阶高度应不大于1.0m，宽度应不小于1.0m。 (7) 拼接宽度小于0.75m时，可采用超宽填筑再削坡或翻挖既有路堤等措施。 (8) 宜在新、老路基结合部铺设土工合成材料。 (9) 拓宽路基应进行沉降观测，观测点应按设计要求设置。高路堤与陡坡路堤路段尚应进行稳定性监测
2	高路堤与陡坡路堤拓宽施工要求	(1) 原坡脚支挡结构不宜拆除，结构物邻近处可用小型机具薄层夯实。 (2) 老路底部设置有渗沟或盲沟时，应做好排水通道的衔接施工。 (3) 高路堤与陡坡路堤拓宽施工，尚应符合《公路路基施工技术规范》JTG/T 3610—2019中"4.7高路堤与陡坡路堤"的相关规定
3	挖方路基拓宽施工要求	(1) 应在既有路基边缘设置防止飞石或落石的安全防护措施，并应设置警示标志。 (2) 边通车边施工时，宜采用机械开挖或静力爆破方式进行开挖。 (3) 采用爆破方式时，应按爆破施工方案组织施工，宜统一规定爆破时间段，爆破时应临时封闭交通。 (4) 拓宽施工中的挖方路基施工，尚应符合《公路路基施工技术规范》JTG/T3610—2019中"4.3挖方路基"的相关规定

考点 8　特殊路基施工技术

软土地基处理施工技术——垫层与浅层处理

序号	项目	内容
1	一般规定	（1）垫层类型按材料可分为碎石垫层、砂砾垫层、石屑垫层、矿渣垫层、粉煤灰垫层以及灰土垫层等。 （2）浅层处理可采用浅层置换、浅层改良、抛石挤淤等方法，处理深度不宜大于3m
2	砂砾、碎石垫层施工规定	（1）砂砾、碎石垫层宜采用级配好的中、粗砂、砂砾或碎石，含泥量应不大于5%，最大粒径宜小于50mm。 （2）垫层宜分层铺筑、压实。垫层应水平铺筑。当地形有起伏时，应开挖台阶，台阶宽度宜为0.5~1m。 （3）垫层宽度应宽出路基坡脚0.5~1m，两侧宜用片石护砌或采用其他方式防护
3	铺设土工合成材料规定	（1）土工合成材料技术指标应满足设计要求。土工合成材料在存放及铺设过程中不得在阳光下长时间暴露。与土工合成材料直接接触的填料中不得含强酸性、强碱性物质。 （2）施工中应采取措施防止土工合成材料受损，出现破损时应及时修补或更换
4	浅层置换施工规定	置换宜选用强度高的砂砾、碎石上等水稳性和透水性好的材料。施工时，应分层填筑、压实
5	浅层改良施工规定	（1）对非饱和黏质土的软弱表层，可添加石灰、水泥等进行改良处置。 （2）施工前应先完善排水设施，施工期间不得积水。 （3）石灰、水泥等应与土拌合均匀，严格控制含水率。施工时，应分层填筑、压实
6	抛石挤淤施工规定	（1）应采用不易风化的片石、块石，石料直径宜不小于300mm。 （2）当软土地层平坦，横坡缓于1:10时，应沿路线中线向前呈等腰三角形抛填、渐次向两侧对称抛填至全宽，将淤泥挤向两侧；当横坡陡于1:10时，应自高侧向低侧渐次抛填，并在低侧边部多抛投形成不小于2m宽的平台。 （3）当抛石高出水面后，应采用重型机具碾压密实

软土地基处理施工技术——爆炸挤淤

序号	项目	内容
1	一般规定	爆炸挤淤是将炸药放在软土或泥沼中爆炸，利用爆炸时的张力作用，把淤泥或泥沼扬弃，然后回填强度较高的渗水性土壤，如砂砾、碎石等。爆炸挤淤法适用于处理海湾滩涂等淤泥和淤泥质土地基。处理厚度不宜大于15m
2	爆炸挤淤施工规定	（1）宜采用布药机进行布药。当淤泥顶面高、露出水面时间长，且装药深度小于2.0m时，可采用人工简易布药法。 （2）抛填前应根据软基深度、宽度、水深等环境条件和施工设备；确定抛填高度、宽度及进尺。抛填高度应高于潮水位。抛填进尺最小宜不小于3m，最大宜不大于10m。 （3）爆炸挤淤施工应采取控制噪声、有害气体和飞石，减少粉尘、冲击波等环境保护措施。 （4）爆炸挤淤后应采用钻孔或物探方法探测检查置换层厚度、残留混合层厚度。置换层底面和下卧地基层设计顶面之间的残留淤泥碎石混合层厚度应不大于1m

软土地基处理施工技术——竖向排水体

序号	项目	内容
1	一般规定	(1) 竖向排水体适用于深度大于3m的软土地基处理。用于对淤泥质土和淤泥地基进行处理时，宜与加载预压或真空预压方案联合使用。采用竖向排水体处理软土地基时，应保证有足够的预压期。 (2) 竖向排水体可采用袋装砂井和塑料排水板。竖向排水体可按正方形或等边三角形布置。 (3) 袋装砂井和塑料排水板可采用沉管式打桩机施工，塑料排水板也可用插板机施工。袋装砂井宜采用圆形套管，套管内径宜略大于砂井直径；塑料排水板宜采用矩形套管，也可采用圆形套管。宜配置能够检测排水体施工深度的设备。 (4) 袋装砂井施工工艺程序：整平原地面→摊铺下层砂垫层→机具定位→打入套管→沉入砂袋→拔出套管→机具移位→埋砂袋头→摊铺上层砂垫层 (5) 塑料排水板施工工艺程序：整平原地面→摊铺下层砂垫层→机具就位→塑料排水板穿靴→插入套管→拔出套管→割断塑料排水板→机具移位→摊铺上层砂垫层
2	袋装砂井施工规定	(1) 宜采用中、粗砂，粒径大于0.5mm颗粒的含量宜大于50%，含泥量应小于3%，渗透系数应大于$5×10^{-2}$mm/s。砂袋的渗透系数应不小于砂的渗透系数。 (2) 套管起拔时应垂直起吊，防止带出或损坏砂袋。发生砂袋带出或损坏时，应在原孔位边缘重打。 (3) 砂袋在孔口外的长度应不小于300mm，并顺直伸入砂砾垫层。 (4) 袋装砂井施工质量应符合规定
3	塑料排水板施工规定	(1) 塑料排水板技术指标应满足设计要求，露天堆放时应有遮盖。 (2) 施工中应防止泥土等杂物进入套管内。 (3) 塑料排水板不得搭接，预留长度应不小于500mm，并及时弯折埋设于砂垫层中。 (4) 塑料排水板施工质量应符合规定

软土地基处理施工技术——真空预压、真空堆载联合预压

序号	项目	内容
1	一般规定	(1) 真空预压法适用于对软土性质很差、土源紧缺、工期紧的软土地基进行处理。 (2) 真空预压的抽真空设备宜采用射流真空泵。真空泵空抽时必须达到95kPa以上的真空吸力。真空泵的数量应根据加固面积确定，每个加固场地至少应设两台真空泵
2	真空预压、真空堆载联合预压施工规定	(1) 密封膜应采用抗老化性能好、韧性好、抗穿刺能力强的不透气材料。 (2) 密封膜连接宜采用热合粘结缝平搭接，搭接宽度应不小于15mm。 (3) 滤管应不透砂。滤管距泥面、砂垫层顶面的距离均应大于50mm。滤管周围应采用砂填实，不得架空、漏填。 (4) 密封膜的周边应埋入密封沟内。密封沟的宽度宜为0.6~0.8m，深度宜为1.2~1.5m。 (5) 真空表测头应埋设于砂垫层中间，每块加固区应不少于2个真空度测点。 (6) 真空预压施工应按排水系统施工、抽真空系统施工、密封系统施工及抽气的顺序进行。 (7) 采用真空堆载联合预压时，应先抽真空，当真空压力达到设计要求并稳定后，再进行堆载，并继续抽气。堆载时应在膜上铺设土工布等保护材料。 (8) 施工监测应符合下列规定： ①预压过程中，应进行密封膜下真空度、孔隙水压力、表面沉降、深层沉降及水平位移等预压参数的监测。膜下真空度每隔4h测一次，表面沉降每2d测一次。 ②当连续五昼夜实测地面沉降小于0.5mm/d，地基固结度已达到设计要求的80%时，经验收，即可终止抽真空。 ③停泵卸荷后24h，应测量地表回弹值

软土地基处理施工技术——粒料桩

序号	项目	内容
1	一般规定	粒料桩可采用振冲置换法或振动沉管法成桩。振冲置换法适用于处理十字板抗剪强度不小于15kPa的软土地基；振动沉管法适用于处理十字板抗剪强度不小于20kPa的软土地基
2	振冲置换法	振冲置换法施工可采用振冲器、吊机或施工专用平车和水泵。振冲器的功率应与设计的桩间距相适应，桩间距1.3～2.0m时可采用30kW的振冲器；桩间距1.4～2.5m时可采用50kW的振冲器；桩间距1.5～3.0m时可采用75kW的振冲器。起吊机械可采用履带或轮胎吊机、自行井架式专用平车或抗扭胶管式专用汽车等，吊机的起吊能力宜为10～20t。采用自行井架式专用平车时桩深度不宜超过15m，采用抗扭胶管式专用汽车时桩深度不宜超过12m。水泵出口水压宜为400～600kPa，流量宜为20～30m³/h，每台振冲器宜配一台水泵
3	振动沉管法	振动沉管法施工宜采用振动打桩机和钢套管。应选用能顺利出料和有效挤压桩孔内粒料的桩尖形式，软黏土地基宜选用平底形桩尖。振动沉管法成桩可采用一次拔管成桩法、逐步拔管成桩法和重复压管成桩法三种工艺。主要用振冲器、吊机或施工专用平车和水泵，将砂、碎石、砂砾、废渣等粒料（粒径宜为20～50mm，含泥量不应大于10％）按整平地面→振冲器就位对中→成孔→清孔→加料振密→关机停水→振冲器移位的施工工艺程序进行施工
4	粒料桩施工规定	(1) 砂桩宜采用中、粗砂，粒径大于0.5mm颗粒含量宜占总质量的50％以上，含泥量应小于3％，渗透系数应大于5×10^{-2}mm/s；也可使用砂砾混合料，含泥量应小于5％。 (2) 碎石桩宜采用级配好、不易风化的碎石或砾石，最大粒径宜不大于50mm，含泥量应小于5％。 (3) 施工前应进行成桩工艺和成桩挤密试验。 (4) 粒料桩可采用振冲置换法或振动沉管法，宜从中间向外围或间隔跳打。邻近结构物施工时，应沿背离结构物的方向施工。 (5) 粒料桩施工质量应符合规定。 (6) 碎石桩密实度抽查频率应为2％，用重Ⅱ型动力触探测试，贯入量100mm时，击数应大于5次

软土地基处理施工技术——加固土桩

序号	项目	内容
1	一般规定	(1) 加固土桩适用于处理十字板抗剪强度不小于10kPa、有机质含量不大于10％的软土地基。加固土桩包括粉喷桩与浆喷桩。 (2) 粉喷桩与浆喷桩的施工机械必须安装喷粉（浆）量自动记录装置，并应对该装置定期标定。应定期检查钻头磨损情况，当直径磨损量大于10mm时，必须更换钻头。 (3) 施工前应进行成桩工艺和成桩强度试验。当成桩质量不满足设计要求时，应在调整设计与施工有关参数后，重新进行试验或改变设计
2	施工规定	(1) 加固土桩的固化剂宜采用生石灰或水泥。生石灰应采用磨细Ⅰ级生石灰，应无杂质，最大粒径应小于2mm。水泥宜采用强度等级不低于32.5级的普通硅酸盐水泥。 (2) 加固土桩施工前应进行成桩试验，桩数宜不少于5根，且应满足下列要求： ① 应取得满足设计喷入量的各种技术参数，如钻进速度、提升速度、搅拌速度、喷气压力、单位时间喷入量等。 ② 应确定能保证胶结料与加固软土拌合均匀性的工艺。 ③ 掌握下钻和提升的阻力情况，选择合理的技术措施。 ④ 根据地层、地质情况确定复喷范围。 (3) 施工中发现喷粉量或喷浆量不足，应整桩复打，复打的量应不小于设计用量。中断施工时，应及时记录深度，并在12h内进行复打，复打重叠长度应大于1m；超过12h，应采取补桩措施。 (4) 加固土桩施工质量应符合规定

软土地基处理施工技术——水泥粉煤灰碎石桩

序号	项目	内容
1	一般规定	(1) 水泥粉煤灰碎石桩（CFG桩）适用于处理十字板抗剪强度不小于20kPa的软土地基。 (2) CFG桩宜采用振动沉管灌注法成桩，施工设备宜采用振动沉管打桩机。施工前应进行成桩工艺和成桩强度试验。当成桩质量不满足设计要求时，应在调整设计与施工有关参数后，重新进行试验或改变设计
2	施工规定	(1) 集料可采用碎石或砾石，泵送混合料时砾石最大粒径宜不大于25mm；碎石最大粒径宜不大于20mm；振动沉管灌注混合料时，集料最大粒径宜不大于50mm。水泥宜选用32.5级普通硅酸盐水泥。粉煤灰宜选用Ⅱ、Ⅲ级粉煤灰。 (2) 施工前应进行成桩试验，成桩试验需要确定施工工艺、速度、投料数量和质量标准。 (3) 群桩施工，应合理设计打桩顺序、控制打桩速度，宜采用隔桩跳打的打桩顺序，相邻桩打桩间隔时间应不小于7d。 (4) 水泥粉煤灰碎石桩施工质量应符合规定

软土地基处理施工技术——刚性桩

序号	项目	内容
1	一般规定	(1) 刚性桩主要包括现浇混凝土大直径管桩与预制管桩。刚性桩适用于处理深厚软土地基上荷载较大、变形要求较严格的高路堤段、桥头或通道与路堤衔接段。刚性桩可按正方形或等边三角形布置。刚性桩桩顶应设桩帽，形状可采用圆柱体、台体或倒锥台体。桩帽直径或边长宜为1.0~1.5m，厚度宜为0.3~0.4m，宜采用水泥混凝土现场浇筑而成。 (2) 现浇混凝土大直径管桩宜采用振动沉管设备施工。预制管桩宜采用工厂预制。施工前应进行成桩工艺试验，预应力混凝土薄壁管桩试桩数量不得少于2根，现浇混凝土大直径管桩试桩数量应根据施工工艺要求确定。预应力混凝土薄壁管桩宜采用静力压桩机施工，也可采用锤击沉桩机施工，施工现场应配有起吊设备，其起吊能力宜大于5t
2	现浇混凝土大直径管桩施工规定	(1) 粗集料宜优先选用卵石。采用碎石时，宜适当增加含砂率。集料最大粒径宜不大于63mm。混凝土坍落度宜为80~100mm，在运输和灌注过程中无离析、泌水。 (2) 桩尖、桩帽混凝土强度等级宜不低于C30。桩尖表面应平整、密实，桩尖内外面圆度偏差不得大于1%，桩尖端头支承面应平整。 (3) 邻近有建筑物或构造物时，应采取有效的隔振措施。 (4) 群桩施工，应合理设计打桩顺序、控制打桩速度，防止影响邻桩成桩质量。 (5) 现浇混凝土大直径管桩施工质量应符合规定
3	预制管桩施工规定	(1) 管桩堆放场地应平整、坚实，应有排水措施，不得产生不均匀沉陷。 (2) 施工前应检查成品桩，先张法薄壁预应力混凝土管桩应符合现行《先张法预应力混凝土管桩》GB 13476—2009、《先张法预应力混凝土薄壁管桩》JC 888—2001的规定。 (3) 预制管桩宜采用静压方式施工，也可采用锤击沉桩方式施工。 (4) 桩的打设次序宜由路基中心线向两侧打设，由结构物向路堤方向打设。 (5) 沉桩过程中应严格控制桩身的垂直度。 (6) 每根桩宜一次性连续沉至设计高程，沉桩过程中停歇时间不应过长。 (7) 中止沉桩宜采用贯入度控制。 (8) 桩帽钢筋笼应插入管桩内，连接混凝土应与桩帽混凝土一起灌注。 (9) 预制管桩施工质量应符合规定

软土地基处理施工技术——强夯和强夯置换

序号	项目	内容
1	一般规定	(1) 强夯法适用于处理碎石土、低饱和度的粉土与蒙古性土、杂填土和软土等地基。 (2) 强夯置换法适用于处理高饱和度的粉土与软塑、流塑的软黏土地基，处理深度不宜大于7m。 (3) 强夯处理范围应超出路堤坡脚，每边超出坡脚的宽度不宜小于3m。强夯置换处理范围应为坡脚外增加一排置换桩。对独立基础或条形基础应根据基础形状与宽度布置。 (4) 采用强夯法处理软土地基时，应在地基中设置竖向排水体。对于地下水位较高的地基，强夯前应采取降水措施，将地下水位降至加固层深度以下。强夯置换桩顶应铺设一层厚度不小于0.5m的粒料垫层，垫层材料可与桩体材料相同，粒径不宜大于100mm。 (5) 起吊夯锤用的机械设备宜选用履带式起重机。夯锤重量大、落距大时，可在吊臂两侧辅以门架，以提高起重能力，并防止落锤时机架倾覆。履带式起重机脱钩装置应有足够的强度，使用灵活，脱钩快速、安全。 (6) 夯锤可采用钢筋混凝土锤或铸钢锤，夯锤上宜设置2~4个上下贯通的透气孔。强夯加固黏性土地基时，宜采用较大底面积的锤。强夯置换宜采用细长的铸钢锤。在强夯能级不变的条件下，宜采用重锤、低落距
2	施工规定	(1) 强夯置换材料应采用级配好的片石、碎石、矿渣等坚硬的粗颗粒材料，粒径宜不大于夯锤底面直径的0.2倍，含泥量宜不大于10%，粒径大于300mm的颗粒含量宜不大于总质量的30%。 (2) 应采取隔振、防振措施消除强夯对邻近建筑物的有害影响。 (3) 施工前应选择有代表性并不小于500m²的路段进行试夯，确定最佳夯击能、间歇时间、夯间距、夯击次数、夯击遍数等参数。 (4) 夯点可采用正方形或等边三角形布置，间距宜为5~7m。在强夯能级不变的条件下，宜采用重锤、低落距。 (5) 强夯和强夯置换施工前应在地表铺设一定厚度的垫层。强夯施工垫层材料宜采用透水性好的砂、砂砾、石屑、碎石土等，强夯置换施工垫层材料宜与桩体材料相同。垫层宜分层摊铺压实。 (6) 施工前应检查锤重和落距，单击夯击能量应满足设计要求。 (7) 强夯施工结束30d后，应通过标准贯入、静力触探等原位测试，测量地基的夯后承载能力是否达到设计要求。 (8) 强夯置换施工结束30d后，宜采用动力触探试验检查置换墩着底情况及承载力，检验数量不少于墩点数的1%，且不少于3点。检查置换墩直径与深度，应满足设计要求

软土地区路基施工的其他规定

序号	项目	内容
1	软土地区路堤施工技术要点	(1) 软土地区路堤施工应尽早安排，施工计划中应考虑地基所需固结时间。 (2) 填筑过程中，应严格控制填筑速率，并应进行动态观测。 (3) 施工期间，路堤中心线地面沉降速率24h应不大于10~15mm，坡脚水平位移速率24h应不大于5mm。应结合沉降和位移观测结果综合分析地基稳定性。填筑速率应以水平位移控制为主，超过标准应立即停止填筑。 (4) 桥台、涵洞、通道以及加固工程应在预压沉降完成后再进行施工。 (5) 应按设计要求的预压荷载、预压时间进行预压。堆载预压的填料宜采用上路床填料，并分层填筑压实。 (6) 在软土地基上直接填筑路堤，应符合下列规定： ① 水面以下部分应选择透水性好的填料，水面以上可用一般土或轻质材料填筑。 ② 填筑路基的土宜从取土场取用。在两侧取土时，取土坑距堤坡脚的距离应满足路堤稳定的要求。 ③ 反压护道宜与路堤同时填筑。分开填筑时，应在路堤达到临界高度前完成反压护道施工

续表

序号	项目	内容
2	旧路加宽软基处理要求	(1) 软基路段路基加宽台阶应开挖一层、填筑一层，上层台阶应在下层填筑完成后再开挖，台阶开挖应满足台阶宽度和新老路基处理设计要求。 (2) 确定加宽软基处理施工工艺和方案时，应考虑软基处理时挤土、震动对老路堤或邻近构筑物的影响。 (3) 施工期间应对旧路开挖边坡进行覆盖，并设置必要的临时排水设施。 (4) 旧路加宽路段应同步进行拼宽路基和老路基的沉降观测，观测点宜布置在同一断面上。观测点设置宜为老路路中、老路路肩、拼宽部分中部、拼宽部分外侧。老路路中、老路路肩沉降观测点设置可采用在路表埋设观测点的方法，拼宽部分宜采用埋设沉降板的方法

膨胀土地区路基的施工技术要点

序号	项目	内容
1	膨胀土作为路基填料时的要求	(1) 中等膨胀土、弱膨胀土的适用范围应符合规定。膨胀土掺拌石灰改良后可用作路基填料，掺灰处理后的膨胀土不宜用于高速公路、一级公路的路床和二级公路的上路床。 (2) 高填方、陡坡路基不宜采用膨胀土填筑。 (3) 强膨胀土不得作为路基填料。 (4) 路基浸水部分不得用膨胀土填筑。 (5) 桥台背、挡土墙背、涵洞背等部位严禁采用膨胀土填筑
2	膨胀土的填筑	(1) 物理改良的膨胀土路基填筑工艺应符合下列规定： ① 位于斜坡路段的膨胀土路基应从最低处开始逐层填筑。当沟底有涵洞等结构物时，应在结构物两侧对称进行填筑。 ② 碾压时填料的含水率应符合试验段确定的范围，稠度宜控制在 1.0～1.3 之间。 ③ 每层厚度不得大于 300mm。 ④ 采取包边处理时，应先填筑非膨胀性包边土或石灰处置后的膨胀土，然后再填筑膨胀土，两者交替进行。包边土的宽度宜不小于 2m，以一个压路机宽度为宜。 ⑤ 路床采用粗粒料填筑时，应在膨胀土顶面设置 3%～4% 的横坡，并采取防水隔离措施。 (2) 掺灰处理膨胀土时，若土的天然含水率偏高，宜采用生石灰粉处置，掺石灰宜分两次进行。拌和深度应达到该层底部，拌和后的土块粒径应小于 37.5mm。 (3) 路基完成后，应做封层，其厚度应不小于 200mm。横坡应不小于 2%。 (4) 物理处置的膨胀土填筑时的压实度标准应根据试验段与各地的工程经验确定，且压实度应满足不低于重型压实标准的 90%。化学处理后填筑的中等膨胀土、弱膨胀土路基的压实度应符合规定。 (5) 填筑膨胀土路堤时，应及时对路堤边坡及顶面进行防护
3	膨胀土地区路堑开挖	(1) 边坡施工过程中，必要时可采取临时防水封闭措施保持土体原状含水率。 (2) 边坡不得一次挖到设计线，应预留厚度 300~500mm，待路堑完成后，再分段削去边坡预留部分，并立即进行加固和封闭处理
4	膨胀土路堑边坡防护	(1) 路堑边坡防护施工应根据施工能力，分段组织实施。 (2) 采用非膨胀土覆盖置换或设置柔性防护结构进行防护时，边坡覆盖置换厚度应不小于 2.5m 并满足机械压实施工的要求，压实度应不小于 90%。覆盖置换层与下伏膨胀土层之间，应设置排水垫层与渗沟。 (3) 采用植物防护时，不应采用阔叶树种。 (4) 圬工防护时，墙背应设置缓冲层，厚度应不大于 0.5m。支挡结构基础应大于气候影响深度，反滤层厚度应不小于 0.5m。 (5) 路堑边坡防护的防渗层、排水垫层、渗沟、反滤层、圬工结构等不同类型的结构施工工艺应符合规范规定

续表

序号	项目	内容
5	零填和挖方路段路床	(1) 高速公路、一级公路零填和挖方路段路床0.8～1.2m范围的膨胀土应进行换填处理，对强膨胀土路堑，路床换填深度宜加深到1.2～1.5m。在1.5m范围内可见基岩时，应清除至基岩。 (2) 二级公路、三级公路的零填和挖方路段路床0.3m范围的膨胀土应进行换填处理。换填材料为透水性材料时，底部应设置防渗层。二级公路强膨胀土路堑的路床换填深度宜加深至0.5m。 (3) 路堑超挖后应及时进行换填，不得长时间暴露

湿陷性黄土地区路基施工

序号	项目	内容
1	湿陷性黄土地基的处理措施	(1) 基底为非自重湿陷性黄土地基时，地表处理应符合《公路路基施工技术规范》JTG/T 3610—2019中"3.4 地表处理"的相关规定。 (2) 地基处理所用原材料应满足设计要求。石灰宜采用Ⅰ级及以上等级的消石灰；水泥宜选用32.5级以上的普通硅酸盐水泥；土料宜采用塑性指数为7～15的不含有机质的黏质土，土块粒径宜不大于15mm。 (3) 湿陷性黄土地基处理前，应完成截水及临时排水设施，并应完成路堤基底的坑洞和陷穴回填。低洼积水地段或灌溉区的路堤两侧坡脚外5～10m范围内，应采用素土或石灰土填平并压实，并应高出原地表200mm以上，路基两侧不得积水。 (4) 除采用防止地表水下渗的措施外，可根据湿陷性黄土工程特性和工程要求，因地制宜采取换填法、冲击碾压法、强夯法、挤密桩法、桩基础法等措施对地基进行处理。地基处理方法均应进行试验段施工。基底处理场地附近有结构物时，场地边缘与结构物的最小水平安全距离应满足规定要求。冲击碾压或强夯处理段，地基土的压实度、压缩系数和湿陷系数应在施工结束7d后进行检测，强度检验应在15d后进行
2	湿陷性黄土地基的处理方法	(1) 换填法处理湿陷性黄土地基时，宜采用石灰土垫层或水泥土垫层，也可采用素土垫层。石灰土垫层宜采用磨细生石灰粉，石灰剂量或水泥剂量应满足要求。垫层应分层摊铺碾压，每层厚度宜不大于300mm，压实度应符合所在部位的标准要求。 (2) 冲击碾压法处理湿陷性黄土地基时，冲压处理的施工长度应不小于100m；与结构物的安全距离不满足要求时宜开挖隔震沟；地基土的含水率应控制在最佳含水率+3%范围内；应采用排压法进行冲压；过程中应对地基的沉降值、压实度进行检测。 (3) 强夯法处理湿陷性黄土地基时，同一强夯能级宜采用重锤、低落距的方式进行；地基土的含水率宜控制在8%～24%；宜分为主夯、副夯、满夯三遍实施，两遍夯击之间宜有一定的时间间歇；夯点的夯击次数应按试夯得到的夯击次数和夯沉量关系曲线确定；与结构物安全距离不满足要求时应开挖隔震沟。 (4) 挤密桩法处理湿陷性黄土地基，深度在12m之内时，宜采用沉管法成孔，超过12m时，可采用预钻孔法进行成孔；石灰土挤密桩不得采用生石灰；干拌水泥碎石挤密桩所用石屑粒径宜为0～5mm，碎石粒径为5～20mm，含泥量应不大于5%；填料前应夯实孔底；成桩回填应分层投料分层夯击，填料的压实度宜不小于93%；挤密桩完成后，应及时进行桩顶石灰土垫层的施工。 (5) 桩基础法进行湿陷性黄土地基处理时，桩顶的桩帽应采用水泥混凝土现场浇筑，桩顶进入桩帽的长度宜不小于50mm；桩帽顶的加筋石灰土垫层应及时施工，土工格栅应采用绑扎连接，铺设时应拉紧并锚固，铺设后应及时用石灰土覆盖；过程中应对桩位偏差、桩体质量、桩帽质量、土工格栅的原材料及铺设质量、垫层的质量进行检验；有要求时应进行单桩承载力试验，预制桩应在成桩15d后进行，灌注桩应在成桩28d后进行

续表

序号	项目	内容
3	湿陷性黄土路堤填筑	(1) 黄土填料应符合规定。当CBR值不满足要求时,可掺石灰进行改良。 (2) 黄土不得用于路基的浸水部位,老黄土不宜用作路床填料。 (3) 填挖结合处应清除表层土和松散土层,顶部宜开挖成高度不大于2m、宽度不小于2m的多层台阶,并应对台阶进行压实处理。 (4) 黄土碾压时的含水率宜控制在最佳含水率±2%范围内。 (5) 路床区换填非黄土填料时,应按《公路路基施工技术规范》JTG/T 3610—2019中"4.2路床"的要求执行。 (6) 雨水导致的边坡冲沟应挖台阶夯实处理。 (7) 高路堤应采用冲击碾压或强夯方式进行补充压实
4	湿陷性黄土路堑施工	(1) 施工前应对路堑顶两侧有危害的黄土陷穴进行处理,堑顶的裂缝和积水洼地应填平夯实,地表平坦或自然坡倾向路基时应在堑顶设置防渗截水沟或拦水埝。 (2) 接近路床高程时宜顺坡开挖。路床需要处理时,应在处理后进行成形层施工。 (3) 施工中应记录坡面的地层产状及地下水出露情况,存在不利于边坡稳定的状况或发现边坡有变形加剧迹象时,应及时反馈处理。 (4) 路基边沟宜在基底处理后、路床成形层施工前完成
5	地基陷穴处理方法	路基范围内的陷穴,应在其发源地点对陷穴进口进行封填,并截排周围地表水。现有的陷穴,可采用回填夯实、明挖回填夯实、开挖导洞或竖井回填夯实、灌砂、注浆或爆破回填等处理方法。 (1) 路堤坡脚线或路堑坡顶线之外,原地表高侧80m范围内、低侧50m范围内存在的黄土陷穴宜进行处理,对串珠状陷穴与路堑边坡出露陷穴应进行处理,对规定距离以外倾向路基的陷穴宜进行处理。 (2) 陷穴处理前,应对流向陷穴的地表水和地下水采取拦截引排措施。 (3) 采用灌砂法处理的陷穴,地表下0.5m范围内应采用6%~8%的石灰土进行封填并压实。 (4) 对危及路基安全的黄土陷穴,应根据其埋藏深度和大小选用适当的方法进行处理。 (5) 处理后仍暴露在外的陷穴口,应采用石灰土等不透水材料进行防渗处理,防渗层厚度应不小于500mm,穴口表面应高于周围地面

滑坡防治的工程措施

序号	项目	内容
1	滑坡排水	(1) 环形截水沟。 (2) 树枝状排水沟。 (3) 平整夯实滑坡体表面的土层。 (4) 排除地下水:有截水渗沟、支撑渗沟、边坡渗沟、暗沟、平孔等
2	力学平衡	(1) 对于滑坡的处治,应分析滑坡的外表地形、滑动面、滑坡体的构造、滑动体的土质及饱水情况,以了解滑坡体的形式和形成的原因,根据公路路基通过滑坡体的位置、水文、地质等条件,充分考虑路基稳定的施工措施。 (2) 当挖方路基上边坡发生的滑坡不大时,可采用刷方(台阶)减重、打桩或修建挡土墙进行处理以达到路基边坡稳定。 (3) 填方路堤发生的滑坡,可采用反压土方或修建挡土墙等方法处理。 (4) 沿河路基发生滑坡,可修建河流调治构造物(堤坝、丁坝、稳定河床等)及挡土墙方法处理

续表

序号	项目	内容
3	改变滑带土	(1) 焙烧法：利用导洞焙烧滑坡脚部的滑带，使之形成地下"挡墙"而稳定滑坡的一种措施。 (2) 电渗排水：利用电场作用而把地下水排除，达到稳定滑坡的一种方法。 (3) 爆破灌浆法：用炸药爆破破坏滑动面，随之把浆液灌入滑带中以置换滑带水并固结滑带土，从而达到使滑坡稳定的一种治理方法

注：滑坡防治的工程措施主要有排水、力学平衡和改变滑带土三类。在滑坡体未处治之前，严禁在滑坡体抗滑段减载、下滑段加载。滑坡整治不宜在雨期施工。施工时应进行稳定监测、地质编录并核查实际地质情况，发现地质与设计不符、有滑坡迹象或其他异常情况时，应及时反馈处理。滑坡发生时应立即采取应急措施。

滑坡地段路基的施工技术要点

序号	项目	内容
1	截水、排水施工规定	(1) 应在滑坡后缘的稳定地层上，修筑具有防渗功能的环形截水沟、排水沟。 (2) 滑坡体上的裂隙和裂缝应采取灌浆、开挖回填夯实等措施予以封闭，滑坡体的洼地及松散坡面应平整夯实。 (3) 滑坡范围大时，应在滑坡坡面上修筑具有防渗功能的临时或永久排水沟。 (4) 有地下水时，应设置截水渗沟。反滤材料采用碎石时，碎石粒径应符合要求，含泥量应小于3%
2	削坡减载施工规定	(1) 应自上而下逐级开挖，严禁采用爆破法施工。 (2) 开挖坡面不得超挖，开挖面上有裂缝时应予灌浆封闭或开挖夯填。 (3) 支挡及排水工程在边坡上分级实施时，宜开挖一级、实施一级
3	填筑反压施工规定	(1) 反压措施应在滑坡体前缘抗滑段实施。 (2) 反压填料不得堵塞地下水出口，地下排水设施应在填筑反压前完成。反压填料宜予压实。 (3) 应采取措施使受影响的天然河沟保持排水顺畅
4	抗滑支挡工程施工规定	(1) 抗滑支挡工程施工应符合《公路路基施工技术规范》JTG/T 3610—2019 中第6章"路基防护与支挡工程"的有关规定。 (2) 应在滑坡体处于相对稳定的状态下施工，滑坡体具有滑动迹象或已经发生滑动时，应采取反压填筑等措施。 (3) 抗滑桩与挡土墙共同支挡时，应先施作抗滑桩。挡土墙后有支撑渗沟及其他排水工程时应先施工。 (4) 抗滑桩、锚索施工应从两端向滑坡主轴方向逐步推进。 (5) 采用微型钢管桩、山体注浆等加固措施或注浆作为其他处置方案的配套措施时，应采用相应的成孔设备和注浆方式。 (6) 各种支挡结构的基底应置于滑动面以下，并应嵌入稳定地层

1B411020 公路路基防护与支挡

【考点图谱】

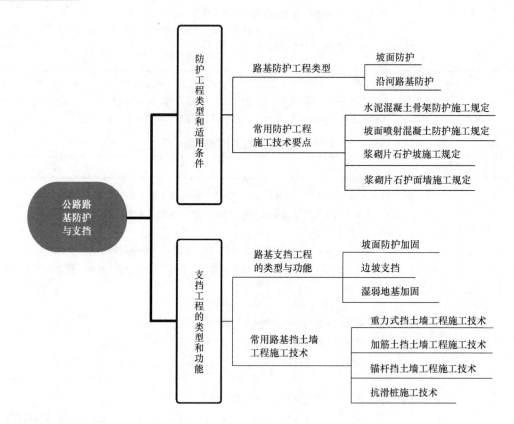

【考点精析】

考点1 防护工程类型和适用条件

路基防护工程类型

序号	项目	内容
1	坡面防护	（1）植物防护：种草、铺草皮、客土喷播、植生袋、三维植物网、植树等。 （2）骨架植物防护：浆砌片石（或混凝土）骨架植草、水泥混凝土空心块护坡、锚杆混凝土框架植草。 （3）圬工防护：喷浆、喷射混凝土、干砌片石护坡、浆砌片（卵）石护坡、浆砌片石护面墙、锚杆钢丝网喷浆或喷射混凝土护坡、封面、捶面。 （4）土工织物防护
2	沿河路基防护	（1）直接防护：植物、砌石、石笼、浸水挡土墙等。 （2）间接防护：丁坝、顺坝等导流构造物以及改移河道

常用防护工程施工技术要点

序号	项目	内容
1	水泥混凝土骨架防护施工规定	(1) 骨架施工前应修整坡面，填补超挖形成或原生的坑洞和空腔。 (2) 混凝土浇筑应从护脚开始，由下而上进行浇筑。浇筑过程中采用插入式振捣器振捣。 (3) 骨架宜完全嵌入坡面内，保证骨架紧贴坡面，防止产生变形或破坏。 (4) 混凝土浇筑完成后应及时养护。养护时间宜不少于14d
2	坡面喷射混凝土防护施工规定	(1) 混凝土强度应满足设计要求。 (2) 作业前应进行试喷，选择合适的水胶比和喷射压力。 (3) 混凝土喷射厚度应符合设计规定，且临时支护厚度宜不小于60mm，永久支护厚度宜不小于80mm。永久支护面钢筋的喷射混凝土保护层厚度应不小于50mm。 (4) 混凝土喷射每层应自下而上进行。当混凝土厚度大于100mm时，宜分两次喷射。在第二次喷射混凝土作业前，应清除结合面上的浮浆和松散碎屑。 (5) 面层表面应抹平、压实修整。 (6) 喷射混凝土面层应在长度方向上每30m设伸缩缝，缝宽10~20mm。 (7) 喷射混凝土初凝后，应立即开始养护。养护时间宜不少于7d。 (8) 喷射混凝土表面质量应密实、平整、无裂缝、脱落、漏喷、漏筋、空鼓和渗漏水等
3	浆砌片石护坡施工规定	(1) 宜在路堤沉降稳定后施工，砌筑前应整平坡面，按设计完成垫层施工。受冻胀影响的土质边坡，护坡底面的碎石或砂砾垫层厚度应不小于100mm。 (2) 片石砌体应分层砌筑，2~3层组成的工作面宜找平。 (3) 所有石块均应坐于新拌砂浆之上。 (4) 每10~15m应设置一道伸缩缝，缝宽宜为20~30mm。基底地质有变化处，应设沉降缝。伸缩缝与沉降缝可合并设置。 (5) 砂浆初凝后，应立即进行养护。砂浆终凝前，砌体应覆盖。 (6) 泄水孔的位置和反滤层的设置应满足设计要求。如设计无要求，应符合下列规定： ① 泄水孔宜为50mm×100mm、100mm×100mm、150mm×200mm的矩形或直径为50~100mm的圆形。 ② 泄水孔间距宜为2~3m，干旱地区可适当加大，渗水量大时应适当加密。上下排泄水孔应交错布置，左右排泄水孔应避开伸缩缝与沉降缝，与相邻伸缩缝间距宜不小于500mm。 ③ 泄水孔应向外倾斜，最下一排泄水孔出口应高出地面或边沟、排水沟及积水地区的常水位0.3m。 ④ 最下面一排泄水孔进水口周围500mm×500mm范围内应设置具有反滤作用的粗粒料，反滤层底部应设置厚度不小于300mm的黏土隔水层
4	浆砌片石护面墙施工规定	(1) 修筑护面墙前，应清除边坡风化层至新鲜岩面。对风化迅速的岩层，清挖到新鲜岩面后应立即修筑护面墙。 (2) 基础施工前应核实地基承载能力和埋深。地基承载能力不足时，应采取加固措施。冰冻地区应埋置在冰冻深度以下至少250mm。 (3) 护面墙背面应与路基坡面密贴，边坡局部凹陷处应挖成台阶后用与墙身相同的圬工砌补，不得回填土石或干砌片石。坡顶护面墙与坡面之间应按设计要求做好防渗处理。 (4) 应按设计要求做好伸缩缝。当护面墙基础修筑在不同岩层上时，应在变化处设置沉降缝。 (5) 泄水孔的位置和反滤层的设置应满足设计要求。 (6) 护面墙防滑坎应与墙身同步施工

考点2　支挡工程的类型和功能

路基支挡工程的类型与功能

序号	项目	内容
1	功能	路基支挡工程的主要功能是支撑天然边坡或人工边坡以保持土体稳定或加强路基强度和稳定性，以及防护边坡在水流变化条件下免遭破坏
2	类型	（1）坡面防护加固：路基防护中均有加固作用。 （2）边坡支挡：包括路基边坡支挡和堤岸支挡。 ① 路基边坡支挡：护肩墙、护坡、护面墙、护脚墙、挡土墙。 ② 堤岸支挡：驳岸、浸水墙、石笼、抛石、护坡、支垛护脚。 （3）湿弱地基加固：碾压密实、排水固结、挤密、化学固结、换填土

重力式挡土墙工程施工技术

序号	项目	内容
1	形式及特点	重力式挡土墙依靠圬工墙体的自重抵抗墙后土体的侧向推力（土压力），以维持土体的稳定，是我国目前最常用的一种挡土墙形式，多用浆砌片（块）石砌筑。缺乏石料地区，有时可用混凝土预制块作为砌体，也可直接用混凝土浇筑，一般不配钢筋或只在局部范围配置少量钢筋。这种挡土墙形式简单、施工方便。可就地取材、适应性强，因而应用广泛。缺点是墙身截面大，圬工数量也大，在软弱地基上修建往往受到承载力的限制，墙高不宜过高。重力式挡土墙墙背形式可分为仰斜、俯斜、垂直、凸形折线（凸折式）和衡重式五种： （1）仰斜墙背所受的土压力较小，用于路堑墙时，墙背与开挖面边坡较贴合，因而开挖量和回填量均较小，但墙后填土不易压实，不便施工。适用于路堑墙及墙趾处地面平坦的路肩墙或路堤墙。 （2）俯斜墙背所受土压力较大，其墙身截面较仰斜墙背的大，通常在地面横坡陡峻时，借助陡直的墙面，俯斜墙背可做成台阶形，以增加墙背与填土间的摩擦力。 （3）垂直墙背的特点，介于仰斜和俯斜墙背之间。 （4）凸折式墙背是由仰斜墙背演变而来，上部俯斜、下部仰斜，以减小上部截面尺寸，多用于路堑墙，也可用于路肩墙。 （5）衡重式墙背在上下墙间设有衡重台，利用衡重台上填土的重量使全墙重心后移，增加了墙身的稳定。因采用陡直的墙面，且下墙采用仰斜墙背，因而可减小墙身高度，减少开挖工作量。适用于山区地形陡峻处的路肩墙和路堤墙，也可用于路堑墙。由于衡重台以上有较大的容纳空间，上墙墙顶加缓冲层后，可作为拦截崩坠石之用
2	施工要求	（1）基坑开挖 ① 基坑开挖宜分段跳槽进行，分段位置宜结合伸缩缝、沉降缝等设置确定。 ② 设计挡土墙基底为倾斜面时，应严格控制基底高程，不得超挖填补。 ③ 土质或易风化软质岩石雨季开挖基坑时，应在基坑挖好后及时封闭坑底。 （2）开挖完成后应及时进行检验，检验合格后应及时进行下道工序施工。 （3）基础施工 ① 施工前应检查基础底面，清除基底表面风化、松软的土石和杂物。 ② 硬质岩石上的浆砌片石基础宜满坑砌筑。浆砌片石底面应卧浆铺砌，立缝要填浆补实，不得有空隙和立缝贯通现象。 ③ 台阶式基础宜与墙体连续砌筑，基底及墙趾台阶转折处不得砌成垂直通缝，砌体与台阶壁间的缝隙砂浆应饱满。

续表

序号	项目	内容
2	施工要求	④ 基础应在基础砂浆强度达到设计强度的75%后及时分层回填夯实。回填应在表面留3%的向外斜坡。 (4) 墙身施工 ① 砌石墙身应分层错缝砌筑，咬缝应不小于砌块长度的1/4，且不得出现贯通竖缝。 ② 片石、砌块应大面朝下砌筑，砌块不应直接接触，间距宜不小于20mm。 ③ 混凝土墙身应水平分层浇筑，分层振捣。分层厚度应不超过300mm。 ④ 混凝土浇筑应连续进行。如间断，间断时间应小于前层混凝土的初凝时间，否则按施工缝处理。 ⑤ 浇筑过程中应有专人检查模板及支撑工作情况，发现问题及时处理。 ⑥ 挡土墙端部伸入路堤或嵌入挖方部分应与墙体同时砌筑。挡土墙顶应找平抹面或勾缝，其与边坡间的空隙应采用黏土或其他材料夯填封闭。 ⑦ 墙身施工完毕后应及时养护。 (5) 伸缩缝与沉降缝内两侧壁应竖直、平齐，无搭叠。缝中防水材料应按设计要求施工。 (6) 挡土墙与桥台、隧道洞门连接处应协调施工，必要时可设置临时支撑，确保与墙相接的填方或山体的稳定。 (7) 挡土墙混凝土或砂浆强度达到设计强度的75%时，应及时进行墙背回填。距墙背0.5～1.0m内，不得使用重型振动压路机碾压。 (8) 墙背填料 ① 宜采用砂性土、卵石土、砾石土或块石土等透水性好、抗剪强度高的材料。 ② 采用黏质土作为填料时，应在墙背设置厚度不小于300mm的砂砾或其他透水性材料排水层。排水层顶部应采用黏质土层封闭，土层厚度宜不小于500mm。 ③ 填料中不得含有有机物、冰块、草皮、树根及生活垃圾。不得使用腐殖土、盐渍土、淤泥、白垩土、硅藻土、生活垃圾及有机物等作为墙背填料

加筋土挡土墙工程施工技术

序号	项目	内容
1	特点	(1) 加筋土挡土墙是在土中加入拉筋，利用拉筋与土之间的摩擦作用，改善土体的变形条件和提高土体的工程特性，从而达到稳定土体的目的。加筋土挡土墙由填料、在填料中布置的拉筋以及墙面板三部分组成。一般应用于地形较为平坦且宽敞的填方路段上，在挖方路段或地形陡峭的山坡，由于不利于布置拉筋，一般不宜使用。 (2) 加筋土是柔性结构物，能够适应地基轻微的变形。加筋土挡土墙的拉筋应按设计采用抗拉强度高、延伸率和蠕变小、抗老化、耐腐蚀和化学稳定性好的材料，表面应有足够的粗糙度。钢拉筋应按设计进行防腐处理。 (3) 加筋土挡土墙施工简便、快速，并且节省劳力和缩短工期，一般包括下列工序：基槽(坑)开挖、地基处理、排水设施、基础浇(砌)筑、构件预制与安装、筋带铺设、填料填筑与压实、墙顶封闭等，其中现场墙面板拼装、筋带铺设、填料填筑与压实等工序是交叉进行的
2	加筋土挡土墙墙身施工规定	(1) 墙背拉筋锚固段填料宜采用具有一定级配、透水性好的砂类土或碎砾石土，土中的粗颗粒不应含有在压实过程中可能破坏拉筋的带尖锐棱角的颗粒。 (2) 拉筋应按设计位置水平铺设在已经整平、压实的土层上，单根拉筋应垂直于面板，多根拉筋应按设计扇形铺设。聚丙烯土工带拉筋安装应平顺，不得打折、扭曲，不得与硬质、棱角填料直接接触，其他要求应符合现行《公路土工合成材料应用技术规范》JTG/T D32—2012的相关规定。

续表

序号	项目	内容
2	加筋土挡土墙墙身施工规定	(3) 墙面板安设应根据高度和填料情况设置适当的仰斜,斜度宜为 $1:0.05 \sim 1:0.02$。安设好的面板不得外倾。 (4) 拉筋与面板之间的连接应牢固,连接部位强度应不低于拉筋强度。拉筋贯通整个路基时,宜采用单根拉筋拉住两侧面板。 (5) 填料摊铺、碾压应从拉筋中部开始平行于墙面进行,不得平行于拉筋方向碾压。应先向拉筋尾部逐步摊铺、压实,然后再向墙面方向进行。 (6) 路基施工分层厚度及每层碾压遍数,应根据拉筋间距、碾压机具和密实度要求,通过试验确定,不得使用羊足碾碾压。靠近墙面板 1m 范围内,应使用小型机具夯实或人工夯实,不得使用重型压实机械压实。严禁车辆在未经压实的填料上行驶。 (7) 施工过程中应加强对墙身变形的观测,发现异常变化应及时处理

锚杆挡土墙工程施工技术

序号	项目	内容
1	特点及适用条件	(1) 锚杆挡土墙是利用锚杆技术形成的一种挡土结构物。锚杆一端与工程结构物连接,另一端通过钻孔、插入锚杆、灌浆、养护等工序锚固在稳定的地层中,以承受土压力对结构物所施加的推力,从而利用锚杆与地层间的锚固力来维持结构物的稳定。 (2) 锚杆挡土墙的优点是结构重量轻,节约大量的圬工和节省工程投资;利于挡土墙的机械化、装配化施工,提高劳动生产率;少量开挖基坑,克服不良地基开挖的困难,并利于施工安全。锚杆挡土墙缺点是施工工艺要求较高,要有钻孔、灌浆等配套的专用机械设备,且要耗用一定的钢材。 (3) 锚杆挡土墙适用于缺乏石料的地区和挖基困难的地段,一般用于岩质路堑路段,但其他具有锚固条件的路堑墙也可使用,还可应用于陡坡路堤。壁板式锚杆挡土墙多用于岩石边坡防护
2	锚杆挡土墙的类型	锚杆挡土墙由于锚固地层、施工方法、受力状态以及结构形式等的不同,有各种各样的形式。按墙面的结构形式可分为柱板式锚杆挡土墙和壁板式锚杆挡土墙: (1) 柱板式锚杆挡土墙是由挡土板、肋柱和锚杆组成,肋柱是挡土板的支座,锚杆是肋柱的支座,墙后的侧向土压力作用于挡土板上,并通过挡土板传给肋柱,再由肋柱传给锚杆,由锚杆与周围地层之间的锚固力,即锚杆抗拔力使之平衡,以维持墙身及墙后土体的稳定。 (2) 壁板式锚杆挡土墙是由墙面板(壁面板)和锚杆组成,墙面板直接与锚杆连接,并以锚杆为支撑,土压力通过墙面板传给锚杆,后者则依靠锚杆与周围地层之间的锚固力(即抗拔力)抵抗土压力,以维持挡土墙的平衡与稳定
3	锚杆挡土墙施工	锚杆挡土墙施工工序主要有基坑开挖、基础浇(砌)筑、锚杆制作、钻孔、锚杆安放与注浆锚固、肋柱和挡土板预制、肋柱安装、挡土板安装、墙后填料填筑与压实等: (1) 施工时应针对地层和岩石特点,采用与其相适配并能斜孔钻进的钻机,并根据岩质选择钻头。 (2) 锚孔直径应满足设计要求,钻孔时宜保持孔壁粗糙。 (3) 挡土板和锚杆的施工应逐层由下向上同步进行,挡土板之间的安装缝应均匀,缝宽宜小于 10mm。同一肋柱上两相邻跨的挡土板搭接处净间距宜不小于 30mm,并应按施工缝处理。

续表

序号	项目	内容
3	锚杆挡土墙施工	(4) 挡土板安装时应防止与肋柱相撞，避免损坏角隅或开裂。 (5) 挡土板后的防排水设施及反滤层应与挡土板安装同步进行

抗滑桩

序号	项目	内容
1	附属工作	(1) 抗滑桩施工前，应采取卸载、反压、排水等措施使滑坡体保持基本稳定，严禁在滑坡急剧变形阶段进行抗滑桩施工。 (2) 施工期间应根据实际地质情况考虑开挖时的预加固措施。应整平孔口地面，并设置地表截、排水及防渗设施。应设置滑坡变形、移动监测点，并进行连续观测。 (3) 雨期施工时，应在孔口搭设雨棚，做好锁口，孔口地面上应加筑适当高度的围埂
2	开挖及支护规定	(1) 相邻桩不得同时开挖。开挖桩群应从两端沿滑坡主轴间隔开挖，桩身强度达到设计强度的75%后方可开挖邻桩。 (2) 开挖应分节进行。分节不宜过长，每节宜为0.5~1.0m。不得在土石层变化处和滑动面处分节。 (3) 应开挖一节、支护一节。灌注前应清除孔壁上的松动石块、浮土。围岩松软、破碎、有水时，护壁宜设泄水孔。 (4) 开挖应在上一节护壁混凝土终凝后进行，护壁混凝土模板支撑应在混凝土强度达到能保持护壁结构不变形后方可拆除。 (5) 在围岩松软、破碎和有滑动面的节段，应在护壁内顺滑动方向设置临时横撑加强支护，并观察其受力情况，及时进行加固。 (6) 开挖时应采取照明、排水等措施，保证施工安全。挖除的渣土弃渣不得堆放在滑坡范围内
3	桩身混凝土施工规定	(1) 灌注前，应检查断面净空，清洗混凝土护壁。 (2) 钢筋笼搭接接头不得设在土石分界和滑动面处。钢筋保护层厚度应满足设计要求。 (3) 灌注应连续进行，不得中断
4	桩板式抗滑挡土墙施工规定	(1) 挡土板应在桩身混凝土达到设计强度后安装。挡土板安装时，应边安装边回填，并做好挡土板后排水设施。 (2) 桩间采用土钉墙或喷锚支护时，桩间土体应分层开挖、分层加固。 (3) 应严格控制墙背填土的压实度，压实时应保护好锚索
5	其他规定	(1) 桩基开挖过程中，应随时核对滑动面情况，及时进行岩性资料编录。当实际情况与设计不符时，应及时反馈处理。 (2) 桩间支挡结构及与桩相邻的挡土、排水设施等应与抗滑桩正确连接，配套完成。 (3) 施工过程中应对地下水位、滑坡体位移和变形进行监测

1B411030　公路工程施工综合排水

【考点图谱】

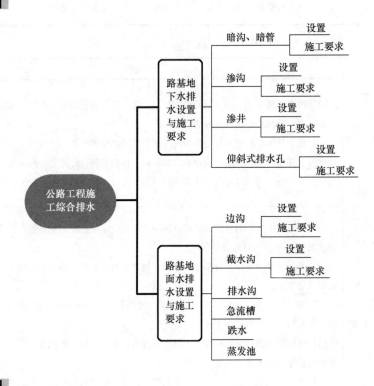

【考点精析】

考点1　路基地下水排水设置与施工要求

暗沟、暗管

序号	项目	内容
1	设置	路基基底范围有泉水外涌时，宜设置暗沟（管）将水引排至路堤坡脚外或路堑边沟内
2	施工要求	（1）沟底应埋入不透水层内，沟壁最低一排渗水孔应高出沟底200mm以上。进口应采取截水措施。 （2）暗沟、暗管设在路基侧面时，宜沿路线方向布置。 （3）暗沟、暗管设在低洼地带或天然沟谷时，宜沿沟谷走向布置。 （4）寒冷地区的暗沟应做好防冻保温处理，出水口坡度宜不小于5％。 （5）暗沟采用混凝土或浆砌片石砌筑时，在沟壁与含水层接触面应设置一排或多排向沟中倾斜的渗水孔，沟壁外侧应填筑粗粒透水性材料或土工合成材料形成反滤层。沿沟槽底每隔10～15m或在软、硬岩层分界处应设置沉降缝和伸缩缝。 （6）暗沟顶面应设置混凝土盖板或石料盖板，板顶上填土厚度应不小于500mm。 （7）暗管宜使用钢筋混凝土圆管、PVC管、钢波纹管等材料，在管壁与含水层接触面应设置渗水孔，沟壁外侧应填筑粗粒透水性材料或设置土工合成材料形成反滤层。 （8）暗沟、暗管及检查井应采用透水性材料分层回填，层厚宜不大于150mm，材料粒径宜不大于50mm

渗沟

序号	项目	内容
1	设置	(1) 有地下水出露的挖方路基、斜坡路堤、路基填挖交替地段，当地下水埋藏浅或无固定含水层时，为降低地下水位或拦截地下水，可在地面以下设置渗沟。渗沟有填石渗沟、管式渗沟和洞式渗沟、边坡渗沟、支撑渗沟等。 (2) 填石渗沟通常为矩形或梯形，在渗沟的底部和中间用较大碎石或卵石（粒径3～5cm）填筑，在碎石或卵石的两侧和上部，按一定比例分层（层厚约15cm），填较细颗粒的粒料（中砂、粗砂、砾石），做成反滤层，逐层的粒径比例，由下至上大致按4:1递减。砂石料颗粒小于0.15mm的含量不应大于5%。用土工合成材料包裹有孔的硬塑管时，管四周填以大于塑管孔径的等粒径碎、砾石，组成渗沟。顶部做封闭层，用双层反铺草皮或其他材料（如土工合成的防渗材料）铺成，并在其上夯填厚度不小于0.5m的黏土防水层。 (3) 管式渗沟适用于地下水引水较长、流量较大的地区。当管式渗沟长度100～300m时，其末端宜设横向泄水管分段排除地下水。 (4) 洞式渗沟适用于地下水流量较大的地段，洞壁宜采用浆砌片石砌筑，洞顶应用盖板覆盖，盖板之间应留有空隙，使地下水流入洞内，洞式渗沟的高度要求同管式渗沟。 (5) 边坡渗沟用于疏干潮湿边坡和引排边坡上局部出露的上层滞水或泉水，并起支撑边坡作用。边波渗沟适用于坡度不陡于1:1的土质路堑边坡，也常用于加固潮湿的容易发生表土坍塌的土质路堤边坡。 (6) 支撑渗沟是指路堑边坡有滑动可能，在坡脚砌筑一个渗沟，此渗沟起排水和支撑坡体的作用
2	施工要求	(1) 渗沟应设置排水层、反滤层和封闭层。 (2) 渗水材料应采用洁净的砂砾、粗砂、碎石、片石，其中粒径小于2mm的颗粒含量不得大于5%。渗沟沟壁反滤层应采用透水土工织物或中粗砂，渗水管可选用带孔的HPPE管、PVC管、PE管、软式透水管、无砂混凝土管等。 (3) 渗沟宜从下游向上游分段开挖，开挖作业面应根据土质选用合理的支撑形式，并应边挖边支撑，渗水材料应及时回填。 (4) 渗水材料的顶面不得低于原地下水位。当用于排除层间水时，渗沟底部应埋置在最下面的不透水层。在冰冻地区，渗沟埋置深度不得小于当地最小冻结深度，渗沟出口应进行防冻处理。 (5) 渗沟基底应埋入不透水层内不小于0.5m，沟壁的一侧应设反滤层汇集水流，另一侧用黏土夯实或用浆砌片石拦截水流。渗沟沟底不能埋入不透水层时，两侧沟壁均应设置反滤层。 (6) 粒料反滤层应分层填筑。坑壁土质为黏质土、粉砂、细砂，采用无砂混凝土板作反滤层时，在无砂混凝土板的外侧，应加设100～150mm厚的中粗砂或渗水土工织物。 (7) 渗沟顶部封闭层宜采用干砌片石水泥砂浆勾缝或浆砌片石等，寒冷地区应设保温层，并加大出水口附近纵坡。保温层可采用炉渣、砂砾、碎石或草皮等。 (8) 路基基底的填石渗沟，应采用水稳性好的石料，其饱水抗压强度应不小于30MPa，粒径应为100～300mm。 (9) 管式渗沟宜间隔一定距离设置疏通井和横向泄水管，分段排除地下水。渗水孔应在管壁上交错布置，间距宜不大于200mm。 (10) 洞式渗沟顶部应设置封闭层，厚度应不小于500mm。 (11) 边坡渗沟的基底应设置在潮湿土层以下的干燥地层内，阶梯式泄水坡坡度宜为2%～4%，基底应铺砌防渗层，沟壁应设反滤层，其余部分用透水性材料填充。

续表

序号	项目	内容
2	施工要求	(12) 支撑渗沟的基底埋入滑动面以下宜不小于500mm，排水坡度宜为2%～4%。当滑动面缓时，可做成台阶式支撑渗沟，台阶宽度宜不小于2m。渗沟侧壁及顶面宜设反滤层。出水口宜设置端墙。端墙内的出水口底高程，应高于地表排水沟常水位200mm以上，寒冷地区宜不小于500mm。承接渗沟排水的排水沟应进行加固

渗井

序号	项目	内容
1	设置	当地下水埋藏深或为固定含水层时，可采用渗水隧洞、渗井。渗井宜用于地下含水层较多，但路基水量不大，且渗沟难以布置的地段，将地面水或地下水经渗井通过下透水层中的钻孔流入下层透水层中排除
2	施工要求	(1) 渗井应边开挖边支撑，并应采取照明、通风、排水措施。 (2) 填充料应在开挖完成后及时回填。不同区域的填充料应采用单一粒径分层填筑，小于2mm的颗粒含量不得大于5%。透水层范围宜填碎石或卵石，不透水范围宜填粗砂或砾石。井壁与填充料之间应设反滤层，填充料与反滤层应分层同步施工。 (3) 渗井顶部四周应采用黏土填筑围护，并应加盖封闭

仰斜式排水孔

序号	项目	内容
1	设置	当坡面有集中地下水时，可设置仰斜式排水孔。仰斜式排水孔排出的水宜引入路堑边沟排除
2	施工要求	(1) 钻孔成孔直径宜为75～150mm，仰角宜不小于6°，孔深应伸至富水部位或潜在滑动面。 (2) 排水管直径宜为50～100mm，渗水孔宜梅花形排列，渗水段及渗水管端头宜裹1～2层透水无纺土工布。 (3) 排水管安装就位后，应采用不透水材料堵塞钻孔与渗水管出水口段之间的间隙，长度宜不小于600mm

考点2 路基地面水排水设置与施工要求

边沟

序号	项目	内容
1	设置	(1) 挖方地段和填土高度小于边沟深度的填方地段均应设置边沟。路堤靠山一侧的坡脚应设置不渗水的边沟。 (2) 为了防止边沟漫溢或冲刷，在平原区和重丘山岭区，边沟应分段设置出水口，多雨地区梯形边沟每段长度不宜超过300m，三角形边沟不宜超过200m

续表

序号	项目	内容
2	施工要求	(1) 平曲线处边沟施工时，沟底纵坡应与曲线前后沟底纵坡平顺衔接，不允许曲线内侧有积水或外溢现象发生。曲线外侧边沟应适当加深，其增加值等于超高值。 (2) 边沟的加固：土质地段当沟底纵坡大于3％时应采取加固措施；采用干砌片石对边沟进行铺砌时，应选用有平整面的片石，各砌缝要用小石子嵌紧；采用浆砌片石铺砌时，砌缝砂浆应饱满，沟身不漏水；若沟底采用抹面时，抹面应平整压光

截水沟

序号	项目	内容
1	设置	(1) 在无弃土堆的情况下，截水沟的边缘离开挖方路基坡顶的距离视土质而定，以不影响边坡稳定为原则。如系一般土质至少应离开5m，对黄土地区不应小于10m并应进行防渗加固。截水沟挖出的土，可在路堑与截水沟之间修成土台并夯实，台顶应筑成2％倾向截水沟的横坡。 (2) 路基上方有弃土堆时，截水沟应离开弃土堆脚1～5m，弃土堆坡脚离开路基挖方坡顶不应小于10m，弃土堆顶部应设2％倾向截水沟的横坡。 (3) 山坡上路堤的截水沟离开路堤坡脚至少2.0m，并用挖截水沟的土填在路堤与截水沟之间，修筑向沟倾斜坡度为2％的护坡道或土台，使路堤内侧地面水流入截水沟排出
2	施工要求	(1) 截水沟长度超过500m时应选择适当的地点设出水口，将水引至山坡侧的自然沟中或桥涵进水口，截水沟必须有牢靠的出水口，必要时须设置排水沟、跌水或急流槽。截水沟的出水口必须与其他排水设施平顺衔接。 (2) 截水沟应先行施工，与其他排水设施衔接时应平顺，纵坡宜不小于0.3％。不良地质路段、土质松软路段、透水性大或岩石裂隙多的路段的截水沟沟底、沟壁、出水口应进行防渗及加固处理

排水沟、急流槽、跌水、蒸发池的施工规定

序号	项目	内容
1	排水沟	(1) 排水沟线形应平顺，转弯处宜为弧线形。 (2) 排水沟的出水口应设置跌水或急流槽，水流应引出路基或引入排水系统
2	急流槽	(1) 基础应嵌入稳固的基面内，底面应按设计要求砌筑抗滑平台或凸榫。对超挖、局部坑洞，应采用相同材料与急流槽同时施工。 (2) 浆砌片石砌体应砂浆饱满，砌缝应不大于40mm，槽底表面应粗糙。 (3) 急流槽应分节砌筑，分节长度宜为5～10m，接头处应采用防水材料填缝。混凝土预制块急流槽，分节长度宜为2.5～5.0m，接头应采用榫接。 (4) 急流槽进水口的喇叭形水簸箕应与排水设施衔接平顺，汇集路面水流的水簸箕底口不得高于接口的路肩表面
3	跌水	(1) 跌水槽施工应符合急流槽的有关规定。 (2) 无消力池的跌水，其台阶高度应小于600mm，每个台阶高度与长度之比应与原地面坡度相协调。 (3) 消力池的基底应采取防渗措施

续表

序号	项目	内容
4	蒸发池	(1) 蒸发池与路基之间的距离应满足路基稳定要求。 (2) 底面与侧面应采取防渗措施。 (3) 池底宜设 0.5% 的横坡，入口处应与排水沟平顺连接。 (4) 蒸发池应远离村镇等人口密集区，四周应采用隔离栅进行围护，高度应不低于 1.8m，并设置警示牌

1B411040 公路工程施工测量技术

【考点图谱】

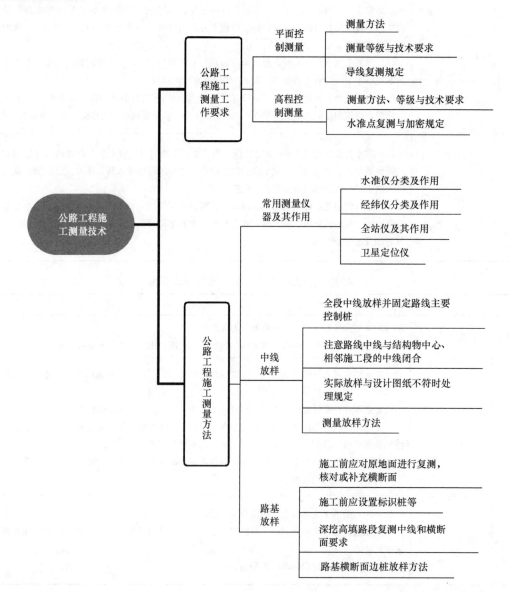

【考点精析】

考点1 公路工程施工测量工作要求

平面控制测量

序号	项目	内容
1	方法	平面控制测量应采用卫星定位测量、导线测量、三角测量或三边测量方法进行
2	导线复测规定	(1) 导线测量精度应符合规范的规定。 (2) 原有导线点不能满足施工需要时,应增设满足相应精度要求的附合导线点。 (3) 同一建设项目内相邻施工段的导线应闭合,并满足同等级精度要求。 (4) 可能受施工影响的导线点,施工前应加固或改移,并应保持其精度。 (5) 导线桩点应进行不定期检查和定期复测,复测周期应不超过6个月

高程控制测量

序号	项目	内容
1	方法	高程测量应采用水准测量或三角高程测量的方法
2	水准点复测与加密规定	(1) 水准点精度应符合规范的规定。 (2) 同一建设项目应采用同一高程系统,并应与相邻项目高程系统相衔接。 (3) 沿路线每500m宜有一个水准点,高速公路、一级公路宜加密,每200m有一个水准点。在结构物附近、高填深挖路段、工程量集中及地形复杂路段,宜增设水准点。临时水准点应符合相应等级的精度要求,并与相邻水准点闭合。 (4) 对可能受施工影响的水准点,施工前应加固或改移,并应保持其精度。 (5) 水准点应进行不定期检查和定期复测,复测周期应不超过6个月

考点2 公路工程施工测量方法

常用测量仪器及其作用

序号	项目	内容
1	水准仪分类及作用	(1) 水准仪按结构不同可分为微倾水准仪、自动安平水准仪、激光水准仪、数字水准仪,水准仪按工作原理不同可分为电子水准仪和光学水准仪,按精度不同可分为普通水准仪和精密水准仪。DS05级和DS1级水准仪称为精密水准仪,用于国家一、二等精密水准测量及地震监测。DS3级和DS10级水准仪称为普通水准仪,用于国家三、四等水准测量以及一般工程水准测量。公路工程测量中一般使用DS3级水准仪。 (2) 水准仪用于水准测量,水准测量是利用水准仪提供的一条水平视线,借助带有刻度的尺子,测量出两地面点之间的高差,然后根据测得的高差和已知点的高程,推算出另一个点的高程
2	经纬仪分类及作用	(1) 经纬仪根据度盘刻度和读数方式的不同可分为游标经纬仪、光学经纬仪和电子经纬仪,按精度不同可分为DJ07、DJ1、DJ2、DJ6和DJ10等,数字07、1、2、6、10表示该仪器精度,07、1、2的属于精密经纬仪,6的属于普通经纬仪。

续表

序号	项目	内容
2	经纬仪分类及作用	(2) 经纬仪是进行角度测量的主要仪器，它包括水平角测量和竖直角测量。另外，经纬仪兼有低精度的间接测距和测定高差以及高精度的定线的辅助功能
3	全站仪及其作用	(1) 全站型电子速测仪简称全站仪，它是一种集自动测距、测角、计算和数据自动记录及传输功能于一体的自动化、数字化及智能化的三维坐标测量与定位系统。是目前公路施工单位进行测量和放样的主要仪器。 (2) 全站仪的功能是测量水平角、竖直角和斜距，借助于机内固化的软件，可以组成多种测量功能，如可以计算并显示平距、高差以及镜站点的三维坐标，进行偏心测量、悬高测量、对边测量、面积计算等
4	卫星定位仪	(1) 卫星定位仪就是基于卫星定位系统的一种定位仪器，一般可用于对人、对物的位置定位。卫星定位仪在我国主要有 GPS 卫星定位仪和北斗卫星定位仪两大类。 (2) 公路工程的测量主要应用了 GPS 的两大功能：静态功能和动态功能。静态功能是通过接收到的卫星信息，确定地面某点的三维坐标；动态功能是通过卫星系统，把已知的三维坐标点位，实地放样地面上。在公路施工中，GPS 可用于隧道控制测量、特大桥控制测量，也可用于公路中线、边桩的施工放样

中线放样

序号	项目	内容
1	一般规定	路基开工前，应进行全段中线放样并固定路线主要控制桩，如交点、转点、圆曲线和缓和曲线的起讫点等，宜采用坐标法进行测量放样。 中线放样时，应注意路线中线与结构物中心、相邻施工段的中线闭合，发现问题应及时查明原因，进行处理。 实际放样与设计图纸不符时，应查明原因后进行处理
2	测量放样方法	(1) 传统法放样 ① 切线支距法：在没有全站仪的情况下，利用经纬仪和钢尺，以曲线起（终）点为直角坐标原点，计算出待放点 x、y 坐标，进行放样的一种方法。 ② 偏角法：在没有全站仪的情况下，利用经纬仪和钢尺，以曲线起（终）点为极坐标极点，计算出待放点偏角 Δ 和距离 d，进行放样的一种方法。 (2) 坐标法放样 根据设计单位布设的导线点和设计单位提供的逐桩坐标表进行放样的一种方法。 (3) GPS-RTK 技术放样 ① GPS 载波相位差分技术又称为 RTK 技术，是将两个测站的载波相位进行实时处理，及时解算出观测点的三维坐标或地方平面直角坐标，并达到厘米级的精度。 ② GPS-RTK 技术用于道路中线的施工放样，其作业效率较高，降低了作业条件要求，可全天候作业，定位精度高，没有误差累计，操作比较简便，有极强的数据处理能力，自动化、集成化程度高，可快速测设出道路中线上各里程桩位置。GPS-RTK 技术具有多种放样功能。 ③ 在进行道路中线施工放样之前，首先要计算出线路上里程桩的坐标，然后才能用 GPS-RTK 的放样功能解算放样点的平面位置。 ④ GPS-RTK 技术用于中线放样，无须沿途布设图根控制点，从而减少施工控制网的布设密度，节约经费，节省时间，其无须通视等优点和可以单人作业更显示出其优越性

路基放样

序号	项目	内容
1	一般规定	(1) 施工前应对原地面进行复测，核对或补充横断面。 (2) 施工前应设置标识桩，将路基用地界、路堤坡脚、路堑坡顶、取土坑、护坡道、弃土堆等的具体位置标识清楚。 (3) 深挖高填路段，每挖填一个边坡平台或者3~5m，应复测中线和横断面
2	路基横断面边桩放样方法	(1) 图解法：一般用于较低等级的公路路基边桩放样。 (2) 计算法：主要用于公路平坦地形或地面横坡较均匀一致地段的路基边桩放样。 (3) 渐近法：精度高，适用于各级公路。 (4) 坐标法：适用于高等级公路

1B411050　路基工程质量通病及防治措施

【考点图谱】

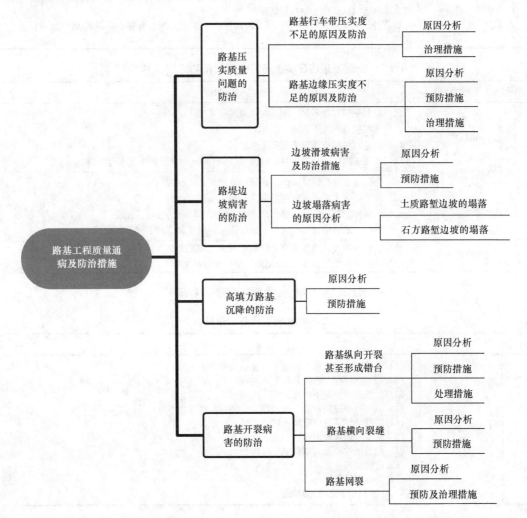

【考点精析】

考点1 路基压实质量问题的防治

路基行车带压实度不足的原因及防治

序号	项目	内容
1	原因分析	路基施工中压实度不能满足质量标准要求,甚至局部出现"弹簧"现象,主要原因是: (1) 压实遍数不合理。 (2) 压路机质量偏小。 (3) 填土松铺厚度过大。 (4) 碾压不均匀,局部有漏压现象。 (5) 含水率大于最佳含水率,特别是超过最佳含水率两个百分点,造成弹簧现象。 (6) 没有对上一层表面浮土或松软层进行处治。 (7) 土场土质种类多,出现异类土壤混填;尤其是透水性差的土壤包裹透水性好的土壤,形成了水囊,造成"弹簧"现象。 (8) 填土颗粒过大(>10cm),颗粒之间空隙过大,或采用不符合要求的填料(天然稠度小于1.1,液限大于40,塑性指数大于18)
2	治理措施	(1) 清除碾压层下软弱层,换填良性土壤后重新碾压。 (2) 对产生"弹簧"现象的部位,可将其过湿土翻晒,拌合均匀后重新碾压,或挖除换填含水率适宜的良性土壤后重新碾压。 (3) 对产生"弹簧"且急于赶工的路段,可掺生石灰粉翻拌,待其含水率适宜后重新碾压

路基边缘压实度不足的原因及防治

序号	项目	内容
1	原因分析	(1) 路基填筑宽度不足,未按超宽填筑要求施工。 (2) 压实机具碾压不到边。 (3) 路基边缘漏压或压实遍数不够。 (4) 采用三轮压路机碾压时,边缘带(0~75cm)碾压频率低于行车带
2	预防措施	(1) 路基施工应按设计的要求进行超宽填筑。 (2) 控制碾压工艺,保证机具碾压到边。 (3) 认真控制碾压顺序,确保轨迹重叠宽度和段落搭接超压长度。 (4) 提高路基边缘带压实遍数,确保边缘带碾压频率高于或不低于行车带
3	治理措施	校正路脚线位置,路基填筑宽度不足时,返工至满足设计和规范要求(注意:亏坡补宽时应开蹬填筑,严禁贴坡),控制碾压顺序和碾压遍数

考点2 路堤边坡病害的防治

边坡滑坡病害及防治措施

序号	项目	内容
1	原因分析	(1) 设计对地震、洪水和水位变化影响考虑不充分。 (2) 路基基底存在软土且厚度不均。 (3) 换填土清淤不彻底。 (4) 填土速率过快;施工沉降观测、侧向位移观测不及时。 (5) 路基填筑层有效宽度不够,边坡二期贴补。 (6) 路基顶面排水不畅。 (7) 用透水性较差的填料填路堤处理不当。 (8) 边坡植被不良。 (9) 未处理好填挖交界面。 (10) 路基处于陡峭的斜坡面上

续表

序号	项目	内容
2	预防措施	(1) 路基设计时,充分考虑使用年限内地震、洪水和水位变化给路基稳定带来的影响。 (2) 软土处理要到位,及时发现暗沟、暗塘并妥善处治。 (3) 加强沉降观测和侧向位移观测,及时发现滑坡苗头。 (4) 掺加稳定剂提高路基层位强度,酌情控制填土速率。 (5) 路基填筑过程中严格控制有效宽度。 (6) 加强地表水、地下水的排除,提高路基的水稳定性。 (7) 减轻路基滑体上部重量或采用支挡、锚拉工程维持滑体的力学平衡;同时设置导流、防护设施,减少洪水对路基的冲刷侵蚀。 (8) 原地面坡度大于12%的路段,应采用纵向水平分层法施工,沿纵坡分层,逐层填压密实。 (9) 用透水性较差的土填筑于路堤下层时,应做成4%的双向横坡;如用于填筑上层时,除干旱地区外,不应覆盖在由透水性较好的土所填筑的路堤边坡

边坡塌落病害的原因分析

序号	项目	内容
1	土质路堑边坡的塌落	(1) 由于边坡土质属于很容易变松的砂类土、砾类土以及受到雨水浸入后易于失稳的土,而在设计或施工时采用了较小的边坡坡度。 (2) 较大规模的崩塌,一般多产生在高度大于30m,坡度大于45°(大多数介于55°~70°)的地形条件。 (3) 上缓下陡的凸坡和凹凸不平的陡坡。 (4) 暴雨、久雨或强震之后,雨水渗入土体,一方面会增加边坡土体的重量,另一方面能使裂隙中的填充物或岩体中的某些软弱夹层软化,产生静水压及动水压,使斜坡岩体的稳定性降低,或者由于流水冲掏下部坡脚,削弱斜坡的支撑部分,或者由于地震改变了坡体的稳定性及平衡状态而发生边坡塌落。 (5) 在多年冰冻地区,由于开挖路基,使含有大量冰体的多年冻土溶解,引起路堑边坡坍塌
2	石方路堑边坡的塌落	(1) 排水措施不当或施工不及时造成地表水和地下水。地表水不易排除(如坡顶上截水沟存水、渗水、漏水等),甚至形成积水向下渗透,水分沿裂隙渗入岩层,降低了岩性间的黏聚力和摩擦力,增加了岩体的重量,促使了崩塌、滑坡的发生,或由于水的浸蚀而影响了岩堆的稳定性。 (2) 大爆破施工,施工时路堑开挖过深、过陡,或由于切坡使软弱结构面暴露,使边坡岩体推动支撑;由于坡顶不恰当的弃土,增加了坡体重量

考点3 高填方路基沉降的防治

高填方路基沉降的防治

序号	项目	内容
1	表现	高填方路堤的沉降表现为均匀沉降和不均匀沉降。均匀沉降一般发生在自然环境基本一致,如路线通过地质、地形、地下水和地表水变化不大,并且路基用土、机械设备、施工管理、质量控制等方面无显著变化的路段。不均匀沉降一般发生在地质、地形、地下水、地表水、填挖结合部及筑路材料发生显著变化处

续表

序号	项目	内容
2	原因分析	（1）路基施工前未认真设置纵、横向排水系统或排水系统不畅通，长期积水浸泡路基而使地基和路基土承载力降低，导致沉降发生。 （2）原地面处理不彻底，如未清除草根、树根、淤泥等不良土壤，地基压实度不足等因素，在静、动荷载的作用下，使路基沉降变形。 （3）在高填方路堤施工中，未严格按分层填筑分层碾压工艺施工，路基压实度不足而导致路基沉降变形。 （4）不良地质路段未予以处理而导致路基沉降变形。 （5）路基纵、横向填挖交界处未按规范要求挖台阶，原状土和填筑土密度不同，衔接不良而导致路基不均匀沉降。 （6）填筑路基时，未全断面范围均匀分层填筑，而是先填半幅，后填另半幅而发生不均匀沉降。 （7）施工中路基土含水率控制不严，导致压实度不足，而产生不均匀沉降。 （8）施工组织安排不当，先施工低路堤，后施工高填方路基。往往高填方路堤施工完成后就立即铺筑路面，路基没有足够的时间固结，而使路面使用不久就破坏。 （9）高填方路基在分层填筑时，没有按照相关规范要求的厚度进行铺筑，随意加厚铺筑厚度；压实机具按规定的碾压遍数压实时，压实度达不到规范规定的要求，当填筑到路基设计高程时，必然产生累计的沉降变形，在重复荷载与填料自重作用下产生下沉。 （10）路堤填料土质差，填料中混进了种植土、腐殖土或泥沼土等劣质土，由于土壤中有机物含量多、抗水性差、强度低等特性的作用，路堤将出现塑性变形或沉陷破坏
3	预防措施	（1）做好施工组织设计，合理安排各施工段的先后顺序，明确构造物和路基的衔接关系，尤其对高填方段应优先安排施工，给高填方路堤留有足够的时间施工和沉降。 （2）基底承载力应满足设计要求。特殊地段或承载力不足的地基应按设计要求进行处理。 （3）填筑路基前，疏通路基两侧纵横向排水系统，避免路基受水浸泡。 （4）严格选取路基填料用土。宜优先采用强度高、水稳性好的材料，或采用轻质材料。受水淹浸的部分，应采用水稳性和透水性均好的材料。土质应均匀一致，不得混杂，剔除超大颗粒填料，保证各点密实度均匀一致。尽量选择集中取土，避免沿线取土。 （5）路堤填筑方式应采用水平分层填筑，即按照横断面全宽分层逐层向上填筑。每层应保证层面平整，便于各点压实均匀一致。 （6）合理确定路基填筑厚度，分层松铺厚度一般控制在 30cm。当采用大吨位压路机碾压时，增加分层厚度，必须要有足够的试验数据证明压实效果，同时须征得监理工程师的同意，方可施工。 （7）控制路基填料含水率。 （8）选择合适的压实机具，重型轮胎压路机和振动压路机效果比较好。 （9）做好压实度的检测工作。 （10）对于填挖结合部，应彻底清除结合部的松散软弱土质，做好换土、排水和填前碾压工作，按设计要求从上到下挖出台阶，清除松方后逐层碾压，确保填挖结合部的整体施工质量。 （11）施工过程中宜进行沉降观测，按照设计要求控制填筑速率

考点4　路基开裂病害的防治

路基纵向开裂甚至形成错台

序号	项目	内容
1	原因分析	(1) 清表不彻底，路基基底存在软弱层或坐落于古河道处。 (2) 沟、塘清淤不彻底，回填不均匀或压实度不足。 (3) 路基压实不均。 (4) 旧路利用路段，新旧路基结合部未挖台阶或台阶宽度不足。 (5) 半填半挖路段未按规范要求设置台阶并压实。 (6) 使用渗水性、水稳性差异较大的土石混合料时，错误地采用了纵向分幅填筑。 (7) 高速公路因边坡过陡、行车渠化、交通频繁振动而产生滑坡，最终导致纵向开裂
2	预防措施	(1) 应认真调查现场并彻底清表，及时发现路基底暗沟、暗塘，消除软弱层。 (2) 彻底清除沟、塘淤泥，并选用水稳性好的材料严格分层回填，严格控制压实度满足设计要求。 (3) 提高填筑层压实均匀度。 (4) 半填半挖路段，地面横坡大于1:5及旧路利用路段，应严格按规范要求将原地面挖成宽度不小于1.0m的台阶并压实。 (5) 渗水性、水稳性差异较大的土石混合料应分层或分段填筑，不宜纵向分幅填筑。 (6) 若遇有软弱层或古河道，填土路基完工后应进行超载预压，预防不均匀沉降。 (7) 严格控制路基边坡，符合设计要求，杜绝亏坡现象
3	处理措施	采取边坡加设护坡道的措施

路基横向裂缝

序号	项目	内容
1	原因分析	(1) 路基填料直接使用了液限大于50、塑性指数大于26的土。 (2) 同一填筑层路基填料混杂，塑性指数相差悬殊。 (3) 填筑顺序不当，路基顶填筑层作业段衔接施工工艺不符合规范要求，路基顶下层平整度填筑层厚度相差悬殊，且最小压实厚度小于8cm。 (4) 排水措施不力，造成积水
2	预防措施	(1) 路基填料禁止直接使用液限大于50、塑性指数大于26的土；当选材困难，必须直接使用时，应采取相应的技术措施。 (2) 不同种类的土应分层填筑，同一填筑层不得混用。 (3) 路基顶填筑层分段作业施工，两段交接处，应按要求处理。 (4) 严格控制路基每一填筑层的含水率、标高、平整度，确保路基顶填筑层压实厚度不小于8cm

路基网裂

序号	项目	内容
1	原因分析	(1) 土的塑性指数偏高或为膨胀土。 (2) 路基碾压时土含水率偏大，且成型后未能及时覆土。 (3) 路基压实后养护不到位，表面失水过多。 (4) 路基下层土过湿
2	预防及治理措施	(1) 开挖采用合格的填料，或采取掺加石灰、水泥改性处理措施。 (2) 选用塑性指数符合规范要求的土填筑路基，控制填土最佳含水率时碾压。 (3) 加强养护，避免表面水分过分损失。 (4) 认真组织，科学安排，保证设备匹配合理，施工衔接紧凑。 (5) 若因下层土过湿，应查明其层位，采取换填土或掺加生石灰粉等技术措施处治

1B412000 路面工程

1B412010 路面基层（底基层）施工技术

【考点图谱】

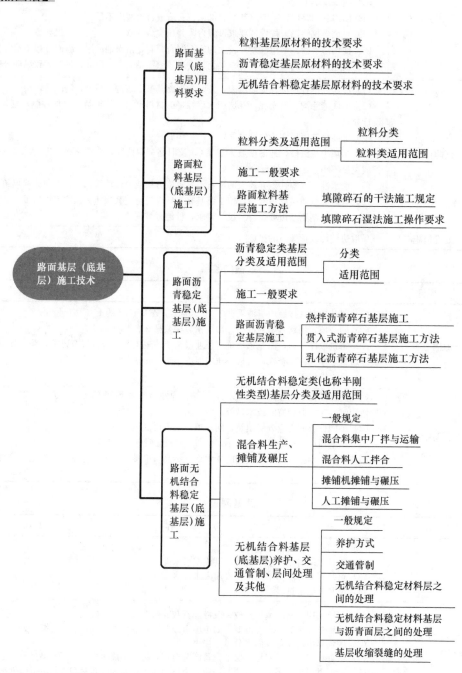

【考点精析】

考点1 路面基层（底基层）用料要求

无机结合料稳定基层原材料的技术要求

序号	项目	内容
1	水泥及外加剂	(1) 强度等级为32.5或42.5，且满足规范要求的普通硅酸盐水泥等均可使用。 (2) 所用水泥初凝时间应大于3h，终凝时间应大于6h且小于10h。 (3) 在水泥稳定材料中掺加缓凝剂或早强剂时，应对混合料进行试验验证。缓凝剂和早强剂的技术要求应符合现行规范的规定
2	石灰	(1) 石灰技术要求应符合规定。 (2) 高速公路和一级公路用石灰应不低于Ⅱ级技术要求，二级公路用石灰应不低于Ⅲ级技术要求，二级以下公路宜不低于Ⅲ级技术要求。 (3) 高速公路和一级公路的基层，宜采用磨细消石灰。 (4) 二级以下公路使用等外石灰时，有效氧化钙含量应在20%以上，且混合料强度应满足要求
3	粉煤灰等工业废渣	(1) 干排或湿排的硅铝粉煤灰和高钙粉煤灰等均可用作基层或底基层的结合料。 (2) 各等级公路的底基层、二级及二级以下公路的基层使用的粉煤灰，通过率指标不满足要求时，应进行混合料强度试验，达到规格相关要求的强度指标时，方可使用。 (3) 煤矸石、煤渣、高炉矿渣、钢渣及其他冶金矿渣等工业废渣可用于修筑基层或底基层，使用前应崩解稳定，且宜通过不同龄期条件下的强度和模量试验以及温度收缩和干湿收缩试验等评价混合料性能。 (4) 水泥稳定煤矸石不宜用于高速公路和一级公路。 (5) 工业废渣类作为集料使用时，公称最大粒径应不大于31.5mm，颗粒组成宜有一定级配，且不宜含杂质
4	水	(1) 符合现行《生活饮用水卫生标准》GB 5749—2006的饮用水可直接作为基层、底基层材料拌合与养护用水。 (2) 拌合使用的非饮用水应进行水质检验。 (3) 养护用水可不检验不溶物含量
5	粗集料	(1) 用作被稳定材料的粗集料宜采用各种硬质岩石或砾石加工成的碎石，也可直接采用天然砾石。 (2) 基层、底基层的粗集料规格分为G1~G11共11种，其规格宜符合相关规定。 (3) 高速公路和一级公路极重、特重交通荷载等级基层的4.75 mm以上粗集料应采用单一粒径的规格料。 (4) 作为高速公路、一级公路底基层和二级及二级以下公路基层、底基层被稳定材料的天然砾石材料宜满足要求，并应级配稳定、塑性指数不大于9。 (5) 应选择适当的碎石加工工艺，用于破碎的原石粒径应为破碎后碎石公称最大粒径的3倍以上。高速公路基层用碎石，应采用反击破碎的加工工艺。 (6) 碎石加工中，根据筛网放置的倾斜角度和工程经验，应选择合理的筛孔尺寸。粒径尺寸与筛孔尺寸对应关系宜符合规定。根据破碎方式和石质的不同，可适当调整筛孔尺寸，调整范围宜为1~2mm。 (7) 用作级配碎石或砾石的粗集料应采用具有一定级配的硬质石料，且不应含有黏土块、有机物等。 (8) 级配碎石或砾石用作基层时，高速公路和一级公路公称最大粒径应不大于26.5mm，二级及二级以下公路公称最大粒径应不大于31.5 mm；用作底基层时，公称最大粒径应不大于37.5mm

续表

序号	项目	内容
6	细集料	(1) 细集料应洁净、干燥、无风化、无杂质，并有适当的颗粒级配。 (2) 高速公路和一级公路用细集料技术要求应符合规定。 (3) 细集料规格要求应符合规定。 (4) 对0～3mm和0～5mm的细集料应分别严格控制大于2.36mm和4.75mm的颗粒含量。对3～5mm的细集料应严格控制小于2.36mm的颗粒含量。 (5) 高速公路和一级公路，细集料中小于0.075 mm的颗粒含量应不大于15％；二级及二级以下公路，细集料中小于0.075 mm的颗粒含量不大于20％。 (6) 级配碎石或砾石中的细集料可使用细筛余料，或专门轧制的细碎石集料。 (7) 天然砾石或粗砂作为细集料时，其颗粒尺寸应满足工程需要，且级配稳定，超尺寸颗粒含量超过规范或实际工程的规定时应筛除

其他相关规定

序号	项目	内容
1	材料分档与掺配	(1) 材料分档应符合规定。对一般工程可选择不少于三档备料，对极重、特重交通荷载等级且强度要求较高时，为了保证级配的稳定，宜选择不少于四档备料。 (2) 不同粒径混合料的备料规格包括三档备料、四档备料、五档备料、六档备料等，公称最大粒径为19mm、26.5mm和31.5 mm的无机结合料稳定碎石或砾石的备料规格宜符合相关规定。 (3) 用于二级及二级以上公路基层和底基层的级配碎石或砾石，应由不少于4种规格的材料掺配而成。 (4) 天然材料用于高速公路和一级公路的基层时，应筛分成规定的规格，并按规范中相应的备料规格进行掺配。天然材料的规格不满足设计级配的要求时，可掺配一定比例的碎石或轧碎砾石。 (5) 级配碎石或砾石类材料中宜掺加石屑、粗砂等材料。 (6) 级配碎石或砾石细集料的塑性指数应不大于12。不满足要求时，可加石灰、无塑性的砂或石屑掺配处理
2	混合料组成设计	(1) 无机结合料稳定材料组成设计应包括原材料检验、混合料的目标配合比设计、混合料的生产配合比设计和施工参数确定四部分。 (2) 原材料检验应包括结合料、被稳定材料及其他相关材料的试验。所有检测指标均应满足相关设计标准或技术文件的要求。 (3) 目标配合比设计应包括下列技术内容： ① 选择级配范围。 ② 确定结合料类型及掺配比例。 ③ 验证混合料相关的设计及施工技术指标。 (4) 生产配合比设计应包括下列技术内容： ① 确定料仓供料比例。 ② 确定水泥稳定材料的容许延迟时间。 ③ 确定结合料剂量的标定曲线。 ④ 确定混合料的最佳含水率、最大干密度。 (5) 施工参数确定应包括下列技术内容： ① 确定施工中结合料的剂量。 ② 确定施工合理含水率及最大干密度。

续表

序号	项目	内容
2	混合料组成设计	③ 验证混合料强度技术指标。 (6) 确定无机结合料稳定材料最大干密度指标时宜采用重型击实方法,也可采用振动压实方法。 (7) 应根据当地材料的特点和混合料设计要求,通过配合比设计选择最优的工程级配。 (8) 用于基层的无机结合料稳定材料,强度满足要求时,尚宜检验其抗冲刷和抗裂性能。 (9) 在施工过程中,材料品质或规格发生变化、结合料品种发生变化时,应重新进行材料组成设计

考点 2 路面粒料基层(底基层)施工

粒料分类及适用范围

序号	项目	内容
1	粒料分类	(1) 嵌锁型——包括泥结碎石、泥灰结碎石、填隙碎石等。 (2) 级配型——包括级配碎石、级配砾石、符合级配的天然砂砾、部分砾石经轧制掺配而成的级配砾、碎石等
2	粒料类适用范围	(1) 级配碎石可用于各级公路的基层和底基层。级配碎石可用做较薄沥青面层与半刚性基层之间的中间层。 (2) 级配砾石、级配碎砾石以及符合级配、塑性指数等技术要求的天然砂砾,可适用于轻交通的二级和二级以下公路的基层以及各级公路的底基层。 (3) 填隙碎石可用于各等级公路的底基层和二级以下公路的基层

施 工 一 般 要 求

1. 填隙碎石可采用干法或湿法施工。干旱缺水地区宜采用干法施工。单层填隙碎石的压实厚度宜为公称最大粒径的 1.5～2.0 倍。填隙碎石施工时,应符合下列规定:

(1) 填隙料应干燥。

(2) 宜采用振动压路机碾压,碾压后,表面集料间的空隙应填满,但表面应看得见集料。填隙碎石层上为薄沥青面层时,宜使集料的棱角外露 3～5mm。

(3) 碾压后基层的固体体积率宜不小于 85%,底基层的固体体积率宜不小于 83%。

(4) 填隙碎石基层未洒透层沥青或未铺封层时,不得开放交通。

2. 填隙碎石施工前,应按有关规定准备下承层和施工放样。

3. 应根据各路段基层或底基层的宽度、厚度及松铺系数,计算各段需要的集料数量,并应根据运料车辆的车厢体积,计算每车料的堆放距离。填隙料的用量宜为集料质量的 30%～40%。

4. 材料装车时,应控制每车料的数量基本相等。

5. 应由远到近将集料按计算的距离卸置于下承层上,应严格控制卸料距离。

6. 用平地机或其他合适的机具将集料均匀地摊铺在预定的范围内,表面应平整,并有规定的路拱。应同时摊铺路肩用料。

7. 应检验松铺材料层的厚度,不满足要求时应减料或补料。

路面粒料基层施工方法

序号	项目	内容
1	填隙碎石的干法施工规定	(1) 初压宜用两轮压路机碾压 3~4 遍，使骨料稳定就位，初压结束时，表面应平整，并具有规定的路拱和纵坡。 (2) 填隙料应采用石屑撒布机或类似的设备均匀地撒铺在已压稳的骨料层上。松铺厚度宜为 25~30mm；必要时，可用人工或机械扫匀。 (3) 应采用振动压路机慢速碾压，将全部填隙料振入骨料间的空隙中。无振动压路机时，可采用重型振动板。路面两侧宜多压 2~3 遍。 (4) 再次撒布填隙料，松铺厚度宜为 20~25mm，应用人工或机械扫匀。 (5) 同第 (3) 条，再次振动碾压；局部多余的填隙料应扫除。 (6) 碾压后，应对局部填隙料不足之处进行人工找补，并用振动压路机继续碾压，直到全部空隙被填满，应将局部多余的填隙料扫除。 (7) 填隙碎石表面空隙全部填满后，宜再用重型压路机碾压 1~2 遍。在碾压过程中，不应有任何蠕动现象。在碾压之前，宜在表面洒少量水，洒水量宜不少于 $3kg/m^2$。 (8) 需分层铺筑时，应将已压成的填隙碎石层表面集料外露 5~10mm，然后在其上摊铺第二层集料，并按第 (1) 条~第 (7) 条要求施工
2	填隙碎石湿法施工要求	(1) 开始工序应与第 1 条第 (1) 条~第 (7) 条要求相同。 (2) 集料层表面空隙全部填满后，宜立即用洒水车洒水，直到饱和。 (3) 宜用重型压路机跟在洒水车后碾压。应将湿填隙料及时扫入出现的空隙中；必要时，宜再添加新的填隙料。 (4) 应洒水碾压至填隙料和水形成粉浆，粉浆应填塞全部空隙，并在压路机轮前形成微波纹状。 (5) 碾压完成的路段应让水分蒸发一段时间，结构层变干后，应将表面多余的细料以及细料覆盖层扫除干净。 (6) 需分层铺筑时，宜待结构层变干后，将已压成的填隙碎石层表面的填隙料扫除一些，使表面集料外露 5~10mm，然后在其上摊铺第二层集料

考点 3　路面沥青稳定基层（底基层）施工

沥青稳定类基层分类及适用范围

序号	项目	内容
1	分类	沥青稳定基层（底基层）又称柔性基层（底基层）。包括热拌沥青碎石、贯入式沥青碎石、乳化沥青碎石混合料基层（底基层）等
2	适用范围	柔性基层、底基层可用于各级公路。 (1) 热拌沥青碎石宜用于中等交通及其以上的公路基层、底基层。 (2) 贯入式沥青碎石宜用于中、重交通的公路基层或底基层。 (3) 热拌沥青碎石、贯入式沥青碎石可用于改建工程的调平层

路面沥青稳定基层施工——热拌沥青碎石基层施工

序号	项目	内容
1	热拌沥青碎石的拌制	(1) 沥青混合料必须在沥青拌合场拌制，可采用间歇式拌合机或连续式拌合机拌制。 (2) 拌合机拌制的沥青混合料应均匀一致，无花白料，无结团成块或严重的粗细料分离现象，不符要求时不得使用，并应及时调整。 (3) 出厂的沥青混合料应逐车用地磅称重

续表

序号	项目	内容
2	热拌沥青混合料的运输	(1) 热拌沥青混合料应采用较大吨位的自卸汽车运输、车厢应清扫干净。为防止沥青与车厢板粘结，车厢侧板和底板可涂一薄层油水（柴油与水的比例可为1:3）混合料，但不得有余液积聚在车厢底部。 (2) 从拌合机向运料车上放料时，应每卸一斗混合料挪动一下汽车位置，以减少粗细集料的离析现象。 (3) 运料车应用篷布覆盖，用以保温、防雨、防污染
3	热拌沥青混合料的摊铺	(1) 铺筑沥青混合料前，应检查确认下层的质量。当下层质量不符合要求，或未按规定洒布透层、粘层、铺筑下封层时，不得铺筑沥青面层。 (2) 热拌沥青混合料应采用机械摊铺。 (3) 沥青混合料的摊铺温度应符合规范要求，并应根据沥青标号、黏度、气温、摊铺层厚度选用。 (4) 当高速公路和一级公路施工气温低于10℃、其他等级公路施工气温低于5℃时，不宜摊铺热拌沥青混合料。 (5) 沥青混合料的松铺系数应根据实际的混合料类型，由试铺试压方法或根据以往实践经验确定。 (6) 沥青混合料的松铺系数：机械摊铺1.15~1.30，人工摊铺1.20~1.45。 (7) 用机械摊铺的混合料，不应用人工反复修整。 (8) 可用人工作局部找补或更换混合料；摊铺不得中途停顿。摊铺了的沥青混合料应紧接碾压，如因故不能及时碾压或遇雨时，应停止摊铺
4	热拌沥青混合料的压实及成型	(1) 压实后的沥青混合料应符合压实度及平整度的要求，沥青混合料的分层压实厚度不得大于10cm。 (2) 应选择合理的压路机组合方式及碾压步骤，以达到最佳结果。沥青混合料压实宜采用钢筒式静态压路机与轮胎压路机或振动压路机组合的方式。压路机的数量应根据生产率决定。 (3) 沥青混合料的压实应按初压、复压、终压（包括成型）三个阶段进行。压路机应以慢而均匀的速度碾压，压路机的碾压速度应符合规定。 (4) 初压应在混合料摊铺后较高温度下进行，应采用轻型钢筒式压路机或关闭振动装置的振动压路机碾压2遍。压路机应从外侧向中心碾压。相邻碾压带应重叠1/3~1/2轮宽，最后碾压路中心部分，压完全幅为一遍。 (5) 复压应紧接在初压后进行，复压宜采用重型的轮胎压路机，也可采用振动压路机或钢筒式压路机。碾压遍数应经试压确定，不宜少于4~6遍，达到要求的压实度，并无显著轮迹。 (6) 终压应紧接在复压后进行。终压可选用双轮钢筒式压路机或关闭振动压路机碾压，不宜少于两遍，并无轮迹。路面压实成型的终了温度应符合规范要求

路面沥青稳定基层施工——贯入式与乳化沥青碎石基层施工方法

序号	项目	内容
1	贯入式沥青碎石基层施工方法	(1) 撒布主层集料。撒布时应避免颗粒大小不均，并应检查松铺厚度。撒布后严禁车辆在铺好的集料层上通行。 (2) 主层集料撒布后应采用6~8t的钢筒式压路机进行初压，碾压速度宜为2km/h。碾压应自路边缘逐渐移向路中心，每次轮迹重叠约30cm，接着应从另一侧以同样方法压至路中心，以此为碾压一遍。然后检查路拱和纵向坡度，当不符合要求时，应调整找平再压，至集料无显著推移为止。然后再用10~12t压路机进行碾压，每次轮迹重叠1/2左右，宜碾压4~6遍，直至主层集料嵌挤稳定，无显著轮迹为止。

续表

序号	项目	内容
1	贯入式沥青碎石基层施工方法	(3) 主层集料碾压完毕后,应立即浇洒第一层沥青。浇洒方法应按规范进行。沥青的浇洒温度应根据沥青标号及气温情况选择。当采用乳化沥青贯入时,为防止乳液下漏过多,可在主层集料碾压稳定后,先撒布一部分上一层嵌缝料,再浇洒主层沥青。乳化沥青在常温下洒布,当气温偏低需要加快破乳速度时,可将乳液加温后洒布,但乳液温度不得超过60℃。 (4) 主层沥青浇洒后,应立即均匀撒布第一层嵌缝料,嵌缝料撒布后应立即扫匀,不足处应找补。当使用乳化沥青时,石料撒布必须在乳液破乳前完成。 (5) 嵌缝料扫匀后应立即用8~12t钢筒式压路机进行碾压,轮迹重叠1/2左右,宜碾压4~6遍,直至稳定为止。碾压时随压随扫,使嵌缝料均匀嵌入。因气温过高使碾压过程中发生较大推移现象时,就立即停止碾压,待气温稍低时再继续碾压。 (6) 浇洒第二层沥青,撒布第二层嵌缝料,然后碾压,再浇洒第三层沥青。 (7) 撒布封层料。施工要求应与撒布嵌缝相同。 (8) 最后碾压,宜采用6~8t压路机碾压2~4遍
2	乳化沥青碎石基层施工方法	(1) 乳化沥青碎石混合料宜采用拌合机拌合。在条件限制时也可在现场用人工拌制。 (2) 采用阳离子乳化沥青时,在与乳液拌合前需用水湿润集料,使集料总含水量达到5%左右,天气炎热宜多加,低温潮湿可少加。当集料湿润后仍不能与乳液拌合均匀时,应改用破乳速度更慢的乳液,或用1%~3%浓度的氯化钙水溶液代替水预先润湿集料表面。 (3) 混合料的拌合时间应保证乳液与集料拌合均匀。机械拌合不宜超过30s(自矿料中加进乳液的时间算起);人工拌合不宜超过60s。 (4) 混合料应具有充分的施工和易性,混合料的拌合、运输和摊铺应在乳液破乳前结束。已拌好的混料应立即运至现场进行摊铺。拌合与摊铺过程中已破乳的混合料,应予废弃。 (5) 拌制的混合料宜用沥青摊铺机摊铺。当用人工摊铺时,应防止混合料离析。乳化沥青碎石混合料的松铺系数可根据规范规定通过试验确定。 (6) 乳化沥青碎石混合料的碾压,可按热拌沥青混合料的规定进行,并应符合下列要求: ①混合料摊铺后,应采用6t左右的轻型压路机初压,宜碾压1~2遍,使混合料初步稳定,再用轮胎压路机或轻型筒式压路机碾压1~2遍。初压时应匀速进退,不得在碾压路段上紧急制动或快速启动。 ②当乳化沥青开始破乳,混合料由褐色转变成黑色时,用12~15t轮胎压路机或10~12t钢筒式压路机复压。复压2~3遍后,立即停止,待晾晒一段时间,水分蒸发后,再补充复压至密实为止。当压实过程中有推移现象时应立即停止碾压,待稳定后再碾压。如当天不能完全压实,应在较高气温状态下补充碾压。 ③碾压时发现局部混合料有松散或开裂时,应立即挖除并换补新料,整平后继续碾压密实。修补处应保证路面平整。压实成型后的路面应做好早期养护,并封闭交通2~6h。 ④阳离子乳化沥青碎石混合料可在下层潮湿的情况下施工,施工过程中遇雨应停止铺筑,以防雨水将乳液冲走

考点4 路面无机结合料稳定基层（底基层）施工

无机结合料稳定类（也称半刚性类型）基层分类及适用范围

序号	项目	内容
1	分类	半刚性基层、底基层应具有足够的强度和稳定性、较小的收缩（温缩及干缩）变形和较强的抗冲刷能力，在中冰冻、重冰冻区应检验半刚性基层、底基层的抗冰冻性。 (1) 水泥稳定土：包括水泥稳定级配碎石、未筛分碎石、砂砾、碎石土、砂砾土、煤矸石、各种粒状矿渣等。 (2) 石灰稳定土：包括石灰稳定级配碎石、未筛分碎石、砂砾、碎石土、砂砾土、煤矸石、各种粒状矿渣等。 (3) 石灰工业废渣稳定土：可分为石灰粉煤灰类与石灰其他废渣类两大类。除粉煤灰外，可利用的工业废渣包括煤渣、高炉矿渣、钢渣（已经过崩解达到稳定）及其他冶金矿渣、煤矸石等
2	适用范围	(1) 水泥稳定集料类、石灰粉煤灰稳定集料类材料适用于各级公路的基层、底基层。冰冻地区、多雨潮湿地区，石灰粉煤灰稳定集料类材料宜用于高速公路、一级公路的下基层或底基层。石灰稳定类材料宜用于各级公路底基层以及三、四级公路的基层。 (2) 高速公路、一级公路的基层或上基层宜选用骨架密实型混合料。二级及二级以下公路的基层和各级公路底基层可采用悬浮密实型骨架混合料。均匀密实型混合料适用于高速公路、一级公路的底基层，二级及二级以下公路的基层。骨架空隙型混合料具有较高的空隙率，适用于需要考虑路面内部排水要求的基层

混合料生产、摊铺及碾压

序号	项目	内容
1	一般规定	(1) 根据公路等级的不同，选择基层、底基层材料施工工艺措施。对于边角部位施工，混合料拌合方式应与主线相同，可采用推土机摊铺、平地机整平的人工方式摊铺，并与主线同步碾压成型。 (2) 稳定材料层宽11～12m时，每一流水作业段长度以500m为宜；稳定材料层宽大于12m时，作业段宜相应缩短。宜综合考虑下列因素，合理确定每日施工作业段长度： ① 施工机械和运输车辆的生产效率和数量； ② 施工人员数量及操作熟练程度； ③ 施工季节和气候条件； ④ 水泥的初凝时间和延迟时间； ⑤ 减少施工接缝的数量。 (3) 对水泥稳定材料或水泥粉煤灰稳定材料，宜在2h之内完成碾压成型，应取混合料的初凝时间与容许延迟时间较短的时间作为施工控制时间（容许延迟时间是指在满足强度标准的前提下，水泥稳定材料拌合后至碾压成型之前所容许的最大时间间隔）。 (4) 石灰稳定材料或石灰粉煤灰稳定材料层宜在当天碾压完成，最长不应超过4d。 (5) 无机结合料稳定材料在过分潮湿段上施工时应采取措施，降低潮湿程度、消除积水。过分潮湿段指路段湿度水平超过所用无机结合料稳定材料所适应的湿度水平的上限。 (6) 无机结合料稳定材料结构层施工应选择适宜的气候环境，针对当地气候变化制定相应的处置预案，并应符合下列规定： ① 宜在气温较高的季节组织施工。无机结合料稳定材料施工期的日最低气温应在5℃以上，在有冰冻的地区，应在第一次重冰冻到来的15～30d之前完成施工。 ② 宜避免在雨期施工，且不应在雨天施工。 (7) 应将室内重型击实试验确定的干密度作为压实度评价的标准密度。 (8) 无机结合料稳定材料的基层压实标准应符合规定。 (9) 无机结合料稳定材料的底基层压实标准应符合规定。 (10) 对级配碎石材料，基层压实度应不小于99%，底基层压实度应不小于97%。 (11) 高速公路和一级公路在极重、特重交通荷载等级下，基层和底基层的压实标准可提高1～2个百分点

续表

序号	项目	内容
2	混合料集中厂拌与运输	(1) 混合料的拌合能力与混合料摊铺能力应相匹配。 (2) 拌合厂应安置在地势相对较高的位置，并做好排水设施。 (3) 拌合厂场地应平整并具有足够的承载能力。高速公路和一级公路的拌合厂，场地应采用混凝土硬化，混凝土强度等级应不低于 C15，厚度应不小于 200mm。 (4) 工程所需的原材料严禁混杂，应分档隔仓堆放，并有明显的标志。 (5) 细集料、水泥、石灰、粉煤灰等原材料应有覆盖。对高速公路和一级公路，上述材料严禁露天堆放，应放置于专门搭建的防雨棚内或库房内。 (6) 对高速公路和一级公路，应采用专用稳定材料拌合设备拌制混合料。稳定细粒材料集中拌合时，土块应粉碎，最大尺寸应不大于 15mm。 (7) 无机结合料稳定中、粗粒材料的拌合生产设备应满足下列要求： ① 对高速公路和一级公路，混合料拌合设备的产量宜大于 500t/h。 ② 拌合设备的料仓数目应与规定的备料档数相匹配，宜较规定的备料档数增加 1 个。 ③ 各个料仓之间的挡板高度应不小于 1m。 ④ 高速公路的基层施工时，每个料斗与料仓下面应安装称量精度达到±0.5%的电子秤。 (8) 装水泥的料仓应密闭、干燥，同时内部应装有破拱装置。对高速公路，水泥料仓应配备计重装置，不宜通过电机转速计量水泥的添加量。 (9) 气温高于30℃时，水泥进入拌缸温度宜不高于50℃；高于50℃时应采取降温措施。气温低于15℃时，水泥进入拌缸温度应不低于10℃。 (10) 加水量的计量应采用流量计的方式。对高速公路和一级公路，水的流量数值应在中央控制室的控制面板上显示。 (11) 在正式拌制混合料之前，应先调试所用的设备，使混合料的级配组成和含水率都达到配合比设计的规定要求。原材料的颗粒组成发生变化时，应重新调试设备。 (12) 在稳定中、粗粒材料生产过程中，应按配合比设计确定的材料规格及数量拌合。 (13) 高速公路基层的混合料拌合时，宜采用两次拌合的生产工艺，也可采用间歇式拌合生产工艺，拌合时间应不少于 15s。 (14) 在拌合过程中，应实时监测各个料仓的生产计量，对高速公路和一级公路，应每10min 打印各档料仓的使用量。某档材料的实际掺加量与设计要求值相差超过10%时，应立即停机检查原因，正常后方可继续生产。料仓包括结合料的料仓和加水仓。 (15) 天气炎热或运距较远时，无机结合料稳定材料拌合时宜适当增加含水率。对稳定中、粗粒材料，混合料的含水率可高于最佳含水率 0.5~1 个百分点；对稳定细粒材料，含水率可高于最佳含水率 1~2 个百分点。 (16) 对高速公路和一级公路，应从拌合厂取料，每隔 2h 测定一次含水率，每隔 4h 测定一次结合料的剂量，并做好记录。 (17) 应根据工程量的大小和运距的长短，配备足够数量的混合料运输车。 (18) 混合料运输车装料前应清理干净车厢，不得存有杂物。 (19) 混合料运输车装好料后，应用篷布将厢体覆盖严密，直到摊铺机前准备卸料时方可打开。 (20) 对高速公路和一级公路，水泥稳定材料从装车到运输至现场，时间宜不超过 1h，超过 2h 时应作为废料处置。 (21) 对无机结合料稳定中、粗粒材料，在装料过程中应采取措施减小混合料的离析

续表

序号	项目	内容
3	混合料人工拌合	(1) 混合料人工拌合工艺应包括现场准备、布料拌合等流程。 (2) 下承层表面应平整、坚实，具有规定的路拱，下承层的平整度和压实度应符合规范相关规定。 (3) 下承层为路基时，宜用 12～15t 三轮压路机或等效的碾压机械碾压 3～4 遍，并应符合下列规定： ① 在碾压过程中，发现表层松散时，宜适当洒水。 ② 发现"弹簧"现象时，宜采用挖开晾晒、换土、掺石灰或水泥等措施处理。 (4) 下承层为粒料底基层时，应检测弯沉值。不符合设计要求时，应根据具体情况，采取措施，使之达到规范规定的标准。 (5) 下承层为原路面时，应检查其材料是否符合底基层材料的技术要求；不符合要求时，应翻松原路面并采取必要的处理措施。 (6) 底基层或原路面上存在低洼和坑洞时，应填补及压实；对搓板和辙槽应刮除；对松散应耙松洒水并重新碾压，达到平整密实。 (7) 新完成的底基层或路基，应按相关标准的规定验收，验收合格后方可铺筑上层稳定材料层。 (8) 在槽式断面的路段，宜在两侧路肩上每隔 5～10m 交错开挖泄水沟。 (9) 应在底基层或原路面或路基上恢复中线，直线段应每隔 15～20m 设一桩，平曲线段应每 10～15m 设一桩，并应在两侧路肩边缘外设指示桩。 (10) 在两侧指示桩上应用明显标记标出稳定材料层边缘的设计高程。 (11) 使用原路面或路基上部材料备料时，应符合下列规定： ① 清除原路面上或路基表面的石块等杂物。 ② 每隔 10～20m 挖一小洞，使洞底高程与预定的无机结合料稳定材料层的底面高程相同，并在洞底做一标记，控制翻松及粉碎的深度。 ③ 用犁、松土机或装有强固齿的平地机或推土机将原路面或路基的上部翻松到预定的深度，土块应粉碎到符合要求。 ④ 用犁将土向路中心翻松，使预定处治层的边部呈一个垂直面。用专用机械粉碎黏性土。无专用机械时，也可用旋转耕作机、圆盘耙等设备粉碎塑性指数不大的土。 (12) 使用料场的材料备料时，应符合下列规定： ① 采集材料前，应将树木、草皮和杂土清除干净。 ② 应筛除材料中的超尺寸颗粒。 ③ 应在预定的深度范围内采集材料，不宜分层采集，不应将不合格的材料与合格的材料一起采集。 ④ 对塑性指数大于 12 的黏性土，可视土质和机械性能确定是否需要过筛。 (13) 应按下列方法计算现场拌合时的工程数量： ① 根据各路段无机结合料稳定材料层的宽度、厚度及预定的干密度，计算各路段需要的干燥材料的数量。 ② 根据料场材料的含水率和所用运料车辆的吨位，计算每车料的堆放距离。 ③ 根据无机结合料稳定材料层的厚度和预定的干密度及水泥剂量，计算每平方米无机结合料的用量，并确定摆放的纵横间距。 (14) 堆料前应用两轮压路机碾压 1～2 遍，整平表面，并在预定堆料的路段上洒水，使其表面湿润，但不宜过潮湿。 (15) 材料装车时，应控制每车料的质量基本相等。 (16) 在同一料场供料的路段内，宜由远到近将料按第（13）条的规定计算距离卸置于下承层表面的中间或两侧。应严格掌握卸料距离。

续表

序号	项目	内容
3	混合料人工拌合	(17) 材料在下承层上的堆置时间不宜过长。材料运送宜比摊铺工序提前 1～2d。 (18) 路肩用料与稳定材料层用料不同时，应先将两侧路肩培好。路肩料层的压实厚度应与稳定材料层的压实厚度相同。在两侧路肩上，宜每隔 5～10m 交错开挖临时泄水沟。 (19) 石灰稳定材料除应满足第（11）条～第（18）条的规定外，尚应符合下列规定： ① 分层采集材料时，应将不同层位材料混合装车运送到现场。 ② 对塑性指数小于 15 的黏性土，可视土质和机械性能确定是否需要过筛。 ③ 石灰应选择临近水源、地势较高且宽敞的场地集中覆盖封存堆放。 ④ 生石灰块应在使用前 7～10d 充分消解，消解后的石灰应保持一定的湿度，不得产生扬尘，也不可过湿成团。 ⑤ 消石灰宜过 9.5mm 筛，并尽快使用。 ⑥ 材料组成设计与现场实际施工的时间间隔长时，应重新做材料组成设计。 ⑦ 被稳定材料宜先摊平并用两轮压路机碾压 1～2 遍，再人工摊铺石灰。 ⑧ 按计算的每车石灰的纵横间距，在被稳定材料层上做标记，并画出边线。 ⑨ 用刮板将石灰均匀摊开，表面应没有空白位置。 ⑩ 应量测石灰的松铺厚度，校核石灰用量。 (20) 石灰粉煤灰稳定材料除应满足第（19）条的规定外，尚应符合下列规定： ① 粉煤灰在场地集中堆放时，应覆盖，避免雨淋。在堆放过程中粉煤灰凝结成块时，使用前应打碎。 ② 运到现场的粉煤灰应含有足够的水分，在干燥和多风季节，应采取措施保持表面湿润。 ③ 采用石灰粉煤灰时，应先将粉煤灰运到现场。 ④ 每种材料摊铺均匀后，宜先用两轮压路机碾 1～2 遍，再运送并摊铺下一种材料。 (21) 水泥稳定材料应符合下列规定： ① 被稳定材料应在摊铺水泥的前一天摊铺，雨期施工期间，预计第二天有雨时，不宜提前摊铺材料。 ② 摊铺长度应按日进度的需要量控制。 ③ 摊铺材料过程中，应将土块、超尺寸颗粒及其他杂物拣除。土中有较多土块时，应粉碎。 ④ 按计算的每袋水泥摆放的纵横间距，在被稳定材料层上做标记，并将当日施工用水泥卸在做标记的地点，并检查有无遗漏和多余。用刮板将水泥均匀摊开，路段表面应没有空白位置，也没有水泥过分集中的区域，每袋水泥的摊铺面积应相等。 (22) 混合料松铺系数可采用推荐值，也可通过试验确定。 (23) 应检验松铺土层的厚度，其厚度应满足预定的要求。 (24) 人工摊铺的土层整平后，应采用两轮压路机碾压 1～2 遍，使其表面平整，并有一定的压实度。 (25) 已整平材料含水率过小时，应在土层上洒水闷料，且应符合下列规定： ① 洒水应均匀。 ② 严禁洒水车在洒水段内停留和掉头。 ③ 采用高效率的路拌机械时，闷料时宜一次将水洒够。 ④ 采用普通路拌机械时，闷料时所洒水量宜较最佳含水率低 2～3 个百分点。 ⑤ 细粒材料应经一夜闷料，中粒和粗粒材料可视其中细粒材料的含量，缩短闷料时间。 ⑥ 对综合稳定材料，应先将石灰和土拌合后一起闷料。 ⑦ 对水泥稳定材料，应在摊铺水泥前闷料。

续表

序号	项目	内容
3	混合料人工拌合	(26) 级配碎石或砾石施工应符合下列规定： ① 用平地机或其他合适的机具将材料均匀地摊铺在预定的宽度上，表面应平整，并具有规定的路拱。 ② 采用不同粒级的碎石和石屑时，宜将大粒径碎石铺在下层，中粒径碎石铺在中层，小粒径碎石铺在上层，洒水使碎石湿润后，再摊铺石屑。 ③ 对未筛分碎石，摊铺平整后，应在其较潮湿的情况下，将石屑卸置其上，用平地机并辅以人工将石屑均匀摊铺在碎石层上。 ④ 检查材料层的松铺厚度，必要时，应进行减料或补料工作。 ⑤ 同时摊铺路肩用料。 (27) 严禁在拌合层底部留有素土夹层，并应符合下列规定： ① 采用专用稳定材料拌合设备拌合时，设专人随时检查拌合深度，并配合拌合设备操作员调整拌合深度。 ② 拌合深度应达稳定层底并宜侵入下承层不小于5～10mm。 (28) 二级以下公路在没有专用拌合设备时，可用农用旋转耕作机与多铧犁或平地机相配合拌合，拌合时间不可过长。 (29) 对石灰稳定材料，在拌合时应符合下列规定： ① 对石灰稳定碎石或砾石，先将石灰和需添加的黏性土拌合均匀，然后均匀地摊铺在碎石或砾石层上，再一起拌合。 ② 对石灰稳定塑性指数大的黏土。宜先加70%～100%预定剂量的石灰拌合，闷放1～2d，再补足需用的石灰，进行第二次拌合。 (30) 对石灰粉煤灰稳定中、粗粒材料，应先将石灰和粉煤灰拌合均匀，然后均匀地摊铺在材料层上，再一起拌合。 (31) 拌合过程结束时，应及时检测含水率，含水率宜略大于最佳值。含水率不足时，宜用喷管式洒水车补充洒水。洒水车不应在正拌合以及当天计划拌合的路段上掉头和停留。 (32) 洒水后，应及时再次拌合。 (33) 混合料拌合均匀后应色泽一致，没有灰条、灰团和花面，以及无明显粗细集料离析现象。 (34) 对二级以下公路的级配碎石，可采用平地机或多铧犁与缺口圆盘耙相配合拌合，应符合下列规定： ① 用稳定材料拌合设备时，应拌合两遍以上，拌合深度应直到级配碎石层底。 ② 用平地机拌合时，宜翻耙5～6遍，使石屑均匀分布于碎石料中。平地机拌合的作业长度，每段宜为300～500m。 ③ 用缺口圆盘耙与多铧犁相配合拌合级配碎石时，多铧犁在前面翻拌，圆盘耙紧跟在后面拌合，共翻耙4～6遍，应随时检查调整翻耙的深度。 ④ 拌合结束时，混合料的含水率和均匀性应符合第(33)条的要求。 (35) 使用在料场已拌合均匀的级配碎石或砾石混合料，摊铺后有粗细颗粒离析现象时，应用平地机补充拌合
4	摊铺机摊铺与碾压	(1) 混合料摊铺应保证足够的厚度，碾压成型后每层的摊铺厚度宜不小于160mm，最大厚度宜不大于200mm。 (2) 具有足够的摊铺能力和压实功率时，可增加碾压厚度，具体的摊铺厚度应根据试验结果确定。大厚度的摊铺施工时，应增加相应的拌合能力。

续表

序号	项目	内容
4	摊铺机摊铺与碾压	(3) 应在下承层施工质量检测合格后，开始摊铺上面结构层。采用两层连续摊铺时，下层质量出现问题时，上层应同时处理。 (4) 下承层是稳定细粒材料时，宜先将下承层顶面拉毛或采用凸块式压路机碾压，再摊铺上层混合料；下承层是稳定中、粗粒材料时，应先将下承层清理干净，并洒铺水泥净浆，再摊铺上层混合料。 (5) 应采用摊铺功率不低于120kW的沥青混凝土摊铺机或稳定材料摊铺机摊铺混合料。 (6) 采用两台摊铺机并排摊铺时，两台摊铺机的型号及磨损程度宜相同。在施工期间，两台摊铺机的前后间距宜不大于10m，且两个施工段面纵向应有300~400mm的重叠。 (7) 对无法使用机械摊铺的超宽路段，应采用人工同步摊铺、修整，并同时碾压成型。 (8) 摊铺机前宜增设橡胶挡板，橡胶挡板底部距下承层距离宜不大于100mm。 (9) 在摊铺机后面应设专人消除粗细集料离析现象，及时铲除局部粗集料堆积或离析的部位，并用新拌混合料填补。 (10) 对高速公路和一级公路，在摊铺过程中宜设立纵向模板。 (11) 二级以下公路没有摊铺机时，可采用摊铺箱摊铺混合料。 (12) 水泥稳定材料结构层施工时，应在混合料处于或略大于最佳含水率的状态下碾压。气候炎热干燥时，碾压时的含水率可比最佳含水率增加0.5~1.5个百分点。 (13) 石灰稳定材料和石灰粉煤灰稳定材料碾压时应处于最佳含水率或略大于最佳含水率状态，含水率宜增加1~2个百分点。 (14) 应根据施工情况配备足够的碾压设备，并应符合下列规定： ① 双向四车道高速公路或一级公路的半幅摊铺，应配备不少于4台重型压路机。 ② 双向六车道的半幅摊铺时，应配备不少于5台重型压路机。 (15) 应安排专人负责指挥碾压，严禁漏压和产生轮迹。 (16) 采用钢轮压路机初压时，宜采用双钢轮压路机稳压2~3遍，再用激振力大于35t的重型振动压路机、18~21t三轮压路机或25t以上的轮胎压路机继续碾压密实，最后采用双钢轮压路机碾压，消除轮迹。 (17) 采用胶轮压路机初压时，应采用25t以上的重胶轮压路机稳压1~2遍，错轮不超过1/3的轮迹带宽度，再采用重型振动压路机碾压密实，最后采用双钢轮压路机碾压，消除轮迹。 (18) 对稳定细粒材料，在采用上述碾压工艺时，最后的碾压收面可采用凸块式压路机碾压。 (19) 在碾压过程中出现软弹现象时，应及时将该路段混合料挖出，重新换填新料碾压。 (20) 碾压成型后的表面应平整、无轮迹。 (21) 碾压过程中，压路机严禁随意停放，应停放在已碾压完成的路段。 (22) 混合料摊铺时，应保持连续。对水泥稳定材料，因故中断时间大于2h时，应设置横向接缝，并应符合下列规定： ① 人工将末端含水率合适的混合料整平，紧靠混合料末端放两根方木，方木的高度应与混合料的压实厚度相同，整平紧靠方木的混合料。 ② 方木的另一侧用砾石或碎石回填约3m长，其高度应高出方木2~3cm，并碾压密实。 ③ 在重新开始摊铺混合料之前，应将砾石或碎石和方木除去，并将下承层顶面清扫干净。 ④ 摊铺机应返回到已压实层的末端，重新开始摊铺混合料。 ⑤ 摊铺中断大于2h且未按上述方法处理横向接缝时，应将摊铺机附近及其下面未经压实的混合料铲除，并将已碾压密实且高程和平整度符合要求的末端挖成与路中心线垂直并垂直向下的断面，再摊铺新的混合料。

续表

序号	项目	内容
4	摊铺机摊铺与碾压	(23) 摊铺时宜避免纵向接缝，分两幅摊铺时，纵向接缝处应加强碾压。存在纵向接缝时，纵缝应垂直相接，严禁斜接，并应符合下列规定： ① 在前一幅摊铺时，宜在靠中央的一侧用方木或钢模板做支撑，方木或钢模板的高度应与稳定材料层的压实厚度相同。 ② 应在摊铺另一幅之前拆除支撑。 (24) 碾压贫混凝土等强度较高的基层材料成型后可采用预切缝措施，应符合下列规定： ① 预切缝的间距宜为 8～15m。 ② 宜在养护的 3～5d 内切缝。 ③ 切缝深度宜为基层厚度的 1/2～1/3，切缝宽度约 5mm。 ④ 切缝后应及时清理缝隙，并用热沥青填满
5	人工摊铺与碾压	(1) 混合料拌合均匀后，应及时用平地机初步整形。 (2) 在初平的路段上，应用拖拉机、平地机或轮胎压路机快速碾压一遍。 (3) 整形前，对局部低洼处应用齿耙将其表层 50mm 以上的材料耙松，并用新拌的混合料找平，再碾压一遍。 (4) 应用平地机再整形一次，应将高处料直接刮出路外，严禁形成薄层贴补现象。 (5) 反复整形，直至满足技术要求，每次整形都应达到规定的坡度和路拱。 (6) 人工整形时，应用锹和耙先将混合料摊平，用路拱板整形。用拖拉机初压 1～2 遍后，应根据实测松铺系数，确定纵横断面高程，并设置标记和挂线。 (7) 在整形过程中，严禁任何车辆通行，并应保持无明显的粗细集料离析现象。 (8) 应根据路宽、压路机的轮宽和轮距的不同，制订碾压方案，使各部分碾压到的次数尽量相同，路面的两侧宜多压 2～3 遍。 (9) 整形后，混合料的含水率满足要求时，应立即对结构层进行全宽碾压。在直线段和不设超高的平曲线段，宜从两侧路肩向路中心碾压，且轮迹应重叠 1/2 轮宽，后轮应超过两段的接缝处。碾压次数宜为 6～8 遍。 (10) 压路机前两遍的碾压速度宜为 1.5～1.7km/h，以后宜为 2.0～2.5km/h。 (11) 采用人工摊铺和整形的稳定材料层，宜先用拖拉机或 6～8t 两轮压路机或轮胎压路机碾压 1～2 遍，再用重型压路机碾压。 (12) 严禁压路机在已完成的或正在碾压的路段上掉头或紧急制动。 (13) 碾压过程中，无机结合料稳定材料的表面应始终保持湿润，水分蒸发过快时，宜及时补洒少量的水，严禁大量洒水。 (14) 碾压过程中，有"弹簧"、松散、起皮等现象时，应及时翻开重新拌合或用其他方法处理。 (15) 在碾压结束前，应用平地机终平一次，纵坡、路拱和超高应符合设计要求。终平时，应将局部高出部分刮除并扫出路外；对局部低洼之处，不再找补。 (16) 碾压应达到要求的压实度，并没有明显的轮迹。 (17) 级配碎石施工，应符合下列规定： ① 用平地机按规定的路拱整平和整形。在整形过程中，应消除粗细集料离析。 ② 用拖拉机、平地机或轮胎压路机在已初平的路段上快速碾压一遍，再用平地机整平和整形。 (18) 同日施工的两工作段的衔接处理应符合下列规定： ① 前一段拌合整形后，留 5～8m 不碾压。 ② 后一段施工时，在前一段的未压部分再加部分水泥重新拌合，并与前一段一起碾压。 (19) 应做好每天最后一段的施工缝，并应符合下列规定：

续表

序号	项目	内容
5	人工摊铺与碾压	① 在已碾压完成的无机结合料稳定材料层末端，挖一条横贯铺筑层全宽的宽约300mm的槽，直至下承层顶面。形成与路的中心线垂直并垂直向下的断面，并放两根与压实厚度等厚、长为全宽一半的方木紧贴垂直面。 ② 用原挖出的材料回填槽内其余部分。 ③ 第二天邻接作业段拌合后除去方木，用混合料回填。 ④ 靠近方木未能拌合的一小段，应人工补充拌合。 ⑤ 整平时，接缝处的稳定材料应较已完成断面高出约50mm。 ⑥ 新混合料碾压过程中，应将接缝修整平顺。 (20) 施工机械掉头处应符合下列规定： ① 在准备用于掉头的8~10m长的稳定材料层上，覆盖一张厚塑料布或油毡纸，再铺上约100mm厚的土、砂或砾石。 ② 整平时，宜用平地机将塑料布或油毡纸上大部分材料除去，再人工除去余下的材料，并收起塑料布或油毡纸。 (21) 水泥稳定材料层的施工应避免纵向接缝。分两幅施工时，纵缝应垂直相接，并应符合下列规定： ① 前一幅施工时，在靠中央一侧应用与稳定材料层的压实厚度相同的方木或钢模板作支撑。 ② 混合料拌合结束后，靠近支撑的部分，应人工补充拌合，再整形和碾压。 ③ 应在铺筑后一幅之前拆除支撑。 ④ 后一幅混合料拌合结束后，靠近前一幅的部分，宜人工补充拌合，再整形和碾压。 (22) 级配碎石施工的接缝处理应符合下列规定： ① 两作业段的衔接处应搭接拌合、整平和碾压。 ② 宜避免纵向接缝。在分两幅铺筑时，纵缝应搭接拌合、整平和碾压，搭接宽度宜不小于300mm

无机结合料基层（底基层）交通管制、层间处理及其他

序号	项目	内容
1	一般规定	(1) 无机结合料稳定材料层碾压完成并经压实度检查合格后，应及时养护。 (2) 无机结合料稳定材料的养护期宜不少于7d，养护期宜延长至上层结构开始施工的前2d。 (3) 养护可采取洒水养护、薄膜覆盖养护、土工布覆盖养护、铺设湿砂养护、草帘覆盖养护、洒铺乳化沥青养护等方式，宜结合工程实际情况选择适宜的方式。 (4) 养护期间应封闭交通，除洒水和小型通勤车辆外严禁其他车辆通行。 (5) 无机结合稳定材料层过冬时应采取必要的保护措施。 (6) 根据结构层位的不同和施工工序的要求，应择机进行层间处理
2	交通管制	(1) 正式施工前宜建好施工便道。对高速公路和一级公路，无施工便道，不应施工。 (2) 无机结合料稳定材料养护期间，小型车辆和洒水车的行驶速度应小于40km/h。 (3) 无机结合料稳定材料养护7d后，施工需要通行重型货车时，应有专人指挥，按规定的车道行驶，且车速应不大于30km/h。 (4) 级配碎石、级配砾石基层未做透层沥青或铺设封层前，严禁开放交通。 (5) 无法安排施工便道而需要车辆通行时，应符合下列规定： ① 合理安排施工工序，保障7~15d的养护期。

续表

序号	项目	内容
2	交通管制	② 宜在硬路肩或临时停车带的位置划出专门车道，专人指挥车辆通行。 ③ 无机结合料稳定材料应适当提高早期强度。 ④ 限定载重车辆的轴载，应不大于 13t
3	无机结合料稳定材料层之间的处理	(1) 在上层结构施工前，应将下层养护用材料彻底清理干净。 (2) 应采用人工、小型清扫车以及洒水冲刷的方式将下层表面的浮浆清理干净。下承层局部存在松散现象时，也应彻底清理干净。 (3) 下承层清理后应封闭交通。在上层施工前 1~2h，宜撒布水泥或洒铺水泥净浆。 (4) 可采用上下结构层连续摊铺施工的方式，每层施工应配备独立的摊铺和碾压设备，不得采用一套设备在上下结构层来回施工。 (5) 稳定细粒材料结构层施工时，根据土质情况，最后一道碾压工艺可采用凸块式压路机碾压
4	无机结合料稳定材料基层与沥青面层之间的处理	(1) 在沥青面层施工前 1~2d 内，应清理基层顶面。 (2) 应彻底清除基层顶面养护期间的覆盖物。 (3) 应采用人工清扫、小型清扫车、空压机以及洒水冲刷等方式将基层表面的浮浆清理干净，并应符合下列规定： ① 基层表面达到无浮尘、无松动状态。 ② 清理出小坑槽时，不得用原有基层材料找补。 ③ 清理出较大范围松散时，应重新评定基层质量，必要时宜返工处理。 (4) 在基层表面干燥的状态下，可洒铺透层油。透层油宜采用稀释沥青、煤沥青或乳化沥青，沥青洒铺量宜为 0.3~0.6kg/m^2。 (5) 透层油施工后严禁一切车辆通行，直至上层施工。 (6) 下封层或粘层应在透层油挥发、破乳完成后施工，并封闭交通。 (7) 对极重、特重交通荷载等级或较薄的沥青面层，基层顶面应采用热洒沥青的方式加强层间结合，并应符合下列规定： ① 根据工程情况，热洒沥青可采用普通沥青、改性沥青或橡胶沥青。对高速公路和一级公路的极重、特重交通荷载等级，或沥青面层厚度小于 150mm 时，宜选择 SBS 改性沥青或橡胶沥青。 ② 普通沥青的洒铺量宜为 1.8~2.2kg/m^2，SBS 改性沥青宜为 2.0~2.4kg/m^2，橡胶沥青宜为 2.2~2.6kg/m^2。 ③ 沥青洒铺时应均匀，避免漏洒，纵向接缝应重叠 2/3 单一喷口的洒铺范围，横向接缝应齐整，不应重叠。 ④ 撒布的碎石宜选择洁净、干燥、单一粒径的石灰岩石料，超粒径含量应不大于 10%，粒径范围宜为 13.2~19mm。 ⑤ 碎石撒布前应通过拌合设备加热、除尘、筛分，碎石撒布到路面前的温度应不低于 80℃。 ⑥ 碎石撒布量宜为满铺面积的 60%~70%，不得重叠。 ⑦ 高速公路和一级公路，不宜采用同步碎石施工设备，应采用分离式的施工设备。 ⑧ 沥青洒铺车的容量宜不少于 10t，1 台沥青洒铺车应配备 2 台碎石撒布车
5	基层收缩裂缝的处理	(1) 在裂缝位置灌缝。 (2) 在裂缝位置铺设玻璃纤维格栅。 (3) 洒铺热改性沥青

无机结合料基层（底基层）养护方式

序号	项目	内容
1	洒水养护	洒水养护宜作为水泥稳定材料的基本养护方式，并应符合下列规定： (1) 每天洒水次数应视气候而定。高温期施工，宜上、下午各洒水 2 次。 (2) 养护期间，稳定材料层表面应始终保持湿润。 (3) 对于石灰稳定或石灰粉煤灰稳定材料层应注意表层情况，必要时，可用两轮压路机补充压实
2	薄膜覆盖养护	(1) 混合料摊铺碾压成型后，可覆盖薄膜，薄膜厚度宜不小于 1mm。 (2) 薄膜之间应搭接完整，避免漏缝，薄膜覆盖后应用砂土等材料呈网格状堆填，局部薄膜破损时，应及时更换。 (3) 养护至上层结构层施工前 1~2d，方可将薄膜掀开。 (4) 对蒸发量较大的地区或养护时间大于 15d 的工程，在养护过程中应适当补水
3	土工布养护	(1) 宜采用透水式土工布全断面覆盖，也可铺设防水土工布。 (2) 铺设过程中应注意缝之间的搭接，不应留有间隙。 (3) 铺设土工布后，应注意洒水，每天洒水次数应视气候而定。高温期施工，上、下午宜各洒水一次。 (4) 养护至上层结构层施工前 1~2d，方可将土工布掀开。 (5) 在养护过程中应采取有效措施防止土工布破损
4	铺设湿砂养护	(1) 砂层厚宜为 70~100mm。 (2) 砂铺匀后，宜立即洒水，并在整个养护期间保持砂的潮湿状态，不得用湿黏性土覆盖。 (3) 养护结束后，应将覆盖物清除干净
5	草帘覆盖养护	(1) 全断面铺设草帘。 (2) 草帘铺设后应注意洒水，每天洒水的次数应视气候而定。高温期施工，上、下午宜各洒水一次，每次洒水应将草帘浸湿。 (3) 必要时可采用土工布与草帘双层覆盖养护
6	洒铺乳化沥青方式养护	对沥青面层厚度大于 20cm 的结构或二级及二级以下公路的无机结合料稳定材料的基层可采用洒铺乳化沥青方式养护，并应符合下列规定： (1) 表面干燥时，宜先喷洒少量水，再喷洒沥青乳液。 (2) 采用稀释沥青时，宜待表面略干时再喷洒沥青。 (3) 在用乳液养护前，应将基层清扫干净。 (4) 沥青乳液的沥青用量宜采用 0.8~1.0kg/m²，分两次喷洒。 (5) 第一次喷洒时，宜采用沥青含量约 35% 的慢裂沥青乳液，第二次宜喷洒浓度较大的沥青乳液。 (6) 不能避免施工车辆通行时，应在乳液破乳后撒布粒径 4.75~9.5mm 的小碎石，做成下封层

1B412020 沥青路面施工技术

【考点图谱】

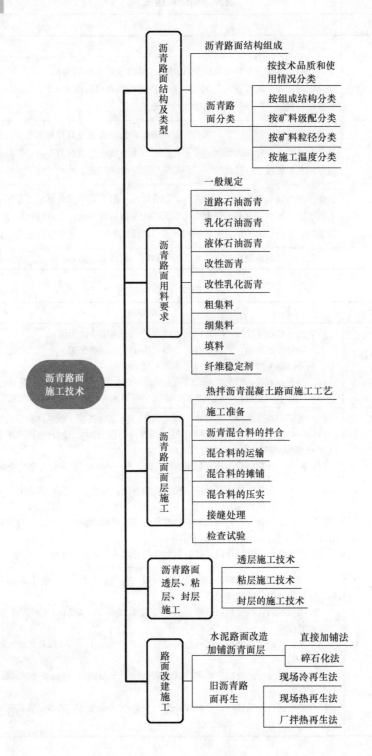

【考点精析】

考点1　沥青路面结构及类型

沥青路面结构组成

序号	项目	内容
1	总体构成	沥青路面结构层可由面层、基层、底基层、垫层组成
2	面层	面层是直接承受车轮荷载反复作用和自然因素影响的结构层，可由1~3层组成。表面层应根据使用要求设置抗滑耐磨、密实稳定的沥青层；中面层、下面层应根据公路等级、沥青层厚度、气候条件等选择适当的沥青结构层
3	基层	基层是设置在面层之下，并与面层一起将车轮荷载的反复作用传布到底基层、垫层、土基，起主要承重作用的层次。基层材料的强度指标应有较高的要求。基层视公路等级或交通量的需要可设置一层或两层。当基层较厚需分两层施工时，可分别称为上基层、下基层
4	底基层	底基层是设置在基层之下，并与面层、基层一起承受车轮荷载反复作用，起次要承重作用的层次。底基层材料的强度指标要求可比基层材料略低。底基层视公路等级或交通量的需要可设置一层或两层。底基层较厚需分两层施工时，可分别称为上底基层、下底基层
5	垫层	垫层是设置在底基层与土基之间的结构层，起排水、隔水、防冻、防污等作用

沥青路面分类

序号	项目	内容
1	按技术品质和使用情况分类	（1）沥青混凝土路面：沥青混凝土路面适用于各级公路面层。 （2）沥青碎石路面：热拌沥青碎石适宜用于三、四级公路。中粒式、粗粒式沥青碎石宜用作沥青混凝土面层下层、联结层或整平层。 （3）沥青贯入式：沥青贯入式适用于三、四级公路，也可作为沥青混凝土面层的联结层。 （4）沥青表面处治：一般用于三、四级公路，也可用作沥青路面的磨耗层、防滑层
2	按组成结构分类	（1）密实—悬浮结构：工程中常用的AC－Ⅰ型沥青混凝土就是这种结构的典型代表。 （2）骨架—空隙结构：工程中使用的沥青碎石混合料（AM）和排水沥青混合料（OGFC）是典型的骨架空隙型结构。 （3）密实—骨架结构：沥青玛蹄脂碎石混合料（SMA）是一种典型的骨架密实型结构
3	按矿料级配分类	（1）密级配沥青混凝土混合料：代表类型有沥青混凝土、沥青稳定碎石。 （2）半开级配沥青混合料：代表类型有改性沥青稳定碎石，用AM表示。 （3）开级配沥青混合料：代表类型有排水式沥青磨耗层混合料，以OGFC表示；另有排水式沥青稳定碎石基层，以ATPCZB表示。 （4）间断级配沥青混合料：代表类型有沥青玛蹄脂碎石混合料（SMA）
4	按矿料粒径分类	（1）砂粒式沥青混合料：矿料最大粒径等于或小于4.75mm（圆孔筛5mm）的沥青混合料。也称为沥青石屑或沥青砂。 （2）细粒式沥青混合料：矿料最大粒径为9.5mm或13.2mm（圆孔筛10mm或15mm）的沥青混合料。 （3）中粒式沥青混合料：矿料最大粒径为16mm或19mm（圆孔筛20mm或25mm）的沥青混合料。 （4）粗粒式沥青混合料：矿料最大粒径为26.5mm或31.5mm（圆孔筛30~40mm）的沥青混合料。 （5）特粗式沥青混合料：矿料的最大粒径等于或大于37.5mm（圆孔筛45mm）的沥青混合料

续表

序号	项目	内容
5	按施工温度分类	(1) 热拌热铺沥青混合料：沥青与矿料经加热后拌合，并在一定的温度下完成摊铺和碾压施工过程的混合料。 (2) 常温沥青混合料：采用乳化沥青或稀释沥青在常温下（或者加热温度很低）与矿料拌合，并在常温下完成摊铺和碾压过程的混合料

考点 2　沥青路面用料要求

沥青路面用料要求

序号	项目	内容
1	道路石油沥青	(1) 道路石油沥青各个沥青等级的适用范围应符合规定。道路石油沥青的质量应符合相关的技术要求。 (2) 沥青路面采用的沥青标号，宜按照公路等级、气候条件、交通条件、路面类型及在结构层中的层位及受力特点、施工方法等，结合当地的使用经验，经技术论证后确定。 (3) 对高速公路、一级公路，夏季温度高、高温持续时间长、重载交通、山区及丘陵区上坡路段、服务区、停车场等行车速度慢的路段，尤其是汽车荷载剪应力大的层次，宜采用稠度大、黏度大的沥青，也可提高高温气候分区的温度水平选用沥青等级；对冬季寒冷的地区或交通量小的公路、旅游公路宜选用稠度小、低温延度大的沥青；对温度日温差、年温差大的地区宜注意选用针入度指数大的沥青。当高温要求与低温要求发生矛盾时应优先考虑满足高温性能的要求。 (4) 当缺乏所需标号的沥青时，可采用不同标号掺配的调合沥青，其掺配比例由试验决定
2	乳化石油沥青	(1) 乳化沥青适用于沥青表面处治、沥青贯入路面、冷拌沥青混合料路面，修补裂缝，喷洒透层、粘层与封层等。 (2) 乳化石油沥青的质量应符合《公路沥青路面施工技术规范》JTG F40—2004 中道路用乳化沥青技术要求的规定。 (3) 乳化沥青类型根据集料品种及使用条件选择。阳离子乳化沥青可适用于各种集料品种，阴离子乳化沥青适用于碱性石料。乳化沥青的破乳速度、黏度宜根据用途与施工方法选择。 (4) 制备乳化沥青用的基质沥青，对高速公路和一级公路，宜符合道路石油沥青 A、B 级沥青的要求，其他情况可采用 C 级沥青。 (5) 乳化沥青宜存放在立式罐中，并保持适当搅拌。贮存期以不离析、不冻结、不破乳为度
3	液体石油沥青	(1) 液体石油沥青适用于透层、粘层及制拌冷拌沥青混合料。根据使用目的与场所，可选用快凝、中凝、慢凝的液体石油沥青，其质量应符合"道路液体石油沥青技术要求"的规定。 (2) 液体石油沥青宜采用针入度较大的石油沥青，使用前先加热沥青后加稀释剂的顺序，掺配煤油或轻柴油，经适当的搅拌、稀释制成。掺配比例根据使用要求由试验确定。 (3) 液体石油沥青在制作、贮存、使用的全过程中必须通风良好，并有专人负责，确保安全。基质沥青的加热温度严禁超过 140℃，液体沥青的贮存温度不得高于 50℃

续表

序号	项目	内容
4	改性沥青	(1) 改性沥青可单独或复合采用高分子聚合物、天然沥青及其他改性材料制作。 (2) 各类聚合物改性沥青的质量应符合《公路沥青路面施工技术规范》JTG F40—2004 中聚合物改性沥青的技术要求的规定，其中 PI 值可作为选择性指标。 (3) 制造改性沥青的基质沥青应与改性剂有良好的配伍性，其质量宜符合 A 级或 B 级道路石油沥青的技术要求。供应商在提供改性沥青的质量报告时应提供基质沥青的质量检验报告或沥青样品。 (4) 天然沥青可以单独与石油沥青混合使用或与其他改性沥青混融后使用。沥青的质量要求宜根据其品种参照相关标准和成功的经验执行。 (5) 用作改性剂的 SBR 胶乳中的固体物含量宜少于 45%，使用中严禁长时间暴晒或遭冰冻。 (6) 改性沥青的剂量以改性剂占改性沥青总量的百分数计算，胶乳改性沥青的剂量应以扣除水以后的固体物含量计算。 (7) 改性沥青宜在固定式工厂或在现场设厂集中制作，也可在拌合厂现场边制造边使用，改性沥青的加工温度不宜超过 180℃。胶乳类改性剂和制成颗粒的改性剂可直接投入拌合缸中生产改性沥青混合料。 (8) 用溶剂法生产改性沥青母体时，挥发性溶剂回收后的残留量不得超过 5%。 (9) 现场制造的改性沥青宜随配随用，需作短时间保存，或运送到附近的工地时，使用前必须搅拌均匀，在不发生离析的状态下使用。改性沥青制作设备必须设有随机采集样品的取样口，采集的试样宜立即在现场灌模
5	改性乳化沥青	(1) 改性乳化沥青宜按规定选用。 (2) 改性乳化沥青质量应符合《公路沥青路面施工技术规范》JTG F40—2004 中聚合物改性沥青的技术要求的规定
6	粗集料	(1) 沥青面层使用的粗集料包括碎石、破碎砾石、筛选砾石、钢渣、矿渣等，但高速公路和一级公路不得使用筛选砾石和矿渣。粗集料必须具有生产许可证的采石场生产或施工单位自行加工。 (2) 粗集料应该洁净、干燥、表面粗糙。当单一规格集料的质量指标达不到要求，而按照集料配合比计算的质量指标符合要求时，工程上允许使用。对受热易变质的集料，宜采用经拌合机烘干后的集料进行检验。 (3) 沥青混合料用粗集料规格应按《公路沥青路面施工技术规范》JTG F40—2004 中沥青混合料用粗集料规格的规定生产和使用。 (4) 采石场在生产过程中必须彻底清除覆盖层及泥土夹层。生产碎石用的原石不得含有土块、杂物，集料成品不得堆放在泥土地上。 (5) 高速公路、一级公路沥青路面的表面层（或磨耗层）的粗集料的磨光值应符合《公路沥青路面施工技术规范》JTG F40—2004 中粗集料与沥青的磨光值的技术要求。除 SMA、OGFC 路面外，允许在硬质粗集料中掺加部分较小粒径的磨光值达不到要求的粗集料，其最大掺加比例由磨光值试验确定。 (6) 粗集料与沥青的粘附性应符合《公路沥青路面施工技术规范》JTG F40—2004 中粗集料与沥青的粘附性、磨光值的技术要求，当使用不符合要求的粗集料时，宜掺加消石灰、水泥或用饱和石灰水处理后使用，必要时可同时在沥青中掺加耐热、耐水、长期性能好的抗剥落剂，也可采用掺加改性沥青的措施，使沥青混合料的水稳定性检验达到要求。掺加外加剂的剂量由沥青混合料的水稳定性检验确定。

续表

序号	项目	内容
6	粗集料	（7）破碎砾石应采用粒径大于50mm、含泥量不大于1％的砾石轧制，破碎砾石的破碎面应符合"粗集料对破碎面的要求"。 （8）筛选砾石仅适用于三级及三级以下公路的沥青表面处治路面。 （9）经过破碎且存放期超过6个月以上的钢渣可作为粗集料使用。除吸水率允许适当放宽外，各项质量指标应符合《公路沥青路面施工技术规范》JTG F40—2004 中沥青混合料用粗集料质量技术要求。钢渣在使用前应进行活性检验，要求钢渣中的游离氧化钙含量不大于3％，浸水膨胀率不大于2％
7	细集料	（1）沥青面层的细集料可采用天然砂、机制砂、石屑。细集料必须由具有生产许可证的采砂场、采砂场生产。 （2）细集料应洁净、干燥、无风化、无杂质，并有适当的颗粒级配，其质量应符合相关的要求。细集料的洁净程度，天然砂以小于0.075mm含量的百分数表示，石屑和机制砂以砂当量（适用于0～4.75mm）或亚甲蓝值（适用于0～2.36mm或0～0.15mm）表示。 （3）天然砂可采用河砂或海砂，通常宜采用粗、中砂，其规格应符合《公路沥青路面施工技术规范》JTG F40—2004中沥青混合料用天然砂规格。砂的含泥量超过规定时应水洗后使用，海砂中的贝壳类材料必须筛除。开采天然砂必须取得当地政府主管部门的许可，并符合水利及环境保护的要求。热拌密级配沥青混合料中天然砂的用量通常不宜超过集料总量的20％，SMA和OGFC混合料不宜使用天然砂。 （4）石屑是采石场破碎石料时通过4.75mm或2.36mm的筛下部分，其规格应符合《公路沥青路面施工技术规范》JTG F40—2004中沥青混合料用机制砂或石屑规格。采石场在生产石屑的过程中应具备抽吸设备，高速公路和一级公路的沥青混合料，宜将S14与S16组合使用，S15可在沥青稳定碎石基层或其他等级公路中使用。 （5）机制砂宜采用专用的制砂机制造，并选用优质石料生产，其级配应符合S16的要求
8	填料	（1）沥青混合料的矿粉必须采用石灰岩或岩浆岩中的强基性岩石等憎水性石料经磨细得到的矿粉，原料中的泥土杂质应除净。矿粉应干燥、洁净，能自由地从矿粉仓流出。 （2）拌合机的粉尘可作为矿粉的一部分回收使用。但每盘用量不得超过填料总量的25％，掺有粉尘填料的塑性指数不得大于4％。 （3）粉煤灰作为填料使用时，用量不得超过填料总量的50％，粉煤灰的烧失量应小于12％，与矿粉混合后的塑性指数应小于4％，其余质量要求与矿粉相同。高速公路、一级公路的沥青面层不宜采用粉煤灰做填料
9	纤维稳定剂	（1）在沥青混合料中掺加的纤维稳定剂宜选用木质素纤维、矿物纤维等。 （2）纤维应在250℃的干拌温度不变质、不发脆，使用纤维必须符合环保要求，不危害身体健康。纤维必须在混合料拌合过程中能充分分散均匀。 （3）矿物纤维宜采用玄武岩等矿石制造，易影响环境及造成人体伤害的石棉纤维不宜直接使用。 （4）纤维应存放在室内或有棚盖的地方，松散纤维在运输及使用过程中应避免受潮，不结团。 （5）纤维稳定剂的掺加比例以沥青混合料总量的质量百分率计算，通常情况下用于SMA路面的木质素纤维不宜低于0.3％，矿物纤维不宜低于0.4％，必要时可适当增加纤维用量。纤维掺加量的允许误差宜不超过±5％

道路沥青的适用范围

沥青等级	适用范围
A级沥青	各个等级的公路，适用于任何场合和层次
B级沥青	(1) 高速公路、一级公路沥青下面层及以下层次，二级及二级公路以下公路的各个层次； (2) 用作改性沥青、乳化沥青、改性乳化沥青、稀释沥青的基质沥青
C级沥青	三级及三级以下公路的各个层次

乳化沥青品种及适用范围

分类	品种及代号	适用范围
阳离子乳化沥青	PC-1	表面处治、贯入式路面及下封层用
	PC-2	透层油及基层养护用
	PC-3	粘层油用
	BC-1	稀浆封层或冷拌沥青混合料用阴离子乳
乳化沥青	PA-1	表面处治、贯入式路面及下封层用
	PA-2	透层油及基层养护用
	PA-3	粘层油用
	BA-1	稀浆封层或冷拌沥青混合料用
阴离子乳化沥青	PN-2	透层油用
	BN-1	与水泥稳定集料同时使用（基层路拌或再生）

改性乳化沥青品种及适用范围

品种		代号	适用范围
改性乳化沥青	喷洒型改性乳化沥青	PCR	粘层、封层、桥面防水粘结层用
	拌合用乳化沥青	BCR	改性稀浆封层和微表处用

考点3 沥青路面面层施工

沥青路面面层施工

序号	项目	内容
1	施工准备	(1) 选购经调查试验合格的材料进行备料，矿料应分类堆放，矿粉必须是石灰岩磨细而成且不受潮，必要时做好矿料堆放场地的硬化处理和场地四周排水及搭设矿粉库房或储存罐。 (2) 做好配合比设计报送监理工程师审批，对各种原材料进行符合性检验。 (3) 在验收合格的基层上恢复中线（底面层施工时）在边线外侧0.3~0.5m处每隔5~10m钉边桩进行水平测量，拉好基准线，画好边线。 (4) 对下承层进行清扫，底面层施工前两天在基层上洒透层油。在中底面层上喷洒粘层油。 (5) 试验段开工前28d安装好试验仪器和设备，配备好的试验人员报请监理工程师审核。各层开工前14d在监理工程师批准的现场备齐全部机械设备进行试验段铺筑，以确定松铺系数、施工工艺、机械配备、人员组织、压实遍数，并检查压实度，沥青含量，矿料级配，沥青混合料马歇尔各项技术指标等

续表

序号	项目	内容
2	沥青混合料的拌合	(1) 各种集料分类堆放，每个料源均进行试验，按要求的配合比进行配料。 (2) 设置间歇式具有密封性能及除尘设备，并有检测拌合温度装置的沥青混凝土拌合站。 (3) 拌合站设试验室，对沥青混凝土的原材料和沥青混合料及时进行检测。 (4) 沥青的加热温度控制在规范规定的范围之内，即150～170℃。集料的加热温度控制在160～180℃；混合料的出厂温度控制在140～165℃。当混合料出厂温度过高时应废弃。混合料运至施工现场的温度控制在120～150℃。 (5) 出厂的混合料须均匀一致，无白花料，无粗细料离析和结块现象，不符要求时应废弃
3	混合料的运输	(1) 根据拌合站的产量、运距合理安排运输车辆。 (2) 运输车的车厢内保持干净，涂防粘薄膜剂。运输车配备覆盖篷布以防雨和热量损失。 (3) 已离析、硬化在运输车箱内的混合料，低于规定铺筑温度或被雨淋的混合料应予以废弃
4	混合料的摊铺	(1) 根据路面宽度选用1～2台具有自动调节摊铺厚度及找平装置、可加热的振动熨平板，并且运行良好的高密度沥青混凝土摊铺机进行摊铺。 (2) 底、中、面层采用走线法施工，表面层采用平衡梁法施工。 (3) 摊铺机均匀行驶，行走速度和拌合站产量相匹配，以确保所摊铺路面的均匀不间断摊铺。在摊铺过程中不准随意变换速度，尽量避免中途停顿。 (4) 沥青混凝土的摊铺温度根据气温变化进行调节。一般正常施工控制在不低于110～130℃，不超过165℃，在摊铺过程中随时检查并做好记录。 (5) 开铺前将摊铺机的熨平板进行加热至不低于100℃。 (6) 采用双机或三机梯进式施工时，相邻两机的间距控制在10～20m。两幅应有5～10cm宽度的重叠。 (7) 在摊铺过程中，随时检查摊铺质量，出现离析、边角缺料等现象人工及时补撒料，换补料。 (8) 在摊铺过程中随时检查高程及摊铺厚度，并及时通知操作手。 (9) 摊铺机无法作业的地方，在监理工程师同意后采取人工摊铺施工
5	混合料的压实	(1) 压路机采用2～3台双轮双振压路机及2～3台重量不小于16t胶轮压路机组成。 (2) 初压：采用双轮双振压路机静压1～2遍，正常施工情况下，温度应不低于110℃并紧跟摊铺机进行；复压：采用胶轮压路机和双轮双振压路机振压等综合碾压4～6遍，碾压温度多控制在80～100℃；终压：采用双轮双振压路机静压1～2遍，碾压温度应不低于65℃。边角部分压路机碾压不到的位置，使用小型振动压路机碾压。 (3) 碾压顺纵向由低边向高边按规定要求的碾压速度均匀进行。相邻碾压重叠宽度大于30cm。 (4) 采用雾状喷水法，以保证沥青混合料碾压过程中不粘轮。 (5) 不在新铺筑的路面上进行停机、加水、加油活动，以防各种油料、杂质污染路面。压路机不准停留在已完成但温度尚未冷却至自然气温以下的路面上。 (6) 碾压进行中压路机不得中途停留、转向或制动，压路机每次由两端折回的位置呈阶梯形随摊铺机向前推进，使折回处不在同一横断面上，振动压路机在已成型的路面上行驶时应关闭振动

续表

序号	项目	内容
6	接缝处理	（1）梯队作业采用热接缝，施工时将已铺混合料部分留下 20~30cm 宽暂不碾压，作为后摊铺部分的高程基准面，后摊铺部分完成立即骑缝碾压，以消除缝迹。 （2）半幅施工不能采用热接缝时，采用人工顺直刨缝或切缝。铺另半幅前必须将边缘清扫干净，并涂洒少量粘层沥青。摊铺时应重叠在已铺层上 5~10cm，摊铺后将混合料人工清走。碾压时先在已压实路面行走，碾压新铺层 10~15cm，然后压实新铺部分，再伸过已压实路面 10~15cm，充分将接缝压实紧密。 （3）横接缝的处理方法：首先用 3m 直尺检查端部平整度。不符合要求时，垂直于路中线切齐清除。清理干净后在端部涂粘层沥青接着摊铺。摊铺时调整好预留高度，接缝处摊铺层施工结束后再用 3m 直尺检查平整度。横向接缝的碾压先用双轮双振压路机进行横压，碾压时压路机位于已压实的混合料层上伸入新铺层的宽为 15cm，然后每压一遍向新铺混合料方向移动 15~20cm，直至全部在新铺层上为止，再改为纵向碾压。 （4）纵向冷接缝上、下层的缝错开 15cm 以上，横向接缝错开 1m 以上
7	检查试验	（1）按施工技术规范要求的频率认真做好各种原材料、施工温度、矿料级配、马歇尔试验、压实度等试验工作。 （2）在施工过程中随时检查铺筑厚度、平整度、宽度、横坡度、高程。 （3）所有检验结果资料报监理工程师审批和申报计量支付

考点 4　沥青路面透层、粘层、封层施工

透层施工技术

序号	项目	内容
1	透层的作用	为使沥青面层与基层结合良好，在基层上浇洒乳化沥青、煤沥青或液体沥青而形成的透入基层表面的薄层
2	适用条件	沥青路面各类基层都必须喷洒透层油，沥青层必须在透层油完全渗透入基层后方可铺筑。基层上设置下封层时，透层油不宜省略
3	一般要求	（1）根据基层类型选择渗透性好的液体沥青、乳化沥青、煤沥青作透层油，喷洒后通过钻孔或挖掘确认透层油渗入基层的深度宜不小于 5mm（无机结合料稳定集料基层）~10mm（无结合料基层），并能与基层联结成为一体。 （2）透层油的黏度通过调节稀释剂的用量或乳化沥青的浓度得到适宜的黏度，基质沥青的针入度通常宜不小于 100。透层用乳化沥青的蒸发残留物含量允许根据渗透情况适当调整，当使用成品乳化沥青时可通过稀释得到要求的黏度。透层用液体沥青的黏度通过调节煤油或轻柴油等稀释剂的品种和掺量经试验确定。 （3）透层油的用量通过试洒确定，不宜超出要求的范围。 （4）用于半刚性基层的透层油宜紧接在基层碾压成型后表面稍变干燥、但尚未硬化的情况下喷洒。 （5）在无结合料粒料基层上洒布透层油时，宜在铺筑沥青前 1~2d 洒布。 （6）透层油宜采用沥青洒布车一次喷洒均匀，使用的喷嘴宜根据透层油的种类和黏度选择并保证均匀喷洒，沥青洒布车喷洒不均匀时宜改用手工沥青洒布机喷洒。 （7）喷洒透层油前应清扫路面，遮挡防护缘石及人工构造物避免污染，透层必须洒布均匀，有花白遗漏应人工补洒，喷洒过量的立即撒布石屑或砂吸油，必要时作适当碾压。透层油洒布后不得在表面形成能被运料车和摊铺机粘起的油皮，透层油达不到渗透深度要求时，应更换透层油稠度或品种。

续表

序号	项目	内容
3	一般要求	(8) 透层油洒布后的养护时间随透层油的品种和气候条件由试验确定，确保液体沥青中的稀释剂全部挥发，乳化沥青渗透且水分蒸发，然后尽早铺筑沥青面层，防止工程车辆损坏透层
4	注意事项	(1) 透层油洒布后应不致流淌，应渗入基层一定深度，不得在表面形成油膜。 (2) 气温低于10℃或大风、即将降雨时不得喷洒透层油。 (3) 应按设计喷油量一次均匀洒布，当有漏洒时，应人工补洒。 (4) 喷洒透层油后一定要严格禁止人和车辆通行。 (5) 在摊铺沥青前，应将局部尚有多余的未渗入基层的沥青清除。 (6) 透层油洒布后要待充分渗透，一般不少于24h后才能摊铺上层，但也不能在透层油喷洒后很久不做上层施工，应尽早施工。 (7) 对无机结合料稳定的半刚性基层喷洒透层油后，如果不能及时铺筑面层时，并还需开放交通，应铺撒适量的石屑或粗砂，此时宜将透层油增加10%的用量。用6~8t钢筒式压路机稳压一遍，并控制车速。在摊铺上层时发现局部沥青剥落，应修补，还需清扫浮动石屑或砂

粘层施工技术

序号	项目	内容
1	粘层的作用	使上下层沥青结构层或沥青结构层与结构物（或水泥混凝土路面）完全粘结成一个整体
2	适用条件	符合下列情况，必须喷洒粘层沥青： (1) 双层式或三层式热拌热铺沥青混合料路面的沥青层之间。 (2) 水泥混凝土路面、沥青稳定碎石基层或旧沥青路面层上加铺沥青层。 (3) 路缘石、雨水进水口、检查井等构造物与新铺沥青混合料接触的侧面
3	一般要求	(1) 粘层沥青的技术要求 粘层油宜采用快裂或中裂乳化沥青、改性乳化沥青，也可采用快、中凝液体石油沥青，其规格和质量应符合规范的要求，所使用的基质沥青标号宜与主层沥青混合料相同。 (2) 粘层沥青的用量、品种选择 粘层油品种和用量，应根据下卧层的类型通过试洒确定，并符合要求。当粘层油上铺筑薄层大空隙排水路面时，粘层油的用量宜增加到0.6~1.0 L/m²。在沥青层之间兼作封层而喷洒的粘层油宜采用改性沥青或改性乳化沥青，其用量宜不少于1.0L/m²
4	注意事项	(1) 喷洒表面一定清扫干净，并表面干燥。用水洗刷后需待表面干燥后喷洒。 (2) 气温低于10℃时不得喷洒粘层油，寒冷季节施工不得不喷洒时可以分成两次喷洒。路面潮湿时不得喷洒粘层油。 (3) 粘层油宜采用沥青洒布车喷洒，并选择适宜的喷嘴，洒布速度和喷洒量保持稳定。当采用机动或手摇的手工沥青洒布机喷洒时，必须由熟练的技术工人操作，均匀洒布。 (4) 喷洒的粘层油必须呈均匀雾状，在路面全宽度内均匀分布成一薄层，不得有洒花漏空或呈条状，也不得有堆积。喷洒不足的要补洒，喷洒过量处应予刮除。 (5) 粘层油宜在当天洒布，待乳化沥青破乳、水分蒸发完成，或稀释沥青中的稀释剂基本挥发完成后，紧跟着铺筑沥青层，确保粘层不受污染。 (6) 喷洒粘层油后，严禁运料车外的其他车辆和行人通过

封层的施工技术

序号	项目	内容
1	封层的作用	(1) 封闭某一层起着保水防水作用； (2) 起基层与沥青表面层之间的过渡和有效联结作用； (3) 路的某一层表面破坏离析松散处的加固补强； (4) 基层在沥青面层铺筑前，要临时开放交通，防止基层因天气或车辆作用出现水毁； (5) 封层可分为上封层和下封层；就施工类型来分，可采用拌合法或层铺法的单层式表面处治，也可以采用乳化沥青稀浆封层
2	适用条件	(1) 各种封层适用于加铺薄层罩面、磨耗层、水泥混凝土路面上的应力缓冲层、各种防水和密水层、预防性养护罩面层。 (2) 上封层根据情况可选择乳化沥青稀浆封层、微表处、改性沥青集料封层、薄层磨耗层或其他适宜的材料。上封层的类型根据使用目的、路面的破损程度选用： ① 裂缝较细、较密的可采用涂洒类密封剂、软化再生剂等涂刷罩面； ② 对二级及二级以下公路的旧沥青路面可以采用普通的乳化沥青稀浆封层，也可在喷洒道路石油沥青后撒布石屑（砂）后碾压作封层； ③ 对高速公路、一级公路有轻微损坏的宜铺筑微表处； ④ 对用于改善抗滑性能的上封层可采用稀浆封层、微表处或改性沥青集料封层。 (3) 下封层宜采用层铺法表面处治或稀浆封层法施工。稀浆封层可采用乳化沥青或改性乳化沥青作结合料。下封层的厚度不宜小于 6mm，且做到完全密水。多雨潮湿地区的高速公路、一级公路的沥青面层空隙率较大，有严重渗水可能，或铺筑基层不能及时铺筑沥青面层而需通行车辆时，宜在喷洒透层油后铺筑下封层
3	一般要求	(1) 使用层铺法沥青表面处治铺筑封层时，施工方法按层铺法表面处治工艺施工。其材料用量要求应符合有关规定。 (2) 封层宜选择在干燥和较热的季节施工，并在最高温度低于 15℃ 到来以前半个月及雨季前结束。 (3) 使用乳化沥青稀浆封层施工上、下封层： ① 稀浆封层必须使用专用的摊铺机进行摊铺。 ② 稀浆封层的矿料类型应根据封层的目的、道路等级进行选择；矿料级配应根据铺筑厚度、集料尺寸及摊铺用量等因素选用。 ③ 稀浆封层可采用普通乳化沥青或改性乳化沥青，其品种和质量应符合规范的要求。 ④ 稀浆封层和微表处的混合料中乳化沥青及改性乳化沥青的用量应通过配合比设计确定。 ⑤ 混合料的湿轮磨耗试验的磨耗损失不宜大于 $800g/m^2$；轮荷压砂试验的砂吸收量不宜大于 $600g/m^2$。 ⑥ 稀浆封层混合料的加水量应根据施工摊铺和易性由稠度试验确定，要求的稠度应为 2~3cm。 ⑦ 稀浆封层两幅纵缝搭接的宽度不宜超过 80mm，横向接缝宜做成对接缝。分两层摊铺时，第一层摊铺后至少开放交通 24h 后可进行第二层摊铺
4	注意事项	(1) 稀浆封层施工前，应彻底清除原路面的泥土、杂物，修补坑槽、凹陷，较宽的裂缝宜清理灌缝。 (2) 稀浆封层施工时应在干燥情况下进行。 (3) 稀浆封层铺筑后，必须待乳液破乳、水分蒸发、干燥成型后方可开放交通。 (4) 稀浆封层施工气温不得低于 10℃，严禁在雨期施工，摊铺后尚未成型混合料遇雨时应予铲除

考点5 路面改建施工

水泥路面改造加铺沥青面层

序号	项目	内容
1	直接加铺法	通过人工调查对旧水泥路的病害按段落桩号进行统计，采用探地雷达、弯沉仪对混凝土板的脱空和其结构层的均匀情况、路面承载能力进行检测评价。 （1）对边角破碎损坏较深和较宽的路面，先用切割机切除损坏部分，然后浇筑同强度等级混凝土；对破损较浅、较窄的，可凿除5cm以上，然后用细石拌制的混凝土混合料填平。 （2）对发生错台或板块网状开裂，应首先考虑是路基质量出现问题，必须将整个板全部凿除，重新夯实路基及基层，对换板部位基层顶面进行清理维护，换板部分基层调平均由新浇筑的水泥混凝土面板一次进行，不再单独选择材料调平。浇筑同强度等级混凝土，传力杆按原水泥混凝土面板的设置情况进行设置。 （3）对于板块脱空、桥头沉陷、板的不均匀沉降及弯沉较大的部位，应钻穿板块，然后用水泥浆高压灌注处理。具体的工艺流程：定位→钻孔→制浆→灌浆→灌浆孔封堵→交通控制→弯沉检测。 ① 定位：由监理人员和施工技术人员根据外观及弯沉检测相结合的方法调查脱空板，标画钻孔位置。理论上，脱空首先出现在板角，沿板的纵横缝延伸发展，因此，完好或轻微裂缝的板块，在填缝料剥落或接缝处出现错台的，板角钻孔压浆即可，钻孔位置一般应距边角20~40cm；断裂较严重出现错台的板块，断缝位置也存在脱空，板角、断缝均应钻孔压浆，考虑其边角位置可能已有支撑，钻孔距边角太近时，灰浆很难压进且注压力极易从边角散失，因此板角的钻孔应距边角40~60cm。 ② 钻孔：施工人员使用钻孔取芯机按标定的位置钻孔，钻孔深度与板厚一致。孔径 D 与压浆头直径 d 相匹配，且 $D-d=1\sim2$mm。 ③ 制浆：灌入浆液，可以是热沥青、水泥浆、水泥粉煤灰浆、水泥砂浆等。按配合比将材料在灰浆拌合机中拌合，至均匀无灰团方可使用，使用中应持续搅拌，防止沉淀。 ④ 灌浆：《公路水泥混凝土路面养护技术规范》JTJ 073.1—2001规定，灌浆孔布置在四角和板中，不少于5孔，边孔距板边大于50cm。当灌入180℃热沥青，设备压力为200~400kPa，压满后持压半分钟，堵塞。水泥类浆，设备灌注压力为1.5~2.0MPa，邻孔出浆后堵孔。浆液进入结构孔隙，一直到相邻孔出浆、以浆液从纵横缝里冒出，或水泥混凝土板有翘起现象为止。如果发现相邻孔、板缝、裂缝、路肩或灌浆回路处集浆过多，需调整工艺。碾磨因灌浆失误造成的超过标准的板块接缝高差。压浆过程中溢浆的孔应及时用圆状木塞封堵，防止压力过度散失。注浆在压浆头拔除后也应及时用木塞等材料封堵，防止灰浆反冒。不得过量灌浆，造成孔周辐射裂缝。 ⑤ 压浆孔封堵：在不会回复压力，确保水泥砂浆不会从孔中挤出时，方可将木塞拔除，并用水泥砂浆或取出的混凝土芯样将灌浆孔封严。 ⑥ 交通控制：压浆完成后的板块，禁止车辆通行，待灰浆强度达到3MPa方可开放交通。 ⑦ 弯沉检测：强度达到要求后，复测压浆板四角的回弹弯沉值，当弯沉值超过0.3mm时，应重新钻孔补压。 （4）对接缝的处理。对纵横缝清缝，清除缝内原有的填充物和杂物，再用手持式注射枪进行沥青灌缝，然后用改性沥青油毡等材料贴缝，有必要时再加铺一层特殊沥青材料的过渡层，吸收或抵抗纵横缝的向上扩展的能量，防止产生反射裂缝

续表

序号	项目	内容
2	碎石化法	（1）路面碎石化前的处理 路面碎石化清除缝内填充物和杂质，应清除水泥混凝土路面上的沥青修复材料，同时对全线的排水系统进行设置和修复，并将路两侧的路肩挖除至混凝土路面基层同一高度，以便使水能从路面区域及时排出。 （2）特殊路段的处理 在路面破碎之前对该工程全线可能存在的严重病害的软弱路段进行修复处理，首先清除混凝土路面并开挖至稳定层，然后换填监理工程师认可的材料。 （3）构造物的标记和保护 路面破碎前，针对调查的结构物资料在现场作出明确的标记，以确保这些构造物不会因施工造成损坏。对不同埋深的构筑物、地下管线、房屋等，采取不同的红色油漆标注清楚，以区别破碎保证安全。 （4）路面碎石化施工 在路面碎石化施工正式开始之前，选择有代表性的路段作为试验段，获取破碎参数。在正常碎石化施工过程中，应根据路面实际状况对破碎参数不断作出微小的调整。当需要参数作出较大的调整时，则应通知监理工程师。路面破碎时，先破碎路面侧边的车道，然后破碎中部的行车道。两幅破碎一般要保证10cm左右的搭接破碎宽度。机械施工过程中要灵活调整行进速度、落锤高度、频率等，尽量达到破碎均匀。路面碎石化后应清除路面中所有松散的填缝料、胀缝料、切割移除暴露的加强钢筋或其他类似物。表面凹处在10cm×10cm以内，在压实前可以用密级配碎石回填，10cm×10cm以上的应利用沥青混合料找平，以保证加铺沥青面层的平整度。 （5）破碎后的压实 压实的主要作用是将破碎的路面表面的扁平颗粒进一步破碎，同时稳固下层块料，为新铺沥青面层提供一个平整的表面。破碎后的路面采用Z型压路机振动压实2～3遍，测标高进行级配碎石调平，检测平整度，光轮压路机振动压实3～4遍。压实速度不超过5km/h。 （6）乳化沥青透层的洒布 为使表面较松散的粒径有一定的结合力，使用慢裂乳化沥青做透层，用智能洒布车保证用量均匀地控制在2.5～3.0kg/m²。乳化沥青透层表面再撒布适量石屑后进行光轮静压，石屑用量以不粘轮为标准

旧沥青路面再生方法

序号	项目	内容
1	现场冷再生法	（1）现场冷再生法是用大功率路面铣刨拌合机将路面混合料在原路面上就地铣刨、翻挖、破碎，再加入稳定剂、水泥、水（或加入乳化沥青）和骨料同时就地拌合，用路拌机原地拌合，最后碾压成型。就地冷再生工艺一般适用于病害严重的一级以下公路沥青路面的翻修、重建，冷再生后的路面一般需要加铺一定厚度的沥青罩面。目前应用类型已从最初的单纯水泥冷再生，逐步丰富形成泡沫沥青、乳化沥青冷再生。 （2）现场冷再生工艺的优点有：原路面材料就地实现再生利用，节省了材料转运费用；施工过程能耗低、污染小；适用范围广。缺点是：施工质量较难控制；一般需要加铺沥青面层，再生利用的经济性不太明显。 （3）现场冷再生中关键技术是添加的胶粘剂（如乳化沥青、泡沫沥青、水泥）与旧混合料的均匀拌合技术，其余如旧沥青混合料的铣刨、破碎技术，胶粘剂配比性能也很关键

续表

序号	项目	内容
2	现场热再生法	(1) 现场热再生是一种就地修复破损路面的过程,它通过加热软化路面,铲起路面废料,再和沥青粘合剂混合,有时可能还需要添加一些新的集料。然后将再生料重新铺在原来的路面上。就地热再生方面,可以一次性实现就地旧沥青路面再生,把原材料和需翻修的路面重新结合;或者是通过两阶段完成,即先将再生料重新压实,然后在上面再铺一层磨耗层。这种工艺方法简单方便,多用于基层承载能力良好、面层因疲劳而龟裂的路段,特别适用于老化不太严重,但平整度较差的高等级公路沥青路面上面层病害的修复,可恢复沥青上面层物理力学性能,修复沥青路面的车辙。 (2) 现场热再生法施工简单方便,多用于基层承载能力良好、面层因疲劳而龟裂的路段,特别适用于老化不太严重,但平整度较差的路面。 (3) 现场热再生工艺的优点是施工速度快,而且原路面材料就地实现再生利用,节省了材料转运费用。但这种工艺的缺点是再生深度通常在2.5~6cm,难以深入;对原路面材料的级配调整幅度有限,也难以去除不适合再生的旧料;再生后路面的质量稳定性和耐久性有所减弱。 (4) 现场热再生中旧沥青混合料的加热重熔技术,新加沥青、再生剂与旧混合料的均匀复拌技术是关键问题,在施工工艺中应充分考虑加热设备和拌合摊铺设备的作业性能。 (5) 根据路面破损情况的不同和对修复后路面质量等级的不同要求,就地热再生技术应用的施工工艺主要有三种
3	厂拌热再生法	(1) 厂拌热再生法就是将旧沥青路面经过翻挖后运回拌合厂,再集中破碎,根据路面不同层次的质量要求,进行配比设计,确定旧沥青混合料的添加比例,再生剂、新沥青材料、新集料等在拌合机中按一定比例重新拌合成新的混合料,从而获得优良的再生沥青混凝土,铺筑成再生沥青路面。厂拌热再生技术利用旧沥青回收料一般不超过50%,通常用10%~30%,新集料和新沥青掺入量较大,因此,采用厂拌热再生工艺能够修复沥青路面面层病害,恢复甚至改善原沥青混合料的性能,所以这种工艺适用范围较广,各等级沥青路面铣刨料都可用来再生利用。再生后的沥青混合料可用来铺筑各种等级的沥青路面,或者用来维修养护旧路。 (2) 利用这种方法,可以方便对已被翻挖的基层甚至路基的一些地段进行有效的补强,沥青层的重铺则可以像新路施工一样,分别按下面层、中面层、上面层(磨耗层)的不同技术要求进行配合比设计,确定旧沥青回收料的添加比例。 (3) 厂拌热再生工艺的优点是再生工艺易于控制,再生后的沥青混合料性能也比较理想,若采用适当的配合比设计和严格的质量控制措施,再生路面具有与普通沥青路面相同或相近的路用性能和耐久性。但其缺点是再生成本较高。 (4) 厂拌热再生中的关键技术是必须解决旧沥青混合料中沥青的加热重熔问题与旧沥青混合料的精确计量问题

现场热再生法的具体方法

序号	项目	内容
1	整形再生法	(1) 整形再生法适合2~3cm表面层的再生。 (2) 是由加热机对旧沥青路面加热至60~180℃后,由再生主机将路面翻松并将翻松材料收集到再生主机的搅拌锅中,同时在搅拌锅中加入适量的沥青再生剂,将拌合均匀的再生混合料重新摊铺到路面上,用压路机碾压成型。 (3) 这种方法适合维修路面出现微型裂纹、磨耗层损坏及破损面积较小的路面,修复后可消除原路面的轻度车辙、龟裂等病害,恢复路面的平整度,改善路面性能

续表

序号	项目	内容
2	重铺再生法	(1) 重铺再生法适合 4～6cm 面层的再生。 (2) 是用 2 台加热机分次对旧沥青路面进行加热。第一次加热的表面温度可达 160～180℃，第二次加热的表面温度将达到 180～250℃。通过 2 次加热，将旧路面沥青材料软化，再由再生机主机翻松，将翻松材料收集到再生主机的搅拌锅中，加入适量的沥青再生剂搅拌，将拌合均匀的再生混合料摊铺到路面上作为路面下面层，其上再铺设一层新的沥青混合料作为磨耗层，形成全新材料的路面，最后用压路机碾压成型。再生机工作速度一般为 1～3m/min。 (3) 这种方法适用于破损较严重路面（如出现大面积坑槽）的维修翻新和旧路升级改造施工，修复后形成与新建道路性能完全相同的全新路面。但这种方法会增加原路面的标高，因此路面重复再生的次数将受到一定的限制。 (4) 重铺再生法一般有两种工艺方法： ① 方法一：加热→旧料再生（翻松、添加再生剂、搅拌等）→摊铺整形→压入碎石工艺。 ② 方法二：加热→旧料再生（翻松、添加再生剂、搅拌等）→摊铺整型→罩新面工艺。 (5) 两种工艺方法的基本工艺流程： ① 加热软化路面 利用 2 台加热机内的红外线加热器或热空气等加热路面，使之软化，根据气温、风速、风向、路表的湿度以及混合料的含水量，调整机器的工作状态，保证路面的加热温度。一般情况下，通过 2 台加热机的加热，在面层下 15cm 深处的温度可达 150～200℃，加热深度可达 4～6cm。尽管加热温度很高，但时间短，旧路面内的沥青不会因温度太高而老化。目前现有的加热方式有火焰加热、红外线加热、热气加热、微波加热。其中红外线加热和热气加热为常用的加热方法，微波加热是一项有发展前景的新技术。 ② 铣刨翻松路面 路面再生机上安装有铣刨装置。当面层经加热软化后，机器在行走过程中通过铣刨装置将路面翻松。由于路面被加热，因而路面内集料不会产生破碎。翻松的路面材料由收料装置收集到路面中间或搅拌锅中。 ③ 拌合整型 翻松的路面材料集中到路中间或搅拌锅后，在其上洒布一定的沥青再生剂进行拌合，通过输送装置送到再生摊铺装置的前面进行摊铺，形成再生路面层。 ④ 罩新面 再生机前面装有 1 只集料斗，新拌制的沥青混合料由自卸汽车卸入集料斗内，由输送机将新混合料运送到后面的摊铺装置，根据所需要的路拱、摊铺宽度和摊铺厚度（考虑松铺系数），把新混合料摊铺到经过再生的路面上，然后进行碾压即形成平整、密实的路面
3	复拌再生法	(1) 复拌再生法适合 4～6cm 面层的再生。 (2) 方法是用 2 台加热机分次对旧沥青路面进行加热，加热方式与重铺再生法基本相同。由再生机主机铣刨翻松，并把翻松后的材料与新沥青混合料及再生剂，在再生机主机的搅拌器中拌合均匀，形成新品质的沥青混合料。然后由主机的摊铺装置或沥青摊铺机摊铺在路面上，用压路机碾压成型。 (3) 工艺流程与重铺再生法基本相同，再生机的工作速度一般为 1～3m/min

注：无论哪种就地热再生工艺方法，都必须事先对破损的路面进行取样检测分析；再选择相应的施工工艺方法，制定具体的施工方案，并确定应添加材料的性质和比例。

1B412030 水泥混凝土路面施工技术

【考点图谱】

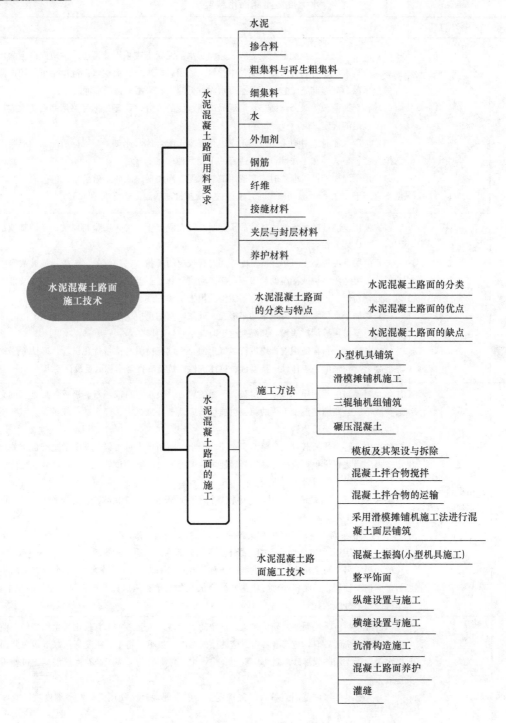

【考点精析】

考点 1 水泥混凝土路面用料要求

水泥混凝土路面用料要求

序号	项目	内容
1	水泥	（1）极重、特重、重交通荷载等级公路面层水泥混凝土应采用旋窑生产的道路硅酸盐水泥、硅酸盐水泥、普通硅酸盐水泥，中、轻交通荷载等级公路面层水泥混凝土可采用矿渣硅酸盐水泥。高温期施工宜采用普通型水泥，低温期宜采用早强型水泥。 （2）各交通荷载等级公路面层水泥混凝土用水泥的成分、物理指标等路用品质要求应符合相关规范的规定。 （3）选用水泥时应对拟采用厂家水泥进行混凝土配合比对比试验，根据所配制的混凝土弯拉强度、耐久性和工作性，选择适宜的水泥品种、强度等级。 （4）采用滑模摊铺机铺筑时，宜选用散装水泥。高温期施工时，散装水泥的入罐最高温度不宜高于60℃；低温期施工时，水泥进入搅拌缸前的温度不宜低于10℃
2	掺合料	（1）使用道路硅酸盐水泥或硅酸盐水泥时，可在混凝土中掺入适量粉煤灰；使用其他水泥时，不应掺入粉煤灰。 （2）面层水泥混凝土可单独或复配掺用符合规定的粉状低钙粉煤灰、矿渣粉或硅灰等掺合料，不得掺用结块或潮湿的粉煤灰、矿渣粉或硅灰。不得掺用高钙粉煤灰或Ⅲ级及Ⅲ级以下低钙粉煤灰。粉煤灰进货应有等级检验报告。 （3）掺加于面层水泥混凝土中的矿渣粉、硅灰，其质量应满足相关规定。使用矿渣硅酸盐水泥时不得再加矿渣粉。高温期施工时，不宜掺用硅灰。 （4）各种掺合料在使用前，应进行混凝土配合比试配检验与掺量优化试验，确认面层水泥混凝土弯拉强度、工作性、抗磨性、抗冰冻性、抗盐冻性等指标满足设计要求
3	粗集料与再生粗集料	（1）粗集料应使用质地坚硬、耐久、干净的碎石、破碎卵石或卵石。极重、特重、重交通荷载等级公路面层混凝土用的粗集料质量不应低于Ⅱ级，中、轻交通荷载等级公路面层混凝土可使用Ⅲ级粗集料。 （2）中、轻交通荷载等级公路面层水泥混凝土可使用再生粗集料，其质量应符合相关规定。再生粗集料可单独或掺配新集料后使用，但应通过配合比试验验证，确定混凝土性能满足设计要求，并符合下列规定： ① 有抗冰冻、抗盐冻要求时，再生粗集料不应低于Ⅱ级；无抗冰冻、抗盐冻要求时，可使用Ⅲ级再生粗集料。 ② 再生粗集料不得用于裸露粗集料的水泥混凝土抗滑表层。 ③ 不得使用出现碱活性反应的混凝土为原料破碎生产的再生粗集料。 （3）粗集料与再生粗集料应根据混凝土配合比的公称最大粒径分为2~4个单粒级的集料，并掺配使用。粗集料与再生粗集料的合成级配及单粒级级配范围宜符合相关的要求。不得使用不分级的统料
4	细集料	（1）细集料应采用质地坚硬、耐久、洁净的天然砂或机制砂，不宜使用再生细集料。使用天然砂或机制砂时，应符合各自对应的质量标准。极重、特重、重交通荷载等级公路面层水泥混凝土用的天然砂质量不应低于Ⅱ级，中、轻交通荷载等级公路面层混凝土可使用Ⅲ级天然砂。 （2）天然砂的级配范围宜符合相关规定。面层水泥混凝土使用的天然砂细度模数宜在2.0~3.7。

续表

序号	项目	内容
4	细集料	(3) 机制砂宜采用碎石作为原料，并用专用设备生产。极重、特重、重交通荷载等级公路面层水泥混凝土用机制砂的质量标准不应低于Ⅱ级，中、轻交通荷载等级公路面层水泥混凝土可使用Ⅲ级机制砂。 (4) 机制砂的级配范围宜符合相关规定。面层水泥混凝土使用的机制砂细度模数宜在 2.3～3.1。 (5) 细集料的使用尚应满足下列规定：配筋混凝土路面及钢纤维混凝土路面中不得使用海砂；细度模数差值超过 0.3 的砂应分别堆放，分别进行配合比设计；采用机制砂时，外加剂宜采用引气高效减水剂或聚羧酸高性能减水剂
5	水	符合现行《生活饮用水卫生标准》GB 5749—2006 的饮用水可直接作为混凝土搅拌和养护用水。非饮用水应进行水质检验，并符合规范规定。还应与蒸馏水进行水泥凝结时间与水泥胶砂强度的对比试验；对比试验的水泥初凝与终凝时间差均不应大于 30min，水泥胶砂 3d 和 28d 强度不应低于蒸馏水配制的水泥胶砂 3d 和 28d 强度的 90%。养护用水可不检验不溶物质含量和其他杂质，其他指标应符合规范规定
6	外加剂	(1) 外加剂品种主要有：普通减水剂、高效减水剂、早强减水剂、缓凝高效减水剂、缓凝减水剂、引气减水剂、引气高效减水剂、引气缓凝高效减水剂、早强高效减水剂、引气早强高效减水剂、早强剂、缓凝剂、引气剂、阻锈剂等。其产品质量应符合相应技术指标。外加剂产品出厂报告中应标明其主要化学成分和使用注意事项。面层水泥混凝土的各种外加剂应经有相应资质的检测机构检验合格，并提供检验报告后方可使用。 (2) 外加剂产品应使用工程实际采用的水泥、集料和拌合用水进行试配，检验其性能，确定合理掺量。外加剂复配使用时，不得有絮凝现象，应使用工程实际采用的水泥、集料和拌和用水进行试配，确定其性能满足要求后方可使用。 (3) 各种可溶外加剂均应充分溶解为均匀水溶液，按配合比计算的剂量加入。采用非水溶的粉状外加剂时，应保证其分散均匀、搅拌充分，不得结块。 (4) 滑模摊铺施工的水泥混凝土面层宜采用引气高效减水剂；高温施工混凝土拌合物的初凝时间短于 3h 时，宜采用缓凝引气高效减水剂；低温施工混凝土拌合物终凝时间长于 10h 时；宜采用早强引气高效减水剂。 (5) 有抗冰冻、抗盐冻要求时，各级公路水泥混凝土面层及暴露结构物混凝土应掺入引气剂；无抗冻要求地区的二级及二级以上公路水泥混凝土面层宜掺入引气剂。 (6) 处在海水、海风、氯离子环境或冬季撒除冰盐的路面或桥面钢筋混凝土、钢纤维混凝土中可掺用或复配阻锈剂，阻锈剂产品的质量标准、检验方法及应用技术应符合相关规定
7	钢筋	(1) 水泥混凝土、钢筋混凝土及连续配筋混凝土面层所用钢筋、钢筋网、传力杆、拉杆等应符合国家和行业现行相关标准的规定。 (2) 钢筋不得有裂纹、断伤、刻痕、表面油污和锈蚀；配筋混凝土路面与桥面用钢筋宜采用环氧树脂涂层或防锈漆涂层等保护措施。传力杆应无毛刺，两端应加工成圆锥形或半径为 2～3mm 的圆倒角。 (3) 胀缝传力杆应在一端设置镀锌钢管帽或塑料套帽，套帽厚度不应小于 2.0mm，并应密封不透水。套帽长度宜为 100mm，套帽内活动空隙长度宜为 30mm。 (4) 传力杆钢筋应采取喷塑、镀锌、电镀或涂防锈漆等防锈措施，防锈层不得局部缺失。拉杆钢筋应在中部不小于 100mm 范围内采取涂防锈漆等防锈措施

续表

序号	项目	内容
8	纤维	(1) 用于公路混凝土路面和桥面水泥混凝土的钢纤维除应满足《纤维混凝土应用技术规程》JGJ/T 221—2010要求外，尚应符合下列规定： ① 钢纤维抗拉强度不宜低于600级。 ② 钢纤维应进行有效的防锈蚀处理。 ③ 钢纤维的几何参数及形状精度应满足相关规定。钢丝切断型钢纤维或波形、带倒钩的钢纤维不应使用。 (2) 钢纤维表面不应沾染油污及妨碍水泥黏结及凝结硬化的物质，结团、黏结连片的钢纤维不得使用。 (3) 用于面层水泥混凝土的玄武岩短切纤维的外观应为金褐色、匀质、表面无污染，二氧化硅含量应在48%～60%。其表面浸润剂应为亲水型。玄武岩纤维、玄武岩短切纤维的规格、尺寸及其精度应符合相关规定。 (4) 用于面层水泥混凝土的合成纤维可采用聚丙烯腈（PANF）、聚丙烯（PPF）、聚酰胺（PAF）和聚乙烯醇（PVAF）等材料制成的单丝纤维或粗纤维，其质量应符合相关规定，且实测单丝抗拉强度最小值不得小于450MPa。 (5) 合成纤维的规格、加工精度及分散性应满足相关规定
9	接缝材料	(1) 高速公路、一级公路胀缝板宜采用塑胶板、橡胶（泡沫）板或沥青纤维板；其他等级公路也可采用浸油木板。聚氨酯类常温施工式填缝料质量应符合相关规定。聚氨酯类填缝料中不得掺入炭黑等无机充填料。 (2) 硅酮类、聚氨酯类常温施工式填缝料可用于各等级公路水泥混凝土面层；橡胶沥青、改性沥青类填缝料可用于二级及二级以下公路，不宜用于高速公路和一级公路；道路石油沥青类填缝料可用于三、四级公路，不宜用于二级公路，不得用于高速公路和一级公路。 (3) 严寒及寒冷地区宜采用低模量型填缝料，其他地区宜采用高模量型填缝料。橡胶沥青应根据当地所处的气候区划选用四类中适宜的一类。严寒、寒冷地区宜使用70号石油沥青和/或SBS类I－C；炎热、温暖地区宜使用50号石油沥青和/或SBS类I－D。 (4) 填缝背衬垫条应具有弹性良好、柔韧性好、不吸水、耐酸碱腐蚀及高温不软化等性能。背衬垫条可采用橡胶条、发泡聚氨酯、微孔泡沫塑料等制成，其形状宜为可压缩圆柱形，直径宜比接缝宽度大2～5mm
10	夹层与封层材料	(1) 沥青混凝土夹层用材料应符合现行《公路沥青路面施工技术规范》JTG F40—2004的规定。 (2) 热沥青表处与改性乳化沥青稀浆封层用材料应符合现行《公路沥青路面施工技术规范》JTG F40—2004的规定。 (3) 封层用薄膜材料的质量、规格与外观应符合相关的规定
11	养护材料	(1) 水泥混凝土面层用养护剂应采用由石蜡、适宜高分子聚合物与适量稳定剂、增白剂经胶体磨制成水乳液，不得采用以水玻璃为主要成分的养护剂。养护剂宜为白色胶体乳液，不宜为无色透明的乳液。养护剂的质量应符合相关规定。 (2) 使用养护剂时，高速公路、一级公路水泥混凝土面层应使用满足一级品要求的养护剂，其他等级公路可使用满足合格品要求的养护剂。 (3) 水泥混凝土面层用节水保湿养护膜应由高分子吸水保水树脂和不透水塑料面膜制成，其质量应符合相关规定。 (4) 高温期施工时，宜选用白色反光面膜的节水保湿养护膜；低温期施工时，宜选用黑色或蓝色吸热面膜的产品

考点 2 水泥混凝土路面的施工

水泥混凝土路面的分类与特点

序号	项目	内容
1	水泥混凝土路面的分类	(1) 水泥混凝土路面,包括普通混凝土(素混凝土)、钢筋混凝土、连续配筋混凝土、预应力混凝土、装配式混凝土、钢纤维混凝土和混凝土小块铺砌等面层板和基(垫)层所组成的路面。目前采用最广泛的是就地浇筑的普通混凝土路面,简称混凝土路面。 (2) 普通混凝土路面,是指除接缝区和局部范围(边缘和角隅)外不配置钢筋的混凝土路面。 (3) 水泥混凝土路面适用于高速公路、一级公路、二级公路、三级公路、四级公路
2	水泥混凝土路面的优点	相对于沥青混凝土路面而言,水泥混凝土路面的优点有:使用寿命长;强度高;稳定性好;耐久性好;养护费用少、经济效益高;有利于夜间行车;有利于带动当地建材业的发展
3	水泥混凝土路面的缺点	相对于沥青混凝土路面而言,水泥混凝土路面的缺点有:对水泥和水的需要量大;有接缝;开放交通较迟;修复困难

水泥混凝土路面的施工方法

序号	项目	内容
1	小型机具铺筑	(1) 小型机具施工工艺是水泥混凝土路面施工方式中传统的施工方式。由于小型机具施工技术简单成熟,施工便捷,不需要大型设备,主要靠人工。 (2) 一般用在县乡公路,三、四级公路,等外公路,旅游公路,村镇内道路与广场建设中
2	滑模摊铺机施工	(1) 滑模摊铺工艺是采用滑模摊铺机铺筑水泥混凝土面层的施工工艺。其特征是不架设边缘固定模板,布料、摊铺、振捣密实、挤压成型、抹面装饰等施工流程在摊铺机行进过程中连续完成。 (2) 成为我国在高等级公路水泥混凝土路面施工中广泛采用的工程质量最高、施工速度最快、装备最现代化的高新成熟技术
3	三辊轴机组铺筑	(1) 三辊轴机组施工工艺的机械化程度适中,设备投入少,技术容易掌握,不少地方在使用。 (2) 比较适用于二、三、四级公路及县乡公路水泥混凝土路面的施工
4	碾压混凝土	(1) 碾压混凝土的路面是采用沥青路面的主要施工机械将单位用水量较少的干硬性混凝土摊铺、碾压成型的一种混凝土路面。碾压混凝土采用的是沥青摊铺机或灰土摊铺机,压密实成型工艺是将干硬性混凝土技术和沥青路面摊铺技术结合起来的复合技术。 (2) 大多数公路工程技术人员认为,碾压混凝土仅适用于二级以下水泥混凝土路面或复合式路面下面层

注:滑模摊铺机施工的技术层次、装备水平和施工要求最高,是我国目前重点推广的施工技术。

水泥混凝土路面施工技术

序号	项目	内容
1	模板及其架设与拆除	(1) 施工模板应采用刚度足够的槽钢、轨模或钢制边侧模板，不应使用木模板、塑料模板等易变形模板。 (2) 支模前在基层上应进行模板安装及摊铺位置的测量放样，核对路面标高、面板分板、胀缝和构造物位置。 (3) 纵横曲线路段应采用短模板，每块横板中点应安装在曲线切点上。 (4) 模板安装应稳固、平顺、无扭曲，应能承受摊铺、振实、整平设备的负载行进，冲击和振动时不发生位移。 (5) 模板与混凝土拌合物接触表面应涂隔离剂。 (6) 模板拆除应在混凝土抗压强度不小于 8.0MPa 方可进行
2	混凝土拌合物搅拌	(1) 搅拌楼的配备，应优先选配间歇式搅拌楼，也可使用连续搅拌楼。 (2) 每台搅拌楼在投入生产前，必须进行标定和试拌。在标定有效期满或搅拌楼搬迁安装后，均应重新标定。施工中应每 15d 校验一次搅拌楼计量精确度。搅拌楼配料计量偏差不得超过规定。不满足时，应分析原因，排除故障，确保拌合计量精确度。采用计算机自动控制系统的搅拌楼时，应使用自动配料生产，并按需要打印每天（周、旬、月）对应路面摊铺桩号的混凝土配料统计数据及偏差。 (3) 应根据拌合物的黏聚性、均质性及强度稳定性试拌确定最佳拌合时间。 (4) 外加剂应以稀释溶液加入，其稀释用水和原液中的水量，应从拌合加水量中扣除。 (5) 拌合引气混凝土时，搅拌楼一次拌合量不应大于其额定搅拌量的 90%。纯拌合时间应控制在含气量最大或较大时
3	混凝土拌合物的运输	(1) 应根据施工进度、运量、运距及路况，选配车型和车辆总数。总运力应比总拌合能力略有富余。确保新拌混凝土在规定时间内运到摊铺现场。 (2) 运输到现场的拌合物必须具有适宜摊铺的工作性。不同摊铺工艺的混凝土拌合物从搅拌机出料到运输、铺筑完毕的允许最长时间应符合时间控制的规定。不满足时应通过试验、加大缓凝剂或保塑剂的剂量。 (3) 混凝土运输过程中应防止漏浆、漏料和污染路面，途中不得随意耽搁。自卸车运输应减小颠簸，防止拌合物离析。车辆起步和停车应平稳
4	混凝土面层铺筑	采用滑模摊铺机施工法进行（具体知识点见下表）
5	混凝土振捣（小型机具施工）	(1) 在待振横断面上，每车道路面应使用 2 根振捣棒，组成横向振捣棒组，沿横断面连续振捣密实，并应注意路面板底、内部和边角处不得欠振或漏振。 (2) 振捣棒在每一处的持续时间，应以拌合物全面振动液化、表面不再冒气泡和泛水泥浆为限，不宜过振，也不宜少于 30s。振捣棒的移动间距不宜大于 500mm；至模板边缘的距离不宜大于 200mm。应避免碰撞模板、钢筋、传力杆和拉杆。 (3) 在振捣棒已完成振实的部位，可开始振动板纵横交错两遍全面提浆振实，每车道路面应配备 1 块振动板。 (4) 振动板移位时，应重叠 100~200mm，振动板在一个位置的持续振捣时间不应少于 15s。振动板须由两人提拉振捣和移位，不得自由放置或长时持续振动。移位控制以振动板底部和边缘泛浆厚度 3mm±1mm 为限。 (5) 缺料的部位，应铺以人工补料找平。 (6) 振动梁振实，每车道路面宜使用 1 根振动梁。振动梁应具有足够的刚度和质量，振动梁应垂直路面中线沿纵向拖行，往返 2~3 遍，使表面泛浆均匀平整

续表

序号	项目	内容
6	整平饰面	(1) 每车道路面应配备 1 根滚杠（双车道两根）。振动梁振实后，应拖动滚杠往返 2～3 遍提浆整平。 (2) 拖滚后的表面宜采用 3m 刮尺，纵模各 1 遍整平饰面，或采用叶片式或圆盘式抹面机往返 2～3 遍压实整平饰面。 (3) 在抹面机完成作业后，应进行清边整缝，清除粘浆，修补缺边、掉角。精平饰面后的面板表面应无抹面印痕，致密均匀，无露骨，平整度应达到规定要求。 (4) 小型机具施工三、四级公路混凝土路面，应优先采用在拌合物中掺外加剂，无掺外加剂条件时，应使用真空脱水工艺，该工艺适用于面板厚度不大于 240mm 混凝土面板施工。 (5) 使用真空脱水工艺时，混凝土拌合物的最大单位用水量可比不采用外加剂时增大 3～12kg/m³；拌合物适宜坍落度：高温天 30～50mm；低温天 20～30mm
7	纵缝设置与施工	普通水泥混凝土、钢筋混凝土、碾压混凝土和钢纤维混凝土面层板均应设置接缝。按平面位置分类，接缝可分为纵向接缝（简称纵缝）和横向接缝（简称横缝）。面板的平面布局宜采用矩形分块，其纵向接缝和横向接缝应垂直相交，纵缝两侧的横缝不得相互错位。纵缝从功能上分为纵向施工缝和纵向缩缝两类；从构造上分为设拉杆平缝型和设拉杆假缝型。具体规定如下： (1) 当一次铺筑宽度小于路面宽度时，应设置纵向施工缝，位置应避开轮迹，并重合或靠近车道线，构造可采用设拉杆平缝型。上部应锯切槽口，深度为 30～40mm，宽度为 3～8mm，槽内灌塞填缝料。采用滑模施工时，纵向施工缝的拉杆可用摊铺机的侧向拉杆装置插入。采用固定模板施工方式时，应在振实过程中，从侧模预留孔中手工插入拉杆。 (2) 当一次铺筑宽度大于 4.5m 时，应设置纵向缩缝，构造可采用设拉杆假缝型，锯切的槽口深度应大于纵向施工缝的槽口深度。纵缝位置应按车道宽度设置，并在摊铺过程中用专用的拉杆插入装置插入拉杆。 (3) 钢筋混凝土路面、桥面和搭板的纵缝拉杆可由横向钢筋延伸穿过接缝代替。钢纤维混凝土路面切开的纵向缩缝可不设拉杆，纵向施工缝应设拉杆。 (4) 插入的侧向拉杆应牢固，不得松动、碰撞或拔出。若发生拉杆松脱或漏插，应在横向相邻路面摊铺前，钻孔重新植入。当发现拉杆可能被拔出时，宜进行拉杆拔出力（握裹力）检验。 (5) 纵缝应与路线中线平行。纵缝拉杆应采用热轧带肋钢筋，设在板厚中央，并应对拉杆中部 100mm 进行防锈处理
8	横缝设置与施工	横缝从功能上分为横向施工缝、横向缩缝和横向胀缝。横向施工缝从构造上分为设传力杆平缝型和设拉杆企口缝型；横向缩缝从构造上分为设传力杆假缝型和不设传力杆假缝型。具体规定如下： (1) 每日施工结束或因临时原因中断施工时，应设置横向施工缝，其位置应尽可能选在胀缝或缩缝处。横向施工缝设在缩缝处应采用设传力杆平缝型。施工缝设在胀缝处其构造与胀缝相同。确有困难需设置在缩缝之间时，横向施工缝应采用设拉杆企口缝型。 (2) 普通混凝土路面横向缩缝宜等间距布置。不宜采用斜缝。不得不调整板长时，最大板长不宜大于 6.0m；最小板长不宜小于板宽。 (3) 在特重和重交通公路、收费广场、邻近胀缝或路面自由端的 3 条缩缝应采用设传力杆假缝型。其他情况下可采用不设传力杆假缝型。 (4) 缩缝传力杆的施工方法可采用前置钢筋支架法或传力杆插入装置（DBI）法。传力杆应采用光面钢筋。

续表

序号	项目	内容
8	横缝设置与施工	(5) 横向缩缝的切缝方式有全部硬切缝、软硬结合切缝和全部软切缝三种,切缝方式的选用,应由施工期间该地区路面摊铺完毕到切缝时的昼夜温差确定。 (6) 邻近桥梁或其他固定构造物处或与其他道路相交处,应设置横向胀缝(简称胀缝)。普通混凝土路面、钢筋混凝土路面和钢纤维混凝土路面视集料的温度膨胀性大小、当地年温差和施工季节酌情设置胀缝:高温施工,可不设胀缝;常温施工,集料温缩系数和年温差较小时,可不设胀缝;集料温缩系数或年温差较大,路面两端构造物间距不小于500m时,宜设一道中间胀缝;低温施工,路面两端构造物间距不小于350m时,宜设一道胀缝。 (7) 普通混凝土路面的胀缝应包括补强钢筋支架、胀缝板和传力杆。钢筋混凝土和钢纤维混凝土路面可不设钢筋支架。胀缝宽20~25mm,使用沥青或塑料薄膜滑动封闭层时,胀缝板及填缝宽度宜加宽25~30mm。传力杆一半以上长度的表面应涂防粘涂层,端部应戴活动套帽,套帽材料与尺寸应符合有关规定的要求。胀缝板应与路中心线垂直,缝壁垂直;缝隙宽度一致;缝中完全不连浆。 (8) 胀缝应采用前置钢筋支架法施工,也可采用预留一块面板,高温时再铺封。前置法施工,应预先加工、安装和固定胀缝钢筋支架,并在使用手持振捣棒振实胀缝板两侧的混凝土后再摊铺。宜在混凝土未硬化时,剔除胀缝板上部的混凝土,嵌入(20~25)mm×20mm的木条,整平表面。胀缝板应连续贯通整个路面板宽度
9	抗滑构造施工	(1) 摊铺完毕或精整平表面后,宜使用钢支架拖挂1~3层叠合麻布、帆布或棉布,洒水湿润后作拉毛处理。人工修整表面时,宜使用木抹。用钢抹修整过的光面,必须再拉毛处理,以恢复细观抗滑构造。 (2) 当日施工进度超过500m时,抗滑沟槽制作宜选用拉毛机械施工,没有拉毛机时,可采用人工拉槽方式。 (3) 特重和重交通混凝土路面宜采用硬刻槽,凡使用圆盘、叶片式抹面机精平后的混凝土路面、钢纤维混凝土路面必须采用硬刻槽方式制作抗滑沟槽
10	混凝土路面养护	(1) 混凝土路面铺筑完成或软作抗滑构造完毕后立即开始养护。机械摊铺的各种混凝土路面、桥板及搭板宜采用喷洒养护剂同时保湿覆盖的方式养护。在雨天或养护用水充足的情况下,也可采用覆盖保湿膜、土工毡、土工布、麻袋、草袋、草帘等洒水湿养护方式,不宜使用围水养护方式。 (2) 养护时间根据混凝土弯拉强度增长情况而定,不宜小于设计弯拉强度的80%,应特别注重前7d的保湿(温)养护。一般养护天数宜为14~21d,高温天不宜小于14d,低温天不宜小于21d。掺粉煤灰的混凝土路面,最短养护时间不宜少于28d,低温天应适当延长。 (3) 混凝土板养护初期,严禁人、畜、车辆通行,在达到设计强度40%后,行人方可通行。在路面养护期间,平交道口应搭建临时便桥。面板达到设计弯拉强度后,方可开放交通
11	灌缝	(1) 应先采用切缝机清除接缝中夹杂的砂石,凝结的泥浆等,再使用压力大于等于0.5MPa的压力水和压缩空气彻底清除接缝中的尘土及其他污染物,确保缝壁及内部清洁、干燥。缝壁检验以擦不出灰尘为灌缝标准。 (2) 常温施工式填缝料的养护期,低温天宜为24h,高温天宜为12h。加热施工时填料的养护期,低温天宜为12h,高温天宜为6h。在灌缝料养护期间应封闭交通。 (3) 路面胀缝和桥台隔离缝等应在填缝前,凿去接缝板顶部嵌入的木条,涂胶粘剂后,嵌入胀缝专用多孔橡胶条或灌进适宜的填缝料,当胀缝的宽度不一致或有啃边、掉角等现象时,必须灌缝

采用滑模摊铺机施工法进行混凝土面层铺筑

序号	项目	内容
1	一般规定	(1) 滑模摊铺工艺宜用与高速、一级、二级公路普通水泥混凝土面层、配筋混凝土面层、纤维混凝土面层、钢筋混凝土桥面、隧道混凝土面层、混凝土路缘石、路肩石及护栏等的滑模施工。 (2) 采用滑模摊铺机在基层上行走的铺筑方案时，基层侧边缘到滑模摊铺面层边缘的宽度不宜小于650mm。 (3) 传力杆和胀缝拉杆钢筋宜采用前置支架法施工，也可采用滑模摊铺机配备的自动插入装置（DBI）施工。 (4) 上坡纵坡大于5％、下坡纵坡大于6％、平面半径小于50m或超高横坡超过7％的路段，不宜采用滑模摊铺机进行摊铺。 (5) 滑模摊铺水泥混凝土路面时，摊铺机应配备自动抹平板装置。 (6) 滑模摊铺机械系统应配套齐全，负责设备的数量和生产能力应满足铺筑进度要求，可按下列要求进行配备： ① 滑模铺筑无传力杆水泥混凝土路面时，布料可使用轻型挖掘机或推土机； ② 滑模铺筑连续配筋混凝土路面、钢筋混凝土路面、桥面和桥头搭板、路面中设传力杆钢筋支架、胀缝钢筋支架时，布料应采用侧向上料的布料机或供料机； ③ 应采用刻槽机制作宏观抗滑构造； ④ 面层切缝可使用软锯缝机、支架式硬锯缝机或普通锯缝机
2	准备工作	(1) 摊铺段夹层或封层质量应检验合格，对于破损或缺失部位，应及时修复。表面应清扫干净并洒水润湿，并采取防止施工设备和机械碾坏封层的措施。 (2) 应检查并平整滑模摊铺机的履带行走区。行走区应坚实，不得存在湿陷等病害，应清除砖、瓦、石块、废弃混凝土块等杂物。 (3) 摊铺前应检查并调试施工设备。滑模摊铺机首次作业前，应挂线对铺筑位置、几何参数和机架水平度进行设置、调整和校准，满足要求后方可用于摊铺作业。 (4) 滑模摊铺面层前，应准确架设基准线。基准线架设与保护应符合下列规定： ① 滑模摊铺高速公路、一级公路时，应采用单坡双线基准线；横向连接摊铺时，连接一侧可依托已铺成的路面，另一侧设单线基准线。 ② 滑模整体铺筑二级公路的双向坡路面时，应设置双线基准线，滑模摊铺机底板应设置为路拱形状。 ③ 基准线桩纵向间距直线段不宜大于10m，桥面铺装、隧道路面及竖曲线和平曲线路段宜为5～10m，大纵坡与急弯道可加密布置。基准线桩最小距离不宜小于2.5m。 ④ 基层顶面到夹线臂的高度宜为450～750mm。基准线桩夹线臂夹口到桩的水平距离宜为300mm。基准线桩应固定牢固。 ⑤ 单根基准线的最大长度不宜大于450m。架设长度不宜大于300m。 ⑥ 基准线宜使用钢绞线。采用直径2.0mm的钢绞线时，张线拉力不宜小于1000N；采用直径3.0mm钢绞线时，不宜小于2000N。 ⑦ 基准线设置后，应避免扰动、碰撞和振动。多风季节施工，宜缩小基准线桩间距。 (5) 当面层传力杆、胀缝钢筋采用前置支架法施工时，应在表面先准确安装和固定支架，保证传力杆中部对中缩缝切割位置，且不会因布料、摊铺而导致推移。支架可采用与锚固入基层的钢筋焊接等方法固定

续表

序号	项目	内容
3	水泥混凝土面层滑模摊铺机铺筑	(1) 滑模摊铺机的施工参数设定及校准应符合下列规定： ① 振捣棒应均匀排列，间距宜为 300~450mm；混凝土摊铺厚度较大时，应采用较小间距。两侧最边缘振捣棒与摊铺边缘距离不宜大于 200m。振捣棒下缘位置应位于挤压底板最低点以上。 ② 挤压底板的前倾角宜设置为 3°。提浆夯板位置宜在挤压底板前缘以下 5~10mm。 ③ 边缘超铺高度应根据拌合物稠度确定，宜为 3~8mm；板厚较厚、坍落度较小时，边缘超铺高度宜采用较小值。 ④ 搓平梁前沿宜调整到与挤压底板后沿高程相同的位置；搓平梁的后沿应比挤压底板后沿低 1~2mm，并与路面高程相同。 ⑤ 符合铺筑精度要求的摊铺机设置应加以固定和保护。当基底高程等摊铺条件发生变化，铺筑精度超出范围时，可由操作手在行进中通过缓慢微调加以调整。 (2) 滑模摊铺机前布料，应采用机械完成，布料高度应均匀一致，不得采用翻斗车直接卸料的方式，布料尚应符合下列规定： ① 卸料、布料速度与摊铺速度协调一致，不得局部或全断面缺料。发生缺料时应立即停止摊铺。 ② 采用布料机布料时，布料机和滑模摊铺机之间的施工距离宜为 5~10m；现场蒸发率较大时，宜采用较少值。 ③ 当坍落度在 10~30mm 时，布料松铺系数宜在 1.08~1.15。 ④ 应保证滑模摊铺机前的料位高度位于螺旋布料器叶片最高点以下，最高料位高度不得高于松方控制板上缘。使用布料犁布料时，应按松方高度严格控制料位高度。 ⑤ 当面层传力杆、胀缝与隔离缝钢筋采用前置支架法施工时，不得在支架顶面直接卸料。传力杆以下的混凝土宜在摊铺前采用手持振捣棒振实。 (3) 滑模摊铺机起步时，应先开启振捣棒，在 2~3min 内调整振捣到适宜振捣频率，使进入挤压底板前缘拌合物振捣密实，无大气泡冒出破灭，方可开动滑模机平稳推进摊铺。当天摊铺施工结束，摊铺机脱离拌合物后，应立即关闭振捣棒组。 (4) 滑模摊铺应缓慢、匀速、连续不间断地作业。滑模摊铺速度应根据板厚、混凝土工作性、布料能力、振捣排气效果等确定，可在 0.75~2.5m/min 选择，宜采用 1m/min。 (5) 滑模摊铺水泥混凝土面层时，严禁快速推进、随意停机与间歇摊铺。 (6) 滑模摊铺振捣频率应根据板厚、摊铺速度和混凝土工作性确定，以保证拌合物不发生过振、欠振或漏振。振捣频率可在 100~183Hz 调整，宜为 150Hz。 (7) 可根据拌合物的稠度大小，采取调整摊铺的振捣频率或速度等措施，保证摊铺质量稳定，当拌合物稠度发生变化时，宜先采取调振捣频率的措施，后采取改变摊铺速度的措施。 (8) 抗滑纹理做毕，应立即开始保湿养护。养护龄期不应少于 5d，且混凝土强度满足要求后，方可连接摊铺相邻车道面板。履带在新铺面层上行走时，钢履带底部应铺橡胶垫或使用有橡胶垫履带的摊铺机。纵缝横向连接高差不应大于 2mm。 (9) 摊铺中应经常检查振捣棒的工作情况和位置。面层出现条带状麻面现象时，应停机检查振捣棒是否损坏；振捣棒损坏时，应更换振捣棒。摊铺面层上出现发亮的砂浆条带时，应检查振捣棒位置是否异常；振捣棒位置异常时，应将振捣棒调整到正常位置

1B412040 中央分隔带及路肩施工技术

【考点图谱】

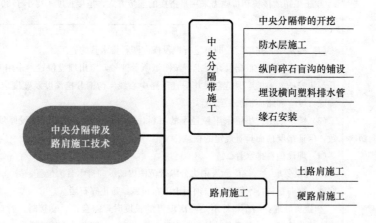

【考点精析】

考点1 中央分隔带施工

中央分隔带施工规定

序号	项目	内容
1	中央分隔带的开挖	(1) 当路面基层施工完毕后，即可进行中央分隔带的开挖，先挖集水槽后挖纵向盲沟，一般采用人工开挖的方式。 (2) 开挖的土料不得堆置在已铺好的基层上，以防止污染并应及时运走。 (3) 沟槽的断面尺寸及结构层端部边坡应符合设计要求，沟底纵坡应符合设计要求，沟底须平整、密实。沟底不得有杂物
2	防水层施工	(1) 沟槽开挖完毕并经验收符合设计要求后，即进行防水层施工，可喷涂双层防渗沥青。 (2) 防渗层沥青要求涂布均匀，厚薄一致，无漏涂现象，涂布范围应是中央分隔带范围内的路基及路面结构层。 (3) 防水层也可铺设 PVC 防水板等，PVC 防水板铺设时两端应拉紧，不应有褶皱，PVC 板材纵横向应搭接，铺完后用铁钉固定
3	纵向碎石盲沟的铺设	(1) 碎石盲沟应做到填筑充实、表面平整。 (2) 反滤层可用筛选过的中砂、粗砂、砾石等渗水性材料分层填筑，目前高等级公路多采用土工布作为反滤层。 (3) 碎石盲沟上铺设土工布，使与回填土隔离，较之砂石料作反滤层，施工方便，有利于排水并可保持盲沟长期利用。施工时应注意：

续表

序号	项目	内容
3	纵向碎石盲沟的铺设	① 必须平滑无拉伸地铺在碎石盲沟的面层上，不得出现扭曲、折皱、重叠，避免过量拉伸超过其强度和变形的极限而发生破坏和撕裂； ② 现场施工若发现土工布有破损时，必须立即修补好，并能恢复到原性能时才能使用； ③ 土工布的接长和拼幅需采用平搭接的连接方式，搭接长度不得小于30cm
4	埋设横向塑料排水管	(1) 路基施工完毕后，即可进行埋设横向塑料排水管的施工。 (2) 基槽开挖。根据设计要求，按图纸所示桩号，定出埋设位置。采用人工开挖，或用开沟机挖槽，沟槽应保持直线并垂直于路中心线。沟槽开挖深度及宽度应符合设计要求。沟底坡度应和路面横坡一致。 (3) 铺设垫层。垫层采用粒径小的石料，如石屑、瓜子片等，铺设厚度应保持均匀一致，保证垫层顶面具有规定的横坡。 (4) 埋设塑料排水管。 ① 埋设要求：一端应插入中央分隔带范围内的纵向排水盲沟位置，另一端应伸出路基边坡外。横向塑料排水管的进口须土工布包裹，防止碎石堵塞。 ② 接头处理：当塑料管不足一次埋设的长度时，需套接。套接时，管口要对齐，并靠紧，接头处用一短套管套紧相邻两根塑料排水管，套管两端需用不透水材料扎紧。 (5) 沟槽回填。横向排水管埋设完毕并经验收合格后，方可进行沟槽回填
5	缘石安装	(1) 路缘石的预制安装或现场浇筑应符合图纸所示的线型和坡度。 (2) 路缘石应在路面铺设之前完成。 (3) 预制缘石应铺筑设在厚度不小于2cm的砂垫层上，砌筑砂浆的水泥与砂的体积比应为1:2。 (4) 路缘石的施工技术要求如下： ① 预制缘石的质量应符合规定要求。 ② 安砌稳固，顶面平整，缝宽均匀，勾缝密实，线条直顺，曲线圆滑美观。 ③ 槽底基础和后背填料必须夯打密实

考点2 路 肩 施 工

土路肩施工

序号	项目	内容
1	概述	(1) 对填方路段来说，采用培路肩的方法施工既经济又简便，土路肩通常随着路面结构层的铺筑，相应地分层培筑，可以先培也可以后培，各有利弊。 (2) 先培路肩的优点是，已培好的路肩在结构层碾压时起支撑作用，可以减轻或避免结构层侧移影响边缘的厚度和平整度。 (3) 先培路肩的缺点是，横断面上易形成一个三角区。 (4) 培土路肩的材料，通常与填筑路堤的材料相同，应在修整边坡时，将削坡剩余的材料暂存在靠近路肩的边坡上。这样，不仅使用时很方便，而且可避免在铺筑路面的过程中，向路肩运送培路肩的材料可能要污染路面

续表

序号	项目	内容
2	培土路肩施工方案	（1）准备下承层：即具有经检验合格的底基层面，底基层表面应平整、坚实，规定的宽度、纵坡、路拱、平整度和压实度，标高应满足规范要求，且没有任何松散的材料和软弱反弹的地点。 （2）施工流程：备料→推平→平整→静压→切边→平整→碾压。 （3）施工方法： ① 备料：选择可以用作底基层的取土场，挖掘机挖装合格的底基层料，自卸运输并卸至路肩区域；堆卸时按自卸汽车的装容量、路肩的松铺方量确定堆卸距离。 ② 推平：推土机（或平地机）沿路肩区域根据松铺厚度均匀推平料堆，使材料摊铺在路肩区域。 ③ 平整：平地机按需要的宽度、高度进行平整、翻刮，使材料基本平顺。 ④ 静压：压路机沿路肩区域往返静压。 ⑤ 切边：技术人员根据路基中心确定路肩内边缘，人工沿内边缘拉线并洒白灰，平地机根据白灰线切除并翻材料至路肩上。 ⑥ 平整：用平地机按设计横坡、宽度、标高、平整度进行精确平整，使路肩材料达到设计的松铺要求。 ⑦ 碾压：按最佳含水量的要求，用洒水车进行洒水，待可以碾压时用18t压路机沿路肩区域进行初压、复压、终压使压实度达到规定要求
3	其他规定	（1）路堑段的路肩是开挖出来的，当开挖到设计标高时，路肩部分宜停止开挖，路面部分继续开挖直至路床顶面。开挖路床时，路床两侧与路肩连接处应开挖整齐，既要保证路面宽度又不要多挖，否则超挖部分摊铺的路面得不到计量与支付；开挖时应尽量使路槽的侧壁为垂直面，以减少麻烦或造成浪费。 （2）土路肩填筑的压实度不小于设计值（重型击实），应按照要求进行重型击实试验。填筑好的土路肩表面应平整密实，不积水。肩线直顺，曲线圆滑，无其他堆积物

硬 路 肩 施 工

硬路肩的设计标高常见的有两种情况：

1. 硬路肩与车行道连接处标高一致，横坡与沥青混合料的种类也相同时，可将硬路肩视为行车道的展宽，摊铺混合料时可与行车道一起铺筑，硬路肩的质量要求同相同的路面结构。

2. 硬路肩的顶面标高低于相连的行车道，这种情况应先摊铺硬路肩部分，宽度应比要求的宽5cm左右，保证与行车道路面有一定的搭接，以免搭不上需人工找补。摊铺行车道表面层时，摊铺机靠硬路肩一侧的端部应使用45°的斜挡板，以减少碾压时边缘坍塌或发生较大的侧移，并尽量使边缘顺直、平齐。

1B412050 路面工程质量通病及防治措施

【考点图谱】

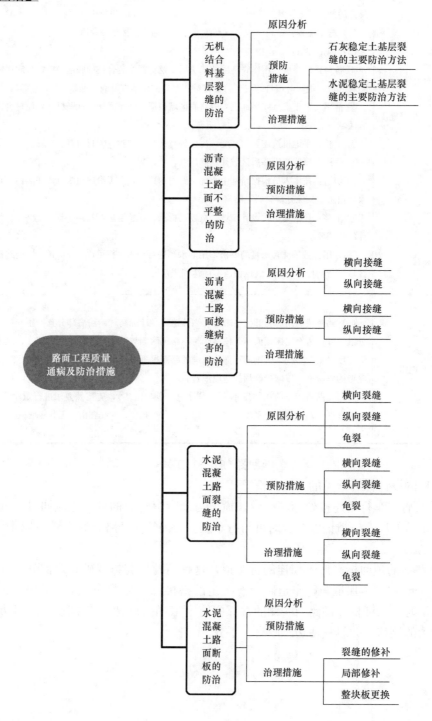

【考点精析】

考点1 无机结合料基层裂缝的防治

无机结合料基层裂缝的防治

序号	项目	内容
1	原因分析	(1) 混合料中石灰、水泥、粉煤灰等比例偏大；集料级配中细料偏多，或石粉中性指数偏大。 (2) 碾压时含水量偏大。 (3) 成型温度较高，强度形成较快。 (4) 碎石中含泥量较高。 (5) 路基沉降尚未稳定或路基发生不均匀沉降。 (6) 养护不及时、缺水或养护时洒水量过大。 (7) 拌合不均匀
2	预防措施——石灰稳定土基层裂缝的主要防治方法	(1) 改善施工用土的土质，采用塑性指数较低的土或适量掺加粉煤灰。 (2) 掺加粗粒料，在石灰土中适量掺加砂、碎石、碎砖、煤渣和矿渣等。 (3) 保证拌合遍数。控制压实含水量，需要根据土的性质采用最佳含水量，避免含水量过高或过低。 (4) 铺筑碎石过渡层，在石灰土基层与路面间铺筑一层碎石过渡层，可有效避免裂缝。 (5) 分层铺筑时，在石灰土强度形成期，任其产生收缩裂缝后，再铺筑上一层，可有效减少新铺筑层的裂缝。 (6) 设置伸缩缝，在石灰土层中，每隔5~10m设一道缩缝
3	预防措施——水泥稳定土基层裂缝的主要防治方法	(1) 改善施工用土的土质，采用塑性指数较低的土或适量掺加粉煤灰或掺砂。 (2) 控制压实含水量，需要根据土的性质采用最佳含水量，含水量过高或过低都不好。 (3) 在能保证水泥稳定土强度的前提下，尽可能采用低的水泥用量。 (4) 一次成型，尽可能采用慢凝水泥，加强对水泥稳定土的养护，避免水分挥发过大。养护结束后应及时铺筑下封层。 (5) 设计合理的水泥稳定土配合比，加强拌合，避免出现粗细料离析和拌合不均匀现象
4	治理措施	(1) 可采用聚合物加特种水泥压力注入法修补水泥稳定粒料的裂缝。 (2) 加铺高抗拉强度的聚合物网。 (3) 破损严重的基层，应将原破损基层整幅开挖维修，不应横向局部或一个单向车道开挖，以避免板边受力产生的不利后果，最小维修长度一般为6m。维修半刚性基层所用材料也应是同类半刚性材料。 (4) 一般情况下，石灰土被用于底基层时，根据其干缩特性，应重视初期养护，保证基层表面处于潮湿状态，防止干晒。在石灰稳定土施工结束后，要及早铺筑面层，使基层含水量不发生大的变化，以减轻干缩裂隙

考点2 沥青混凝土路面不平整的防治

沥青混凝土路面不平整的防治

序号	项目	内容
1	原因分析	(1) 路面不均匀沉降。 (2) 基层不平整对路面平整度的影响。 (3) 桥头、涵洞两端及桥梁伸缩缝的跳车。 (4) 路面摊铺机械及工艺水平对平整度的影响。 (5) 面层摊铺材料的质量对平整度的影响。 (6) 碾压对平整度的影响

续表

序号	项目	内容
2	预防措施	(1) 在摊铺机及找平装置使用前，应仔细设置和调整，使其处于良好的工作状态，并根据实铺效果进行随时调整。 (2) 现场应设置专人指挥运输车辆，以保证摊铺机的均匀连续作业，摊铺机不在中途停顿，不得随意调整摊铺机的行驶速度。 (3) 路面各个结构层的平整度应严格控制，严格工序间的交验制度。 (4) 针对混合料中沥青性能特点，确定压路机的机型及重量，并确定出施工的初次碾压温度，合理选择碾压速度，严禁在未成型的油面表层急刹车及快速起步，并选择合理的振频、振幅。 (5) 在摊铺机前设专人清除掉在"滑靴"前的混合料及摊铺机履带下的混合料。 (6) 为改进构造物伸缩缝与沥青路面衔接部位的牢固及平顺，先摊铺沥青混凝土面层，再做构造物伸缩缝。 (7) 做好沥青混凝土路面接缝施工
3	治理措施	(1) 在摊铺层表面有个别超尺寸颗粒，被熨平板带动而在层面划出不规则的小沟，或在摊铺层表面有少数超尺寸颗粒因被熨平板带动而在其后形成小坑洞。处理方法：人工及时用适量的细骨料沥青混合料填补，并及时碾压整平。 (2) 摊铺机后局部一片或一条较宽的带内沥青混合料中的大碎石被压碎。处理方法：采用人工及时把被压碎的碎石混合料铲除，选用合适的沥青混合料补齐和整平。 (3) 表面层混合料有离析现象（大料集中）。处理方法：人工及时补撒适量的细骨料沥青混合料

考点3　沥青混凝土路面接缝病害的防治

沥青混凝土路面接缝病害的防治

序号	项目	子项目	内容
1	原因分析	横向接缝	(1) 采用平接缝，边缘未处理成垂直面。采用斜接缝时，施工方法不当。 (2) 新旧混合料的粘结不紧密。 (3) 摊铺、碾压不当
		纵向接缝	(1) 施工方法不当。 (2) 摊铺、碾压不当
2	预防措施	横向接缝	(1) 尽量采用平接缝。将已摊铺的路面尽头边缘在冷却但尚未结硬时锯成垂直面，并与纵向边缘成直角，或趁未冷透时用凿岩机或人工垂直刨除端部层厚不足的部分。采用斜接缝时，注意搭接长度，一般为 0.4~0.8m。 (2) 预热软化已压实部分路面，加强新旧混合料的粘结。 (3) 摊铺机起步速度要慢，并调整好预留高度摊铺结束后立即碾压，压路机先进行横向碾压（从先铺路面上跨缝开始，逐渐移向新铺面层），再纵向碾压成为一体，碾压速度不宜过快。同时也要注意碾压的温度要符合要求
		纵向接缝	(1) 尽量采用热接缝施工，采用两台或两台以上摊铺机梯队作业。当半幅路施工或因特殊原因而产生纵向冷接槎时，宜加设挡板或加设切刀切齐，也可在混合料尚未冷却前用镐刨除边缘留下毛槎的方式。铺另半幅前必须将缝边缘清扫干净，并涂洒少量粘层沥青。 (2) 将已摊铺混合料留 10~20cm 暂不碾压，作为后摊铺部分的高程基准面，待后摊铺部分完成后一起碾压。纵缝如为热接缝时，应以 1/2 轮宽进行跨缝碾压；纵缝如为冷接缝时，应先在已压实路上行走，只压新铺层 10~15cm，随后将压实轮每次再向新铺面移动 10~15cm。 (3) 碾压完成后，用 3m 直尺检查，用钢轮压路机处理棱角

续表

序号	项目	子项目	内容
3	治理措施		接缝处理不好常容易产生的缺陷是接缝处下凹或凸起,以及由于接缝压实度不够和结合强度不足而产生裂纹甚至松散。施工时应边压边用 3m 直尺测量,并配以人工细料找平。对横向接缝,在摊铺层施工结束后再用 3m 直尺检查端部平整度,当不符合要求者应趁混合料尚未冷却时立即处理,以摊铺层面直尺脱离点为界限,用切割机切缝挖除

考点 4 水泥混凝土路面裂缝的防治

水泥混凝土路面裂缝的防治(横向裂缝)

序号	项目	内容
1	原因分析	(1) 混凝土路面切缝不及时,由于温缩和干缩发生断裂。混凝土连续浇筑长度越长,浇筑时气温越高,基层表面越粗糙越易断裂。 (2) 切缝深度过浅,由于横断面没有明显削弱,应力没有释放,因而在邻近缩缝处产生新的收缩缝。 (3) 混凝土路面基础发生不均匀沉陷(如穿越河道、沟槽,拓宽路段处),导致板底脱空而断裂。 (4) 混凝土路面板厚度与强度不足,在行车荷载和温度作用下产生强度裂缝。 (5) 水泥干缩性大;混凝土配合比不合理,水胶比大;材料计量不准确;养护不及时。 (6) 混凝土施工时,振捣不均匀
2	预防措施	(1) 严格掌握混凝土路面的切缝时间。 (2) 当连续浇捣长度很长,切缝设备不足时,可在 1/2 长度处先锯,之后再分段锯;可间隔几十米设一条压缝,以减少收缩应力的积聚。 (3) 保证基础稳定、无沉陷。在沟槽、河道回填处必须按规范要求,做到密实、均匀。 (4) 混凝土路面的结构组合与厚度设计应满足交通需要,特别是重车、超重车的路段。 (5) 选用干缩性较小的硅酸盐水泥或普通硅酸盐水泥。严格控制材料用量,保证计量准确,并及时养护。 (6) 混凝土施工时,振捣要适度、均匀
3	治理措施	(1) 当板块裂缝较大,咬合能力严重削弱时,应局部翻挖修补,先沿裂缝两侧一定范围画出标线,最小宽度不宜小于 1m,标线应与中线垂直,然后沿缝锯齐,凿去标线间的混凝土,浇捣新混凝土。 (2) 整块板更换。 (3) 用聚合物灌浆法封缝或沿裂缝开槽嵌入弹性或刚性粘合修补材料,起封缝防水作用

水泥混凝土路面裂缝的防治(纵向裂缝)

序号	项目	内容
1	原因分析	(1) 导致路基基础下沉,板块脱空而产生裂缝。 (2) 由于基础不稳定,在行车荷载和水、温度的作用下,产生塑性变形或者由于基层材料水稳性不良,产生湿软膨胀变形,导致各种形式的开裂,纵缝也是其中一种破坏形式。 (3) 混凝土板厚度与基础强度不足产生的荷载型裂缝

续表

序号	项目	内容
2	预防措施	(1) 对于填方路基，应分层填筑、碾压，保证均匀、密实。 (2) 对新旧路基界面处的施工应设置台阶或格栅处理，保证路基衔接部位的严格压实，防止相对滑移。 (3) 河道地段，淤泥必须彻底清除；沟槽地段，应采取措施保证回填材料有良好的水稳性和压实度，以减少沉降。 (4) 在上述地段应采用半刚性基层，并适当增加基层厚度；在拓宽路段应加强土基，使其具有略高于旧路的强度，并尽可能保证有一定厚度的基层能全幅铺筑；在容易发生沉陷地段，混凝土路面板应铺设钢筋网或改用沥青路面。 (5) 混凝土路面板厚度与基层结构应按现行规范设计，以保证应有的强度和使用寿命。基层必须稳定。宜优先采用水泥、石灰稳定类基层
3	治理措施	(1) 如属于土基沉陷等原因引起的，则宜先从稳定土基着手或者等待自然稳定后，再着手修复。在过渡期可采取一些临时措施，如封缝防水；严重影响交通的板块，挖除后可用沥青混合料修复。 (2) 裂缝的修复，如采用一般性的扩缝嵌填或浇筑专用修补剂有一定效果，但耐久性不易保证；采用扩缝加筋的办法进行修补具有较好的增强效果。 (3) 翻挖重铺是一个常用的有效措施，但基层必须稳定可靠，否则必须首先从加强、稳定基层方面入手

水泥混凝土路面裂缝的防治（龟裂）

序号	项目	内容
1	原因分析	(1) 混凝土浇筑后，表面没有及时覆盖，在炎热或大风天气，表面游离水分蒸发过快，体积急剧收缩，导致开裂。 (2) 混凝土拌制时水胶比过大；模板与垫层过于干燥，吸水大。 (3) 混凝土配合比不合理，水泥用量和砂率过大。 (4) 混凝土表面过度振捣或抹平，使水泥和细骨料过多上浮至表面，导致缩裂
2	预防措施	(1) 混凝土路面浇筑后，及时用潮湿材料覆盖，认真浇水养护，防止强风和暴晒。在炎热季节，必要时应搭棚施工。 (2) 配制混凝土时，应严格控制水胶比和水泥用量，选择合适的粗骨料级配和砂率。 (3) 在浇筑混凝土路面时，将基层和模板浇水湿透，避免吸收混凝土中的水分。 (4) 干硬性混凝土采用平板振捣器时，应防止过度振捣而使砂浆积聚表面。砂浆层厚度应控制在 2~5mm 范围内。抹面时不必过度抹平
3	治理措施	(1) 如混凝土在初凝前出现龟裂，可采用镘刀反复压抹或重新振捣的方法来消除，再加强湿润覆盖养护。 (2) 一般对结构强度无甚影响，可不予处理。 (3) 必要时应用注浆进行表面涂层处理，封闭裂缝

考点 5　水泥混凝土路面断板的防治

水泥混凝土路面断板的防治

序号	项目	内容
1	原因分析	(1) 混凝土板的切缝深度不够、不及时，以及压缝距离过大。 (2) 车辆过早通行。 (3) 原材料不合格。 (4) 由于基层材料的强度不足，水稳性不良，以致受力不均，出现应力集中而导致的开裂断板。 (5) 基层标高控制不严和不平整。 (6) 混凝土配合比不当。 (7) 施工工艺不当。 (8) 边界原因
2	预防措施	(1) 做好压缝并及时切缝。 (2) 控制交通车辆。 (3) 合格的原材料是保证混凝土质量的必要条件。 (4) 强度、水稳性、基层标高及平整度的控制。 (5) 施工工艺的控制。 (6) 边界影响的控制
3	治理措施	(1) 裂缝的修补 裂缝的修补方法有直接灌浆法、压注灌浆法、扩缝灌注法、条带罩面法、全深度补块法。 (2) 局部修补 ① 对轻微断裂，裂缝有轻微剥落的，先画线放样，按画线范围凿开成深 5~7cm 的长方形凹槽，刷洗干净后，用快凝细石混凝土填补。 ② 对轻微断裂，裂缝较宽且有轻微剥落的断板，应按裂缝两侧至少各 20cm 的宽度放样，按画线范围开凿成深至板厚一半的凹槽，此凹槽底部裂缝应与中线垂直，刷洗干净凹槽，在凹槽底部裂缝的两侧用冲击钻离中线沿平行方向，间距为 30~40cm，打眼贯通至板厚达基层表面，然后再清洗凹槽和孔眼，在孔眼内安设 Ⅱ 型钢筋，冲击钻钻头采用 30 规格，Ⅱ 型钢筋采用 φ22 热轧带肋钢筋制作，安设钢筋完成后，用高等级砂浆填塞孔眼至密实，最后用与原路面相同等级的快凝混凝土浇筑至路面齐平。 ③ 较为彻底的办法是将凹槽凿至贯通板厚，在凹槽边缘两侧板厚中央打洞，深 10cm，直径为 4cm，水平间距为 30~40cm。每个洞应先将其周围润湿，插入一根直径为 18~20mm、长约 20mm 的钢筋，然后用快凝砂浆填塞捣实，待砂浆硬后浇筑快凝混凝土夯捣实齐平路面即可。 (3) 整块板更换 ① 对于严重断裂，裂缝处有严重剥落，板被分割成 3 块以上，有错台或裂块并且已经开始活动的断板，应采用整块板更换的措施。 ② 由于基层强度不足或渗水软化，以及路基不均匀沉降，造成混凝土板断裂成破碎板或严重错台时，应将整块板凿除，在处治好基层以及路基后，重新浇筑新的混凝土板，或采用混凝土预制块或条石换补。对于路基稳定性差，沉降没有完全结束的段落，建议采用预制块换补断板。对基层也要求采用水泥稳定层。修补块的缝隙宜用水泥砂浆或沥青橡胶填满，以防渗水破坏。 ③ 采用重新浇筑新的混凝土板时，若采用常规材料修复或更换，则养护期长，影响交通，最好采用快凝材料

1B413000　公路桥梁工程

1B413010　桥梁的构造

【考点图谱】

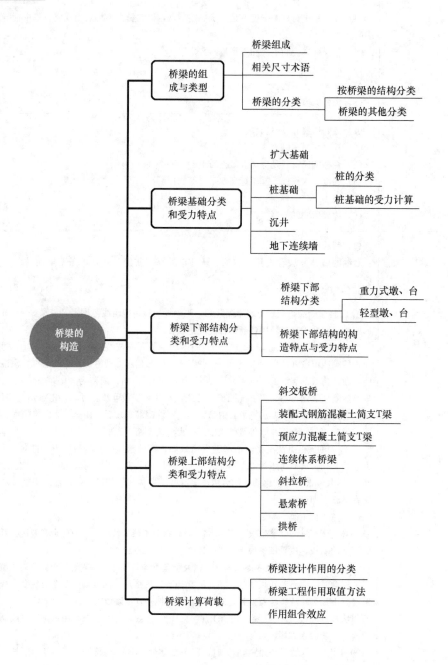

【考点精析】

考点1 桥梁的组成与类型

桥梁组成与相关尺寸术语

序号	项目	内容
1	桥梁组成	（1）桥梁一般由上部结构、下部结构、支座系统和附属设施四个基本部分组成。 （2）上部结构通常又称为桥跨结构，是在线路中断时跨越障碍的主要承重结构。 （3）下部结构包括桥墩、桥台和基础。 （4）桥梁附属设施包括桥面系、伸缩缝、桥头搭板和锥形护坡等，桥面系包括桥面铺装、排水防水系统、栏杆、灯光照明等
2	相关尺寸术语	（1）梁式桥净跨径是设计洪水位上相邻两个桥墩（或桥台）之间的净距，用 l_0 表示。对于拱式桥是每孔拱跨两个拱脚截面最低点之间的水平距离。 （2）总跨径是多孔桥梁中各孔净跨径的总和，也称桥梁孔径（Σl_0），它反映了桥下宣泄洪水的能力。 （3）计算跨径对于具有支座的桥梁，是指桥跨结构相邻两个支座中心之间的距离，用 l 表示。拱圈（或拱肋）各截面形心点的连线称为拱轴线，计算跨径为拱轴线两端点之间的水平距离。 （4）桥梁全长简称桥长，是桥梁两端两个桥台的侧墙或八字墙后端点之间的距离，以 L 表示。对于无桥台的桥梁为桥面系行车道的全长。 （5）桥梁高度简称桥高，是指桥面与低水位（或地面）之间的高差，或为桥面与桥下线路路面之间的距离。桥高在某种程度上反映了桥梁施工的难易性。 （6）桥下净空高度是设计洪水位或计算通航水位至桥跨结构最下缘之间的距离，以 H 表示，它应保证能安全排洪，并不得小于对该河流通航所规定的净空高度。 （7）建筑高度是桥上行车路面（或轨顶）标高至桥跨结构最下缘之间的距离，它不仅与桥梁结构的体系和跨径的大小有关，而且还随行车部分在桥上布置的高度位置而异。公路（或铁路）定线中所确定的桥面（或轨顶）标高，对通航净空顶部标高之差，又称为容许建筑高度。桥梁的建筑高度不得大于其容许建筑高度，否则就不能保证桥下的通航要求。 （8）净矢高是从拱顶截面下缘至相邻两拱脚截面下缘最低点之连线的垂直距离，以 f_0 表示；计算矢高是从拱顶截面形心至相邻两拱脚截面形心之连线的垂直距离，以 f 表示。 （9）矢跨比是拱桥中拱圈（或拱肋）的计算矢高 f 与计算跨径 l 之比 $\left(\dfrac{f}{l}\right)$，也称拱矢度，它是反映拱桥受力特性的一个重要指标。 （10）涵洞是用来宣泄路堤下水流的构造物。通常在建造涵洞处路堤不中断。为了区别于桥梁，单孔跨径不到5m的结构物，均称为涵洞

桥梁的分类

序号	项目	内容
1	按桥梁的结构分类	按结构体系划分，有梁式桥、拱桥、刚架桥、悬索桥四种基本体系。其他还有几种由基本体系组合而成的组合体系等。 （1）梁式体系 梁式体系的承重结构是以梁的抗弯能力来承受荷载的。梁分简支梁、悬臂梁、固端梁和连续梁等。悬臂梁、固端梁和连续梁都是利用支座上的卸载弯矩去减少跨中弯矩，使梁跨内的内力分配更合理，以同等抗弯能力的构件断面就可建成更大跨径的桥梁。

续表

序号	项目	内容
1	按桥梁的结构分类	（2）拱式体系 拱式体系的主要承重结构是拱肋（或拱箱），以承压为主，可采用抗压能力强的圬工材料（石、混凝土与钢筋混凝土）来修建。拱分单铰拱、双铰拱、三铰拱和无铰拱。拱是有推力的结构，对地基要求较高，一般常建于地基良好的地区。混凝土拱桥因铰的构造复杂、不易制作，故一般采用无铰拱体系。无铰拱结构的外部增加了超静定次数，将引起更大的附加内力，为了获得结构合理的受力状态，在拱桥设计中，必须寻求合理的拱轴线形式。 （3）刚架桥 刚架桥是介于梁与拱之间的一种结构体系，它是由受弯的上部梁（或板）结构与承压的下部柱（或墩）整体结合在一起的结构。由于梁与柱的刚性连接，梁因柱的抗弯刚度而得到卸载作用，整个体系是压弯结构，也是有推力的结构。刚架分直腿刚架与斜腿刚架。刚架桥的桥下净空比拱桥大，在同样净空要求下可修建较小的跨径。刚架施工较复杂，一般用于跨径不大的城市桥或公路高架桥和立交桥。 （4）悬索桥 指以悬索为主要承重结构的桥。其主要构造是：缆、塔、锚、吊索及桥面，一般还有加劲梁。其受力特征是：荷载由吊索传至缆，再传至锚墩，传力途径简捷、明确。悬索桥的特点是：构造简单，受力明确；跨径愈大，材料耗费愈少、桥的造价愈低。悬索桥是大跨桥梁的主要形式，因其主要杆件受拉力，材料利用效率最高，更由于近代悬索桥的主缆采用高强钢丝，悬索桥的自重较轻，在刚度满足使用要求的情况下，能充分显示出其优越性，使其比其他形式的桥梁更能经济合理地修建大跨度桥。 （5）组合体系桥 根据结构的受力特点，由几个不同体系的结构组合而成的桥梁称为组合体系桥，通常有梁-拱组合体系、梁-索组合体系、拱-索组合体系等。 ① 梁-拱组合体系 这类体系中有系杆拱、桁架拱、多跨拱梁结构等。它们利用梁的受弯与拱的承压特点组成联合结构，梁和拱都是主要承重结构，两者相互配合共同受力。 ② 斜拉桥 它是由承压的塔、受拉的索与承弯的梁体组合起来的一种梁-索组合结构体系。梁体用拉索多点拉住，好似多跨弹性支承连续梁，使梁体内弯矩减小，降低了建筑高度；又因栓焊连接与正交异性板的箱形断面构造的应用，使结构充分利用材料的受力特性，从而减小了结构自重，节省了材料
2	桥梁的其他分类	（1）按用途划分，有公路桥、铁路桥、公路铁路两用桥、农桥、人行桥、运水桥（渡槽）及其他专用桥梁（如通过管路、电缆等）。 （2）按桥梁全长和跨径的不同，分为特大桥、大桥、中桥和小桥。 （3）按主要承重结构所用的材料划分，有圬工桥（包括砖、石、混凝土桥）、钢筋混凝土桥、预应力混凝土桥、钢桥和木桥等。 （4）按跨越障碍的性质，可分为跨河（海）桥、跨线（立体交叉）桥、高架桥和栈桥。 （5）按上部结构的行车道位置，分为上承式桥、下承式桥和中承式桥

考点 2　桥梁基础分类和受力特点

桥梁基础分类

序号	项目	内容
1	扩大基础	（1）所谓扩大基础，是将墩（台）及上部结构传来的荷载由其直接传递至较浅的支承地基的一种基础形式，一般采用明挖基坑的方法进行施工，故又称为明挖扩大基础或浅基础。 （2）扩大基础按其施工方法分为机械开挖基坑浇筑法、人工开挖基坑浇筑法、土石围堰开挖基坑浇筑法、板桩围堰开挖基坑浇筑法。 （3）扩大基础按其材料性能特点可分为配筋与不配筋的条形基础和单独基础。无筋扩大基础常用的有混凝土基础、片石混凝土基础等，不配筋基础的材料都具有较好的抗压性，但抗拉、抗剪强度不高，设计时必须保证发生在基础内的拉应力和剪应力不超过相应的材料强度设计值。钢筋混凝土扩大基础的抗弯和抗剪性能良好，可在竖向荷载较大、地基承载力不高以及承受水平力和力矩荷载下使用。 （4）扩大基础是由地基反力承担全部上部荷载，将上部荷载通过基础分散至基础底面，使之满足地基承载力和变形的要求。扩大基础主要承受压应力，一般用抗压性能好，抗弯拉、抗剪性能较差的材料（如混凝土、毛石、三合土等）建造，适用于地基承载力较好的各类土层，根据土质情况分别采用铁镐、十字镐、挖掘机、爆破等设备与方法开挖。 （5）扩大基础在埋置深度和构造尺寸确定以后，应先根据最不利而且有可能情况下的荷载组合，计算出基底的应力，然后进行基础的合力偏心距、稳定性以及地基的强度（包括持力层、弱下卧层的强度）的验算，需要时还应进行地基变形的验算
2	桩基础	（1）桩基础是深入土层的柱形结构，其作用是将作用于桩顶以上的结构物传来的荷载传到地基持力层中去。当荷载较大或桩数量较多时需在桩顶设承台将所有基桩连接成一个整体共同承担上部结构的荷载。 （2）桩是垂直或微斜埋置于土中的受力杆件，它的横截面尺寸比长度小得多，其所承受的荷载由桩侧土的摩阻力及桩端地层的反力共同承担。 （3）桩基础的受力计算： ① 承台底面以上的竖直荷载假定全部由基桩承受。 ② 桥台土压力可按填土前的原地面起算。当基桩上部位于内摩擦角小于20°的软土中时，应验算桩因该层土施加于基桩的水平力所产生的挠曲。 ③ 在一般情况下，桩基不需进行抗倾覆和抗滑动的验算；但在特殊情况下，应验算桩基向前移动或被剪断的可能性。 ④ 在软土层较厚，持力层较好的地基中，桩基计算应考虑路基填土荷载或地下水位下降所引起的负摩阻力的影响
3	沉井	（1）沉井基础是一种断面和刚度均比桩要大得多的井筒状结构，是依靠在井内挖土，借助井体自重及其他辅助措施而逐步下沉至预定设计标高，最终形成的一种结构深基础形式。沉井基础施工时占地面积小，坑壁不需设临时支撑和防水围堰或板桩围护，与大开挖相比较，挖土量少，对邻近建筑物的影响比较小，操作简便，无需特殊的专业设备。 （2）当桥梁结构上部荷载较大，而表层地基土的容许承载力不足，但在一定深度下有好的持力层，扩大基础开挖工作量大，施工围堰支撑有困难，或采用桩基础受水文地质条件限制时，此时采用沉井基础与其他深基础相比，经济上较为合理。 （3）沉井是桥梁墩台常用的一种深基础形式，有较大的承载面积，可以穿过不同深度覆盖层，将基底置放在承载力较大的土层或岩面上，能承受较大的上部荷载

续表

序号	项目	内容
3	沉井	(4) 沉井基础刚度大，有较大的横向抗力，抗振性能可靠，尤其适用于竖向和横向承载力大的深基础。 (5) 沉井基础按其制作条件和制作方式可分为就地浇筑下沉沉井、浮运就位沉井；按其横截面形状分为圆形、矩形、椭圆形、圆端形、多边形及多孔井字形沉井等；按其竖向剖面形状可分为柱形、锥形、阶梯形沉井等；按材料可分为混凝土、钢筋混凝土、钢、砖、石、木沉井等
4	地下连续墙	(1) 地下连续墙是采用膨润土泥浆护壁，用专用设备开挖出一条具有一定宽度与深度的沟槽，在槽内设置钢筋笼，采用导管法在泥浆中浇筑混凝土，筑成一单元墙段，依次顺序施工，以某种接头方法连接成的一道连续的地下钢筋混凝土墙。 (2) 地下连续墙具有多功能性，可适用于各种用途，通常可作为基坑开挖时防渗、挡土，或挡水围堰，或邻近建筑物基础的支护，或直接作为承受上部荷载的基础结构。地下连续墙可用于除岩溶和地下承压水很高处的其他各类土层中施工。 (3) 地下挡土墙体刚度大，主要承受竖向和侧向荷载，通常既要作为永久性结构的一部分，又要作为地下工程施工过程中的防护结构，因此，设计时应计算在施工期间及使用各个阶段，各种支承条件下的墙体内力。作用在墙体上的荷载，除自重外，主要有水压力、土压力、地震力以及上部荷载，施工荷载等

桩基础中桩的分类

序号	项目	内容
1	按桩的使用功能分类	(1) 竖向抗压桩：主要承受竖向下压荷载（简称竖向荷载）的桩，应进行竖向承载力计算，必要时还需计算桩基沉降，验算软弱下卧层的承载力以及负摩阻力产生的下拉荷载。 (2) 竖向抗拔桩：主要承受竖向上拔荷载的桩，应进行桩身强度和抗裂计算以及抗拔承载力验算。 (3) 水平受荷桩：主要承受水平荷载的桩，应进行桩身强度和抗裂验算以及水平承载力和位移验算。 (4) 复合受荷桩：承受竖向、水平荷载均较大的桩，应按竖向抗压（或抗拔）桩及水平受荷桩的要求进行验算
2	按桩承载性能分类	(1) 摩擦桩：当软土层很厚，桩端达不到坚硬土层或岩层上时，则桩顶的极限荷载主要靠桩身与周围土层之间的摩擦力来支承，桩尖处土层反力很小，可忽略不计。 (2) 端承桩：桩穿过软弱土层，桩端支承在坚硬土层或岩层上时，则桩顶极限荷载主要靠桩尖处坚硬岩土层提供的反力来支承，桩侧摩擦很小，可以忽略不计。 (3) 摩擦端承桩：桩顶的极限荷载由桩侧阻力和桩端阻力共同承担，但主要由桩端阻力承受。 (4) 端承摩擦桩：桩顶的极限荷载由桩侧阻力和桩端阻力共同承担，但主要由桩侧阻力承受
3	按桩身材料分类	分为木桩、混凝土桩、钢桩、组合桩等
4	按桩径大小分类	(1) 小桩：桩径 $d \leqslant 250mm$。 (2) 中等直径桩：$250mm < d < 800mm$。 (3) 大直径桩：桩径 $d \geqslant 800mm$。因为桩径大且桩端还可以扩大，因此，单桩承载力较高。此类桩除大直径钢管桩外，多数为钻、冲、挖孔灌注桩，近年来的发展较快，应用范围逐渐增大，并可实现柱下单桩的结构形式

续表

序号	项目	内容
5	按施工方法分类	可分为沉桩、钻孔灌注桩、挖孔桩，其中沉桩又分为锤击沉桩法、振动沉桩法、射水沉桩法、静力压桩法。 (1) 沉桩：锤击沉桩法一般适用于松散、中密砂土、黏性土，桩锤有坠锤、单动汽锤、双动汽锤、柴油机锤、液压锤等，可根据土质情况选用适用的桩锤；振动沉桩法一般适用于砂土，硬塑及软塑的黏性土和中密及较松的碎石土；射水沉桩法适用在密实砂土、碎石土的土层中，用锤击法或振动法沉桩有困难时，可用射水法配合进行；静力压桩法在标准贯入度 $N<20$ 的软黏土中，可用特制的液压机、机械千斤顶或卷扬机等设备沉入各种类型的桩；钻孔埋置桩为钻孔后，将预制的钢筋混凝土圆形有底空心桩埋入，并在桩周压注水泥砂浆固结而成，适用于在黏性土、砂土、碎石土中埋置大量的大直径圆桩。 (2) 钻孔灌注桩适用于黏性土、砂土、砾卵石、碎石、岩石等各类土层。 (3) 挖孔灌注桩适用于无地下水或少量地下水，且较密实的土层或风化岩层

考点3 桥梁下部结构分类和受力特点

桥梁下部结构分类

序号	项目	子项目	内容
1	重力式墩、台		(1) 重力式桥墩与重力式桥台的主要特点是靠自身重量来平衡外力而保持其稳定，因此，墩、台身比较厚实，可以不用钢筋，而用天然石材或片石混凝土砌筑。它适用于地基良好的大、中型桥梁，或流冰、漂浮物较多的河流中。在砂石料方便的地区，小桥也往往采用。主要缺点是圬工体积较大，因而其自重和阻水面积也较大。 (2) 拱桥重力式桥墩分为普通墩与制动墩，制动墩要能承受单向较大的水平推力，防止出现一侧的拱桥倾塌，因而尺寸较厚实；与梁桥重力式桥墩相比较，具有拱座等构造设施。 (3) 梁桥和拱桥上常用的重力式桥台为U形桥台，它适用于填土高度在8~10m以下或跨度稍大的桥梁。缺点是桥台体积和自重较大，也增加了对地基的要求。此外，桥台的两个侧墙之间填土容易积水，结冰后冻胀，使侧墙产生裂缝，所以宜用渗水性较好的土夯填，并做好台后排水措施
2	梁桥轻型桥墩、台	梁桥轻型桥墩	(1) 钢筋混凝土薄壁桥墩：施工简便，外形美观，过水性良好，适用于地基土软弱的地区。需耗费用于立模的木料和一定数量的钢筋。 (2) 柱式桥墩：外形美观，圬工体积少，而且重量较轻。 (3) 钻孔桩柱式桥墩：适合于多种场合和各种地质条件。通过增大桩径、桩长或用多排桩加建承台等措施，也能适用于更复杂的软弱地质条件以及较大的跨径和较高的桥墩。 (4) 柔性排架桩墩：优点是用料省、修建简便、施工速度快。主要缺点是用钢量大，使用高度和承载能力受到一定限制。因此它只适合于在低浅宽滩河流、通航要求低和流速不大的水网地区河流上修建小跨径桥梁时采用

续表

序号	项目	子项目	内容
2	梁桥轻型桥墩、台	梁桥轻型桥台	(1) 设有支撑梁的轻型桥台：适用于单跨桥梁，桥孔跨径6～10m，台高不超过6m。 (2) 埋置式桥台：桥台所受的土压力小，桥台的体积相应的减少。但是由于台前护坡是用片石做表面防护的一种永久性设施，存在有洪水冲毁而使台身裸露的可能，故设计时必须慎重地进行强度和稳定的验算。分为后倾式、肋形埋置式、双柱式、框架式等类型。其中桩柱式桥台对于各种土壤地基都适宜。其适用范围是：桥孔跨径8～20m，填土高度3～5m。当填土高度大于5m时宜采用框架式埋置式桥台。 (3) 钢筋混凝土薄壁桥台：适用于软弱地基的条件，但其构造和施工比较复杂，并且钢筋用量也较多。 (4) 加筋土桥台：在台后路基填土不被冲刷的中、小跨径桥梁，台高3～5m时，可采用加筋土桥台
3	拱桥轻型桥墩、台	拱桥轻型桥墩	(1) 带三角杆件的单向推力墩：只在桥不太高的旱地上采用。 (2) 悬臂式单向推力墩：适用于两铰双曲拱桥
		拱桥轻型桥台	拱桥轻型桥台适用于13m以内的小跨径拱桥和桥台水平位移量很小的情况。其工作原理是，当桥台受到拱的推力后，便发生绕基底形心轴而向路堤方向的转动，此时台后的土便产生抗力来平衡拱的推力，从而使桥台的尺寸较小。 (1) 八字形桥台：适合于桥下需要通车或过水的情况； (2) U字形桥台：适合于较小跨径的桥梁； (3) 背撑式桥台：适合于较大跨径的高桥和宽桥； (4) 靠背式框架桥台：适合于在非岩石地基上修建拱桥桥台。 拱桥的其他形式桥台： (1) 组合式桥台：适用于各种地质条件； (2) 空腹式桥台：一般是在软土地基、河床无冲刷或冲刷轻微、水位变化小的河道上采用； (3) 齿槛式桥台：适用于软土地基和路堤较低的中小跨径拱桥

桥梁下部结构的构造特点

序号	项目	内容
1	重力式桥墩	梁桥重力式桥墩由墩帽、墩身、基础等组成，墩帽要满足支座布置和局部承压的需要；与梁桥重力式桥墩相比较，拱桥重力式桥墩具有拱座等构造设施，且制动墩要比普通墩尺寸更厚实，能承受单向较大的水平推力，防止倾塌
2	重力式桥台（U形桥台）	由台帽、背墙、台身（前墙、侧墙）、基础、锥坡等几部分组成。背墙、前墙与侧墙结合成一体，兼有挡土墙和支撑墙的作用
3	梁桥轻型桥墩	(1) 钢筋混凝土薄壁桥墩：圬工体积小、结构轻巧，比重力式桥墩可节约圬工量70%左右。 (2) 柱式桥墩：由分离的2根或多根立柱（或桩柱）组成，是公路桥梁中采用较多的桥墩形式之一。 (3) 柔性排架桩墩：由单排或双排的钢筋混凝土桩与钢筋混凝土盖梁连接而成。其主要特点是，可以通过一些构造措施，将上部结构传来的水平力（制动力、温度影响力等）传递到全桥的各个柔性墩台，或相邻的刚性墩台上，以减少单个柔性墩所受到的水平力，从而达到减小桩墩截面的目的

续表

序号	项目	内容
4	梁桥轻型桥台	(1) 设有支撑梁的轻型桥台：台身为直立的薄壁墙，台身两侧有翼墙，在两桥台下部设置支撑梁，上部结构与桥台锚栓连接，构成四铰框架。 (2) 埋置式桥台：将台身埋在锥形护坡中，只露出台帽在外以安置支座及上部结构。 (3) 钢筋混凝土薄壁桥台：由扶壁式挡土墙和两侧的薄壁侧墙构成。 (4) 加筋土桥台：一般由台帽和由竖向面板、拉杆、锚定板及其间填料共同组合的台身组成
5	拱桥轻型桥墩	(1) 带三角杆件的单向推力墩。在普通墩的墩柱上，从两侧对称地增设钢筋混凝土斜撑和水平拉杆，用来提高抵抗水平推力的能力。为了提高构件的抗裂性，可以采用预应力混凝土结构。 (2) 悬臂式单向推力墩。墩柱顶部向两桥跨处伸出悬臂段，当该墩的一侧拱孔遭到破坏以后，可以通过另一侧拱座上的竖向分力与悬臂长所构成的稳定力矩来平衡由拱的水平推力所导致的倾覆力矩
6	拱桥轻型桥台	(1) 八字形桥台：台身由前墙和两侧的八字翼墙构成。 (2) U 字形桥台：由前墙和平行于车行方向的侧墙组成，与 U 形重力式桥台比较，桥台侧墙是拱上侧墙的延伸。 (3) 背撑式桥台：在八字形桥台或 U 字形桥台的前墙背后加一道或几道背撑，稳定性好。 (4) 靠背式框架桥台：用三角形框架把台帽、前壁、耳墙和设置在不同标高且具有不同斜度的分离式基础连接而成。水平和仰斜的基底能满足施工期间的稳定性，且能合理承受主拱作用力

考点 4　桥梁上部结构分类和受力特点

桥梁上部结构分类和受力特点

序号	项目	内容
1	斜交板桥	(1) 荷载有向两支承边之间最短距离方向传递的趋势； (2) 各角点受力情况可用比拟连续梁的工作来描述，钝角处产生较大的负弯矩，反力也较大，锐角点有向上翘起的趋势； (3) 在均布荷载作用下，当桥轴向的跨长相同时，斜板桥的最大跨内弯矩比正桥要小； (4) 在均布荷载作用下，当桥轴向的跨长相同时，斜板桥的跨中横向弯矩比正桥要小
2	装配式钢筋混凝土简支 T 梁	梁肋与翼板（桥面板）结合在一起作为承重结构，肋与肋之间的处于受拉区域的混凝土得到较大挖空，减轻结构自重。既充分利用扩展的桥面板的抗压能力，又有效地发挥了梁肋下部受力钢筋的抗拉作用
3	预应力混凝土简支 T 梁	预应力混凝土简支梁存在核心距的概念，其越大则抗力效应增加，为提高核心距，在构造上可采用大翼缘、薄腹板、宽矮马蹄的结构形式。配合梁内正弯矩的分布，防止混凝土出现拉应力，纵向预应力筋在梁端弯起，弯起可增强支点附近的抗剪能力
4	连续体系桥梁	(1) 由于支点存在负弯矩，使跨中正弯矩显著减少，可以减少跨内主梁的高度，提高跨径，当加大支点截面附近梁高形成变截面时，还可进一步降低跨中弯矩； (2) 由于是超静定结构，产生附加内力的因素包括预应力、混凝土的收缩徐变、墩台不均匀沉降、截面温度梯度变化等； (3) 配筋要考虑正负两种弯矩的要求，顶推法施工要考虑截面正负弯矩的交替变化
5	斜拉桥	(1) 斜拉索相当于增大了偏心距的体外索，充分发挥抵抗负弯矩的能力，节约钢材； (2) 斜拉索的水平分力相当于混凝土的预压力； (3) 主梁多点弹性支承，高跨比小，自重轻，提高跨径

续表

序号	项目	内容
6	悬索桥	(1) 主缆为主要承重结构，其巨大的拉力需要牢固的地锚承受，对于连续吊桥，中间地锚的两侧拉索水平推力基本平衡，主要利用自重承受向上的竖向力； (2) 主缆的变形非线性，一般采用挠度理论或变形理论，挠度理论是考虑原有荷载（如恒载）已产生的主缆轴力对新的荷载（如活载）产生的竖向变形（挠度）将产生一种新的抗力，在变形之后再考虑内力的平衡；变形理论将悬索桥看作为由各单根构件所组合的结构体系，在力学分析中先计算每个构件的刚度，放入结构体系的矩阵内，进行总体平衡的求积
7	拱桥	拱桥的拱圈是桥跨结构的主要承载部分，在竖直荷载作用下，拱端支撑处不仅有竖向反力，还有水平推力，这样拱的弯矩比相同跨径的梁的弯矩小得多，而使整个拱主要承受压力

考点5　桥梁计算荷载

作用分类

编号	作用分类	作用名称
1	永久作用	结构重力（包括结构附加重力）
2		预加力
3		土的重力
4		土侧压力
5		混凝土收缩、徐变作用
6		水的浮力
7		基础变位作用
8	可变作用	汽车荷载
9		汽车冲击力
10		汽车离心力
11		汽车引起的土侧压力
12		汽车制动力
13		人群荷载
14		疲劳荷载
15		风荷载
16		流水压力
17		冰压力
18		波浪力
19		温度（均匀温度和梯度温度）作用
20		支座摩阻力
21	偶然作用	船舶的撞击作用
22		漂流物的撞击作用
23		汽车撞击作用
24	地震作用	地震作用

桥梁工程作用取值方法

序号	项目	内容
1	公路桥涵设计时,对不同的作用应采用不同的代表值	(1) 永久作用的代表值为其标准值。永久作用标准值可根据统计、计算,并结合工程经验综合分析确定。 (2) 可变作用的代表值包括标准值、组合值、频遇值和准永久值。组合值、频遇值和准永久值可通过可变作用的标准值分别乘以组合值系数 ψ_c、频遇值系数 ψ_f 和准永久值系数 ψ_q 来确定。 (3) 偶然作用取其设计值作为代表值。可根据历史记载、现场观测和试验,并结合工程经验综合分析确定,也可根据有关标准的专门规定确定。 (4) 地震作用的代表值为其标准值。地震作用的标准值应根据现行《公路工程抗震规范》JTG B02—2013 的规定确定
2	作用的设计值	应为作用的标准值或组合值乘以相应的作用分项系数
3	作用的代表值取用规定	(1) 永久作用的标准值:结构重力包括结构自重及桥面铺装、附属设备等附加重力,可按结构构件的设计尺寸与材料的重力密度计算确定。 (2) 汽车荷载分为公路-Ⅰ级和公路-Ⅱ级;汽车荷载由车道荷载和车辆荷载组成。车道荷载由均布荷载和集中荷载组成。桥梁结构的整体计算采用车道荷载;桥梁结构的局部加载、涵洞、桥台和挡土墙土压力等的计算采用车辆荷载。车辆荷载与车道荷载的作用不重叠。 (3) 人群荷载标准值按下列规定采用: ① 当桥梁计算跨径小于或等于 50m 时,人群荷载标准值为 $3.0kN/m^2$;当桥梁计算跨径等于或大于 150m 时,人群荷载标准值为 $2.5kN/m^2$;当桥梁计算跨径在 50~150m 时,可由线性内插得人群荷载标准值。对跨径不等的连续结构,以最大计算跨径为准。 ② 非机动车、行人密集的公路桥梁,人群荷载标准值取上述规定值的 1.15 倍。专用人行桥梁,人群荷载标准值为 $3.5kN/m^2$。 (4) 偶然作用应根据调查、试验资料,结合工程经验确定其标准值

1B413020 常用模板、支架和拱架的设计与施工

【考点图谱】

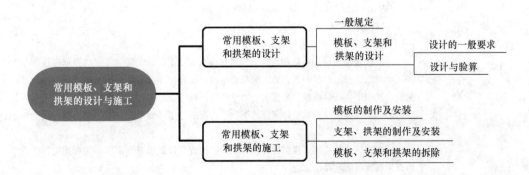

【考点精析】

考点1 常用模板、支架和拱架的设计

常用模板、支架和拱架的设计管理和一般规定

序号	项目	内容
1	管理要求	(1) 承包人应在制作模板、拱架和支架前14d，向监理工程师提交模板、拱架和支架的施工方案，施工方案应包括工艺图和强度、刚度与稳定性等的计算书，经监理工程师批准后才能制作和架设。 (2) 监理工程师的批准及制作、架设过程中的检查，并不免除承包人对此应负的责任
2	一般规定	(1) 模板宜采用钢材、胶合板或其他适宜的材料制作；支架宜采用钢材或常备式定型钢构件等材料制作。 (2) 模板和支架应具有足够的强度、刚度和稳定性，应能承受施工过程中所产生的各种荷载。 (3) 模板应能与混凝土结构或构件的特征、施工条件和浇筑方法相适应，应保证结构物各部位形状尺寸和相互位置的准确。 (4) 模板的板面应平整，接缝处应严密且不漏浆；模板与混凝土的接触面应涂刷隔离剂，但不得采用废机油等油料，且不得污染钢筋及混凝土的施工缝。 (5) 支架应稳定、坚固，应能抵抗在施工过程中可能发生的振动和偶然撞击。 (6) 支架不得与应急安全通道相连接。 (7) 在模板上设置的吊环应采用HPB300钢筋，严禁采用冷加工钢筋制作。每个吊环应按两肢截面计算，在模板自重标准值作用下，吊环的拉应力应不大于65MPa

模板、支架和拱架的设计具体要求

序号	项目	内容
1	设计的一般要求	(1) 模板和支架均应进行施工图设计，经批准后方可用于施工，施工图设计应包括下列内容： ① 工程概况和工程结构简图； ② 结构设计的依据和设计计算书； ③ 总装图和细部构造图； ④ 制作、安装的质量及精度要求； ⑤ 安装、拆除时的安全技术措施及注意事项； ⑥ 材料的性能质量要求及材料数量表； ⑦ 设计说明书和使用说明书。 (2) 模板背面应设置主肋和次肋作为其支承系统，主肋和次肋的布置应根据模板的荷载和刚度要求进行。次肋的配置方向应与模板的长度方向相垂直，应能直接承受模板传递的荷载，其间距应按荷载数值和模板的力学性能计算确定；主肋应承受次肋传递的荷载，且应能起到加强模板结构的整体刚度和调整平直度的作用，支架或支撑的着力点应设置在主肋上。 (3) 支架的立杆之间应根据其受力要求和结构特点设置水平和斜向等支撑连接杆件，增强支架的整体刚度和稳定性。 (4) 托架结构宜设置成三角形，且与预埋件的连接固定方式应可靠

续表

序号	项目	内容
2	设计与验算	(1) 模板、支架的设计应考虑下列各项荷载，并应按规定进行荷载组合： ① 模板、支架自重； ② 新浇筑混凝土、钢筋、预应力筋或其他圬工结构物的重力； ③ 施工人员及施工设备、施工材料等荷载； ④ 振捣混凝土时产生的振动荷载； ⑤ 新浇筑混凝土对模板侧面的压力； ⑥ 混凝土入模时产生的水平方向的冲击荷载； ⑦ 设于水中的支架所承受的水流压力、波浪力、流冰压力、船只及其他漂浮物的撞击力； ⑧ 其他可能产生的荷载，如风荷载、雪荷载、冬季保温设施荷载、温度应力等。 (2) 拱架设计荷载应根据结构特点和施工荷载特性分析取用，拱圈的自重荷载宜乘以 1.2 倍系数。在计算荷载作用下，应按可能产生的最不利荷载组合验算拱架的强度、刚度和稳定性。 (3) 验算模板、支架的刚度时，其变形值不得超过下列允许值： ① 结构表面外露的模板，挠度为模板构件跨度的 1/400； ② 结构表面隐蔽的模板，挠度为模板构件跨度的 1/250； ③ 支架受载后挠曲的杆件（盖梁、纵梁），其弹性挠度为相应结构跨度的 1/400； ④ 钢模板的面板变形为 1.5mm； ⑤ 钢模板的钢棱和柱箍变形为 $L/500$ 和 $B/500$（其中 L 为计算跨径，B 为柱宽）。 (4) 验算模板、支架在自重和风荷载等作用下的抗倾覆稳定性时，其抗倾覆稳定系数应不小于 1.3。 (5) 对拱架各截面的强度进行验算时，应根据拱架的结构形式和所承受的荷载大小，按分环分段浇筑或砌筑施工的工况，分别验算其拱顶、拱脚和 1/4 跨等特征截面的应力，并应对特征拱架节点进行受力分析。 (6) 应严格控制拱架的刚度，拱架受载后，对落地式拱架，其弹性挠度应不大于相应结构跨度的 1/2000；对拱式拱架，其弹性挠度应不大于相应结构跨度的 1/1000。 (7) 稳定性的验算应包括拱架的整体稳定和局部稳定，抗倾覆稳定系数应不小于 1.5。对拱架在拼装过程中的稳定性亦应进行验算，当不能满足拼装要求时，应采取必要的辅助稳定措施。 (8) 拱架的地基与基础设计应符合现行《公路桥涵地基与基础设计规范》JTG 3363—2019 的规定，并应对地基承载力进行验算

模板、支架和拱架设计计算的荷载组合

模板、支架结构类别	荷载组合	
	计算强度用	验算刚度用
梁、板和拱的底模板以及支承板、支架及拱等	(1)+(2)+(3)+(4)+(7)+(8)	(1)+(2)+(7)+(8)
缘石、人行道、栏杆、柱、梁、板、拱等的侧模板	(4)+(5)	(5)
基础、墩台等厚大建筑物的侧模板	(5)+(6)	(5)

注：(1) 模板、支架自重；
(2) 新浇筑混凝土、钢筋、预应力筋或其他圬工结构物的重力；
(3) 施工人员及施工设备、施工材料等荷载；
(4) 振捣混凝土时产生的振动荷载；
(5) 新浇筑混凝土对模板侧面的压力；
(6) 混凝土入模时产生的水平方向的冲击荷载；
(7) 设于水中的支架所承受的水流压力、波浪力、流冰压力、船只及其他漂浮物的撞击力；
(8) 其他可能产生的荷载，如风荷载、雪荷载、冬季保温设施荷载、温度应力等。

考点 2　常用模板、支架和拱架的施工

模板的制作及安装

序号	项目	内容
1	工艺流程	(1) 模板安装完成后需通过验收合格后，方可进入下一工序。 (2) 模板制作与安装施工工艺流程如下：选择模板及支撑材料→模板设计与绘图→构件基础平整及支撑系统施工→模板加工制作与安装→模板表面及接缝处理→模板安装质量检验→钢筋安装及质量检验→混凝土浇筑→混凝土养护→拆除模板
2	模板制作	(1) 钢模板应按批准的加工图进行制作，成品经检验合格后方可使用。组装前应对零部件的几何尺寸和焊缝进行全面检查，合格后方可进行组装。 (2) 制作钢木组合模板时，钢与木之间的接触面应贴紧。面板采用防水胶合板的模板，除应使胶合板与背楞之间密贴外，对在制作过程中裁切过的防水胶合板茬口，应按产品的要求及时涂刷防水涂料。 (3) 木模板与混凝土接触的表面应刨光且应保持平整。木模板的接缝可制作成平缝、搭接缝或企口缝，当采用平缝时，应有防止漏浆的措施；转角处应加嵌条或做成斜角。 (4) 采用其他材料（高分子合成材料面板、硬塑料或玻璃钢）制作模板时，其接缝应严密，边肋及加强肋应安装牢固，并应与面板成一整体
3	模板安装	(1) 模板应按设计要求准确就位，且不宜与脚手架连接。 (2) 安装侧模板时，支撑应牢固，应防止模板在浇筑混凝土时产生移位。 (3) 模板在安装过程中，必须设置防倾覆的临时固定设施。 (4) 模板安装完成后，其尺寸、平面位置和顶部高程等应符合设计要求，节点联系应牢固。 (5) 梁、板等结构的底模板宜根据需要设置预拱度。 (6) 固定在模板上的预埋件和预留孔洞均不得遗漏，安装应牢固，位置应准确
4	提升模板施工要求	采用提升模板施工时，应设置脚手平台、接料平台、挂吊脚手及安全网等辅助设施
5	翻转模板和爬升模板施工要求	(1) 采用翻转模板和爬升模板施工时，其结构应满足强度、刚度及稳定性要求。 (2) 液压爬模应由专业单位设计和制造，并应有检验合格证明及操作说明书。施工应符合下列规定： ① 混凝土的强度应达到规定的数值后方可拆模并进行模板的翻转或爬架爬升。作用于爬模上接料平台、脚手平台和拆模吊篮的荷载应均衡，不得超载，严禁混凝土吊斗碰撞爬模系统。 ② 模板沿墩身周边方向应始终保持顺向搭接。在施工过程中，应随时检查爬模的中线、水平位置和高程等，发现问题应及时纠正
6	滑升模板施工要求	(1) 模板的高度宜根据结构物的实际情况确定；模板的结构应具有足够的强度、刚度和稳定性；支承杆及提升设备应能保证模板竖直均衡上升。组装时应使各部尺寸的精度符合设计要求，组装完毕应经全面检查试验合格后，方可正式投入使用。 (2) 模板的滑升速度宜不大于 250mm/h，滑升时应检测并控制其位置。滑升模板的施工宜连续进行，因故中断时，宜在中断前将混凝土浇筑齐平，中断期间模板仍应继续缓慢地滑升，直到混凝土与模板不致粘住时为止

支架、拱架的制作及安装

序号	项目	内容
1	支架的制作	(1) 支架宜采用标准化、系列化、通用化的钢构件制作拼装。 (2) 制作木支架时，两相邻立柱的连接接头宜分设在不同的水平面上，并应减少长杆件接头。主要压力杆的接长连接，宜使用对接法，并宜采用木夹板或铁夹板夹紧；次要构件的连接可采用搭接法
2	支架的安装	(1) 支架应按施工图设计的要求进行安装。立柱应垂直，节点连接应可靠。 (2) 高支架应设置足够的斜向连接、扣件或缆风绳，横向稳定应有保证措施。 (3) 支架在安装完成后，应对其平面位置、顶部高程、节点连接及纵、横向稳定性进行全面检查，符合要求后，方可进行下一工序
3	支架的预压	支架宜根据其结构形式、所用材料和地基情况的不同，在施工前确定是否对其进行，并应符合下列规定： (1) 对位于刚性地基上的刚度较大且非弹性变形可确定控制在一定范围内的支架，在经计算并通过一定审核程序，确认其满足强度、刚度和稳定性等要求的前提下，可不预压；但在施工过程中应对支架的材料和安装施工质量采取严格的管控措施。 (2) 对位于软土地基或软硬不均地基上的支架，宜通过预压的方式，消除地基的不均匀沉降和支架的非弹性变形。 (3) 对支架进行预压时，预压荷载宜为支架所承受荷载的1.05～1.10倍，预压荷载的分布宜模拟需承受的结构荷载及施工荷载
4	预拱度和卸落装置的设置	支架应结合模板的安装一并考虑设置预拱度和卸落装置，并应符合下列规定： (1) 设置的预拱度值，应包括结构本身需要的预拱度和施工需要的预拱度两部分。 (2) 施工预拱度应考虑下列因素：模板、支架承受施工荷载引起的弹性变形；受载后由于杆件接头的挤压和卸落装置压缩而产生的非弹性变形；支架地基在受载后的沉降变形。 (3) 专用支架应按其产品的要求进行模板的卸落；自行设计的普通支架应在适当部位设置相应的木楔、木马、砂筒或千斤顶等卸落模板的装置，并应根据结构形式、承受的荷载大小确定卸落量
5	拱架的安装	(1) 拱架在安装前，应对桥轴线、拱轴线、跨径和高程等进行校核，确认无误后方可进行拼装。拼装应根据拱架的构造确定适宜的方法进行，分片或分段拼装时应有保证拱架稳定的临时措施，必要时应设置缆风绳进行固定；拱架拼装时尚应设置足够的平联、斜撑和剪刀撑，保证其横向的稳定。 (2) 拱架应设置施工预拱度和卸落装置，其施工要求除应符合前述支架相关规定外，拱式拱架尚应考虑其受载后产生水平位移所引起的拱圈挠度。各类拱架的顶部高程应符合拱圈下缘加预拱度后的几何线形，允许偏差宜为±10mm；拱架纵轴的平面位置偏差应不大于跨度的1/1000，且宜不大于30mm。 (3) 拱架安装完成后，应按设计荷载进行预压；并应对其平面位置、顶部高程、节点连接及纵横向的稳定性进行全面检查，符合要求后，方可进行下一工序

模板、支架和拱架的拆除

承包人应在拟定拆模时间的 12h 以前,向监理工程师报告拆模建议,并应取得监理工程师同意。如果由于拆模不当而引起混凝土损坏,其修补费用应由承包人承担。卸落拱架时应用仪器观测拱圈挠度和墩台变位情况,并做好记录,供监理工程师查阅和随时控制。

1. 模板、支架的拆除期限和拆除程序等应根据结构物特点、模板部位和混凝土所应达到的强度要求确定,并应严格按其相应的施工图设计的要求进行。

2. 非承重侧模板应在混凝土抗压强度达到 2.5MPa,且能保证其表面及棱角不致因拆模而受损坏时方可拆除。

3. 芯模和预留孔道的内模,应在混凝土强度能保证其表面不发生塌陷或裂缝现象时,方可拆除。

4. 钢筋混凝土结构的承重模板、支架,应在混凝土强度能承受其自重荷载及其他可能的叠加荷载时,方可拆除。

5. 对预应力混凝土结构,其侧模应在预应力钢束张拉前拆除;底模及支架应在结构建立预应力后方可拆除。

6. 模板、支架的拆除应遵循后支先拆、先支后拆的原则顺序进行。墩、台的模板宜在其上部结构施工前拆除。

7. 拆除梁、板等结构的承重模板时,在横向应同时、在纵向应对称均衡卸落。简支梁、连续梁结构的模板宜从跨中向支座方向依次循环卸落;悬臂梁结构的模板宜从悬臂端开始顺序卸落。

8. 模板、支架拆除时,不得损伤混凝土结构。

9. 拱架的拆卸应符合下列规定:

(1) 现浇混凝土拱圈的拱架,其拆除期限应符合设计规定;设计未规定时,应在拱圈混凝土强度达到设计强度的 85% 后,方可卸落拆除。

(2) 卸落拱架应按提前拟定的卸落程序进行,且宜分步卸落;在纵向应对称均衡卸落,在横向应同时一起卸落。满布式落地拱架卸落时,可从拱顶向拱脚依次循环卸落;拱式拱架可在两支座处同时均匀卸落;多孔拱桥卸架时,若桥墩允许承受单孔施工荷载,可单孔卸落,否则应多孔同时卸落,或各连续孔分阶段卸落。卸落拱架时,应设专人对拱圈的挠度和墩台的位移等情况进行监测,当有异常时,应暂停卸落,查明原因并采取相应措施后方可继续进行。

(3) 石拱桥的拱架卸落时间应符合下列要求:

① 浆砌石拱桥,应待砂浆强度达到设计强度的 85% 后方可卸落;设计另有规定时,应从其规定。

② 跨径小于 10m 的小拱桥,宜在拱上建筑全部完成后卸架;中等跨径的实腹式拱,宜在护拱砌完后卸架;大跨径空腹式拱,宜在拱上小拱横墙砌好(未砌小拱圈)时卸架。

③ 当需要进行裸拱卸架时,应对裸拱进行截面强度及稳定性验算,并采取必要的辅助稳定措施。

1B413030 钢筋与混凝土施工技术

【考点图谱】

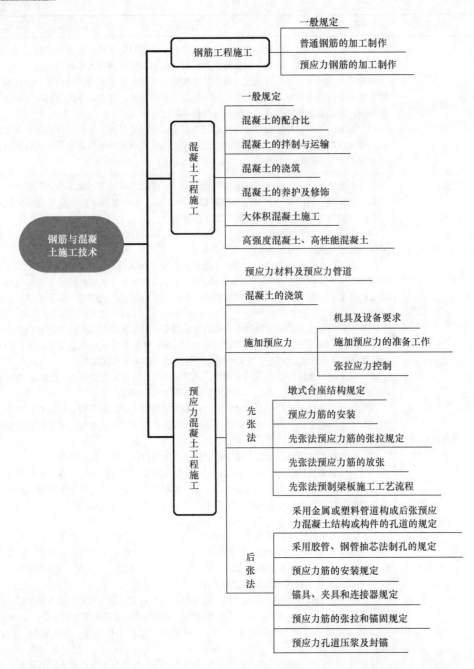

【考点精析】

考点1 钢筋工程施工

钢筋工程施工

序号	项目	内容
1	一般规定	(1) 钢筋应具有出厂质量证明书和试验报告单,进场时除应检查其外观和标志外,尚应按不同的钢种、等级、牌号、规格及生产厂家分批抽取试样进行力学性能检验,检验试验方法应符合现行国家标准的规定。钢筋经进场检验合格后方可使用。钢筋在运输过程中应避免锈蚀、污染或被压弯;在工地存放时,应按不同品种、规格,分批分别堆置整齐,不得混杂,并应设立识别标志,存放的时间宜不超过6个月。 (2) 钢筋的级别、种类和直径应按设计规定采用,当需要代换时,应得到设计人员的书面认可。预制构件的吊环,必须采用未经冷拉的热轧光圆钢筋制作,且其使用时的计算拉应力应不大于65MPa
2	普通钢筋的加工制作	(1) 钢筋的表面应洁净,使用前应将表面油渍、漆皮、鳞锈等清除干净,钢筋外表有严重锈蚀、麻坑、裂纹夹砂和夹层等缺陷时应予剔除,不得使用。钢筋应平直,无局部弯折,成盘的钢筋和弯曲的钢筋均应调直才能使用。 (2) 钢筋的弯制和末端的弯钩应符合设计要求,如设计无规定时,应符合现行《公路桥涵施工技术规范》JTG/T3650—2020的规定。 (3) 箍筋的末端应做弯钩,弯钩的弯曲直径应大于被箍受力主钢筋的直径,且HPB300级钢筋应不小于箍筋直径的2.5倍,HRB400级钢筋不小于箍筋直径的5倍。弯钩平直部分的长度,一般结构应不小于箍筋直径的5倍,有抗震要求的结构,应不小于箍筋直径的10倍。 (4) 钢筋的连接宜采用焊接接头或机械连接接头。绑扎接头仅当钢筋构造复杂施工困难时方可采用,绑扎接头的钢筋直径宜不大于28mm,对轴心受压和偏心受压构件中的受压钢筋可不大于32mm;轴心受拉和小偏心受拉构件不应采用绑扎接头。 (5) 钢筋的焊接接头宜采用闪光对焊,或采用电弧焊、电渣压力焊或气压焊,但电渣压力焊仅可用于竖向钢筋的连接,不得用作水平钢筋和斜筋的连接。 (6) 每批钢筋焊接前,应先选定焊接工艺和焊接参数,按实际条件进行试焊,并检验接头外观质量及规定的力学性能,试焊质量经检验合格后方可正式施焊。焊接时,对施焊场地应有适当的防风、雨、雪、严寒的设施。 (7) 电弧焊宜采用双面焊缝,仅在双面焊无法施焊时,方可采用单面焊缝。采用搭接电弧焊时,两钢筋搭接端部应预先折向一侧,两接合钢筋的轴线应保持一致;采用帮条电弧焊时,帮条应采用与主筋相同的钢筋,其总截面面积应不小于被焊接钢筋的截面面积。电弧焊接头的焊缝长度,对双面焊缝应不小于$5d$,单面焊缝应不小于$10d$(d为钢筋直径)。电弧焊接与钢筋弯曲处的距离应不小于$10d$,且不宜位于构件的最大弯矩处。 (8) 钢筋的机械连接宜采用镦粗直螺纹、滚扎直螺纹或套筒挤压连接接头。且适用于HRB400、HRBF400、HRB500和RRB400级热轧带肋钢筋。各类接头的性能均应符合现行行业标准《钢筋机械连接技术规程》JGJ 107—2016的规定,并应符合下列规定: ① 钢筋机械连接接头的等级应选用Ⅰ级或Ⅱ级。 ② 钢筋机械连接件的最小混凝土保护层厚度,应符合设计受力主筋混凝土保护层厚度的规定,且不得小于20mm;连接件之间或连接件与钢筋之间的横向净距应不小于25mm。 ③ 连接套筒、锁母、丝头在运输和储存过程中应采取防护措施,防止雨淋、沾污和损伤。 (9) 受力钢筋焊接或绑扎接头应设置在内力较小处,并错开布置,对于绑扎接头,两接头间距离不小于1.3倍搭接长度。对于焊接接头和机械接头,在接头长度区段内,同一根钢筋不得有两个接头,配置在接头长度区段内的受力钢筋,其接头的截面面积占总截面面积的百分率应符合相关规定。

续表

序号	项目	内容
2	普通钢筋的加工制作	(10) 钢筋骨架的焊接拼装应在坚固的工作台上进行，操作时应符合下列要求： ① 拼装前应按设计图纸放大样，放样时应考虑焊接变形的预留拱度。拼装时，在需要焊接的位置宜采用楔形卡卡紧，防止焊接时局部变形。 ② 骨架焊接时，不同直径钢筋的中心线应在同一平面上，较小直径的钢筋在焊接时，下面宜垫以厚度适当的钢板。施焊顺序宜由中到边对称地向两端进行，先焊骨架下部，后焊骨架上部。相邻的焊缝应采用分区对称跳焊，不得顺方向一次焊成。 (11) 钢筋安设、支承及固定要求： ① 安装钢筋时钢筋的级别、直径、根数、间距等应符合设计的规定。对多层多排钢筋，宜根据安装需要在其间隔处设立一定数量的架立钢筋或短钢筋，但架立钢筋或短钢筋的端头不得伸入混凝土保护层内。半成品钢筋和钢筋骨架采用整体方式安装时，宜设置专用胎架或卡具等进行辅助定位，安装过程中应采取保证整体刚度及防止变形的措施。当钢筋过密，将会影响到混凝土浇筑质量时，应及时与设计协商解决。 ② 钢筋与模板之间应设置垫块，混凝土垫块应具有不低于结构本体混凝土的强度，并应有足够的密实性；采用其他材料制作垫块时，除应满足使用强度的要求外，其材料中不应含有对混凝土产生不利影响的成分。垫块的制作厚度不应出现负误差，正误差应不大于1mm。垫块应相互错开、分散设置在钢筋与模板之间，但不应横贯混凝土保护层的全部截面进行设置。垫块在结构或构件侧面和底面所布设的数量应不少于 4 个/m²，重要部位宜适当加密。 (12) 灌注桩钢筋骨架的制作、运输与安装应符合下列规定： ① 制作时应采取必要措施，保证骨架的刚度，主筋的接头应错开布置。大直径长桩的钢筋骨架宜在胎架上分段制作，且宜编号，安装时应按编号顺序连接。 ② 应在骨架外侧设置控制混凝土保护层厚度的垫块，垫块的间距在竖向应不大于 2m，在横向圆周应不少于 4 处。 ③ 钢筋骨架在运输过程中，应采取适当的措施防止其变形。骨架的顶端应设置吊环
3	预应力钢筋的加工制作	(1) 预应力混凝土结构所采用的钢丝、钢绞线、螺纹钢筋等材料的性能和质量，应符合现行国家标准的规定。钢丝应符合现行《预应力混凝土用钢丝》GB/T 5223—2014 的规定；钢绞线应符合现行《预应力混凝土用钢绞线》GB/T 5224—2014 的规定；螺纹钢筋应符合现行《预应力混凝土用螺纹钢筋》GB/T 20065—2016 的规定。 (2) 预应力筋进场时应分批验收，验收时，除应对其质量证明书、包装、标志和规格等进行检查外，尚须按下列规定进行检查： ① 钢丝：钢丝分批检验时每批质量应不大于 60t，检验时应先从每批中抽查 5% 且不少于 5 盘，进行表面质量检查。如检查不合格，则应对该批钢丝逐盘检查。在每盘钢丝的两端取样进行抗拉强度、弯曲和伸长率的试验，其力学性能应符合现行《公路桥涵施工技术规范》JTG/T 3650—2020 附录的有关规定要求。 ② 钢绞线：钢绞线分批检验时每批质量应不大于 60t，检验时从每批钢绞线中任取 3 盘，并从每盘所选的钢绞线端部正常部位截取一组试样进行表面质量、直径偏差和力学性能试验。 ③ 螺纹钢筋：螺纹钢筋分批检验时每批质量应不大于 100t，对表面质量应逐根目视检查，外观检查合格后在每批中任选 2 根钢筋截取试件进行拉伸试验。 (3) 预应力筋的实际强度不得低于现行国家标准的规定。预应力筋的试验方法应按现行国家标准的规定执行。用作拉伸试验的试件，不允许进行任何形式的加工。在对预应力筋进行拉伸试验中，应同时测定其弹性模量。 (4) 预应力筋制作时的下料应符合下列规定： ① 预应力筋的下料长度应通过计算确定，计算时应考虑结构的孔道长度或台座长度、锚夹具厚度、千斤顶长度、镦头预留量、冷拉伸长值、弹性回缩值、张拉伸长值和张拉工作长度等因素。

续表

序号	项目	内容
3	预应力钢筋的加工制作	② 钢丝束两端采用镦头锚具时，宜采用等长下料法对钢丝进行下料。 ③ 预应力筋的下料，应采用切断机或砂轮锯切断，严禁采用电弧切割。 (5) 高强度钢丝的镦头宜采用液压冷镦，镦头前应确认钢丝的可镦性，钢丝镦头的强度不得低于钢丝强度标准值的98%。 (6) 制作挤压锚时，应符合下列规定： ① 模具与挤压锚应配套使用，挤压锚具的外表面应涂润滑介质，挤压力和挤压操作应符合产品使用说明书的规定。 ② 挤压后的预应力筋外端应露出挤压套筒2～5mm。 ③ 应从每一工作班制作的成型挤压锚中抽取至少3个试件，进行握裹力试验。 ④ 钢绞线压花锚挤压成型时，表面应清洁、无油污，梨形头的尺寸和直线段长度应不小于设计值。 ⑤ 环氧涂层钢绞线不得用于制作压花锚。 (7) 预应力筋由多根钢丝或钢绞线组成当采取整束穿入孔道内时应预先编束，编束时应将钢丝或钢绞线逐根理顺，防止缠绕，并应每隔1～1.5m捆绑一次，使其绑扎牢固、顺直

考点2　混凝土工程施工

混凝土工程施工

序号	项目	内容
1	一般规定	(1) 在进行混凝土强度试配和质量检测时，混凝土的抗压强度应以边长为150mm的立方体尺寸标准试件测定，且应取其保证率为95%。试件以同龄期者三块为一组，并以同等条件制作和养护，每组试件的抗压强度应以三个试件测值的算术平均值为测定值，如有一个测值与中间值的差值超过中间值的15%时，则取中间值为测定值；如有两个测值与中间值的差值均超过15%时，则该组试件无效。 (2) 混凝土抗压强度应为标准方式成型的试件，置于标准养护条件下（温度为20±2℃及相对湿度不低于95%）养护28d所测得的抗压强度值（MPa）进行评定。采用蒸汽养护的混凝土抗压强度，试件应先随构件同条件蒸汽养护，再转入标准条件下养护，累计养护时间应为28d。当混凝土中掺用粉煤灰等矿物掺合料时，确定混凝土抗压强度时的龄期应符合设计规定
2	混凝土的配合比	(1) 混凝土的配合比，应以质量比计，并应通过设计和试配选定。试配时应使用施工实际采用的材料，配制的混凝土拌合物应满足和易性、凝结时间等施工技术条件；制成的混凝土应满足配制强度、力学性能和耐久性能的设计要求。 (2) 不同强度等级混凝土的最大水胶比、胶凝材料用量宜符合规定。 (3) 公路桥涵工程使用的外加剂，与水泥、矿物掺合料之间应具有良好的相容性。所采用的外加剂，应是经过具备相关资质的检测机构检验并附有检验合格证明的产品，在混凝土中掺入外加剂时，应符合下列规定： ① 在钢筋混凝土和预应力混凝土中，均不得掺用氯化钙、氯化钠等氯盐。 ② 减水剂宜采用聚羧酸类减水剂。 ③ 各种外加剂中的氯离子总含量宜不大于混凝土中胶凝材料总质量的0.02%，硫酸钠含量宜不大于减水剂干重的15%。 ④ 从各种组成材料引入的氯离子总含量（折合氯盐含量）应不超过现行《公路桥涵施工技术规范》JTG/T 3650—2020规定的限值。 ⑤ 掺入引气剂的混凝土，其含气量应按不同环境类别和作用等级确定。

续表

序号	项目	内容
2	混凝土的配合比	(4) 混凝土膨胀剂的品种和掺量应通过试验确定。掺入膨胀剂的混凝土宜采取有效的持续保湿养护措施，且宜按不同结构和温度适当延长养护时间。掺合料应保证其产品品质稳定，来料均匀。掺合料应由生产单位专门加工，进行产品检验并出具产品合格证书。混凝土中需要掺用粉煤灰、粒化高炉矿渣粉、硅灰等掺合料时，其掺入量应在使用前通过试验确定。掺合料在运输与储存中，应有明显标识，严禁与水泥等其他粉状材料混淆。 (5) 除应对由各种组成材料带入混凝土中的碱含量进行控制外，尚应控制混凝土的总碱含量。每立方米混凝土的总碱含量，对一般桥涵宜不大于 3.0kg/m³，对特大桥、大桥和重要桥梁宜不大于 2.1kg/m³。当混凝土结构处于受严重侵蚀的环境时，不得使用有碱活性反应的集料。 (6) 泵送混凝土的配合比宜符合下列规定： ① 胶凝材料用量宜不小于 300kg/m³。水泥宜选用硅酸盐水泥、普通硅酸盐水泥、矿渣硅酸盐水泥或粉煤灰硅酸盐水泥；细集料宜采用中砂，且其通过 300μm 筛孔的颗粒含量宜不少于 15%，砂率宜为 35%～45%；粗集料宜采用连续级配，其针片状颗粒含量宜不大于 10%，粗集料的最大公称粒径与输送管径之比宜符合现行《公路桥涵施工技术规范》JTG/T 3650—2020 的规定。 ② 应通过试验掺用适量的泵送剂或减水剂，且宜掺用矿物掺合料。 ③ 试配时应考虑坍落度经时损失。 (7) 通过设计和试配确定配合比后，应填写试配报告单，提交施工监理工程师或有关方面批准。混凝土配合比使用过程中，应根据混凝土质量的动态信息，及时进行调整、报批。通过设计和试配确定的配合比，应经批准后方可使用，且应在混凝土拌制前将理论配合比换算为施工配合比
3	混凝土的拌制与运输	(1) 混凝土的配料宜采用自动计量装置，各种衡器的精度应符合要求，计量应准确。计量器具应定期标定，迁移后应重新进行标定。 (2) 混凝土拌合物应搅拌均匀、颜色一致，不得有离析和泌水现象，对在施工现场集中拌制的混凝土，应检测其拌合物的均匀性。 (3) 混凝土搅拌完毕后，应检测混凝土拌合物的坍落度及其损失，宜在搅拌地点和浇筑地点分别取样检测，每一工作班或每一单元结构物应不少于两次，评定时应以浇筑地点的测值为准。当混凝土拌合物从搅拌机出料起至浇筑入模的时间不超过 15min 时，其坍落度可仅在搅拌地点取样检测。 (4) 混凝土的运输能力应与混凝土的凝结速度和浇筑速度相匹配，应使浇筑工作不间断且混凝土运到浇筑地点时仍能保持其均匀性及适宜浇筑的坍落度。 (5) 混凝土采用泵送方式时应符合下列规定： ① 混凝土的供应宜使输送混凝土的泵能连续工作，泵送的间歇时间宜不超过 15min。在泵送过程中，受料斗内应具有足够的混凝土，应防止吸入空气产生阻塞。 ② 输送管应顺直，转弯处应圆缓，接头应严密不漏气。 ③ 向低处泵送混凝土时，应采取必要措施，防止混凝土离析或堵塞输送管。 (6) 用搅拌运输车运送已拌成的混凝土时，途中应以 2～4r/min 的慢速进行搅动，卸料前应采用快挡旋转搅拌罐不少于 20s。 (7) 混凝土运至浇筑地点后发生离析、严重泌水或坍落度不符合要求时，应进行第二次搅拌。二次搅拌时不得任意加水，确有必要时，可同时加水、相应的胶凝材料和外加剂并保持其原水胶比不变；二次搅拌仍不符合要求时，则不得使用
4	混凝土的浇筑	(1) 浇筑混凝土前应进行以下准备工作： ① 应根据待浇筑结构物的情况、环境条件及浇筑量等制订合理的浇筑工艺方案，工艺方案应对施工缝设置、浇筑顺序、浇筑工具、防裂措施、保护层的控制等作出明确规定。 ② 应对支架、模板、钢筋和预埋件等进行检查，模板内的杂物、积水及钢筋上的污物应清理干净。模板如有缝隙或孔洞时，应堵塞严密且不漏浆。 ③ 应对混凝土的均匀性和坍落度等性能进行检测。

续表

序号	项目	内容
4	混凝土的浇筑	(2) 自高处向模板内倾卸混凝土时,应防止混凝土离析。直接倾卸时,其自由倾落高度宜不超过2m;超过2m时,应通过串筒、溜管(槽)或振动溜管(槽)等设施下落;倾落高度超过10m时,应设置减速装置。 (3) 混凝土应按一定厚度、顺序和方向分层浇筑,应在下层混凝土初凝或能重塑前浇筑完成上层混凝土。上下层同时浇筑时,上层与下层前后浇筑距离应保持1.5m以上。在倾斜面上浇筑混凝土时,应从低处开始逐层扩展升高,保持水平分层。混凝土分层浇筑厚度宜不超过规定。 (4) 采用振动器振捣混凝土时,应符合下列规定: ① 插入式振动器的移位间距不超过振动器作用半径的1.5倍,与侧模应保持50~100mm的距离,且插入下层混凝土中的深度宜为50~100mm。 ② 表面振动器的移位间距应使振动器平板能覆盖已振实部分不小于100mm。 ③ 附着式振动器的布置距离,应根据结构物形状和振动器的性能通过试验确定。 ④ 每一振点的振捣延续时间宜为20~30s,以混凝土停止下沉、不出现气泡、表面呈现浮浆为度。 (5) 混凝土的浇筑应连续进行,如因故必须间断时,其间断时间应小于前层混凝土的初凝时间或能重塑的时间。混凝土的运输、浇筑及间歇的全部时间宜不超出规定;超出时应按浇筑中断处理,并应留置施工缝,同时应做出记录。 (6) 施工缝的位置应在混凝土浇筑之前确定,且宜设置在结构受剪力和弯矩较小且便于施工的部位,对施工缝的处理应符合下列规定: ① 施工缝处混凝土表面的光滑表层、松弱层应予凿除,凿毛的最小深度应不小于8mm。对施工缝处混凝土的强度,当采用水冲洗凿毛时,<u>应达到0.5MPa</u>;人工凿除时,应达到2.5MPa;采用风动机凿毛时,<u>应达到10MPa</u>。 ② 经凿毛处理后的混凝土面,新混凝土浇筑前,应采用洁净水冲洗干净。 ③ 重要部位及有抗震要求的混凝土结构或钢筋稀疏的钢筋混凝土结构,宜在施工缝处补插适量的锚固钢筋,补插的锚固钢筋直径可比结构主筋小一个规格,间距宜不小于150mm,插入和外露的长度均不宜小于300mm;有抗渗要求的混凝土,其施工缝宜做成凹形、凸形或设置止水带;施工缝为斜面时宜浇筑或凿成台阶状。 (7) 在环境相对湿度较小、风速较大的条件下浇筑混凝土时,应采取适当措施防止混凝土表面过快失水。浇筑混凝土期间,应随时检查支架、模板、钢筋、预应力管道和预埋件等的稳固情况,并应及时填写混凝土施工记录。新浇筑混凝土的强度达到2.5MPa之前,不得使其承受行人、运输工具、模板、支架及脚手架等荷载
5	混凝土的养护及修饰	(1) 对于在施工现场集中养护的混凝土,应根据施工对象、环境、水泥品种、外加剂以及对混凝土性能的要求,提出具体的养护方案,并应严格执行规定的养护制度。 (2) 混凝土浇筑完成后,应在其收浆后尽快予以覆盖和洒水养护。对干硬性混凝土、高强度和高性能混凝土、炎热天气浇筑的混凝土以及桥面等大面积裸露的混凝土,应加强初始保湿养护,具备条件的可在浇筑完成后立即加设棚罩,待收浆后再予以覆盖和洒水养护。覆盖时不得损伤或污染混凝土的表面。 (3) 混凝土的养护严禁采用海水。混凝土的洒水保湿养护时间应不少于7d,对重要工程或有特殊要求的混凝土,应根据环境湿度、温度、水泥品种以及掺用的外加剂和掺合料等情况,酌情延长养护时间,并应使混凝土表面始终保持湿润状态。当气温低于5℃时,应采取保温养护措施,不得向混凝土表面洒水。当采用喷洒养护剂对混凝土进行养护时,所使用的养护剂应不会对混凝土产生不利影响,<u>且应通过试验验证其养护效果</u>。 (4) 新浇筑的混凝土与流动的地表水或地下水接触时,<u>应采取临时防护措施</u>,保证混凝土在7d以内且强度达到设计强度的50%以前,不受水的冲刷侵袭;当环境水具有侵蚀作用时,应保证混凝土在10d以内且强度达到设计强度的70%以前,不受水的侵袭。混凝土处于冻融循环作用的环境时,宜在结冰期到来4周前完成浇筑施工,且在混凝土强度未达到设计强度等级的80%前不得受冻,否则应采取技术措施,防止发生冻害

特殊类型混凝土施工

序号	项目	内容
1	大体积混凝土施工	(1) 大体积混凝土在选用原材料和进行配合比设计时，应按照降低水化热温升的原则进行，并应符合下列规定： ① 宜选用低水化热和凝结时间长的水泥品种。粗集料宜采用连续级配，细集料宜采用中砂。宜掺用可降低混凝土早期水化热的外加剂和掺合料，外加剂宜采用缓凝剂、减水剂；掺合料宜采用粉煤灰、粒化高炉矿渣粉等。 ② 进行配合比设计时，在保证混凝土强度、和易性及坍落度要求的前提下，宜采取改善粗集料级配、提高掺合料和粗集料的含量、降低水胶比等措施，减少单方混凝土的水泥用量。 ③ 大体积混凝土进行配合比设计及质量评定时，可按 60d 龄期的抗压强度控制。 (2) 大体积混凝土的施工应提前制订专项施工技术方案，并应对混凝土采取温度控制措施。大体积混凝土的浇筑、养护和温度控制应符合下列规定： ① 施工前应根据原材料、配合比、环境条件、施工方案和施工工艺等因素，进行温控设计和温控监测设计，并应在浇筑后按该设计要求对混凝土内部和表面的温度实施监测和控制。对大体积混凝土进行温度控制时，应使其内部最高温度不大于75℃、内表温差不大于25℃，混凝土表面与大气温差不大于20℃。 ② 大体积混凝土可分层、分块浇筑，分层、分块的尺寸可根据温控设计的要求及浇筑能力合理确定；当结构尺寸相对较小或能满足温控要求时，可全断面一次浇筑。 ③ 分层浇筑时，在上层混凝土浇筑之前应对下层混凝土的顶面作凿毛处理，且新浇混凝土与下层已浇筑混凝土的温差宜小于 20℃，并应采取措施将各层间的浇筑间歇期控制在 7d 以内。 ④ 分块浇筑时，块与块之间的竖向接缝面应平行于结构物的短边，并应在浇筑完成拆模后按施工缝的要求进行凿毛处理。分块施工所形成的后浇段，应在对大体积混凝土实施温度控制且其温度场趋于稳定后方可浇筑；后浇段宜采用微膨胀混凝土，并应一次浇筑完成。 ⑤ 大体积混凝土的浇筑宜在气温较低时进行，但混凝土的入模温度应不低于5℃；热期施工时，宜采取措施降低混凝土的入模温度，且其入模温度宜不高于 28℃。 ⑥ 大体积混凝土的温度控制宜按照"内降外保"的原则，对混凝土内部采取设置冷却水管通循环水冷却，对混凝土外部采取覆盖蓄热或蓄水保温等措施进行。在混凝土内部通水降温时，进出口水的温差宜小于或等于10℃，且水温与内部混凝土的温差宜不大于20℃，降温速率宜不大于2℃/d；利用冷却水管中排出的降温用水在混凝土顶面蓄水保温养护时，养护水温度与混凝土表面温度的差值应不大于15℃。 ⑦ 大体积混凝土采用硅酸盐水泥或普通硅酸盐水泥时，其浇筑后的养护时间宜不少于14d，采用其他品种水泥时宜不少于21d。在寒冷天气或遇气温骤降天气时浇筑的混凝土，除应对其外部加强覆盖保温外，尚宜适当延长养护时间
2	高强度混凝土	(1) 高强度混凝土水泥宜选用硅酸盐水泥和普通硅酸盐水泥。掺合料可选用粉煤灰、粒化高炉矿渣粉和硅灰等，粉煤灰等级应不低于Ⅱ级。 (2) 高强度混凝土的配合比应有利于减少温度收缩、干燥收缩和自身收缩引起的体积变形，避免早期开裂，高强度混凝土的水泥用量宜不大于 500kg/m³，胶凝材料总量宜不大于 600kg/m³。 (3) 高强度混凝土的设计配合比确定后，尚应采用该配合比进行不少于 6 次的重复试验进行验证，其平均值应不低于配制强度。 (4) 高强度混凝土的施工应采用强制式搅拌机拌制，不得采用自落式搅拌机搅拌。搅拌混凝土时高效减水剂宜采用后掺法，且宜制成溶液后再加入，并应在混凝土用水量中扣除溶液用水量。加入减水剂后，混凝土拌和料在搅拌机中继续搅拌的时间宜不少于 30s

续表

序号	项目	内容
3	高性能混凝土	(1) 配制高性能混凝土时，应选用优质水泥和级配良好的优质集料，同时应掺加与水泥相匹配的高性能减水剂或高效减水剂及优质掺合料。 (2) 高性能混凝土水泥宜选用品质稳定、标准稠度需水量低、强度等级不低于42.5的硅酸盐水泥或普通硅酸盐水泥，不宜采用矿渣硅酸盐水泥、火山灰质硅酸盐水泥、粉煤灰硅酸盐水泥或复合硅酸盐水泥，亦不宜采用早强水泥。外加剂应选用高性能减水剂、高效减水剂或复合减水剂，并应选择减水率高、坍落度损失小、适量引气、与水泥之间具有良好的相容性、能明显改善或提高混凝土耐久性能且质量稳定的产品；引气剂或引气型外加剂应有良好的气泡稳定性，用于提高混凝土抗冻性的引气剂、减水剂和复合外加剂中均不得掺有木质硫酸盐组分，并不得采用含有氯盐的防冻剂。 (3) 高性能混凝土的配合比应根据原材料品质、设计强度等级、耐久性以及施工工艺对工作性能的要求，通过计算、试配和调整等步骤确定。进行配合比设计时应符合下列规定： ① 对不同强度等级混凝土的胶凝材料总量应进行控制，C40以下宜不大于400kg/m³；C40~C50宜不大于450kg/m³；C60及以上的非泵送混凝土宜不大于500kg/m³，泵送混凝土宜不大于530kg/m³；且胶凝材料浆体体积宜不大于混凝土体积的35%。 ② 水胶比应根据混凝土的配制强度、抗氯离子渗透性能、抗渗性能和抗冻性能等要求确定。在满足混凝土工作性能的前提下，宜降低用水量，并控制在130~160kg/m³。 ③ 混凝土中宜适量掺加优质的粉煤灰、粒化高炉矿渣粉或硅灰等矿物掺合料，用以提高其耐久性，改善其施工性能和抗裂性能，其掺量宜根据混凝土的性能要求通过试验确定，且宜不小于胶凝材料总量的20%。当混凝土中粉煤灰掺量大于30%时，混凝土的水胶比不得大于0.45；在预应力混凝土及处于冻融环境的混凝土中，粉煤灰的掺量宜不大于30%，且粉煤灰的含碳量宜不大于2%。对暴露于空气中的一般构件混凝土，粉煤灰的掺量宜不大于20%，且单方混凝土胶凝材料中的硅酸盐水泥用量宜不小于240kg。 ④ 对耐久性有较高要求的混凝土结构，试配时应进行混凝土和胶凝材料抗裂性能的对比试验，并从中优选抗裂性能良好的混凝土原材料和配合比。 (4) 高性能混凝土的搅拌应采用搅拌效率高且均质性好的卧轴式、行星式或逆流式强制式搅拌机。搅拌时，宜先投入细集料和掺合料干拌均匀，再加水泥和部分拌和用水搅拌，最后加入粗集料、外加剂溶液及余额拌和用水，搅拌至均匀为止。上述每一阶段的搅拌时间均应不少于30s，总搅拌时间应比常规混凝土延长40s以上。混凝土中掺加钢筋阻锈剂溶液时，拌合物的搅拌时间应延长1min，采用粉剂时则延长3min。 (5) 新浇筑的混凝土应及早养护，并应减少暴露时间，防止表面水分的蒸发；终凝后，应立即开始对混凝土进行持续潮湿养护。洒水养护不得采用海水，应采用淡水。当缺乏淡水时可采用养护剂喷涂养护，养护剂应符合现行《水泥混凝土养护剂》JC 901—2002的规定。持续潮湿养护在养护期内不应间断，且不得形成干湿循环，在常温下养护应不少于14d，气温较低时应适当延长潮湿养护的时间

考点3 预应力混凝土工程施工

预应力材料及预应力管道

序号	项目	内容
1	预应力材料要求	(1) 预应力材料必须保持清洁，在存放和搬运过程中应避免机械损伤和有害的锈蚀。如进场后需长时间存放时，必须安排定期的外观检查。 (2) 预应力钢筋和金属管道在仓库内保管时，仓库应干燥、防潮、通风良好、无腐蚀气体和介质；在室外存放时，时间宜不超过6个月，不得直接堆放在地面上，必须采取垫以枕木并用苫布覆盖等有效措施，防止雨露和各种腐蚀性气体、介质的影响

续表

序号	项目	内容
2	锚具、夹具和连接器等要求	(1) 锚具、夹具和连接器均应设专人保管。存放、搬运时均应妥善保护，避免锈蚀、沾污、遭受机械损伤或散失。临时性的防护措施应不影响安装操作的效果和永久性防锈措施的实施。 (2) 预应力筋锚具、夹具和连接器应具有可靠的锚固性能、足够的承载能力和良好的使用性，能保证充分发挥预应力筋的强度，安全地实现预应力张拉作业，并应符合现行国家标准《预应力筋锚具、夹具和连接器》GB/T 14370—2015 的要求。 (3) 预应力筋锚具应按设计要求采用。锚具应满足分级张拉、补张拉以及放松预应力的要求。 (4) 夹具应具有良好的自锚性能、松锚性能和安全的重复使用性能，主要锚固零件应具有良好的防锈性能，可重复使用的次数应不少于 300 次。需敲击才能松开的夹具，必须保证其对预应力筋的锚固没有影响，且对操作人员的安全不造成危险。 (5) 混凝土结构或构件中的永久性预应力筋连接器，应符合锚具的性能要求；用于先张法施工且在张拉后还需进行放张和拆卸的连接器，应符合夹具的性能要求。 (6) 锚垫板应具有足够的强度和刚度，且宜设置锚具对中止口以及压浆孔或排气孔，压浆孔的内径宜不小于 20mm。与后张预应力筋锚具或连接器配套的锚垫板和局部加强钢筋，在规定的局部承压试件尺寸及混凝土强度下，应满足传力性能要求。 (7) 锚具、夹具和连接器在存放、搬运及使用期间均应妥善防护，避免锈蚀、沾污、遭受机械损伤、混淆和散失，但临时性的防护措施应不影响其安装和永久性防腐的实施。 (8) 预应力筋用锚具产品应配套使用，同一结构或构件中应采用同一生产厂的产品，工作锚不得作为工具锚使用。夹片式锚具的限位板和工具锚宜采用与工作锚同一生产厂的配套产品
3	锚具、夹具和连接器进场验收	锚具、夹具和连接器进场时，除应按出厂合格证和质量证明书核查锚固性能类别、型号、规格及数量外，还应按下列规定进行验收： (1) 外观检查：应从每批产品中抽取 2‰且不少于 10 套样品，检查其外形尺寸、表面裂纹及锈蚀情况。外形尺寸应符合产品质保书所示的尺寸范围，且表面不得有裂纹及锈蚀。 (2) 尺寸检验：应从每批产品中抽取 2‰且不少于 10 套样品，检验其外形尺寸。外形尺寸应符合产品质保书所示的尺寸范围。当有 1 个零件不符合规定时，应另取双倍数量的零件重新检验；如仍有 1 个零件不符合要求，则本批全部产品应逐件检验，符合要求者判定该零件尺寸合格。 (3) 硬度检验：应从每批产品中抽取 3‰且不少于 5 套样品（对多孔夹片式锚具的夹片，每套抽取 6 片），对其中有硬度要求的零件进行硬度检验，每个零件测试 3 点，其硬度应符合产品质保书的规定。当有 1 个零件不合格时，则应另取双倍数量的零件重做检验；如仍有 1 个零件不合格，应对本批产品逐个检验，合格者方可使用或进入后续检验。 (4) 静载锚固性能试验：应在外观检查和硬度检验均合格的同批产品中抽取样品，与相应规格和强度等级的预应力筋组成 3 个预应力筋—锚具组装件，进行静载锚固性能试验。如有 1 个试件不符合要求时，则应另取双倍数量的样品重做试验；仍有 1 个试件不符合要求，则该批锚具为不合格。 (5) 对特大桥、大桥和重要桥梁工程中使用的锚具产品，应进行上述 4 项检查和检验；对锚具用量较小的一般中、小桥梁工程，如生产厂能提供有效的静载锚固性能试验合格的证明文件，则仅需进行外观检查和硬度检验。 (6) 进场检验时，同种材料、同一生产工艺条件下、同批进场的产品可视为同一验收批。锚具的每个验收批宜不超过 2000 套；夹具、连接器的每个验收批宜不超过 500 套；获得第三方独立认证的产品其验收批可扩大 1 倍。检验合格的产品，在现场的存放期超过 1 年时，再用时应进行外观检查

续表

序号	项目	内容
4	管道要求	（1）在后张有黏结预应力混凝土结构或构件中，预应力筋的孔道宜由浇筑在混凝土中的刚性或半刚性管道构成，或采取钢管抽芯、胶管抽芯及金属伸缩套管抽芯等方法进行预留。设置于混凝土中的刚性或半刚性管道不应有漏浆现象，且应具有足够的强度和刚度，应能在浇筑混凝土重力的作用下保持原有的形状，并能按要求传递黏结应力。 （2）刚性管道应是壁厚不小于2mm的平滑钢管，且应具有光滑的内壁并可被弯曲成适当的形状而不出现卷曲或被压扁；半刚性管道应是波纹状的金属管或高密度聚乙烯塑料管，且金属波纹管宜采用镀锌钢带制作，壁厚宜不小于0.3mm。 （3）管道的进场检验应符合下列规定： ① 进场时除应按合同检查出厂合格证和质量保证书，核对其类别、型号、规格及数量外，尚应对其外观、尺寸、集中荷载下的径向刚度、荷载作用后的抗渗漏及抗弯曲渗漏等进行检验。 ② 管道应按批进行检验。金属波纹管每批应由同一钢带生产厂生产的同一批钢带所制造的产品组成。 ③ 检验时应先进行外观质量的检验，合格后再进行其他指标的检验。当其他指标中有不合格项时，应取双倍数量的试件对该不合格项进行复验；复验仍不合格时，则该批产品为不合格。 （4）波纹管在搬运时应采用非金属绳捆扎，或采用专用框架装载，不得抛掷或在地面上拖拉。波纹管在存放时应远离热源及可能遭受各种腐蚀性气体、介质影响的地方，存放时间宜不超过6个月，在室外存放时不得直接堆于地面，应支垫并遮盖

施加预应力

序号	项目	内容
1	机具及设备要求	（1）预应力筋的张拉宜采用穿心式双作用千斤顶，整体张拉或放张宜采用具有自锚功能的千斤顶；张拉千斤顶的额定张拉力宜为所需张拉力的1.5倍，且不得小于1.2倍。与千斤顶配套使用的压力表应选用防振型产品，其最大读数宜为张拉力的1.5~2.0倍，标定精度应不低于1.0级。张拉机具设备应与锚具产品配套使用，并应在使用前进行校正、检验和标定。 （2）张拉用的千斤顶与压力表应配套标定、配套使用，标定应在经国家授权的法定计量技术机构定期进行，标定时千斤顶活塞的运行方向应与实际张拉工作状态一致。当处于下列情况之一时，应重新进行标定。 ① 使用时间超过6个月； ② 张拉次数超过300次； ③ 使用过程中千斤顶或压力表出现异常情况； ④ 千斤顶检修或更换配件后。 （3）采用测力传感器测量张拉力时，测力传感器应按相关国家标准的规定每年送检一次
2	施加预应力的准备工作	（1）施加预应力之前，施工现场的准备工作及结构或构件需达到的要求应符合下列规定： ① 施工现场应具备经批准的张拉顺序、张拉程序和施工作业指导书； ② 经培训掌握预应力施工知识和正确操作的施工人员，以及能保证操作人员和设备安全的防护措施； ③ 锚具安装正确，结构或构件混凝土已达到要求的强度和弹性模量（或龄期）。 （2）实施张拉时，应使千斤顶的张拉力作用线与预应力筋的轴线重合一致

续表

序号	项目	内容
3	张拉应力控制	(1) 预应力筋的张拉控制应力应符合设计要求。当施工中预应力筋需要超张拉或计入锚圈口预应力损失时，可比设计要求提高5%，但在任何情况下不得超过设计规定的最大张拉控制应力。 (2) 预应力筋采用应力控制方法张拉时，应以伸长值进行校核，实际伸长值与理论伸长值的差值应符合设计要求，设计无规定时，实际伸长值与理论伸长值的差值应控制在±6%以内，否则应暂停张拉，待查明原因并采取措施予以调整后，方可继续张拉。 (3) 预应力筋张拉时，应先调整到初应力，该初应力宜为张拉控制应力σ_{con}的10%～25%，伸长值应从初应力时开始量测。预应力筋的实际伸长值除量测的伸长值外，尚应加上初应力以下的推算伸长值。 (4) 预应力筋张拉控制应力的精度宜为±1.5%，预应力筋的锚固，应在张拉控制应力处于稳定状态下进行。锚固阶段张拉端锚具变形、预应力筋的回缩量和接缝压缩值，应不大于设计规定或不大于规定容许值。 (5) 张拉锚固后，建立在锚下的实际有效预应力与设计张拉控制应力的相对偏差应不超过±5%，且同一断面中预应力束的有效预应力的不均匀度不超过±2%。 (6) 在预应力筋张拉、锚固过程中及锚固完成后，均不得大力敲击或振动锚具。预应力筋锚固后需要放松时，对夹片式锚具宜采用专门的放松装置松开；对支撑式锚具可采用张拉设备缓慢地松开。 (7) 预应力筋在实施张拉或放张作业时，应采取有效的安全防护措施，预应力筋两端的正面严禁站人和穿越。 (8) 预应力筋张拉、锚固及放松时，均应填写施工记录。 (9) 施加预应力时宜采用信息化数据处理系统对各项张拉参数进行采集

先张法

序号	项目	内容
1	墩式台座结构规定	(1) 承力台座应进行专门设计，并应具有足够的强度、刚度和稳定性，其抗倾覆安全系数应不小于1.5，抗滑移系数应不小于1.3。 (2) 锚固横梁应有足够的刚度，受力后挠度应不大于2mm
2	预应力筋的安装	预应力筋的安装宜自下而上进行，并应采取措施防止其被台座上涂刷的隔离剂污染。预应力筋与锚固横梁间的连接，宜采用张拉螺杆
3	先张法预应力筋的张拉规定	(1) 张拉前，应对台座、锚固横梁及各项张拉设备进行详细检查，符合要求后方可进行操作。 (2) 同时张拉多根预应力筋时，应预先调整其初应力，使相互之间的应力一致，再整体张拉；张拉过程中，应使活动横梁与固定横梁始终保持平行，并应抽查预应力筋的预应力值，其偏差的绝对值不得超过按一个构件全部预应力筋预应力总值的5%。 (3) 预应力筋的张拉应符合设计要求，设计无规定时，其张拉程序可按下表的规定进行。 (4) 张拉时，同一构件内预应力钢丝、钢绞线的断丝数量不得超过总数1%，同时对于螺纹钢筋不容许断筋。 (5) 预应力筋张拉完毕后，其位置与设计位置的偏差应不大于5mm，同时应不大于构件最短边长的4%，且宜在4h内浇筑混凝土

续表

序号	项目	内容
4	先张法预应力筋的放张规定	(1) 预应力筋放张时构件混凝土的强度和弹性模量（或龄期）应符合设计规定；设计未规定时，混凝土的强度应不低于设计强度等级值的80%，弹性模量应不低于混凝土28d弹性模量的80%。当采用混凝土龄期代替弹性模量控制时应不少于5d。 (2) 在预应力筋放张之前，应将限制位移的侧模、翼缘模板或内模拆除。 (3) 预应力筋的放张顺序应符合设计规定；设计未规定时，应分阶段、均匀、对称、相互交错地放张。 (4) 多根整批预应力筋的放张，当采用砂箱放张时，放砂速度应均匀一致；采用千斤顶放张时，放张宜分数次完成；单根钢筋采用拧松螺母的方法放张时，宜先两侧后中间，并不得一次将一根预应力筋松完。放张后，预应力筋在构件端部的内缩值宜不大于1.0mm。 (5) 预应力筋放张后，对钢丝和钢绞线，应采用机械切割的方式进行切断；对螺纹钢筋，可采用乙炔-氧气切割，但应采取必要措施防止高温对其产生不利影响。 (6) 长线台座上预应力筋的切断顺序，应由放张端开始，依次向另一端切断
5	先张法预制梁板施工工艺流程	张拉台座准备→穿预应力筋、调整初应力→张拉预应力筋→钢筋骨架制作→立模→浇筑混凝土→混凝土养护→拆模→放松预应力筋→成品存放、运输

先张法预应力筋张拉程序

预应力筋种类		张拉程序
钢丝、钢绞线	夹片式等具有自锚性能的锚具	低松弛预应力筋：0→初应力→σ_{con}（持荷5min锚固）
	其他锚具	0→初应力→1.05σ_{con}（持荷5min）→0→σ_{con}（锚固）
螺纹钢筋		0→初应力→1.05σ_{con}（持荷5min）→0.9σ_{con}→σ_{con}（锚固）

注：1. 表中σ_{con}为张拉时的控制应力值，包括预应力损失值；
2. 超张拉数值超过设计或《公路桥涵施工技术规范》JTG/T 3650—2020规定的最大超张拉应力限值时，应按设计或规范规定的限制张拉应力进行张拉；
3. 张拉螺纹钢筋时，为保证施工安全，应在超张拉并持荷5min后放张至0.9σ_{con}时安装模板、普通钢筋及预埋件等。

后张法

序号	项目	内容
1	采用金属或塑料管道构成后张预应力混凝土结构或构件的孔道时的规定	(1) 管道的规格、尺寸应符合设计规定，且其内横截面积应不小于预应力筋净截面积的2倍；对长度大于60m的管道，宜通过试验确定其面积比是否可以进行正常的压浆作业。 (2) 管道应按设计规定的坐标位置进行安装，并应采用定位钢筋固定，使其能牢固地置于模板内的设计位置，且在混凝土浇筑期间不产生位移。管道与普通钢筋重叠时，应移动普通钢筋，不得改变管道的设计坐标位置。固定各种成孔管道用的定位钢筋的间距，对钢管宜不大于1.0m；波纹管宜不大于0.8m；位于曲线上的管道和扁平波纹管道应适当加密。定位后的管道应平顺，其端部的中心线应与锚垫板相垂直。

续表

序号	项目	内容
1	采用金属或塑料管道构成后张预应力混凝土结构或构件的孔道时的规定	(3) 管道接头处的连接管宜采用大一级直径的同类管道,其长度宜为被连接管道内径的5~7倍。连接时不应使接头产生角度变化及在混凝土浇筑期间发生管道的转动或移位,并应缠裹紧密防止水泥浆的渗入。塑料波纹管应采用专用焊接机进行热熔焊接或采用具有密封性能的塑料结构连接器连接。当采用真空辅助压浆工艺进行孔道压浆时,管道的所有接头应具有可靠的密封性能,并应满足真空度的要求。 (4) 所有管道均应在每个顶点设排气孔及需要时在每个低点设排水孔,在每个顶点和两端设检查孔。压浆管、排气管和排水管应是最小内径为20mm的标准或适宜的塑性管,与管道之间的连接应采用金属或塑料结构扣件,长度应足以从管道引出结构物以外。 (5) 管道安装完毕后,其端口应采取可靠措施临时封堵,防止水或其他杂物进入。 (6) 后张预应力管道安装的允许偏差应符合规定
2	抽芯法制孔要求	(1) 采用胶管抽芯法制孔时,胶管内应插入芯棒或充以压力水增加刚度。 (2) 采用钢管抽芯法制孔时,钢管表面应光滑,焊接接头应平顺。 (3) 抽芯时间应通过试验确定,以混凝土抗压强度达到0.4~0.8MPa时为宜,抽拔时不得损伤结构混凝土。 (4) 抽芯后,应采用通孔器或压气、压水等方法对孔道进行检查,如发现孔道堵塞或有残留物或与邻孔有串通,应及时处理
3	预应力筋的安装规定	(1) 预应力筋可在浇筑混凝土之前或之后穿入孔道,穿束前应检查锚垫板和孔道,锚垫板的位置应准确;孔道内应畅通,无水和其他杂物。 (2) 宜将一根钢束中的全部预应力筋编束后整体穿入孔道中,整体穿束时,束的前端宜设置穿束网套或特制的牵引头,应保持预应力筋顺直,且仅应前后拖动,不得扭转。对钢绞线,可采用穿束机逐根将其穿入孔道内,但应保证其在孔道内不发生相互缠绕。 (3) 对在混凝土浇筑及养护之前安装在孔道中但在设计文件或技术规范规定时限内未压浆的预应力筋,应采取防止锈蚀或其他防腐蚀的措施,直至压浆。 (4) 预应力筋安装在管道中后,应将管道端部开口密封防止湿气进入。采用蒸汽养护混凝土时,在养护完成之前不应安装预应力筋。 (5) 在任何情况下,当安装有预应力筋的结构或构件附近进行电焊时,均应对全部预力筋、管道和附属构件进行保护,防止溅上焊渣或造成其他损坏。 (6) 对在混凝土浇筑之前穿束的管道,预应力筋安装完成后,应进行全面检查,查出可能被损坏的管道。在混凝土浇筑之前,应将管道上所有非有意留的孔、开口或损坏之处修复,并应在浇筑混凝土过程中随时检查预应力筋能否在管道内自由移动
4	锚具、夹具和连接器安装规定	(1) 锚具和连接器的安装位置应准确,且应与孔道对中。锚垫板上设置有对中止口时,应防止锚具偏出止口。安装夹片时,应使夹片的外露长度基本一致。 (2) 采用螺母锚固的支承式锚具,安装时应逐个检查螺纹的配合情况,应保证在张拉和锚固过程中能顺利旋合拧紧
5	后张法预应力筋的张拉和锚固规定	(1) 预应力张拉之前,宜对不同类型的孔道进行至少一个孔道的摩阻测试,通过测试所确定的μ值和k值宜用于对设计张拉控制应力的修正,对长度大于60m的孔道宜适当增加摩阻测试的数量。 (2) 张拉时,结构或构件混凝土的强度、弹性模量(或龄期)应符合设计规定;设计未规定时,混凝土的强度应不低于设计强度等级值的80%,弹性模量应不低于混凝土28d弹性模量的80%,当采用混凝土龄期代替弹性模量控制时应不少于5d。

续表

序号	项目	内容
5	后张法预应力筋的张拉和锚固规定	(3) 预应力筋的张拉顺序应符合设计规定；设计未规定时，可采取分批、分阶段的方式对称张拉。 (4) 预应力筋应整束张拉锚固。对扁平管道中平行排放的预应力钢绞线束，在保证各根钢绞线不会叠压时，可采用小型千斤顶逐根张拉，但应考虑逐根张拉时预应力损失对控制应力的影响。 (5) 预应力筋张拉端的设置应符合设计要求；当设计未要求时，应符合下列规定： ① 对钢束长度小于20m的直线预应力筋可在一端张拉；对曲线预应力筋或钢束长度大于或等于20m的直线预应力筋，应采用两端张拉。 ② 当同一截面中有多束一端张拉的预应力筋时，张拉端宜分别交错设置在结构或构件的两端。 ③ 预应力筋采用两端张拉时，宜两端同时张拉；或先在一端张拉锚固后，再在另一端补足预应力值进行锚固。 (6) 两端张拉时，各千斤顶之间同步张拉力的允许误差宜为±2%。 (7) 张拉程序按设计文件或技术规范的要求进行。 (8) 后张预应力筋断丝及滑丝不得超过"后张预应力筋断丝、滑移限制表"规定的控制数。 (9) 预应力筋在张拉控制应力达到稳定后方可锚固。对夹片式锚具，锚固后夹片顶面应平齐，其相互间的错位宜不大于2mm，且露出锚具外的高度应不大于4mm。锚固完毕并经检验确认合格后方可切割端头多余的预应力筋，切割时应采用砂轮锯，严禁采用电弧进行切割，同时不得损伤锚具。 (10) 切割后预应力筋的外露长度应不小于30mm，且应不小于1.5倍预应力筋直径。锚具应采用封端混凝土保护，当需长期外露时，应采取防止锈蚀的措施
6	后张法预应力孔道压浆及封锚	(1) 预应力筋张拉锚固后，孔道应尽早压浆，且应在48h内完成，否则应采取避免预应力筋锈蚀的措施。压浆用水泥浆的强度应符合设计规定。 (2) 后张预应力孔道应采用专用压浆料或专用压浆剂配制的浆液进行压浆。所用原材料应符合下列规定： ① 水泥应采用性能稳定、强度等级不低于42.5的低碱硅酸盐或低碱普通硅酸盐水泥，外加剂应与水泥具有良好的相容性，且不得含有氯盐、亚硝酸盐或其他对预应力筋有腐蚀作用的成分。减水剂应采用高效减水剂或高性能减水剂，且应满足现行国家标准《混凝土外加剂》GB 8076—2008中高效减水剂一等品的要求，其减水率应不小于20%。 ② 矿物掺合料的品种宜为Ⅰ级粉煤灰、粒化高炉矿渣粉或硅灰。膨胀剂宜采用钙矾石系或复合型膨胀剂，不得采用以铝粉为膨胀源的膨胀剂或总碱量0.75%以上的高碱膨胀剂。 ③ 水不应含有对预应力筋或水泥有害的成分，每升水中不得含有350mg以上的氯化物离子或任何一种其他有机物，宜采用符合国家卫生标准的清洁饮用水。 ④ 压浆材料中的氯离子含量应不超过胶凝材料总量的0.06%，比表面积应大于350m^2/kg，三氧化硫含量应不超过6.0%。 (3) 压浆前应在工地试验室对压浆材料加水进行试配，各种材料的称量（均以质量计）应精确到±1%。经试配的浆液其各项性能指标均应满足设计要求或《公路桥涵施工技术规范》JTG/T 3650—2020的有关规定后方可用于正式压浆。 (4) 压浆前应对孔道进行清洁处理；应对压浆设备进行清洗，清洗后的设备内不应有残渣和积水。

续表

序号	项目	内容
6	后张法预应力孔道压浆及封锚	（5）压浆时，对曲线孔道和竖向孔道应从最低点的压浆孔压入；对水平直线孔道可从任意一端的压浆孔压入；对结构或构件中以上下分层设置的孔道，应按先下层后上层的顺序进行压浆。同一孔道的压浆应连续进行，一次完成。压浆应缓慢、均匀地进行，不得中断，并应将所有最高点的排气孔依次一一打开和关闭，使孔道内排气通畅。 （6）浆液自拌制完成至压入孔道的延续时间宜不超过40min，且在使用前和压注过程中应连续搅拌，对因延迟使用所致流动度降低的水泥浆，不得通过额外加水增加其流动度。 （7）对水平或曲线孔道，压浆的压力宜为0.5～0.7MPa；对超长孔道，最大压力宜不超过1.0MPa；对竖向孔道，压浆的压力宜为0.3～0.4MPa。压浆的充盈度应达到孔道另一端饱满且排气孔排出与规定流动度相同的水泥浆为止，关闭出浆口后，宜保持一个不小于0.5MPa的稳压期，该稳压期的保持时间宜为3～5min。 （8）采用真空辅助压浆工艺时，在压浆前应对孔道进行抽真空，真空度宜稳定在−0.06～−0.10MPa范围内。真空度稳定后，应立即开启孔道压浆端的阀门，同时启动压浆泵进行连续压浆。 （9）压浆时，每一工作班应制作留取不少于3组尺寸为40mm×40mm×160mm的试件，标准养护28d，进行抗压强度和抗折强度试验，作为质量评定的依据。 （10）压浆过程中及压浆后48h内，结构或构件混凝土的温度及环境温度不得低于5℃，否则应采取保温措施，并应按冬期施工的要求处理，浆液中可适量掺用引气剂，但不得掺用防冻剂。当环境温度高于35℃时，压浆宜在夜间进行。 （11）压浆完成后，应及时对锚固端按设计要求进行封闭保护或防腐处理，需要封锚的锚具，应在压浆完成后对梁端混凝土凿毛并将其周围冲洗干净，设置钢筋网浇筑封锚混凝土；封锚应采用与结构或构件同强度的混凝土并应严格控制封锚后的梁体长度。长期外露的锚具，应采取防锈措施。 （12）对后张预制构件，在孔道压浆前不得安装就位；压浆后，应在浆液强度达到规定的强度后方可移运和吊装。 （13）孔道压浆宜采用信息化数据处理系统对相关参数进行采集，并填写施工记录。记录项目应包括：压浆材料、配合比、压浆日期、搅拌时间、出机初始流动度、浆液温度、环境温度、压浆量、稳压压力及时间，采用真空辅助压浆工艺时尚应包括真空度

后张法预应力筋张拉程序

锚具和预应力筋种类		张拉程序
夹片式等具有自锚性能的锚具	钢绞线束、钢丝束	低松弛力筋：0→初应力→σ_{con}（持荷5min 锚固）
其他锚具	钢绞线束	0→初应力→1.05σ_{con}（持荷5min）→σ_{con}（锚固）
	钢丝束	0→初应力→1.05σ_{con}（持荷5min）→0→σ_{con}（锚固）
螺母锚固锚具	螺纹钢筋	0→初应力→σ_{con}（持荷5min）→0→σ_{con}（锚固）

注：1. 表中 σ_{con} 为张拉时的控制应力，包括预应力损失值；
  2. 两端同时张拉时，两端千斤顶升降压、画线、测伸长等工作应基本一致；
  3. 超张拉数值超过设计或现行《公路桥涵施工技术规范》JTG/T 3650—2020 规定的最大超张拉应力限值时，应按设计或规范规定的限值进行张拉。

后张预应力筋断丝、滑移限制

类别	检查项目及	控制数
钢丝束和钢绞线束	每束钢丝断丝或滑丝	1根
	每束钢绞线断丝或滑丝	1丝
	每个断面断丝之和不超过该断面钢丝总数的百分比	1%
螺纹钢筋	断筋或滑移	不容许

注：1. 钢绞线断丝系指单根钢绞线内钢丝的断丝；
  2. 超过表列控制数时，原则上应更换，当不能更换时，在许可的条件下，可采取补救措施，如提高其他束预应力值，但须满足设计上各阶段极限状态的要求。

1B413040 桥梁基础工程施工技术

【考点图谱】

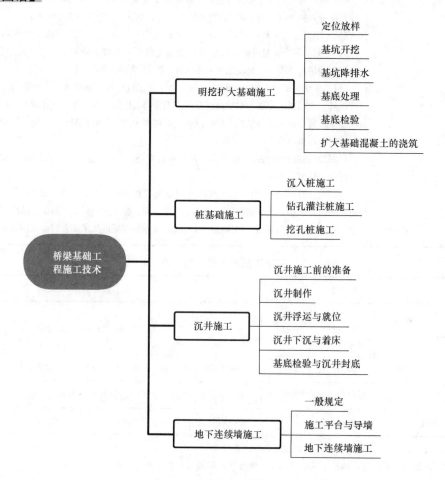

【考点精析】

考点1 明挖扩大基础施工

明挖扩大基础施工简明内容

序号	项目	内容
1	基坑开挖施工的一般规定	（1）基坑施工前，应全面了解水文、地质、周边构筑物和地下管线等情况，确定开挖方式，制定专项施工方案。 （2）基坑开挖前应根据水文、地质、开挖方式及施工环境条件等因素，验算基坑边坡的稳定，确定是否对坑壁采取支护措施。当基坑深度较小且坑壁土层稳定时，可直接放坡开挖；坑壁土层不易稳定且有地下水影响，或放坡开挖场地受到限制，或放坡开挖工程量过大时，应按设计要求对坑壁进行支护，设计未要求时，应结合实际情况选择适宜的坑壁支护方案，并应进行支护的专项设计。 （3）基坑开挖时，应根据其等级和规模，对基坑结构的受力、变形、稳定性、坑外重要构筑物和地下管线的位移变形等进行监测控制，保证施工安全以及周边重要构筑物和地下管线的安全。对危险性较大的基坑，除应按边开挖、边支护的原则进行施工外，尚应建立信息化实时监控系统，指导施工。
2	基坑降排水	桥梁基础施工中常用的基坑排水方法有集水坑排水、采用井点降水、止水帷幕法等
3	基底处理	基底处理的主要方法有：换填土法、桩体挤密法、砂井法、袋装砂井法、预压法加固地基、强夯法、电渗法、振动水冲法、深层搅拌桩法、高压喷射注浆法、化学固化剂法等。对于一般软弱地基土层加固处理方法可归纳为四种类型。 （1）换填土法：将基础下软弱土层全部或部分挖除，换填力学物理性质较好的土。 （2）挤密土法：用重锤夯实或砂桩、石灰桩、砂井、塑料排水板等方法，使软弱土层挤压密实或排水固结。 （3）胶结土法：用化学浆液灌入或粉体喷射搅拌等方法，使土壤颗粒胶结硬化，改善土的性质。 （4）土工聚合物法：用土工膜、土工织物、土工格栅与土工合成物等加筋土体，以限制土体的侧向变形，增加土的周压力，有效提高地基承载力
4	扩大基础混凝土的浇筑	（1）扩大基础的基底为非黏性土或干时，在施工前应将其润湿，并应按设计要求浇筑混凝土垫层，垫层顶面不得高于基础底面设计高程；地基为淤泥或承载力不足时，应按设计要求处理后方可进行基础的施工；基底为岩石时，应采用水冲洗干净，且在基础施工前应铺设一层不低于基础混凝土强度等级的水泥砂浆。 （2）扩大基础的施工宜采用钢模板。混凝土宜在全平截面范围内水平分层进行浇筑，且机械设备的能力应满足混凝土浇筑施工的要求；当浇筑量过大设备能力难以满足施工要求，或大体积混凝土温控需要时，可分层或分块浇筑

基坑开挖施工

序号	项目	内容
1	基坑开挖的安全防护要求	（1）基坑边缘的顶面应设置截水沟等防止地面水流入基坑的设施。 （2）深基坑四周距基坑边缘不小于1m处应设立钢管护栏、挂密目式安全网，靠近道路侧应设置安全警示标志和夜间警示灯带。

续表

序号	项目	内容
1	基坑开挖的安全防护要求	（3）基坑开挖时，应对基坑边缘顶面的各种荷载进行严格限制，基坑周边1m范围内不得堆载和停放设备。在基坑边缘与荷载之间应设置护道，基坑深度小于或等于4m时护道的宽度应不小于1m；基坑深度大于4m时护道的宽度应按边坡稳定计算的结果进行适当加宽，水文和地质条件较差时应采取加固措施。 （4）挖基施工宜安排在枯水或少雨季节进行。基坑的开挖应连续施工，对有支护的基坑应采取防碰撞的措施；基坑附近有其他结构物时，应有可靠的防护措施。 （5）在开挖过程中进行排水时，应不对基坑的安全产生影响；确认基坑坑壁稳定的情况下，方可进行基坑内的排水。排水困难时，宜采用水下挖基方法，但应保持基坑中的原有水位高程。 （6）采用机械开挖时应避免超挖，宜在挖至基底前预留一定厚度，再由人工开挖至设计高程；如超挖，则应将松动部分清除，并应对基底进行处理。 （7）基坑开挖施工完成后不得长时间暴露、被水浸泡或被扰动，应及时检验其尺寸、高程和基底承载力，检验合格后应尽快进行基础工程的施工。 （8）基坑开挖过程中应监测边坡的稳定性、支护结构的位移和应力、围堰及邻近建（构）筑物的沉降与位移、地下水位变化、基底隆起等项目
2	不支护坑壁进行开挖的基坑施工	对于在干涸无水河滩、河沟中，或有水经改河或筑堤能排除地表水的河沟中，在地下水位低于基底，或渗透量少，不影响坑壁稳定；以及基础埋置不深，施工期较短，挖基坑时，不影响邻近建筑物安全的施工场所，可考虑选用坑壁不加支撑的基坑。具体要求如下： （1）基坑坑壁坡度宜按地质条件、基坑深度、施工方法等情况确定。当为无水基坑且土层构造均匀时，基坑坑壁坡度可按相关规定确定；当土质较差有可能使坑壁不稳定而引起坍塌时，基坑坑壁坡度应适当缓于规定的坡度。 （2）当有地下水时，地下水位以上的基坑部分可放坡开挖；地下水位以下部分，若土质易坍塌或水位在基坑底以上较高时，应采用加固土体或降低地下水位等方法开挖。 （3）基坑为渗水性的土质基底时，坑底的平面尺寸应根据排水要求（包括排水沟、集水井、排水管网等）和基础模板所需基坑大小确定
3	对坑壁采取挡板支护措施进行基坑开挖时应符合的规定	（1）基坑较浅且渗水量不大时，可采用竹排、木板、混凝土板或钢板等对坑壁进行支护；基坑深度小于或等于4m且渗水量不大时，可采用槽钢、H型钢或工字钢等进行支护；地下水位较高，基坑开挖深度大于4m时，宜采用锁口钢板桩或锁口钢管桩围堰进行支护，其施工要求应符合相关规范规定；在条件许可时亦可采用水泥土墙、混凝土围圈或桩板墙、钢筋混凝土挡板等支护方式。 （2）支护结构应进行设计计算，支护结构受力过大时应加设临时支撑，支护结构和临时支撑的强度、刚度及稳定性应满足基坑开挖施工的要求
4	基坑坑壁采用喷射混凝土、锚杆喷射混凝土、预应力锚索和土钉支护等方式进行加固的规定	基坑坑壁采用喷射混凝土、锚杆喷射混凝土、预应力锚索和土钉支护等方式进行加固时，应符合下列规定： （1）对基坑开挖深度小于10m的较完整中风化基岩，可直接喷射混凝土加固坑壁，喷射混凝土之前应将坑壁上的松散层或岩渣清理干净。 （2）对锚杆、预应力锚索和土钉支护，均应在施工前按设计要求进行抗拉拔力的验证试验，并确定适宜的施工工艺。

续表

序号	项目	内容
4	基坑坑壁采用喷射混凝土、锚杆喷射混凝土、预应力锚索和土钉支护等方式进行加固的规定	(3) 采用锚杆挂网喷射混凝土加固坑壁时，各层锚杆进入稳定层的长度、间距和钢筋的直径应符合设计要求。孔深小于或等于 3m 时，宜采用先注浆后插入锚杆的施工工艺；孔深大于 3m 时，宜先插入锚杆后注浆。锚杆插入孔内后应居中固定，注浆应采用孔底注浆法，注浆管应插至距孔底 50～100mm 处，并随浆液的注入逐渐拔出，注浆的压力宜不小于 0.2MPa。 (4) 采用预应力锚索加固坑壁时，预应力锚索（包括锚杆）编束、安装和张拉等的施工应符合《公路桥涵施工技术规范》JTG/T 3650—2020 的规定，其他施工可参照现行《建筑边坡工程技术规范》GB 50330—2013 的规定执行。 (5) 采用土钉支护加固坑壁时，施工前应制订专项施工方案和施工监控方案，配备适宜的机具设备。土钉支护中的开挖、成孔、土钉设置及喷射混凝土面层等的施工可按现行《基坑土钉支护技术规程》CECS 96 的规定执行。 (6) 不论采用何种加固方式，均应按设计要求逐层开挖、逐层加固，坑壁或边坡上有明显出水点处应设置导管排水。施工要求应符合现行《公路路基施工技术规范》JTG/T 3610—2019 的相关规定

基坑降排水

序号	项目	内容
1	集水坑排水	除严重流沙外，一般集水坑排水均可适用。采用集水坑排水时应符合下列规定： (1) 基坑开挖时，宜在坑底基础范围之外设置集水坑并沿坑底周围开挖排水沟，使水流入集水坑内，排出坑外。集水坑的尺寸宜视渗水量的大小确定。 (2) 排水设备的能力宜为总渗水量的 1.5～2.0 倍
2	井点降水	(1) 井点降水法宜用于粉砂、细砂、地下水位较高、有承压水、挖基较深、坑壁不易稳定的土质基坑，在无砂的黏质土中不宜采用。井点类别的选择，宜按土层的渗透系数、要求降低水位的深度以及工程特点确定。 (2) 井管的成孔可根据土质分别采用射水成孔或冲击钻机、旋转钻机及水压钻探机成孔。井点降水曲线应低于基底设计高程或开挖高程至少 0.5m。 (3) 应做好沉降及边坡位移监测，保证水位降低区域内构筑物的安全，必要时应采取防护措施
3	止水帷幕法防渗	对于土质渗透性较大、挖掘较深的基坑，可采用帷幕法。即将基坑周围土层硅化法、深层搅拌桩隔水墙、压力注浆、高压喷射注浆、冻结帷幕法等处理成封闭的不透水的帷幕。采用止水帷幕法防渗时应符合下列规定： (1) 采用帷幕防渗方法施工时应进行施工设计。帷幕防渗层的厚度应满足基坑防渗的要求，止水帷幕的渗透系数宜不大于 10×10^{-6}mm/s。 (2) 采用防水土工膜在围堰外侧铺底防渗时，应将河床面杂物清除干净并整平。土工膜应从围堰外侧的水位以上铺起，并超过堰脚不小于 3m；土工布之间的接头应搭接严密。铺底土工膜上应满压不小于 300mm 厚的砂土袋

考点2 桩基础施工

沉入桩施工

序号	项目	内容
1	一般规定	(1) 沉入桩所用的基桩主要为预制的钢筋混凝土桩、预应力混凝土桩和钢管桩。断面形式常用的有实心方桩和空心管桩两种。沉入桩的施工方法主要有：锤击沉桩、振动沉桩、射水沉桩等。 (2) 沉桩前应在陆域或水域建立平面测量与高程测量的控制网点，桩基础轴线的测量定位点应设置在不受沉桩作业影响处；应根据桩的类型、地质条件、水文条件及施工环境条件等确定沉桩的方法和机具，并应对地上和地下的障碍物进行妥善处理。 (3) 沉桩顺序宜由一端向另一端进行，当基础尺寸较大时，宜由中间向两端或四周进行；如桩埋有深浅，宜先沉深的，后沉浅的；在斜坡地带，应先沉坡顶的，后沉坡脚的。在桩的沉入过程中，应始终保持锤、桩帽和桩身在同一轴线上。 (4) 对钢管桩，环境温度在-10℃以下时，应暂停钢管桩锤击沉桩和焊接接桩施工
2	锤击沉桩规定	(1) 预制钢筋混凝土桩和预应力混凝土桩在锤击沉桩前，桩身混凝土强度应达到设计要求。 (2) 桩锤的选择宜根据地质条件、桩身结构强度、单桩承载力、锤的性能并结合试桩情况确定，且宜选用液压锤和柴油锤。其他辅助装备应与所选用的桩锤相匹配。 (3) 开始沉桩时，宜采用较低落距，且桩锤、送桩与桩宜保持在同一轴线上；在锤击过程中，应采用重锤低击。 (4) 沉桩过程中，若遇到贯入度剧变，桩身突然发生倾斜、移位或有严重回弹，桩顶出现严重裂缝、破碎，桩身开裂等情况时，应暂停沉桩，查明原因，采取有效措施后方可继续沉桩。 (5) 锤击沉桩应考虑锤击振动对其他新浇筑混凝土结构物的影响，当结构物混凝土强度未达到5MPa时，距结构物30m范围内，不得进行沉桩；锤击能量超过280kN·m时，应适当加大沉桩处与结构物的距离。 (6) 锤击沉桩控制，应根据地质情况、设计承载力、锤型、桩型和桩长综合考虑，并应符合下列规定： ① 设计桩尖土层为一般黏性土时，应以高程控制。桩沉入后，桩顶高程的允许偏差为(+100mm, 0)。 ② 设计桩尖土层为砾石、密实砂土或风化岩时，应以贯入度控制。当沉桩贯入度已达到控制贯入度，而桩端未到设计高程时，应继续锤击贯入100mm或锤击30~50击，其平均贯入度应不大于控制贯入度，且桩端距设计高程宜不超过1~3m（硬土层顶面高程相差不大时取小值）。超过上述规定时，应会同监理和设计单位研究处理。 ③ 设计桩尖土层为硬塑状黏性土或粉细砂时，应以高程控制为主，贯入度作为校核。当桩尖已达到设计高程而贯入度仍较大时，应继续锤击使其贯入度接近控制贯入度，但继续下沉时，应考虑施工水位的影响；当桩尖距离设计高程较大，而贯入度小于控制贯入度时，可按上述第②条执行。 (7) 对发生"假极限""吸入""上浮"现象的桩，应进行复打
3	振动沉桩规定	(1) 振动沉桩在选锤或换锤时，应验算振动上拔力对桩身结构的影响。振动沉桩机、机座、桩帽应连接牢固，与桩的中心轴线应保持在同一直线上。 (2) 开始沉桩时，宜利用桩自重下沉或射水下沉，待桩入土达一定深度确认稳定后，再采用振动下沉。每一根桩的沉桩作业，宜一次完成，不宜中途停顿过久，避免土的阻力恢复，使继续下沉困难。 (3) 振动沉桩时，应以设计规定的或通过试桩验证的桩尖高程控制为主，以最终贯入度（mm/min）作为校核。当桩尖已达到设计高程，而与最终的贯入度相差较大时，应查明原因，会同监理和设计单位研究处理。 (4) 在沉桩过程中，如发生类似锤击沉桩第(4)条中的情况，或振动沉桩机的振幅有异常现象时，应立即暂停沉桩，查明原因，采取有效措施后再恢复施工

续表

序号	项目	内容
4	射水沉桩规定	（1）在砂类土层、碎石类土层中，锤击沉桩困难时，可采用射水锤击沉桩，以射水为主，锤击配合；在黏性土、粉土中采用射水锤击沉桩时，应以锤击为主，射水配合；在湿陷性黄土中采用射水沉桩时，应按设计要求进行。 （2）射水锤击沉桩时，应根据土质情况随时调节射水压力，控制沉桩速度。当桩尖接近设计高程时，应停止射水，改用锤击，保证桩的承载力。停止射水的桩尖高程，可根据沉桩试验确定的数据及施工情况决定，当缺乏资料时，距设计高程不得小于2m。 （3）钢筋混凝土桩或预应力混凝土桩采用射水配合锤击沉桩时，宜采用较低落距锤击。 （4）采用中心射水法沉桩时，应在桩垫和桩帽上留有排水通道；采用侧面射水法沉桩时，射水管应对称设置。 （5）采用射水锤击沉桩后，应及时与邻桩或稳定结构夹紧固定，防止桩倾斜位移

钻孔灌注桩施工的主要工序与要求

序号	项目	内容
1	概述	（1）钻孔前应先布置施工平台。桩位位于旱地时，可在原地适当平整并填土压实形成工作平台；桩位位于浅水区时，宜采用筑岛法施工；桩位位于深水区时，宜搭设钢制平台，当水位变动不大时，亦可采用浮式工作平台，但在水流湍急或潮位涨落较大的水域，不应采用浮式平台。各类施工平台的平面面积大小，应满足钻孔成桩作业的需要；其顶面高程应高于桩施工期间可能的最高水位1.0m以上，在受波浪影响的水域，尚应考虑波高的影响。 （2）钻孔灌注桩施工的主要工序有：埋设护筒、制备泥浆、钻孔、成孔检查与清孔、钢筋笼制作与吊装以及灌注水下混凝土等
2	埋设护筒	（1）护筒能稳定孔壁、防止坍孔，还有隔离地表水、保护孔口地面、固定桩孔位置和起到钻头导向作用等。 （2）护筒宜采用钢板卷制。在陆上或浅水区筑岛处的护筒，其内径应大于桩径至少200mm，壁厚应能使护筒保持圆筒状且不变形；在水中以机械沉设的护筒，其内径和壁厚的大小，应根据护筒的平面、垂直度偏差要求及长度等因素确定，并应在护筒的顶、底口处采取适当的加强措施，保证其在沉设过程中不变形；对参与结构受力的护筒，其内径、壁厚及长度应符合设计的规定。 （3）护筒在埋设定位时，除设计另有规定外，护筒中心与桩中心的平面位置偏差应不大于50mm，护筒在竖直方向的倾斜度应不大于1%；对深水基础中的护筒，在竖直方向的倾斜度宜不大于1/150，平面位置的偏差可适当放宽，但应不大于80mm。在旱地和筑岛处设置护筒时，可采用挖坑埋设法实测定位，且护筒的底部和外侧四周应采用黏质土回填并分层夯实，使护筒底口处不致漏失泥浆；在水中沉设护筒时，宜采用导向架定位，并应采取有效措施保证其平面位置、倾斜度的准确，以及护筒接长连接处的焊接质量，焊接连接处的内壁应无突出物，且应耐拉、压，不漏水。 （4）护筒顶宜高于地面0.3m或水面1.0～2.0m，同时应高于桩顶设计高程1m。在有潮汐影响的水域，护筒顶应高出施工最高潮水位1.5～2.0m，并应在施工期间采取稳定孔内水头的措施；当桩孔内有承压水时，护筒顶应高于稳定后的承压水位2.0m以上。 （5）护筒的埋置深度在旱地或筑岛处宜为2～4m，在水中或特殊情况下应根据设计要求或桩位的水文、地质情况经计算确定。对有冲刷影响的河床，护筒宜沉入施工期局部冲刷线以下1.0～1.5m，且宜采取防止河床在施工期过度冲刷的防护措施。 （6）旱地、筑岛处护筒可采用挖坑埋设法，护筒底部和四周所填黏质土必须分层夯实。水域护筒设置，应严格注意平面位置、竖向倾斜、倾斜角（指斜桩）和两节护筒的连接质量均需符合要求。沉入时可采用压重、振动、锤击并辅以筒内除土的办法

续表

序号	项目	内容
3	泥浆制备	（1）钻孔泥浆由水、黏土（或膨润土）和添加剂按适当配合比配制而成，通过泥浆搅拌机或人工调和，贮存在泥浆池内，再用泥浆泵输入钻孔内。钻孔泥浆具有浮悬钻渣、冷却钻头、润滑钻具，增大静水压力，并在孔壁形成泥皮，隔断孔内外渗流，防止坍孔的作用。 （2）钻孔泥浆的性能指标可根据钻孔方法，地质情况具体选用。对大直径或超长钻孔灌注桩，泥浆的选择应根据钻孔的工程地质情况、孔位、钻机性能、泥浆材料条件等确定
4	钻孔	根据井孔中土（钻渣）的取出方法不同，常用的方法有：正循环回旋钻孔、反循环回旋钻孔、潜水钻机钻孔、冲抓钻孔、冲击钻孔、旋挖钻机钻孔。 （1）正循环回旋钻孔 系利用钻具旋转切削土体钻进，泥浆泵将泥浆压进泥浆笼头，通过钻杆中心从钻头喷入钻孔内，泥浆挟带钻渣沿钻孔上升，从护筒顶部排浆孔排出至沉淀池，钻渣在此沉淀而泥浆流入泥浆池循环使用。其特点是钻进与排渣同时连续进行，在适用的土层中钻进速度较快，但需设置泥浆槽、沉淀池等，施工占地较多，且机具设备较复杂。 （2）反循环回旋钻孔 与正循环法不同的是，泥浆输入桩孔内，然后泥浆挟带钻渣从钻头的钻杆下口吸进，通过钻杆中心排出至沉淀池内。其钻进与排渣效率高，但接长钻杆时装卸麻烦，钻渣容易堵塞管路。另外，因泥浆是从上向下流动，孔壁坍塌的可能性较正循环法的大，为此需用较高质量的泥浆。 （3）冲击钻孔 ① 冲击钻成孔灌注桩适用于黄土、黏性土或粉质黏土和人工杂填土层，特别适合于在有孤石的砂砾石层、漂石层、硬土层、岩层中使用。施工中应根据现场地质状况，合理的选择冲击钻。冲击钻成孔一个最重要的关键点，就是泥浆护壁，护壁泥浆含沙量一定要小。泥浆的浓度可以根据试验测定或经验判断，泥浆太浓钻孔速度慢，泥浆太轻护壁容易坍塌。 ② 开始钻进宜慢不宜快，因为护筒刃脚周围岩层要密实有个过程，需反复冲击挤压，因为这个位置最容易穿孔；施工中注意垂直度校正，2～3m后立即校正，钻孔太深且偏差太大只有回填重来；岩层一般是倾斜，与钻机解除面位置垂直，此位置通过回填卵石反复冲钻，直到岩层平整，然后再继续钻进，防止卡钻、孔位倾斜等。 ③ 施工过程中护筒及时跟进，护筒内的水头一定要保持，随时检查控制泥浆指标，不可马虎。随时检查钻机、钢丝绳等，防止掉钻；每天根据钻渣判断地质情况，做好地质柱状图标识；钻至设计位置后通知监理一起验收，共同确定孔底地质与设计是否一致；钻孔整个过程控制应严谨，防止刃脚穿孔、塌孔、偏孔、十字孔、卡钻、埋钻、掉钻事故发生。 （4）旋挖钻机钻孔 ① 旋挖钻机是一种高度集成的桩基施工机械，采用一体化设计、履带式360°回转底盘及桅杆式钻杆，一般为全液压系统。旋挖钻机采用桶式钻斗，钻机就位后，调整钻杆垂直度，注入调制好的泥浆，然后进行钻孔。当钻斗下降到预定深度后，旋转钻斗并施加压力，将土挤入钻斗内，仪表自动显示桶满时，钻斗底部关闭，提升钻斗将土卸于堆放地点。钻进施工过程中应保证泥浆面始终不得低于护筒底部，保证孔壁稳定性。通过钻斗的旋转、削土、提升、卸土和泥浆撑护孔壁，反复循环直至成孔。 ② 旋挖钻机特殊的桶型钻斗直接取土出渣，不需接长钻杆，钻孔时孔口注浆以保持孔内泥浆高度即可，因而能大大缩短成孔时间，提高施工效率。由于带有自动垂直度控制和自动回位控制，成孔垂直度和孔位等能得到保证。桶钻取土上提过程中对孔壁扰动较小，桶钻周边设有溢浆孔，溢出泥浆可起到护壁作用。 ③ 旋挖钻机一般适用黏土、粉土、砂土、淤泥质土、人工回填土及含有部分卵石、碎石的地层。对于具有大扭矩动力头和自动内锁式伸缩钻杆的钻机，可适用微风化岩层的钻孔施工。

续表

序号	项目	内容
4	钻孔	(5)钻孔施工规定 ① 钻机的选型宜根据孔径、孔深、桩位处的水文和地质情况、施工环境条件等因素综合确定，所选用的钻机及钻孔方法应能满足施工质量和施工安全的要求。 ② 钻机就位前，应对钻孔的各项准备工作进行检查；钻机安装后，其底座和顶端应平稳。不论采用何种方法钻孔，开孔的孔位必须准确；开钻时应慢速钻进，待导向部位或钻头全部进入地层后，方可正常钻进。钻机在钻进施工时不应产生位移或沉陷，否则应及时处理。分级扩孔钻进施工时应保持桩轴线一致。 ③ 采用正、反循环回旋钻机（含潜水钻）钻孔时，宜根据成孔的不同阶段、不同地层及岩层坡面等情况，采取不同的钻进工艺。减压钻进时，钻机的主吊钩始终应承受部分钻具的重力，孔底承受的钻压应不超过钻具重力之和（扣除浮力）的80%。 ④ 采用冲击钻机冲击成孔时，应小冲程开孔，并应使初成孔的孔壁坚实、竖直、圆顺，能起到导向的作用。待钻进深度超过钻头全高加冲程后，方可进行正常的冲击。冲击钻进过程中，应采取有效措施防止坍孔；掏取钻渣和停钻时，应及时向孔内补浆，保持水头高度。 ⑤ 采用全护筒法钻进时，钻机应安装平正，压进的首节护筒应竖直。钻孔开始后应随时检测护筒的水平位置和竖直线，如发现偏移超出容许范围，应将护筒拔出，调整后重新压入钻进。 ⑥ 采用旋挖钻机钻孔时，应根据不同的地质条件选用相应的钻头。钻进过程中应采取有效措施严格控制钻进速度，避免进尺过快造成坍孔埋钻事故。钻头的升降速度宜控制在0.75～0.80m/s，在粉砂层或亚砂土层中，升降速度应更加缓慢。泥浆初次注入时，应垂直向桩孔中间进行注浆。 ⑦ 在钻孔排渣、提钻头除土或因故停钻时，应保持孔内具有规定的水位及要求的泥浆相对密度和黏度。处理孔内事故或因故停钻时，必须将钻头提出孔外
5	成孔检查与清孔	钻孔的直径、深度和孔形直接关系到成桩质量，是钻孔桩成败的关键。 (1)成孔检查 ① 钻孔灌注桩在终孔后，应对桩孔的孔位、孔径、孔形、孔深和倾斜度进行检验；清孔后，应对孔底的沉淀厚度进行检验。挖孔桩终孔并对孔底处理后，应对桩孔孔位、孔径、孔深、倾斜度及孔底处理情况等进行检验。 ② 孔径、孔形、倾斜度和孔底沉淀厚度宜采用专用仪器检测，孔深可采用专用测绳检测。采用钻杆测斜法量测桩的倾斜度时，量测应从钻孔平台顶面起算至孔底。 (2)清孔 清孔的方法：有抽浆法、换浆法、掏渣法、喷射清孔法以及用砂浆置换钻渣清孔法等，应根据设计要求、钻孔方法、机具设备和土质条件决定。清孔应符合下列要求。 ① 钻孔深度达到设计高程后，应对孔径、孔深和孔的倾斜度进行检验，符合要求后方可清孔。 ② 清孔方法应根据设计要求、钻孔方法、机具设备条件和地层情况决定。不论采用何种清孔方法，在清孔排渣时，必须保持孔内水头，防止坍孔。 ③ 清孔后，泥浆的相对密度宜控制在1.03～1.10，对冲击成孔的桩可适当提高，但宜不超过1.15，黏度宜为17～20Pa·s，含砂率宜小于2%，胶体率应大于98%。孔底沉淀厚度应不大于设计的规定；设计未规定时，对桩径小于或等于1.5m的摩擦桩不大于200mm，对桩径大于1.5m或桩长大于40m以及土质较差的摩擦桩宜不大于300mm，对支承桩不大于50mm。 ④ 在吊入钢筋骨架后，灌注水下混凝土之前，应再次检查孔内泥浆的性能指标和孔底沉淀厚度，如超过上述规定，应进行第二次清孔，符合要求后方可灌注水下混凝土。 ⑤ 不得采用加深钻孔深度的方式代替清孔

续表

序号	项目	内容
6	钢筋笼制作与吊装	钢筋骨架的制作、运输要求应符合规范规定。安装钢筋骨架时,不得直接将钢筋骨架支承在孔底,应将其吊挂在孔口的钢护筒上,或在孔口地面上设置扩大受力面积的装置进行吊挂,且不应采用钢丝绳或其他容易变形的材料进行吊挂。安装时应采取有效的定位措施,减小钢筋骨架中心与桩中心的偏位,使钢筋骨架的混凝土保护层满足要求
7	灌注水下混凝土	(1) 灌注水下混凝土前的准备工作 ① 应按水下混凝土灌注数量和灌注速度的要求配齐施工机具设备,设备的能力应能满足桩孔在规定时间内灌注完毕的要求,且应保证其完好率,对主要设备应有备用。 ② 水下混凝土宜采用钢导管灌注,导管内径宜为200~350mm。导管使用前应进行水密承压和接头抗拉试验,严禁采用压气试压。进行水密试验的水压不小于孔内水深1.3倍的压力,亦应不小于导管壁和焊缝可能承受灌注混凝土时最大内压力 p 的1.3倍。 (2) 水下混凝土的配制要求 ① 水泥可采用火山灰水泥、粉煤灰水泥、普通硅酸盐水泥或硅酸盐水泥,采用矿渣水泥时应采取防离析的措施;粗集料宜选用卵石,如采用碎石宜适当增加混凝土配合比中的含砂率,粗集料的最大粒径应不大于导管内径的1/6~1/8和钢筋间距的1/4,同时应不大于37.5mm;细集料宜采用级配良好的中砂。 ② 混凝土的配合比,在保证水下混凝土顺利灌注的条件下,应按《公路桥涵施工技术规范》JTG/T 3650—2020的规定计算确定。掺用外加剂、粉煤灰等材料时,其技术条件及掺用量亦应符合规范规定。混凝土的初凝时间应根据气温、运距及灌注时间长短等因素确定,并满足现场使用要求。混凝土可经试验掺配适量缓凝剂。 ③ 混凝土拌合物应具有良好的和易性,灌注时应能保持足够的流动性,坍落度宜为160~220mm,且应充分考虑气温、运距及施工时间的影响导致的坍落度损失。 (3) 灌注水下混凝土 ① 水下混凝土的灌注时间不得超过首批混凝土的初凝时间。 ② 混凝土运至灌注地点时,应检查其均匀性和坍落度等,不符合要求时不得使用。 ③ 首批灌注混凝土的数量应能满足导管首次埋置深度1.0m以上的需要。 ④ 首批混凝土入孔后,应连续灌注,不得中断。 ⑤ 在灌注过程中,应保持孔内的水头高度。导管的埋置深度宜控制在2~6m,并应随时测探桩孔内混凝土面的位置,及时调整导管埋深;在确能将导管顺利提升的前提下,方可根据现场的实际情况适当放宽导管的埋深,但最大埋深不应超过9m。应将桩孔内溢出的水或泥浆引流至适当地点处理,不得随意排放。 ⑥ 灌注时应采取措施防止钢筋骨架上浮。当灌注的混凝土顶面距钢筋骨架底部以下1m左右时,宜降低灌注速度;混凝土顶面上升到骨架底部4m以上时,宜提升导管,使其底口高于骨架底部2m以上后再恢复正常灌注速度。 ⑦ 对变截面桩,应在灌注过程中采取措施,保证变截面处的水下混凝土灌注密实。 ⑧ 采用全护筒钻机施工的桩在灌注水下混凝土时,护筒应随导管的提升逐步上拔,上拔过程中除应保证导管的埋置深度外,同时应使护筒底口始终保持在混凝土面以下。施工时应边灌注、边排水,并应保持护筒内的水位稳定。 ⑨ 混凝土灌注至桩顶部位时,应采取措施保持导管内的混凝土压力,避免桩顶泥浆密度过大而产生泥团或桩顶混凝土不密实、松散等现象;在灌注将近结束时,应核对混凝土的灌入数量,确定所测混凝土的灌注高度是否正确。灌注桩桩顶高程应比设计高程高出不小于0.5m,当存在地质条件较差、孔内泥浆密度过大、桩径较大等情况时,应适当提高其超灌的高度;超灌的多余部分在承台施工前或接桩前应凿除,凿除后的桩头应密实、无松散层,混凝土应达到设计规定的强度等级。 ⑩ 灌注中发生故障时,应尽快查明原因,确定合适的处置方案,进行处理

钻孔灌注桩施工中易出现的问题及预防和处理方法

序号	项目	子项目	内容
1	钢筋笼上浮	原因分析	混凝土在进入钢筋笼底部时浇筑速度太快；钢筋笼未采取固定措施
		防治措施	当混凝土上升到接近钢筋笼下端时，应放慢浇筑速度，减小混凝土面上升的动能作用，以免钢筋笼被顶托而上浮。当钢筋笼被埋入混凝土中有一定深度时，再提升导管，减少导管埋入深度，使导管下端高出钢筋笼下端有相当距离时再按正常速度浇筑，在通常情况下，可防止钢筋笼上浮。此外，浇筑混凝土前，应将钢筋笼固定在孔位护筒上，也可防止上浮
2	断桩	原因分析	（1）混凝土坍落度太小，集料太大，运输距离过长，混凝土和易性差，致使导管堵塞，疏通堵管再浇筑混凝土时，中间就会形成夹泥层。 （2）计算导管埋管深度时出错，或盲目提升导管，使导管脱离混凝土面，再浇筑混凝土时，中间就会形成夹泥层。 （3）钢筋笼将导管卡住，强力拔管时，使泥浆混入混凝土中。 （4）导管接头处渗漏，泥浆进入管内，混入混凝土中。 （5）混凝土供应中断，不能连续浇筑，中断时间过长，造成堵管事故
		预防措施	（1）混凝土配合比应严格按照有关水下混凝土的规范配制，并经常测试坍落度，防止导管堵塞。 （2）严禁不经测算盲目提拔导管，防止导管脱离混凝土面。 （3）钢筋笼主筋接头要焊平，以免提升导管时，法兰挂住钢筋笼。 （4）浇筑混凝土应使用经过检漏和耐压试验的导管。 （5）浇筑混凝土前应保证混凝土搅拌机能正常运转，必要时应有一台备用搅拌机作应急之用
		治理方法	（1）当导管堵塞而混凝土尚未初凝时，可吊起导管，再吊起一节钢轨或其他重物在导管内冲击，把堵管的混凝土冲散或迅速提出导管，用高压水冲掉堵管混凝土后，重新放入导管浇筑混凝土。 （2）当断桩位置在地下水位以上时，如果桩的直径较大（一般在1m以上），可抽掉桩孔内泥浆，在钢筋笼的保护下，人下到桩孔中，对先前浇筑的混凝土面进行凿毛处理并清洗钢筋，然后继续浇筑混凝土。 （3）当断桩位置在地下水位以下时，可用直径较原桩直径稍小的钻头，在原桩位处钻孔，钻至断桩部位以下适当深度时，重新清孔，并在断桩部位增设一节钢筋笼，笼的下半截埋入新钻的孔中，然后继续浇筑混凝土。 （4）当导管被钢筋笼挂住时，如果钢筋笼埋入混凝土中不深，可提起钢筋笼，转动导管，使导管脱离。如果钢筋笼埋入混凝土中很深，只好放弃导管。 （5）灌注桩因严重塌方而断桩或导管拔出后重新放入导管时均形成断桩，是否需要在原桩外侧补桩，需经检测后与有关单位商定

续表

序号	项目	子项目	内容
3	桩身混凝土质量差	原因分析	(1) 浇灌混凝土时未边灌边振捣,使桩身混凝土不密实。 (2) 浇灌混凝土时或上部放钢筋笼时,孔壁土坍落在混凝土中,造成桩身夹泥。 (3) 混凝土配合比坍落度掌握不严,下料高度过大,混凝土产生离析,造成桩身级配和强度不均匀
		防治措施	(1) 浇灌混凝土时应边灌边振捣。 (2) 浇灌混凝土时或上部放钢筋笼时,注意不要碰撞土壁,造成土体坍落。 (3) 认真控制混凝土的配合比和坍落度,浇灌混凝土时设置串筒下料,防止混凝土产生离析现象,使混凝土强度均匀

挖孔桩施工

序号	项目	内容
1	适用条件	(1) 在无地下水或有少量地下水,且较密实的土层或风化岩层中,或无法采用机械成孔或机械成孔非常困难且水文、地质条件允许的地区,可采用人工挖孔施工。岩溶地区和采空区不宜采用人工挖孔施工。孔内空气污染物超过现行《环境空气质量标准》GB 3095—2012 规定的三级标准浓度限值,且无通风措施时,不得采用人工挖孔施工。桩径或最小边宽度小于 1200mm 时不得采用人工挖孔施工。 (2) 挖孔桩施工现场应配备气体浓度检测仪器,进入桩孔前应先通风 15min 以上,并经检查确认孔内空气符合现行《环境空气质量标准》GB 3095—2012 规定的三级标准浓度限值。人工挖孔作业时,应持续通风,现场应至少备用 1 套通风设备
2	挖孔桩施工的技术要求	(1) 人工挖孔施工应制订专项施工技术方案,并应根据工程地质和水文地质情况,因地制宜选择孔壁支护方式。 (2) 孔口处应设置高出地面不小于 300mm 的护圈,并应设置临时排水沟,防止地表水流入孔内。 (3) 挖孔施工时相邻两桩孔不得同时开挖,宜间隔交错跳挖。 (4) 采用混凝土护壁支护的桩孔,护壁混凝土的强度等级,当桩径小于或等于 1.5m 时应不小于 C25,桩径大于 1.5m 时应不小于 C30。挖孔作业时必须挖一节浇筑一节护壁,护壁的节段高度必须按专项施工方案执行,且不得超过 1m,护壁模板应在混凝土强度达到 5MPa 以上后拆除。严禁只挖、不及时浇筑护壁的冒险作业。护壁外侧与孔壁间应填实,不密实或有空洞时,应采取措施进行处理。 (5) 桩孔直径应符合设计规定,孔壁支护不得占用桩径尺寸,挖孔过程中,应经常检查桩孔尺寸、平面位置和竖轴线倾斜情况,如偏差超出规定范围应随时纠正。 (6) 挖孔的弃土应及时转运,孔口四周作业范围内不得堆积弃土及其他杂物。 (7) 挖孔达到设计高程并经确认后,应将孔底的松渣、杂物和沉淀泥土等清除干净。 (8) 孔内无积水时,按干施工法进行混凝土灌注,并用插入式振动棒振捣密实;孔内有积水且无法排净时,宜按水下混凝土灌注的要求施工

续表

序号	项目	内容
3	挖孔桩施工的安全要求	(1) 施工前应编制专项施工方案，并应对作业人员进行安全技术交底。 (2) 挖孔作业前，应详细了解地质、地下水文等情况，不得盲目施工。 (3) 桩孔内的作业人员必须戴安全帽、系安全带，穿防滑鞋，人员上下时必须系安全绳，安全绳必须系在孔口。作业人员应通过带护笼的直梯进出，人员上下不得携带工具和材料。作业人员不得利用卷扬机上下桩孔。 (4) 桩孔内应设防水带罩灯泡照明，电压应为安全电压，电缆应为防水绝缘电缆，并应设置漏电保护器。当需要设置水泵、电钻等动力设备时，应严格接地。 (5) 人工挖孔作业时，应始终保持孔内空气质量符合相关要求；孔深大于10m时或空气质量不符合要求时，孔内作业必须采取机械强制通风措施。 (6) 孔深不宜超过15m，孔深超过15m的桩孔内应配备有效的通信器材，作业人员在孔内连续作业不得超过2h；桩周支护应采用钢筋混凝土护壁，护壁上的爬梯应每间隔8m设一处休息平台。孔深超过30m的应配备作业人员升降设备。 (7) 孔口应设专人看守，孔内作业人员应检查护壁变形、裂缝、渗水等情况，并与孔口人员保持联系，发现异常应立即撤出。 (8) 桩孔内遇岩层需爆破作业时，应进行爆破的专门设计，且宜采用浅眼松动爆破法，并应严格控制炸药用量，在炮眼附近应对孔壁加强防护或支护。孔深大于5m时，必须采用导爆索或电雷管引爆。桩孔内爆破后应先通风排烟15min并经检查确认无有害气体后，施工人员方可进入孔内继续作业

考点3 沉 井 施 工

沉井制作

序号	项目	内容
1	就地制作	(1) 沉井位于浅水或可能被水淹没的岸滩上时，宜就地筑岛制作；位于无水的陆地时，若地基承载力满足设计要求，可就地整平夯实形成平台制作，地基承载力不足时应对地基采取加固措施；在地下水位较低的岸滩，若土质较好时，可在开挖后的基坑内制作。制作沉井的岛面、平台面和开挖基坑的坑底高程，应比施工期可能的最高水位（包括波浪影响）高出0.5~0.7m；有流冰时，应再适当加高。 (2) 在水中筑岛应符合明挖扩大基础与基坑施工相关要求，尚应符合下列规定： ① 筑岛的尺寸应满足沉井制作及抽垫等施工的要求，对无围堰的筑岛，应在沉井周围设置不小于1.5m宽的护道；有围堰的筑岛其护道宽度需经设计计算确定。 ② 筑岛材料应采用透水性好、易于压实的砂性土或碎石土等，且不应含有影响岛体受力及抽垫下沉的块体。在斜坡上筑岛时应进行设计计算，并应有抗滑措施；在淤泥等软土上筑岛时，应将软土挖除，换填或采取其他加固措施。 ③ 岛面及地基承载力应满足设计要求；无围堰筑岛的临水面坡度宜为1∶1.75~1∶3。在施工期内，应采取必要的防护措施保证岛体的稳定，坡面、坡脚不应被水冲刷损坏

续表

序号	项目	内容
2	在支垫上立模制作	在支垫上立模制作钢筋混凝土沉井底节时，应符合下列规定： (1) 支垫的布置应满足设计要求并应使抽垫方便。支垫顶面应与钢刃脚底面紧贴，应使沉井重力均匀分布于各支垫上。模板及支撑应具有足够的强度和刚度。内隔墙与井壁连接处的支垫应连成整体，底模应支承于支垫上，并应防止不均匀沉陷；外模应平直且光滑。 (2) 沉井的混凝土强度满足抽垫后受力的要求时方可将支垫抽除。支垫应分区、依次、对称、同步地向沉井外抽出，并应随抽随用砂土回填捣实；抽垫时应防止沉井偏斜。定位支点处的支垫，应按设计要求的顺序尽快地抽出。 (3) 沉井的分节制作高度，应能保证其稳定，且应具有适当重力便于顺利下沉。底节沉井的最小高度，应能抵抗拆除支垫后的竖向挠曲，土质条件许可时，可适当增加高度。混凝土浇筑前应检查沉井纵、横向中轴线位置是否符合设计要求
3	钢沉井制作	钢沉井制作除应符合钢结构施工相关要求外，尚应符合下列规定： (1) 钢沉井宜在工厂内加工，并应根据设计文件编制制造工艺，绘制加工图和拼装图。 (2) 钢沉井的分段、分块吊装单元应在胎架上组装、施焊。 (3) 首节钢沉井应在坚固的台座上或支垫上进行整体拼装，台座表面的高度误差应小于 4mm，并应有足够的承载能力，在拼装过程中不得发生不均匀沉降

沉井下沉与着床

序号	项目	内容
1	沉井下沉	(1) 宜采用不排水的方式除土下沉。在稳定的土层中，可采用排水方式除土下沉，但应有安全措施，防止发生事故。下沉沉井时，不宜采用爆破方法除土；在特殊情况下必须采用爆破方法时，除应得到批准外，还应严格控制药量。爆破作业应严格遵守现行国家标准《爆破安全规程》GB 6722—2014 的规定。 (2) 下沉过程中，宜对下沉的状况进行动态化、信息化管理，应随时掌握土层情况，进行下沉的监测和控制，及时分析和检验土的阻力与沉井重力的关系，采取最有利的下沉措施。下沉通过黏土胶结层或沉井自身重力偏轻下沉困难时，可采用井外高压射水、降低井内水位等方法助沉；在结构受力允许的条件下，亦可采用压重或接高沉井等方法助沉；在土层条件适宜的情况下，可采用空气幕、泥浆润滑套等方法助沉。 (3) 正常下沉时，应自井孔中间向刃脚处均匀对称除土。采取排水除土下沉的底节沉井，对设计支承位置处的土，应在分层除土中最后同时挖除；由数个井室组成的沉井，应控制各井室之间除土面的高差，使下沉不发生倾斜，并应避免内隔墙底部在下沉时受到下面土层的顶托。采用吸泥吹砂等方法下沉时，必须备有向井内补水的设施，应保持井内外的水位平衡或井内水位略高于井外水位；吸泥吹砂在井内应均匀进行，应防止局部吸吹过深导致沉井偏斜。 (4) 下沉时应随时进行纠偏，保持竖直下沉，每下沉 1m 至少应检查 1 次；当沉井出现倾斜时，应及时校正。下沉至设计高程以上 2m 左右时，应适当放慢下沉速度并控制井内的除土量和除土位置，使沉井能平稳下沉，准确就位

续表

序号	项目	内容
2	沉井着床	浮式沉井在水中下沉时，除应充分考虑风力、浮力、水流压力、波浪力、冰压力等对沉井的作用外，尚应符合下列规定： (1) 浮运准确定位并接高后，应向井壁腔格内对称、均衡地灌水，使沉井迅速落至河床着床。 (2) 沉井在水中下沉和着床时，应随时监测由于沉井下沉的阻力和压缩流水断面后引起流速增大而造成的河床局部冲刷及因冲淤引起的土面高差，必要时可在沉井位置处采用卵、碎石垫填整平，改变河床土的粒径，减小冲刷深度，增加沉井着床后的稳定；或在着床后利用沉井外弃土进行调整，但对沉井外的弃土地点应合理安排，避免对沉井形成偏压；沉井着床后在土层中的下沉应符合相关规定。 (3) 沉井下沉到倾斜岩层上时，应将岩层表面的松软层或风化层凿去并整平，沉井刃脚的2/3以上宜嵌搁在岩层上，嵌入深度最小处不宜小于0.25m，其余未到岩层的刃脚部分，可采用袋装混凝土等填塞缺口。对刃脚以内井底岩层的倾斜面，应凿成台阶或榫槽后，清渣封底
3	沉井接高	(1) 接高前应将沉井的倾斜纠正到允许偏差范围内，并不得将刃脚下部的土层掏空，接高各节的竖向中轴线应与前一节的中轴线相重合。接高加重应均匀、对称地进行，并应采取措施防止沉井在接高过程中发生倾斜。 (2) 沉井在地面上接高时，井顶露出地面不应小于0.5m。水上沉井接高时，井顶露出水面不应小于1.5m，且在接高过程中，应采取措施保持沉井的入水深度不变；带气筒的浮式沉井，对气筒应加防护

沉井基底检验与沉井封底

序号	项目	内容
1	一般要求	(1) 沉井下沉至设计高程后，应检验基底的地质情况是否与设计相符。不排水下沉的沉井基底面应整平，基底为岩层时，岩面残留物应清除干净，清理后有效面积不得小于设计要求，岩面倾斜时的处理应符合规定；排水下沉沉井的基底处理应符合有关规定。井壁隔墙及刃脚与封底混凝土接触面处的泥污亦应清除干净。对下沉至设计高程后的沉井尚应进行沉降观测，沉降稳定且满足设计要求后方可封底。 (2) 沉井基底检验合格及沉降稳定后，应及时封底。不排水下沉的沉井应采用水下混凝土进行封底；对排水下沉的沉井，基底渗水的上升速度不大于6mm/min时，可按普通混凝土的浇筑方法进行封底，但应设置引流排水设施，及时排除明水，且应采取可靠措施使混凝土强度在达到5MPa前不受到压力水的作用；渗水上升速度大于上述规定时，宜采用水下混凝土进行封底。沉井的封底如设计为水下压浆混凝土时，应按设计要求施工。 (3) 沉井的混凝土封底厚度应根据基底的水压力和地基土的向上反力经计算确定，且封底混凝土的顶面高度应高出刃脚根部0.5m及以上。封底混凝土的强度等级不应低于C25。 (4) 沉井的水下混凝土封底宜全断面一次连续灌注完成；对特大型沉井，可划分区域进行封底，但任一区域的封底工作均应一次连续灌注完成。 (5) 封底混凝土在灌注过程中发生事故或对封底施工的质量有疑问时，应对其进行检查鉴定，必要时可钻孔取芯检验。 (6) 不排水封底的沉井，应在封底混凝土强度满足设计要求后方可进行井内抽水，然后进行下一道工序

续表

序号	项目	内容
2	导管法水下混凝土封底	采用刚性导管法进行水下混凝土封底时,应符合下列规定: (1) 封底混凝土的原材料、配合比等可按照钻孔灌注桩水下混凝土的相关规定执行。每根导管开始灌注时所用的混凝土坍落度宜采用下限,首批混凝土需要数量应通过计算确定。 (2) 灌注封底水下混凝土时,需要的导管间隔及根数,应根据导管作用半径及封底面积确定。采用多根导管灌注时,对其灌注的顺序应进行专门设计,并应采取有效措施防止发生混凝土夹层;若同时灌注,当基底不平时,应逐步使混凝土保持大致相同的高程。 (3) 在灌注过程中,导管应随混凝土面升高而逐步提升,导管的埋深宜与导管内混凝土下落深度相适应;采用多根导管灌注时,导管的埋深不宜小于规定。同时应根据混凝土的堆高和扩展情况,调整坍落度和导管埋深,使每盘混凝土灌注后均形成适宜的堆高和不陡于1:5的流动坡度。抽拔导管时应防止导管进水。 (4) 水下混凝土面的最终灌注高度,应比设计值高出150mm以上;待混凝土强度达到设计要求后,再抽水凿除表面松弱层

考点4 地下连续墙施工

地下连续墙施工

序号	项目	内容
1	槽孔施工	(1) 地下连续墙的槽孔施工,应根据水文、地质情况和施工条件选用能满足成槽要求的机具与设备,必要时可选用多种设备组合施工。可采用的成槽方法有钻劈法、钻抓法、抓取法、铣削法。 (2) 桩排式地下连续墙的施工可按钻(挖)孔灌注桩的施工要求进行;桩排间的土层如采用压力注浆法予以加固和防渗透时,可按明挖地基施工的相关规定进行。 (3) 槽壁式地下连续墙的槽孔开挖应符合下列规定: ① 槽孔宜分段施工,开挖前应按已划分的单元槽段,决定各段开挖的先后次序,且相邻槽孔之间应留有足够的安全距离。挖槽施工开始后应连续进行,直到槽段完成。 ② 成槽机械开挖一定深度后,应立即输入调制好的泥浆,并宜保持槽内的泥浆面不低于导墙顶面300mm。挖掘的槽壁及接头处应保持竖直,其倾斜率应不大于0.5%;接头处相邻两槽段的挖槽中心线在任一深度的偏差值均不得大于墙厚的1/3;槽底高程不得高于墙底的设计高程。 ③ 挖槽时应加强观测,如遇槽壁发生坍塌或槽孔偏斜超过允许偏差时,应查明原因,采取相应措施后方可继续施工。槽段开挖达到槽底设计高程后,应对成槽质量进行检验,合格后方可进行下一工序。 ④ 挖槽施工应做好施工记录,并应妥善处理废弃泥浆及钻渣,防止污染环境。 (4) 采用钻劈法施工槽孔时,钻头直径应满足设计墙厚的要求,且开孔钻尖的直径应大于终孔钻头的直径,副孔长度应合理选择,且宜在主孔终孔后再劈打副孔。 (5) 采用钻抓法施工槽孔时,宜先采用钻机钻进主孔,再采用抓斗抓取副孔;采用两钻一抓法时,主孔的中心距不宜大于抓斗的开度。 (6) 采用抓取法和铣削法施工槽孔时,主孔长度宜等于抓斗开度和一次铣削长度,副孔长度宜为主孔长度的1/2~1/3。当采用铣削法时,宜根据槽孔的深度、斜率要求以及先期地下连续墙混凝土的强度,确定铣削先期墙段的长度和铣削接头的施工时间,且应对先期墙段混凝土铣削后的端部进行清理。施工槽孔时应随时测量接缝处端孔的孔斜率,并进行控制。接缝的位置应准确,并应将其标记在导墙上。

续表

序号	项目	内容
1	槽孔施工	(7) 槽孔如需嵌入基岩，基岩面的确定应符合下列规定： ① 依照地下连续墙中心线地质剖面图，当孔深接近预计基岩面时，宜留取岩样，并根据岩样的性质确定基岩面。 ② 当邻孔基岩面已确定时，亦可对照邻孔基岩面的高程，分析本槽孔的钻进情况，确定基岩面。 ③ 当采用上述方法难以确定基岩面，或对基岩面有怀疑时，应钻取芯样进行验证和确定。 (8) 槽孔的清底工作应在吊放接头装置之前进行。清底工序应包括清除槽底沉淀的泥渣和置换槽中的泥浆。清底应符合下列规定： ① 清底之前应检测槽段的平面位置、横截面和竖面；当槽壁的竖向倾斜、弯曲和宽度超过允许偏差时，应进行修槽工作，使其符合要求。修槽后的槽段接头处应进行清理。 ② 清底的方法宜根据槽孔的形状、尺寸、施工环境条件及设备条件等确定，施工可参照钻孔灌注桩施工相关规定执行。 ③ 清理槽底和置换泥浆工作结束 1h 后，应进行检验，槽底以上 200mm 处的泥浆相对密度不应大于 1.15，槽底沉淀物厚度应符合设计要求
2	槽段间接头（缝）施工	(1) 地下连续墙分槽段（孔）施工，然后再由各墙段连接而成。其墙段连接工艺和方法是技术关键，也是质量优劣和工程成败的重要标志。 (2) 槽段接头一般采用预埋钢筋、钢板、设置剪力键等连接方式。施工接头所用的材料包括：钢管、钢板、钢筋、各种型钢和铸钢；预制混凝土结构；人造纤维布和橡胶等；其他材料（如工程塑料、玻璃钢等）。 (3) 接头的结构形式应符合设计要求，施工应符合下列规定： ① 对接头管式接头，当初期的单元槽段开挖完成并清底后，应将钢制接头管竖直吊放入槽内，紧靠单元槽段两端；接头管的底端应插入槽底以下 100~150mm，管长应略大于地下连续墙设计值。接头管可分节于管内用销子连接固定；管外应平顺无凸出物，管外径宜比墙厚小 50mm。灌注水下混凝土时，应经常转动及小量提升接头管，待混凝土初凝后将接头管拔出，拔管时不得损坏接头处的混凝土。 ② 对接头箱式和隔板式接头，在其吊放的钢筋骨架一端应带堵头钢板，堵头钢板向外伸出的水平钢筋应插入接头箱管中。灌注水下混凝土时，应使混凝土不流入接头箱管内；混凝土初凝后，应逐步吊出接头箱管，且先灌节段骨架的外伸钢筋应伸入邻段混凝土内。 ③ 当地下连续墙设计与梁、承台或墩柱连接时，结构接头的施工应在连接处按设计要求埋设连接钢筋，预埋的连接钢筋应与后浇的梁、承台或墩柱上的主钢筋可靠连接
3	钢筋骨架施工	地下连续墙钢筋骨架的制作和吊放除应符合相关规范规定外，尚应符合下列要求： (1) 钢筋骨架应根据设计图和单元槽段的划分长度制作，并宜在胎架上试装配成型；骨架主筋的接长宜采用机械连接，骨架中间应留出上下贯通的导管位置。 (2) 吊放钢筋骨架时，应使其中心对准单元槽段中心。钢筋骨架应竖直、不变形并能顺利地下放插入槽内，下放时不得使骨架发生摆动。 (3) 全部钢筋骨架入槽后，应固定在导墙上，并应使骨架顶端高程符合设计要求。 (4) 当钢筋骨架不能顺利插入槽内时，应将骨架吊起，查明原因并采取措施后，重新放入，不得强行压入槽内

续表

序号	项目	内容
4	混凝土灌注	水下混凝土应采用导管法灌注。单元槽段长度小于4m时,可采用1根导管灌注;单元槽段长度超过4m时,宜采用2或3根导管同时灌注;采用多根导管灌注时,导管间净距不宜大于3m,导管距节段端部不宜大于1.5m;各导管灌注的混凝土表面高差不宜大于0.3m;导管内径不宜小于200mm

1B413050 桥梁下部结构施工技术

【考点图谱】

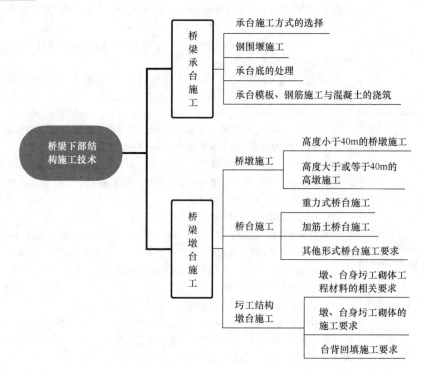

【考点精析】

考点1 桥梁承台施工

钢围堰施工

序号	项目	内容
1	钢围堰设计与施工的一般规定	(1)围堰的平面尺寸宜根据承台的结构尺寸、安装及放样误差等确定,且宜满足承台施工操作空间的需要,围堰内侧距承台边缘的净距宜不小于1m(围堰内侧兼作模板时除外)。围堰的顶面高程应高出施工期间可能出现的最高水位(包括浪高)0.5~0.7m;在有潮汐的水域,应同时考虑最高和最低施工潮位对围堰的不利影响。

续表

序号	项目	内容
1	钢围堰设计与施工的一般规定	(2) 围堰除应满足自身的强度、刚度和稳定性要求外，尚应考虑河床断面被压缩后，流速增大导致的河床冲刷和对通航、导流等的影响。 (3) 对围堰结构进行计算时，除应考虑施工荷载及结构重力、水流压力、浮力、土压力等荷载外，尚应根据现场的具体情况考虑可能出现的冲刷、风力、波浪力、流冰压力、施工船舶或漂浮物撞击力等作用。 (4) 围堰结构应根据施工过程中的各种工况，按最不利荷载组合进行强度、刚度及稳定性计算。在围堰内设置支撑的，除应对内支撑结构本身进行局部验算外，尚应将其与围堰作为整体进行总体稳定性验算；设置内支撑时，对支撑与堰壁的连接处应设置纵横向分配梁予以局部加强，并应考虑其对承台及后续墩身施工的干扰影响。 (5) 钢围堰的混凝土封底厚度应符合设计规定；设计未规定时，应根据桩周摩擦力、浮力、围堰结构自重及封底混凝土自身强度等因素经计算后确定。 (6) 钢围堰在施工前应制订专项施工方案，明确施工工艺流程。 (7) 围堰钢结构的制造可按照规范相关规定执行，并应保证其在施工过程中防水严密，不渗漏。 (8) 在岸上整体加工制造的钢围堰，当通过滑道或其他装置下水时，其进入的水域面积和水深应足够，并应采取措施控制其下水的速度；采用起重船吊装时，起重船的吊装能力应能满足整体吊装的要求，各吊点的受力应控制均匀，必要时宜进行监控。 (9) 钢围堰在灌注封底混凝土之前，应将桩身和堰壁上附着的泥浆冲洗干净，经检验合格后方可进行封底混凝土的施工。封底的施工要求可按《公路桥涵施工技术规范》JTG/T 3650—2020关于沉井基底检验与封底的规定执行。 (10) 钢围堰拆除时，除应采取措施防止撞击墩身外，对水下按设计规定可不拆除的结构，尚应保证其不会对通航产生不利的影响
2	钢板桩围堰的施工规定	(1) 钢板桩的材质、性能和尺寸应符合产品的相应规定。钢板桩在存放、搬运和起吊时，应采取措施防止其变形及锁口损坏。经过整修或焊接后的钢板桩，应采用同类型的短桩进行锁口通过试验，合格者方可继续使用。 (2) 钢板桩施打前应设置测量观测点，控制其施打的定位。 (3) 钢板桩在施打前，其锁口宜采用止水材料捻缝，防止在使用过程中漏水。 (4) 施打钢板桩应有导向装置，应能保证桩的位置准确。施工顺序应按既定的施工技术方案进行，并宜从上游开始分两头向下游方向合龙。施打时应随时检查其位置和垂直度是否准确，不符合要求的应立即纠正或拔起重新施打。施打完成后所有钢板桩的锁口均应闭合。 (5) 同一围堰内采用不同类型的钢板桩时，宜将不同类型桩的各半拼焊成一根异型钢板桩，分别与相邻桩进行连接。接长的钢板桩，其相邻桩的接头位置应上下错开。 (6) 拔除钢板桩之前，应向堰内注水使堰内外的水位保持平衡。拔桩应从下游侧开始逐步向上游侧进行，拔除的钢板桩应对其锁口进行检修并涂油，堆码妥善保存
3	锁口钢管桩围堰施工特别规定	(1) 钢管的材质和截面特性应满足围堰受力的要求。锁口的形式应根据土层地质况和止水要求确定，当用于水中或透水性土层中的围堰时，应对锁口采取可靠的止水处理措施。 (2) 施打钢管时，如土层中有孤石、片石或其他障碍物，其底口应作加强处理

续表

序号	项目	内容
4	钢套箱围堰的施工规定	(1) 对有底钢套箱,除应进行结构的计算和验算外,尚应针对套箱内抽干水后的工况进行抗浮验算。钢套箱采用悬吊方式安装时,应验算悬吊装置及吊杆的强度是否满足受力要求。 (2) 钢套箱应根据现场设备的起吊能力和移运能力确定采用整体式或装配式制作,制作时应采取防止接缝渗漏的措施。 (3) 钢套箱下沉就位时,在下沉过程中应保持平稳,当采用多个千斤顶吊放时,应使各千斤顶的行程同步,且宜设置导向装置或利用已成桩作为导向的承力结构进行准确定位。钢套箱就位后应对其平面位置和高程进行精确调整,并应及时予以固定;当水流速度过大会使套箱的位置发生改变时,应具有稳定套箱的可靠措施。 (4) 有底钢套箱在浇筑封底混凝土之前,应对底板和钢护筒的表面进行清理,并应采用适宜的止水装置或材料对底板与桩基之间的缝隙进行封堵。 (5) 钢套箱内的排水应在封底混凝土符合设计规定的强度后或达到设计强度的80%及以上时方可进行,在封底混凝土未达到规定强度之前,应打开套箱上设置的连通器,保持套箱内外水头一致,排水时不应过快,并应在排水过程中加强对套箱情况变化的监测;对有底钢套箱,必要时可设反压装置抵抗过大的浮力。 (6) 钢套箱侧壁兼作承台模板时,其位置和尺寸应符合承台结构的允许偏差规定
5	双壁钢围堰的施工规定	(1) 围堰的双壁间距应根据下沉时需要克服的浮力、土层摩阻力及基底抗力等经计算确定,并应在双壁之间分设多个对称的、横向互不相通的隔水仓。 (2) 双壁钢围堰兼作钻孔平台时,应将钻孔施工产生的全部荷载及各种工况加入围堰结构的最不利荷载组合中进行设计和验算。钢围堰需度汛或度凌施工时,应制订稳定和防撞击、防冲刷的可靠方案,并应进行相应的验算。 (3) 双壁钢围堰结构的制作宜在工厂按设计要求进行,各节、块应按预定的顺序对称组装拼焊,制作完成后应进行焊接质量检验,并应进行水密性试验。 (4) 围堰应根据现场的水文、地质和通航等情况,设置可靠的定位系统和导向装置,其浮运、下沉、定位等工序的施工及允许偏差应符合《公路桥涵施工技术规范》JTG/T 3650—2020关于沉井施工的相关规定。 (5) 围堰下沉至设计高程,在灌注封底混凝土之前,应对河床面进行清理和整平。围堰置于岩面上时,宜将岩面整平;基岩岩面倾斜或凹凸不平时,宜将围堰底部制作成与岩面相应的异形刃脚,增加其稳定性并减少渗漏

考点2 桥梁墩台施工

桥墩施工

序号	项目	内容
1	高度小于40m的桥墩施工	(1) 桥墩施工前,应对其施工范围内基础顶面的混凝土进行凿毛处理,并应将表面的松散层、石屑等清理干净;对分节段施工的桥墩,其接缝亦应作相同的凿毛和清洁处理。

续表

序号	项目	内容
1	高度小于40m的桥墩施工	(2) 应尽量缩短首节桥墩墩身与承台之间浇筑混凝土的间隔时间，间歇期宜不大于10d，当不能满足间歇期要求时，应采取防止墩、台身混凝土开裂的有效措施。墩身平面尺寸较大时，首节墩身可与承台同步施工。 (3) 桥墩高度小于或等于10m时可整体浇筑施工；高度超过10m时，可分节段施工，节段的高度宜根据施工环境条件和钢筋定尺长度等因素确定。上一节段施工时，已浇节段的混凝土强度应不低于2.5MPa。各节段之间浇筑混凝土的间歇期宜控制在7d以内。 (4) 桥墩的钢筋可分节段制作和安装，且应保证其连接精度；条件具备时，亦可采用整体制作、整体安装的方式施工，但在制作、存放、运输和安装时应采取有效措施保证其刚度，避免产生过大的变形。 (5) 在模板安装前，应在基础顶面放出桥墩的轴线及边缘线；对分节段施工的桥墩，其首节模板安装的平面位置和垂直度应严格控制。模板在安装过程中应通过测量监控措施保证桥墩的垂直度，并应有防倾覆的临时措施；对风力较大地区的墩身模板，应考虑其抗风稳定性。 (6) 浇筑混凝土时，串筒、溜槽等的布置应便于混凝土的摊铺和振捣，并应明确划分工作区域。混凝土浇筑完成后，应及时进行养护，养护时间应不少于7d。 (7) 作业人员的上下步梯宜采用钢管脚手架或专用产品搭设，并应进行专项设计，设置时应固定在已浇筑完成的墩身上
2	高度大于或等于40m的高墩施工	高度大于或等于40m的高墩施工，除应符合上述高度小于40m的桥墩施工要求之外，尚应符合下列规定： (1) 施工前应编制专项施工方案，对各项临时受力结构和临时设施应进行必要的施工设计计算和验算。 (2) 宜设置塔式起重机或其他可靠的起重设备，用于施工期间钢筋或其半成品材料以及其他材料的垂直起吊运输。 (3) 宜设置施工电梯作为运送作业人员和小型机具、操作工具的垂直运输设施。 (4) 对塔吊和施工电梯的平面位置宜根据环境条件和桥墩的结构特点进行比较选择，其布置除应方便施工操作外，亦不应影响到其他作业的安全。塔吊和施工电梯均应有可靠的附墙安全措施。 (5) 模板体系宜根据施工的环境条件、桥墩截面形式的特点、分节段施工高度、施工作业人员的经验等因素综合选择确定，模板的施工要求应符合相关规定。 (6) 绑扎和安装钢筋时，应在作业面设置具有外围护的操作平台。当采用劲性骨架辅助钢筋安装时，劲性骨架宜在地面上制作好后再起吊就位安装。整体制作安装的钢筋应有保证刚度防止变形的可靠措施。钢筋的主筋宜采用机械方式连接，机械连接的施工要求应符合相关规定。 (7) 混凝土的垂直输送宜采用泵送方式，泵管可沿已施工完成的墩身或搭设专用支架进行布设，而不应布设在塔吊和施工电梯上。 (8) 混凝土的浇筑施工应符合相关规定，每一节段混凝土的养护时间应不少于7d。养护用的水管可布设在墩身上，且应与电缆分开设置。 (9) 高墩施工前应编制测量控制方案，施工过程中应对墩身的平面位置和垂直度进行监控，条件具备时宜采用激光铅垂仪进行控制。施工测量中应考虑日照对墩身扭转的影响，当日照影响较大时，测量宜在夜间气温相对稳定的时段进行

桥台施工

序号	项目	内容
1	重力式桥台施工	(1) 混凝土或钢筋混凝土台身宜一次连续浇筑完成，当台身较长或截面积过大，一次连续浇筑完成难以保证混凝土质量时，可分段或分层浇筑。分段浇筑时，其接缝宜设置在沉降缝处；分层浇筑时应采取有效措施控制接缝的外观质量，防止产生过大的层间错台。 (2) 采用片石混凝土浇筑圬工台身时，应选用无裂纹、无夹层、未煅烧过并具有抗冻性的石块，片石混凝土的施工要求应符合《公路桥涵施工技术规范》JTG/T 3650—2020 的相关规定。 (3) 采用石料砌筑圬工台身时，其施工要求应符合《公路桥涵施工技术规范》JTG/T 3650—2020 的规定。 (4) 翼墙、八字墙施工时，其顶面坡度的变化应与台后边坡的坡度相适应。 (5) 桥台后背与回填土接触面的防水处理应符合设计规定
2	加筋土桥台施工	(1) 混凝土面板的预制施工应符合相关规定。露于面板混凝土外面的钢拉环、钢板锚头应作防锈处理，加筋带与钢拉环的接触面应作隔离处理。筋带的强度和受力后的变形应满足设计要求，筋带应能与填料产生足够的摩擦力，接长和与面板的连接应简单。 (2) 面板应按要求的垂度挂线安砌，安砌时单块面板可内倾 1/100～1/200，作为填料压实时面板外倾的预留度。不得在未完成填土作业的面板上安砌上一层面板。 (3) 钢带应平顺铺设于已压实整平的填料上，不得弯曲或扭曲；钢筋混凝土带可直接铺设在已压实整平的填料上或在填料上挖槽铺设；加筋带应呈扇形辐射状铺设，不宜重叠，不得卷曲或折曲，并不得与尖锐棱角的粗粒料直接接触。在与桥台立柱或肋板相互干扰时，筋带可适当避让。 (4) 台背筋带锚固段的填筑宜采用粗粒土或改性土等填料。当填料为黏性土时，宜在面板后不小于 0.5m 范围内回填砂砾材料。 (5) 填料摊铺厚度应均匀一致，表面平整，并应设置不小于 3% 的横坡。当采用机械摊铺时，摊铺机械距面板应不小于 1.5m。机械的运行方向应与筋带垂直，并不得在未覆盖填料的筋带上行驶或停车。 (6) 台背填料应严格分层碾压，碾压时宜先轻后重，并不得使用羊足碾。压实作业应先从筋带中部开始，逐步碾压至筋带尾部，再碾压靠近面板部位，且压实机械距面板应不小于 1.0m。台背填筑施工过程中应随时观测加筋土桥台的变化
3	其他形式桥台施工要求	(1) 肋板式埋置式桥台施工时，肋板的斜面方向应符合设计规定的方向，避免反置。柱式和肋板式等埋置式桥台施工完成后的填土要求均应符合规范规定，台前溜坡的坡度及其坡面防护应符合设计的规定。 (2) 薄壁轻型桥台施工时，对混凝土的浇筑应采取有效措施，保证其浇筑质量。施工完成后台背的填土要求除应符合规范规定外，对设置有支撑梁的，尚应在支撑梁安装完成后再填土。 (3) 组合式桥台应按其各组成部分的相应要求进行施工。锚碇（拉）板式组合桥台可按加筋土桥台施工的规定进行施工；挡土墙组合桥台中挡土墙的施工应符合现行《公路路基施工技术规范》JTG/T 3610—2019 的规定；后座式组合桥台中的后座可按重力式桥台的规定进行施工，台身与后座之间的构造缝应严格按设计要求施工

圬工结构墩台施工

序号	项目	内容
1	墩台身圬工砌体工程材料的相关要求	(1) 圬工砌体工程所用的石料应符合下列规定： ① 石料应符合设计规定的类别和强度，石质应均匀、不易风化、无裂纹。1月份平均气温低于－10℃的地区，除干旱地区的不受冰冻部位外，所用石料应通过冻融试验，其抗冻性指标合格后方可使用。 ② 片石的厚度应不小于 150mm。用作镶面的片石，应选择表面较平整、尺寸较大者，并应稍加修整。 ③ 块石的形状应大致方正，上下面应大致平整，厚度应为 200～300mm，宽度应为厚度的 1.0～1.5 倍，长度应为厚度的 1.5～3.0 倍。块石如有锋棱锐角，应敲除。块石用作镶面时，应从外露面四周向内稍作修凿；后部可不作修凿，但应略小于修凿部分。 ④ 粗料石的外形应方正，成六面体，厚度应为 200～300mm，宽度应为厚度的 1.0～1.5 倍，长度应为厚度的 2.5～4.0 倍，表面凹陷深度应不大于 20mm。加工镶面粗料石时，丁石长度应比相邻顺石宽度大 150mm；修凿面每 100mm 长应有錾路 4～5 条，侧面修凿面应与外露面垂直，正面凹陷深度应不超过 15mm；外露面带细凿边缘时，细凿边缘的宽度应为 30～50mm。 (2) 用于圬工砌体工程的混凝土预制块，其规格、形状和尺寸应统一，表面应平整，强度应符合设计要求。采用轻质混凝土等特殊材料制作预制块时，所用混凝土的配合比应经试验验证后确定。 (3) 圬工砌筑采用的砂浆应符合下列规定： ① 砌筑用砂浆的类别和强度等级应符合设计规定。 ② 砂浆中所用水泥、砂、水等材料的质量应符合规范相关规定。砂宜采用中砂或粗砂，当缺乏天然中砂或粗砂时，可采用满足质量要求的机制砂代替；在保证砂浆强度的基础上，也可采用细砂，但应适当增加水泥用量。砂的最大粒径，当用于砌筑片石时，宜不超过 5mm；当用于砌筑块石、粗料石时，宜不超过 2.5mm。 ③ 砂浆的配合比应通过试验确定，当变更砂浆的组成材料时，其配合比应重新经试验确定。砂浆应具有良好的和易性，用于石砌体时其稠度宜为 50～70mm，气温较高时可适当增大。砂浆的配制宜采用质量比，并应随拌随用，保持适宜的稠度，且宜在 3～4h 内使用完毕；气温超过 30℃时，宜在 2～3h 内使用完毕。在运输过程或在储存器中发生离析、泌水的砂浆，砌筑前应重新拌合；已凝结的砂浆，不得使用。 ④ 各类砂浆均宜采用机械拌和，拌合时间宜为 3～5min。 (4) 小石子混凝土应符合下列规定： ① 配合比设计、材料规格、强度试验及质量检验标准应符合规范规定。 ② 粗集料可采用细卵石或碎石，最大粒径宜不大于 20mm。 ③ 小石子混凝土的拌合物应具有良好的和易性。对片石砌体，其坍落度宜为 50～70mm；对块石砌体，其坍落度宜为 70～100mm
2	墩、台身圬工砌体的施工要求	(1) 砌体的砌筑施工要求应符合下列规定： ① 砌块在使用前应浇水湿润，砌块的表面如有泥土、水锈，应清洗干净。 ② 砌筑基础的第一层砌块时，如基底为土质，可直接坐浆砌筑；如基底为岩层或混凝土地基，应先将基底表面清洗、湿润，再坐浆砌筑。 ③ 砌体宜分层砌筑，砌体较长时可分段分层砌筑，但两相邻工作段的砌筑高差宜不超过 1.2m；分段位置宜设在沉降缝或伸缩缝处，各段的水平缝应一致。 ④ 各砌层应先砌外圈定位行列，再砌筑里层，其外圈砌块应与里层砌块交错连成一体。砌体外露面石料的镶面种类应符合设计规定，对有流冰或有漂浮物河流中的墩台，当设计未明确要求时，其镶面宜选用强度等级不低于 MU30 且较坚硬的石料或 C30 以上较高强度等级的混凝土预制块进行镶砌。砌体里层应砌筑整齐，分层应与外圈一致，应先铺一层适当厚度的砂浆再安放砌块和填塞砌缝。砌体的外露面应进行勾缝，并应在砌筑时靠外露面预留深约 20mm 的空缝备作勾缝之用。砌体隐蔽面的砌缝可随砌随刮平，不另勾缝。

续表

序号	项目	内容
2	墩、台身圬工砌体的施工要求	⑤ 各砌层的砌块应安放稳固，砌块间的砂浆应饱满，黏结牢固，不得直接贴靠或脱空。砌筑时，底浆应铺满，竖缝砂浆应先在已砌石块侧面铺放一部分，然后在石块放好后用砂浆填满捣实。用小石子混凝土填竖缝时，应捣固密实。 ⑥ 砌筑上层砌块时，应避免振动下层砌块。砌筑工作中断后恢复砌筑时，对已砌筑的砌层表面应加以清扫和湿润。 ⑦ 圬工砌体中沉降缝、伸缩缝、泄水孔及防水层的设置，应符合设计规定。 (2) 浆砌片石的砌筑施工应符合下列规定： ① 片石应分层砌筑，宜以2～3层砌块组成一工作层，每一工作层的水平缝应大致找平。各工作层竖缝应相互错开，不得贯通。 ② 外圈定位行列和转角石，应选择形状较为方正及尺寸较大的片石，并长短间地与里层砌块咬接。砌缝宽度宜不大于40mm；采用小石子混凝土砌筑时，可为30～70mm。 ③ 较大的砌块应用于下层，安砌时应选取形状和尺寸较为合适的砌块，尖锐凸出部分应敲除。竖缝较宽时，应在砂浆中塞以小石块，但不得在石块下面用高于砂浆砌缝的小石片支垫。 (3) 浆砌块石的砌筑施工应符合下列规定： ① 块石应平砌，每层石料高度应大致相同。对外圈定位行列和镶面石块，应丁顺相间或两顺一丁排列，砌缝宽度应不大于30mm，上下竖缝的错开距离应不小于80mm。 ② 砌体里层平缝宽度应不大于30mm，竖缝宽度应不大于40mm，用小石子混凝土砌筑时应不大于50mm。 (4) 浆砌粗料石及混凝土预制块的砌筑施工应符合下列规定： ① 砌筑前，应先计算层数并选好料，砌筑时应严格控制平面位置和高度。镶面石应一丁一顺排列，砌缝应横平竖直。砌缝的宽度，对粗料石应不大于20mm，对混凝土预制砌块应不大于10mm；上下层竖缝错开的距离应不小于100mm，同时在丁石的上层或下层不宜有竖缝。砌体里层为浆砌块石时，应符合块石浆砌的规定。 ② 桥墩破冰体镶面的砌筑应符合下列规定： A. 破冰棱与垂线的夹角大于20°时，镶面横缝应垂直于破冰棱；夹角小于或等于20°时，镶面横缝可呈水平。 B. 破冰体镶面的砌筑层次应与墩身一致。砌缝的宽度应为10～12mm。 C. 不得在破冰棱中线上及破冰棱与墩身相交线上设置砌缝
3	台背回填施工要求	(1) 桥涵台背的填料应符合设计规定。设计未规定时，宜采用天然砂砾、二灰土、水泥稳定土或粉煤灰等轻质材料，不得采用含有泥草、腐殖质或冻块的土。采用膨胀性聚苯乙烯泡沫塑料、泡沫轻质土等特殊材料回填施工时，应符合现行《公路路基施工技术规范》JTG/T 3610—2019和《现浇泡沫轻质土技术规程》CECS 249的规定。 (2) 台背回填应顺路线方向，自台身起，其填土的长度在顶面应不小于桥台高度加2m，在底面应不小于2m；拱桥台背填土的长度应不小于台高的3～4倍。锥坡填土应与台背填土同时进行，并应按设计宽度一次填足。 (3) 台背回填应严格控制土的分层厚度和压实度，应设专人负责监督检查，检查频率应每50m²检验一点，不足50m²时应至少检验一点，每点均应合格，且宜采用小型机械压实。桥涵台背填土的压实度应不小于96%。 (4) 台背回填的顺序应符合设计规定。设计未规定时，拱桥的台背填土宜在主拱圈安装或砌筑以前完成；梁式桥轻型桥台的台背填土宜在梁体安装完成以后，在两端桥台平衡地进行；埋置式桥台的台背填土宜在柱侧对称、平衡地进行

1B413060 桥梁上部结构施工技术

【考点图谱】

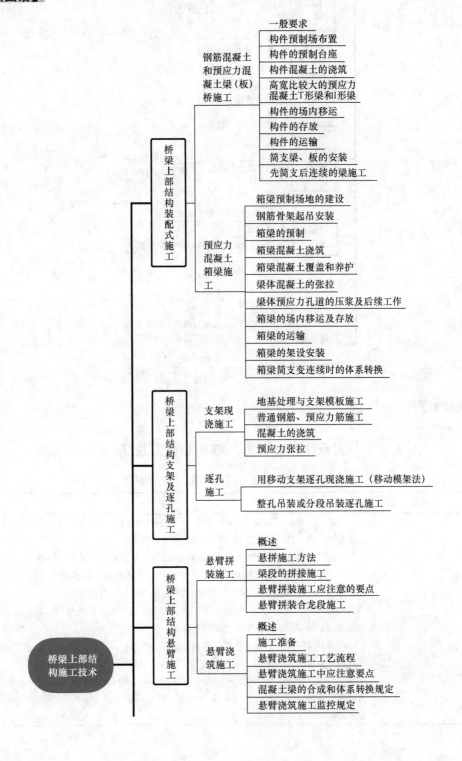

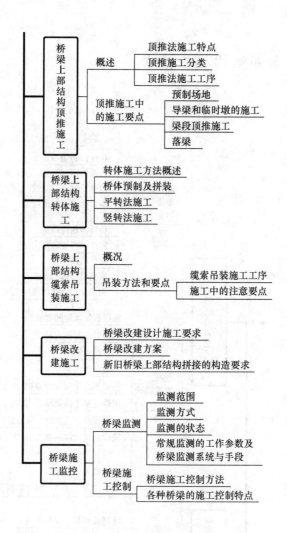

【考点精析】

考点1 桥梁上部结构装配式施工

钢筋混凝土和预应力混凝土梁（板）桥施工

序号	项目	内容
1	一般要求	（1）装配式桥的构件在脱底模、移运、存放和安装时，混凝土的强度应不低于设计规定的吊装强度；设计未规定时，应不低于设计强度的80%。 （2）构件安装前应检查其外形、预埋件的尺寸和位置，允许偏差不得超过设计规定。 （3）安装构件时，支承结构（墩台、盖梁）的混凝土强度和预埋件（包括预留锚栓孔、锚栓、支座钢板等）的尺寸、高程及平面位置应符合设计要求。 （4）构件安装就位完毕并经检查校正符合要求后，方可焊接或浇筑混凝土固定构件。简支梁的安装应采取措施保证梁体的稳定性，防止倾覆。 （5）对分层、分段安装的构件，应在先安装的构件可靠固定且受力较大的接头混凝土达到设计强度的80%后，方可继续安装；设计有规定时，应从其规定。 （6）分段拼装梁的接头混凝土或砂浆，其强度应不低于构件的设计强度；不承受内力的构件的接缝砂浆，其强度应不低于M10。需与其他混凝土或砌体结合的预制构件的砌筑面应按施工缝处理

续表

序号	项目	内容
2	构件预制场的布置要求	构件预制场的布置应满足预制、移运、存放及架设安装的施工作业要求;场地应平整、坚实,应根据地基情况和气候条件,设置必要的防排水设施,并应采取有效措施防止场地沉陷。砂石料场的地面宜进行硬化处理
3	构件的预制台座规定	(1) 预制台座的地基应具有足够的承载能力和稳定性。当用于预制后张预应力混凝土梁、板时,宜对台座两端及适当范围内的地基进行特殊加固处理。 (2) 预制台座应采用适宜的材料和方式制作,且应保证其坚固、稳定、不沉陷。 (3) 预制台座的间距应能满足施工作业的要求;台座表面应光滑、平整,在 2m 长度上平整度的允许偏差应不超过 2mm,且应保证底座或底模的挠度不大于 2mm。 (4) 对预应力混凝土梁、板,应根据设计提供的理论拱度值,结合施工的实际情况,正确预计梁体拱度的变化情况,在预制台座上按梁、板构件跨度设置相应的预拱度。当预计后张预应力混凝土梁的上拱度值较大,将会对桥面铺装的施工产生不利影响时,宜在预制台座上设置反拱。 (5) 预制台座应具有对梁底的支座预埋钢板或楔形垫块进行角度调整的功能,并应在预制施工时严格按设计要求的角度进行设置
4	各种构件混凝土的浇筑规定	各种构件混凝土的浇筑除应符合《公路桥涵施工技术规范》JTG/T 3650—2020 的有关规定外,尚应符合下列规定: (1) 腹板底部为扩大断面的 T 形梁和 I 形梁,应先浇筑扩大部分并振实后,再浇筑其上部腹板。 (2) U 形梁可上下一次浇筑或分两次浇筑。一次浇筑时,宜先浇筑底板至底板承托顶面,待底板混凝土振实后再浇筑腹板;分两次浇筑时,宜先浇筑底板至底板承托顶面,按施工缝处理后,再浇筑腹板混凝土。 (3) 箱形梁宜一次浇筑完成,且宜先浇筑底板至底板承托顶面,待底板混凝土振实后再浇筑腹板、顶板。 (4) 中小跨径的空心板浇筑混凝土时,对芯模应有防止上浮和偏位的可靠措施
5	预应力施加要求	对高宽比较大的预应力混凝土 T 形梁和 I 形梁,应对称、均衡地施加预应力,并应采取有效措施防止梁体产生侧向弯曲
6	构件的场内移运规定	(1) 对后张预应力混凝土梁、板,在施加预应力后可将其从预制台座吊移至场内的存放台座再进行孔道压浆,但必须满足下列要求: ① 从预制台座上移出梁、板仅限一次,不得在孔道压浆前多次倒运。 ② 吊移的范围必须限制在预制场内的存放区域,不得移往他处。 ③ 吊移过程中不得对梁、板产生任何冲击和碰撞。 ④ 不得将构件安装就位后再进行预应力孔道压浆。 (2) 后张预应力混凝土梁、板在预制台座上进行孔道压浆后再移运的,移运时其压浆浆体的强度应不低于设计强度的 80%。 (3) 梁、板构件移运时的吊点位置应符合设计规定;设计未规定时,应根据计算决定。构件的吊环必须采用未经冷拉的 HPB300 钢筋制作,且吊环应顺直。吊绳与起吊构件的交角小于 60°时,应设置吊架或起吊扁担,使吊点垂直受力。吊移板式构件时,不得吊错上、下面

续表

序号	项目	内容
7	构件的存放规定	(1) 存放台座应坚固稳定，且宜高出地面200mm以上。存放场地应有相应的防排水设施，并应保证梁、板等构件在存放期间不致因支点沉陷而受到损坏。 (2) 梁、板构件存放时，其支点应符合设计规定的位置，支点处应采用垫木和其他适宜的材料进行支承，不得将构件直接支承在坚硬的存放台座上；存放时混凝土养护期未满的，应继续养护。 (3) 构件应按其安装的先后顺序编号存放，预应力混凝土梁、板的存放时间宜不超过3个月，特殊情况下应不超过5个月。存放时间超过3个月时，应对梁、板的上拱度值进行检测，当上拱度值过大将会严重影响后续桥面铺装施工或梁、板混凝土产生严重开裂时，则不得使用。 (4) 当构件多层叠放时，层与层之间应以垫木隔开，各层垫木的位置应设在设计规定的支点处，上下层垫木应在同一条竖直线上；叠放的高度宜按构件强度、台座地基的承载力、垫木强度及叠放的稳定性等经计算确定，大型构件以2层为宜，应不超过3层，小型构件宜为6~10层。 (5) 雨季或春季融冻期间，应采取有效措施防止因地面软化下沉而造成构件断裂及损坏
8	构件的运输规定	(1) 板式构件运输时，宜采用特制的固定架稳定构件。对小型构件，宜顺宽度方向侧立放置，并应采取措施防止倾倒；如平放，在两端吊点处必须设置支搁方木。 (2) 梁的运输应按高度方向竖立放置，并应有防止倾倒的固定措施；装卸梁时，必须在支撑稳妥后，方可卸除吊钩。 (3) 采用平板拖车或超长拖车运输大型构件时，车长应能满足支点间的距离要求，支点处应设活动转盘防止搓伤构件混凝土；运输道路应平整，如有坑洼而高低不平时，应事先处理平整。 (4) 水上运输构件时，应有相应的封舱加固措施，并应根据天气状况安排装卸和运输作业时间，同时应满足水上（海上）作业的相关安全规定
9	简支梁、板的安装规定	(1) 安装前应制定专项施工方案，安装的方法和安装设备应根据构件的结构特点、重力及施工环境条件等综合确定；对安装施工中的各种临时受力结构和安装设备的工况应进行必要的安全验算，所有施工设施均宜进行试运行和荷载试验。 (2) 安装前应对墩台的施工质量进行检验，并应对支座或临时支座的平面位置和高程进行复测，合格后方可进行梁、板等构件的安装。 (3) 采用架桥机进行安装作业时，其抗倾覆稳定系数应不小于1.3；架桥机过孔时，应将起重小车置于对稳定最有利的位置，且抗倾覆稳定系数应不小于1.5；不得采用将梁、板吊挂在架桥机后配重的方式进行过孔作业。双导梁架桥机施工工艺流程主要包括：①梁体预制及运输、铺设轨道→②架桥机及导梁拼装→③试吊→④架桥机前移至安装跨→⑤支顶前支架→⑥运梁→⑦喂梁→⑧吊梁、纵移到位→⑨降梁、横移到位→⑩安放支座、落梁→⑪重复第⑤~⑨步，架设下一片梁→⑫铰缝施工，完成整跨安装→⑬架桥机前移至下一跨，直至完成整桥安装。 (4) 采用起重机吊装构件时，如采用1台吊机起吊，应在吊点位置的上方设置吊架或起吊扁担；如采用两台起重机抬吊，应统一指挥，协调一致，使构件的两端同时起吊、同时就位。 (5) 采用缆索吊机进行安装时，应事先对缆索吊机进行1.2倍最大设计荷载的静力试验和设计荷载下的试运行，全面验收合格后方可使用。

续表

序号	项目	内容
9	简支梁、板的安装规定	(6) 梁、板安装施工期间及架桥机移动过孔时，严禁行人、车辆和船舶在作业区域的桥下通行。 (7) 梁、板就位后，应及时设置保险垛或支撑将构件临时固定，对横向自稳性较差的T形梁和I形梁等，应与先安装的构件进行可靠的横向连接，防止倾倒。 (8) 安装在同一孔跨的梁、板，其预制施工的龄期差宜不超过10d，特殊情况应不超过30d。梁、板上有预留孔道的，其中心应在同一轴线上，偏差应不大于4mm。梁、板之间的横向湿接缝，应在一孔梁、板全部安装完成后方可进行施工。 (9) 对弯、坡、斜桥的梁、板，其安装的平面位置、高程及几何线形应符合设计要求。 (10) 当安装条件与设计规定的条件不一致时，应对构件在安装时产生的内力进行复核
10	先简支后连续的梁施工规定	(1) 先简支安装梁的施工应符合上述第9条的规定，当设置临时支座进行支承时，对一片梁中的各临时支座，其顶面的相对高差应不大于2mm。 (2) 简支变连续的施工程序应符合设计规定。 (3) 对湿接头处的梁端，应按施工缝的要求进行凿毛处理。永久支座应在设置湿接头底模之前安装。湿接头处的模板应具有足够的强度和刚度，与梁体的接触面应密贴并具有一定的搭接长度，各接缝应严密不漏浆。负弯矩区的预应力管道应连接平顺，与梁体预留管道的接合处应密封；预应力锚固区预留的张拉齿板应保证其外形尺寸准确且不被损坏。 (4) 湿接头的混凝土宜在一天中气温相对较低的时段浇筑，且一联中的全部湿接头应尽快浇筑完成。湿接头混凝土的养护时间应不少于14d。 (5) 湿接头按设计要求施加预应力、孔道压浆且浆体达到规定强度后，应立即拆除临时支座，按设计规定的顺序完成体系转换。同一片梁的临时支座应同时拆除

预应力混凝土箱梁施工

序号	项目	内容
1	箱梁预制场地的建设额外要求	箱梁预制场地的建设除应符合上述第一部分一般要求的规定外，尚应符合下列规定： (1) 预制场地应进行专门设计，其布置应有利于制梁、存梁、运梁和架梁的施工作业；制梁台座、存梁台座及运梁线路的地基应具有足够的承载能力，并应有防排水设施；场地内的道路、料场等应硬化处理。 (2) 对在水域中架设安装的箱梁，应在预制场地设置箱梁的出运码头；从岸的一侧开始延伸至水域中或在陆上架设安装的箱梁，应设置必要的提梁设施和装置
2	钢筋吊装规定	钢筋宜在专用胎架上绑扎制作成整体骨架后，进行整体起吊安装；采用拼装式内模时，钢筋宜分片制作，分片起吊安装
3	模板的制作、安装与拆除规定	箱梁的预制宜采用定型钢模板，模板应具有足够的强度和刚度，并应能满足多次重复使用不变形的要求。模板的制作、安装与拆除除应符合有关规定外，尚应符合下列规定： (1) 钢模板在加工制作时，模板的全长和跨度应考虑箱梁反拱度的影响及预留压缩量。附着式振捣器的支座应交错布置，安设牢固，并应使振动力先传向模板的骨架，再由骨架传向面板。 (2) 模板的拆除期限除应符合有关规定外，对外侧模和端模，尚应满足箱梁混凝土的表层温度与环境温度之差不大于15℃的要求；当气温急剧变化时，不宜进行拆模作业

续表

序号	项目	内容
4	箱梁混凝土浇筑规定	(1) 箱梁混凝土宜一次连续浇筑完成，且宜采取水平分层、斜向推进的方式浇筑，水平分层的厚度不得大于 300mm，各层间混凝土的间隔浇筑时间不应超过其初凝时间。 (2) 梁体腹板下部的底板混凝土宜采用设于底模处的附着式振捣器振动；腹板混凝土宜采用插入式振捣器及附着式振捣器辅助振捣；对钢筋和预应力管道密布区域的混凝土，应提前按一定间距设置混凝土溜槽和插入式振捣器辅助导向等装置，保证该区域的混凝土能振捣密实
5	箱梁混凝土覆盖和养护规定	箱梁混凝土浇筑完成后，应按《公路桥涵施工技术规范》JTG/T 3650—2020 的有关规定及时进行覆盖和养护，并应符合下列规定： (1) 当采取蒸汽养护时，除应符合《公路桥涵施工技术规范》JTG/T 3650—2020 的冬期施工规定外，尚宜分为静停、升温、恒温、降温及自然养护五个阶段。静停期间应保持蒸养棚内的温度不低于5℃；混凝土浇筑完成 4h 后方可升温，且升温的速度应不大于 10℃/h；恒温时应将温度控制在 50℃以下，恒温时间宜由试验确定；降温的速度应不大于 5℃/h；蒸汽养护结束后，应立即进入自然养护阶段，且养护时间宜不少于 7d。蒸养期间、拆除保温设施及模板时，梁体混凝土表层的温度与环境温度之差应不大于 15℃。 (2) 当采取自然养护时，对暴露于大气环境中的混凝土表面应采用适宜的材料进行覆盖，并洒水养护；拆模后尚未达到养护时间的梁体混凝土表面，宜采用喷淋方式或采用养护剂喷洒养护。当环境相对湿度小于 60%时，自然养护的时间宜不少于 28d；相对湿度大于或等于 60%时，宜不少于 14d
6	张拉控制规定	(1) 梁体混凝土的抗压强度达到设计强度的 1/3 以上、弹性模量不低于设计值的 50%时，可对部分预应力钢束进行初张拉，但其张拉应力不应超过设计张拉控制应力的 1/3，且初张拉的预应力钢束编号及张拉应力应符合设计规定。 (2) 对箱梁预应力钢束的终张拉，应在其混凝土抗压强度达到设计强度的 80%、弹性模量不小于设计值的 80%后进行。 (3) 设计对张拉有具体规定时应从其规定
7	梁体预应力孔道的压浆规定	梁体预应力孔道的压浆应符合规定。压浆结束后应将锚具外部清理干净，并应对梁端混凝土进行凿毛，对锚具进行防锈处理，按设计要求设置钢筋网片，浇筑封端混凝土。封端应采用无收缩混凝土，其强度应符合设计规定，并应严格控制梁体长度。
8	箱梁的场内移运及存放规定	(1) 箱梁在场内的移运可采用龙门吊机、轮胎式移梁机或滑移方式，且应预设相应的移运通道。 (2) 采用滑移方式移梁时，滑道应设在坚固稳定的地基基础上。滑道应保持平整，滑移时 4 个支点的相对高差不得超过 4mm，两滑道之间的高差不得超过 50mm。滑移的动力设施应经计算及试验确定。滑移过程中应采取有效措施保证梁体不受损伤。 (3) 梁体预应力钢束初张拉后进行吊运或滑移时，箱梁顶面严禁堆放重物或施加其他额外荷载；终张拉后吊运或滑移箱梁时，应在预应力孔道压浆浆体达设计规定强度后方可进行。 (4) 箱梁的存放台座应坚固稳定，且应有相应的防排水设施，应保证箱梁在存放期间不致因台座下沉受到损坏。箱梁在存放时，其支点距梁端的距离应符合设计规定

续表

序号	项目	内容
9	箱梁的运输规定	(1) 当采用运梁车运输箱梁时，运梁线路的路面应平坦，地基应有足够的承载能力，纵向坡度应不大于3%，横向坡度（人字坡）应不大于4%，最小曲率半径应不小于运梁车的允许转弯半径。在运梁车通过的限界内，不得有任何障碍物。 (2) 运梁车装载箱梁时，其支承应牢固，起步和运行应缓慢，平稳前进，严禁突然加速或紧急制动。重载运行时的速度宜控制在5km/h以内，曲线、坡道地段应严格控制在3km/h以内。当运梁车接近卸梁地点或架桥机时，应减速徐停。 (3) 当采用水运方式运输箱梁时，除支承应符合结构受力及运输要求外，尚应对梁体进行固定，并应采取防止船体摆动的有效措施，保证其在风浪颠簸中不移位。 (4) 不论采取何种方式运输箱梁，均不得使其在装卸和运输过程中产生任何形式的损伤及变形
10	箱梁的架设安装规定	(1) 箱梁应采用通过技术质量监督部门产品认证的专用架桥机，或由海事部门颁发船舶证书及起重检验证书的起重船进行架设安装，且起重参数应能满足箱梁的要求，起重船的锚泊系统应能满足作业水域的条件。吊架和吊具应专门设计。起重设备、吊架和吊具等应经试吊确认安全后方可用于正式施工，吊具应定期进行探伤检查。 (2) 采用架桥机安装作业时，其抗倾覆稳定系数应不小于1.3；架桥机过孔时，起重小车应位于对稳定最有利的位置，且抗倾覆稳定系数应不小于1.5。 (3) 采用起重船安装作业时，起重船在进入安装位置后应根据流速、流向、风向和浪高等情况抛锚定位，定位时不得利用桥墩墩身带缆；在起重船定位和箱梁架设安装过程中，船体和梁体均不得对桥墩或承台产生碰撞。 (4) 架设安装时，箱梁在起落过程中应保持水平；顶落梁时梁体的两端应同步缓慢起落，并不得冲击临时支座。箱梁就位时，应设置必要的装置对梁体的空间位置进行精确调整。 (5) 在墩顶设置的临时支座，其形式和位置应符合设计规定，梁底与支座应密贴；4个临时支座的顶面相对高差不得超过4mm。 (6) 箱梁架设安装后的吊梁孔应采用收缩补偿混凝土封填
11	箱梁简支变连续时的体系转换规定	箱梁简支变连续时的体系转换除应符合设计要求和上述第一部分的有关规定外，尚应符合下列规定： (1) 需浇筑湿接头的箱梁端部的形状应符合设计规定，预应力钢束及其他预留孔道的位置偏差应不大于4mm。 (2) 宜先将一联箱梁采用型钢在纵向予以临时固结，且宜在一天中气温最低且温度场均匀稳定的时段浇筑湿接头混凝土

考点2 桥梁上部结构支架及逐孔施工

支架现浇施工（以现浇箱梁为例叙述）

序号	项目	内容
1	支架现浇梁单个施工单元施工工艺流程	地基处理→支架搭设→模板系统安装→支架加载预压→钢筋、预应力安装→内模安装→混凝土浇筑→混凝土养护→预应力张拉→预应力孔道压浆→落架、模板支架拆除

续表

序号	项目	内容
2	地基处理与支架模板施工	(1) 地基处理：地基处理应根据箱梁的断面尺寸及支架的形式对地基的要求而决定，支架的跨径大，对地基的要求就高，地基的处理形式就得加强，反之就可相对减弱。地基处理形式有：地基换填压实；混凝土条形基础；桩基础加混凝土横梁等。地基处理时要做好地基的排水，防止雨水或混凝土浇筑和养护过程中滴水对地基的影响。 (2) 支架：支架的布置根据梁截面大小并通过计算确定以确保强度、刚度、稳定性满足要求，对高度超过 8m、跨度超过 18m 的支架，应对其稳定性进行安全论证，确认无误后方可施工。梁式支架不宜采用拱式结构；必须采用时，应按拱架的要求施工。梁式桥跨越需要维持正常通行（航）的道路（水域）时，对其现浇支架应采取防碰撞的安全措施，并应设置必要的交通导流标志，保证施工安全和交通安全。 (3) 支架应根据技术规范的要求确定是否采取预压措施，以收集支架、地基的变形数据，作为设置预拱度的依据，预拱度设置时要考虑张拉上拱的影响，预拱度一般按二次抛物线设置。 (4) 模板：模板由底模、侧模及内模三个部分组成，一般预先分别制作成组件，在使用时再进行拼装，模板以钢模板为主，在齿板、堵头或棱角处采用木模板。对于一次性浇筑混凝土的箱梁，内模框架由设置在底模板上的预制块支撑，预制块混凝土强度与梁体同等级。对于腹板模板，应根据腹板高度设置对拉杆，对拉杆宜采用塑料套管，以便拉杆取出，不得用气割将拉杆割断。混凝土的隔离剂应采用清洁的机油、肥皂水或其他质量可靠的隔离剂，不得使用废机油。在箱梁的顶板和横隔板上要根据施工需要设置人孔，以便将内模拆出
3	普通钢筋、预应力筋施工	(1) 在安装并调好底模及侧模后，开始底、腹板普通钢筋绑扎及预应力管道的预设，混凝土一次浇筑时，在底、腹板钢筋及预应力管道完成后，安装内模，再绑扎顶板钢筋及预应力管道。混凝土采用二次浇筑时，底、腹板钢筋及预应力管道完成后，浇筑第一次混凝土，混凝土终凝后，再支内模顶板，绑扎顶板钢筋及预应力管道，进行混凝土的第二次浇筑。 (2) 预应力筋穿束前要对孔道进行清理。钢束较短时，可采用人工从一端送入即可。如钢束较长时，可采用金属网套法，先用孔道内预留铅丝将牵引网套的钢丝绳牵入孔道，再用人工或慢卷扬机牵引钢束缓慢引进
4	混凝土的浇筑	(1) 箱梁施工前，应做混凝土的配合比设计及各种材料试验，并报请工程师批准，并根据实际情况进行综合比较确定箱梁混凝土采用一次、二次浇筑方式。 (2) 混凝土浇筑时要安排好浇筑顺序，其浇筑速度要确保下层混凝土初凝前覆盖上层混凝土。梁桥现浇施工时，梁体混凝土在顺桥向宜从低处向高处进行浇筑，在横桥向宜对称进行浇筑。混凝土浇筑过程中，应对支架的变形、位移、节点和卸架设备的压缩及支架地基的沉降等进行监测，如发现超过允许值的变形、变位，应及时采取措施予以处理。混凝土如采用分次浇筑，第二次混凝土浇筑时，应将接触面上第一次混凝土凿毛，清除浮浆
5	预应力张拉	(1) 当梁体混凝土强度达到设计规定的张拉强度（试压与梁体同条件养护的试件）时，方可进行张拉。 (2) 箱梁预应力的张拉采用双控，即以张拉力控制为主，以钢束的实际伸长量进行校核，实测伸长值与理论伸长值的误差不得超过规范要求，否则应停止张拉，分析原因，在查明原因并加以调整后，方可继续张拉。由于预应力筋张拉时，应先调整到初应力，再开始张拉和量测伸长值，实际伸长量为两部分组成，一是初应力至张拉控制应力部的实测伸长量，二是初应力时推算的伸长值，实际伸长值为两者之和。 (3) 张拉的程序按设计文件或技术规范的要求进行。 (4) 张拉顺序按图纸要求进行，无明确规定时按分段、分批、对称的原则进行张拉

用移动支架逐孔现浇施工（移动模架法）

序号	项目	内容
1	适用范围	（1）当桥墩较高，桥跨较长或桥下净空受到约束时，可以采用非落地支承的移动模架逐孔现浇施工，称为移动模架法。 （2）移动模架法适用在多跨长桥，桥梁跨径可达 20~70m，使用一套设备可多次移动周转使用。为适应这类桥梁的快速施工，要求有严密的施工组织和管理
2	工作原理	（1）移动模架是以移动式桁架为主要支承结构的整体模板支架，可一次完成中小跨径桥一跨梁体混凝土的浇筑，适用于 20~70m 跨径梁体断面形式基本相同的多跨简支和连续梁的就地浇筑。连续施工时每孔仅在（0.2~0.25）L 附近处（L 为跨长）设一道横向工作缝，浇完一孔后，将移动模架前移到下孔位置，如此重复推进和连续施工。 （2）移动模架是混凝土的直接支承体系，既是施工作业平台，又是梁体混凝土的模具。移动模架主要由主梁导梁系统、吊架支撑系统、模板系统、移位调整系统、液压电气系统及辅助设施等部分组成。移动模架结构按行走方式分为自行式和非自行式；按导梁的形式分为前一跨式导梁、前半跨式导梁、前后结合导梁；按底模的安拆方式分为平开合式、翻转式等；按与箱梁的位置和过孔方式分为上行式（上承式）、下行式（下承式）等形式。 （3）主梁在待制梁体上方，借助已成梁体和桥墩移位的称为上行式移动模架；主梁在待制梁体下方，完全借助桥墩移位的称为下行式移动模架
3	施工过程的主要工序	支腿或牛腿托架安装、主梁安装、导梁安装、模板系统与液压电气系统及其他附属设施安装、加载试验、支座安装、预拱度设置与模板调整、绑扎底板及腹板钢筋、预应力系统安装、内模就位、顶板钢筋绑扎、箱梁混凝土浇筑、内模脱模、施加预应力和管道压浆及落模拆底模及滑模纵移
4	模架的安装	（1）移动模架现浇施工主要包括模架的拼装、运行、拆除三个关键环节，拼装是施工准备阶段的重点，运行是施工过程中的关键，拆除是施工收尾阶段的难点。 （2）整套移动模架的拼装分为支承托架（牛腿）拼装、钢主梁（导梁）拼装、横梁拼装、模板系统及其他附属部件拼装四大部分，移动模架拼装完成后，应对其拼装质量进行检验，并应在首孔梁的浇筑位置就位后进行荷载加载试验，检验和试压合格后方可正式使用
5	移动模架施工要点	（1）模架的支承系统应安全可靠，应具有足够的承载能力、刚度和稳定性。模架应设置预拱度，预拱度值应经计算并参考荷载试验结果确定。 （2）首孔梁浇筑混凝土前，应做好施工前的各项准备工作，制订详细的施工方案、施工工艺、各项保障措施及应急预案；浇筑施工时，应对模架进行挠度监测，监测的数据及分析结果应作为修正模架预拱度的依据。首孔梁的混凝土在顺桥向宜从桥台（或过渡墩）开始向悬臂端进行浇筑，中间孔宜从悬臂端开始向已浇梁段推进浇筑，末孔宜从一联中最后一个墩位处向已浇梁段推进浇筑，最终与已浇梁段接合；梁体混凝土在横桥向应对称浇筑。连续梁逐孔现浇的纵向分段接缝位置应符合设计规定；设计未规定时，宜设在 1/5 跨的弯矩零点附近。 （3）任一孔梁的混凝土浇筑施工完成后，内模中的侧向模板应在混凝土抗压强度达到 2.5MPa 后，顶面模板应在混凝土抗压强度达到设计强度等级的 75% 后，方可拆除；外模架应在梁体建立预应力后方可卸落。

续表

序号	项目	内容
5	移动模架施工要点	（4）模架横移和纵向移动过孔前，应解除作用于模架上的全部约束。纵向移动时两侧的承重钢梁应保持基本同步，不同步的最大距离偏差应符合产品设计的规定，且应有限位和紧急制动装置；移动到下一孔位置后，应立即对模架进行准确就位并固定。模架在移动过孔时的抗倾覆稳定系数应不小于1.5。 （5）每完成一孔梁的施工，均应对模架的关键部位及支承系统等进行检查，发现问题后应及时处理

上行式、下行式移动模架特征

序号	项目	上行式	下行式
1	承重支承方式	一般通过支腿支撑，后端支撑在已成梁上，前端支撑在前方墩上	一般通过墩旁托架支撑，两端均支撑在桥墩上
2	模板支承方式	通过吊件吊挂在主梁上	通过千斤顶直接或间接支撑在主梁上
3	外模开合方式	旋转张开或横向滑移	横向滑移
4	过孔方式	借助下导梁滑移或立柱迈步	借助墩旁托架滑移
5	施工安全性	施工时主梁支承安全可靠，但整机重心较高	施工时主梁支承的可靠性受摩擦力及锚固力的影响大，但整机重心较低
6	施工方便性	主梁下可设起重设备、雨棚，作业空间相对封闭，过孔速度快	主梁上不易设置起重设备、雨棚，墩旁托架倒装相对复杂，过孔速度慢
7	施工适应性	使用不受墩的高度限制，可方便地完成首末跨箱梁施工，但不易在桥中部拼装	使用受墩的高度限制，墩高矮于4m时不易采用，首末跨箱梁施工需要设置临时支墩
8	制梁周期	制梁周期长	制梁周期短
9	制造费用	用钢量大，自重大	用钢量少，自重小

整孔吊装或分段吊装逐孔施工

序号	项目	内容
1	整孔吊装或分段吊装逐孔施工的吊装机具	吊装的机具有桁式吊、浮吊、龙门起重机、汽车吊等多种，可根据起吊物重力、桥梁所在的位置以及现有设备和掌握机具的熟练程度等因素决定
2	整孔吊装和分段吊装施工的注意问题	（1）采用分段组装逐孔施工的接头位置可以设在桥墩处也可设在梁的1/5附近，前者多为由简支梁逐孔施工连接成连续梁桥；后者多为悬臂变转换为连续梁。在接头位置处可设有0.5～0.6m现浇混凝土接缝，当混凝土达到足够强度后张拉预应力筋，完成连续。 （2）桥的横向是否分隔，主要根据起重能力和截面形式确定。当桥梁较宽，起重能力有限的情况下，可以采用T梁或工字梁截面，分片架设之后再进行横向整体化。为了加强桥梁的横向刚度，常采用梁间翼缘板有0.5m宽的现浇接头。采用大型浮吊横向整体吊装将会简化施工和加快安装速度。 （3）对于先简支后连续的施工方法，通常在简支梁架设时使用临时支座，待连接和张拉后期钢索完成连续时拆除临时支座，放置永久支座。为使临时支座便于卸落，可在橡胶支座与混凝土垫块之间设置一层硫磺砂浆。 （4）在梁的反弯点附近设置接头，在有可能的情况下，可在临时支架上进行接头。结构各截面的恒载内力根据施工阶段进行内力叠加计算

考点3 桥梁上部结构悬臂施工

悬臂拼装施工

序号	项目	内容
1	悬臂拼装施工优缺点	（1）悬臂拼装施工包括块件的预制、运输、拼装及合龙。它与悬浇施工具有相同的优点，不同之处在于悬拼以吊机将预制好的梁段逐段拼装。 （2）具备以下优点： ①梁体的预制可与桥梁下部构造施工同时进行，平行作业缩短了建桥周期。 ②预制梁的混凝土龄期比悬浇法的长，从而减少了悬拼成桥后混凝土的收缩和徐变。 ③预制场或工厂化的梁段预制生产利于整体施工的质量控制。 （3）具有以下缺点： ①悬臂拼装采用梁段间的接缝、预应力束的穿束连接张拉，使结构整体性相对差一些。 ②因梁段已完成预制，能调整的余地相对较小，再加上施工中有许多不确定因素，造成施工变形控制难度较大。 ③悬臂拼装需要起吊大块预制梁段，对预制场地、设备等配置要求高，致使造价偏高
2	悬拼施工方法	梁段预制方法分长线法及短线法。 （1）长线法 ①组成梁体的所有梁段均在固定台座上的活动模板内浇筑且相邻段的拼合面应相互贴合浇筑，缝面浇筑前涂抹隔离剂，以利脱模。优点是由于台座固定可靠，成桥后梁体线性较好，缺点是占地较大，地基要求坚实，混凝土的浇筑和养护移动分散。 ②长线法梁段预制工序：预制台座建造→台座立面、平面线形调整→外模安装→刷脱模剂、堵缝→安装底腹板普通钢筋及预应力管道→内模安装→安装普通钢筋及预应力管道→混凝土浇筑及养护→拆除模板→台座立面、平面线形调整（预制下一节段）。 （2）短线法 ①梁段在固定台座能纵移的模内浇筑。待浇梁段一端设固定模架，另一端为已浇梁段（配筑梁段），浇毕达到强度后运出原配筑梁段，达到要求强度梁段为下待浇梁段配筑，如此周而复始，台座仅需3个梁段长。优点是场地较小，浇筑模板及设备基本不需要移机，可调的底、侧模便于平竖曲线梁段的预制，缺点是精度要求高，施工要求严，施工周期相对较长。 ②短线法梁段预制工序：台车及模板系统加工→端模、底模及外侧模安装→匹配梁段定位→钢筋骨架吊装→内模就位→固定端模复测→混凝土浇筑及养护→拆除模板→匹配梁段转运存放→新浇筑梁段移至匹配梁位置→匹配梁段定位（下一块段施工）。
3	0号块和1号块梁段的拼接施工	（1）0号块：为了确保连续梁分段悬拼施工的平衡和稳定，常与悬浇方法相同，将构件支座临时固结，必要时在墩两侧加设临时支架以满足悬拼的施工需要。 （2）1号块：1号块是紧邻0号块两侧的第一箱梁节段，也是悬拼构件的基准梁段，是全跨安装质量的关键，一般采用湿接缝连接。湿接缝拼装梁段施工程序包括：吊机就位→提升、起吊1号梁段→安装波纹管→中线测量→丈量湿接缝的宽度→调整波纹管→高程测量→检查中线→固定1号梁段→安装湿接缝的模板→浇筑湿接缝混凝土→湿接缝养护、拆模→张拉预应力筋→压浆→下一梁段拼装
4	其他梁段拼装	（1）移动式导梁架桥机施工 ①悬臂节段拼装工艺流程图：架桥机安装及调试→运梁就位→架桥机落钩起吊箱梁至桥面→节段胶结层涂抹→临时预应力张拉→胶结层养护至固化→悬拼预应力钢束张拉→架桥机解钩、前移至下一个节段施工。 ②整跨拼装工艺流程图：架桥机安装及调试→运梁就位→梁段吊装及调整→节段胶结层涂抹→临时预应力张拉→胶结层养护至固化→整孔预应力张拉→整孔梁就位→架桥机纵移过孔、吊钩前移至下一个节段施工。

续表

序号	项目	内容
4	其他梁段拼装	(2) 悬拼吊机法施工 悬拼吊机法节段拼装工艺流程图：吊机安装及调试→梁端就位→起吊梁段、试拼→节段胶结层涂抹→临时预应力张拉→胶结层养护至固化→悬拼预应力钢束张拉→吊机解钩、前移至下一个节段施工。 (3) 浮吊悬拼法施工 浮吊悬拼工艺流程图：浮吊船移动就位→梁预制节段驳船运输到位→移动浮吊挂钩，固定缆风绳，起吊→浮吊调整梁段起吊高度，停钩靠近待吊墩位→稳住浮吊、起钩→就位停钩，稳住浮吊，梁段调正→调整梁段，浮吊落钩→摘钩，移船
5	悬臂拼装施工应注意的要点	(1) 预制场地的布置应便于节段的预制、移运、存放及装车（船）出运；预制台座应稳定、坚固，在荷载作用下，其顶面的沉降应控制在2mm以内。梁段的存放场地应平整，承载力应满足要求，支垫位置应与吊点一致。 (2) 节段预制前，应在预制场地建立精密测量的平面控制网和高程控制网，并设置测量控制点、测量塔及靶标。测量控制点应设在远离热源和震动源的位置，且应具有良好的通视条件，必要时应设置备用的测量控制点。 (3) 节段预制时，应对其预制线形进行控制，使成桥后的线形符合设计要求。节段预制的测量控制宜采用专用线形控制软件进行。 (4) 节段预制宜采用专门设计的钢模板，钢模板及其支撑除应满足强度、刚度和稳定性的要求外，尚应满足多次重复使用不变形及保证节段预制精度的要求。采用长线法预制节段时，同一连续匹配浇筑的梁段应在同一长线台座上制作；采用短线法时，应在台座上匹配预制，并应符合下列规定： ① 内模系统应是可调整的，且宜安装在可移动的台车支架上。 ② 端模应垂直、牢固，外侧模与底模应能适应节段的线形变化要求。 ③ 模板与匹配节段的连接应紧密，不漏浆。 (5) 节段的钢筋宜在专用胎架上制成整体骨架后，吊入模板内进行安装；吊装整体骨架时应设置吊架，吊点的布置应合理，且宜采用多点起吊，防止变形。对预埋件的安装和预留孔的设置，应采用定位钢筋将其准确固定；当有体外预应力钢束转向器时，其安装必须准确可靠。 (6) 节段预制混凝土的性能及要求除应符合有关规定外，尚应符合设计对其弹性模量、收缩和徐变等性能的要求。节段预制混凝土的浇筑应根据环境温度、水泥品种、外加剂、施工进度及对混凝土性能的要求等制订养护方案，总体养护时间宜不少于14d，对节段的外立面混凝土宜采用喷湿或其他适宜的方式进行养护。 (7) 节段的脱模时间应符合设计规定；设计未规定时，应在混凝土强度达到设计强度的75%后方可脱模并拆除。在脱模、拆除或移动节段时，应采取措施防止损伤节段混凝土的棱角和剪力键。 (8) 模板拆除后应及时对节段进行检查验收，测量其外形尺寸，并标出梁高及纵横轴线。 (9) 节段的起吊、移运、存放应符合下列规定： ① 节段从预制台座起吊时，混凝土的强度应符合设计规定。 ② 节段的移运应满足运输安全和施工安全的要求。在移运时，应采取措施防止对节段产生冲击或碰撞。 ③ 节段在存放台座的叠放层数宜不超过两层，并应对存放台座及其地基的承载力进行验算。节段支点的位置应符合设计规定，且宜采用垫木或橡胶板等弹性支撑物进行支承。 ④ 节段的存放时间应符合设计要求；设计未要求时，宜不少于90d。对未达到养护时间的节段，应在存放时继续养护。

续表

序号	项目	内容
5	悬臂拼装施工应注意的要点	(10) 对连续梁，墩顶的梁段与墩之间应按设计要求进行临时固结，并应进行必要的施工验算，且临时固结的结构和材料应满足方便、快速拆除的要求。 (11) 悬臂拼装施工应符合下列规定： ① 节段拼装施工前，应对预制节段的匹配面进行必要的处理，并应确定接缝施工的方法和工艺。在拼装施工过程中，应跟踪监测各节段梁体的挠度变化情况，控制其中轴线及高程；当实测梁体线形与设计值有偏差时，应及时进行调整。 ② 施工前应按施工荷载对起吊设备进行强度、刚度和稳定性验算，其安全系数应不小于2。节段起吊安装前，应对起吊设备进行全面安全技术验收，并应分别进行1.25倍设计荷载的静载和1.1倍设计荷载的动载试验。 ③ 墩顶节段安装前，应在每一联梁中建立其独立的三维坐标系，对该联各墩顶节段安装的平面位置和高程进行测量放样，X、Y两个方向的放样精度宜不大于1mm，Z方向的放样精度宜不大于2mm。安装时，应对其安装精度进行严格控制。 ④ 墩顶梁段采用现浇方式施工时，对与之相邻的拼装起始节段的放样精度控制，亦应符合本条第③款的规定。 ⑤ 节段悬臂拼装时，桥墩两侧的节段应对称起吊，且应保证桥墩两侧平衡受力，最大不平衡力应符合设计规定。 (12) 接缝的处理应符合下列规定： ① 采用胶接缝拼装的节段，涂胶前应就位试拼。胶粘剂进场后应进行力学性能及作业性能的抽检，其各项性能应满足结构设计与节段拼装施工的要求。节段的匹配面应平整，对尘土、油脂等污染物及松散混凝土和浮浆应清除干净，涂胶前的匹配面应进行干燥处理。 ② 胶粘剂宜采用机械拌合，且在使用过程中应连续搅拌并保持其均匀性，胶粘剂应涂抹均匀，覆盖整个匹配面，涂抹厚度宜不超过3mm。对胶接缝施加临时预应力进行挤压时，挤压力宜为0.2MPa，胶粘剂应在梁体的全断面挤出，且胶接缝的挤压应在3h以内完成；当施工时间超过明露时间的70%时，在固化之前应清除被挤出的胶结料。胶粘剂在涂抹和挤压时，应采取措施对预应力孔道的端口处进行防护，防止胶粘剂进入孔道内。 (13) 节段拼装的预应力施工除应符合有关规定外，尚应符合下列规定： ① 对采用胶接缝的节段，在拼装工作结束并经检查符合要求后，应立即施加预应力对接缝进行挤压；对采用湿接缝的节段，应在接缝混凝土强度达到设计强度的80%以上时方可对其施加预应力。 ② 临时预应力钢束的布置和张拉控制应力应符合设计规定，并应满足多次重复张拉的作业要求；临时预应力钢束在结构永久预应力施工完成后方可拆除。 ③ 节段拼装完成并施加预应力后，方可放松起吊吊钩，并应立即对预应力孔道进行压浆和封锚。 ④ 对梁顶面明槽内已张拉的预应力钢束应加以保护，严禁在其上堆放物体或抛物撞击
6	悬臂拼装合龙段施工	悬臂拼装合龙段施工工艺流程图：合龙段起吊就位→合龙段临时锁定→湿接缝预应力管道连接→穿合龙预应力束→安装湿接缝模板→现浇湿接缝，养护，脱模→张拉预应力束→解除临时锁定

悬臂浇筑施工

序号	项目	内容
1	适用范围	适用于大跨径的预应力混凝土悬臂梁桥、连续梁桥、T型刚构桥、连续刚构桥
2	特点	其特点是无须建立落地支架，无须大型起重与运输机具，主要设备是一对能行走的挂篮
3	施工准备	(1) 挂篮设计及加工 ① 挂篮是悬浇箱梁的主要设备，它是沿着轨道行走的活动脚手架及模板支架。挂篮按主要承重结构形式可分为桁架式、斜拉式及钢板梁式；按受力原理可分为垂直吊杆式、斜拉式、刚性模板式；按抗倾覆平衡方式可分为压重式、锚固式、半压重式半锚固式；按移动方式可分为滑动式、滚动式、组合式。对某一具体工程，应根据梁段分段情况，根据对挂篮的重量、要求承受荷载及施工经验对挂篮进行认真详细的设计。除必须满足强度、刚度、稳定性要求外，还要使其行走、锚固方便可靠，重量不大于设计规定。挂篮由主桁架、锚固、平衡系统及吊杆、纵横梁等部分组成，由工厂或现场根据挂篮设计图纸精心加工而成。挂篮试拼后，必须进行荷载试验。 ② 挂篮与悬浇梁段混凝土的重量比宜不大于0.5，且挂篮的总重应控制在设计规定的限重之内。 ③ 挂篮的最大变形（包括吊带变形的总和）应不大于20mm。 ④ 挂篮在浇筑混凝土状态和行走时的抗倾覆安全系数、锚固系统的安全系数、斜拉水平限位系统的安全系数及上水平限位的安全系数均应不小于2。 ⑤ 挂篮锚固系统所用的轴销、键、拉杆、垫板、螺母、分配梁等应专门设计、加工，并不得随意更换或替代。 ⑥ 悬挂系统两端应能与承压面密贴配合，混凝土承压面不规则、不平整时应事前处理，应使吊杆能轴向受拉而不承受额外的弯矩和剪力。 ⑦ 挂篮制作加工完成后应进行试拼装。挂篮在现场组拼后，应全面检查其安装质量，并应进行模拟荷载试验，符合挂篮设计要求后方可正式投入使用。 (2) 0号、1号块的施工：挂篮是利用已浇筑的箱梁段作为支撑点，通过桁架等主梁系统、底模系统，人为创造一个工作平台。对于0号、1号块挂篮没有支撑点或支撑长度不够，需采用其他方式浇筑。一般采用扇形托架浇筑。扇形托架可用万能杆件、贝雷片或其他装配式杆件组成，托架可支撑在桥墩基础承台上或墩身上。托架除须满足承重强度要求外，还须具有一定的刚度，各连续点应连接紧密，螺栓旋紧，以减少变形，防止梁段下沉和裂缝。 (3) 临时固结：对于连续箱梁，梁与墩未固结在一起，施工时，两侧悬浇施工难以保持绝对平衡，必须在施工中采取临时固结措施，使梁具有抗弯能力，并应进行必要的施工验算。临时固结一般采用在支座两侧临时加预应力筋，梁和墩顶之间浇筑临时混凝土垫块。将梁固结在桥墩上，使梁具有一定的抗弯能力。在条件成熟时，再采用静态破碎方法，解除固结
4	悬臂浇筑施工工艺流程	(1) 连续刚构桥悬臂浇筑施工流程图：0号块支架搭设、预压→0号块混凝土浇筑→0号块预应力钢束张拉→组拼挂篮→挂篮预压→对称悬臂浇筑1号块→1号块预应力钢束张拉→挂篮分离，前移就位→悬臂浇筑2号块（下一块段施工）→边跨合龙（边跨现浇混凝土浇筑）→中跨合龙。 (2) 连续梁桥悬臂浇筑施工流程图：0号块支架搭设、预压→0号块混凝土浇筑→0号块预应力钢束张拉→墩梁临时固结→组拼挂篮→挂篮预压→对称悬臂浇筑1号块→1号块预应力钢束张拉→挂篮前移就位→悬臂浇筑2号块（下一块段施工）→边跨合龙（边跨现浇混凝土浇筑）→解除临时固结→中跨合龙

续表

序号	项目	内容
5	悬臂浇筑施工中应注意要点	(1) 主梁各部分的长度应充分考虑主梁的形式、跨径、墩宽、挂篮的形式以及施工周期来确定。0号段长度一般为5~20m,悬浇分段长度一般为3~5m。 (2) 桥墩顶梁段及桥墩顶附近梁段施工时,可采用托架或膺架为支架就地浇筑混凝土。托架或膺架应经过设计,计算弹性及非弹性变形。墩顶梁段宜全断面一次浇筑完成,当梁段过高一次浇筑完成难以保证质量时,可沿高度方向分两次浇筑,但首次浇筑的高度宜超过底板承托顶面以上至少500mm,且宜将两次浇筑混凝土的龄期差控制在7d以内。 (3) 挂篮安装时应保证安全、稳定、可靠。 ① 挂篮的主纵横梁的分联和移动操作应特别精心,以防急剧的塌落和倾覆。 ② 浇筑混凝土时,后端应锚固于已完成的梁段上,后锚和移动架可采取保险锚、保险索或保险手拉葫芦等安全措施。 ③ 挂篮桁架在已完成的梁段上行走时,应于后端压重稳定。 ④ 挂篮组拼后,应全面检查安装质量,并对挂篮进行试压,以消除结构的非弹性变形。挂篮试压通常采用水箱加压法、试验台加压法及砂袋法。 (4) 钢筋的制作及安装除应符合有关规定外,尚应符合下列规定: ① 底板钢筋与腹板钢筋的连接应牢固,且宜采用焊接;底板上、下两层的钢筋网应采用两端带弯钩的竖向筋进行连接,使之形成整体;顶板底层的横向钢筋宜采用通长筋。 ② 钢筋与预应力管道、预应力施工作业相互影响时,钢筋仅可移动,不得切断。若挂篮的下限位器、下锚带、斜拉杆等部位影响下一步操作必须切断钢筋时,应在该工序完成后,将切断的钢筋重新连接。 (5) 悬臂浇筑施工应符合下列规定: ① 悬臂浇筑施工应对称、平衡地进行,两端悬臂上荷载的实际不平衡偏差不得超过设计规定值;设计未规定时,宜不超过梁段重的1/4。悬臂梁段应全断面一次浇筑完成,并应从悬臂端开始,向已完成梁段推进分层浇筑。 ② 悬臂浇筑的施工过程控制宜遵循变形和内力双控的原则,且宜以变形控制为主。悬臂浇筑施工时,立模高程的误差应不大于±5mm,立模轴线的偏位应不大于5mm。 ③ 挂篮前移时,宜在其后方设置控制其滑动的装置或在滑道上设置止动装置;前移就位后,应立即将后锚固点锁定,防止倾覆。 ④ 每一节段悬臂浇筑施工完成后,除应进行质量检验外,尚应对预应力孔道进行检查,防止有杂物堵塞孔道的情况发生。悬臂浇筑施工时,应对桥面上的各种临时施工荷载进行控制。 ⑤ 当悬臂浇筑施工跨越铁路、公路、航道及其他建筑物时,应采取有效的安全施工防护措施。 (6) 悬臂浇筑时预应力的施工除应符合有关规定外,尚应符合下列规定: ① 对纵向预应力长钢束的张拉,宜通过必要的试验确定其张拉程序和各项参数,张拉持荷时间宜增加1倍;当钢束的伸长值不能满足要求时,可采取补张拉或多次张拉的措施,但张拉应力不得超过设计规定的最大控制应力。横向预应力采用一端张拉时,其张拉端宜在梁两侧交错设置。竖向预应力宜采用多次张拉的方式进行,多次张拉的次数应以钢束的伸长值是否达到要求且是否可靠锚固而定。 ② 对钢束施加预应力时,不得随意将锚具附近的普通钢筋切断;当该处的钢筋影响到张拉操作不能进行正常作业时,应会同设计人员协商处理。 ③ 对竖向预应力孔道,压浆时应从下端的压浆孔压入,压力宜为0.3~0.4MPa,且压入的速度不宜过快

续表

序号	项目	内容
6	混凝土梁的合龙和体系转换规定	（1）合龙的程序和顺序应符合设计规定，边跨、中跨合龙段施工可参照如下流程图： ①悬臂浇筑边跨合龙施工流程图：施工准备及模架安装→设置平衡重→普通钢筋及预应力管道安装→合龙锁定→浇筑合龙段混凝土→预应力施工→拆模、落架。 ②悬臂浇筑中跨合龙施工流程图：吊架及模板安装→设置平衡重→普通钢筋及预应力管道安装→合龙锁定→解除连续梁墩顶临时固结，完成体系转换→浇筑合龙段混凝土→预应力施工→拆除模板及吊架。 （2）合龙施工前应对两端悬臂梁段的轴线、高程和梁长受温度影响的偏移值进行观测，并应根据实际观测值进行合龙的施工计算，确定准确的合龙温度、合龙时间及合龙程序。 （3）对连续刚构两端的悬臂梁段采用施加水平推力的方式调整梁体的内力时，千斤顶的施力应对称、均衡。 （4）合龙时，宜采取措施将合龙口两侧的悬臂端予以临时刚性连接后，再浇筑合龙段混凝土。宜在合龙口两侧的梁体顶面设置等重压载水箱，并在浇筑合龙段混凝土时同步卸载。 （5）合龙段的混凝土宜在一天中气温最低且稳定的时段内浇筑，浇筑后应及时覆盖洒水养护，养护时间宜不少于14d。 （6）合龙时在桥面上设置的全部临时施工荷载应符合施工控制的要求。对预应力混凝土连续梁，合龙后应在规定的时间内尽快拆除墩梁临时固结装置，按设计规定的程序完成体系转换和支座反力调整
7	悬臂浇筑施工监控规定	（1）施工前应编制施工监控方案，进行结构分析复核，确定主梁施工监控目标高程和应力控制标准，建立指令、监测数据等信息传递和反馈的控制流程。施工监控方案应依据批准的图纸和实施性施工组织设计编制，结构分析的参数和结果应经设计认可。 （2）施工监控应考虑环境温度、桥上施工设备及临时荷载的影响；监控测量应考虑日照温差、季节性温差、大风等因素的影响；施工荷载应不超出规定的限值。 （3）每节段施工应在混凝土浇筑后、预应力张拉后、挂篮前移就位后等阶段，测量梁段的高程，并据此预测、确定下一梁段的立模高程。应力监测应按预定的频次实施，不得随意改变。 （4）当需要改变施工顺序、进度和作业条件时，应复核施工监控的可行性，并制定措施保证桥梁线形和应力符合设计要求。如果施工顺序、进度或作业条件发生了重大偏差，应重新进行施工监控结构分析，确定目标高程和应力控制标准

考点4　桥梁上部结构顶推施工

顶推施工基础知识

序号	项目	内容
1	顶推法施工特点	（1）节省施工用地，工厂化制作，结构整体性好，能保证构件质量。桥梁节段固定在一个场地预制，便于施工管理改善施工条件，避免高空作业；节约劳力，施工安全。 （2）由于作业场所限定在一定范围内，可于作业场上方设置顶棚而使施工不受天气影响，全天候施工。 （3）机具设备简便，模板、机具设备可多次周转使用，施工平稳无噪声；无需大型起吊设备、大量的施工脚手架，可不中断交通或通航。可在深谷和宽深河道上的桥梁、高架桥以及等曲率曲线桥、带有曲线的桥和坡桥上采用。

续表

序号	项目	内容
1	顶推法施工特点	(4) 连续梁的顶推跨径 30～50m 最为经济有利，如果跨径大于此值，则需要临时墩等辅助手段。逐段顶推施工宜在等截面的预应力混凝土连续梁桥中使用，也可在组合梁、斜拉桥和拱桥的主梁上使用。 (5) 不适应多跨变高梁，曲率变化的曲线桥和竖向曲率大的桥梁，受顶推悬臂弯矩的限制，顶推跨径大于 70～80m 不经济。顶推过程中需承受反复应力变化，使梁高取值大，临时束多，张拉工序繁琐。随着桥长的增大，施工进度较慢
2	顶推施工分类	(1) 按顶推动力装置的多少分为单点顶推和多点顶推。 (2) 按动力装置的类别可分为步距式顶推和连续顶推。 (3) 按施加水平力的方法可分水平+竖向千斤顶法和拉杆千斤顶法。 (4) 按支承系统可分临时滑道支承装置顶推施工和永久支承装置顶推施工。 (5) 按顶推方向可分单向顶推和双向（相对）顶推。 (6) 按箱梁节段的成形方式可分为分段顶推（预制组装、分段顶推）和阶段顶推（逐段制梁、逐段顶推）
3	顶推法施工工序	预制场准备工作→制作模板与安装钢导梁→顶推设备安装→预制节段→张拉预应力筋→顶推预制节段→管道压浆（循环第四—第七步骤）→顶推就位→放松临时预应力筋及拆除辅助设备→张拉后期预应力筋→管道压浆→落梁与更换支座→桥面工程→验收

顶推施工中的施工要点

序号	项目	内容
1	预制场地	(1) 宜在预制场地上搭设固定或活动的作业棚，使梁段的施工作业不受天气影响，便于混凝土养护。预制场地长度应考虑梁段悬出时反压段的长度、梁段底板与腹（顶）板预制长度、导梁拼装长度和机具设备材料进入预制作业线的长度；宽度应考虑梁段两侧施工作业的需要。 (2) 在桥头路基上或引桥上设置预制台座时，预制场必须将地基先碾压密实平整，保证其强度、刚度和稳定性满足顶推施工要求，并采取排水措施，使其不沉陷、不积水，如地基承载不足时，宜选用桩基础。在荷载作用下，台座顶面的沉降变形应不大于 2mm。在平整、密实的地基浇注混凝土台座，混凝土基础台座尺寸必须满足强度、刚度、稳定性要求，在引桥上的预制台座、临时墩的基础、装配式大梁、横梁、纵梁均应进行设计计算，使台座的强度、刚度（挠度及基础的沉降）和稳定性均符合顶推施工要求。 (3) 台座的轴线应与桥梁轴线的延长线重合，台座的纵坡应与桥梁的纵坡一致，两轴线间的偏差应不大于 5mm；相邻两支承点上台座中滑移装置的纵向顶面高程差应不大于 2mm；同一支承点上滑移装置的横向顶面高程差应不大于 1mm；台座（包括滑移装置）和梁段底模板顶面高程差应不大于 2mm。 (4) 模板宜采用钢模板。底模与底架宜连成一体且可升降；侧模宜采用旋转式的整体模板；内模宜采用可移动台车加升降旋转式的整体模板。模板应保证刚度，制作精度应符合规定。 (5) 混凝土梁体在支座位置处的横隔板，宜在整联梁顶推到位并完成解联后再进行浇筑，振捣时应避免振动器碰撞预应力管道和预埋件等。梁段的工作缝表面应凿毛并清洗干净。若工作缝为多联连续梁的解联断面，宜设为干接缝并采用临时预应力束张拉使之连接紧密。干接缝的断面尺寸应准确，表面应平整，解联时应开方便。对与顶推导梁连接的梁体端部的混凝土，应保证其振捣密实，不得出现空洞等缺陷

续表

序号	项目	内容
2	导梁和临时墩的施工	(1) 导梁的长度宜为顶推跨径的 0.6～0.8 倍，刚度宜为主梁的 1/15～1/9，导梁与主梁梁体连接处的刚度应协调，预埋件的连接强度应满足梁体顶推时的受力要求，导梁前端的最大挠度应不大于设计规定。 (2) 导梁全部节间的拼装应平整，其中线的允许偏差应不大于 5mm，纵、横向底面高程的允许偏差为 ±5mm。 (3) 钢梁顶推施工时，导梁与钢梁之间宜采用焊接连接或采用螺栓连接。对钢梁结构的支点和顶推施力点处宜适当加固，并应采取措施防止结构在顶推过程中产生变形。 (4) 对于跨径大于 50m 的梁桥宜设置临时墩，设置时应综合桥下交通、通航、工程量、施工难易程度、拆除方案等加以考虑。 (5) 临时墩应能承受顶推过程中最大的竖直荷载，不应发生沉陷。 (6) 临时墩在顶推时不得因纵向摩阻力而发生偏斜（必要时，可在墩顶设临时支撑）。为加强临时墩的抗推能力，可用斜拉索或水平拉索锚于永久墩下部或其墩帽，当墩距较小时，可用专用桁架、型钢或钢管相连。 (7) 临时墩的墩基可采用混凝土浅基础、打入桩或钻孔灌注桩，墩身一般设计成能够重复使用的构件，可采用钢结构、装配式钢筋混凝土结构或现浇钢筋混凝土结构，使之易于装拆。由于钢结构临时墩在荷载作用和温度变化下变形较大，一般较少采用，更多采用的是用滑升模板浇注的混凝土薄壁空心墩、混凝土预制板、预制板拼砌的空心墩或混凝土板和轻便钢架组成的框架临时墩。 (8) 临时墩一般只设置滑道而不设顶推装置，若必须加设顶推装置，应通过计算确定。 (9) 主航道中临时墩的设计应考虑拆除、清理航道的方案，水下钢管可由潜水员在水下氧割或拆除法兰盘。 (10) 各联主梁顶推作业完成并落到正式支座上以后，应将临时墩拆除
3	梁段顶推施工	(1) 顶推施工宜根据梁体长度、顶推跨度、桥墩所能承受的水平推力等条件，选择适宜的顶推方式。 (2) 采用单点或多点水平千斤顶方式顶推时，顶推滑道的长度应大于水平千斤顶行程加滑块的长度，宽度应为滑板宽度的 1.2～1.5 倍；相邻墩滑道顶面高程的允许偏差宜为 ±2mm，同墩两滑道高程的允许偏差宜为 ±1mm；滑动装置的摩擦系数宜经试验确定。水平-竖向千斤顶顶推方式的滑动装置，一般应由摩擦垫、滑块（支承块）、滑板和滑道组成。 (3) 采用单点或多点水平千斤顶方式顶推时，实际总顶推力应不小于计算顶推力的 2 倍；采用单点或多点拉杆方式顶拉时，拉杆的截面积和根数应满足顶拉力的要求，拉锚器的锚固和放松方式方便、快速，设置在各墩顶的反力台应牢固且应满足顶拉反力的要求。多点顶推（拉）时，各点的水平千斤顶应同步运行。 (4) 宜在墩台上设置导向装置，防止梁体在顶推过程中产生偏移。顶推过程中，宜对梁体的轴线位置、墩台的变形、主梁及导梁控制截面的挠度和应力变化等进行施工监测；发生异常情况时，应停止顶推，查明原因并进行处理后方可继续施工。 (5) 顶推时至少应在两个墩上设置保险千斤顶。如遇顶推故障需采用竖向千斤顶将梁顶高时，最大顶升高度不得超过设计规定或不得大于 10mm，起顶的反力值不得大于计算反力的 1.1 倍。 (6) 平曲线连续梁顶推施工时，预制台座的平面及梁体均应按设计线形设置成圆弧形；导梁宜设置成直线形，但与主梁连接处应偏转一定角度，使导梁前端的中心落在设计线形的中线上。顶推应使梁体沿圆弧曲线前进。

续表

序号	项目	内容
3	梁段顶推施工	（7）竖曲线连续梁顶推施工时，预制台座的底模板顶面应符合设计竖曲线的曲率；所需水平顶推力的大小，应考虑正负纵坡的影响。 （8）采用步履式顶推时，垫梁应有足够的长度和刚度，且应与梁体底部完全接触（垫50mm厚橡胶垫），保证梁体腹板可靠受力。顶推过程中竖向顶升和水平顶推各墩的同步精度应控制在5mm以内，同墩两侧的同步精度应控制在4mm以内
4	落梁	（1）落梁前应按设计规定的顺序，对预应力钢束进行张拉、锚固、压浆。拆除全部临时预应力钢束。拆除墩、台上的滑动装置时，梁体的各支点应均匀顶起，其顶力应按设计支点反力的大小进行控制，顶起时相邻墩各顶点的高差不得大于5mm，同墩两侧梁底顶起时高差不得大于1mm。 （2）落梁时，应根据设计规定的顺序和每次下落量进行，同一墩、台的千斤顶应同步运行；落梁反力的允许偏差为±10%设计反力。 （3）永久支座应在落梁前进行安装

考点5　桥梁上部结构转体施工

转体施工方法

序号	项目	内容
1	适用范围	上部结构转体施工是跨越深谷、急流、铁路和公路等特殊条件下的有效施工方法，具有不干扰运输、不中断交通、不需要复杂的悬臂拼装设备和技术等优点，转体施工分为竖转法、平转法和平竖结合法
2	平转法施工基础知识	（1）平转法施工是将桥梁上部结构整跨或从跨中分成两个半跨，利用两岸地形搭设排架（土胎模）预制，在桥台处设置转盘，将预制的整跨或半跨悬臂桥体置于其上，待混凝土达到设计强度后脱架，以桥台和锚碇体系或锚固桥体重力平衡，再用牵引系统牵引转盘，待桥体上部结构平转至对岸跨中合龙。再浇灌合龙段接头混凝土，待其达到设计强度后，封固转盘，完成全桥施工。 （2）平转法分为有平衡重转体施工和无平衡重转体施工两种方法。 （3）平转施工主要适用于刚构梁式桥、斜拉桥、钢筋混凝土拱桥及钢管拱桥
3	竖转法施工基础知识	（1）竖转施工主要适用于转体重量不大的拱桥或某些桥梁预制部件（塔、斜腿、劲性骨架）。 （2）竖转施工对混凝土拱肋、刚架拱、钢管混凝土拱，当地形、施工条件适合时，可选择竖转法施工。其转动系统由转动铰、提升体系（动、定滑轮组，牵引绳等）、锚固体系（锚索、锚碇顶）等组成
4	平转法施工——有平衡重转体施工	有平衡重转体施工的特点是转体重量大，施工关键是转体，要将转动体系顺利、稳妥地转到设计位置，主要依靠以下措施实现：正确的转体设计；制作灵活可靠的转体装置，并布设牵引驱动装置
5	平转法施工——无平衡重平转施工	无平衡重转体主要是针对大跨度拱桥施工，是把有平衡重转体施工中的拱圈扣索拉力由在两岸岩体中锚碇平衡，从而节省了庞大的平衡重。无平衡重转体施工具有锚固、转动、位控三大体系，包括转动体系施工、锚碇系统施工、转体施工、合龙卸扣施工工艺

考点6　桥梁上部结构缆索吊装施工

缆索吊装施工

序号	项目	内容
1	适用范围	在峡谷或水深流急的河段上，或在通航的河流上需要满足船只的顺利通行时可选用缆索吊装施工，缆索吊装由于具有跨越能力大，水平和垂直运输机动灵活，适应性广，施工比较稳妥方便等优点，在拱桥施工中被广泛采用
2	施工中的注意要点	（1）采用缆索吊装法进行拱桥的无支架安装施工时，缆索吊装系统应符合下列规定： ① 主塔和扣塔宜采用常备式定型钢构件在墩、台顶上拼装，其基础应牢固可靠，周围应设置防排水设施；塔的纵横向宜设置风缆，且风缆的安全系数应不小于2，当塔自身能满足横向受力及抗风要求时，可不设横向风缆；塔顶部应设置可靠的避雷装置。 ② 塔顶分配梁应与塔身结构可靠连接；主索鞍在横向应设支撑装置，防止倾倒；如需移动索鞍，应做专项设计、采取有效措施后方可进行。扣塔上索鞍顶面的高程应高于拱肋扣点高程。 ③ 主缆宜采用钢丝绳，其直径和数量应根据吊装构件的重量通过计算确定，安全系数应不小于3，且每根主缆应受力均匀；抗风钢丝绳的安全系数应不小于2；起吊绳的安全系数应不小于5；牵引绳的安全系数应不小于3；钢丝绳扣索的安全系数应不小于3，钢绞线扣索的安全系数应大于2。地锚的设置应满足主缆可靠锚固的要求，抗拔安全系数应不小于2，抗滑、抗倾安全系数应不小于1.4，主缆与地锚连接处的水平夹角宜在25°～35°。 ④ 缆索吊装系统设计时，应对可能出现的各种工况进行强度、刚度和稳定性验算；吊装前应对吊装系统进行检查验收，并应按设计荷载进行试吊，检验其安全性和可靠性，检验合格后方可用于正式吊装。 ⑤ 吊装施工时，对投影面垂直的拱肋，各扣索的位置应与所吊挂的拱肋在同一竖直面内；对内倾或外倾的拱肋，各扣索的位置与所吊挂的拱肋可不在同一竖直面内，但应对扣塔、扣索和拱肋的强度、刚度和稳定性进行专门验算。主缆塔顶的最大偏位宜根据索塔的强度和稳定性经验算确定，塔底为固接时，其塔顶的最大偏位宜不大于塔高的1/400；塔底为铰接时，其塔顶的最大偏位宜不大于塔高的1/150。扣塔塔顶的最大偏位应根据扣塔和拱肋的强度、刚度和稳定性等经验算确定。 ⑥ 缆索吊装系统的安装、使用和拆除均应制定专项施工方案，保证施工安全。 （2）固定的风缆应待全孔合龙、横向联结构件混凝土的强度满足设计要求后方可撤除。 （3）拱桥的拱圈采取单肋吊装或单肋合龙时，单肋的横向稳定必须满足安全验算的要求，且其稳定安全系数应不小于4；当不能满足时，应采用双肋合龙松索成拱的方式施工，且应在双肋合龙后采取有效的横向联结措施，增强其稳定性，使之形成基肋后再安装其他肋段。 （4）拱肋安装时，各段拱肋的高程和线形应根据施工控制的要求确定，且宜从拱脚段开始，依次向拱顶分段吊装就位。扣索的扣挂应稳妥可靠，应使拱肋断面不产生扭斜，且各段拱肋的上端头均应通过扣索的调整使其略高于设计高程。多跨拱桥安装时，应根据桥墩承受不平衡水平推力的能力，经计算确定相邻孔拱肋的安装顺序。 （5）各段拱肋在松索过程中，应符合下列规定： ① 松索的流程应根据施工控制的要求经计算确定，松索前应校正拱轴线位置及各接头高程，使之符合要求。松索应按拱脚段扣索、次拱脚段扣索、起重索三者的先后顺序，并按比例延长、对称、均匀地松卸。

续表

序号	项目	内容
2	施工中的注意要点	② 每次松索时均应采用仪器观测，并应控制各接头、拱顶及 1/4 跨处的高程，防止拱肋接头发生非对称变形而导致拱肋失稳或开裂。每次的松索量宜小，各接头高程变化宜不超过 10mm，松索压紧接头缝后应普遍旋紧接头螺栓一次。 ③ 大跨径拱桥分多节段吊装合龙成拱后，根据拱肋接头密合情况及拱肋的稳定度，可保留起重索和扣索部分受力，待拱肋接头的连接工序基本完成后再全部松索。 (6) 拱肋接头的焊接作业应在调整完轴线偏差、嵌塞并压紧接头缝钢板之后且全部松索成拱之前进行。焊接拱肋接头部件时，应采用分层、间断、交错的方法施焊，并应采取措施避免损伤周围的混凝土。 (7) 少支架施工时对支架安装和拆卸的技术要求，除应符合 1B413022 的规定外，尚应符合下列规定： ① 卸架前应对主拱圈的混凝土质量、拱轴线的坐标尺寸、卸架设备、气温引起拱圈变化及台后填土等情况进行全面检查。 ② 当拱肋接头混凝土及拱肋横向联结构件混凝土的强度符合设计规定或达到设计强度的 85% 时，方可开始卸架。卸架宜在主拱圈安装完成后，分次缓慢卸落，使拱圈及墩、台逐渐成拱受力，卸架时应监测拱圈挠度和墩、台变位等情况，并应避免拱圈发生较大变形。 ③ 在严寒地区，主拱圈不宜在支架上过冬，支架宜在冰冻前拆除

考点 7 桥梁改建施工

桥梁改建方案

序号	项目	内容
1	新旧桥梁的上部结构与下部结构互不连接方式	(1) 桥梁加宽部分与原桥的上部结构与下部结构互不连接，新旧结构之间留工作缝，桥面沥青混凝土铺装层采用连续铺装。由于旧桥混凝土收缩和徐变均已绝大部分完成，桥梁基础的沉降也大部分完成或处于稳定状态，而新桥混凝土收缩、徐变以及基础沉降都处于发展期，因此，如果新旧桥梁的上部结构与下部结构互不连接，实际上是新、旧桥结构各自受力、互不影响。这样新拓宽桥梁的设计、施工均为独立，也比较简单，但是要求桥梁拓宽后桥面必须完整，就要采取在新旧桥上部结构相接处设置构造工作缝，桥面沥青混凝土铺装层连续摊铺的措施。特点是加宽桥与原桥各自受力、互不影响，简化了施工程序，消除了施工连接技术问题。但在汽车荷载作用下两桥主梁产生不均匀挠度以及加宽桥大于原桥的后期沉降，可能会造成连接部位桥面铺装破坏形成纵向裂缝和横向错台，影响行车舒适性、安全性及桥面外观，增加后期的养护维修费用。 (2) 在具体构造方面，主要采用两种处理形式：一种是用纵向伸缩装置连接；另一种形式是在新旧结构间留一条纵缝，或用钢板包边，需要采用刚性路面，可以解决啃边问题，但不能解决新旧桥挠度差的问题，且高速行车时容易打滑，降低了行车的安全性。这种连接方式一般要求桥梁结构跨径较小，相对挠度差较小，否则桥面容易开裂
2	新、旧桥梁的上部结构和下部结构相互连接方式	(1) 为使加宽桥与原桥形成完整的整体，减少各种荷载（包括基础不均匀沉降、汽车荷载、温度荷载等）作用下新旧桥连接处产生过大的变形，减少桥梁上、下结构某些部位的内力，将加宽桥梁的上部构造与原桥对应部位横向通过植筋、加设钢筋骨架，然后浇筑湿接缝连接起来，同时新拓宽桥梁的下部结构（墩台）的帽梁及系梁也通过植筋技术及加设钢筋骨架，浇筑混凝土连接件与旧桥下部结构形成整体结构，将新旧桥梁连为一体。

续表

序号	项目	内容
2	新、旧桥梁的上部结构和下部结构相互连接方式	（2）优点是将加宽桥、原桥之间联系成为整体，拼接后桥梁整体性较好。 （3）主要缺点是由于加宽桥基础沉降大于老桥基础沉降，由此产生的附加内力较大，可能会使下部构造帽梁、系梁、桥台连接处产生裂缝；上部构造连接处也可能产生裂缝，导致使用功能下降，维修困难，外观不雅。此外，下部构造需采用植筋连接技术，工程成本高。 （4）该连接方案有一定的适用条件，需要采用相应技术措施。采取的技术措施有： ① 加强新拓宽桥梁基础，减少新、旧桥梁基础的不均匀沉降差。旧桥为扩大基础的，新桥同类型基础下土层较薄、岩层埋深较浅时，采用换填或直接将基础置于岩层上的方案，当基底土层较厚，岩层埋深较深，基础条件不好时，虽然地基允许承载力满足要求，但应采取加强措施，例如加大基础成整体筏式基础、粉喷桩、碎石桩处理地基等。 ② 为尽量减小新、旧桥梁的基础沉降差及尽量缩短施工工期，控制新拓宽桥梁预制梁（板）的安装龄期，先施工拓宽部分桥梁的基础，墩（台）身及台帽（盖梁）并安装部分预制梁（板），在封闭高速公路的交通后再进行下部结构拼接。 ③ 新拓宽桥梁的梁（板）安装至桥上后宜放置一段时间，再与旧桥上部结构拼接。 （5）新、旧桥梁上、下部结构相互连接的方式适宜于桥梁基础较好的条件下，否则必须进行基础加固。另外这种方式也可用于独柱墩的梁桥拓宽场合，以使下部结构的稳定性增强
3	新、旧桥梁的上部结构连接而下部结构分离方式	（1）将加宽桥与原桥上部构造横向相互连接而下部构造不连接，形成第三种横向拼接形式。主要优点是下部构造不连接，加宽桥梁与旧桥在下部结构之间没有结构上的相互影响，上部构造连接对下部构造产生的内力影响很小。而上部结构连接可以满足桥面铺装的整体化，而且新桥上部结构可以协助旧桥上部结构工作。与新旧桥梁上、下部结构采用相互连接方式相比，可以减少混凝土结构连接施工工程量，加快进度，与新旧桥梁上、下部结构采用互不连接方式相比，也可以提高公路桥梁工程的适用性和耐久性要求。 （2）上部构造连接后由于新旧桥梁材料特性的差异将产生附加内力，由基础沉降等原因产生的附加内力也使连接部位内力增大。这种新、旧桥梁连接的方式仍要注意新、旧桥梁基础之间沉降差的影响，若沉降差较大仍会在整体上部结构中产生横桥向的较大拉应力，进而导致上部结构混凝土开裂和桥面铺装开裂。因此，为减小加宽桥基础沉降量，加宽桥应尽可能采用桩基，并通过加强地基处理、增加桩长或桩径等措施尽可能减小基础沉降。施工中严格控制桩基施工时的沉淀层厚度，减少钻孔灌注桩的沉降；尽可能推迟湿接缝混凝土浇筑施工，以使新桥桩基的大部分沉降能在新、旧桥上部结构拼接前完成等。原桥采用扩大基础时要注意新旧基础间的协调性，必要时对原有基础进行加固。另外针对上部结构自身产生的较大附加内力，可通过连接部位增大配筋并改善连接构造形式来解决

注：根据桥梁上部结构不同类型一般采用以下的拼接连接方式：
    1. 钢筋混凝土实心板和预应力混凝土空心板桥，新旧板梁拼接之间宜采用铰接或近似于铰接连接。
    2. 预应力混凝土T梁或组合T梁桥，新旧T梁之间拼接宜采用刚性连接。
    3. 连续箱梁桥，新旧箱梁之间拼接宜采用铰接连接。

考点 8 桥梁施工监控

桥梁监测

序号	项目	内容
1	监测范围	（1）敏感部位监测。一般只在桥梁内力、应变、位移变化和裂纹产生对桥梁影响至关重要的（敏感）部位进行监测。 （2）总体监测。特大桥梁构造复杂，难以做地毯式人工监测。鉴于特大桥梁的重要性，需要适时地得到桥梁正常工作的总体状况。通过对可能取得的桥梁工作参数，采用不同的方法进行"识别"，找到桥梁异常的一个或几个可能部位，再由配备检测设备的专业人员到可能异常部位检测
2	监测方式	（1）人工监测：配备简单的仪器，用人工作地毯式监测，用模糊分级描述桥梁状况，一般可作为定期监测、突发性事件后的特别监测。 （2）自动监测：用固定在桥梁上的专用设备，实时地监测桥梁的工作参数；由专用设备和软件对工作参数进行识别加工，得到能反映桥梁工作状态的状态信息；再用特定的方法分析这些状态信息并与桥梁的健康档案相比较，给出桥梁的健康状况或损伤状况。一般适用于特大的或重要的桥梁在线监测。这种方法自动化程度高，是当前研究热点与发展方向；但是难度大，目前使用尚少。 （3）联合监测：考虑到前两种方法的实际情况，用各种小型的自动化程度较高的仪器，配合人工监测，是一个比较可行的方案
3	监测的状态	（1）静态：监测桥梁结构的静态几何和力学参数，用以分析桥梁结构的工作状态。静态监测比较困难，一般都是加载检测。但是静态参数比较直观地反映了桥梁的工作状态。 （2）动态：监测桥梁结构的动态几何和力学参数，用以分析桥梁结构的工作状态。动态监测适于运营监测
4	常规监测的工作参数	（1）位移。包括绝对位移和相对位移，静位移和动位移。 （2）变形。如静动挠度、静动应变等。 （3）力。如索的张拉力。 （4）动力参数。如速度、加速度，可转换成频率、振型，再转换成张力、位移。 （5）外观和完整率。如气蚀、磨损、裂缝、剥落。 （6）物理化学现象。如混凝土碱集料反应、混凝土中性化（碳化、酸雨、氯蚀）、钢材锈蚀。 （7）环境。如风速（向）、空气（或桥体）温度、地震、交通量（和荷载）

桥梁施工控制

序号	项目	内容
1	桥梁施工控制方法	桥梁施工控制方法可分为事后控制法、预测控制法、自适应控制法和最大宽容度控制法几种

续表

序号	项目	内容
2	影响桥梁施工控制的因素	(1) 影响桥梁施工控制的因素主要有结构参数、施工误差因素、监测因素和结构分析计算模型、温度变化与材料收缩影响、徐变因素等。 (2) 结构参数包括材料密度、结构部件截面尺寸、材料弹性模量、材料的热膨胀系数、施工荷载及预加应力或索力等，监测包括温度、应力和变形监测等内容
3	各种桥梁的施工控制特点	(1) 斜拉桥施工时，在主梁悬臂浇筑或悬臂拼装过程中，确保主梁线形和顺、正确是第一位的，施工中以标高控制为主。二期恒载施工时，为了保证结构的内力和变形处于理想状态，拉索再次张拉时以索力控制为主。所谓以标高控制为主，并非只控制主梁的标高，而不顾及拉索索力的偏差。施工中应根据结构本身的特性和施工方法的不同，采取相应的控制策略。若主梁刚度较小，斜拉索索力的微小变化将引起悬臂端挠度的较大变化，斜拉索张拉时应以高程测量为主进行控制，但索力张拉吨位不应超过容许范围，确保施工安全。若主梁刚度较大，斜拉索索力变化了很多，而悬臂端挠度的变化却非常有限，施工中应以拉索张拉吨位进行控制，然后根据标高的实测情况，对索力作适当的调整。此时标高、线形的控制主要是通过混凝土浇筑前底模标高的调整（悬臂浇筑方法）或预制块件接缝转角的调整（悬臂拼装方法）来加以实现的。 (2) 悬索桥的主要承重结构是主索，主索在施工中又是悬索桥吊装的主要承重结构，主索一经架好，它的长度和线形调整甚小，为了确保悬索内力和线形符合设计要求，主索的无应力长度（下料长度）要严格加以控制，尤其对基准束的尺寸要更加重视。对于加劲梁的拼装，为保证符合设计线形，吊杆的下料长度（无应力长度）将又是一个控制重点。可以看出，为了使在无应力状态下结构各部分的尺寸准确无误，故要有一个符合结构实际的计算程序。在施工过程中，除了主索和加劲梁外，对桥塔受力、索鞍偏移、吊杆和主索索股受力均匀性等应严加跟踪控制，保证应力和线形的双控实现。 (3) 大跨度混凝土拱桥同样按安全、线形和恒载内力的要求进行施工控制。由于大跨度混凝土拱桥拱肋截面多采用底板、侧板、顶板分次浇筑完成的组合截面，必然造成结构挠度和内力的重分布，为确保拱肋应力和变形符合设计要求，要严格进行双控，但拱肋的形成一般要靠劲性骨架进行浇筑，其拱肋各段是在工厂放样加工制作的（无应力长度），骨架一经合龙，今后无法进行大的调整，所以大跨度混凝土拱桥的施工控制，首先要把好骨架无应力长度控制这一关，然后，做好拱肋混凝土浇筑的跟踪施工、控制，确保拱肋应力和标高符合要求。拱桥是以受压为主的结构，对于施工过程中结构的稳定性要给予关注。 (4) 预应力混凝土连续梁或连续刚构相对斜拉桥而言，没有斜拉索，其施工控制与斜拉桥主梁相同

1B413070 大跨径桥梁施工

【考点图谱】

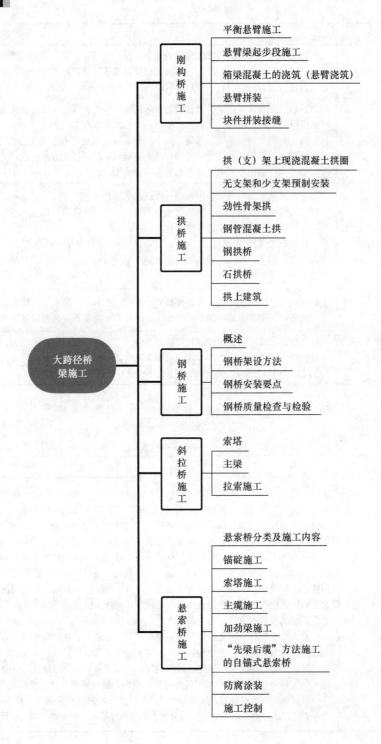

【考点精析】

考点1　刚构桥施工

刚构桥施工方法

序号	项目	内容
1	平衡悬臂施工	平衡悬臂施工可分为：悬臂浇筑法与悬臂拼装法施工，前者是当桥墩浇筑到顶以后，在墩顶安装脚手钢桁架，并向两侧伸出悬臂以供垂吊挂篮，实施悬臂浇筑（挂篮是主要施工设备）；后者是将梁逐段分成预制块件进行拼装，穿束张拉，自成悬臂
2	悬臂梁起步段施工	为拼装挂篮或吊机，需在墩柱两侧先采用支撑托架浇筑一定长度的梁段。其施工托架可根据墩身高度、承台形式和地形情况，分别支承在墩身、承台或经过加固的地面上。挂篮由主桁架、悬吊系统、锚固系与平衡重、行走系统以及工作平台底模架等所组成。挂篮设置除应保证强度安全可靠外，还应满足变形小、行走方便、锚固、装拆容易以及各项施工作业的操作要求，并注意安全防护设施
3	箱梁混凝土的浇筑（悬臂浇筑）	（1）可视箱梁截面高度情况采用一次或两次浇筑法。 （2）浇筑肋板混凝土时，两侧肋板应同时分层进行。浇筑顶板及翼板混凝土时，应从外侧向内侧一次完成，以防发生裂缝。 （3）当箱梁截面较大（或靠近悬臂根部梁段），节段混凝土数量较多，每个节段可分两次浇筑，先浇底板到肋板的倒角以上，再浇筑肋板上段和顶板，其接缝按施工缝要求处理
4	悬臂拼装	悬臂拼装的主要工序包括：块件预制、移运、整修、吊装定位、预应力张拉、施工接缝处理等，各道工序均有其不同的要求，并对整个拼装质量具有密切影响
5	块件拼装接缝	块件拼装接缝一般为湿接缝与胶接缝两种。湿接缝用高强细石混凝土，胶接缝则采用环氧树脂为接缝料。由于1号块的安装对控制该跨节段的拼装方向和标高非常关键，故1号块与0号块之间的接缝多以采用湿接缝以利调整1号块位置

考点2　拱桥施工

拱桥施工基础工作

序号	项目	内容
1	拱（支）架上现浇混凝土拱圈	（1）跨径较小的拱圈或拱肋，应按拱圈的全宽从两端拱脚向拱顶对称地连续浇筑混凝土，并应在拱脚混凝土初凝前全部完成。跨径较大的拱圈或拱肋，应沿拱跨方向分段对称浇筑，分段的位置应以拱架受力对称、均匀和变形小为原则，且宜设置在拱顶、$L/4$ 部位、拱脚及拱架节点等处；各段的接缝面应与拱轴线垂直，各分段点应预留间隔槽，其宽度宜为 0.5~1.0m，槽内有钢筋接头时，其宽度尚应满足钢筋接头的需要。 （2）浇筑拱圈混凝土时，应严格按照预先制定的浇筑程序对称于拱顶进行，并应控制两端的浇筑速度，避免产生过大的偏差。分段浇筑时，各分段内的混凝土宜一次连续浇筑完成，因故中断时，应浇筑成垂直于拱轴线的施工缝；如已浇筑成斜面，应凿成垂直于拱轴线的平面或台阶式结合面。 （3）大跨径钢筋混凝土箱形拱圈采用在拱架上组装部分预制部件然后现浇混凝土的方法进行施工时，组装和现浇均应从两拱脚向拱顶对称进行。箱形拱圈的底板施工时，应按拱架的变形情况设置间隔缝，缝内的混凝土应在底板合龙时浇筑；拱圈的底、腹板混凝土强度达到设计强度的85%后方可安装盖板，铺设钢筋，现浇顶板混凝土。 （4）拱圈在浇筑过程中，应随时监测拱架的变形，如变形量超过计算值，应停止浇筑，及时查明原因，并采取加固拱架或调整加载顺序等措施后再继续浇筑，保证施工安全

续表

序号	项目	内容
2	无支架和少支架预制安装	(1) 采用无支架和少支架方法施工时，拱圈的预制应符合下列规定： ① 拱肋宜采用立式方法预制，且宜先在样台上放出拱肋大样，然后制作样板。放样时，应将横隔板、吊孔、接头位置准确放出。 ② 箱形拱预制时，可先预制横隔板、腹板，然后在拱胎上进行组装，并浇筑底、顶板和接头混凝土。混凝土强度达到设计强度的85%后，方可起吊运输到存放场地存放。 (2) 采用无支架方法安装拱圈时，宜根据桥梁规模、构件重力、施工环境条件等，选用适宜的吊装方式和吊装机具。施工前应对吊装所采用非定型产品的特殊设施和机具进行专门设计，对跨径、起拱线高程、预制拱圈节段长度等应进行复核；对安装后形成的拱圈基肋应进行稳定性验算
3	拱上建筑	(1) 主拱圈的混凝土强度达到设计规定强度后，方可进行拱上结构的施工。施工前应对拱上结构立柱、横墙等基座的位置和高程进行复测检查，如超过允许偏差应予以调整，基座与主拱的联结应牢固，同时应解除拱架、扣索等约束。 (2) 对大跨径拱桥的拱上结构，施工时应严格按设计加载程序进行，设计未提供加载程序时，应根据施工验算由拱脚至拱顶均衡、对称加载。施工中应对主拱圈进行监测和控制

劲性骨架拱和钢管混凝土拱

序号	项目	内容
1	劲性骨架拱	劲性骨架的安装宜采用无支架或少支架法进行节段拼装，拱轴线及桥轴线的控制标准可按钢管混凝土拱的要求执行
2	钢管混凝土拱	(1) 钢管拱肋的安装应符合下列规定： ① 钢管拱肋在成拱过程中，宜同时安装横向联结系，未安装联结系的拱肋不得超过一个节段，否则应采取临时横向稳定的措施。特殊情况下采用单肋合龙的安装方案时，应设置可靠的节段连接装置和足够的横向抗风缆，保证单拱肋的横向稳定。 ② 拱肋节段间的焊接宜按安装顺序同步进行，且宜对称施焊。施焊前应保证节段间有可靠的临时连接，并应有效地控制焊缝间隙；施焊时结构应处于无应力状态。合龙口的焊接或栓接作业应选择在环境温度相对稳定的时段内尽快完成。 ③ 采用斜拉扣挂悬拼法施工时，拱肋上的扣挂节点应进行专门设计，并应在工厂制造时设置。扣索宜采用多根钢绞线或高强钢丝束，并根据使用环境设防腐护套，扣索的强度安全系数应大于2；对钢绞线扣索，应有防止扣索松弛以及减少风致振动影响的可靠措施。 (2) 混凝土的施工应符合下列规定： ① 混凝土应采用泵送顶升压注施工，混凝土输送泵的性能应能满足顶升压注施工的需要；混凝土应具有低含气量、大流动性、收缩补偿、延后初凝和早强等性能，其配合比应经试验确定。 ② 压注前应先对管内进行清洗、润湿管壁并泵入适量水泥浆，然后再正式压注混凝土。 ③ 混凝土应由拱脚至拱顶对称、均衡地压注，有腹箱的断面应先管后腹，除拱顶外不宜在拱肋内的其他部位设置横隔板。压注应连续进行，不得中断，直至拱顶端的溢流管排出正常混凝土时方可停止，溢流管的高度应为1.5～2.0m。压注时尚应考虑上、下游拱肋的对称性和均衡性，并应将施工时间控制在混凝土初凝时间内。混凝土压注完成后应及时关闭设于压注口的倒流截止阀。 ④ 缀板间的混凝土不宜采用压注施工。 ⑤ 对大跨径钢管混凝土拱桥，宜采用多级泵送工艺，且对其混凝土的配合比和泵送工艺，应在试验室试验的基础上，根据需要进行模拟压注试验。 ⑥ 管壁与混凝土应结合紧密，管内的混凝土应密实

钢拱桥和石拱桥

序号	项目	内容
1	钢拱桥	（1）钢拱肋的制造线形应满足设计和监控的要求。钢拱肋制造加工完成后应在厂内进行试拼装。 （2）钢拱桥的安装程序应符合设计规定，且宜采用无支架或少支架的安装方法施工。采用拱上悬臂吊机安装构件时，除应具有足够的安全系数外，拱上悬臂吊机的行走系统尚应适应拱顶坡度和形状的变化；采用缆索系统吊装构件时，应符合有关规定；采用起重船安装施工时，起重船的性能应满足构件吊装的要求。 （3）钢拱桥可单构件安装或拼装成节段进行安装。当拼装成节段进行安装时，应防止节段在施工过程中产生过大的变形，必要时应采取临时加固措施增加其刚度。 （4）拱肋节段间的安装应对称进行。拱肋的端头应设临时连接装置，安装时应先临时连接后再进行正式连接，并应对称施焊或栓接。 （5）钢拱桥合龙时，合龙段的安装应符合设计规定，并应按设计要求采取相应的辅助措施；设计未规定时，对钢桁拱宜采用单构件安装合龙；对钢箱拱应提前设置临时刚性连接再进行合龙钢构件的焊接或栓接连接
2	石拱桥	（1）用于砌筑拱圈的拱石应采用粗料石或块石按拱圈放样尺寸加工成楔形。拱石的厚度应不小于200mm，加工成楔形时其较薄端的厚度应符合设计要求的尺寸或按施工放样的要求确定；其高度应为最小厚度的1.2～2.0倍，长度应为最小厚度的2.5～4.0倍。拱石应按立纹破料，岩层面应与拱轴线垂直，各排拱石沿拱圈内弧的厚度应一致。 （2）拱圈及拱上结构施工时应按设计要求留置施工预拱度。砌筑施工前，应先详细检查拱架和模板，符合要求后方可开始砌筑。拱圈的辐射缝应垂直于拱轴线，辐射缝两侧相邻两行拱石的砌缝应互相错开，错开距离应不小于100mm，同一行内上下层砌缝可不错开。浆砌粗料石和混凝土预制块拱圈的砌缝宽度应为10～20mm，块石拱圈的砌缝宽度应不大于30mm；用小石子混凝土砌块石时，砌缝宽度应不大于50mm。 （3）拱圈砌筑的程序应符合下列规定： ①砌筑拱圈前，应根据拱圈的跨径、矢高、厚度及拱架等情况，设计并确定拱圈砌筑的程序。砌筑时，应在适当的位置设置变形观测缝，随时监测拱架的变形情况，必要时应对砌筑程序进行调整，控制拱圈的变形。 ②跨径小于10m的拱圈，当采用满布式拱架砌筑时，可从两端拱脚起顺序向拱顶方向对称、均衡地砌筑，最后砌拱顶石；当采用拱式拱架砌筑时，宜分段、对称地先砌筑拱脚和拱顶段，后砌1/4跨径段。 ③跨径10～20m的拱圈，不论采用何种拱架，每半跨均应分成三段砌筑，先砌拱脚段和拱顶段，后砌1/4跨径段，且两半跨应同时对称地进行。对分段砌筑的拱段，当其倾斜角大于砌块与模板间的摩擦角时，应在拱段下部设置临时支撑，避免拱段滑移。 ④跨径大于20m的拱圈，其砌筑程序应符合设计规定；设计未规定时，宜采用分段砌筑或分环分段相结合的方法砌筑，必要时应对拱架预加一定的压力。分环砌筑时，应待下环砌筑合龙、砌缝砂浆强度达到设计强度的85%以上后，再砌筑上环。 ⑤多孔连续拱桥拱圈的砌筑，应考虑连拱的影响，并应专门制定相应的砌筑程序。 （4）砌筑拱圈时，应在拱脚、拱顶石两侧及分段点等部位临时设置空缝；小跨径拱圈不分段砌筑时，应在拱脚附近临时设置空缝。 （5）采用小石子混凝土砌筑拱圈时，靠拱模一面应选用底面较大且较平整的石块，必要时应加以修整，拱背面应大致平顺；砌筑施工设置空缝时，在空缝的两侧应选用较大且较平整的石块。砌缝中的小石子混凝土应饱满、密实；对较宽的竖缝，可在填小石子混凝土的同时，填塞一部分小石块，将砌缝挤满。砌缝宽度应不大于50mm

考点3 钢桥施工

钢桥架设方法

序号	项目	内容
1	钢桥架设安装主要方法	(1) 自行吊机整孔架设法：适宜于架设短跨径的钢板梁。 (2) 门架吊机整孔架设法：适于地面或河床无水、少水，现场能修建低路堤、栈桥、上铺轨道的条件。 (3) 浮吊架设法：适于河水较深、备有大吨位浮吊的条件。 (4) 支架架设法：适于桥下净空不高、水深较浅的条件，可用于架设各种跨径、各种类型的钢桥。 (5) 缆索吊机拼装架设法：适于各种地形、地质、水文条件，可架设各类梁桥、拱桥、刚构桥和加劲钢梁等。 (6) 转体架设法：适于地形相宜、桥下有交通通行的条件，可用于中等跨径的梁桥。 (7) 顶推滑移架设法：适于桥头路基或引桥上能够拼装钢梁的条件，宜于短距离纵向桥梁或横移法架梁以及横移更换旧梁，可架设单孔或多孔梁桥。 (8) 拖拉架设法：适于河滩无水或水深较浅，易于建立支墩或桥头路基或引桥上能够拼装钢梁及平移梁的条件。 (9) 浮运架设法：适于深水河流或滨海河流处，可架设各类大跨径钢桥。 (10) 浮运拖拉架设法与浮运平转架设法：适于深水河流或滨海河流处，可架设各类大跨径钢桥。 (11) 悬臂拼装架设法：适于各类地形、水文、通航、墩高等条件，是架设钢桥的主要方法之一
2	架设安装基本作业程序	包括杆件预拼、杆件拼装、高强度螺栓栓接、工地焊接、顶落钢梁、墩面移梁与临时支座及其转换、钢梁定位与支座安装等工序

钢桥安装要点

序号	项目	内容
1	组装	(1) 组装前，应熟悉图纸和工艺文件，并应按图纸核对零件编号、外形尺寸和坡口方向，确认无误后方可组装。 (2) 对采用埋弧焊、CO_2气体保护焊及低氢型焊条手工焊等方法焊接的接头，在组装前应将待焊区域的铁锈、氧化皮、污垢、水分等有害物清除干净，使其表面露出金属光泽。采用埋弧焊焊接的焊缝，应在焊缝的端部连接引出板，引出板的材质、厚度、坡口应与所焊件相同；引出板长度应不小于100mm。 (3) 需做产品试板检验时，应在焊缝端部连接试板，试板的材质、厚度、轧制方向及坡口应与所焊对接板材相同，试板尺寸应满足试验取样要求。 (4) 钢构件的组装应在胎架或平台上完成，每次组装前均应对胎架或平台进行检查，确认合格后方可组装。组装时应将相邻焊缝错开，错开的最小距离应符合设计的规定。 (5) 采用先孔法的钢构件，组装时必须以孔定位；采用胎型组装时，每一孔群应打入的定位冲钉不得少于2个，冲钉直径不小于设计孔径0.1mm。 (6) 大型钢箱梁的梁段应在胎架上组装，胎架应具有足够的刚度和几何尺寸精度，且在横向应预设上拱度，组装前应按工艺文件要求检测胎架的几何尺寸，监控测量应避开日照的影响

续表

序号	项目	内容
2	焊接	(1) 在工厂或工地焊接工作之前，对首次使用的钢材和焊接材料应进行焊接工艺评定。 (2) 焊接工艺应根据焊接工艺评定报告编制，施焊时应严格遵守焊接工艺，不得随意改变焊接参数。焊接材料应根据焊接工艺评定确定，焊剂、焊条应按产品说明书烘干使用，对储存期较长的焊接材料，使用前应重新按标准检验。CO_2气体保护焊的气体纯度应大于99.5%。 (3) 焊接工作宜在室内进行，焊接环境的相对湿度应小于80%；焊接环境的温度，对低合金高强度结构钢应不低于5℃，普通碳素结构钢应不低于0℃。主要钢构件应在组装后24h内焊接。 (4) 钢构件在露天焊接时，必须采取防风和防雨措施；主要钢构件应在组装后12h内焊接，当钢构件的待焊部位结露或被雨淋后，应采取相应措施去除水分和浮锈。 (5) 施焊时母材的非焊接部位严禁焊接引弧，焊接后应及时清除熔渣及飞溅物。多层焊接时宜连续施焊，且应控制层间温度，每一层焊缝焊完后应及时清理检查，应在清除药皮、熔渣、溢流和其他缺陷后，再焊下一层。 (6) 焊前预热温度应通过焊接性试验和焊接工艺评定确定；预热范围宜为焊缝每侧100mm以上，且宜在距焊缝30～50mm范围内测温。 (7) 焊接完毕且待焊缝冷却至室温后，应对所有焊缝进行外观检查，焊缝不应有裂纹、未熔合、夹渣、未填满弧坑、漏焊，焊接缺陷应符合《公路桥涵施工技术规范》JTG/T 3650—2020的相关规定。 (8) 焊缝经外观检查合格后方可进行无损检测，无损检测应在焊接24h后进行。箱形构件棱角焊缝探伤的最小有效厚度为$\sqrt{2}t$（t为水平板厚度，以mm计），当设计有熔深要求时应从其规定。 (9) 采用超声波、射线、磁粉等多种方法检验的焊缝，应达到各自的质量要求，该焊缝方可认为合格。对构造复杂或厚板钢构件的焊缝，可采用相控阵或TOFD等作为辅助技术手段进行探伤检测
3	钢构件矫正	(1) 冷矫的环境温度宜不低于5℃，矫正时应缓慢加力，冷矫的总变形量应不大于变形部位原始长度的2%。时效冲击值不满足要求的拉力钢构件，不得矫正。 (2) 热矫时加热温度应控制在600～800℃，严禁过烧，且不宜在同一部位多次重复加热
4	高强度螺栓连接副与摩擦面处理	(1) 公路钢结构桥梁所用的高强度螺栓连接副可选用大六角形和扭剪型两类，并应在专业螺栓厂制造，高强度螺栓、螺母、垫圈的表面宜进行表面防锈处理；垫圈两面应平直，不得翘曲，其维氏硬度HV30应为329～436（HRC35～45）。 (2) 高强度螺栓连接副应由制造厂按批配套供货，并应提供出厂质量保证书。运输或搬运时应轻装轻卸，防止损伤螺纹。进场后除应检查出厂质量保证书外，尚应从每批螺栓中抽取8副进行检验。 (3) 摩擦面处理应符合下列规定： ① 在工地以高强度螺栓栓接的构件和梁段板面（摩擦面）应进行处理，处理后抗滑移系数值应符合设计规定；设计未规定时，抗滑移系数出厂时应不小于0.55，工地安装前的复验值应不小于0.45。 ② 抗滑移系数试验用的试件应按制造批每批制作6组，其中3组用于出厂试验，2组用于工地复验。抗滑移系数试件应与构件同材质、同工艺、同批制造，并应在同条件下运输、存放且试件的摩擦面不得损伤

续表

序号	项目	内容
5	试拼装	(1) 钢结构桥梁应按试装图进行厂内试拼装,未经试拼装检验合格,不得成批生产。 (2) 试拼装应在胎架上进行,胎架应有足够的刚度,其基础应有足够的承载力。胎架顶面(梁段底)纵、横向线形应与设计要求的梁底线形相吻合。试拼时钢构件应解除与胎架间的临时连接,处于自由状态。 (3) 板梁应整孔试拼装;简支桁梁的试拼装长度宜不小于半跨,且桁梁宜采用平面试拼装;连续梁试拼装应包括所有变化节点;对大跨径桥的钢梁,每批梁段制造完成后,应进行连续匹配试拼装,每批试拼装的梁段数量应不少于3段,试拼装检查合格后,应留下最后一个梁段并前移参与下一批次试拼装。 (4) 钢桥墩和钢索塔的塔柱、钢锚箱应采取两节段立位匹配试拼装,合格后还应进行多节段水平位置的试拼装,每一批次的多节段水平位置试拼装应不少于5个节段。 (5) 试拼装时应使板层密贴,冲钉宜不少于螺栓孔总数的10%,螺栓宜不少于螺栓孔总数的20%;有磨光顶紧要求的构件,应有75%以上面积密贴,采用0.2mm的塞尺检查时,其塞入面积应不超过25%。 (6) 试拼装时,应采用试孔器检查所有螺栓孔,桁梁主桁的螺栓孔应能100%自由通过较设计孔径小0.75mm的试孔器,桥面系和联结系的螺栓孔应100%自由通过较设计孔径小1.0mm的试孔器,板梁和箱梁的螺栓孔应100%自由通过较设计孔径小1.5mm的试孔器,方可认为合格。 (7) 试拼装检验应在无日照影响的条件下进行,并应有详细的检查记录
6	涂装	(1) 桥梁的钢构件在涂装前,应对其表面进行除锈处理。除锈应采用喷丸或抛丸的方法进行,除锈等级应符合设计规定;设计未规定时,应达到现行《涂覆涂料前钢材表面处理表面清洁度的目视评定 第1部分:未涂覆过的钢材表面和全面清除原有涂层后的钢材表面的锈蚀等级和处理等级》GB/T 8923.1—2011规定的Sa2.5级,表面粗糙度Ra应达到25~60μm;对高强度螺栓连接面,除锈等级应达到Sa3级,表面粗糙度Ra应达到50~100μm,且除锈后的连接面宜进行喷铝处理或涂装无机富锌防滑涂料,同时应清除高强度螺栓头部的油污及螺母、垫圈外露部分的皂化膜。涂装前,应对钢构件的自由边双侧倒弧,倒弧半径应不小于2.0mm。 (2) 涂装施工时,钢构件表面不应有雨水或结露,相对湿度应不高于80%;环境温度对环氧类漆不得低于10℃,对水性无机富锌防锈底漆、聚氨酯漆和氟碳面漆不得低于5℃。在风沙天、雨天和雾天不应进行涂装施工;涂装后4h内应采取保护措施,避免遭受雨淋。 (3) 底漆、中间漆涂层的最长暴露时间宜不超过7d,两道面漆的涂装间隔时间亦宜不超过7d;若超过,应先采用细砂纸将涂层表面打磨成细微毛面,再涂装后一道面漆。喷铝应在表面清理后4h内完成。 (4) 涂装后,应在规定的位置涂刷钢构件标记。钢构件堆放必须在涂层干燥后进行。 (5) 涂料涂层的表面应平整均匀,不应有漏涂、剥落、起泡、裂纹和气孔等缺陷,颜色应与比色卡一致;金属涂层的表面应均匀一致,不应有起皮、鼓包、大熔滴、松散粒子、裂纹和掉块等缺陷。每涂完一道涂层应检查干膜厚度,出厂前应检查漆膜总厚度。 (6) 面漆的工地涂装宜在桥梁钢结构安装施工完成后进行。对在施工过程中将厂内涂装层损伤的部位,应进行表面清理并按设计涂装方案规定的涂料、层数和漆膜厚度重新补涂

续表

序号	项目	内容
7	工地连接——桥梁钢结构安装时的高强度螺栓连接施工的规定	(1) 由制造厂处理的钢结构构件的摩擦面,在安装前应复验所附试件的抗滑移系数,合格后方可安装,并应符合设计要求。 (2) 高强度螺栓连接副的安装应在钢构件中心位置调整准确后进行,高强度螺栓、螺母和垫圈应按制造厂提供的批号配套使用。安装时钢构件的摩擦面应保持清洁、干燥,并不得在雨中进行安装作业。 (3) 高强度螺栓连接副组装时,应在板束外侧各设置一个垫圈,有内倒角的一侧应分别朝向螺栓头和螺母支承面。高强度螺栓的长度应与安装图一致,安装时其穿入方向应全桥一致,且应自由穿入孔内,不得强行敲入;对不能自由穿入螺栓的孔,应采用铰刀进行铰孔修整,铰孔前应将该孔四周的螺栓全部拧紧,使板层密贴,防止钢屑或其他杂物掉入板层缝隙中,铰孔的位置应做施工记录。严禁采用气割方法扩孔。 (4) 安装施工时,高强度螺栓不得作为临时安装螺栓使用,亦不得采用塞焊对螺栓孔进行焊接。 (5) 高强度螺栓连接副施拧前,应在施工现场按出厂批号分批测定其扭矩系数。每批号的抽验数量应不少于8套,其平均值和标准偏差应符合设计要求;设计未要求时,平均值偏差应在0.11~0.15范围内,其标准偏差应小于或等于0.01。测定数据应作为施拧的主要参数。 (6) 高强度螺栓的设计预拉力、施工预拉力应符合规定。 (7) 施工高强度螺栓时,应按一定顺序,从板束刚度大、缝隙大之处开始,对大面积节点板应从中间部分向四周的边缘进行施拧,并应在当天终拧完毕;施拧时,不得采用冲击拧紧和间断拧紧的方式作业。大六角头高强度螺栓的施拧,仅应在螺母上施加扭矩。 (8) 高强度螺栓施拧采用的扭矩扳手,在作业前后均应进行校正,其扭矩误差不得超过使用扭矩值的±5%。 (9) 采用扭矩法施拧高强度螺栓连接副时,初拧、复拧和终拧应在同一工作日内完成。初拧扭矩宜为终拧扭矩的50%,复拧扭矩等于初拧扭矩,终拧扭矩应按公式计算。 (10) 高强度螺栓终拧完成后,应进行质量检查,检查应由专职质量检查员进行,检查用的扭矩扳手必须标定,其扭矩误差不得超过使用扭矩的±3%,且应进行扭矩抽查。采用松扣、回扣法检查时,应先在螺栓与螺母上做标记,然后将螺母退回30°,再用检查扭矩扳手将螺母重新拧至原来位置测定扭矩,该值不小于规定值的10%时为合格。对主桁节点、板梁主体及纵、横梁连接处,每栓群以高强度螺栓连接副总数的5%抽检,但不得少于2套,其余每个节点不少于1套进行终拧扭矩检查。扭矩检查应在螺栓终拧1h以后、24h之前完成。每个栓群或节点检查的螺栓,其不合格者宜不超过抽验总数的20%;如果超过此值,则应继续抽验,直至累计抽数80%的合格率为止。对欠拧者应补拧,不符合扭矩要求的螺栓应更换后重新补拧。高强度螺栓拧紧检查验收合格后,连接处的板缝应及时采用腻子封闭,并应按设计要求涂漆防锈
8	工地连接——桥梁钢结构在工地焊接连接时的规定	(1) 钢构件的工地施焊连接应按设计规定的顺序进行。 (2) 箱形梁梁段间的焊接连接,应按顶板、底板、纵隔板的顺序对称进行;梁段间的焊缝经检验合格后,应按先对接后角接的顺序焊接U形肋嵌补件。 (3) 当桥梁钢结构为焊接与高强度螺栓合用连接时,栓接结构应在焊缝检验合格后再终拧高强度螺栓连接副。 (4) 工地焊接前应做工艺评定试验,施焊应严格按已评定的焊接工艺进行。焊接前应对接头坡口、焊缝间隙和焊接板面高低差等进行检查,并对焊缝区域进行除锈,且工地焊接应在除锈后的12h内进行。 (5) 工地焊接时应设立防风、防雨设施,遮盖全部焊接处。工地焊接的环境要求为:风力应小于5级;温度应大于5℃;相对湿度应小于80%;在箱梁内焊接时应有通风防护安全措施

考点 4 斜拉桥施工

斜拉桥施工基础知识

序号	项目	内容
1	斜拉桥构成	斜拉桥由梁、塔、索三种基本构件组成桥梁结构体系
2	斜拉桥按主梁的受力状态的分类	斜拉桥按主梁的受力状态分为漂浮体系、支承体系、塔梁固结体系和刚构体系。 (1) 漂浮体系为塔墩固结、塔梁分离，主梁除两端有支承外，其余全部为拉索悬吊的多点弹性支承的单跨梁。 (2) 支承体系即塔墩固结、塔梁分离，主梁在墩、塔处均设有支座，为具有多点弹性支承的三跨连续梁，所有墩上支座均不约束纵向位移的称为半漂浮体系。 (3) 塔梁固结体系即塔梁固结并支承在墩上，梁的内力和挠度同主梁与塔柱的弯曲刚度比值有关，这种体系的连续支座至少有一个为纵向固定。 (4) 刚构体系为梁塔墩互为固结，形成跨度内具有多点弹性支承的刚构。另外，还有边跨斜拉索锚固在地锚上的地锚体系和在斜拉桥主跨跨中设置挂孔或剪力铰形成的T构体系
3	其他分类	(1) 按主梁材料分为钢斜拉桥、混凝土斜拉桥、结合梁斜拉桥、混合梁斜拉桥和钢管混凝土斜拉桥。 (2) 按拉索的特征分为双索面、单索面、稀索体系、密索体系以及无背索体系斜拉桥。 (3) 按拉索的锚固体系分为自锚、地锚及部分地锚斜拉桥。 (4) 按塔形分为门形、独柱形、钻石形、A形、H形、倒V形、倒Y形等，还有斜塔、矮塔、折线塔和曲线形塔等
4	斜拉桥的施工	(1) 斜拉桥的施工主要包括主塔的施工、主梁的施工、拉索的施工等。 (2) 斜拉桥的索塔施工时，应对其平面位置、倾斜度、应力和线形等进行监测和控制；上部结构施工时，应对其施工过程中的索力、高程以及索塔偏位等参数进行监测和控制

索塔施工要点

序号	项目	内容
1	混凝土索塔的施工规定	(1) 塔柱节段施工长度的划分，宜根据索塔结构形式、钢筋定尺长度和施工条件等因素确定；塔柱模板系统应具有足够的强度、刚度和稳定性，且宜进行抗风稳定性验算。 (2) 塔座及塔柱实心段施工时，除应控制好模板的平面位置和倾斜度外，尚应对混凝土采取降低水化热和温度控制的措施；同时宜采取适当措施缩短塔座与承台、塔柱与塔座之间浇筑混凝土的间隔时间，间歇期宜不大于15d。 (3) 索塔与主梁不宜同时交叉施工，必须交叉施工时应采取保证质量和施工安全的措施。索塔塔柱施工时宜设置劲性骨架，所设置的劲性骨架应能起到保证钢筋架立、模板安装和拉索预埋导管等空间定位精度的作用；劲性骨架宜采用型钢制作。 (4) 横梁施工时，应设置可靠的支架系统。支架系统应进行专门设计，其强度、刚度和稳定性应满足使用要求，同时应考虑变形和日照温差等因素对支架系统的不利影响。体积过大的横梁可沿高度方向分次浇筑，但分次浇筑的时间间隔宜不超过15d，并应采取措施防止施工接缝处产生收缩裂缝；分次浇筑时支架系统的设计宜考虑横梁的全部自重。

续表

序号	项目	内容
1	混凝土索塔的施工规定	(5) 塔柱和横梁可同步施工或异步施工，但异步施工时塔柱与横梁之间浇筑混凝土的间隔时间应不超过30d，并应采取措施使塔梁之间的接缝可靠连接，不得产生收缩裂缝。倾斜塔柱施工时，应对各施工阶段塔柱的强度和变形进行验算，分高度设置主动横撑或拉杆，使其线形、内力和倾斜度满足设计要求并保证施工期结构的安全。 (6) 在起吊条件具备时，塔柱节段的钢筋可整体制作成骨架、整体安装；但在起吊安装时，应对钢筋骨架采取适当的临时加固措施，增加其刚度，防止变形。 (7) 混凝土应根据索塔的高度及混凝土供应能力选择适宜的输送方式，采用输送泵时宜一泵到顶；当采用接力方式泵送混凝土时，上、下泵的输送能力应相互匹配，且应对设置接力泵位置的结构进行承载能力的验算，必要时应采取加固措施。浇筑混凝土时，分层布料应均匀，应控制混凝土的自由倾落高度不超过2m，保证混凝土不产生离析，并应采取有效措施避免上部塔体施工时对下部已完成塔体的表面造成污染。混凝土浇筑完成后，应及时养护，养护的方法和措施应根据结构特点、气温、环境条件等因素综合确定，每一节段现浇混凝土的养护时间应不少于7d。 (8) 索塔横梁和拉索锚固区的预应力施工，应符合相关规定。对拉索锚固区曲率半径较小的环向预应力钢束，宜按设计要求进行模型试验，取得经验数据后方可正式施工。 (9) 对拉索预埋导管的安装，应在施工前认真复核施工图中拉索的垂度修正值；定位安装时宜利用劲性骨架控制导管进出口处的中心坐标，并应采取其他辅助措施进行调整和固定；预埋导管不宜有接头。 (10) 对支承钢锚梁的牛腿，施工时应采取有效措施控制其顶面的高程，其顶面高程的偏差宜为±2mm；对索塔的边跨侧与中跨侧，两侧牛腿预埋钢板顶面的相对高差应不大于2mm，预埋钢板中心线的相对差值应不大于2mm
2	钢锚梁的安装施工规定	(1) 采用塔式起重机或其他起重设备吊装钢锚梁时，其起重能力应能满足吊重的要求。 (2) 安装前应对索塔内牛腿的顶面高程和支承位置进行复测，确认符合设计要求后方可进行安装。 (3) 钢锚梁的起吊安装宜选择在6级风以下且气候条件较好的条件下进行。 (4) 钢锚梁的安装方式宜结合其结构构造特点、起重设备的能力及现场的实际情况综合确定。 (5) 采用在索塔施工完成后再安装钢锚梁的方式时，安装前宜通过计算机模拟钢锚梁在塔内狭窄空间中的就位状况，保证钢锚梁能实现顺利安装和就位；并应在起吊安装过程中采取有效措施，避免钢锚梁与索塔塔壁之间产生碰撞。分节段安装钢锚梁时，应设置必要的支架对其连接处附近进行临时支承。 (6) 采用随索塔塔柱节段施工同步安装的方式时，钢锚梁可整根起吊安装就位，其两端头附近塔柱内壁的模板接缝应封堵严密、不漏浆，浇筑塔柱节段混凝土时，应采用适宜的材料对钢锚梁进行包裹防护。 (7) 不论采用何种安装方式，在安装上层钢锚梁时，均应设置作业平台，并应对下层已安装完成的钢锚梁进行必要的防护，防止损伤其表面的防腐涂层。 (8) 钢锚梁在安装就位后，应采用三维调节装置对其纵横桥向的平面位置和锚固点的位置进行精确调整定位，各平面位置的偏差应控制在±5mm以内，锚固点高程的偏差应控制在±2mm以内。 (9) 钢锚梁的制造加工，对分节段制造、安装、现场连接的钢锚梁，应在厂内进行试拼装

续表

序号	项目	内容
3	钢锚箱的安装施工规定	（1）安装前应编制专项施工方案，确定起吊安装的方法、机具设备和安全措施。 （2）吊装前，应按钢锚箱节段的起吊重力，对起重设备、吊架、吊具和索具等进行必要的受力验算和安全技术验收，保证其能满足起吊安装的各项要求；并应进行试吊，确认安全后方可正式开始起吊安装作业。 （3）起吊安装时，吊点和吊具的设置应满足各点均匀受力的要求，应避免钢锚箱在起吊安装过程中发生扭转或侧倾，并应采取有效措施保证钢锚箱不受到碰撞而产生损伤。 （4）钢锚箱安装时，宜设置必要的导向装置，且该装置应能较为准确地引导钢锚箱就位；首节钢锚箱在精确定位时宜采用三维调节装置，通过对钢锚箱节段的平面位置、竖直度和高程进行反复精确调整，使之达到设计要求的安装精度。 （5）钢锚箱的制造加工，对分节段制造、安装、现场连接的钢锚箱，应在厂内进行试拼装
4	钢索塔的施工规定	（1）索塔的钢构件在工厂制造时应进行试拼装，试拼装合格后方可启运，并应根据不同的运输方式对钢构件进行必要的临时加固和保护。节段钢构件安装的吊点、导向件及临时匹配件宜在厂内制造时设置。 （2）安装施工前，应根据高空作业的特点制定专项施工方案。应编制详细的节段钢构件吊装施工工艺，并应核对各节段构件的编号和起吊重力。在吊装前应对节段钢构件起吊的稳定性进行验算，并应对各关键部位进行临时加固后试吊，确认无误方可正式起吊安装。 （3）钢索塔节段的起吊安装应充分考虑气候对安装施工的影响，宜选择在 6 级风以下且天气条件较好的条件下进行，保证施工安全。 （4）安装倾斜索塔时，应验算成索塔内力，控制成塔线形，分高度设置水平横撑或拉杆。在安装过程中，应按设计要求分阶段对已完成的索塔采取必要的抑振措施，保证后续施工中永久结构和临时结构的安全性，以及施工操作人员的舒适性。 （5）对钢索塔节段安装的精确定位控制测量，宜选择在日落后 4h 至日出前 2h 且温度场较为稳定的时段进行

主梁的特点及施工方法

序号	项目	内容
1	主梁的特点	由于斜拉桥主梁的支承形式为多点连续支承，而且支承间距小，与梁式桥相比，斜拉桥的主梁梁体高跨比较小，斜拉桥的主梁跨越能力大、建筑高度小，把斜拉索索力的水平分力作为轴力传递
2	主梁的施工方法	（1）顶推法； （2）平转法； （3）支架法（临时支墩拼装、支架上现浇）； （4）悬臂法（悬臂拼装、悬臂浇筑）

主梁的施工要点

序号	项目	内容
1	一般规定	主梁应严格按照预定的程序、方法和措施进行施工。对设计为飘浮或半飘浮体系的斜拉桥，在主梁施工期间应使塔梁临时固结。主梁在悬臂施工时，应保持两端的施工荷载对称平衡，其最大不平衡荷载不得超过设计允许的范围；并应严格控制桥面上的各种临时施工荷载

续表

序号	项目	内容
2	混凝土主梁采用悬臂浇筑法施工的规定	(1) 主梁0号梁段及相邻梁段浇筑施工时，应设置可靠的支架系统。支架系统应进行专门设计，其强度、刚度和稳定性应满足使用要求，同时应考虑变形、地基的不均匀沉降和日照温差等因素对支架系统的不利影响；施加在支架上的临时施工荷载应包括悬浇挂篮的重力。辅助跨梁段的现浇支架亦应符合上述规定。 (2) 用于悬浇施工的挂篮应进行专门设计，挂篮应满足使用期的强度和稳定性要求，同时应考虑主梁在浇筑混凝土时抗风振的刚度要求。挂篮的全部构件制作完成后应进行检验和试拼，合格后再运至现场整体组装，并应按设计荷载及技术要求进行预压。挂篮在预压时应测定其弹性挠度的变化、高程调整的性能及其他技术性能
3	混凝土主梁采用悬臂拼装法施工的规定	(1) 梁段的预制可采用长线法或短线法台座。预制台座的设计应考虑主梁成桥线形的影响，并应保证预制梁段的截面尺寸能满足拼装的精度要求。预制梁段的混凝土端面应密实饱满，不得随意修补。 (2) 对梁段拼装用的非定型桥面悬臂吊机或其他起吊设备，应进行专门设计并宜委托具有相应资质的专业单位加工制造，加工完成后应进行出厂质量验收。起吊设备在现场组装后应进行试吊，确认安全后方可用于正式施工。 (3) 0号及其相邻的梁段为现浇时，在现浇梁段和第一节预制安装梁段间宜设湿接头，对湿接头结合面的梁段混凝土应进行凿毛并清洗干净。湿接头混凝土宜采用微膨胀低收缩混凝土，设计有规定时，应从其规定
4	钢主梁的施工规定	(1) 钢梁制造完成后应在工厂内进行试拼装和涂装，经质量检验合格后方可运至工地现场。钢构件上的吊点、导向件及临时匹配件宜按设计要求在工厂加工制造时设置。 (2) 钢梁的钢构件或梁段在运输过程中，应采取可靠的临时加固措施，避免受到损伤。在工地临时存放时，应对存放场地进行规划，存放场地应平整、稳固、排水良好，存放的钢构件或梁段应支离地面一定高度，基础应具有足够的强度，并应防止地基的不均匀沉降；同时应采取必要的防护措施，防止钢梁积水锈蚀和栓接板面损坏、污染。 (3) 钢梁架设安装采用的桥面悬臂吊机的前支点和后锚固点应严格按设计要求可靠设置，保证架设安装期的起吊安全。 (4) 钢梁安装施工前应编制详细的梁段吊装的施工工艺，并应制定梁段间连接的工艺标准、焊接或栓接的工艺检验标准以及施工的安全技术规程。在吊装前应核对各钢构件或梁段的起吊重量，对钢构件或梁段起吊的稳定性进行验算，经试吊确认无误后方可正式起吊安装。 (5) 在支架上进行索塔附近无索区梁段安装施工时，应设置可调节梁段空间位置的装置，保证梁体在安装时的精确定位。 (6) 应采取必要措施减少钢箱梁安装时的接缝偏差，在内、外腹板位置，高度方向和宽度方向的拼接错口宜不大于2mm
5	主梁的合龙施工规定	(1) 主梁的合龙应按设计和施工控制的要求进行，施工前应确定施工程序并进行合龙施工计算，制定详细的施工工艺及各项保障措施的方案。 (2) 对合龙前最后若干个悬臂施工梁段的高程、线形、轴线偏差及索力应进行严格控制，使合龙口两侧主梁的自然相对偏差满足合龙的误差要求。 (3) 混凝土主梁和全焊钢主梁在合龙时，应按设计要求设置临时刚性连接，控制合龙口长度及主梁轴线与高程的变化；栓接钢主梁合龙时，应提前调整合龙口两侧主梁的姿态，并应对两侧钢主梁螺栓孔之间的间距进行控制。 (4) 主梁合龙施工期间，应对桥面上的临时施工荷载进行严格控制，不得随意施加除合龙施工需要的其他附加荷载。 (5) 主梁中跨合龙后，应按设计要求的程序在规定时间内拆除塔梁临时固结装置，保证结构体系的安全转换。边跨合龙应根据主梁的结构特点按本条的相关要求进行施工。 (6) 多塔斜拉桥主梁的合龙顺序应符合设计的规定

拉索施工

序号	项目	内容
1	拉索的构造	拉索按材料和制作方式的不同可分为以下几种形式： (1) 平行钢筋索； (2) 平行（半平行）钢丝索； (3) 平行（半平行）钢绞线索； (4) 单股钢绞缆； (5) 封闭式钢缆
2	拉索防护	斜拉索防护可分为临时防护和永久防护两种，防护类型主要有以下几种： (1) 封闭索防护； (2) 平行索用塑料罩套保护； (3) 套管压浆法； (4) 预应力混凝土索套防护； (5) 直接挤压护套法
3	拉索安装	(1) 拉索及其附件应符合设计规定，进场后应进行质量验收。成品拉索在出厂前应做放索试验，同时应做1.2～1.4倍设计索力的超张拉检验，检验后冷铸锚板的内缩值宜不大于5mm。成品拉索和钢绞线应缠绕成盘进行运输，在起吊、运输及存放时应采取措施防止其产生破损、变形或腐蚀。 (2) 拉索在安装施工前，应按设计要求及拉索结构的不同制订相应的专项施工方案和施工工艺。安装前尚应全面检查预埋拉索导管的位置是否准确，发现问题应及时采取措施予以处理，同时应将导管内可能有的杂物清理干净。 (3) 拉索的安装施工应按设计和施工控制的要求进行，在安装和张拉拉索时应采用专门设计制作的施工平台及其他辅助设施进行操作，保证施工安全。张拉拉索用的千斤顶、油泵等机具及测力设备应按《公路桥涵施工技术规范》JTG/T 3650—2020 第7章的要求进行配套校验；为施工配备的张拉机具，其能力应大于最大拉索所需要的张拉力。 (4) 拉索可在塔端或梁端单端进行张拉，张拉时应按索塔的顺桥向两侧及横桥向两侧对称同步进行。同步张拉时不同步索力之间的差值不得超出设计和施工控制的规定；两侧不对称或设计拉力不同的拉索，应按设计规定的索力分级同步张拉，各千斤顶同步之差不得大于油表读数的最小分格。拉索张拉的顺序、级次和量值应符合设计和施工控制的规定；张拉宜以测定的索力或油压表量值为准，以延伸值作为校核；对大跨度斜拉桥，宜采用无应力索长和索力双控的方法，且宜以索长控制为主，以索力作为校核。 (5) 平行钢丝拉索的安装和张拉施工应符合下列规定： ① 施工前应根据索长、索重、斜度和风力等因素，计算拉索在安装时锚头距索管口不同距离以及满足锚环支承时的牵引力；张拉杆、连接套和软牵引等施工辅助设施应经专门设计，并应在正式使用前进行1.2倍设计牵引力的对拉试验。 ② 吊装时不宜使用起重钩或容易对索体产生集中应力的吊具直接挂扣拉索，宜采用带胶垫的管形夹具和尼龙吊带并设置多吊点进行起吊。放索时索体应在柔软的滚轮或皮带输送机上拖拉，并应控制索盘的转速，防止转速过快导致索盘倾覆。 ③ 安装施工时不得挤压、弯折索体，不得损伤索体的保护层和索端的锚头及螺纹；应在索管管口处设置对中控制的装置或限位器进行调控，防止锚头和索体在穿入索管时偏位而产生摩擦受损。当拉索的索体防护层和锚头已发生不影响使用的损伤时，应及时进行修复并记录在案，施工结束后对损伤部位尚应进行跟踪维护。

序号	项目	内容
3	拉索安装	④ 拉索的内置式减振圈和外置式抑振器未安装前,应采取有效措施,保证塔、梁两端的索管和锚头不受到水或其他介质的污染和腐蚀。 (6) 钢绞线拉索的安装施工应符合下列规定: ① 安装施工前,应在桥面上的适当位置设置钢绞线的放线架、导向轮和切割工作平台,以及切割和镦头的相关设备;并应在塔柱外的顺桥向两侧附近安装操作平台和起吊设备。 ② 拉索外套管的连接接长采用热熔焊接接头时,热熔焊接的温度应符合外套管材料的要求。对外套管进行移动时,不得将其在未加支垫保护的桥面上拖拽;起吊过程中,其下方严禁站人。与外套管有连接关系或承套关系的所有部件均应与其临时固定,临时固定时宜在塔、梁两端各留出1m左右的空间。 ③ 钢绞线的下料长度应计入牵引、张拉时的工作长度;下料时对钢绞线的切割应采用砂轮锯,不得采用电弧焊或氧乙炔进行切断。 ④ 牵引安装钢绞线时,其牵引装置必须安全可靠,牵引过程中钢绞线不得产生弯折,转向时应通过导向轮实现。每根钢绞线安装就位后,均应及时采用夹片锁定。 (7) 钢绞线拉索的张拉施工应符合下列规定: ① 钢绞线拉索宜采用单根安装、单根张拉、最后再整体张拉的施工方法。单根钢绞线的张拉应按分级、等值的原则进行,整体张拉时应以控制所有钢绞线的延伸量相同为原则。拉索整体张拉完成后,宜对各个锚固单元进行顶压,并安装防松装置。 ② 在一根斜拉索中,单根张拉后各钢绞线索力的离散误差宜不超过±2%;整体张拉完成后,各钢绞线索力的离散误差宜不超过±1%。 ③ 拉索的张拉工作全部完成后,应及时对塔、梁两端的锚固区进行最后的组装以及抗震防护与防腐处理。 (8) 拉索索力实测值与设计值的偏差宜为±5%,超过时宜进行调整。调整索力时应对索塔和相应的主梁梁段进行变形和应力的监测,并做记录。 (9) 拉索安装施工期间,应及时将索塔内张拉工作面处的油污和各种杂物清理干净,并应有可靠的防火措施

考点5 悬索桥施工

悬索桥基础知识

序号	项目	内容
1	悬索桥分类	悬索桥可按主缆锚固方式、主缆线形、悬吊跨数、悬吊方式、支撑结构等方式分类。 (1) 按主缆锚固方式分为地锚式和自锚式悬索桥。大多数悬索桥采用地锚式,主缆通过锚碇将拉力传给地基,是大跨度悬索桥最佳受力模式,锚碇处要求地基承载力大;自锚式悬索桥将主缆直接锚固在加劲梁两端,无需设置锚碇结构,加劲梁直接承受主缆传来的水平分力,适用于两岸地基承载力较差,特别是软土地区的桥位,自锚式跨度不宜太大。 (2) 按主缆线形分为双链式和单链式悬索桥。双链式是在一个吊杆平面内设有两根主缆,两根主缆具有不同的线形,为克服半跨有荷载作用时加劲梁产生的S形变形,应用双链式结构具有较大的刚度,对非对称荷载的适用性强,但构造复杂,常作为景观桥建造;单链式是在一个吊杆平面内仅设单一线形的悬索主缆,整个悬索桥设两根平行主缆,现代大跨径悬索桥一般采用单链式结构。

续表

序号	项目	内容
1	悬索桥分类	（3）按悬吊跨数分为单跨、两跨、三跨和多塔多跨悬索桥。单跨悬索桥适合于边跨地面较高、采用桥墩支承边跨的结构；两跨悬索桥是一个边跨与主跨的加劲梁是悬吊的，另一个边跨的梁体由桥墩支承的结构；三跨悬索桥结构受力合理、线形流畅对称。 （4）按悬吊方式分为竖直吊索、三角斜吊索、竖直和斜吊索混合式、悬吊－斜拉组合体系悬索桥。 （5）按加劲梁的支承结构分为单跨两铰、三跨两铰和三跨连续悬索桥。 （6）按加劲梁材料类型分为钢箱梁、钢桁梁和预应力混凝土加劲悬索桥
2	悬索桥施工步骤	（1）索塔、锚碇的基础工程施工，同时加工制造上部施工所需构件。 （2）索塔、锚碇施工及上部施工准备。包括塔身及锚体施工、上部施工技术准备、机具和物资准备、预埋件等上部施工准备工作。 （3）上部结构安装。即缆索系统安装，包括主、散索鞍安装，先导索施工，猫道架设，主缆架设，紧缆，索夹安装，吊索安装，主缆缠丝防护等。 （4）桥面系施工。即加劲梁和桥面系施工，包括加劲梁节段安装，工地连接，桥面铺装，桥面系及附属工程施工，机电工程等
3	悬索桥施工主要工序	基础施工→塔柱和锚碇施工→先导索渡海工程→牵引系统和猫道系统→猫道面层和抗风缆架设→索股架设→索夹和吊索安装→加劲梁架设和桥面铺装施工

锚碇施工

序号	项目	内容
1	锚碇基础知识	（1）锚碇是悬索桥的主要承重构件，主要抵抗来自主缆的拉力，并传递给地基基础，按受力形式的不同可分为重力式锚碇、隧道式锚碇和岩锚等。 （2）重力式锚碇依靠自身巨大的重力抵抗主缆拉力，重力式锚碇由基础、锚体及锚固系统三部分组成，锚碇基础形式通常有明挖基础、沉井基础、地下连续墙基础、箱形基础、矩形排桩基础等。锚体的结构一般由锚块、散索鞍支墩、后锚室、前锚室侧墙和顶板、后浇段等组成。 （3）隧道式锚碇的锚体嵌入地基岩内，借助基岩抵抗主缆拉力，隧道式锚碇主要构造有锚塞体、散索鞍支墩、隧洞支护构造、前锚室、后锚室等，按传力机理，可分为普通隧道锚和复合式隧道锚。隧道式锚碇只适合在基岩坚实完整的地区，其他情况大多采用重力式锚碇或自锚式悬索桥。 （4）岩锚是通过锚固钢绞线或锚杆直接锚固于岩体，将荷载传递至基岩，岩锚与隧道锚的主要区别在于：隧道锚是将主缆索股通过锚固系统集中在一个隧洞内锚固，隧洞内浇筑混凝土形成锚塞体；而岩锚则将锚固系统的预应力筋分散设置在单个岩孔中锚固，不需要浇筑混凝土锚塞体，高质量的岩体替代了锚塞体，从而大量节省混凝土锚体材料
2	主缆锚固体系	锚固系统是主缆索股与锚碇的连接构造，也是主缆的传力系统，主缆索股锚固系统按使用材料、结构构造和传力机理，可分为型钢锚固系统和预应力锚固系统两种类型。 （1）型钢锚固系统 ①型钢锚固系统一般由锚杆、锚梁及支撑架三部分组成，前部有设锚梁和不设锚梁两种形式，根据锚块前部有无锚梁，可分为前锚梁式型钢锚固系统和拉杆式型钢锚固系统。

续表

序号	项目	内容
2	主缆锚固体系	② 施工程序：锚杆、锚梁制作→现场拼装锚支架（部分）→安装后锚梁→安装锚杆于锚支架→安装前锚梁→精确定位→浇筑锚体混凝土。 （2）预应力锚固系统 ① 预应力锚固系统一般由预应力束、锚具、预埋管道和防护帽组成；锚具由锚头、夹片、锚下垫板、螺旋筋及密封圈等组成。预应力锚固系统根据材料不同，分为预应力钢绞线锚固系统和预应力粗钢筋锚固系统。预应力钢绞线系统包括有黏结不可更换式锚固系统和无黏结可更换式锚固系统，其中不可更换式一般采取预应力束张拉压浆方式，可更换式一般采取张拉预应力束注油方式。 ② 预应力锚固系统施工程序：基础施工→安装预应力管道→浇筑锚体混凝土→穿预应力筋→安装锚固连接器→预应力筋张拉→预应力管道压浆→安装与张拉索股
3	锚碇施工	（1）重力式锚碇基坑开挖应沿等高线自上而下分层进行，在坑外和坑底应分别设置截水沟和排水沟，并应防止地面水流入坑内而引起塌方或破坏基底土层。采用机械开挖时，应在基底高程以上预留150～300mm土层采用人工清理，且不得破坏基底岩土的原状结构；采用爆破方法施工时，宜使用预裂爆破法，避免对边坡造成破坏。对深大基坑，应采取开挖边支护的措施保证其边坡的稳定。 （2）地下连续墙基础基坑开挖前对地下连续墙墙底的基岩裂隙宜进行压浆封闭，并应减少地下水向基坑渗透。采用"逆作法"进行基坑开挖和内衬施工时必须进行施工监测，监测内容宜包括环境监测、水工监测、地下连续墙墙体监测、土工监测及内衬监测等。 （3）隧道锚洞室和岩锚的开挖施工除应符合现行《公路隧道施工技术规范》JTG/T 3660—2020的有关规定外，尚应符合下列规定： ① 开挖施工前，宜根据两侧洞室的开挖方法和步骤，对围岩的侧壁收敛、拱顶下沉和底部隆起等变形进行模拟仿真计算，并应根据其计算分析结果提出开挖施工中变形量控制的标准。 ② 开挖施工前尚应进行地表排水系统和工作坑的设计，确定防止洞外地表水流入开挖作业面的有效措施。地下水较丰富时，宜在隧洞的侧墙处设排水沟，在开挖作业面的底部设集水坑，并应采取必要的措施将水引出洞外；在衬砌混凝土的施工缝处应沿隧洞轴线方向预埋止水板。 ③ 在条件许可的情况下，宜在附近选取一地质相似的地方进行爆破监控试验，对爆破施工方案的各种参数进行试验和修正，据此正式确定爆破方案。开挖施工时宜采用光面控制爆破方式，并应严格控制爆破，减少对围岩的扰动。 ④ 洞口处宜设置护拱，并应采取有效措施防止落石等物体进入洞内。 ⑤ 洞室开挖施工时，宜对水平净空收敛、地表及边坡位移、拱顶下沉、底板隆起等进行监控量测，监控量测的断面布置和频率宜根据实际情况确定。 ⑥ 岩锚施工时的钻孔宜采用破碎法施工，在成孔过程中应对钻孔深度和孔空间轴线位置进行检查和记录；达到设计深度后，应采用洁净高压水冲洗孔道并采用有效方法将钻渣掏出。锚索下料时宜采用砂轮机切割，穿束时应设置定位环，保证锚索在孔中位于对中位置，同时应避免锚索扭转，锚索安装完成后应及时对孔道进行压浆。 （4）型钢锚固体系施工时，锚杆、锚梁在制造时应进行抛丸除锈、表面防腐涂装和无损检测等工作；出厂前应对构件连接进行试拼装，试拼装应包括锚杆拼装、锚杆与锚梁连接、锚支架及其连接系平面试装。当锚杆为无黏结预应力时，应使其与锚体混凝土隔离，并可自由伸缩。 （5）预应力锚固系统的施工时，锚具应安装防护套，无黏结预应力系统应注入保护性油脂；对加工件应进行超声波和磁粉探伤检查。 （6）隧道锚的锚塞体混凝土施工时，锚塞体混凝土应与岩体结合良好，且宜采用自密实型微膨胀混凝土，保证混凝土与拱顶基岩紧密黏结；浇筑混凝土时洞内应具备排水和通风条件，且宜在锚塞体混凝土的水平施工缝与洞壁交界处设置消除水压力的盲管，并使盲管与锚室的排水管道联通，形成系统

索塔施工

序号	项目	内容
1	索塔基础知识	（1）索塔按材料分有钢索塔、钢筋混凝土索塔和钢－混凝土组合索塔，一般由基础、塔柱、横梁等组成。 （2）根据索塔外形不同，索塔在横向的结构形式可分为门形框架式、桁架式、混合形式，纵向结构形式可采用单柱式、A 形、倒 Y 形。小跨径单缆悬索桥中，还可以采用独柱式和倒 V 形或菱形索塔。 （3）索塔在施工过程中应对其施工状况进行监测和控制，施工完成后，应测定裸塔的倾斜度、塔顶高程及塔的中心线里程，并做好沉降、变位观测点标记
2	塔身施工	（1）钢塔施工主要有浮吊、塔吊和爬升式吊机等架设方法。钢塔架制作工艺程序主要包括放样尺寸→冲孔→拼装→焊接→定中线→切削试拼。 （2）混凝土塔柱施工工艺与斜拉桥塔身基本相同，施工用的模板工艺主要有滑模、爬模和翻模等类型，塔柱竖向主钢筋的接长可采用冷压套管连接、电渣焊、气压焊等方法。混凝土运送方式应考虑设备能力采用泵送或吊罐浇筑，施工至塔顶时，应注意索鞍钢框架支座螺栓和塔顶吊架、施工锚道的预埋件的施工
3	索鞍施工	（1）主索鞍施工程序：安装塔顶门架→钢框架安装→吊装上下支承板→吊装鞍体等。 （2）索鞍应由专业单位加工制造。制造完成后应在厂内进行试装配和防腐涂装，并应对各部件的相对位置做出永久性定位标记，经检验合格后方可运至工地现场安装。 （3）索鞍在安装前，应根据鞍体的形状和重力、施工环境条件、起吊高度等因素选用吊装设备；对设置在塔顶的起重支架及附属起重装置等应进行专门设计，其强度、刚度和稳定性应满足使用的要求，并应有足够的安全系数。 （4）起重安装的所有准备工作完成后，应对起重设备和设施进行全面检查。索鞍在正式起吊前，应先将鞍体吊离地面 0.1～0.2m 并持荷 10min 以上，检验起重设备和设施各部位的受力和变形状况；并应在离地面 1～3m 范围内将鞍体提升起降两次，检验提升系统的性能。经上述检验并确认起重设备和设施的各部位均正常后可进行正式起吊作业。 （5）起吊安装索鞍时，吊点和吊具的设置满足各点均匀受力的要求，应避免索鞍在起吊安装过程中发生扭转、侧倾或碰撞，并应采取有效措施保证索鞍的涂装不受到损伤。 （6）主索鞍在起吊安装时应缓慢、平稳，就位时应保证其位置准确；散索鞍在安装前应通过计算或模拟起吊试验确定其重心位置和吊点位置，正式起吊安装时，应使其始终保持平稳状态，且在导向装置的引导下能顺利就位，就位后应尽快将其临时固定。 （7）主索鞍底座钢格栅和散索鞍底座安装调整完成后，应进行全桥联测检查，确认无误后方可灌注底座下的混凝土。 （8）索鞍在安装时应根据设计规定的预偏量进行就位和固定，且应在主缆加载过程中根据监控数据分次顶推到设计位置。顶推前应确认滑动面的摩阻系数，严格控制顶推量

主缆施工

序号	项目	内容
1	施工内容	主缆架设工程包括架设前的准备工作、主缆架设、防护和收尾工作等，主缆施工难度大、工序多

续表

序号	项目	内容
2	牵引系统	（1）牵引系统是架设于两锚碇之间，跨越索塔用于空中拽拉的牵引设备，主要承担猫道架设、主缆架设以及部分牵引吊运工作，常用的牵引系统有循环式和往复式两种。 （2）牵引系统的架设以简单经济，并尽量少占用航道为原则。通常的方法是先将先导索渡海（江），再利用先导索将牵引索由空中架设。 （3）索股牵引应符合下列规定： ① 牵引过程中应对索股施加反拉力； ② 牵引最初几根时，宜压低牵引速度，注意检查牵引系统运转情况，对关键部位进行调整后方能转入正常架设工作； ③ 牵引过程中发现绑扎带连续两处被切断时，应停机进行修补，监视索股中的着色丝，一旦发生扭转，须采取措施予以纠正； ④ 牵引到对岸，在卸下锚头前须把索股临时固定，防止滑移，索股后端宜实施加反拉力； ⑤ 索股两端的锚头引入锚固系统前，须将索股理顺，对鼓丝段进行梳理，不许将其留在锚跨内； ⑥ 索股横移时，须将索股从猫道滚筒上提起，确认全跨径的索股已离开猫道滚筒后，才能横向移到索鞍的正上方，横移时拽拉量不宜过大，任何人不允许站在索股下方
3	猫道	（1）猫道应根据悬索桥的跨径、主缆线形、施工环境条件等因素进行专门设计，其结构形式及各部尺寸应满足主缆工程施工的需要。猫道设计应符合下列规定： ① 猫道的线形宜与主缆空载时的线形基本平行，猫道对索塔产生的纵桥向变位应小于索塔高度的 1/5000。猫道面层宜由阻风面积小的两层大、小方格钢丝网组成，面层顶部与主缆下沿的净距宜为 1.3~1.5m；猫道的净宽宜为 3~4m，扶手高宜为 1.5m。猫道在桥纵向应左右对称主缆中心线布置，猫道间宜设置若干条横向人行通道。 ② 承重索在设计时应充分考虑猫道的恒载及可能作用于其上的其他荷载。承重索的锚固系统应有足够的调整范围，每端宜设±2m 以上的调节长度。 ③ 设计时宜根据桥位处的施工环境条件和当地的气象条件对猫道进行抗风稳定验算；对特大跨径悬索桥，必要时可通过猫道风洞试验，获得试验参数后对猫道进行结构动力分析及抗风稳定性验算。可采取适当增加猫道间横向联结的措施增强其抗风稳定性。 ④ 猫道的门架绳在其锚固系统可靠的情况下，可与猫道承重绳共同受力。 （2）猫道钢构件的制作要求可参照现行《公路桥涵施工技术规范》JTG/T 3650—2020 的相关规定执行，面层和承重索的材料均应符合相应产品的质量要求。承重索和抗风缆采用钢丝绳时，架设前应对钢丝绳进行预张拉处理，消除其非弹性变形，预张拉的荷载应不小于其破断荷载的 0.5 倍，且应持荷 60min，并进行两次；预张拉时的测长和标记宜在温度较稳定的夜间进行。采用旧钢丝绳时，应按现行《钢丝绳安全使用和维护》GB/T 29086—2012 的规定进行检验，并应对其承载能力予以折减。承重索端部的锚头应垂直于承重索，并应对锚头部位进行静载检验，符合受力要求后方可使用。 （3）猫道的架设应按横桥向对称、顺桥向边跨和中跨平衡的原则进行，且应将裸塔塔顶的变位及扭转控制在设计允许的范围内。架设施工应符合下列规定： ① 先导索的架设方法宜根据桥跨跨径、地形等条件综合确定，且应减少对通航的影响。 ② 承重索架设时，在横桥向，两侧应保持基本同步，数量差不宜超过 1 根；在顺桥向，边跨与中跨应连续架设，且中跨的承重索宜采用托架法架设。架设后，应对其线形进行调整，各根索在跨中的高程相对误差宜控制在±30mm 以内。

续表

序号	项目	内容
3	猫道	③ 面层及横向通道宜从索塔塔顶开始，同时向跨中和锚碇方向对称、平衡地进行架设安装，并应设置牵引及反拉系统，控制面层铺设时可能产生的下滑等现象，保证施工安全；中跨、边跨猫道面层的架设进度，应以索塔两侧的水平力差异不超过设计要求为准进行控制。猫道面层在架设过程中应对索塔塔顶的偏移和承重索的垂度进行监测。 （4）在主缆架设完成、加劲梁安装之前，应将猫道改挂于主缆上，改挂前应拆除横向通道。改挂宜分段进行，并应分次逐步放松承重索的锚固系统，最终放松至承重索设计要求的放松量。改挂后的悬挂点应设在猫道的底梁处，在桥纵向的间距宜不超过24m。 （5）主缆的防护工程及检修道安装施工完成后，可进行猫道的拆除工作。拆除前应利用锚固调节系统适当收紧承重索，减小猫道改挂绳的受力；猫道拆除时，宜分节段拆除其面层和底梁，拆除宜按中跨从塔顶向跨中方向、边跨从塔顶向锚碇方向的顺序进行；在拆除过程中，应采取措施保证改挂绳的受力在允许范围内，并应采取适当措施保护主缆、吊索和桥面附属设施等已施工完成的结构
4	主缆架设	（1）锚碇和索塔工程完成、主索鞍和散索鞍安装就位、牵引系统架设完成后，即可进行主缆架设施工，主缆架设方法主要有空中纺丝法（AS法）和预制平行索股法（PPWS法）。 （2）主缆采用预制平行钢丝索股时，宜在工厂内将对应索鞍位置的索股六角形截面调整为四边形截面，并作出相应标记。 （3）预制平行钢丝索股的架设施工应符合下列规定： ① 索股的牵引系统宜结合工程特点、施工安全、工艺水平及环境条件等因素综合确定。索股滚筒的间距宜为8m左右，在索鞍或坡度变化较大的位置应适当加密。 ② 索股的放索工艺应与索股的包装工艺相匹配，并应采取适当措施防止索股在索盘上突然释放。放索牵引过程中应有专人跟踪牵引锚头，且宜在沿线设观测点监测索股的运行状况，发现问题应及时采取措施加以纠正。 ③ 架设时对前3根索股宜低速牵引，对牵引系统进行试运转，在保证运转正常后方可进行正式的索股架设工作。索股在牵引架设时应在其后端施加反拉力；牵引过程中如绑扎带有连续两处被绷断，应停机进行修补。索股锚头牵引到位后，在卸下锚头前应将索股临时固定，防止滑移；索股在架设过程中如出现鼓丝现象，在入锚前应进行梳理，不得将其留在锚跨内。 ④ 索股在现场整形入鞍时，应在该段索股处于无应力状态下采用整形器完成，整形时应保持钢丝平顺，不得交叉、扭转或损伤钢丝。索股横移时，应将索股从猫道滚筒上提起，确认全跨径的索股已脱离滚筒后，方可移至索鞍的正上方；横移时的拽拉量不宜过大，且操作人员不得处于索股下方。 ⑤ 索股锚头入锚后应进行临时锚固。在跨中位置应对索股设定200～300mm的抬高量，并做好编号标志。 （4）采用空中纺线法架设主缆时，应符合下列规定： ① 钢丝接头的性能必须通过试验确定。在梨形蹄铁处或索鞍座附近不得存在工厂钢丝接头。 ② 编缆前应先挂一根基准钢丝作为参照，并以此为准确定第一条编织索股的正确高程。 ③ 完成一条索股的纺线后应对丝股进行梳理，对不符合线形要求的钢丝必要时应进行接长或截短处理。

续表

序号	项目	内容
4	主缆架设	④ 一条丝股抖开、梳理、裁切完成后,应采用手动液压千斤顶将其挤压成圆形,并采用纤维强力带每 3m 一道包扎定型。 ⑤ 空中纺线完成一条索股后,其后续工序可按预制平行钢丝索股的要求进行施工。 (5) 索股的线形调整应符合下列规定: ① 对索股线形的垂度调整应在夜间温度稳定时进行。温度稳定的条件为:长度方向索股的温差 Δt 应不大于 2℃;横截面索股的温差 ΔT 应不大于 1℃。 ② 对基准索股的线形应采用绝对垂度进行调整。调整完成后,应连续数天对其线形进行观测,观测宜在风力小于 5 级的夜间且温度稳定时进行,并应记录对应的跨中高程、气温、索股温度及索鞍 IP 点的偏量;对基准索股的线形,尚宜考虑索股非弹性变形滞后的影响,在进行垂度控制时适当进行预抬高,并应在确认基准索股的线形稳定后方可进行其他索股的架设。其他索股的线形应以基准索股为准,进行相对垂度调整。调整好的索股在索鞍位置应临时压紧固定,不得使其在鞍槽内滑移。 ③ 对索股线形进行垂度调整时,其精度宜以索股高程的允许误差控制:索股中跨跨中为 $\pm L/20000$(L 为相邻主索鞍 IP 点间距);边跨跨中为 $\pm L_1/10000$(L_1 为散索鞍与主索鞍 IP 点间距);上下游基准索股的高差应不大于 10mm,一般索股(相对于基准索股)为 $-5mm$,$+10mm$。 ④ 三塔或多塔悬索桥的索股线形调整可按双塔悬索桥的标准进行控制。 (6) 主缆索力的调整应以设计和施工控制提供的数据为依据,其调整量应根据调整装置中测力计的读数和锚头移动量双控确定。精度要求为:实际拉力与设计值之间的允许误差为设计锚固力的 3% (7) 主缆的紧缆应分为预紧缆和正式紧缆两阶段进行,并应符合下列规定: ① 预紧缆应在温度稳定的夜间且应将主缆全长分为若干区段分别进行。预紧缆完成处应采用不锈钢带捆扎,并应保持主缆的形状,不锈钢带的间距可为 5~6m,外缘索股上的绑扎带宜边紧缆边拆除。预紧缆的目标空隙率宜为 26%~28%。 ② 正式紧缆时,应采用紧缆机将主缆挤压整形成圆形,其作业可在白天进行。紧缆的顺序宜从跨中向两侧方向进行,紧缆挤压点的间距宜为 1m;紧缆的空隙率应符合设计规定,其允许误差为 0,+3%,不圆度宜不超过主缆设计直径的 5%。紧缆点空隙率达到要求后,应在靠近紧缆机的压蹄两侧打上两道钢带,带扣宜设在主缆的侧下方,其间距宜为 100mm。 (8) 主缆的缠丝工作宜在二期恒载完成后进行,并应符合下列规定: ① 缠丝的总体方向宜由高处向低处进行,两个索夹之间则应自低到高进行。 ② 缠丝始端应嵌入索夹内不少于 2 圈或符合设计规定,并宜施加固结焊。 ③ 钢丝的缠绕应密贴,缠绕张力应符合设计规定,设计未规定时宜为 2kN。缠绕钢丝的接头宜采用碰接焊工艺。 ④ 节间缠丝每间隔 1~1.5m 宜进行一次并接焊,并焊部位应在主缆上表面 30° 圆心角所对应的圆弧范围内。 (9) 主缆的防护涂装应符合设计规定或现行《悬索桥主缆系统防腐涂装技术条件》JT/T 694—2007 的规定,且宜在桥面铺装完成后进行。防护前应清除主缆表面的灰尘、油和水分等污物并临时覆盖,进行防护涂装等作业时方可将覆盖物分段揭开
5	索夹的安装规定	(1) 安装前,应测定主缆的空缆线形,并在对设计规定的索夹位置进行确认后,方可于温度稳定时在空缆上放样出各索夹的具体位置并编号。安装前尚应清除索夹内表面及索夹位置处主缆表面的油污及灰尘,涂上防锈漆。

续表

序号	项目	内容
5	索夹的安装规定	(2) 索夹在场内运输和安装过程中应注意保护,防止损坏其表面。 (3) 索夹在主缆上精确定位后,应立即紧固螺栓,且在紧固同一索夹的螺栓时,应保证各螺栓的受力均匀。索夹安装位置的纵向误差应不大于10mm。 (4) 索夹螺栓的紧固应按安装时、加劲梁吊装后、全部二期恒载完成后三个荷载阶段分步进行,对每次紧固的数据应进行记录并存档。 (5) 在工程交工验收前宜对索夹的位置是否滑移做专项检查,且宜对索夹的螺栓进行紧固

防腐涂装

序号	项目	内容
1	悬索桥的防腐涂装管理要求	(1) 应委托专门从事防腐工程的技术部门进行设计。 (2) 选用质量优良的制造厂家生产的涂料,选拔过硬的施工队伍,在施工中必须聘请有涂装专业技术的人员进行严格监理
2	悬索桥主缆防护措施	(1) 主缆腻子钢丝缠绕涂层法。 (2) 合成护套防护法。 (3) 主缆内部通干燥空气除湿法等
3	防护与涂装要点	(1) 主缆防护应在桥面铺装完成后进行,主缆涂装应按涂装设计进行;防护前必须清除主缆表面灰尘、油污和水分等污物,临时覆盖,待对该处进行涂装及缠丝时再揭开。 (2) 缠丝工作宜在二期恒载作用于主缆之后进行,缠丝材料以选用软质镀锌钢丝为宜,缠丝工作应由电动缠丝机完成。 (3) 工地焊接后应及时按防腐设计要求进行表面处理。 (4) 工地焊接的表面补涂油漆应在表面除锈24h内进行,分层补涂底漆和面漆,并达到设计的漆膜总厚度。 (5) 根据技术文件的要求,工地焊接完成后,应按涂装工艺文件的要求涂箱外装饰面漆

施工控制

序号	项目	内容
1	控制要求	悬索桥上部构造施工时应进行施工监测和控制,保证各关键结构的应力、应变在施工的全过程中始终处于安全可控范围内,成桥后主缆和加劲梁的线形符合设计的要求
2	悬索桥上部构造施工时进行监测和控制的项目	(1) 索塔、锚碇的沉降和位移。 (2) 在主索鞍的钢格栅定位前,应对索塔裸塔进行36h连续变形观测;在主缆架设安装前,应进行索塔和锚碇的联测。 (3) 在主缆架设安装过程中,对基准索股的连续监测应不少于3d,对索塔和锚碇的沉降及位移监测应不少于3次。 (4) 在索夹安装前,对主缆的线形以及两侧主缆的相对误差,应进行不少于3d的连续观测。 (5) 每一节段加劲梁吊装后,均应对索塔和锚碇的沉降及变位、主缆的线形、加劲梁的线形等进行监测

1B413080 桥梁工程质量通病及防治措施

【考点图谱】

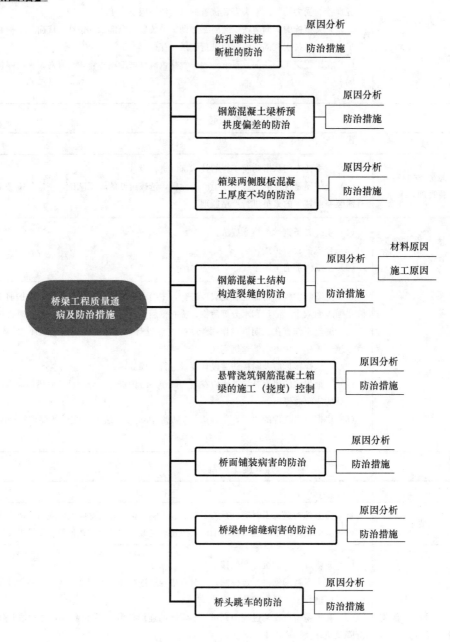

【考点精析】

考点1 钻孔灌注桩断桩的防治

钻孔灌注桩断桩的防治

序号	项目	内容
1	原因分析	（1）骨料级配差，混凝土和易性差而造成离析卡管；混凝土坍落度小；石料粒径过大，导管直径较小（导管内径一般为20～35cm），在混凝土灌注过程中堵塞导管，且在混凝土初凝前未能疏通好，中断施工，形成断桩。 （2）由于测量及计算错误，致使导管底口距孔底距离较大，使首批灌注的混凝土不能埋住导管，从而形成断桩。 （3）在导管提拔时，由于测量或计算错误，或盲目提拔导管使导管提拔过量，从而使导管拔出混凝土面，或使导管口处于泥浆或泥浆与混凝土的混合层中，形成断桩。 （4）提拔导管时，钢筋笼卡住导管，在混凝土初凝前无法提起，造成混凝土灌注中断，形成断桩。 （5）导管接口渗漏致使泥浆进入导管内，在混凝土内形成夹层，造成断桩。 （6）导管埋置深度过深，无法提起或将导管拔断，灌注中断造成断桩。 （7）由于其他意外原因（如机械故障、停电、塌孔、材料供应不足等）造成混凝土不能连续灌注，中断间歇时间过长超过混凝土初凝时间，致使导管内混凝土初凝堵管或孔内顶面混凝土初凝不能被新灌注混凝土顶升而被顶破，从而形成断桩
2	防治措施	（1）关键设备（混凝土搅拌设备、发电机、运输车辆）要有备用，材料（砂、石、水泥等）要准备充足，以保证混凝土能连续灌注。 （2）混凝土要求和易性好，坍落度要控制在16～22cm。对混凝土数量大，浇筑时间长的大直径长桩，混凝土配合比中宜掺加缓凝剂，以防止先期灌注的混凝土初凝，堵塞导管。 （3）在钢筋笼制作时，一般要采用对焊，以保证焊口平顺。当采用搭接焊时，要保证焊缝不要在钢筋笼内形成错台，以防钢筋笼卡住导管。 （4）导管的直径应根据桩径和石料的最大粒径确定，尽量采用大直径导管；对每节导管进行组装编号，导管安装完毕后要建立复核和检验制度。导管使用前，要对导管进行检漏和抗拉力试验，以防导管渗漏。 （5）认真测量和计算孔深与导管长度，下导管时，其底口距孔底的距离控制在25～40cm之间（注意导管口不能埋入沉淀的回淤泥渣中），同时要能保证首批混凝土灌注后能埋住导管至少1.0m。在随后的灌注过程中，导管的埋置深度一般控制在2.0～6.0m的范围内。 （6）在提拔导管时要通过测量混凝土的灌注深度及已拆下导管的长度，认真计算提拔导管的长度，严禁不经测量和计算而盲目提拔导管。 （7）当混凝土堵塞导管时，可采用拔插抖动导管（注意不可将导管口拔出混凝土面），当所堵塞的导管长度较短时，也可以用型钢插入导管内来疏通，也可以在导管上固定附着式振捣器进行振动来疏通导管内的混凝土。 （8）当钢筋笼卡住导管时，可设法转动导管，使之脱离钢筋笼

考点 2　钢筋混凝土梁桥预拱度偏差的防治

钢筋混凝土梁桥预拱度偏差的防治

序号	项目	内容
1	原因分析	(1) 现浇梁：由于支架的形式多样，对地基在荷载作用下的沉陷、支架弹性变形和混凝土梁挠度的计算所依据的一些参数均是建立在经验值上的，因此计算得到的预拱度往往与实际发生的有一定的差距。 (2) 预制梁：一方面由于混凝土强度的差异、混凝土弹性模量不稳定导致梁的起拱值的不稳定、施加预应力时间差异、架梁时间不一致，导致预拱度计算时各种假定条件与实际情况不一致，造成预拱度的偏差；另一方面，理论计算公式本身是建立在一些试验数据的基础上的，理论计算与实际本身存在偏差。如用标准养护的混凝土试块弹性模量作为施加张拉条件，当标准养护的试块强度达到设计的张拉强度时，由于梁板养护条件不同，其弹性模量可能尚未达到设计值，导致梁的起拱值大；当计算所采用的钢绞线的弹性模量值大于实际钢绞线的弹性模量值时，则计算伸长量偏小，这样造成实际预应力不够；当计算所采用的钢绞线的弹性模量值小于实际钢绞线的弹性模量值时，则计算伸长量偏大，将造成超张拉；实际预应力超过设计预应力易引起大梁的起拱值大，且出现裂缝；第三方面是施工工艺的原因，如波纹管竖向偏位过大，造成零弯矩轴偏位，则最大正弯矩发生变化较大导致梁的起拱值过大或过小
2	防治措施	(1) 提高支架基础、支架及模板的施工质量，并按要求进行预压，确保模板的标高偏差在允许的范围内。按要求设置支架预拱度，使上部构造在支架拆除后能达到设计规定的外形。 (2) 加强施工控制，及时调整预拱度误差。 (3) 严格控制张拉时的混凝土强度，控制张拉的试块应与梁板同条件养护，对于预制梁还需控制混凝土的弹性模量。 (4) 要严格控制预应力筋在结构中的位置，波纹管的安装定位应准确；控制张拉时的应力值，并按要求的时间持荷。 (5) 钢绞线伸长值的计算应采用同批钢绞线弹性模量的实测值。预制梁存梁时间不宜过长

考点 3　箱梁两侧腹板混凝土厚度不均的防治

箱梁两侧腹板混凝土厚度不均的防治

序号	项目	内容
1	原因分析	(1) 箱梁模板设计不合理。 (2) 模板强度不足，或箱梁内模没有固定牢固，使内模与外模相对水平位置发生偏差。 (3) 箱梁内模由于刚度不够，在浇筑混凝土过程中发生变形。 (4) 混凝土没有对称浇筑，由于单侧压力过大，使内模偏向另一侧
2	防治措施	(1) 内模要坚固，刚度符合相关施工规范要求。 (2) 将箱梁内模固定牢固，使其上下左右均不能移动。 (3) 内模与外模在两侧腹板部位设置支撑。 (4) 浇筑腹板混凝土时，两侧应对称进行

考点4　钢筋混凝土结构构造裂缝的防治

钢筋混凝土结构构造裂缝的防治

序号	项目	内容
1	原因分析	（1）材料原因 ① 水泥质量不好，如水泥安定性不合格等，浇筑后导致产生不规则的裂缝。 ② 集料含泥料过大时，随着混凝土干燥、收缩，出现不规则的花纹状裂缝。 ③ 集料为风化性材料时，将形成以集料为中心的锥形剥落。 （2）施工原因 ① 混凝土搅拌时间和运输时间过长，导致整个结构产生细裂缝。 ② 模板移动鼓出将使混凝土浇筑后不久产生与模板移动方向平行的裂缝。 ③ 基础与支架的强度、刚度、稳定性不够引起支架下沉、不均匀下沉，脱模过早，导致混凝土浇筑后不久产生裂缝，并且裂缝宽度也较大。 ④ 接头处理不当，导致施工缝变成裂缝。 ⑤ 养护问题，塑性收缩状态将会在混凝土表面发生方向不定的收缩裂缝，这类裂缝尤以大风、干燥天气最为明显。 ⑥ 在混凝土高度突变以及钢筋保护层较薄部位，由于振捣或析水过多造成沿钢筋方向的裂缝。 ⑦ 大体积混凝土未采用缓凝和降低水泥水化热的措施、使用了早强水泥的混凝土，受水化热的影响浇筑后 2～3d 导致结构中产生裂缝；同一结构物的不同位置温差大，导致混凝土固时因收缩所产生的收缩应力超过混凝土极限抗拉强度或内外温差大表面抗拉应力超过混凝土极限抗拉强度而产生裂缝。 ⑧ 水胶比大的混凝土，由于干燥收缩，在龄期 2～3 个月内产生裂缝
2	防治措施	（1）选用优质的水泥及优质骨料。 （2）合理设计混凝土的配合比，改善骨料级配、降低水胶比、掺加粉煤灰等掺和料、掺加缓凝剂；在工作条件能满足的情况下，尽可能采用较小水胶比及较低坍落度的混凝土。 （3）避免混凝土搅拌很长时间后才使用。 （4）加强模板的施工质量，避免出现模板移动、鼓出等问题。 （5）基础与支架应有较好的强度、刚度、稳定性并应采用预压措施；避免出现支架下沉，模板的不均匀沉降和脱模过早。 （6）混凝土浇筑时要振捣充分，混凝土浇筑后要及时养护并加强养护工作。 （7）大体积混凝土应优选矿渣水泥或低水化热水泥；采用遮阳凉棚的降温措施、布置冷却水管等措施，以降低混凝土水化热、推迟水化热峰值出现；同一结构物的不同位置温差应满足设计及规范要求

考点5　悬臂浇筑钢筋混凝土箱梁的施工（挠度）控制

悬臂浇筑钢筋混凝土箱梁的施工（挠度）控制

序号	项目	内容
1	原因分析	（1）混凝土重力密度的变化、截面尺寸的变化。 （2）混凝土弹性模量随时间的变化。 （3）混凝土的收缩徐变规律与环境的影响。

续表

序号	项目	内容
1	原因分析	(4) 日照及温度变化也会引起挠度的变化。 (5) 张拉有效预应力的大小。 (6) 结构体系转换以及桥墩变位也会对挠度产生影响。 (7) 施工临时荷载对挠度的影响
2	防治措施	(1) 对挂篮进行加载试验，消除非弹性变形，并向监测人员提供非弹性变形值及挂篮荷载-弹性变形曲线。 (2) 在0号块箱梁顶面建立相对坐标系，以此相对坐标控制立模标高值；施工过程中及时采集观测断面标高值并提供给监控人员。 (3) 温度控制：在梁体上布置温度观测点进行观测，掌握箱梁截面内外温差和温度在界面上的分布情况，以获得较准确的温度变化规律。 (4) 挠度观测：在一天中温度变化相对小的时间，在各梁的顶底板布置测点，测立模时、混凝土浇筑前、混凝土浇筑后、预应力束张拉前、预应力束张拉后的标高。 (5) 应力观测：在梁体合理布置测试断面和测点，在施工过程中测试断面的应力变化与应力分布情况，验证各施工阶段被测梁段的应力值和仿真分析的吻合情况。 (6) 严格控制施工过程中不平衡荷载的分布及大小

考点6 桥面铺装病害的防治

桥面铺装病害的防治

序号	项目	内容
1	原因分析	(1) 梁体预拱度过大，桥面铺装设计厚薄难以调整施工允许误差。 (2) 施工质量控制不严，桥面铺装混凝土质量差。 (3) 桥头跳车和伸缩缝破坏引起的连锁破坏。 (4) 桥梁结构的大变形引起沥青混凝土铺装层的破坏。 (5) 水害引起沥青混凝土铺装的破坏。 (6) 铺装防水层破损导致桥面铺装的破坏等
2	防治措施	(1) 常规破坏同路面通病防治。 (2) 加强对主梁的施工质量控制，避免出现预拱度过大。 (3) 加强桥面铺装施工质量控制，严格控制钢筋网的安装。 (4) 提高桥面防水混凝土的强度，避免出现防水混凝土层破坏。 (5) 桥梁应加强桥面排水的设计和必要的水量计算；优化桥面铺装的混凝土配合比设计，选用优质集料，提高桥面铺装的施工和养护质量

考点7 桥梁伸缩缝病害的防治

桥梁伸缩缝病害的防治

序号	项目	内容
1	原因分析	(1) 交通流量增大，超载车辆增多，超出了设计。

续表

序号	项目	内容
1	原因分析	(2) 设计因素：将伸缩缝的预埋钢筋锚固于刚度薄弱的桥面板中；伸缩设计量不足，以致伸缩缝选型不当；设计对伸缩装置两侧的填充混凝土、锚固钢筋设置、质量标准未做出明确的规定；对于大跨径桥梁伸缩缝结构设计技术不成熟；对于锚固件胶结材料选择不当，导致金属结构锚件锈蚀，最终损坏伸缩缝装置。 (3) 施工因素：施工工艺缺陷；锚件焊接内在质量；赶工期忽视质量检查；伸缩装置两侧填充混凝土强度、养护时间、粘结性和平整性未能达到设计标准；伸缩缝安装不合格。 (4) 管理维护因素：通行期间，填充到伸缩缝内的外来物未能及时清除，限制伸缩缝功能导致额外内力形成；轻微的损害未能及时维修，加速了伸缩缝的破坏；超重车辆上桥行驶，给伸缩缝的耐久性带来威胁
2	防治措施	(1) 在设计方面，精心设计，选择合理的伸缩装置。 (2) 提高对桥梁伸缩装置施工工艺的重视程度，严格按施工工序和工艺标准的要求施工。 (3) 提高锚固件焊接施工质量。 (4) 提高后浇混凝土或填缝料的施工质量，加强填缝混凝土的振捣密实，确保混凝土达到设计强度标准，及时养护，无空隙、空洞。 (5) 避免伸缩装置两侧的混凝土与桥面系的相邻部位结合不紧密

考点 8　桥头跳车的防治

桥头跳车的防治

序号	项目	内容
1	原因分析	(1) 台后地基强度与桥台地基强度不同、台后填料自然固结压缩。 (2) 桥头路堤及堆坡范围内地基填筑前处理不彻底。 (3) 台后压实度达不到标准，高填引道路基本身出现的压缩变形。 (4) 路面水渗入路基，使路基土软化，水土流失造成桥头路基引道下沉；回填不及时积水而引起的桥头回填土压实度不够。 (5) 台后沉降大于设计许可值。 (6) 台后填土材料不当，或填土含水量过大。 (7) 软基路段台前预压长度不足，软基路段桥头堆载预压卸载过早，软基路段桥头处软基处理深度不到位，质量不符合设计要求
2	防治措施	(1) 重视桥头地基处理，采用先进的台后填土施工工艺。选用合适的压实机具，确保台后及时回填，回填压实度达到要求。 (2) 改善地基性能，提高地基承载力，减少差异沉降。保证足够的台前预压长度。连续进行沉降观测，保证桥头沉降速率达到规定范围内再卸载。确保桥头软基处理深度符合要求，严格控制软基处理质量。 (3) 有针对性地选择台后填料，提高桥头路基压实度。如采用砂石料等固结性好、变形小的填筑材料处理桥头填土。 (4) 做好桥头路堤的排水、防水工程，设置桥头搭板。 (5) 优化设计方案、采用新工艺加固路堤

1B414000 隧道工程

1B414010 隧道围岩分级与隧道构造

【考点图谱】

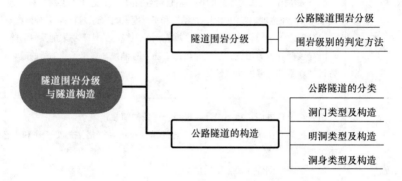

【考点精析】

考点1 隧道围岩分级

围岩级别的判定方法

序号	项目	内容
1	围岩分级顺序	隧道围岩分级的综合判断方法宜采用两步分级,并按以下顺序进行: (1) 根据岩石的坚硬程度和岩体完整程度两个基本因素的定性特征和定量的岩体基本质量指标BQ,综合进行初步分级。 (2) 对围岩进行详细定级时,应在岩体基本质量分级基础上考虑修正因素的影响,修正岩体基本质量指标值。按修正后的基本质量指标BQ,结合岩体的定性特征综合评判、确定围岩的详细分级
2	定性定量划分依据	围岩分级中岩石坚硬程度、岩体完整程度两个基本因素的定性划分和定量指标及其对应关系应符合《公路隧道施工技术》JTG/T 3660—2020 和《公路隧道设计规范》JTG 3370.1—2018 中的有关规定
3	需要修正的情形	围岩详细定级时,如遇下列情况之一,应对岩体基本质量指标BQ进行修正: (1) 有地下水。 (2) 围岩稳定性受软弱结构面影响,且由一组起控制作用。 (3) 存在高初始应力

考点 2　公路隧道的构造

隧道按跨度分类

按跨度分类	开挖宽度 B（m）	说明
小跨度隧道	$B<9$	平行导洞、服务隧道、车行横洞、人行横洞、风道及施工通道
一般跨度隧道	$9 \leqslant B<14$	单洞双车道隧道
中等跨度隧道	$14 \leqslant B<18$	单洞三车道隧道、单洞双车道+紧急停车带隧道
大跨度隧道	$B \geqslant 18$	单洞四车道隧道、单洞三车道+紧急停车带隧道、其他跨度大于18m的隧道

隧道按长度分类

隧道分类	特长隧道	长隧道	中隧道	短隧道
隧道长度 L（m）	$L>3000$	$1000<L \leqslant 3000$	$500<L \leqslant 1000$	$L \leqslant 500$

1B414020　隧道地质超前预报和监控量测技术

【考点图谱】

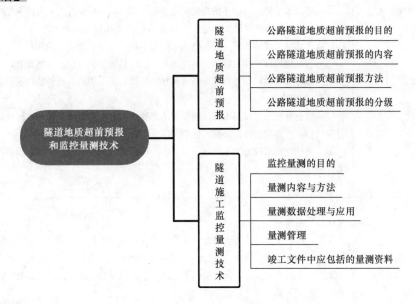

【考点精析】

考点 1　隧道地质超前预报

公路隧道地质超前预报的内容、方法和分级

序号	项目	内容
1	公路隧道地质超前预报的内容	（1）地层岩性，重点为软弱夹层、破碎地层、煤层及特殊岩土等。 （2）地质构造，重点为断层、节理密集带、褶皱轴等影响岩体完整性的构造发育情况。

续表

序号	项目	内容
1	公路隧道地质超前预报的内容	(3) 不良地质，特别是溶洞、暗河、人为坑洞、放射性、有害气体、高地应力、高地温、高岩温等发育情况。 (4) 地下水，特别是对岩溶管道水、富水断层、富水褶皱轴及富水地层
2	公路隧道地质超前预报方法	(1) 地质调查法是隧道施工超前地质预报的基础，适用于各种地质条件隧道超前地质预报，调查内容应包括隧道地表补充地质调查和隧道内地质调查。 (2) 物理勘探法适用于长、特长隧道或地质条件复杂隧道的超前地质预报，主要方法包括有弹性波反射法、地质雷达法、陆地声纳法、红外探测法、瞬变电磁法、高分辨直流电法。 (3) TSP法适用于各种地质条件，对断层、软硬接触面等面状结构反射信号较为明显，每次预报的距离宜为100~150m，连续预报时，前后两次应重叠10m以上。 (4) 地质雷达法适用于岩溶、采空区探测，也可用于探测断层破碎带、软弱夹层等不均匀地质体，在岩溶不发育地段每次预报距离宜为10~20m，在岩溶发育地段预报长度可根据电磁波波形确定，连续预报时，前后两次重叠不应小于5m。 (5) 超前水平钻探每循环钻孔长度应不低于30m，连续预报时，前后两循环孔应重叠5~8m；可能发生突泥涌水的地段，超前钻探应设孔口管和出水装置，防止高压水突出；富含瓦斯的煤系地层或富含石油天然气地层应采用长短结合的钻孔方式进行探测。 (6) 富水构造破碎带、富水岩溶发育地段、煤系或油气地层、瓦斯发育区、采空区以及重大物探异常地段等地质复杂隧道和水下隧道必须采用超前钻探法预报、评价前方地质情况。 (7) 超前导洞法可采用平行超前导洞法和隧道内超前导洞法，两座并行隧道可根据先行开挖的隧道预测后开挖隧道的地质条件。 (8) 当隧道排水或突涌水对地下水资源或周围建（构）筑物产生重大影响时，应进行水力联系观测
3	公路隧道地质超前预报的分级	(1) 分级 A级：存在重大地质灾害隐患的地段，如大型暗河系统，可溶岩与非可溶岩接触带，软弱、破碎、富水、导水性良好的地层和大型断层破碎带，特殊地质地段，重大物探异常地段，可能产生大型、特大型突水突泥地段，诱发重大环境地质灾害的地段，高地应力、瓦斯、天然气问题严重的地段以及人为坑洞等。 B级：存在中、小型突水突泥隐患的地段，物探有较大异常的地段，断裂带等。 C级：水文地质条件较好的碳酸盐岩及碎屑岩地段、小型断层破碎带，发生突水突泥的可能性较小。 D级：非可溶岩地段，发生突水突泥的可能性极小。 (2) 对应分级的应用 1级预报可用于A级地质灾害。采用地质调查法、地震波反射法、超声波反射法、陆地声纳法、地质雷达法、瞬变电磁法、红外探测法、超前水平钻探法等进行综合预报。 2级预报可用于B级地质灾害。采用地质调查法、地震波反射法、陆地声纳法、超声波反射法，辅以红外探测法、瞬变电磁法、地质雷达法，必要时进行超前水平钻孔。

续表

序号	项目	内容
3	公路隧道地质超前预报的分级	3级预报可用于C级地质灾害。以地质调查法为主。对重要地质界面、断层或物探异常地段宜采用地震波反射法或超声波反射法进行探测，必要时采用红外探测和超前水平钻孔。 4级预报可用于D级地质灾害。采用地质调查法

考点2 隧道施工监控量测技术

隧道施工监控量测技术

序号	项目	内容
1	量测数据处理与应用	(1) 应及时对现场量测数据绘制时态曲线（或散点图）和空间关系曲线。 (2) 当位移—时间曲线趋于平缓时，应进行数据处理或回归分析，以推算最终位移和掌握位移变化规律。 (3) 当位移—时间曲线出现反弯点时，则表明围岩和支护已呈不稳定状态，此时应密切监视围岩动态，并加强支护，必要时暂停开挖。 (4) 隧道监控量测工作应根据控制基准建立预警机制。 遇到下列情况之一时，也应提出预警并分级管理。 ① 支护结构出现开裂，实行Ⅰ级管理； ② 地表出现开裂、坍塌，实行Ⅰ级管理； ③ 渗水压力或水流量突然增大，实行Ⅱ级管理； ④ 水体颜色或悬着物发生变化，实行Ⅱ级管理。 (5) 二次衬砌的施作应在满足下列要求时进行： ① 隧道水平净空变化速度及拱顶或底板垂直位移速度明显下降； ② 隧道位移相对值已达到相对位移量的90%以上
2	量测管理	(1) 隧道现场监控量测应成立专门测量小组，由施工单位或委托其他单位承担量测任务。 (2) 量测组负责测点埋设、日常量测、数据处理和仪器保养维修工作，并及时将量测信息反馈于施工和设计。 (3) 现场监控量测应按量测计划认真组织实施，并与其他施工环节紧密配合，不得中断工作。 (4) 各预埋测点应牢固可靠，易于识别并妥善保护，不得任意撤换和遭到破坏
3	竣工文件中应包括的量测资料	(1) 现场监控量测计划。 (2) 实际测点布置图。 (3) 围岩和支护的位移—时间曲线图、空间关系曲线图以及量测记录汇总表。 (4) 经量测变更设计和改变施工方法地段的信息反馈记录。 (5) 现场监控量测说明

1B414030 公路隧道施工技术

【考点图谱】

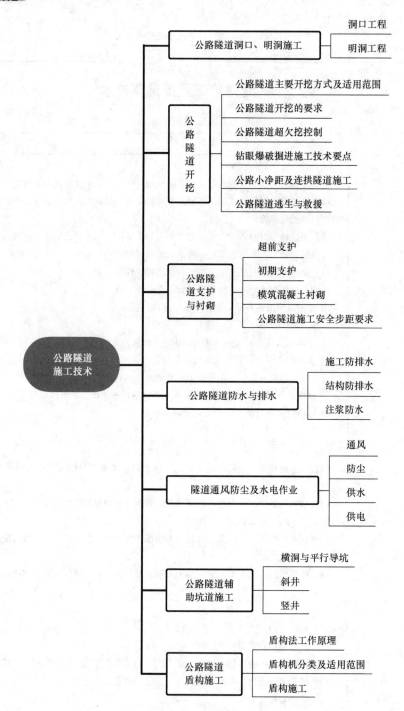

【考点精析】

考点1　公路隧道洞口、明洞施工

洞口工程

序号	项目	内容
1	一般规定	（1）洞口工程是指洞口土石方、边仰坡、洞门及其相邻的翼墙、挡土墙及洞口排水系统等。 （2）隧道洞口的各项工程及互有影响的桥涵与路基支挡等结构，应综合考虑，妥善安排，尽早完成。隧道洞口边坡、仰坡开挖及地表恢复，应符合环境保护规定，做好水土保持。 （3）隧道洞口开挖前，应结合设计文件，遵循"早进晚出"的原则，复核确认明暗分界位置的合理性，控制边仰坡开挖高度
2	洞口土石方的开挖与防护施工规定	（1）洞口边坡及仰坡应自上而下开挖，不得掏底开挖或上下重叠开挖。 （2）宜采用人工配合机械开挖，或者采用控制爆破措施减少对边仰坡及围岩的扰动，严禁采用大爆破。 （3）对边坡和仰坡以上可能滑塌的表土、灌木及山坡危石等的处理措施，应结合施工和运营阶段的隧道安全和环境保护等因素确定。 （4）临时防护应视地质条件、施工季节和施工方法等，及时采取喷锚等措施。 （5）应随时检查监测边坡和仰坡的变形状态
3	洞口截排水施工规定	（1）应结合地形条件设置，具备有效拦截、排水顺畅的能力。 （2）不应冲刷路基坡面及桥涵锥坡等设施。 （3）洞口截、排水设施应在雨季和融雪期之前完成。 （4）截水沟迎水面不得高于原地面，回填应密实不易被水掏空。 （5）截水沟应采取防止渗漏和变形的措施
4	隧道洞门规定	隧道洞门应在隧道开挖的初期完成，并应符合下列规定： （1）基础必须置于稳固的地基上，虚渣、杂物、风化软层和水泥必须清除干净，地基承载力应符合设计规定。 （2）洞门端墙的砌筑与回填应两侧对称进行，不得对衬砌产生偏压。 （3）端墙施工应保证其位置准确和墙面坡度满足设计要求。 （4）洞门衬砌完成后，其上方仰坡脚受破坏时，应及时处理。 （5）洞门的排水设施应与洞门工程配合施工，同步完成。 （6）洞门的排水沟砌筑在填土上时，填土必须夯实

明洞工程

序号	项目	内容
1	一般规定	明洞地段土石方的开挖方式、边坡和仰坡坡度以及支护施工，应符合设计规定。地形、地质条件、边仰坡稳定程度等与设计有差异时，应提出变更。宜边开挖边支护，并注意监测和检查山坡的稳定情况

续表

序号	项目	内容
2	明洞边墙基础施工规定	(1) 基础开挖应核对地质条件，检测地基承载力，当地基不满足设计要求时，应及时上报监理、设计单位，并按设计单位提供的处理方案施工。 (2) 偏压和单压明洞外边墙的基底，在垂直路线方向应按设计要求挖成一定坡度的斜坡，提高边墙抗滑力。 (3) 基础混凝土灌注前必须排除坑内积水，边墙基础完成后应及时回填
3	明洞回填施工规定	(1) 明洞拱背回填应在外模拆除、防水层和排水盲管施工完成后进行；人工回填时，拱圈混凝土强度不应小于设计强度的75％。机械回填时，拱圈混凝土强度不应小于设计强度。 (2) 明洞两侧回填水平宽度小于1.2m的范围应采用浆砌片石或同级混凝土回填。 (3) 回填材料不宜采用膨胀岩土。 (4) 回填顶面0.2m可用耕植土回填。 (5) 墙背回填应两侧对称进行。底部应铺填0.5～1.0m厚碎石并夯实，然后向上回填。石质地层中墙背与岩壁空隙不大时，可采用与墙身同级混凝土回填；空隙较大时，可采用片石混凝土或浆砌片石回填密实。土质地层，应将墙背坡面开凿成台阶状，用干砌片石分层码砌，缝隙用碎石填塞紧密，不得任意抛填土石。 (6) 墙后有排水设施时，应与回填同时施工。 (7) 拱背回填应对称分层夯实，每层厚度不得大于0.3m，两侧回填高差不得大于0.5m，回填至拱顶以上1.0m后，方可采用机械碾压，回填土压实度应符合设计规定。 (8) 单侧设有反压墙的明洞回填应在反压墙施工完成后进行。 (9) 回填时不得倾填作业。 (10) 明洞回填时，应采取防止损伤防水层的措施。 (11) 洞门顶排水沟砌筑在填土上时，应在夯实后砌筑

考点2 公路隧道开挖

公路隧道主要开挖方式及适用范围

序号	开挖方式	含义	适用范围
1	全断面法	按设计断面一次基本开挖成形的施工方法	适用于Ⅰ～Ⅲ级围岩的中小跨度隧道，Ⅳ级围岩中跨度隧道和Ⅲ级围岩大跨度隧道在采用了有效的预加固措施后，也可采用全断面法开挖
2	台阶法	先开挖上半断面，待开挖至一定距离后再同时开挖下半断面，上下半断面同时并进的施工方法。台阶法分为二台阶法、三台阶法	适用于Ⅲ～Ⅳ级围岩的中小跨度隧道，Ⅴ级围岩的中小跨度隧道在采用了有效的预加固措施后亦可采用台阶法开挖。单车道隧道及围岩地质条件较好的双车道隧道可采用二台阶法施工。隧道断面较高、单层台阶断面尺寸较大时可采用三台阶法。台阶长度宜为隧道开挖跨度的1～1.5倍
3	环形开挖预留核心土法	先开挖上台阶成环形，并进行支护，再分部开挖中部核心土、两侧边墙的施工方法	适用于Ⅳ～Ⅴ级围岩或一般土质围岩的中小跨度隧道。每循环开挖长度宜为0.5～1.0m，核心土面积不应小于整个断面的50％

续表

序号	开挖方式	含义	适用范围
4	中隔壁法（CD法）	在软弱围岩大跨隧道中，先开挖隧道的一侧，并施作中隔壁墙，然后再分部开挖隧道的另一侧的施工方法	适用于围岩较差、跨度大、浅埋、地表沉降需要控制的场合
5	交叉中隔壁法（CRD法）	是一种在中隔壁法的基础上增加临时仰拱，更快地封闭初支的施工方法	
6	双侧壁导坑法	先开挖隧道两侧的导坑，并进行初期支护、再分部开挖剩余部分的施工方法	适用于浅埋大跨度隧道及地表下沉量要求严格而围岩条件很差的情况
7	中导洞法	在连拱隧道或单线隧道的喇叭口地段，先开挖两洞之间立柱（或中墙）部分，并完成立柱（或中墙）混凝土浇筑后，再进行左右两洞开挖的施工方法	适用于连拱隧道

公路隧道开挖与超欠挖控制要求

序号	项目	内容
1	公路隧道开挖的要求	（1）按设计要求开挖出断面（包括形状、尺寸、表面平整、超挖、欠挖等要求）。 （2）石渣块度（石渣大小）便于装渣作业。 （3）掘进速度快，少占作业循环时间。 （4）爆破在充分发挥其能力的前提下，减少对围岩的震动破坏，减少对施工用具设备及支护结构的破坏，并尽量节省爆破器材消耗。 （5）采用全断面法、台阶法、环形开挖预留核心土法、中隔壁法或交叉中隔壁法、双侧壁导坑法施工及仰拱开挖应符合相关规定的，应严格控制欠挖，尽量减少超挖
2	公路隧道超欠挖控制	（1）当岩层完整、岩石抗压强度大于30MPa，并确认不影响衬砌结构稳定和强度时，允许岩石个别突出部分（每1m^2内不宜大于0.1m^2）欠挖，但其隆起量不得大于50mm。拱脚、墙脚以上1m范围内及净空图折角对应位置严禁欠挖。 （2）应采取光面爆破、提高钻眼精度、控制药量等措施，并提高作业人员的技术水平。 （3）开挖后宜采用断面仪或激光投影仪直接测定开挖面面积，并绘制断面图。 （4）当采用钢架支撑时，如围岩变形较大，支撑可能沉落或局部支撑难以拆除时，应适当加大开挖断面，预留支撑沉落量，保证衬砌设计厚度。预留支撑沉落量应根据围岩性质和围岩压力，并在施工过程中根据量测结果进行调整。 （5）超挖应回填密实，超挖回填应符合设计规定，设计没有规定时应符合下列规定： ①拱部坍塌形成的超挖处理应编制方案，并经审批后的按方案处理； ②沿设计轮廓线的均匀超挖，有钢架时，可采用喷射混凝土回填，或增大钢架支护断面尺寸，使钢架贴近开挖轮廓，在施工二次衬砌时，以二次衬砌混凝土回填；无钢架时，可在施工二次衬砌时，以二次衬砌混凝土回填； ③局部超挖，超挖量不超过200mm时，宜采用喷射混凝土回填密实； ④边墙部位超挖，可采用混凝土或片石混凝土回填

钻眼爆破掘进施工技术要点

序号	项目	内容
1	钻爆设计	（1）钻爆设计应根据工程地质、地形环境、开挖断面、开挖方法、循环进尺、钻眼机具、爆破材料和出渣能力等因素综合考虑，并根据实际爆破效果及时对爆破设计参数进行调整。 （2）钻爆设计的内容应包括：爆破方法、炮眼（掏槽眼、辅助眼、周边眼）的布置、数目、深度和角度、炸药种类、装药量和装药结构、起爆方法、起爆器材和爆破顺序等。设计图应包括炮眼布置图、周边眼装药结构图、钻爆参数表、主要技术经济指标及必要的说明
2	钻眼机具	隧道工程中常使用的凿岩机有风动凿岩机和液压凿岩台车。其工作原理都是利用镶嵌在钻头体前端的凿刃反复冲击并转动破碎岩石而成孔。有的可通过调节冲击功大小和转动速度以适应不同硬度的石质，达到最佳成孔效果
3	炮眼布置——掏槽眼布置	（1）掏槽眼的作用是将开挖面上某一部位的岩石掏出一个槽，以形成新的临空面，为其他炮眼的爆破创造有利条件。掏槽炮眼一般要比其他炮眼深10~20cm，以保证爆破后开挖深度一致。 （2）根据坑道断面、岩石性质和地质构造等条件，掏槽眼排列形式有很多种，总的可分成斜眼掏槽和直眼掏槽两大类。 ①斜眼掏槽：其特点是掏槽眼与开挖面斜交。常用的有锥形掏槽、楔形掏槽、单向掏槽，其中最常用的是垂直楔形掏槽。斜眼掏槽的优点是可以按岩层的实际情况选择掏槽方式和掏槽角度，容易把岩石抛出，而且所需掏槽眼的个数较少。缺点是眼深受坑道断面尺寸的限制，也不便于多台钻机同时凿岩。为了防止相邻炮眼或相对炮眼之间的殉爆，装药炮眼之间的距离不能小于20cm。 ②直眼掏槽：直眼掏槽可以实行多机凿岩和钻眼机械化，从而为加快掘进速度提供了有利条件。直眼掏槽凿岩作业比较方便，不需随循环进尺的改变而变化掏槽形式，仅需改变炮眼深度；而斜眼掏槽则需随循环进尺的不同而改变炮眼位置和角度，直眼掏槽石碴抛掷距离也可缩短，所以目前现场多采用直眼掏槽。但直眼掏槽的炮眼数目和单位用药量要增多，炮眼位置和钻眼方向也要求高度准确，才能保证良好的掏槽效果，技术比较复杂
4	炮眼布置——辅助眼布置	辅助眼的作用是进一步扩大掏槽体积和增大爆破量，并为周边眼创造有利的爆破条件。其布置主要是解决间距和最小抵抗线问题，这可以由工地经验决定，一般最小抵抗线略大于炮眼间距
5	炮眼布置——周边眼布置	周边眼的作用是爆破后使坑道断面达到设计的形状和规格。周边眼原则上沿着设计轮廓均匀布置，间距和最小抵抗线应比辅助眼的小，以便爆出较为平顺的轮廓
6	周边眼的控制爆破	（1）光面爆破的特点 隧道施工中采用光面爆破，对围岩的扰动比较轻微，围岩松弛带的范围只有普通爆破法的1/9~1/2；大大地减少了超欠挖量，节约了大量的混凝土和回填片石，加快了施工进度；围岩壁面平整、危石少，减轻了应力集中现象，避免局部塌落，增进了施工安全，并为喷锚支护创造了条件。其特点是： ①开挖轮廓成型规则，岩面平整。 ②岩面上保存50%以上孔痕，且无明显的爆破裂缝。 ③爆破后围岩壁上无危石。 （2）光面爆破的主要参数

续表

序号	项目	内容
6	周边眼的控制爆破	确定合理的光面爆破参数是获得良好的光面爆破效果的重要保证。光面爆破的主要参数包括周边眼的间距、光面爆破层的厚度、周边眼密集系数、周边眼的线装药密度等。影响光面爆破参数选择的因素很多,主要有岩石的爆破性能、炸药品种、一次爆破的断面大小及形状等,其中影响最大的是地质条件。光面爆破参数的选择,目前还缺乏一定的理论公式,多是采用经验方法。 (3) 预裂爆破及主要参数 ① 预裂爆破实质上也是光面爆破的一种形式,其爆破原理与光面爆破原理相同。只是在爆破的顺序上,光面爆破是先引爆掏槽眼,接着引爆辅助眼,最后才引爆周边眼;而预裂爆破则是首先引爆周边眼,使沿周边眼的连心线炸出平顺的预裂面,由于这个预裂面的存在,对后爆的掏槽眼和辅助眼的爆炸波能起反射和缓冲作用,可以减轻爆炸波对围岩的破坏影响,爆破后的开挖面整齐规则。由于成洞过程和破岩条件不同,在减轻对围岩的扰动程度上,预裂爆破较光面爆破的效果更好一些。 ② 预裂爆破适用于稳定性差而又要求控制开挖轮廓的软弱岩层。但预裂爆破的周边眼间距和最小抵抗线都要比光面爆破的小,相应地要增多炮眼数量,钻眼工作量增大。 ③ 与光面爆破一样,理想的预裂效果,关键在于保证连心线上的预裂面产生贯通裂缝,形成光滑的岩壁。但由于预裂爆破受到只有一个临空面条件的制约,采取的爆破参数较光面爆破的要求更严

公路小净距及连拱隧道施工

序号	项目	内容
1	小净距隧道施工	(1) 小净距隧道是指隧道间的中间岩墙厚度小于分离式独立双洞的最小净距的特殊隧道布置形式。常用于洞口地形狭窄或有特殊要求的中、短隧道以及长或特长隧道洞口局部地段。 (2) 小净距隧道施工应重点控制爆破震动对中岩墙的危害,施工时应注意以下几点: ① 先行洞和后行洞的开挖方法。 ② 先行洞和后行洞爆破设计及爆破震动控制。 ③ 先行洞和后行洞开挖错开距离。 ④ 先行洞衬砌和后行洞开挖错距离。 ⑤ 中岩墙保护方法
2	连拱隧道施工	(1) 连拱隧道主要适用于洞口地形狭窄,或对两洞间距有特殊要求的中、短隧道。连拱隧道按中墙形式不同分为整体式中墙和复合式中墙两种形式。 (2) 连拱隧道开挖要求: ① 连拱隧道开挖时应考虑其埋深浅、跨度大、地质条件复杂、受雨季地表水影响大的特点。 ② 连拱隧道开挖宜先贯通中导洞、浇筑中隔墙,然后依次开挖主洞。中隔墙顶与中导洞初期支护间应用混凝土回填密实。 ③ 主洞开挖时,左右两洞开挖掌子面错开距离宜大于30m。 ④ 中隔墙混凝土模板宜使用对拉拉杆。 ⑤ 中隔墙混凝土施工时应加强对预埋排水和止水设施的保护。 ⑥ 采用导洞施工时,应对导洞围岩情况认真观察记录,并及时反馈信息,根据围岩变化情况和监控量测资料及时调整设计与施工方案,导洞宽度宜大于 4m

公路隧道逃生与救援要求

1. 隧道施工应配备应急救援机械设备、监测仪器、堵漏和清洗消毒材料、交通工具、个体防护设备、医疗设备和药品、生活保障和救援物资等，应进行定期检查、维护和更新。不得挪用救援物资及救援设备。

2. 必须事先规划逃生路线，并在隧道适当位置设置避难、急救场所，避难处应准备足够数量的逃生设备、救护器械和生活保障品等。

3. 隧道内交通道路及开挖作业等重要场所必须设置安全应急照明和应急逃生标志，应急照明应有备用电源并保证光照度符合要求。

4. 隧道施工应建立兼职救援队伍。

5. 隧道通风、供水及供电设备应纳入正常工序管理，设专人负责管理。施工过程中应加强通风效果检测，供水供电管道、线路应通畅，同时应设置备用设备和备用电源。

6. 软弱围岩隧道开挖掌子面至二次衬砌之间应设置逃生通道，随开挖进尺不断前移，逃生通道距离开挖掌子面不得大于20m。逃生通道的刚度、强度及抗冲击能力应满足安全要求，逃生通道内径不宜小于0.8m。

7. 长、特长及高风险隧道应设报警系统及逃生设备、临时急救器械和应急生活保障品等。

8. 隧道施工期间各施工作业面应安装有应急照明装置的报警系统装置。

考点3　公路隧道支护与衬砌

超前支护

序号	项目	内容
1	超前锚杆施工技术要点	(1) 超前锚杆主要适用于地下水较少的软弱破碎围岩的隧道工程中，如土砂质地层、弱膨胀性地层、流变性较小的地层、裂隙发育的岩体、断层破碎带、浅埋无显著偏压的隧道等，也适宜于采用中小型机械施工。 (2) 此法的要点是开挖掘进前，在开挖面顶部一定范围内，沿坑道设计轮廓线，向岩体内打入一排纵向锚杆（或型钢，或小钢管），以形成一道顶部加固的岩石棚，在此棚保护下进行开挖等作业，至一定距离后（在尚未开挖的岩体中必须保留一定的超前长度），重复上述步骤，如此循环前进。 (3) 超前锚杆宜采用早强砂浆锚杆，锚杆可用不小于 $\phi22$ 的热轧带肋钢筋。其超前量、环向间距、外插角等参数应视具体的施工条件而定
2	管棚施工技术要点	(1) 管棚主要适用于围岩压力来得快、来得大，用于对围岩变形及地表下沉有较严格限制要求的软弱破碎围岩隧道工程中，如土砂质地层、强膨胀性地层、强流变性地层、裂隙发育的岩体、断层破碎带、浅埋有显著偏压等围岩的隧道。此外，在一般无胶结的土及砂质围岩中，可采用插板封闭较为有效；在地下水较多时，则可利用钢管注浆堵水和加固围岩。 (2) 管棚的配置、形状、施工范围、管棚间隔及断面等应根据地质条件、周边环境、隧道开挖面、埋深以及开挖方法等因素来决定。管棚钢管直径一般为 $\phi70\sim180$mm，习惯上称直径大于 $\phi89$mm 的管棚为大管棚，直径小于 $\phi89$mm 的为中管棚。管棚按长度可分为短管棚（长度小于10m的小钢管）和长管棚（长度为 10～40m，直径较粗的钢管），短管棚一次超前量小，基本上与开挖作业交替进行，占用循环时间较大，但钻孔安装或顶入安装较容易；长管棚一次超前量大，单次钻孔或打入长钢管的作业时间较长，但减少了安装钢管的次数，减小了与开挖作业之间的干扰。钻孔时如出现卡钻或塌孔，应注浆后再钻，有些土质地层则可直接将钢管顶入

续表

序号	项目	内容
3	超前小导管注浆施工技术要点	（1）超前小导管注浆不仅适用于一般软弱破碎围岩，也适用于地下水丰富的松软围岩。但超前小导管注浆对围岩加固的范围和强度是有限的，在围岩条件特别差而变形又严格控制的隧道施工中，超前小导管注浆常常作为一项主要的辅助措施，与管棚结合起来加固围岩。 （2）超前小导管注浆是在开挖掘进前，先用喷射混凝土将开挖面和5m范围内的坑道封闭，然后沿坑道周边打入带孔的纵向小导管并通过小导管向围岩注浆，待浆液硬化后，在坑道周围形成了一个加固圈，在此加固圈的防护下即可安全地进行开挖。小导管一般采用直径ϕ32~50mm钢管，常用ϕ42mm钢管，管长一般3~5m。 （3）自进式注浆锚杆（又称迈式锚杆）是将超前锚杆与超前小导管注浆相结合的一种超前措施，它是在小导管的前端安装了一次性钻头，从而将钻孔和顶管同时完成，缩短了导管的安装时间，尤其适用于钻孔易坍塌的地层
4	预注浆加固围岩施工技术要点	（1）预注浆方法是在掌子面前方的围岩中将浆液注入，从而提高了地层的强度、稳定性和抗渗性，形成了较大范围的筒状封闭加固区，然后在其范围内进行开挖作业。 （2）预注浆一般可超前开挖面30~50m，可以形成有相当厚度的和较长区段的筒状加固区，从而使得堵水的效果更好，也使得注浆作业的次数减少，它更适用于有压地下水及地下水丰富的地层中，也更适用于采用大中型机械化施工。 （3）预注浆加固围岩有洞内超前注浆、地表超前注浆和平导超前注浆三种方式。对于浅埋隧道，可以从地表向隧道所在区域打辐射状或平行状钻孔注浆；对于深埋长大隧道，可设置平行导坑，由平行导坑向正洞所在区域钻孔注浆

初期支护

序号	项目	内容
1	喷射混凝土	喷射混凝土是用压力喷枪喷射混凝土的施工方法。常用于灌注隧道内衬、墙壁、顶棚等薄壁结构或其他结构的衬里以及钢结构的保护层。喷射混凝土的工艺流程有干喷、潮喷和湿喷： （1）干喷法是将水泥、砂、石在干燥状态下拌合均匀，用压缩空气送至喷嘴并与压力水混合后进行喷射的方法。因喷射速度大，粉尘污染及回弹情况较严重，质量不稳定，很多地方已禁止使用干喷法施工。 （2）潮喷法是将集料预加少量水，使之呈潮湿状，再加水泥拌合，送至喷嘴处并与压力水混合后进行喷射的方法。与干喷相比，上料、拌合及喷射时的粉尘少，潮喷混凝土强度可达到C20。 （3）湿喷法是将水泥、砂、石和水按比例拌合均匀，用湿喷机压送至喷嘴进行喷射的方法。湿喷法的粉尘和回弹量少，喷射混凝土的质量容易控制，但对喷射机械要求较高，机械清洗和故障处理较麻烦。目前施工现场湿喷法使用的较多
2	锚杆	（1）锚杆是用钢筋或其他高抗拉性能的材料制作的一种杆状构件。锚杆种类有砂浆锚杆、药卷锚杆、中空注浆锚杆、自进式锚杆、组合中空锚杆和树脂锚杆等。按照锚固形式可划分为全长粘结型、端头锚固型、摩擦型和预应力型四种。 （2）锚杆对地下工程的稳定性起着重要的作用，尤其是在节理裂隙岩体中，锚杆对岩体的加固作用十分明显，具有结构简单、施工方便、成本低和对工程适应性强等特点

续表

序号	项目	内容
3	钢支撑	钢支撑具有承载能力大的特点，常常用于软弱破碎或土质隧道中，并与锚杆、喷射混凝土等共同使用。钢支撑按其材料的组成可分为钢拱架和格栅钢架。 (1) 钢拱架 钢拱架是工字钢或钢轨制造而成的刚性拱架。这种钢拱架的刚度和强度大，可作临时支撑并单独承受较大的围岩压力，也可设于混凝土内作为永久衬砌的一部分。钢拱架的最大特点是架设后能够立即承载。因此，多设在需要立即控制围岩变形的场合，在Ⅴ、Ⅵ级软弱破碎围岩中或处理塌方时使用较多。钢拱架与围岩间的空隙难以用喷射混凝土紧密充填，与喷射混凝土粘结也不好，导致钢拱架附近喷射混凝土易出现裂缝。 (2) 格栅钢架 ① 格栅钢架是由钢筋经冷弯成形后焊接而成，其断面形状有圆形、门形、三边形、四边形等。格栅钢架断面有 3 根和 4 根主筋组成的两种形式。4 主筋式的每根钢筋相同，在等高情况下，其抗弯和抗扭惯性矩大于 3 主筋式。主筋直径不宜小于 22mm，并宜采用 20MnSi 或 Q235A 钢制成钢筋；断面高度应与喷射混凝土厚度相适应，一般为 120～180mm；主筋和联系钢筋的连接方式较多，接头形式一般有连接板焊于主筋端部，通过螺栓将两段钢架连接板紧密地连在一起的螺栓连接板接头，以及套管螺栓直接套在主筋上，将两段钢架连接在一起的套管螺栓接头。 ② 格栅钢架能够很好地与喷射混凝土一起为围岩密贴，喷射混凝土能充满格栅钢架及其围岩的空隙，且能和锚杆、超前支护结构连成一体，支护效果好
4	锚喷支护	(1) 锚喷支护是目前通常采用的一种围岩支护手段。包括锚杆支护、喷射混凝土支护、喷射混凝土锚杆联合支护、喷射混凝土钢筋网联合支护、喷射混凝土与锚杆及钢筋网联合支护、喷钢纤维混凝土支护、喷钢纤维混凝土锚杆联合支护，以及上述几种类型加设型钢（或钢拱架）而成的联合支护。作为初期支护，目前在隧道工程中使用最多的组合形式是锚杆加喷射混凝土、锚杆加钢筋网再加喷射混凝土、钢架加锚杆加钢筋网再加喷射混凝土。 (2) 锚喷联合支护的施工中各分次施作的支护彼此要牢固相连，如超前锚杆与系统锚杆及钢拱架的连接、钢筋网及钢拱架要尽可能多地与锚杆头焊连，以充分发挥联合支护效应；锚杆要有适量的露头。钢筋网及钢拱架要被喷射混凝土所包裹、覆盖，即喷射混凝土要将钢筋网和钢拱架包裹密实

模筑混凝土衬砌

序号	项目	内容
1	一般规定	(1) 单层衬砌中的现浇整体式混凝土衬砌常用于Ⅱ、Ⅲ级围岩中。复合式衬砌中的二次衬砌，除了起饰面和增加安全度的作用外，也承受了在其施工后发生的外部水压，软弱围岩的蠕变压力，膨胀性地压，或者浅埋隧道受到的附加荷载等。 (2) 模筑混凝土的材料和级配，应符合隧道衬砌的强度和耐久性要求，同时必须重视其抗冻、抗渗和抗侵蚀性。 (3) 衬砌施工顺序，目前多采用由下到上、先墙后拱的顺序对称连续浇筑。在隧道纵向，则需分段进行，分段长度一般为 8～12m。在全断面开挖成形或大断面开挖成形的隧道衬砌施工中，则应尽量使用金属模板台车灌注混凝土整体衬砌
2	衬砌施工的准备工作	(1) 整体移动式模板台车 ① 整体移动式模板台车采用大块曲模板、机械或液压脱模、背附式振捣设备集装成整体，并在轨道上行走，有的还设有自行设备，从而缩短立模时间，墙拱连续浇筑，加快衬砌施工速度。

续表

序号	项目	内容
2	衬砌施工的准备工作	② 模板台车的长度即一次模筑段长度应根据施工进度要求，混凝土生产能力和浇筑技术要求以及曲线隧道的曲线半径等条件来确定。 ③ 整体移动式模板台车的生产能力大，可配合混凝土输送泵联合作业，是较先进的模板设备。 (2) 衬砌模板施工 ① 混凝土衬砌模板及支架必须具有足够的强度、刚度和稳定性，模板不凹凸、支架不偏移、不扭曲。保证混凝土成型规整，满足多次重复使用，不变形。 ② 浇筑模板混凝土前应将模板内的杂物、积水和钢筋上的油污清除干净；钢模板应涂脱模剂，木模板应用水湿润；模板接缝不应漏浆。 ③ 在涂刷模板隔离剂时，不应污染钢筋。 ④ 挡头板应按衬砌断面制作，定位准确、安装牢固，挡头板与岩壁间隙应嵌堵紧密。施工缝挡头板应设预留槽成型条，并满足止水产品要求。 (3) 主洞模板施工 ① 隧道主洞模筑混凝土衬砌施工宜采用全断面衬砌模板台车。 ② 全断面衬砌模板台车支架应有足够的强度和稳定性，便于整体移动、准确就位。 ③ 衬砌模板应表面光滑、接缝严密，有足够的刚度。 ④ 全断面衬砌模板台车模板应留振捣窗，振捣窗间距纵向不宜大于3m，横向不宜大于2.5m，振捣窗不宜小于0.45m×0.45m，振捣窗周边应加强，防止周边变形，窗门应平整、严密、不漏浆。 ⑤ 全断面衬砌模板台车就位应以隧道中线为准，按路线方向垂直架设。 ⑥ 顶模设置通气孔、注浆管。 (4) 特殊洞室模板施工 ① 对车行横洞、人行横洞、紧急停车带等特殊洞室，宜采用移动式模架和拼装模板施工。 ② 采用拼装模板施工时，应采用先墙后拱或全断面浇筑，不得采用先拱后墙浇筑。 ③ 采用拼装模板施工时，拱、墙模板拱架的间距，应根据衬砌地段的围岩情况、隧道宽度、衬砌厚度及模板长度确定。 ④ 架设拱、墙支架和模板安装时，应位置准确，连接牢固，严防移位。围岩压力较大时，拱架、墙架应增设支撑或缩小间距。 ⑤ 移动式模架或拼装模板重复使用时，应注意检查，如有变形应及时修整。 ⑥ 在拱架外缘应采用沿径向支撑与围岩顶紧，以防混凝土浇筑时拱架变形、移位。 ⑦ 拱架、支架应与隧道中线垂直方向架设。拱架的螺栓、拉杆、斜撑等应安装齐全。拱架（包括模板）高程应预留沉落量，施工中应随时测量、调整
3	混凝土施工	(1) 混凝土配合比 ① 混凝土拌制前，应测定砂、石含水率，根据测试结果调整施工配合比材料用量。 ② 衬砌采用防水混凝土时，防水混凝土配合比和集料级配应经试验确定，可采用防水水泥或掺加增强密实性的外加剂。 ③ 冬期施工的混凝土可掺加引气剂。 (2) 混凝土搅拌 衬砌混凝土应采用强制式混凝土搅拌机搅拌。 (3) 混凝土运输 ① 混凝土拌合物在运输过程中，应保持均匀性，不应产生分层、离析、撒落及混入杂物等现象；如出现分层、离析现象，应对混凝土拌合物进行二次快速搅拌。

续表

序号	项目	内容
3	混凝土施工	② 严禁在运输过程中向混凝土拌合物中加水。 ③ 混凝土拌合物运送到浇筑地点后,应按规定检测其坍落度。 (4) 混凝土浇筑 ① 混凝土浇筑应采用混凝土输送泵送料入模、均匀布料;混凝土入模温度应控制在5~32℃。 ② 混凝土应从两侧边墙向拱顶、由下向上依次分层对称连续浇筑,两侧混凝土浇筑高差不应大于1.0m,同一侧混凝土浇筑面高差不应大于0.5m。 ③ 拱、墙混凝土应一次连续浇筑,不得采用先拱后墙浇筑,不得先浇矮边墙。 (5) 混凝土振捣 ① 宜采用附着式和插入式振捣相结合的方式振捣。 ② 振捣不应使模板、钢筋和预埋件移位。 (6) 混凝土养护 ① 混凝土养护时间不得少于7d。 ② 掺加引气剂或引气型减水剂时,混凝土养护时间不得少于14d。 ③ 隧道内空气湿度不小于90%时,可不进行洒水养护
4	仰拱衬砌、仰拱回填和垫层施工	(1) 仰拱混凝土衬砌应先于拱墙混凝土衬砌施工,超前距离应根据围岩级别、施工机械作业环境要求确定,一般不宜大于拱墙衬砌浇筑循环长度的2倍。 (2) 仰拱初期支护喷射混凝土及仰拱填充混凝土不得与仰拱衬砌混凝土一次浇筑。 (3) 仰拱衬砌混凝土应整幅一次浇筑成形,不得左右半幅分次浇筑,一次浇筑长度不宜大于5.0m。 (4) 仰拱和仰拱填充混凝土应在其强度达到2.5MPa后方可拆模。 (5) 仰拱、仰拱填充和垫层混凝土浇筑宜采用插入式振捣器振捣密实。 (6) 仰拱填充和垫层混凝土强度达到设计强度100%后可允许运渣车辆通行

公路隧道施工安全步距要求

1. 隧道安全步距是指隧道仰拱或二次衬砌到掌子面的安全距离,安全步距主要由隧道围岩级别决定。

2. 公路隧道施工安全步距的要求如下:

(1) 仰拱与掌子面的距离,Ⅲ级围岩不得超过90m,Ⅳ级围岩不得超过50m,Ⅴ级及以上围岩不得超过40m。

(2) 软弱围岩及不良地质隧道的二次衬砌应及时施作,二次衬砌距掌子面的距离Ⅳ级围岩不得大于90m,Ⅴ级及以上围岩不得大于70m。

考点4 公路隧道防水与排水

施工防排水

序号	项目	内容
1	隧道洞口及辅助坑道洞(井)口排水系统要求	(1) 边坡、仰坡坡顶的截水沟应结合永久排水系统在洞口开挖前修建,其出水口应防止水顺坡面漫流,洞顶截水沟应与路基边沟顺接组成排水系统,应防止水流冲刷弃渣危害农田和水利设施。 (2) 洞外路堑向隧道内为下坡时,路基边沟应做成反坡,向路堑外排水。 (3) 多雨地区,应做好防止洞口仰坡范围内地表水下渗和冲刷的防护措施

续表

序号	项目	内容
2	覆盖层较薄和渗透性强的地层地表水处理要求	(1) 洞口附近和浅埋隧道洞顶不得积水。 (2) 黄土陷穴和岩溶等特殊地质应按设计要求处理。 (3) 洞顶上方如有沟谷通过且沟谷底部岩层裂缝较多，地表水渗漏对隧道施工有较大影响时，应及时用浆砌片石铺砌沟底，或用水泥砂浆勾缝、抹面。 (4) 洞顶附近有井、泉、池沼、水田等时，应妥善处理，不宜将水源截断、堵死。 (5) 洞顶已有排水沟槽应予整治，确保水流通畅，必要时应进行铺砌。 (6) 洞顶设有高压水池时，水池位置宜远离隧道轴线，水池应有防渗措施，对水池溢水应有疏导设施。 (7) 隧道地表沟谷（槽）、坑洼、钻孔、探坑等，宜采用疏导、勾补、铺砌和填平等措施，废弃的坑洞、钻孔等应填实密闭，防止地表水下渗
3	洞内反坡排水要求	(1) 根据距离、坡度、水量、设备和施工组织布置管路，一次或分段接力将水排出洞外。 (2) 集水坑位置不得造成围岩失稳和衬砌结构承载能力降低，应设在对施工干扰较小的位置，其容积应按实际排水量确定。 (3) 井下工作水泵的排水能力应不小于1.2倍正常涌水量，并应配备备用水泵；井下备用水泵排水能力不应小于工作水泵排水能力的70%。 (4) 高冒水风险隧道反坡施工时，应准备一定的抢险物资、设备，宜设置两个独立的供电系统和排水管路。 (5) 应做好停电时的应急排水预案和人员、设备的安全保证措施
4	井点降水施工要求	洞内涌水或地下水位较高时，且影响隧道施工时，可采用井点降水法和深井降水法处理，井点降水施工应符合下列要求： (1) 根据降水要求，选择降水形式、降水设备，编制降水施工方案。 (2) 在隧道两侧地表面布置井点，间距宜为25～35m。井底应在隧底以下3～5m。 (3) 工作水泵的排水能力应不小于预测抽水量的1.2倍。 (4) 应设水位观测井，及时监测水位高程，掌握水位变化情况，调整降水参数，保证降水效果。 (5) 隧道施工期间围岩地下水位应保持在开挖线以下0.5m。 (6) 降水期间应监测周边地表沉降大小和沉降范围，并制定控制措施。 (7) 降水施工完成后，降水井应按设计要求进行回填
5	隧道施工有平行导坑或横洞时的排水要求	(1) 隧道施工有平行导坑或横洞时，应充分利用辅助导坑排水，降低正洞水位，使正洞水流通过辅助导坑引出洞外，必要时应设置永久排水沟，使坑道封闭后能保持水流畅通。 (2) 正洞施工由斜井、竖井排水时，应在井底设置集水坑，采用相应扬程的抽水机经管路排出井外。集水坑设置的位置不得影响井内运输和安全。 (3) 斜井、竖井施工有水时，应随开挖面挖积水坑，根据水量大小采用抽水机或吊桶排出。竖井井壁渗水影响施工时，可用压浆堵水，固结地层后再进行开挖

续表

序号	项目	内容
6	防突涌水措施	制定防突（涌）水的安全措施时，应考虑在开挖面布置超前钻孔，预防水囊、暗河、高压涌水等的危害。应对工程地质和水文地质作详细的调查分析，先判明地下水流方向，再确定钻孔位置、方向、数目和钻孔深度，并应采取下列防止涌水的措施： (1) 非施工人员必须撤出危险区。 (2) 应及时测算水量、水压、流速、含泥沙量等，备足配套的抽水设备。 (3) 在钻孔口预先埋管设阀，控制排水量，防止承压水冲击及淹没坑道等意外险情发生。 (4) 水平钻孔钻到预期的深度尚未出水时，可会同设计单位进一步进行地质和水文的勘测工作，重新判定地下水情况

结构防排水

序号	项目	内容
1	一般要求	(1) 隧道防水应提高混凝土自防水性能，防水混凝土抗渗等级应符合设计要求。 (2) 在有冻害地区，防水混凝土的抗渗等级应适当提高。 (3) 防水混凝土处于侵蚀性介质中时，其耐侵蚀系数不应小于0.8
2	纵、横、环向盲管、中心排水管（沟）的施工的要求	(1) 排水盲管的材质、直径、透水孔的规格、间距应符合设计要求。 (2) 环向排水盲管的间距应符合设计要求，在地下水较大的地段应适当加密。 (3) 环向排水盲管应紧贴支护表面或渗水岩壁安设，排水盲管布置应圆顺，不得起伏不平。 (4) 排水管系统应按设计连通形成完整的排水系统。管路连接宜采用变径三通方式，连接应牢固、畅通，安装坡度应符合设计要求。 (5) 中心排水管（沟）直径应符合设计要求，中心排水管（沟）基础的总体坡度、段落坡度、单管坡度应协调一致，并符合设计要求，不得高低起伏。 (6) 中心排水管（沟）设在仰拱上时，应和仰拱、底板同步施工
3	防水板材料与施工要求	(1) 防水板宜选用高分子材料，幅宽2～4m，厚度不宜小于1.5mm，并应符合设计要求，耐刺穿性好、柔性好、耐久性好。 (2) 防水板铺设应超前二次衬砌施工1～2个衬砌段，并应与开挖掌子面保持一定距离。初期支护表面应平整，无空鼓、裂缝、松酥，对支护表面外露的坚硬物和局部渗漏水处应先进行处理，不平处用喷射混凝土或砂浆找平。 (3) 防水板铺设应符合以下要求： ① 防水板铺设宜采用专用台架，铺设前进行精确放样，画出标准线后试铺，确定防水板每环的尺寸，并尽量减少接头。 ② 防水板应无钉铺设，并留有余量，防水板与初期支护或岩面应密贴。 ③ 防水板的搭接缝焊接质量应按充气法检查，当压力表达到0.25MPa时停止充气，保持15min，压力下降在10%以内，焊缝质量合格
4	止水带要求	(1) 衬砌的施工缝和沉降缝采用橡胶止水带或塑料止水带防水时，止水带不得被钉子、钢筋和石子刺破。 (2) 在固定止水带和灌注混凝土过程中应防止止水带偏移。 (3) 应加强混凝土振捣，排除止水带底部气泡和空隙，使止水带和混凝土紧密结合

注浆防水

序号	项目	内容
1	注浆防水方式的选择	(1) 隧道注浆防水施工应根据水文地质情况、开挖支护方式、相邻隧道的相互影响、地表环境要求、水资源保护等制定注浆防水方案，根据不同情况可选择下列方案： ① 掌子面前方存在较高水压的富水区，具有较大可能、较大规模的涌水、突水且围岩结构软弱，自稳能力差，开挖后可能导致掌子面失稳而诱发突水、突泥者，宜采用全断面帷幕注浆或周边注浆。 ② 掌子面前方围岩基本稳定，但局部存在一定的水流，开挖后可能导致掌子面大量渗漏水而无法施作初期支护时，宜采用超前局部注浆。 ③ 围岩有一定自稳能力，开挖后水压和水量较小，但水量超过设计允许排放量时，宜采用径向注浆。 (2) 注浆防水宜根据工程地质和水文地质情况、注浆工艺和设备等因素，考虑浆液的流动性、可注性和稳定性等，并结合经济性选择采用水泥浆液、超细水泥浆液、水泥—水玻璃浆液等材料。注浆过程中应加强洞内外观察，发生窜浆，围岩、支护结构、地表出现异常情况时，应调整注浆工艺或方案
2	注浆防水施工要求	(1) 根据地下水情况、防水范围、设备性能、浆液扩散半径和对注浆防水效果的要求等综合因素确定注浆孔数、布孔方式及钻孔角度。 (2) 采用全断面帷幕注浆时，注浆初始循环应根据水压、水量、地层完整性及设计压力确定止浆墙的形式，并设置孔口管。 (3) 预注浆段的长度应视具体情况合理确定，掘进时应保留足够的止水岩盘厚度。 (4) 注浆压力应根据水文地质条件合理确定，宜比静水压力大 0.5～1.5MPa。 (5) 钻孔注浆顺序应由下往上、由少水处到多水处、隔孔钻注。 (6) 预注浆检查孔的渗水量应小于设计允许值，浆液固结达到设计强度后方可开挖。径向注浆结束后应达到设计规定的允许渗漏量

考点5 隧道通风防尘及水电作业

隧道通风要求

序号	项目	内容
1	风管式通风	(1) 风流经由管道输送，分为压入式、抽出式、混合式三种方式。 (2) 风管式通风的优点是设备简单、布置灵活、易于拆装，故为一般隧道施工采用。但由于管路的增长及管道的接头或多或少都有漏风，若不保证接头的质量就会造成因风管过长而达不到要求的风量
2	巷道式通风	适用于有平行坑道的长隧道，其特点是：通过最前面的横洞和平行导坑组成一个风流循环系统，在平行导坑洞口附近安装通风机，将污浊空气由导坑抽出，新鲜空气由正洞流入，形成循环风流。另外对平行导坑和正洞前面的独头巷道，再辅以局部的内管式通风，这种通风方式断面大、阻力小，可提供较大的风量，是目前解决长隧道施工通风比较有效的方法
3	风墙式通风	适用于较长隧道。当管道式通风难以解决，又无平行导坑可以利用的话，可利用隧道成洞部分较大的断面，用砖砌或木板隔出一条 2～3m² 的风道，以减小风管长度，增大风量满足通风要求

隧道防尘要求

序号	项目	内容
1	湿式凿岩标准化	(1) 湿式凿岩即打"水风钻",根据风钻内的供水方式不同,又分为旁侧供水和中心供水两种。中心供水式是用高压水从机尾进入,经过水针(安在机体的中心)流向钻钎,最后达钻头;钻眼时,破碎的岩粉被湿润成浆,从炮眼流出。 (2) 施工注意要点 ① 水压标准(高压水到达工作面处的压力不小于300Pa),水量充足(每台风钻不少于3t/min)。 ② 钎尾标准,其长度一般为107mm,钎孔正中。钎尾淬火硬度与凿岩机内活塞应一致。 ③ 水针安装端正,拧紧螺丝,垫圈密贴,不漏水。 ④ 操作正规,应先开水后开风,先关风后关水,凿岩时机体与钻钎方向应一致,不得摆动,以免卡断水针。 ⑤ 在特别缺水地区,可用"干式捕尘"装置来代替湿式凿岩,但效果欠佳
2	机械通风正常化	机械通风可稀释空气中的粉尘含量,是降低洞内粉尘含量的重要手段。因此在一般主要作业(钻眼、装渣等)进行期间应始终保持风机的运转
3	喷雾洒水正规化	喷雾洒水不仅能降低因爆破、出渣等所产生的粉尘,还能溶解少量的有害气体(如二氧化碳、硫化氢等)并能降低温度,使空气清新
4	个人防护普遍化	要求作业人员戴防尘口罩

隧道供水、供电要求

序号	项目	内容
1	供水	供水方案的选择及设备的配置应符合以下要求: (1) 水源的水量应满足工程和生活用水的需要。有高山自然水源时应蓄水利用,水池高度应能保证洞内最高用水点的水压。 (2) 水池的容量应有一定的储备量,保证洞内外集中用水的需要。 (3) 采用机械站供水时,应有备用的抽水机。 (4) 工程和生活用水使用前必须经过水质鉴定,合格者才可使用
2	供电	(1) 隧道供电电压应符合以下要求: ① 供电线路应采用220/380V三相五线系统。 ② 动力设备应采用三相380V。 ③ 隧道照明,成洞段和不作业地段可用220V,瓦斯地段不得超过110V,一般作业地段不宜大于36V,手提作业灯为12~24V。 ④ 选用的导线截面应使线路末端的电压降不得大于10%;36V及24V线不得大于5%。 (2) 洞外变电站宜设在洞口附近,并应靠近负荷集中地点和设在电源来线一侧。 (3) 供电线路布置和安装应符合下列要求: ① 成洞地段固定的电线路,应使用绝缘良好胶皮线架设;施工地段的临时电线路宜采用橡套电缆;竖井、斜井宜使用铠装电缆;瓦斯地段的输电线必须使用煤矿专用密封阻燃铜芯电缆,不得使用皮线。

续表

序号	项目	内容
2	供电	② 瓦斯地段的电缆应沿侧壁铺设，不得悬空架设。涌水隧道的电动排水设备、瓦斯隧道的通风设备和斜井、竖井内的电气装置应采用双回路输电，并有可靠的切换装置。 （4）短隧道应采用高压至洞口，再低压进洞；长、特长隧道成洞地段应用6～10kV高压电缆送电；洞内设置6～10/0.4kV变电站供电时，应有保证安全的措施，且移动变电站应采用监视型屏蔽橡胶套电缆。 （5）隧道作业地段必须有足够的照明；洞外照明按一般建筑工地要求。瓦斯地段的照明器材应采用防爆型，开关应设在送风道或洞口

考点6 公路隧道辅助坑道施工

隧道辅助坑道施工的基础知识

序号	项目	内容
1	一般规定	（1）辅助坑道的选择，应根据隧道长度、施工工期、地形、地质、水文等条件，结合施工和营运期间通风、排水、逃生救灾及弃渣等需要，通过技术经济比较确定。主要类型有竖井、斜井、平行导坑、横洞等。辅助坑道断面尺寸，应满足施工工期、施工方法、施工机械设备、施工通风、施工排水等的需要。 （2）隧道施工有平行导坑或横洞时，应充分利用辅助坑道排水、降低正洞水位，使正洞水流通过辅助坑道引出洞外。必要时应设置永久排水沟，使坑道封闭后能保持水流畅通。 （3）斜井、竖井施工，应随开挖面挖集水坑，并及时将集水坑的水排出。竖井井壁渗水影响施工时，可用压浆堵水，固结地层后再进行开挖。 （4）辅助坑道口的截水、排水系统和防冲刷设施，应在隧道施工前妥善规划，尽早完成。坑道口或斜井的洞门或竖井口锁口圈亦应尽早施作。辅助坑道支护应符合设计要求，辅助导坑洞口或井口、软弱围岩段、辅助坑道与正洞的连接处应加强支护。辅助坑道与正洞的连接处支护后，应及时施作二次衬砌，在特殊情况下，应在开挖前采取超前支护措施。 （5）辅助坑道口边、仰坡开挖及地表恢复应符合环境保护和水土保持的有关规定和设计要求。辅助坑道口边、仰坡开挖不得采用大爆破，开挖坡面应按设计要求及时进行防护和支护，山坡危石应全部清除。辅助坑道施工应进行超前地质预报和现场监控量测
2	辅助坑道与正洞交叉口施工规定	（1）先加固、后开挖。根据地质情况，辅助坑道与正洞边墙相交的3～5m范围的初期支护应加强，必要时浇筑混凝土衬砌。 （2）辅助坑道进入正洞的门应浇筑钢筋混凝土（或型钢）"门架"或过梁。 （3）辅助坑道进入正洞后的挑顶施工，应从外向内逐步扩大，并始终保持逃生通道的畅通
3	横洞与平行导坑	（1）当横洞开挖工作面与正洞的距离小于10m时，应调整爆破参数，降低循环进尺，减小爆破对正洞围岩的扰动。 （2）横洞与正洞交叉口的洞室跨度大，受力复杂，施工中应根据具体情况进行加固并加强变形监测。 （3）平行导坑应超前于正洞开挖，其超前距离可视施工条件和工期要求确定，一般不宜小于相邻横通道的间距。 （4）平行导坑的横通道施工，应先加固交叉口后开挖。 （5）横洞和平行导坑都应设完整通畅的排水系统，并与正洞统筹考虑

考点7 公路隧道盾构施工

盾构机分类及适用范围

序号	项目	内容
1	概述	(1) 大多数盾构的形状为圆形，也有椭圆形、半圆形、马蹄形及箱形等其他形式。 (2) 盾构机按开挖面是否封闭划分，可分为密闭式和敞开式两类。 (3) 按平衡开挖面土压与水压的原理不同，密闭式盾构机又可分为土压式和泥水式两种。 (4) 敞开式盾构机按开挖方式划分，可分为手掘式、半机械式和机械式三种
2	应用说明	(1) 土压平衡盾构和泥水平衡盾构应用较为广泛。 (2) 土压平衡盾构适用于冲积黏土、洪积黏土、砂质土、砂砾、卵石等土层及其互层。 (3) 泥水平衡盾构适用于冲积洪积的砂砾、砂、亚黏土、黏土层或多水互层的土层，有涌水工作面不稳定的土层，上部有河川、湖沼、海洋等水压高、水量大的地层。 (4) 复合盾构适用于地质条件复杂、软硬不均的混合地层

盾构施工

序号	项目	内容
1	盾构掘进	(1) 盾构始发及试掘进阶段应符合的要求 ① 盾构始发前应验算盾构反力架及其支撑的刚度和强度，反力架应牢固支撑在始发井结构上；盾构反力架整体倾斜度应与盾构基座的安装坡度一致。 ② 应根据工程水文地质条件、盾构机类型、盾构工作井的围护结构形式等因素加固盾构工作井端头地基，承载力应满足始发要求。 ③ 应拆除刀盘不能直接破除的洞门围护结构，拆除前始发工作井端头地基加固与止水效果应良好；拆除时，应将洞门围护结构分成多个小块，从上往下逐个依次拆除，拆除作业应迅速连续。 ④ 洞门围护结构拆除后，盾构刀盘应及时靠紧开挖面。 ⑤ 盾构始发时应在洞口安装密封装置；盾尾通过洞口后，应尽早稳定洞口。 ⑥ 盾构始发时，始发基座应稳定，盾构不得扭转；千斤顶应均匀顶进，反力架受力应均匀；负环脱出盾尾后，应立即对管片环向进行加固。 ⑦ 盾构应在始发段50～100m进行试掘进，并应根据地质情况、施工监测结果、试掘进经验等因素选用掘进参数。 (2) 盾构正常掘进阶段应符合的要求 ① 土压平衡盾构掘进，开挖土体应充满土仓，并应核算排土量和开挖量；泥水平衡盾构掘进，泥浆压力与开挖面水土压力、排土量与开挖量应保持平衡。掘进过程中，应采取防止螺旋输送机发生喷涌的措施。 ② 盾构掘进应随时监测和控制盾构姿态，使隧道轴线控制在设计允许偏差范围内。实施纠偏应逐环、小量纠偏，防止过量纠偏损坏已拼装管片和盾尾密封。 ③ 盾构机不宜长时间停机，盾构刀具检查和更换地点应选择地质条件好、地层稳定的地段。在不稳定地层更换刀具时，应采取地层加固或压气法等稳定开挖面措施。维修刀盘应对刀盘前方土体采取加固措施或施作竖井。 ④ 盾构设备应在机器停止操作时维修；液压系统维修前，应关闭相关阀门并降压，电气系统维修前，应关闭系统；空气和供水系统维修时，应关闭相应阀门并降压；刀盘、拼装机等旋转设备部件区域维修前，设备应停止运转。

续表

序号	项目	内容
1	盾构掘进	(3) 盾构到达接收阶段应符合的要求 ① 盾构到达前应拆除洞门围护结构，拆除前，工作井端头地基承载力、止水应满足要求；拆除时应控制凿除深度，洞口应安装止水密封装置。 ② 盾构距到达接收工作井 15m 内，应调整掘进速度、开挖压力等参数，减小推力、降低推进速度和刀盘转速，控制出土量并监测土仓内压力。 ③ 隧道贯通前 10 环管片应设置管片纵向拉紧装置，贯通后应快速顶推并迅速拼装管片。同时应加强同步注浆和二次补充注浆，盾尾通过洞口后应及时密封管片环与洞门间隙
2	管片制作与拼装	(1) 管片制作应符合的要求 ① 钢筋混凝土管片模具应具有足够的承载能力、刚度、稳定性和良好的密封性能并符合管片精度要求，管片模具应定期进行检校。 ② 管片应先进行试生产，并随机抽取 3 环管片进行水平拼装检验，合格后方可正式生产。 ③ 管片原材料、钢筋加工、混凝土浇筑和养护应符合相关规范和设计要求。钢筋混凝土管片不得有内外贯通裂缝和宽度大于 0.2mm 的裂缝及混凝土剥落现象。 ④ 混凝土管片应进行检漏抽检测试，每生产 200 环应进行水平拼装检验 1 次。 (2) 管片拼装应符合的要求 ① 应根据上一衬砌环姿态、盾构姿态、盾尾间隙等确定管片排序。 ② 应严格控制盾构机千斤顶的压力和伸缩量，并保持盾构姿态稳定。 ③ 应根据拼装要求逐块拼装，并及时连接成环。 ④ 管片连接螺栓质量和拧紧度应符合设计要求。 ⑤ 拼装管片时应防止管片及防水密封损坏。 ⑥ 对已拼装成环的衬砌环应进行椭圆度检查。 ⑦ 在曲线段拼装管片时，应使管片环向定位准确，隧道轴线应符合设计要求。 ⑧ 盾构管片拼装应设专人指挥；管片拼装和吊运范围内不得有人和障碍物；管片拼装时，拼装设备与管片连接应稳固，拼装完的管片应及时固定
3	壁后注浆	(1) 盾构机掘进应进行同步注浆作业，为提高背衬注浆层的防水性及密实度，还应在同步注浆结束后进行补充注浆，注浆材料性能应符合设计要求。 (2) 壁后注浆应根据工程地质条件、地表沉降状况、环境要求、设计要求及设备情况等选择注浆方式和注浆参数。注浆压力应根据地质条件、注浆方式、管片强度、设备性能、浆液特性和隧道埋深等综合因素确定。 (3) 同步注浆注浆量、充填系数应根据地层条件、施工状态和环境要求确定，充填系数宜为 1.30~2.50。注浆速度应根据注浆量、注浆压力和掘进速度确定。 (4) 补充注浆的注浆量应根据环境条件和沉降监测结果等确定，壁后应充填密实
4	盾构施工运输	(1) 皮带输送机机架应坚固、平顺；启动皮带输送机前应发出声光警示，并进行空载试转，各部位运转应正常，皮带应连接牢固、松弛度适中；应在达到额定转速后均匀装料，并设专人检查皮带运转情况。 (2) 轨道应平顺，钢轨与轨枕间应牢固，轨枕和轨距拉杆应符合安装规定，并应设专人养护轨道。 (3) 机车安全装置应可靠有效，机车行驶速度不得大于 10km/h，经过转弯处或接近岔道时不得大于 5km/h，靠近工作面 100m 距离内不得大于 3km/h，并应打铃警示，车尾接近盾构机台车时不得大于 3km/h。 (4) 机车在启动和行驶过程中应启动警铃、电喇叭等警示装置；开车前应前后检查，各类物件应平稳放置、捆绑牢固，不得超载、超宽和超长运输

1B414040 特殊地段施工

【考点图谱】

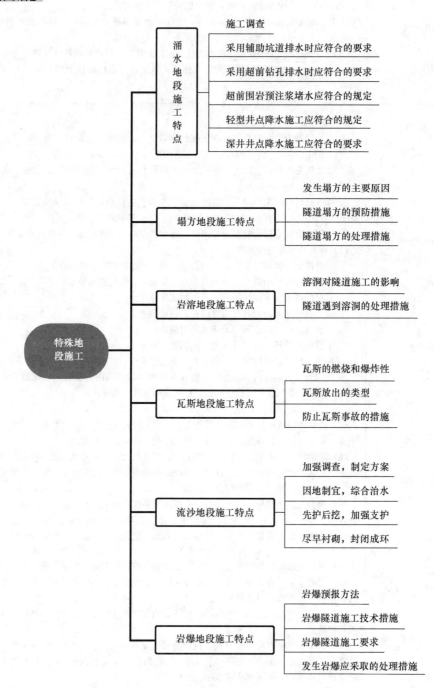

【考点精析】

考点1 涌水地段施工特点

涌水地段施工特点

序号	项目	内容
1	施工调查	（1）根据设计文件对隧道可能出现涌水地段的涌水量大小、补给方式、变化规律及水质成分等进行详细调查，选择既经济合理，又能确保围岩稳定，并保护环境的治水方案。 （2）处理涌水可用下列辅助施工办法：超前钻孔或辅助坑道排水；超前小导管预注浆堵水；超前围岩预注浆堵水；轻型井点降水及深井降水
2	采用辅助坑道排水时的要求	（1）坑道应与正洞平行或接近平行。 （2）坑道底标高应低于正洞底标高。 （3）坑道应超前正洞10～20m，至少应超前1～2个循环进尺
3	采用超前钻孔排水时的要求	（1）应使用轻型探水钻机或凿岩机钻机。 （2）钻孔孔位（孔底）应在水流上方。钻孔时孔口应有保护装置，以防人身及机械事故。 （3）采取排水措施，保证钻孔排出的水迅速排出洞外。 （4）超前钻孔的孔底应超前开挖面1～2个循环进尺
4	超前围岩预注浆堵水的规定	（1）注浆段的长度应根据地质条件、涌水量、机具设备能力等因素确定，一般宜在30～50m之间。 （2）钻孔及注浆顺序应由外圈向内圈进行，同一圈钻孔应间隔施工。 （3）浆液宜采用水泥浆液或水泥—水玻璃浆液
5	轻型井点降水施工的规定	（1）井点的布置应符合设计要求。当降水宽度小于6m，深度小于5m时，可采用单排井点。井点间距宜为1～1.5m。 （2）有地下水的黄土地段，当降水深为3～6m时，可采用轻型井点降水；当降水深度大于6m时，可采用深井井点降水。 （3）滤水管应深入含水层，各滤水管的高程应齐平。 （4）井点系统安装完毕后，应进行抽水试验，检查有无漏气、漏水情况。 （5）抽水作业开始后，宜连续不间断地进行抽水，并随时观测附近区域地表是否产生沉降，必要时应采取防护措施
6	深井井点降水施工的要求	（1）在隧道两侧地表布置井点，间距为25～35m。井底应在隧底以下3～5m。 （2）做好深井抽水时地面的排水工作。 （3）降水期间，应对抽水含砂率、地下水位、流量和各类降水设备运转情况进行检测和观测

考点2 塌方地段施工特点

发生塌方的主要原因

序号	项目	内容
1	不良地质及水文地质条件	(1) 隧道穿过断层及其破碎带,或在薄层岩体的小褶曲、断层错动发育地段,一经开挖,潜在应力释放快、围岩容易失稳,小则引起围岩掉块、塌落,大则引起塌方。当通过各种堆积体时,由于结构松散,颗粒间无胶结或胶结差,开挖后引起坍塌。在软弱结构面发育或泥质充填物过多,均易产生较大的坍塌。 (2) 隧道穿越地层覆盖过薄地段,如在沿河傍山、偏压地段、沟谷凹地浅埋和丘陵浅埋地段极易发生塌方。 (3) 水是造成塌方的重要原因之一。地下水的软化、浸泡、冲蚀、溶解等作用加剧岩体的稳定和塌落。岩层软硬相间或有软弱夹层的岩体,在地下水的作用下,软弱面的强度大为降低,因而发生滑塌
2	隧道设计考虑不周	(1) 隧道选定位置时,地质调查不细,未能作详细的分析,或未能查明可能塌方的因素。没有绕开应绕避的不良地质地段。 (2) 缺乏较详细的隧道所在位置的地质及水文地质资料,引起施工指导或施工方案的失误
3	施工方法和措施不当	(1) 施工方法与地质条件不相适应;地质条件发生变化,没有及时改变施工方法;工序间隔安排不当;施工支护不及时,地层暴露过久,引起围岩松动、风化、导致塌方。 (2) 喷锚支护不及时,喷射混凝土的质量、厚度不符合要求。 (3) 按新奥法施工的隧道,没有按规定进行量测,或信息反馈不及时,决策失误、措施不力。 (4) 围岩爆破用药量过多,因震动引起坍塌。 (5) 对危石检查不重视、不及时,处理危石措施不当,引起岩层坍塌

隧道塌方的预防措施

序号	项目	内容
1	一般要求	预防隧道塌方,选择安全合理的施工方法和措施至关重要。在掘进到地质不良围岩破碎地段,应采取"先治水、短开挖、弱爆破、强支护、早衬砌、勤量测"的施工方法。必须制定出切实可行的施工方案及安全措施
2	施工技术管理要求	(1) 全面了解设计提供的地质状况,并及时与现场实际情况对比,明白设计意图。 (2) 加强超前地质预报工作,发现开挖面前方有异常情况出现时,应及时研究并采取相应对策措施。 (3) 软弱围岩、特殊岩土和不良地质地段,应采取正确的开挖方法及有效的支护手段
3	隧道施工要求	(1) 应根据喷锚构筑法的基本要求进行开挖,合理选定开挖方法,同时采用光面爆破和预裂爆破技术,减少对围岩的扰动。 (2) 在开挖过程中,发现任何特殊情况发生时,应暂停施工,待处理后方可继续掘进。 (3) 初期支护,必须及时施作并保证质量,在特殊情况下,应采取特殊的支护措施。 (4) 二次衬砌不得严重滞后初期支护,在软弱围岩地段宜紧跟开挖,Ⅲ、Ⅳ级围岩中,应根据量测结果确定最佳施作时间。 (5) 认真开展监控量测工作,并及时反馈量测资料,指导施工
4	施工现场管理要求	(1) 严格按照设计文件及施工组织设计要求进行施工,未经批准,不得擅自改变开挖方法及支护形式。 (2) 认真进行支护作业,确保支护参数和质量达到设计要求

隧道塌方的处理措施

序号	项目	内容
1	总体要求	(1) 隧道发生塌方后，应及时迅速处理，不得随意拖延时间。 (2) 处理前，必须仔细观测塌方的范围、形状、数量大小及塌体的地质状况、地下水的分布、活动情况等，分析塌方发生的原因，研究制定处理方案。 (3) 隧道塌方应根据发生的部位、规模及地质条件，采取"治塌先治水、治塌先加强"的原则，采取喷锚支护、注浆、管棚、加强二次衬砌、设置护拱等技术措施，不失时机、不留隐患地进行处理
2	采取技术措施	处理塌方前，应采取下列技术措施，加强防排水工作： (1) 地表沉陷和裂缝，应采用注浆填充和加固，或采用不透水土壤夯填紧密，开挖截水坑，防止地表水下渗进入塌体。 (2) 通顶陷穴口的地表四周应挖沟排水，搭设防雨棚遮盖穴顶；洞内衬砌通过塌方后，陷穴应及时回填，回填应高出原地面，并用黏土或浆砌片石封闭穴口，做好排水。 (3) 塌体内有地下水活动时，采用管、槽引至排水沟排出，无法进行引排时可采用注浆堵水
3	隧道洞口塌方的处理要求	(1) 中小型塌方应将塌体自上而下全部清除。根据塌方后坡面的情况，可选用刷坡卸载的方法，同时应对仰坡面自上而下进行喷锚网加固。 (2) 大型塌方的塌体不必全部清除，可采取先挖台阶的形式清除一部分，再进行喷锚网加固，并在仰坡上适当位置设浆砌片石挡墙防护。 (3) 仰坡加固完成后，洞口段已露空洞身可采用暗洞明做或改为明洞衬砌，拱圈上部可回填土石或浆砌片石。 (4) 根据仰坡塌方的规模及稳定性情况，对洞内二次衬砌应进行加强
4	滑动体处理	当塌方是由于洞口附近的滑动体引起且有塌方发生后，滑动体尚未稳定时，必须先对滑动体进行加固，然后再处理塌方，其主要技术措施有自进式锚杆、预应力锚索以及抗滑桩
5	岩石类塌方处理	岩石类塌方的围岩级别一般为Ⅱ～Ⅳ，岩体以未风化或轻度风化的岩层为主，节理较发育，塌体呈碎石状、黏土及砂的含量较少，一般不超过30%，未塌方的围岩呈相对稳定状态。塌方规模一般为中、小型，个别为大型塌方，塌方数量不超过5000m³，处理时应符合下列规定： (1) 根据塌体内塌腔的矢跨比，采取不同的处理措施： ① 当矢跨比 $h/B < 0.7$ 时，可采用外层初期支护（W）加内层初期支护（N）再加防护（F）的方法进行处理； ② 当矢跨比 $h/B \geq 0.7$ 时，可采用外层初期支护（W）加防护（F）的方法进行处理。 (2) 岩石类塌方已塌至隧道上方的原地面时，应及时处理地面塌口，后处理洞内塌方。处理洞内塌方时，应采用注浆加管棚整体加固的处理方法，并应以渗透注浆为主，管棚应为长大管棚
6	土质类塌方处理	土质类塌方的围岩级别一般为Ⅳ～Ⅵ级，隧道的围岩以土质或风化岩石为主，塌体呈土状，含有大量的黏土、砂质土（≥70%）及少量的石屑和孤石，塌方范围以外的未塌部分呈相对不稳定状态，塌方规模一般较大，主要为大型和特大型塌方。处理时应符合下列规定： (1) 土质隧道塌方不宜采用清渣的方式处理。 (2) 土质隧道塌方可采用注浆加管棚的处理方法，注浆可视塌体中土质（或砂）的颗粒大小分别采用渗透注浆或劈裂注浆
7	塌方地段的衬砌处理	(1) 塌方地段的衬砌，应视塌方的大小和地质情况，采用钢筋混凝土或钢架混凝土予以加强。 (2) 衬砌完成后，应及时施作护拱和回填。 (3) 当塌穴较小时，可用浆砌片石或干砌片石将其填满。 (4) 当塌穴较大时，可先用浆砌片石回填一定厚度，剩余空间的处理可根据现场实际情况与设计、监理会商决定

考点 3　岩溶地段施工特点

隧道遇到溶洞的处理措施

序号	项目	内容
1	一般要求	隧道通过岩溶区，施工前应根据设计资料并结合施工现场情况，采用综合超前地质预报，探明溶洞分布范围、类型、规模、发育程度、地下水的情况（有无长期补给来源、雨季水量有无增长等）及岩层的稳定程度等，按照以疏为主、堵排结合、因地制宜、综合治理的原则，分别以"疏导、堵填、注浆加固、跨越、宣泄"等措施进行处理
2	岩溶地区隧道开挖要求	（1）开挖方法宜采用分部开挖法。在Ⅱ～Ⅳ级围岩条件下，中小跨度隧道、溶洞仅占隧道开挖断面内一小部分时，可采用全断面法开挖。当溶洞出现在隧道一侧时，应先开挖该侧，待支护完成后，再开挖另一侧。 （2）应提早作好处理岩溶的方案，并准备足够数量的排水设备和物资。 （3）涌水可能增大时，应加强超前钻孔探测。对于岩溶发育地区的隧道，施工中应建立以长距离物探（地震波法）为宏观控制、钻探法为主，其他物探方式为辅，红外线探测连续测试的综合预报管理体系。 （4）岩溶段爆破开挖时，宜采用多打眼、打浅眼、多分段的措施，严格控制单段起爆药量和总装药量，控制爆破震动
3	隧道施工遇到溶洞时应采取的处理措施	（1）如果溶洞规模较大，内部充填了大量的泥砂，并含有丰富的地下水，揭穿后很可能发生大规模的突水、突泥，应采用封闭注浆进行加固处理。 （2）溶洞空腔、暗河的处理应首先选择连通方案，不改变地下水总的流动趋势；各类新建的排水暗管应有一定的坡度，以预防泥沙淤积。 （3）当隧道穿越有堆积物溶洞时，如果堆积物较大，清理时会造成随清随塌的大型坍塌体，宜采用超前预支护、注浆等措施加固周围的堆积物。 （4）对已停止发育的、跨径较小、无水的溶洞，可根据其与隧道相交的位置及其充填情况，采用混凝土、浆砌片石或干砌片石予以回填封闭，同时根据地质情况决定是否加深边墙基础。拱部以上干、空溶洞，可采用喷锚支护加固、注浆、加设护拱及拱顶回填的方法进行处理。底板下溶洞，宜采用浆砌片石回填，但不得阻断排水通道。 （5）施工中遇到一时难以处理的溶洞时，可采用迂回导坑绕过溶洞区，继续进行隧道施工，再行处理溶洞。 （6）岩溶地区隧道支护和二次衬砌应根据溶洞情况予以加强。二次衬砌施工前，应采用物探手段检查隧道周边环形加固层及层外围岩情况，重点检查拱部、底板、侧边墙5m以内是否存在有害空洞，隧道底部是否密实

考点 4　瓦斯地段施工特点

瓦斯放出的类型

序号	项目	内容
1	瓦斯的渗出	它是缓慢、均匀、不停地从煤层或岩层的暴露面的空隙中渗出，延续时间很久，有时带有一种嘶音。放出的瓦斯量最大
2	瓦斯的喷出	比上述渗出更强烈，从煤层或岩层裂缝或孔洞中放出，喷出的时间有长有短，通常有较大的响声和压力
3	瓦斯的突出	在短时间内，从煤层或岩层中，突然猛烈地喷出大量瓦斯，喷出的时间，可能从几分钟到几小时，喷出时常有巨大轰响，并夹有煤块或岩石

防止瓦斯事故的措施

序号	项目	内容
1	瓦斯隧道施工组织的规定	(1) 施工前应编制防治瓦斯的专项施工方案、超前地质预报方案、通风设计方案、瓦斯监测方案、应急预案和作业要点手册等。 (2) 成立负责通风、瓦斯检测、防治处理瓦斯爆炸和煤与瓦斯突出、救护等的专门机构。高瓦斯工区及瓦斯突出工区应配备救护队。 (3) 设置灭火器、消防水池、消防用沙等消防设施
2	瓦斯隧道钻爆作业的规定	(1) 工作面附近20m以内风流中瓦斯浓度必须小于1%,必须采用湿式钻孔,炮眼深度不应小于0.6m,装药前炮眼应清除干净。 (2) 必须采用煤矿许用炸药和煤矿许用电雷管,严禁反向装药。 (3) 爆破网络必须采用串联连接方式,不得并联或串并联。 (4) 起爆电源必须使用防爆型起爆器,应安装在新鲜风流中,并与开挖面保持200m左右距离,同一开挖面不得同时使用两台及以上起爆器起爆。 (5) 炮眼封泥不严或不足时,不得进行爆破,炮泥应采用黏土炮泥,严禁用煤粉、块状材料或其他可燃性材料作炮泥。 (6) 揭煤爆破15min后,应由救护队员佩戴防毒面具或自救器到开挖工作面,查看爆破效果、检测瓦斯浓度、巡查通风及电路,如有煤尘超标、电路破损、通风死角、瞎炮残炮等危险情况必须立即处理,在确认安全后方可通知送电、开启局部风机。 (7) 通风30min后,由瓦斯检测人员检测工作面、回风道瓦斯浓度,当瓦斯浓度小于1%、二氧化碳浓度小于1.5%时,解除警戒,允许施工人员进入作业面。 (8) 隧道内各作业面应配备瓦斯检测仪,高瓦斯工点和瓦斯突出地段应配置高浓度瓦斯检测仪和自动检测报警断电装置,瓦斯隧道人员聚集处应设置瓦斯自动报警仪
3	瓦斯隧道通风的规定	(1) 编制全隧道和各工区的施工通风设计文件,并考虑工区贯通后的风流调整和防爆要求。 (2) 应建立瓦斯通风、监控、检测的组织机构,系统地测定瓦斯浓度、风量风速及气象等参数。 (3) 高瓦斯工区的施工通风宜采用巷道式,瓦斯隧道各掘进工作面必须独立通风,严禁任何两个工作面之间串联通风。 (4) 按瓦斯绝对涌出量计算的风量,应将洞内各处的瓦斯浓度稀释到0.5%以下;巷道式通风的回风道瓦斯浓度应小于0.75%。 (5) 防止瓦斯聚积的风速不宜小于1m/s,对瓦斯易聚积处应实施局部通风。 (6) 施工期间应连续通风,因故障原因停风时,必须撤出人员、切断电源。恢复通风前,必须检测瓦斯浓度,符合规定后才可启动机器。 (7) 瓦斯工区的通风机应设两路电源,电源的切换应在15min内完成,保证风机正常运转,必须有一套同等性能备用通风机,并保持良好的使用状态。 (8) 应采用抗静电、阻燃的风管
4	严格执行有关制度的规定	(1) 瓦斯检查制度:指定专人定时和经常进行检查,测量风流和瓦斯含量,严格执行瓦斯允许浓度的规定。瓦斯检查手段可采用瓦斯遥测装置、定点报警仪和手持式光波干涉仪。随时发现异常情况,应及时报告技术主管负责人,采取措施进行处理。 (2) 动火管理制度:洞内严禁使用明火,严禁将火柴、打火机、手电筒及其他易燃品带入洞内。 (3) 教育培训制度:进洞人员必须经过瓦斯知识和防止瓦斯爆炸的安全教育。抢救人员未经专门培训不准在瓦斯爆炸后进洞抢救。 (4) 持证上岗制度:瓦斯检查人员必须挑选工作认真负责、有一定业务能力、经过专业培训的考试合格者,进行监测工作

考点5　流沙地段施工特点

流沙地段施工要求

序号	项目	内容
1	加强调查，制定方案	施工中应调查流沙特性、规模，了解地质构成、贯入度、相对密度、粒径分布、塑性指数、地层承载力、滞水层分布、地下水压力和透水系数等，并制定出切实可行的治理方案
2	因地制宜，综合治水	施工时，因地制宜，采用"防、截、排、堵"的治理方法。 (1) 防。建立地表沟槽导排系统及仰坡地表局部防渗处理，防止降雨和地表水下渗。 (2) 截。在正洞之外水源一侧，采用深井降水，将储藏丰富构造裂隙水，通过深井抽水排走，减少正洞的静水和动水压力，对地下水起到拦截作用。 (3) 排。有条件的隧道在正洞水源下游一侧开挖一条洞底低于正洞仰拱的泄水洞，用以降排正洞的地下水，或采用水平超前钻孔真空负压抽水的办法，排除正洞的地下水。 (4) 堵。采用注浆方法充填裂隙，形成止水帷幕，减少或堵塞渗水通道
3	隧道开挖要求	(1) 流沙地段隧道宜采用超短台阶、环形开挖预留核心土法人工开挖。 (2) 开挖时必须采取自上而下分步进行，并严格控制开挖长度，防止上部两侧不均匀下沉。 (3) 开挖时应及时监测拱部支护的实际下沉量，当预留变形量过大或不足时，应及时调整
4	隧道支护要求	(1) 可采用小导管超前支护或前插型刚背板预支撑，做到先支护后开挖。 (2) 支护应及时，边挖边喷射混凝土封闭，遇缝必堵，严防砂粒从支护缝隙中漏出。 (3) 衬砌宜采用仰拱先行，当条件具备时，仰拱应紧跟开挖面，并应采取措施防止沙土液化
5	尽早衬砌，封闭成环	流沙地段，拱部和边墙衬砌混凝土的灌注应尽量缩短时间，尽快与仰拱形成封闭环。这样，即使围岩中出现流沙也不会对洞身衬砌造成破坏

考点6　岩爆地段施工特点

岩爆地段施工要求

序号	项目	内容
1	岩爆预报方法	(1) 以超前探孔为主，辅以地震波法、电磁波法、钻速测试等手段。 (2) 观察岩体表面的剥落、监听岩体内部发生的声响，通过地质的观察、素描，分析岩石的"动态特性"。 (3) 采用工程类比法进行宏观预报
2	岩爆隧道施工技术措施	(1) 轻微岩爆地段开挖可正常掘进，可直接在开挖面上洒水，软化表层，促使应力释放和调整。 (2) 中等岩爆地段，除可采用轻微岩爆地段的措施外，还可采用超前注水、防岩爆锚杆等措施。 (3) 强烈岩爆地段，除可采用轻微岩爆地段和中等岩爆地段的措施外，还可采用在地面钻孔注水的方法大范围软化围岩、超前应力解除爆破、小导洞超前、超前锚杆、钢架支撑等措施
3	岩爆隧道施工要求	(1) 应做好发生岩爆的时间、位置、强度、类型及数量等记录，总结岩爆规律。 (2) 应采用光面爆破技术，使隧道周边圆顺，减少应力集中；严格控制装药量，减少对围岩的扰动。 (3) 控制循环进尺，采用短进尺，一般情况下，每循环进尺宜控制在1.0~1.5m，最大不得大于2m。 (4) 中等强度以上岩爆地段宜采用凿岩台车及喷混凝土台车施工；台车及装碴机械、运输车辆上宜加装防护钢板，避免岩爆弹射块体伤及操作人员和砸坏施工设备

续表

序号	项目	内容
3	岩爆隧道施工要求	(5) 超前注水孔宜布置在隧道边墙及拱部开挖断面轮廓线外10～15cm范围内，并向孔内灌高压水，软化围岩，加快围岩内部的应力释放。 (6) 开挖后应及时喷纤维混凝土封闭，厚度宜为5～8cm。 (7) 应力释放孔直径不宜小于φ70mm。 (8) 防岩爆锚杆可采用楔管式、缝管式、水胀式等能及时受力的锚杆，以调整围岩应力分布及加固围岩。锚杆长度宜为2m左右，间距宜为0.5～1.0m
4	发生岩爆应采取的处理措施	(1) 停机待避，待安全后进行工作面的观察记录，如岩爆的位置、强度、类型、数量以及山鸣等。 (2) 增加及时受力的摩擦型锚杆（不能代替系统锚杆），锚杆应装垫板。 (3) 及时喷纤维混凝土，厚度宜为5～8cm

1B414050　隧道工程质量通病及防治措施

【考点图谱】

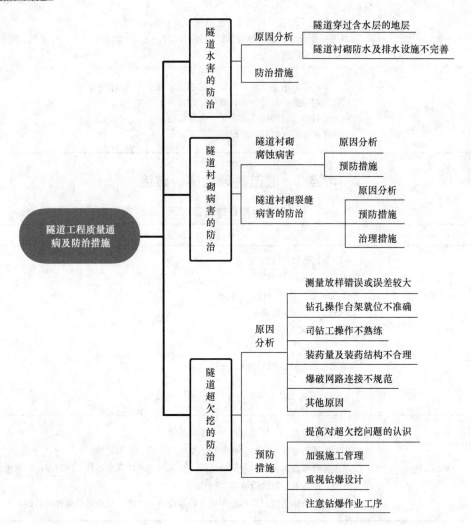

【考点精析】

考点1　隧道水害的防治

隧道水害的防治

序号	项目	内容
1	原因分析	(1) 隧道穿过含水层的地层 ① 砂类土和漂卵石类土含水地层。 ② 节理、裂隙发育，含裂隙水的岩层。 ③ 石灰岩、白云岩等可溶性岩的地层，当有充水的溶槽、溶洞或暗河等与隧道相连通时。 ④ 浅埋隧道地段，地表水可沿覆盖层的裂隙、孔洞渗透到隧道内。 (2) 隧道衬砌防水及排水设施不完善 ① 原建隧道衬砌防水、排水设施不全。 ② 混凝土衬砌施工质量差，蜂窝、孔隙、裂缝多，自身防水能力差。 ③ 防水层（内贴式、外贴式或中埋式）施工质量不良或材质耐久性差，经使用数年后失效。 ④ 混凝土的工作缝、伸缩缝、沉降缝等未做好防水处理。 ⑤ 既有排水设施，如衬砌背后的暗河、盲沟，无衬砌的辅助坑道、排水孔、暗槽等，年久失修，造成阻塞
2	防治措施	(1) 因势利导，给地下水以可排走的通道，将水迅速地排到洞外。 (2) 将流向隧道的水源截断，或尽可能使其水量减少。 (3) 堵塞衬砌背后的渗流水，集中引导排出。 (4) 合理选择防水材料，严格施工工艺

考点2　隧道衬砌病害的防治

隧道衬砌腐蚀病害

序号	项目	内容
1	原因分析	(1) 隧道衬砌物理性腐蚀 ① 冻融交替冻胀性裂损。 ② 干湿交替盐类结晶性胀损坏。 (2) 隧道衬砌化学性腐蚀 ① 硫酸盐侵蚀。 ② 镁盐侵蚀。 ③ 溶出性侵蚀（软水侵蚀）。 ④ 碳酸盐侵蚀。 ⑤ 一般酸性侵蚀
2	预防措施	(1) 坚持以排为主，排堵截并用，综合治水。 (2) 用各种耐腐蚀材料敷设在混凝土衬砌的表面，作为防蚀层。 (3) 在各种腐蚀病害较为严重的地段，除采取排水降低水压外，同时采用抗侵蚀材料作为衬砌，使防水、防蚀设施与结构合为一体。 (4) 在隧道的伸缩缝、变形缝和施工缝都设置止水带，从而达到防蚀的目的

隧道衬砌裂缝病害的防治

序号	项目	内容
1	原因分析	(1) 不均。 (2) 衬砌背后局部空洞。 (3) 衬砌厚度严重不足。 (4) 混凝土收缩。 (5) 不均匀沉降。 (6) 施工管理
2	预防措施	(1) 设计时应根据围岩级别、性状、结构等地质情况，正确选取衬砌形式及衬砌厚度，确保衬砌具有足够的承载能力。 (2) 施工过程中发现围岩地质情况有变化，与原设计不符时，应及时变更设计，使衬砌符合实际需求；欠挖必须控制在容许范围内。 (3) 钢筋保护层厚度必须保证不小于3cm，钢筋使用前应作除锈、清污处理。 (4) 混凝土强度必须符合设计要求，宜采用较大的骨灰比，降低水胶比，合理选用外加剂。 (5) 确定分段灌筑长度及浇筑速度；混凝土拆模时，内外温差不得大于20℃；加强养护，混凝土温度的变化速度不宜大于5℃/h。 (6) 衬砌背后如有可能形成水囊，应对围岩进行止水处理，根据设计施作防水隔离层。 (7) 衬砌施工时应严格按要求正确设置沉降缝、伸缩缝
3	治理措施	(1) 隧道衬砌裂缝的治理措施可总结为加强衬砌自身强度和提高围岩稳定性两种。对于隧道衬砌裂缝的治理一般会采用锚杆加固、碳纤维加固、骑缝注浆、凿槽嵌补、直接涂抹工艺中的一种或数种相结合的措施。 (2) 加强衬砌自身强度可通过对隧道衬砌结构混凝土施工材料进行加固以及通过对衬砌结构的裂缝进行碳纤维加固等措施提升结构自身的承载能力。提高围岩稳定性能够有效地保证隧道衬砌结构施工的安全性，可通过锚固注浆、深孔注浆等措施对围岩进行加固

考点3 隧道超欠挖的防治

隧道超欠挖的防治

序号	项目	内容
1	原因分析	(1) 测量放样错误或误差较大。 (2) 钻孔操作台架就位不准确。 (3) 司钻工操作不熟练。 (4) 装药量及装药结构不合理。 (5) 爆破网路连接不规范。 (6) 其他原因
2	预防措施	(1) 提高对超欠挖问题的认识。 (2) 加强施工管理。 (3) 重视钻爆设计。 (4) 注意钻爆作业工序

1B415000 交通工程

1B415010 交通安全设施

【考点图谱】

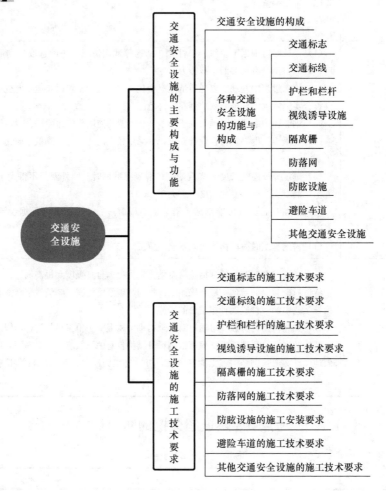

【考点精析】

考点1 交通安全设施的主要构成与功能

交通安全设施的功能与构成

序号	项目	内容
1	交通标志	（1）交通标志是用图形符号、颜色、形状和文字向交通参与者传递特定信息，用于管理交通的设施，主要起到提示、诱导、指示等作用，使道路使用者安全、快捷到达目的地，促进交通畅通。 （2）它主要包括警告标志、禁令标志、指示标志、指路标志、旅游区标志、作业区标志等主标志以及附设在主标志下的辅助标志

续表

序号	项目	内容
2	交通标线	(1) 交通标线的主要作用是传递有关道路交通的规则、警告和指引交通。 (2) 它是由施划或安装于道路上的各种线条、箭头、文字、图案、立面标记、实体标记、突起路标等构成的
3	护栏和栏杆	(1) 护栏和护栏设置应体现宽容和适度防护的理念。护栏任何部分不得侵入公路建筑限界,路侧护栏宜设置在公路土路肩内,中央分隔带护栏应与中央分隔带内的构造物、地下管线相协调。 (2) 路侧、中央分隔带内土基压实度不能满足护栏设置条件时(一般不宜小于90%),或路侧护栏立柱外侧土路肩保护层宽度小于规定宽度时,应采取加强措施
4	视线诱导设施	(1) 视线诱导设施应能对驾驶人进行有效视线诱导,其结构形式和材料应尽可能降低误驶撞上的车辆和人员的伤害。 (2) 视线诱导设施包括轮廓标、合流诱导标、线形诱导标、隧道轮廓带、警示桩、警示墩等
5	隔离栅	(1) 隔离栅是将公路用地隔离出来,防止非法侵占公路用地的设施,应能有效阻止行人、动物误入需要控制出入的公路。其材料和结构形式应适应当地的气候和环境特点。 (2) 它主要包括编织网、钢板网、焊接网、刺钢丝网、隔离墙以及常青绿篱等形式
6	防落网	(1) 防落网应包括防落物网和防落石网。 (2) 防落网应能阻止公路上的落物进入饮用水保护区、铁路、高速公路、需要控制出入的一级公路等建筑限界内,或阻止挖方路段落石进入公路建筑限界以内
7	防眩设施	(1) 防眩设施的主要作用是避免对向车辆前照灯造成的眩目影响,保证夜间行车安全。 (2) 防眩设施分为人造防眩设施和绿化防眩设施,人造防眩设施主要包括防眩板、防眩网等结构形式
8	避险车道	(1) 货运车辆失控风险较高的路段需要设置避险车道,避险车道由引道、制动床、救援车道等构成。 (2) 避险车道应设置相关的交通标志、标线、护栏、视线诱导等交通安全设施,宜设置照明、监控等管理设施
9	其他交通安全设施	其他交通安全设施包括防风栅、防雪栅、积雪标杆、限高架、减速丘、凸面镜等

考点2 交通安全设施的施工技术要求

交通安全设施的施工技术要求

序号	项目	内容
1	交通标志的施工技术要求	(1) 交通标志应按施工准备、基础施工、立柱和横梁等构件和标志板加工制作、交通标志安装等工序进行施工。 (2) 标志支撑结构应在基础混凝土强度达到设计强度的80%以上后,经监理工程师批准后安装。

续表

序号	项目	内容
1	交通标志的施工技术要求	(3) 标志板安装前应依据设计文件对交通标志基础、立柱和标志板一一进行核对。 (4) 小型交通标志可在立柱安装固定后安装标志板，门架、悬臂等交通标志宜将交通标志板安装后整体吊装。紧固件的紧固方法应符合设计要求，加劲法兰盘与底座法兰盘应水平、密合，拧紧螺栓后支柱不得倾斜。 (5) 大型标志板现场拼接时，拼缝应平顺、紧密，不大于3mm，不得影响标志中图形、文字和重要符号的视认性，板面应保持平整，不得有错台，整体强度应不低于单板。 (6) 标志架安装时应利用水平尺校正立柱竖直度，最后用扳手把螺栓均匀拧紧，用水泥砂浆对加劲法兰盘与基础之间的缝隙进行封闭。 (7) 标志板安装到位后，应调整标志板面平整度，根据设置地点公路的平、竖曲线线形调整标志板安装角度，标志板安装角度应满足设计文件要求，设计文件无要求时，应符合下列规定： (8) 路侧标志宜与公路中线垂直或成一定角度，其中，禁令和指示标志为 0°～45°；指路和警告标志为 0°～10°。 (9) 悬臂、门架或附着式支撑结构标志板面应垂直于公路行车方向，标志板面宜前倾 0°～15°
2	交通标线的施工技术要求	(1) 新铺沥青路面的交通标线施工，可在路面施工完成7日后开始；新建水泥混凝土路面的交通标线施工，应在混凝土养护膜老化起皮并清除后开始。交通标线宜在白天施工，在雨、雪、沙尘暴、强风、气温低于材料规定施工温度的天气，应暂停施工。正式施划前应在试验路段进行试划，试验路段应有代表性，长度不宜短于200m，高速公路、一级公路可按单向计算。 (2) 突起路标宜在交通标线施工完成后安装，且不得影响标线质量。应根据设计文件的要求确定突起路标的设置位置，突起路标反射体应面向行车方向。路面和突起路标底部应清洁干燥，并涂加胶粘剂。胶粘剂应通过检测单位的抗拉拔能力及抗衰老能力检测。突起路标就位后，应在其顶部施加压力，排除空气，并调整就位
3	护栏和栏杆的施工技术要求	(1) 施工安装前，应现场实地踏勘、检查前道工序。 (2) 缆索护栏、波形梁护栏的路基土压实度和混凝土护栏的地基承载力应符合设计文件的规定。立柱打入的护栏宜在水泥混凝土路面、沥青路面下面层施工完毕后施工，不得早于路面基层施工，并控制好护栏立柱高程。 (3) 混凝土护栏可在路面基层施工完毕后路面摊铺前施工。长度较长、现场条件允许时，可采用滑模施工。 (4) 桥梁护栏和栏杆应在桥梁车行道板、人行道板、混凝土铺装层施工完毕，跨中支架及脚手架拆除后桥跨处于独立支撑的状态时方能施工。混凝土桥梁护栏应在桥面的两侧对称进行施工。 (5) 中央分隔带开口护栏的端头基础和预埋基础应在路面面层施工前完成，其余部分应在路面施工后安装。缓冲设施应在路面施工后安装。 (6) 所有护栏和栏杆产品到场后，应按施工路段或产品到场批次进行抽样检查，产品质量应符合相关标准的要求。所有钢构件均应进行防腐处理。螺栓、螺母等紧固件和连接件在防腐处理后，应清理螺纹或进行离心分离处理

续表

序号	项目	内容
4	视线诱导设施的施工技术要求	(1) 视线诱导设施的外形尺寸、安装高度、线形、材质、反光性能等应符合设计文件的规定。自发光视线诱导设施的闪烁频率、使用寿命及工作条件应满足设计要求。 (2) 轮廓标安装完成后应与公路线形保持一致，安装高度宜保持一致。夜间应具有良好的反光性能，逆反射性能应符合现行《轮廓标》GB/T 24970—2020 的规定。柱式轮廓标应安装牢固，柱体表面不应有明显的划痕、气泡、裂纹及颜色不均等缺陷。附着式轮廓标应安装牢固、角度准确、高度一致。 (3) 隧道轮廓带安装完成后，其表面法线应与公路中心线垂直。隧道轮廓带应安装牢固，整体线形流畅，表面无划痕等缺陷。 (4) 示警桩、示警墩的位置应与公路线形相协调
5	隔离栅的施工技术要求	(1) 隔离栅的封闭应严密、牢固，不应出现缺口。 (2) 应与公路线形走向一致，边坡较陡的路段应进行修坡处理。 (3) 隔离栅的网面应平整、无断丝，网孔无明显倾斜。 (4) 混凝土基础尺寸和埋深、立柱的竖直度和柱间距、网面高度应符合设计文件的规定。 (5) 镀锌构件表面应均匀完整、颜色一致，表面不得有气泡、裂纹、疤痕、折叠和断面分层等缺陷。 (6) 混凝土立柱应密实、平整，无裂缝、翘曲、蜂窝、麻面等缺陷
6	防落网的施工技术要求	(1) 防落物网的封闭应严密、牢固，不应出现缺口。混凝土基础尺寸和埋深、立柱的竖直度和柱间距、网面高度 以及混凝土立柱和基础的强度等级应符合设计文件的规定。防落物网的防腐处理和防雷接地处理应符合设计文件的规定。 (2) 防落石网的地脚螺栓埋置深度、混凝土基础尺寸和埋深、立柱的竖直度和柱间距、拉锚绳、支撑绳、减压环、钢丝绳网（或环形网）及立柱和基础的强 度等级应符合设计文件的规定。防落石网的防腐处理和防雷接地处理应符合设计文件的规定
7	防眩设施的施工安装要求	(1) 防眩板及支架的材质、防腐处理、几何尺寸应符合设计要求。预埋件的设置位置、强度和腐蚀程度应符合设计要求并经过上道工序的验收。 (2) 防眩板或防眩网安装完成后，其设置路段、防眩高度、遮光角应满足设计要求。 (3) 防眩板或防眩网的整体应与公路线形协调一致，不得出现高低不平或者扭曲的外形。防眩板或防眩网应牢固安装，外观不应有划痕、颜色不均、变色等外观缺陷。防眩设施施工完成后，宜在晚间进行实地目测检查
8	避险车道的施工技术要求	(1) 避险车道的结构尺寸、排水设施应符合设计文件要求。 (2) 避险车道相关的交通标志、交通标线、护栏、视线诱导等设施的设置应符合设计文件的规定。 (3) 末端消能材料的设置位置及数量应符合设计文件的要求。 (4) 制动床的铺装集料的规格与级配、卵（砾）石等制动集料的压碎值应符合设计文件的要求

续表

序号	项目	内容
9	其他交通安全设施的施工技术要求	防风栅、防雪栅、积雪标杆、限高架、减速丘、凸面镜等其他交通安全设施的施工,应符合设计文件的要求

1B415020 监控系统

【考点图谱】

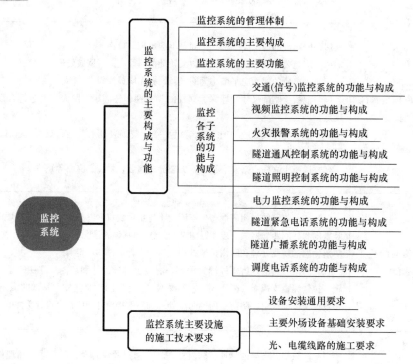

【考点精析】

考点1 监控系统的主要构成与功能

部分监控各子系统的功能与构成

序号	子系统	构成
1	交通(信号)监控系统	交通信号监控系统通常由监控分中心和监控节点(若有的话)的计算机系统、外场设备以及传输通道等组成
2	视频监控系统	视频监控系统由沿线、隧道、桥梁等地设置的遥控及固定摄像机及编码设备,传输通道以及监控分中心的视频监视、管理、存储等设备组成。监控分中心视频监控设备包括以太网交换机、视频服务器、视频存储设备、视频工作站、监视器、大屏幕拼接屏、视频解码器等

续表

序号	子系统	构成
3	火灾报警系统	(1) 火灾报警系统由人工和自动报警两个系统合成，是保障隧道安全运行系统中的一个重要子系统。 (2) 自动报警系统由洞内火灾自动检测设备、监控分中心（监控所）的火灾报警控制器以及传输通道等组成。 (3) 人工手动报警系统与自动报警系统的构成相似，通常是在隧道内每50m间距的消防洞处设一个手动报警按钮（每个按钮带地址编码），由传输通道将其连接到监控分中心（监控所）的火灾报警控制器。当人们发现隧道内有火情时，按动手动报警按钮，即可将信号传送至火灾报警控制器，并产生相应的声光告警信号和地点信号
4	隧道通风控制系统	通风控制系统由监控分中心工作站、隧道本地控制器、风机、一氧化碳/透过率检测器、风速风向检测器以及传输通道等组成
5	隧道照明控制系统	隧道照明控制子系统一般由分中心监控工作站、本地控制器、光强检测器、隧道照明设备及传输通道等构成
6	电力监控系统	由变配电所自动检测或监控装置、远程通信装置、监控分中心（所）监控计算机系统以及它们之间的传输通道构成。分中心（所）监控计算机子系统一般也是一个计算机局域网系统，其硬件构成和监控分中心（所）交通信号监控系统相似，只是应用软件和功能不同

考点2 监控系统主要设施的施工技术要求

监控系统主要设施的施工技术要求

序号	项目	内容
1	设备安装通用要求	(1) 设备开箱检查必须由业主、承包方和监理共同参加。 (2) 检查时要对其外观、型号、规格、数量、备品、备件等随机资料等做好详细记录，并签字认可。 (3) 设备安装前要划线定位，核对地面水平，保持防静电地板的完好性。 (4) 设备应按设计位置水平排列，方向正确，位置合理。 (5) 室内布缆、布线，一般均在防静电地板下平行排列，不能交叉排列，每隔0.5~1.0m绑扎一处，电力电缆和信号电缆应分槽布设。 (6) 对有静电要求的设备开箱检查、安装、插接件的插拔，必须穿防静电服或带防护腕，机架地线必须连接良好。 (7) 设备配线如为焊接式时，焊点应牢固、饱满、光滑、均匀，如为螺丝固定时，应加焊线鼻子，螺丝紧固，焊接严禁使用带腐蚀剂焊剂。 (8) 设备安装完毕后，应重点检查电源线、地线等配线正确无误，方可通电。 (9) 本机调试应先进行通电试验，然后测试相关的各项技术指标及调试软件
2	主要外场设备基础安装要求	(1) 基础采用明挖法施工。 (2) 基础一般采用C25号混凝土现场浇筑，内部配钢筋，顶面一般应预埋钢地脚螺栓。 (3) 基础的接地电阻必须≤4Ω，防雷接地电阻必须≤10Ω

1B415030 收费系统

【考点图谱】

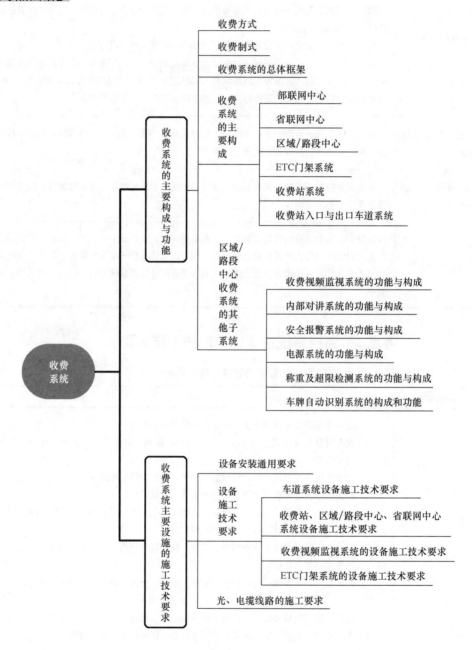

【考点精析】

考点1 收费系统的主要构成与功能

收费系统的主要构成与功能

序号	项目	内容
1	收费方式	（1）对人工收费（MTC）的车辆（以下简称：MTC车辆）采用13.56MHz与5.8GHz复合通行卡（CPC卡）作为收费通行介质，在收费站入口将车型信息准确写入CPC卡，收费站出口进行核对，辅以车牌图像识别，实现"分段计费、出口收费"。 （2）MTC车辆可以在指定的ETC安装服务处安装单片式车载单元OBU，成为ETC车辆
2	收费制式	高速公路联网收费由以前的封闭式收费调整为开放式收费，全国统一采用《收费公路车辆通行费车型分类》JT/T 489—2019标准收费，建立交通运输部路网中心与各省联网收费系统联合的运营管理机制
3	收费系统的总体框架	全国联网收费系统由收费公路联网结算管理中心（以下简称：部联网中心）、省（自治区或直辖市）联网结算管理中心（以下简称：省联网中心）、区域/路段中心、ETC门架和收费站等组成

考点2 收费系统主要设施的施工技术要求

设备施工技术要求

序号	项目	内容
1	车道系统设备施工技术要求	（1）出、入口车道设备数量、型号规格符合设计要求，部件及配件完整。 （2）车道内埋设抓拍和计数线圈的位置应为素混凝土板块，并保证没有板块接缝。 （3）ETC车道系统中，固定安装方式的RSE（路侧设备）支持户外安装，可采用路侧或者顶挂方式，宜采用顶挂安装方式，且吊装在车道正中，挂装高度不低于5.5m，通信区域宽度应可调整在3.3m范围内。ETC车道前方500m适当位置应设置预告标志和路面标记。 （4）称重及超限检测系统中，计重称台应埋设在一个板块的中心，不得设置在混凝土板块接缝处，安装后其平整度应符合车道平整度要求；车辆分离器设置位置应防止被车辆刮损；室外机柜位置不应影响收费员视线且便于维护；所有连接线缆均应穿管
2	收费站、区域/路段中心、省联网中心系统设备施工技术要求	（1）设备摆放要平稳，后部留有足够的空间散热。 （2）计算机电源线、控制线、信号线的接插头安装牢固，无漏接、错接现象。 （3）标志铭牌正确、完整、无误

续表

序号	项目	内容
3	收费视频监视系统的设备施工技术要求	(1) 设备及配件数量、型号、规格符合要求,部件完整。 (2) 设备基础混凝土表面应刮平,无损边、无掉角;机箱、立柱法兰及地脚螺栓规格符合设计要求,防腐措施得当,裸露金属基体无锈蚀。 (3) 收费广场、车道以及收费亭内摄像机安装方法、高度符合设计要求,安装牢固、端正。 (4) 车道至收费站内的传输线不允许有中间接头;电源、控制线路以及视频传输线路按规范要求连接到位
4	ETC门架系统的设备施工技术要求	(1) ETC门架系统由上、下行双方向门架组成,上、下行双方向门架宜背向错开布置,距离宜小于30m,同时离宜不过远。 (2) 省界ETC门架系统,上、下行方向可设置两个门架,同向两个门架最小间距应不小于500m。 (3) 尽量避免5.8GHz相近频点干扰。 (4) ETC门架系统前方500m处应设置预告标志和路面标记

1B415040 通信系统

【考点图谱】

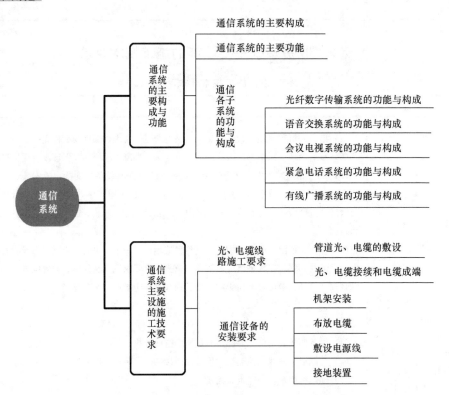

【考点精析】

考点1 通信系统的主要构成与功能

通信系统的主要构成与主要功能

序号	项目	内容
1	通信系统的主要构成	（1）高速公路通信系统主要由光纤数字传输系统、语音交换系统、会议电视系统、呼叫服务中心、紧急电话系统、有线广播系统、通信电源系统、光电缆工程及通信管道工程等组成。 （2）省高速公路通信中心的通信系统主要由光纤数字传输系统、语音交换系统、支撑网系统、会议电视系统、呼叫服务中心和通信电源系统等组成
2	通信系统的主要功能	（1）为高速公路日常运营管理、事故处理、救护、养护、收费等部门提供可靠的通信手段。 （2）为收费、监控、会议电视和管理信息（办公自动化）等系统的数据、图像和语音提供传输通道。 （3）通过呼叫服务中心、紧急电话、广播等为道路使用者提供紧急呼救求援和帮助等服务

考点2 通信系统主要设施的施工技术要求

光、电缆线路施工要求

序号	项目	子项目	内容
1	管道光、电缆的敷设	（1）一般要求	敷设管道光、电缆之前必须清刷管孔
		（2）子管敷设	① 子管采用材质合适的塑料管材。 ② 在标称内径不低于ϕ90mm的标准管孔内应一次性穿放数量不小于3孔的子管。 ③ 子管在两人（手）孔间的管道段应无接头。 ④ 子管管孔应按设计要求封堵
		（3）光、电缆敷设	① 敷设光缆时的牵引力应符合设计要求，在一般情况下不宜超过2000kN。敷设电缆时的牵引力小于电缆允许拉力的80%。 ② 敷设管道光、电缆时应以液状石蜡、滑石粉等作为润滑剂，严禁使用有机油脂。 ③ 光缆的曲率半径必须大于光缆直径的20倍，电缆的曲率半径必须大于电缆直径的15倍。 ④ 以人工方法牵引光缆时，应在井下逐段接力牵引，一次牵引长度一般不大于1000m。 ⑤ 光缆绕"8"字敷设时其内径应不小于2m。 ⑥ 光缆牵引端头根据实际情况现场制作，牵引端头与牵引索之间加入转环以防止在牵引过程中扭转、损伤光缆。 ⑦ 布放光缆时，光缆由缆盘上方放出并保持松弛弧形，敷设后的光、电缆应平直、无扭转、无明显刮痕和损伤。 ⑧ 敷设后的光、电缆应紧靠人孔壁，并以扎带绑扎于搁架上，留适当余量避免光、电缆绷得太紧，光缆在人孔内的部分采用蛇形软管或软塑料管保护。 ⑨ 按要求堵塞光、电缆管孔，光、电缆端头应做密封防潮处理，不得浸水。 ⑩ 光、电缆在每个人孔内应及时拴写光、电缆牌号

续表

序号	项目	子项目	内容
2	光、电缆接续和电缆成端	（1）光缆接续	① 光缆接续前核对光缆程式、接头位置并根据预留长度的要求留足光缆。 ② 根据光缆的端别，核对光纤、铜导线并编号作永久标记。 ③ 光纤接续宜采用熔接法，接续完成并测试合格后立即做增强保护措施。增强保护方法采用热可缩管法、套管法和Ⅴ形槽法。 ④ 光纤全部接续完成后根据光缆接头套管（盒）的不同结构，将余纤盘在光纤盘片内，盘绕方向应一致，纤盘的曲率半径应符合设计要求，接头部位平直不受力。 ⑤ 光缆加强芯的连接应根据接头盒的结构夹紧、夹牢，并能承受与光缆同样的拉力，加强芯按悬浮处理
		（2）光缆接头	① 光缆接头套管（盒）的封装，应符合下列要求：接头套管的封装按工艺要求进行；接头套管内装防潮剂和接头责任卡；若采用热可缩管，加热应均匀，热缩完毕原地冷却后才能搬动，热缩后外形美观，无烧焦等不良状况；封装完毕，测试检查接头损耗并做记录。 ② 管道光缆接头安装在人孔正上方的光缆接头盒托架上，接头余缆紧贴人孔壁或人孔搁架，盘成"O"形圈，并用扎线固定。"O"形圈的曲率半径不小于光缆直径的20倍
		（3）电缆芯线接续	① 电缆接续前，检查电缆程式、对数、检查端别，如有不符合规定者应及时返修，合格后方可进行电缆接续。 ② 电缆芯线接续不应产生混、断、地、串及接触不良，接续后保证电缆的标称对数全部合格。 ③ 配线电缆排列整齐，松紧适度，线束不交叉，接头呈椭圆形；无接续差错，芯线绝缘电阻合格
		（4）电缆成端	① 进局电缆在托架上应排放整齐，不重叠，不交叉，不上下穿越或蛇行。 ② 电缆引上转角的曲率半径应符合规定。 ③ 成端电缆接头的芯线接续，应按"一"字形接续。 ④ 配线架成端电缆必须单条依次出线，严禁一条以上的成端电缆在同一位置上同时出线，或齐头并进交错出线

通信设备的安装要求

序号	项目	内容
1	机架安装	（1）机架安装位置正确，符合施工图的平面要求。 （2）机架安装端正牢固，垂直偏差不大于3mm，相邻机架紧密靠拢，整列机面在同一平面上无凹凸现象，有利于通风散热。 （3）设备的抗震加固应符合通信设备安装抗震加固要求。 （4）机架应着力均匀，如不平整应用油毡垫实。电池体安装在铁架上时，应垫缓冲胶垫，使之牢固可靠。 （5）GPS馈线进楼之前，在尽量接近进楼点安装防雷器，防雷器应接地可靠；防雷器和馈线接头应做防水处理

续表

序号	项目	内容
2	布放电缆	(1) 布放电缆的规格程式、路由和位置应符合施工图的规定,电缆排列整齐,外皮无损伤。 (2) 设备电缆与电源线分开布设,同轴射频线缆单独布设。 (3) 电缆槽内电缆捆绑要牢固,松紧适度、紧密、顺直、端正;电缆转弯应均匀圆滑,电缆弯曲半径应大于60mm。 (4) 芯线焊接时应端正牢固、配件齐全,两端必须有明显标志,没有错接、漏接,外观平直整齐。 (5) 任何缆线与设备采用插件连接时,必须使插件免受外力的影响,保持良好的接触。 (6) 机房布线、机架间连线及各部件连线应正确无差错,接触良好,焊接光滑。不得碰地、短路、断路。严禁虚焊、漏焊
3	敷设电源线	(1) 交、直流电源的馈电电缆必须分开布设,电源电缆、信号电缆、用户电缆应分离布放,避免在同一线束内。机房直流电源线的安装路由、路数及布放位置应符合施工图的规定。 (2) 电源线的规格、熔丝的容量均应符合设计要求;电源线必须用整段线料,外皮完整,中间严禁有接头。 (3) 采用胶皮绝缘线作直流馈电线时,每对馈电线应保持平行,正负线两端应有统一的红蓝标志。 (4) 电源线与设备端子连接时,不应使端子受到机械压力。 (5) 截面在10mm^{2}以下的单芯或多芯电源线可与设备直接连接,即在电线端头制作接头圈,线头弯曲方向应与紧固螺栓、螺母的方向一致,并在导线和螺母间加装垫片,拧紧螺母。 (6) 截面在10mm^{2}以上的多股电源线应加装接线端子,其尺寸与导线线径相吻合,用压(焊)接工具压(焊)接牢固,接线端子与设备的接触部分应平整、紧固
4	接地装置	(1) 新建局站应采用联合接地装置,接地电阻值≤1Ω。接地引入线与接地体焊接牢固,焊缝处做防腐处理。扁钢作接地引入线时应涂沥青,并用麻布条缠扎,然后再在麻布条外涂沥青保护。 (2) 接地汇集装置的位置应符合设计规定,安装端正、牢固,并有明显的标志。 (3) 通信设备除做工作接地外,其机壳应做保护接地。 (4) 交、直流配电设备的机壳应从接地汇集线上引入保护接地线。 (5) 通信机房内接地线的布置方式,可采取辐射式或平面型。要求机房内所有通信设备除从接地汇集线上就近引接地线外,不得通过安装加固螺栓与建筑钢筋相碰而自然形成的电气接通。 (6) 需要接地的设备与接地汇集线之间的连接,一般采用35~95mm^{2}的多股绝缘铜线,不准使用裸导线布放。 (7) 隧道接地装置易利用隧道支护内锚杆、钢筋网等自然接地。应在隧道两侧电缆沟内分别设置一条贯穿隧道的接地干线,接地干线宜与隧道自然接地体重复接地,其重复接地间距不宜大于200m。在隧道两端洞口附近应各设置一组接地装置,有监控设施的隧道,洞口接地装置接地电阻不应大于1Ω;无监控设施的隧道,洞口接地装置接地电阻不应大于4Ω,该接地装置应与隧道内的接地干线可靠连接

1B415050 供配电及照明系统

【考点图谱】

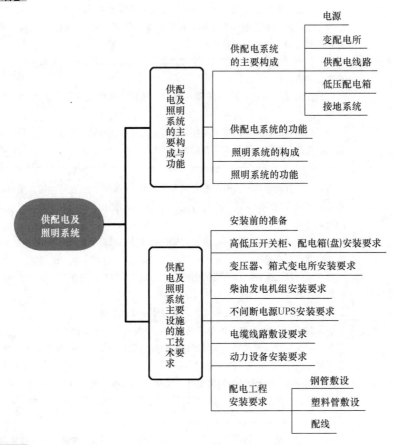

【考点精析】

考点1 供配电及照明系统的主要构成与功能

供配电系统的主要构成及功能

序号	项目	内容
1	电源	（1）公路电力供电应根据负荷性质、用电容量和工程特点，一般选用地方电网10kV可靠电源，引入公路变配电所，通过高压柜、开关、母线等组成的高压供电系统，经过变压器变压，引出380/220V低压，再经过低压柜、开关、母线、配电线路和配电箱等组成的低压配电系统，将低压电送至公路用电设备，以保证设备的正常运行。 （2）为保证监控、收费、通信、消防、应急照明等一级负荷用电，公路变配电所宜采用独立的两路10kV电源同时供电，或一路电源主用一路电源备用、单母线分段运行的供电方式。当只有一路10kV地方电源时，宜再配备具有自启动、自保护、自停机、编程方便、运行可靠的柴油发电机组作为低压备用电源，以便在一路10kV地方电源中断时，保证一级负荷和重要负荷的供电

续表

序号	项目	内容
2	变配电所	(1) 变配电所由高、低压开关柜、变压器、继电保护装置、测量、信号、控制等装置构成。 (2) 在变配电所应设有电流表、电压表、有功、无功电度表、功率因数表、功率表等测量仪表，电源线、馈出线、母线分段断路器、电力变压器等典型回路应根据多级继电保护配合需要配置电流速断、过电流、单相接地、过（低）电压、温度等继电保护装置和同期检查、备用电源自动投入、自动重合闸等安全自动装置
3	供配电线路	(1) 供配电线路按电压等级可分为 10kV 高压线路、380/220V 低压配电线路；按传输介质可分为架空电线路和电缆线路。 (2) 公路低压配电一般采用电缆线路，10kV 高压可采用架空电线路或电缆线路，一般电缆线路沿公路施工敷设较方便，但价格较高、投资大
4	低压配电箱	(1) 低压配电箱是将低压电源切换、分配给各种不同负荷设备，内设低压断路器对负荷进行过流、短路等保护。 (2) 按安装环境可分为室内型和室外型
5	接地系统	(1) 接地系统应满足人身、设备安全和设备特别是信息系统设备正常运行的要求。 (2) 低压配电系统接地的形式一般分为：TN-S 系统、TN-C 系统、TN-C-S 系统、TT 系统和 IT 系统。 (3) 在中性点直接接地的低压配电系统中，宜采用 TN 系统；如用电设备较少且分散的，采用 TN 系统确有困难，且土壤电阻率较低时可采用 TT 系统。 (4) 不同用途和不同电压的电力设备，除另有规定外，应使用一个总的接地体。交流工作接地、直流工作接地、信号接地、安全保护接地、防雷保护接地宜共用一组接地装置，其接地电阻应符合其中最小值要求

照明系统的构成和功能

序号	项目	内容
1	照明系统的构成	(1) 公路照明系统一般由低压电源线、配电箱（包括低压开关）、低压配电线、灯杆、光源和灯具组成。 (2) 照明方式可以分为一般照明、局部照明和混合照明；照明种类可以分为正常照明和应急照明
2	照明系统的功能	(1) 保证行车安全，减少交通事故。 (2) 为收费、监控、通信、服务设施及运营管理提供正常运行、维护、管理必要的工作照明和应急照明。 (3) 具有随白天、黑夜或日光照度的变化对照明进行调节控制的功能，以节约能源和降低运营费用

考点 2　供配电及照明系统主要设施的施工技术要求

供配电系统主要设施的施工技术要求

序号	项目	内容
1	高低压开关柜、配电箱（盘）安装要求	(1) 柜、盘、箱的金属柜架及基础型钢必须接地（PE）或接零（PEN）可靠。 (2) 基础型钢安装不直度和水平度应小于 1mm/m，全长应小于 5mm，位置误差及不平行度小于 5mm。 (3) 柜、箱、盘安装垂直度允许偏差为 1.5‰，相互间接缝不应大于 2mm，相邻两盘边的盘面偏差小于 1mm。

续表

序号	项目	内容
1	高低压开关柜、配电箱（盘）安装要求	（4）线间和线对地间绝缘电阻值，馈电线路必须大于 0.5MΩ，二次回路必须大于 1MΩ。 （5）带电体裸露载流部分之间或与金属体之间电气间隙应符合规范要求。 （6）柜、箱应有可靠的电击保护，柜内保护导体最小截面积 S_p 应根据电源进线相线截面积 S 决定，当 S 在 35～400mm² 时，S_p 应不小于 $S/2$，且材质与 S 相同。 （7）箱、盘安装应牢固，底边距地面为 1.5m，照明配电板底距地面不小于 1.8m
2	变压器、箱式变电所安装要求	（1）变压器的低压侧中性点、箱式变电所的 N 母线和 PE 母线直接与接地装置的接地干线连接；变压器箱体、干式变压器的支架或外壳应接地（PE）。 （2）油浸变压器运到现场后，3 个月内不能安装时，应检查油箱密封情况，做油的绝缘测试，并注以合格油。 （3）除厂家有规定外，1000kVA 以上变压器应做器身检查。 （4）变压器的交接试验应符合相关规定
3	柴油发电机组安装要求	（1）柴油发电机馈电线路连接后，两端的相序必须与原供电系统相序一致。 （2）发电机中性线（工作零线）应与接地干线直接连接。 （3）发电机组至低压配电柜馈电线路的相间、相对地间的绝缘电阻值应大于 0.5MΩ；塑料绝缘电缆线路直流耐压试验为 2.4kV，时间为 15min，泄漏电流稳定，无击穿现象。 （4）发电机的试验必须符合《建筑电气工程施工质量验收规范》GB 50303—2002 附录 A 中规定的发电机的静态和运转试验标准
4	不间断电源 UPS 安装要求	（1）不间断电源的输入、输出各级保护系统和输出的电压稳定性、波形畸变系数、频率、相位、静态开关的动作等各项技术性能指标试验调整必须符合产品技术文件要求，且符合设计文件要求。 （2）各连线的线间、线对地间绝缘电阻值应大于 0.5MΩ。 （3）不间断电源输出端的中线（N 极），必须与由接地装置直接引来的地线干线相连接，做重复接地。 （4）安装时应横平竖直，水平度、垂直度允许偏差不应大于 1.5‰。 （5）主回路与控制回路应分别穿保护管敷设；在电缆支架上平行敷设应保持 150mm 距离
5	电缆线路敷设要求	（1）直埋电缆的埋深不应小于 0.7m，敷设时应做波浪形，最小弯曲半径不得小于《电气装置安装工程电缆线路施工及验收规范》GB 50168—2006 中的规定，聚氯乙烯绝缘电力电缆为外径的 10 倍。 （2）直埋电缆的上、下部应铺以不小于 100mm 厚的软土或沙层。 （3）管道敷设时，电缆管内径与电缆外径之比不得小于 1.5。 （4）三相或单相的交流单芯电缆，不得单独穿于钢管内。 （5）金属电缆支架、电缆导管必须可靠接地（PE）或接零（PEN）。 （6）电缆在沟内敷设时，应遵循低压在下、高压在上的原则
6	动力设备安装要求	（1）动力设备的可接近裸露导体必须接地（PE）或接零（PEN）。 （2）安装应牢固，螺栓及防松零件齐全，不松动。 （3）在设备的接线盒内，裸露不同相导线间和对地最小距离应大于 8mm。 （4）电动机等绝缘电阻值应大于 0.5MΩ。 （5）电动机应试通电，可空载试运行的电动机应运转 2h，记录空载电流，检查机身和轴承的温升

配电工程安装要求

序号	项目	内容
1	钢管敷设	（1）潮湿场所和直埋于地下时应采用厚壁钢管，干燥场所应采用薄壁钢管。 （2）钢管的内壁、外壁均应做防腐处理。钢管不应有折扁和裂缝，管内应无铁屑及毛刺，切断口应平整，管口应光滑。 （3）镀锌钢管和薄壁钢管应采用螺纹连接或套管紧定螺钉连接。 （4）明配钢管或暗配镀锌钢管与盒（箱）连接应采用锁紧螺母或护套帽固定，与设备连接时，应敷设到设备的接线盒内，管口与地面的距离宜大于200mm。 （5）镀锌钢管的跨接接地线宜采用专用接地线、卡跨接
2	塑料管敷设	（1）塑料管及其配件必须由阻燃处理的材料制成，不应敷设在高温和易受机械损伤的场所。 （2）管口应平整、光滑，管与管、管与盒（箱）等器件采用插入法涂专用胶合剂连接；当采用套管连接时，套管长度宜为管外径的1.5~3倍。 （3）塑料管直埋于现浇混凝土内时，应采取防止发生机械损伤的措施，敷设时其温度不宜低于-15℃。 （4）暗配时与建筑物、构筑物表面距离不应小于15mm
3	配线	（1）导线的芯线应采用焊接、压板压接或套管连接。在配线的分支线连接处，干线不应受到支线的横向拉力。 （2）不同回路、不同电压等级和交流与直流的导线不得穿在同一根管内，同一交流回路的导线应穿于同一钢管内。 （3）同类照明的几个回路可穿入同一根管内，但管内导线总数不应多于8根

1B420000 公路工程项目施工管理

1B420010 公路工程项目施工组织与部署

【考点图谱】

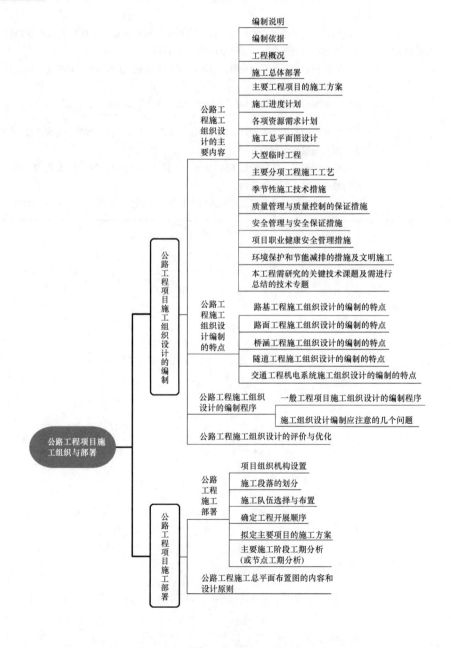

【考点精析】

考点1 公路工程项目施工组织设计的编制

公路工程项目施工组织设计的编制要点

序号	项目	内容
1	公路工程施工组织设计的主要内容	（1）编制说明。实施性施工组织设计的编制说明是对所编制的施工组织设计简略、概要的说明，其作用是使审批者和使用者能在很短的时间内迅速了解该施工组织设计的概貌。在说明中一般还应列出参与编制的人员名单。 （2）编制依据。主要包括以下内容： ① 所涉及国家和行业标准、规范和规程的名称（包括编号）。 ② 与施工组织及管理工作有关的政策规定、环境保护条例、上级部门对施工的有关规定和工期要求等。 ③ 相关文件：包括工程招标文件、工程投标书、工程设计文件和设计图纸、与业主签订的施工合同文件。 ④ 企业质量管理体系、环境管理体系和职业健康安全管理体系文件。 ⑤ 现场调查资料或报告，包括道路沿线的地形、地貌、土壤、地质、水文和气象条件；当地筑路材料、劳动力和能源的分布情况，对外交通运输；沿线村镇、居民点、厂矿企业以及其他工程建设的分布情况。 ⑥ 各种定额及概预算资料，包括概算定额、施工定额、沿线地区性定额。预算单价、工程概预算编制依据等。 （3）工程概况。主要包括以下内容： ① 工程项目的主要情况：工程性质、工程位置、工程规模、结构形式、技术标准、总工期、主要工程数量等。 ② 施工条件：地形地貌、气象、水文和地质等自然条件；资源供应情况、交通运输及水电等施工现场条件和技术经济条件。 ③ 工程施工的特点和难点分析。 ④ 合同特殊要求：如业主提供结构材料、指定分包商等。 （4）施工总体部署。 （5）主要工程项目的施工方案。 （6）施工进度计划。 （7）各项资源需求计划 根据已确定的施工进度计划，编制各项资源需求及进场计划，主要有： ① 劳动力需求计划。 ② 材料需求计划。 ③ 施工机械设备需求计划。 ④ 资金需求计划。 （8）施工总平面图设计。 （9）大型临时工程。 （10）主要分项工程施工工艺。 （11）季节性施工技术措施。工程在冬期和雨期施工时，都可能由于气候原因而造成施工技术中断。因此有必要制定季节性施工技术措施，以保证工程的质量、安全及施工的连续性。对缺水、风沙、高原、严寒、台风、潮汐等特殊地区的施工，也要根据其特殊性有针对性地制订专门的技术组织保证措施。 （12）质量管理与质量控制的保证措施。 （13）安全管理与安全保证措施。 （14）项目职业健康安全管理措施。 （15）环境保护和节能减排的措施及文明施工。 （16）本工程需研究的关键技术课题及需进行总结的技术专题

续表

序号	项目	内容
2	一般工程项目施工组织设计的编制程序	（1）对工程项目设计图纸、合同、技术规范等进行分析研究，必要时进行相关资料的收集和调研。 （2）计算施工工程数量。 （3）选择施工方案，确定施工方法。 （4）编制工程进度计划。 （5）计算人工、材料、机具需要量，编制相关计划。 （6）确定临时工程，编制水、电、气、热供应计划。 （7）设计和布置施工平面图。 （8）确定技术措施计划与计算技术经济指标。 （9）确定施工组织管理机构。 （10）编制质量、安全、环保和文明施工措施计划。 （11）编写说明书
3	施工组织设计编制应注意的几个问题	（1）编制时，必须对施工有关的技术经济条件进行广泛和充分的调查研究、收集各方面的原始资料，必须广泛地征求有关单位和群众的意见。主持编制的单位应先召开交底会，组织基层单位或分包单位参加，请建设单位、设计单位进行建设条件和设计交底；然后根据提供的条件和要求，广泛吸收技术人员的意见制订措施，在此基础上提出初稿，初稿完成后，还应讨论和审定。 （2）施工单位中标后，必须编制具有实际指导意义的标后施工组织设计。当建设工程实行总包和分包时，应由总包单位负责编制施工组织设计或者分阶段施工组织设计。分包单位在总包单位的总体部署下，负责编制分包工程的施工组织设计。施工组织设计应根据合同工期及有关的规定进行编制，并且一定要广泛征求各协作施工单位的意见。 （3）对结构复杂、施工难度大以及采用新工艺、新技术的工程项目，要进行专业性研究，必要时组织专门会议，邀请有经验的专业工程技术人员参加，确定解决问题的方案。 （4）在施工组织设计编制过程中，要充分发挥各职能部门的作用，充分利用施工企业的技术素质和管理素质，统筹安排，扬长避短，发挥施工企业的优势和水平，合理地进行工序设计和配合的程序设计。 （5）竞标性施工组织设计，在编制过程中时刻要能反映业主对工程的要求，满足业主的愿望，这样在评标时才能得到好评。 （6）当施工组织设计的初稿完成后，要组织参加编制的人员及单位进行讨论，经逐项逐条地研究修改，最终形成正式文件，送主管部门审批
4	公路工程施工组织设计的评价	（1）分析劳动力需要量图 ① 劳动力需要量图可以表明劳动力需要量与施工时间之间的关系，它是衡量施工组织设计是否合理的重要标志。 ② 在编制施工进度时，应以劳动力需要量均衡为原则，对施工进度作恰当安排和必要的调整。 （2）工程进度曲线（"S"曲线） 施工组织设计完成后，通过对"S"曲线的形状分析，可以定性分析施工组织设计中工作内容安排的合理性，并可利用"香蕉"曲线对进度进行合理安排。同时，"S"曲线还可以在工程项目实施的过程中，结合"香蕉"曲线（工程进度管理曲线）进行施工中的进度、费用控制。

续表

序号	项目	内容
4	公路工程施工组织设计的评价	(3) 分析几项技术经济指标 ① 施工周期：指某工程项目从开工到全部投产所用的时间。 ② 全员劳动生产率： 全员劳动生产率＝完成的建安工作量(元)/全体职工平均人数 ③ 劳动力不均衡系数： 即施工期高峰人数与施工期平均人数之比，接近于1为好。 ④ 综合机械化程度： 工程机械化程度＝(某工种工程利用机械完成的实物量/某工种工程完成的全部实物量)×100% 综合机械化程度＝[∑(各工种工程利用机械完成的实物量×各该工种工程人工定额工日)/∑(各工种工程完成的全部实物量×各该工种工程人工定额工日)]×100% ⑤ "四新"项次及成果评价：比较采用新技术、新工艺、新材料、新设备的项次及成果
5	公路工程施工组织设计的优化	(1) 施工方案的优化 ① 施工方案优化主要通过对施工方案的经济、技术比较，选择最优的施工方案，达到加快施工进度并能保证施工质量和施工安全，降低消耗的目的。 ② 主要包括：施工方法的优化、施工顺序的优化、施工作业组织形式的优化、施工劳动组织优化、施工机械组织优化等。 (2) 资源利用的优化 ① 资源利用的优化主要包括：物资采购与供应计划的优化、机械需要计划的优化。 ② 项目物资采购与供应计划的优化就是在工程项目建设的全过程中对项目物资供需活动进行计划，必要时需调整施工进度计划。 ③ 机械需要计划的优化就是尽量考虑如何提高机械的出勤率、完好率、利用率，充分发挥机械的生产效率

考点2 公路工程项目施工部署

公路工程施工部署

序号	项目	内容
1	项目组织机构设置	(1) 公路工程施工项目的组织机构——项目经理部，是以具体路桥施工项目为对象，以实现质量、工期、成本、安全和文明施工相统一的综合效益为目标的一次性、临时性组织机构，是施工企业派驻施工现场实施管理的权力机构，负责施工现场的全面管理工作。 (2) 公路工程施工项目经理部的组织结构模式一般有四种，即直线式、职能式、直线职能式、矩阵式。目前主要采用的组织结构模式有直线式和直线职能式，大型项目可采用矩阵式。 (3) 项目经理部一般设置工程技术部、安全管理部、材料设备部、合同经营、财务部和办公室六个职能部门，职能部门设置和人员的配备应适应工作的需要。在管理层下设置各专业作业队，即作业层，作业队下设作业班组

续表

序号	项目	内容
2	施工段落的划分	施工段落的划分应符合以下原则： (1) 为便于各段落的组织管理及相互协调，段落的划分不能过小，应适合采用现代化的施工方法和施工工艺，即采用目前市场上拥有的效率高、能保证施工质量的施工机械，保证正常的流水作业和必要的工序间隔，从而保证施工质量；也不能过大，过大起不到方便管理的作用；段落的大小应根据单位本身的技术能力、管理水平、机械设备状况结合现场情况综合考虑。 (2) 各段落之间工程量基本平衡，投入的劳力、材料、施工设备及技术力量基本一致，都能够在一个合理的（或最短的）工期内完成工程。 (3) 避免造成段落之间的施工干扰，如施工交通、施工场地、临时用地干扰等。即各段落之间应有独立的施工道路及临时用地，土石方填、挖数量基本平衡，避免或减少跨段落调配，以避免造成段落之间相互污染或损坏修建的工程及影响工效等。 (4) 工程性质相同的地段（如石方、软土段）或施工复杂难度较大而施工技术相同的地段尽可能避免化整为零，以免既影响效率，也影响质量。 (5) 保持构造物的完整性，除了特大桥之外，尽可能不肢解完整的工程构造物。例如某特大桥的施工，由于跨越长江，结合结构特点及周边环境因素，将项目分解成了北引桥工段、北主桥工段、南主桥工段和南引桥工段四个工段进行施工
3	施工队伍选择与布置	(1) 施工队伍的布置应根据项目或施工段落划分情况，结合施工作业方式进行。一般路基工程可按照工程项目来划分和布置，如土方施工队、石方施工队、涵洞、通道施工队、桥梁施工队、排水和防护工程施工队、路面基层施工队、路面面层施工队等；也可以按照专业作业方式划分，如机械土石方施工队、人工土石方施工队、砌筑工程施工队、钢筋工程施工队、模板工程施工队、混凝土浇筑工程施工队等。 (2) 对于一般大型项目其划分和施工队伍的布置常常以上述两种方法交替使用，即某一个项目中既按照专业划分若干个作业班组进行施工。如涵洞、通道施工队中又可根据涵洞、通道数量的多少划分为基础开挖、基础砌筑、模板安装、混凝土浇筑、盖板预制、盖板安装等；桥梁施工队中又可划分为基础施工、下部构造、上部构造、桥面铺装等
4	确定工程开展顺序	在确定施工开展顺序时，主要应考虑以下几点： (1) 在保证总工期的前提下，实行分期、分批施工。这样既可使各期工程迅速建成，尽早投入使用，又可在全局上实现施工的连续性和均衡性，减少临设数量，降低工程成本。至于分几期施工，各期工程包含哪些内容，则要根据工程规模和施工难易程度等情况来确定。 (2) 统筹安排各类项目施工，保证重点、兼顾其他，确保项目按期完成。要根据其重要程度及在施工生产中所处的地位进行排序。通常应优先安排的项目有： ① 按生产工艺要求，须先期投入生产或起主导作用的项目。 ② 工程量大、施工难度大、工期长的项目。 ③ 运输系统、动力系统。 ④ 公路运行需要的服务区、收费站的办公楼及部分建筑等，以便施工临时占用。 ⑤ 供施工使用的工程项目，如采砂（石）场、木材加工厂、各种构件加工厂、混凝土搅拌站等施工辅助项目；以及其他施工服务项目，如临时设施等。 注：对于工程项目中工程量小、施工难度不大、周期较短而又不急于使用的辅助项目，可以考虑与主体工程相配合，作为平衡项目穿插在主体工程的施工中进行。

续表

序号	项目	内容
4	确定工程开展顺序	(3) 所有项目施工顺序均应按照"先地下、后地上，先深、后浅，先主体、后附属，先结构、后装饰"的原则进行安排。 (4) 考虑施工的季节性影响。例如大量土方的施工，最好避开雨季；水中基础的施工，要避开洪水期；高寒地区的冬季，应停止混凝土的施工等。 注：如果是采用项目总承包模式，上述内容的第（1）点就是必须考虑的问题，而且尤为重要
5	拟定主要项目的施工方案	(1) 施工总体部署时需要拟定一些主要工程项目的施工方案。 (2) 主要工程项目通常是工程项目中工程量大、施工难度大、技术复杂、工期长，对整个项目的建成起关键性作用的建筑物（构筑物），以及全场范围内工程量大、影响全局的特殊分部分项工程。 (3) 拟定主要工程项目施工方案的目的是为工程项目开工进行技术和资源的准备，同时也是为了现场的合理布置。 (4) 施工方案的拟订包括选择施工方法、确定工艺流程、配备施工机械设备、确定需要的临时工程（临时设施）等
6	主要施工阶段工期分析（或节点工期分析）	根据拟定的施工方案，结合工程量、水文地质等条件，分析确定主要施工阶段与关键节点的工期时间，以便于进行总体工期控制

公路工程施工总平面布置图的内容和设计原则

序号	项目	内容
1	公路工程施工总平面布置图的内容	(1) 原有地形地物； (2) 沿线的生产、行政、生活等区域的规划及其设施； (3) 沿线的便道、便桥及其他临时设施； (4) 基本生产、辅助生产、服务生产设施的平面布置； (5) 安全消防设施； (6) 施工防排水临时设施； (7) 新建线路中线位置及里程或主要结构物平面位置； (8) 标出需要拆迁的建筑物； (9) 划分的施工区段； (10) 取土和弃土场位置； (11) 标出已有的公路、铁路线路方向和位置与里程及与施工项目的关系，以及因施工需要临时改移的公路的位置； (12) 控制测量的放线标桩位置
2	公路工程施工总平面布置图的设计原则	(1) 在保证施工顺利的前提下，充分利用原有地形、地物，少占农田，因地制宜，以降低工程成本； (2) 充分考虑水文、地质、气象等自然条件的影响，尤其要慎重考虑避免自然灾害（如洪水、泥石流）的措施，保护施工现场及周围生态环境； (3) 场区规划必须科学合理，应以生产流程为依据，并有利于生产的连续性； (4) 场内运输形式的选择及线路的布设，应力求使材料直达工地，尽量减少二次倒运和缩短运距； (5) 一切设施和布局，必须满足施工进度、方法、工艺流程、机械设备及科学组织生产的需要； (6) 必须符合安全生产、环保、消防和文明施工的规定和要求

1B420020　公路工程进度控制

【考点图谱】

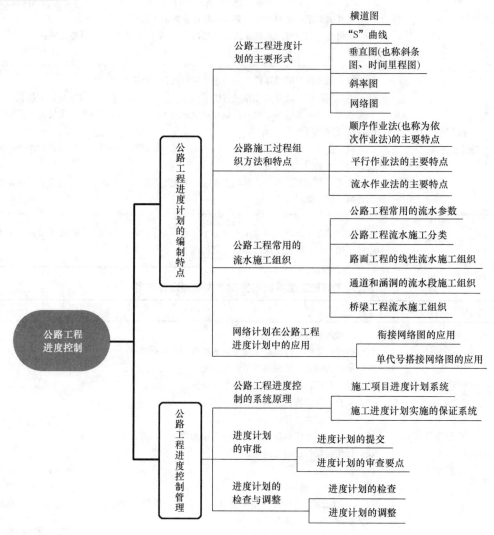

【考点精析】

考点1　公路工程进度计划的编制特点

序号	项目	内容
1	公路工程进度计划的主要形式	(1) 横道图。 (2) "S"曲线。 (3) 垂直图（也称斜条图、时间里程图）。 (4) 斜率图。 (5) 网络图

续表

序号	项目	内容
2	公路施工过程组织方法和特点	(1) 顺序作业法（也称为依次作业法）的主要特点 ① 没有充分利用工作面进行施工，（总）工期较长。 ② 每天投入施工的劳动力、材料和机具的数量比较少，有利于资源供应的组织工作。 ③ 施工现场的组织、管理比较简单。 ④ 不强调分工协作，若由一个作业队完成全部施工任务，不能实现专业化生产，不利于提高劳动生产率；若按工艺专业化原则成立专业作业队（班组），各专业队是间歇作业，不能连续作业，材料供应也是间歇供应，劳动力和材料的使用可能不均衡。 (2) 平行作业法的主要特点 ① 充分利用工作面进行施工，（总）工期较短。 ② 每天同时投入施工的劳动力、材料和机具数量较大，材料供应特别集中，所需作业班组很多，影响资源供应的组织工作。 ③ 如果各工作面之间需共用某种资源时，施工现场的组织管理比较复杂、协调工作量大。 ④ 不强调分工协作，各作业单位都是间歇作业，此点与顺序作业法相同。 注：这种方法的实质是用增加资源的方法来达到缩短（总）工期的目的，一般适用于需要突击性施工时施工作业的组织。 (3) 流水作业法的主要特点 ① 必须按工艺专业化原则成立专业作业队（班组），实现专业化生产，有利于提高劳动生产率，保证工程质量。 ② 专业化作业队能够连续作业，相邻作业队的施工时间能最大限度地搭接。 ③ 尽可能地利用工作面进行施工，工期比较短。 ④ 每天投入的资源量较为均衡，有利于资源供应的组织工作。 ⑤ 需要较强的组织管理能力。 注：这种方法可以科学地利用工作面，实现不同专业作业队之间的平行施工
3	公路工程常用的流水施工组织	(1) 公路工程常用的流水参数 ① 工艺参数：施工过程数 n（工序个数），流水强度 V。 ② 空间参数：工作面 A、施工段 m、施工层。 ③ 时间参数：流水节拍 t、流水步距 K、技术间歇 Z、组织间歇、搭接时间。 (2) 公路工程流水施工分类 ①按节拍的流水施工分类 A. 有节拍（有节奏）流水：等节拍（等节奏）流水，所有的流水节拍相同且流水步距=流水节拍，是理想的流水施工；异节拍（异节奏）流水，可进一步分为成倍流水（等步距异节拍）和分别流水（异步距异节拍）。 B. 无节拍（无节奏）流水：流水节拍一般不相同，用累加数列错位相减取大差的方法求流水步距。 ②按施工段在空间分布形式的流水施工分类：流水段法流水施工；流水线法流水施工

考点 2　公路工程进度控制管理

进度计划的审批

序号	项目	内容
1	进度计划的提交	(1) 总体性进度计划 在中标通知书发出后合同规定的时间内，承包人应向监理工程师书面提交以下文件：一份详细和格式符合要求的工程总体进度计划及必要的各项关键工程的进度计划；一份有关全部支付的现金流动估算；一份有关施工方案和施工方法的总说明（即通过施工组织设计提出）。

续表

序号	项目	内容
1	进度计划的提交	(2) 阶段性进度计划 在将要开工以前或在开工以后合理的时间内，承包人应向监理工程师提交以下文件：年、月（季）度进度计划及现金流动估算和分项（或分部）工程的进度计划
2	进度计划的审查要点	(1) 工期和时间安排的合理性 ① 施工总工期的安排应符合合同工期。 ② 各施工阶段或单位工程（包括分部、分项工程）的施工顺序和时间安排与材料和设备的进场计划相协调。 ③ 易受冰冻、低温、炎热、雨季等气候影响的工程应安排在适宜的时间，并应采取有效的预防和保护措施。 ④ 对动员、清场、假日及天气影响的时间，应充分考虑并留有余地。 (2) 施工准备的可靠性 ① 所需主要材料和设备的运送日期已有保证。 ② 主要骨干人员及施工队伍的进场日期已经落实。 ③ 施工测量、材料检查及标准试验的工作已经安排。 ④ 驻地建设、进场道路及供电、供水等已经解决或已有可靠的解决方案。 (3) 计划目标与施工能力的适应性 ① 各阶段或单位工程计划完成的工程量及投资额应与设备和人力实际状况相适应。 ② 各项施工方案和施工方法应与施工经验和技术水平相适应。 ③ 关键线路上的施工力量安排应与非关键线路上的施工力量安排相适应

进度计划的检查

序号	项目	内容
1	公路工程项目进度检查的内容	(1) 工作量的完成情况。 (2) 工作时间的执行情况。 (3) 资源使用及进度的互配情况。 (4) 上次检查提出问题的处理情况
2	进度计划检查的方式	(1) 项目部定期地收集由承包单位提交的有关进度报表资料。 (2) 由驻地监理人员现场跟踪检查公路工程的实际进展情况。 (3) 由监理工程师定期组织现场施工负责人召开现场会议。 (4) 上次检查提出问题的处理情况
3	进度计划检查的方法	(1) 横道图比较法。 (2) "S" 形曲线比较法。 (3) "香蕉" 形曲线比较法。 (4) 公路工程进度表（横道图法与"S"曲线法的结合）。 (5) 前锋线比较法。 (6) 一般网络图（无时标）进度检查的割线法——完工时点计算法

进度计划的调整

序号	项目	内容
1	改变某些工作间的逻辑关系	当工程项目实施中产生的进度偏差影响到总工期，且有关工作的逻辑关系允许改变时，可以改变关键工作或超过计划工期的原非关键工作（即新关键工作）之间的逻辑关系，达到缩短工期的目的
2	缩短某些工作的持续时间	这种方法是不改变工程项目中各项工作之间的逻辑关系，而通过采取增加资源投入、提高劳动效率等措施来缩短某些工作的持续时间，使工程进度加快，以保证按计划工期完成该工程项目

1B420030 公路工程项目技术管理

【考点图谱】

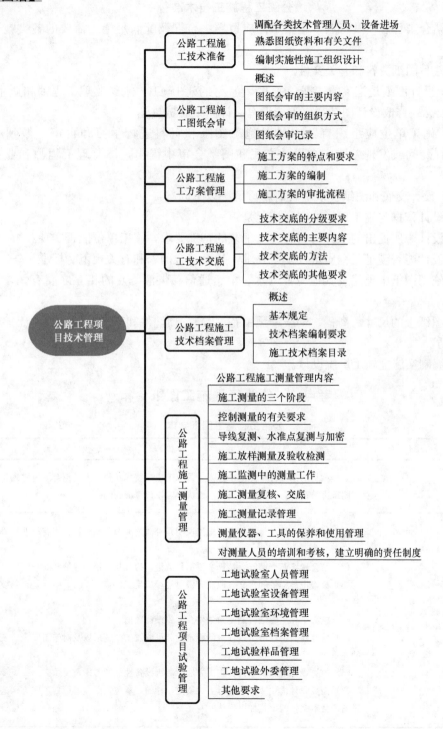

【考点精析】

考点1　公路工程施工技术准备

公路工程施工技术准备

1. 结合工程规模及特点，施工单位应遵照主合同调配满足施工需要的各类技术管理人员。

2. 熟悉图纸资料和有关文件

(1) 设计图纸是施工的依据，施工单位必须按图施工，未经监理工程师和业主同意，施工单位无权修改设计图纸，更不能没有设计图纸就擅自施工。

(2) 施工单位应组织有关人员对施工图纸和资料进行学习和自审，做到心中有数，如有疑问或发现差错应在设计交底和图纸会审中提出，请监理工程师和业主协调解决。

(3) 设计交底和图纸会审中，需着重解决以下问题：

① 设计依据与施工现场的实际情况是否一致。

② 设计中所提出的工程材料、施工工艺的特殊要求，施工单位能否实现和解决。

③ 设计能否满足工程质量及安全要求，是否符合国家和有关规范、标准。

④ 施工图纸中土建及其他专业（水、电、通信、供油等）的相互之间有无矛盾，图纸及说明是否齐全。

⑤ 图纸上的尺寸、高程、轴线、预留孔（洞）、预埋件和工程量的计算有无差错、遗漏和矛盾。

3. 编制实施性施工组织设计。

考点2　公路工程施工图纸会审

公路工程施工图纸会审

序号	项目	内容
1	概述	工程项目的图纸会审先由承包人项目总工组织技术及相关人员结合现场踏勘情况对施工图纸进行初审，并向驻地监理书面提出需设计澄清的问题
2	图纸会审的主要内容	(1) 核对图纸数量是否齐全，施工说明是否清楚准确、是否符合现有行业标准或规范要求。 (2) 结合现场调查情况，核算主要工程数量，检查其中错漏碰缺。 (3) 核查设计提供的水文、地质等资料是否满足工程施工需求，明确是否需要进一步补充。 (4) 核算工程主要结构的受力条件及主要设计数据。 (5) 核算建筑物在施工过程中的稳定性和可能发生的变形以及对施工安全、变形观测的要求。 (6) 核算设计对施工条件、施工方法和船机设备性能的考虑及要求。 (7) 需要设计优化或计划进行重大变更设计的，承包人要提前策划，多方沟通，并通过图纸会审文件的形式加以确认

续表

序号	项目	内容
3	图纸会审的组织方式	(1) 施工单位应熟悉施工图纸，充分了解本工程项目的设计内容、要求和技术标准，明确工艺流程。项目总工组织各专业技术管理人员认真核对施工图，提出需要澄清、解决和协调的问题，以书面形式报送监理单位并抄报业主，由监理或业主联系设计单位安排图纸会审。 (2) 施工过程中分阶段提供的设计图或设计变更，也应及时复核、会审
4	图纸会审记录	(1) 图纸会审组织者应做好详细会审记录。图纸会审记录上应填写单位工程名称、建设单位、设计单位和主持单位及参加审核人员名单等。对会审提出的问题，凡是设计单位变更修改的，应在会审记录"解决意见"栏内填写清楚。 (2) 图纸未经过会审不得施工

考点3 公路工程施工方案管理

施工方案的编制

序号	项目	内容
1	编制原则	(1) 应遵守国家和地方政府的有关法律法规，符合国家现行的技术规范和标准。海外工程应符合所在国的法律法规、技术规范和标准。 (2) 优先采用经过论证的四新技术。 (3) 坚持"谁施工、谁编制、谁负责"的原则。 (4) 主要施工方案在制定过程中要进行充分的方案比选，以保证施工方案的先进性、经济合理性。要特别重视结构计算、临时工程设计等工作。各种主要施工方案比选资料、结构计算、临时工程设计等资料应作为附件留存，上报审批时应同时报送
2	施工方案编制内容	(1) 编制依据：设计资料、相关规范和标准等。 (2) 工程概况：结合专项施工技术涉及的地质条件、地理环境、交通、水电和施工交叉情况，着重介绍与专项施工技术方案有关的内容。 (3) 工艺流程及操作要点、关键技术参数与技术措施等。确定工艺程序，编制详细的施工工艺流程图，写明各工序的工艺要点及详细的质量标准、检验方法和频率。 (4) 施工技术方案设计图。设计图包括施工总体布置；工程结构构件及临时设施安装图、移动路线图；关键构（部）件细部图、连接结构图；材料数量表；组装、连接要求；图纸说明。设计图纸要求：按照制图规范执行，内容全面，标注和说明清楚，能满足实施要求；设计图纸中要明确临时设施和安全防护设施；绘制、审核、批准均应书面签名。 (5) 技术方案的主要有关计算书。包括编制依据：相关设计规范、设计手册、设计计算软件等；各工况受力计算分析及工况受力图。对于重大临时设施设计委外设计计算的，受托单位应具有相应资质，要有计算人、审核人签字，并加盖受托计算单位公章。要有计算结论，注意事项和建议。 (6) 安全、环保、质量保证、文物保护及文明施工措施。 (7) 预案措施：危险性较大的分部分项工程安全专项施工方案编制应符合相关法规的要求

施工方案的审批流程

序号	项目	内容
1	施工方案编制、审核和审批	(1) 对于一般施工方案,应由施工单位或项目专业工程师编制,项目技术部门组织审核,由项目技术负责人审批。 (2) 对于重大施工方案,应由项目技术负责人组织编制,施工单位技术管理部门组织审核,必要时组织相关专家进行论证,由施工单位技术负责人进行审批
2	方案会审的具体要点	(1) 施工方案编制的依据是否符合要求。 (2) 施工方案是否符合有关法规要求。 (3) 审查施工方案中的计算书。 (4) 审查一些采用四新技术的内容。 (5) 施工方案中的资源需求情况。 (6) 审查各项管理目标是否符合总体要求
3	专家论证	专家论证会应当由施工单位组织召开,实行施工总承包的,由施工总承包单位组织召开。专家论证主要内容为: (1) 专项方案内容是否完整、可行。 (2) 专项方案计算书和验算依据是否符合有关标准规范。 (3) 安全施工的基本条件是否满足现场实际情况

考点4 公路工程施工技术交底

公路工程施工技术交底

序号	项目	内容
1	技术交底的分级要求	施工技术交底必须在相应工程内容施工前分级进行: (1) 第一级:项目总工向项目各部门负责人及全体技术人员进行交底。 (2) 第二级:项目技术部门负责人或各分部分项工程主管工程师向现场技术人员和班组长进行交底。 (3) 第三级:现场技术员负责向班组全体作业人员进行技术交底
2	技术交底的主要内容	(1) 第一级交底主要内容为实施性施工组织设计、技术策划、总体施工方案、重大施工方案等。包括合同文件中规定使用的有关技术规范、监理办法及总工期;设计文件、施工图纸的说明和施工特点以及试验工程项目的施工技术标准、采用的工艺;施工技术方案、工程的重难点、施工主要使用的材料标准和要求,主要施工设备的能力要求和配置;主要危险源、质量保证措施、安全技术措施、季节性施工措施以及有关"四新技术"要求等。 (2) 第二级交底主要内容为分部分项工程施工方案等。包括施工详图和加工图;试验参数及配合比;测量放样桩、测量控制网、监控量测等;爆破设计;施工方案实施的具体措施及施工方法;交叉作业的协作及注意事项;施工质量标准及检验方法;重大危险源的应急救援措施;成品保护方法及措施;施工注意事项等。 (3) 第三级交底主要内容为分部分项工程的施工工序等。包括作业标准、施工规范及验收标准,工程质量要求;施工工艺流程及施工先后顺序;施工工艺细则、操作要点及质量标准;质量问题预防及注意事项;施工技术措施和安全技术措施;重大危险源、出现紧急情况下的应急救援措施、紧急逃生措施等

续表

序号	项目	内容
3	技术交底的方法	（1）施工技术交底以书面的形式进行，可采取讲课、现场讲解或模拟演示的方法。 （2）负责第一级交底的项目总工在交底前应按照交底内容写出书面材料，交底后应由接受交底的人员履行签字手续。 （3）负责第二和第三级交底的交底人员在交底前应写出书面材料，并经项目总工审核，交底后应由接受交底的人员签认。 （4）技术交底应留存记录。第三级交底要尽量简洁明了、具有可操作性
4	技术交底的其他要求	（1）技术交底应严格执行合同要求，不得任意修改、删减或降低工程标准。技术交底应按优先次序满足合同要求（含合同技术条件、施工图纸等）、国家有关标准、行业标准、企业标准，以及由此衍生出来的规范、规程等。 （2）如施工方案、工艺和技术措施等前提情况发生变化，应及时对交底内容作补充修改。 （3）技术交底应根据工程特点、施工条件（水文、气候、资源等）等情况，突出重点，有的放矢，内容全面，具有针对性和可操作性，不流于形式。 （4）对于技术难度大、采用四新技术的关键工序，对特殊隐蔽工程和质量事故、工伤事故多发易发工程部位及影响制约工程进度的关键环节，应重点交底，并明确所采取的技术措施和防范对策。 （5）技术交底材料应字迹清晰、层次分明、内容完整，建立台账并存档。 （6）项目技术主管部门应及时对技术交底及执行情况进行检查，对现场施工出现与技术交底有偏差时，应立即下达整改通知书，对整改情况进行检查，并留有检查记录。 （7）施工人员应按交底要求施工，不得擅自变更施工方法和质量标准

考点5　公路工程施工技术档案管理

公路工程施工技术档案管理要点

序号	项目	内容
1	基本规定	（1）工程资料应实行分级管理，分别由建设、监理、施工单位主管负责人组织本单位工程资料的全过程管理工作。 （2）工程资料应真实、准确、齐全，与工程实际相符合，对工程资料不得进行涂改、伪造、随意抽撤或损毁等。 （3）工程资料应为原件，应随工程进度同步收集、整理并按规定移交。 （4）施工合同中应对施工资料的编制要求和移交期限作出明确规定：施工资料应有监理单位或者建设单位的签字。 （5）施工资料应由施工单位编制，均按相关规范规定进行编制和保存。总承包项目由总包单位负责汇集，并整理所有有关施工资料，分包单位应主动向总包单位移交有关施工资料
2	技术档案编制要求	（1）项目部应设专人负责施工资料管理工作。实行主管负责人责任制，建立施工资料员岗位责任制。 （2）在对施工资料全面收集基础上，进行系统管理、科学分类和有序排列。分类应符合技术档案本身的自然形成纪律。

续表

序号	项目	内容
2	技术档案编制要求	(3) 工程施工资料一般按工程项目分类,使同一项工程的资料都集中在一起,这样能够反映该项目工程的全貌。而每一类下,又可按专业分为若干类。施工资料的目录编制,应通过一定形式,按照一定要求,总结整理成果,揭示资料的内容和它们之间的联系,便于检索。 (4) 工程资料应采用耐久性强的书写材料,纸张应采用能够长期保存的韧力大、耐久性强的纸张。 (5) 工程资料应字迹清楚,图样清晰,图表整洁、签字盖章手续齐全。 (6) 工程资料中文字材料幅面尺寸规格宜为 A4 幅面。图纸宜采用国家标准图幅。 (7) 利用施工图改竣工图,必须标明变更修改的依据;凡施工图结构、工艺、平面布置等有重大改变,或变更部分超过图面 1/3 的,应当重新绘制竣工图。所有竣工图应加盖竣工图章

考点6 公路工程施工测量管理

公路工程施工测量管理要点

序号	项目	内容
1	基本原则	(1) 在测量布局上,应遵循"由整体到局部"的原则。 (2) 在测量精度上,应遵循"由高级到低级"的原则。 (3) 在测量次序上,应遵循"先控制后碎部"的原则。 (4) 在测量过程中,应遵循"随时检查,杜绝错误""前一步工作未作复核不进行下一步工作"的原则
2	施工测量的三个阶段	(1) 开工准备阶段测量包括:交接桩、设计控制桩贯通复测、施工控制网建立、地形地貌复核测量。 (2) 施工阶段测量包括:施工放样测量、工序检查测量、施工控制网复测、沉降位移变形观测及安全监控测量。 (3) 竣工阶段测量包括:竣工贯通测量和工点竣工测量
3	导线复测、水准点复测与加密	(1) 设计控制桩交接 由建设单位组织,监理单位参加,设计单位对施工单位进行现场交接桩工作,对设计平面控制桩和高程控制桩等逐一进行现场确认验收,做好交接签认记录,并进行必要的桩位保护。 (2) 设计控制桩贯通复测 根据设计控制桩的精度等级要求,编制平面、高程控制点施工复测方案,控制点加密测量方案,对设计平面控制桩及高程控制桩进行贯通复测,对丢失或损坏的控制桩点进行补设(或由设计补设),并与相临标段的设计控制桩进行联测(不少于两个桩点),当复测成果与设计不相符时,应及时与设计沟通解决。完成后编制复测成果报告书,经监理、设计签字确认后使用。 (3) 导线、水准点的复测、加密 根据施工测量的需要,确定在设计控制网点的基础上进行加密或重新布设测量控制网点,相邻加密桩点保证通视且间距不宜超过 300m

续表

序号	项目	内容
4	施工放样测量及验收检测	(1) 施工放样测量 施工放样测量是指在工序开始前进行定位测量、定位桩的护桩测量、施工放样及高程测量等工作,对影响施工的定位桩应设置外移桩。定位坐标桩与标高桩应尽量做到一桩两用。在工点开工前,项目部测量组要充分熟悉设计资料,利用控制网点设置施工用桩。 (2) 工序检查测量 工序检查测量是在工序作业过程中和作业完成后进行的位置、标高和尺寸检查测量,是对施工放样测量及施工偏差的复核,并为本道工序或下道工序提供修正的依据。 (3) 竣工测量 ① 竣工贯通测量主要任务是线路中线贯通测量、路基竣工测量、横断面竣工测量、桥涵竣工测量,对施工过程测量控制做出评价。埋设永久性基桩并按规定设置护桩,提交路线曲线表,断链表,中线基桩表,统一里程与施工里程对照表等,并提供编制竣工文件所需的测量数据。 ② 对各工点工程进行中线、各部尺寸、标高逐一测量并与设计对照,完成工点竣工测量工作
5	施工测量复核	(1) 贯通测量及控制网测量不得少于两遍,并进行换手测量,测量成果必须经项目总工审核、监理工程师复核确认方可采用。 (2) 特大桥、大桥、隧道、线路曲线要素等重要工点,定位坐标及主要控制标高等测量内业准备计算资料必须采用不同方法进行计算核对,且经项目总工审核后方可用于现场测量。其他工程定位及标高测量内业计算资料必须经过测量负责人审核后方可用于现场测量。 (3) 所有施工放样测量必须进行换手复核测量。施工定位复核测量时,必须采用控制网不同的导线边。水准测量必须从一个水准点出发,完成测量后,至另一个水准点进行闭合。 (4) 现场测量数据处理计算资料必须换人复核。测量技术交底资料,必须由测量负责人和分管的主管工程师复核,工程技术部长审核后方可进行现场交底
6	施工测量交底	(1) 施工测量控制网的布设、复测及大型主体结构物的精确定位实测方法由项目总工组织、向测量人员及工程技术部人员进行技术交底。 (2) 一般工程测量的技术准备资料及施测方法等由项目部测量负责人向测量队(组)技术人员进行交底,并明确测量责任分工。 (3) 所有用于现场测量或施工的测量成果必须进行书面交底,同时进行现场交底确认,并形成书面交底签认记录
7	施工测量记录管理	(1) 现场测量必须使用施工企业统一下发的测量记录簿记录。使用具有数据存贮的测量仪器测量时仍需采用记录簿进行记录及计算。 (2) 测量记录簿应结合工程实际情况分册管理。一般贯通复测、控制网建立和复测、竣工测量等综合性测量建立一个记录簿,其余按照单位工程分别建立记录簿。 (3) 测量记录在任何情况下不得填写与测量无关的事项,不得缺页或补页。记录数据出错时,可用单横线作划掉标记后在其上方重写,不得进行涂改、撕页

续表

序号	项目	内容
8	测量仪器、工具的保养和使用管理	(1) 测量仪器、工具必须存放专用柜架或专门的存贮间。存放环境符合仪器存放要求。测量仪器、工具由专人保管和保养，建立相关台账，确保仪器正常使用。 (2) 测量仪器使用人员必须熟悉仪器性能和操作规程，并经培训合格后方可使用。仪器在使用中应配备防雨、防晒设施，严禁日晒雨淋。用完后必须擦拭干净再装箱存放。 (3) 测量仪器应按规定定期由国家规定的检测部门进行检定，检定证书归档存放，并建立台账备案。新调入的测量仪器和配套器具必须进行校验检定后方可使用。 (4) 精密光电测距仪、全站仪、电子水准仪、GPS 等仪器使用时，必须按操作规程执行。测量仪器出现故障不得自行拆卸，应立即送厂家的专业维修站进行检修。 (5) 仪器所在测站在任何情况下均不得离人，测量人员短时离开时必须交给其他测量人员看管。仪器箱必须慢拿轻放，并在任何情况下不得作其他用途
9	对测量人员的培训和考核，建立明确的责任制度	(1) 施工企业和项目部需制定计划对测量人员进行培训，培训内容包括平面、高程控制网的测设，控制网测量数据平差、坐标计算、施工放样及仪器使用等内容，并对培训人员进行考核，考核合格后方可独立进行施工测量工作。 (2) 项目部应建立施工测量管理制度，明确职责，落实责任，建立有效的测量管控体系

施工监测中的测量工作

序号	项目	内容
1	高填深挖路基监测测量工作内容	(1) 高填方路基监测 ① 稳定性监测：对路基原地表沉降、边桩位移测量。 ② 沉降量监测：对中桩、路肩、平台、坡脚等沉降量观测。 ③ 地表水平位移量监测。 ④ 挡墙位移监测：观测点埋设在挡墙顶面。 (2) 深挖路堑监测 ① 边坡变形观测：变形观测墩埋设于断面边坡坡口线外 2m。 ② 施工安全监测：监测点埋设于各级开挖平台坡脚处
2	深基坑监测测量工作内容	(1) 深基坑监测项目应根据基坑工程监测等级、支护结构特点、施工工艺以及变形控制要求有针对性地确定。 (2) 开挖阶段深基坑监测中的测量工作一般包括：顶部水平位移、顶部沉降观测、立柱垂直位移、邻近建（构）筑物沉降；邻近地下管线水平及竖向位移
3	监测实施	(1) 监控量测方案经审批后方可实施。 (2) 委托第三方监测单位实施监控量测时，应设专人负责管理

考点 7　公路工程项目试验管理

公路工程项目试验管理要点

序号	项目	内容
1	工地试验室人员管理	(1) 工地试验室应加强试验检测人员考勤管理，确保日常工作有效开展。 (2) 工地试验室应保持试验检测人员相对稳定，因特殊情况确需变动的，应由母体检测机构报经建设单位同意，并向项目质监机构备案。

续表

序号	项目	内容
1	工地试验室人员管理	（3）工地试验室应将试验检测人员的姓名、岗位、照片等信息予以公开。试验检测人员进行作业时应统一着装并挂牌上岗。 （4）工地试验室应重视试验检测人员劳动保护工作。试验检测人员在进行有毒、有腐蚀性、有强噪声等试验操作时，必须按要求佩戴相应的防护用具。 （5）工地试验室应制定全员学习培训计划，定期或不定期地组织学习有关政策、质量体系文件、标准规范规程以及试验检测操作技能、职业素养等知识，不断提高试验检测人员综合能力和水平。 （6）工地试验室应按照规定及时对试验检测人员进行年度信用评价
2	工地试验室设备管理	（1）工地试验室应制定仪器设备管理制度，一般应包括采购、验收、检定/校准、使用维护、故障处理、核实降级与质量处理、仪器设备档案管理等制度。 （2）仪器设备经检定/校准或功能检验合格后方可投入使用。工地试验室应编制仪器设备的检定/校准计划，通过检定/校准和功能检验等方式对仪器设备进行量值溯源管理。 （3）仪器设备在检定/校准周期内如存在修理、搬运、移动等情况，应重新进行检定/校准。对于性能不稳定、使用频率高和进行现场检测的仪器设备，以及在恶劣环境下使用的仪器设备应进行期间核查。 （4）仪器设备应实施标识管理，分为管理状态标识和使用状态标识：管理状态标识包括设备名称、编号、生产厂商、型号、操作人员和保管人员等信息；使用状态标识分为"合格""准用""停用"三种，分别用"绿""黄""红"三色标签进行标识。 （5）在使用仪器设备过程中，相关人员应注意人身和设备安全，使用完毕应切断电源、清扫现场，保持仪器设备的清洁。使用仪器设备时应按要求填写使用记录。 （6）仪器设备应定期进行维护和保养，并按要求填写维护保养记录。 （7）化学试剂（危险品）存放地点应按有关规定设置，并严格管理。 （8）办公设备和交通工具应加强日常管理和维护，确保使用状态良好
3	工地试验室环境管理	（1）工地试验室应保持室内外环境干净、整洁，日常清扫及检查工作应落实到人。 （2）工地试验室产生的废水、废气、废渣应安全排放。试验废水应经沉淀后方能排放，化学废液应进行中和处理后方能排放。试验固体废弃物应集中存放，定期清理到指定位置，不得随意摆放、丢弃。 （3）工地试验室的消防设施应有专人管理，并定期对灭火器材进行检查，始终保持有效
4	工地试验室档案管理	（1）工地试验室应对相关资料分类建档，便于管理和查询。档案资料应及时填写、整理和归档。 （2）人员档案应一人一档，内容包括个人简历、身份证件、毕业证、职称证、资格证、劳动合同、任职文件、培训和考核记录等。 （3）设备档案一般应按一台一档建立，对于同类型的多个小型仪器设备可集中建立一套档案，但每个仪器均应进行唯一性编号。设备档案包括设备履历表、出厂合格证、产品说明书、历次检定/校准证书或记录、维修保养记录、使用记录等内容。 （4）试验检测台账分为管理和技术台账。管理台账一般包括人员、设备、标准规范等台账；技术台账一般包括原材料进场台账、样品台账、试验/检测台账、不合格材料台账、外委试验台账等。台账应格式统一、简洁适用、信息齐全，台账的填写和统计应及时、规范。

续表

序号	项目	内容
4	工地试验室档案管理	（5）试验检测数据报告的格式和要素、记录表和报告的编制应符合《公路试验检测数据报告编制导则》JT/T 828－2012要求。试验记录一律用蓝、黑色钢笔或签字笔书写，字迹应清晰、工整，试验报告结论表述应规范、准确。 （6）工地试验室应根据工程内容配齐试验检测工作所需的标准、规范和规程，并进行控制管理；及时进行查新更新，确保在用标准规范有效。 （7）工地试验室应注意收集隐蔽工程、关键部位的工程质量检验图片及影像资料，及时整理归档。 （8）工地试验室应按相关要求做好文件的收发、登记和流转工作
5	工地试验样品管理	（1）工地试验室应制订样品管理制度，对样品的取样、运输、标识、存储、留样及处置等全过程实施严格的控制和管理。 （2）样品的取样方法、数量应符合规范、规程要求，满足试验过程需要。如有必要，在取样的同时要保留满足复验需要的样品。取样应具有代表性，并有相应记录。 （3）样品应进行唯一性标识，确保在流转过程中不发生混淆且具有可追溯性。样品标识信息应完整、规范。样品在流转过程中应标明流转状态。 （4）试验结束后，如无异议，工地试验室应按有关规定对试验样品进行处置，处置过程应符合安全和环保要求。如需留样，样品的留存方法、数量和期限等应符合有关规定，留存样品应有留样记录
6	工地试验外委管理	（1）工地试验室应加强外委试验管理，超出母体检测机构授权范围的试验检测项目和参数应进行外委，外委试验应向项目建设单位报备。 （2）接受外委试验的检测机构应取得《公路水运工程试验检测机构等级证书》（含相应参数）、通过计量认证（含相应参数）且上年度信用等级为B级及以上。工地试验室应将接受外委试验的检测机构的有关证书复印件存档备查。 （3）外委试验取样、送样过程应进行见证。工地试验室应对外委试验结果进行确认。 （4）工程建设项目的同一合同段中的施工、监理单位和检测机构不得将外委试验委托给同一家检测机构
7	其他要求	（1）工地试验室应加强质量控制和管理，确保工地试验检测活动规范有效，试验检测数据客观准确。严禁编造虚假数据、记录和报告，严禁代签试验检测报告。 （2）工地试验室应按有关规范和合同文件规定的频率开展试验检测工作。 （3）试验检测操作应严格按照试验检测规程进行。试验检测所需的环境条件应满足有关标准、规范和规程要求。 （4）工地试验室应加强岗位技术培训，积极参加项目质监机构、建设单位组织的能力验证等活动，持续提高业务技能。 （5）工地试验室应重视试验检测信息化建设。鼓励质监机构或项目建设单位构建统一的试验检测信息化管理平台，平台建设应考虑运用数据资源共享、遏制数据造假、远程监控等功能。 （6）母体检测机构应定期对授权工地试验室进行检查指导，确保授权工作规范有效，检查过程应有记录，检查结果应有落实和反馈，在母体试验室和工地试验室分别存档备查

1B420040 公路工程施工质量管理

【考点图谱】

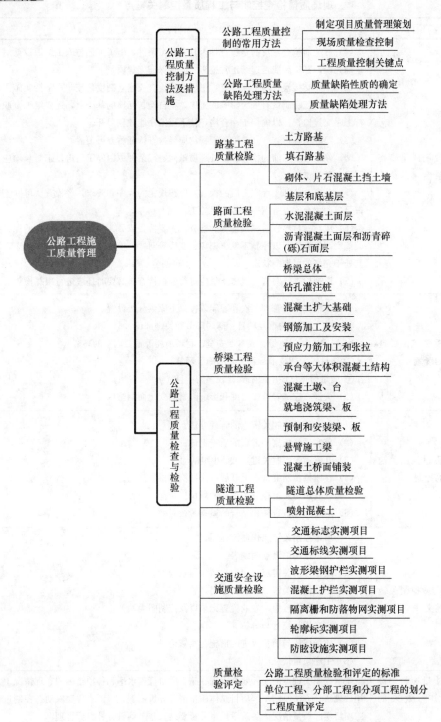

【考点精析】

考点1 公路工程质量控制方法及措施

现场质量检查控制与工程质量控制关键点

序号	项目	内容
1	现场质量检查控制	(1) 开工前检查：目的是检查是否具备开工条件，施工工艺与施工组织设计对照是否正确无误，开工后能否连续正常施工，能否保证工程质量。 (2) 工序交接检查与工序检查：工序交接检查应建立制度化控制，坚持实施。对于关键工序或对工程质量有重大影响的工序，在自检、互检的基础上，还要组织专职人员进行工序交接检查，以确保工序合格，使下道工序能顺利展开。 (3) 隐蔽工程检查：凡是隐蔽工程均应经检查认证后方可覆盖。 (4) 停工后复工前的检查：因处理质量问题或某种原因停工后再复工时，均应检查认可后方可复工。 (5) 分项、分部工程完工后的检查：应按规定的程序和要求，经检查认可并签署验收记录后，才允许进行下一工程项目施工。 (6) 成品、材料、机械设备等的检查：主要检查成品、材料等有无可靠的保护措施及其落实而且有效，以控制不发生损坏、变质等问题；检查机械设备的技术状态，以确保其处于完好的可控制状态。 (7) 巡视检查：对施工操作质量应进行巡视检查，必要时还应进行跟踪检查
2	质量控制关键点的设置	(1) 应根据不同管理层次和职能，按以下原则分级设置： ① 施工过程中的重要项目、薄弱环节和关键部位。 ② 影响工期、质量、成本、安全、材料消耗等重要因素的环节。 ③ 新材料、新技术、新工艺的施工环节。 ④ 质量信息反馈中缺陷频数较多的项目。 (2) 关键点应随着施工进度和影响因素的变化而调整
3	质量控制关键点的控制	(1) 制定质量控制关键点的管理办法。 (2) 落实质量控制关键点的质量责任。 (3) 开展质量控制关键点QC小组活动。 (4) 在质量控制关键点上开展一次抽检合格的活动。 (5) 认真填写质量控制关键点的质量记录。 (6) 落实与经济责任相结合的检查考核制度
4	质量控制关键点的文件	(1) 质量控制关键点作业流程图。 (2) 质量控制关键点明细表。 (3) 质量控制关键点（岗位）质量因素分析表。 (4) 质量控制关键点作业指导书。 (5) 自检、交接检、专业检查记录以及控制图表。 (6) 工序质量统计与分析。 (7) 质量保证与质量改进的措施与实施记录。 (8) 工序质量信息
5	质量控制关键点实际效果的考查	质量控制关键点的实际效果表现在施工质量管理水平和各项指标的实现情况上。要运用数理统计方法绘制工程项目总体质量情况分析图表，该图表要反映动态控制过程与施工项目实际质量情况。各阶段质量分析要纳入施工项目方针目标管理

公路工程质量缺陷处理方法

序号	项目	内容
1	质量缺陷性质的确定	(1) 观察现场情况和查阅记录资料。 (2) 检验与试验。 (3) 专题调研
2	质量缺陷处理方法	(1) 整修与返工 ① 缺陷的整修,主要是针对局部性的、轻微的且不会给整体工程质量带来严重影响的缺陷。如水泥混凝土结构的局部蜂窝、麻面,道路结构层的局部压实度不足等。这类缺陷一般可以比较简单地通过修整得到处理,不会影响工程总体的关键性技术指标。 ② 返工的决定应建立在认真调查研究的基础上。是否返工,应视缺陷经过补救后能否达到规范标准而定,对于补救后不能满足标准的工程必须返工。 (2) 综合处理办法 主要是针对较大的质量事故而言。具体做法可组织联合调查组、召开专家论证会等方式

考点 2 公路工程质量检查与检验

路基工程质量检验

序号	项目	基本要求	实测项目
1	土方路基	(1) 在路基用地和取土坑范围内,应清除地表植被、杂物、积水、淤泥和表土,处理坑塘,并按规范和设计要求对基底进行压实。表土应充分利用。 (2) 填方路基应分层填筑压实,每层表面平整,路拱合适,排水良好,不得有明显碾压轮迹,不得亏坡。 (3) 应设置施工临时排水系统,避免冲刷边坡,路床顶面不得积水。 (4) 在设定取土区内合理取土,不得滥开滥挖。完工后应按要求对取土坑和弃土场进行修整	压实度(△)、弯沉(△)、纵断高程、中线偏位、宽度、平整度、横坡、边坡
2	填石路基	(1) 填石路基应分层填筑压实,每层表面平整,路拱合适,排水良好,上路床不得有碾压轮迹,不得亏坡。 (2) 修筑填石路堤时应进行地表清理,填筑层厚度应符合施工技术规范规定并满足设计要求,填石空隙用石碴、石屑嵌压稳定。 (3) 填石路基应通过试验路确定沉降差控制标准	压实(△)、弯沉(△)、纵断高程、中线偏位、宽度、平整度、横坡、边坡坡度和平顺度
3	砌体、片石混凝土挡土墙	(1) 勾缝砂浆强度不得小于砌筑砂浆强度。 (2) 地基承载力、基础埋置深度应满足设计要求。 (3) 砌筑应分层错缝。浆砌时坐浆挤紧,嵌填饱满密实,不得出现空洞;不得出现松动、叠砌和浮塞。 (4) 混凝土应分层浇筑,施工缝及片石埋放应符合施工技术规范的规定。 (5) 沉降缝、伸缩缝、泄水孔的位置、尺寸和数量应符合设计要求;沉降缝及伸缩缝应竖直、贯通,采用弹性材料填充密实,填充深度应满足设计要求	(1) 浆砌挡土墙实测项目:砂浆强度(△)、平面位置、墙面坡度、断面尺寸(△)、顶面高程、表面平整度。 (2) 干砌挡土墙实测项目:平面位置、墙面坡度、断面尺寸(△)、顶面高程、表面平整度。 (3) 片石混凝土挡土墙实测项目:混凝土强度(△)、平面位置、墙面坡度、断面尺寸(△)、顶面高程、表面平整度

路面工程质量检验

序号	项目	基本要求	实测项目
1	稳定土、粒料基层和底基层	(1) 应选择质坚干净的粒料，石灰应经充分消解，矿渣应分解稳定，未分解渣块应予剔除。 (2) 路拌深度要达到层底。 (3) 石灰类材料应处于最佳含水量状况下碾压，水泥类材料碾压终了的时间不应超过水泥的终凝时间。 (4) 碾压检查合格后立即覆盖或洒水养护，养护期应符合规范要求	(1) 稳定土基层和底基层实测项目有：压实度（△）、平整度、纵断高程、宽度、厚度（△）、横坡、强度（△）。 (2) 级配碎（砾）石基层和底基层实测项目有：压实度（△）、弯沉值、平整度、纵断高程、宽度、厚度（△）、横坡
2	水泥混凝土面层	(1) 基层质量应符合规范规定并满足设计要求，表面清洁、无浮土。 (2) 接缝填缝料应符合规范规定并满足设计要求。 (3) 接缝的位置、规格、尺寸及传力杆、拉力杆的设置应符合设计要求。 (4) 混凝土路面铺筑后按施工规范要求养护。 (5) 应对干缩、温缩产生的裂缝进行处理	弯拉强度（△）、板厚度（△）、平整度、抗滑构造深度、横向力系数SFC、相邻板高差、纵横缝顺直度、中线平面偏位、路面宽度、纵断高程、横坡、断板率
3	沥青混凝土面层和沥青碎（砾）石面层	(1) 基层质量应符合施工技术规范规定并满足设计要求，表面干燥、清洁、无浮土。 (2) 应严格控制沥青混合料拌和的加热温度。拌和后的沥青混合料应均匀、无花白、无粗细料分离和结团成块现象。 (3) 应按规定要求控制碾压工艺，严格控制摊铺和碾压温度	矿料级配（△）、沥青含量（△）、马歇尔稳定度、压实度（△）、平整度、弯沉值、渗水系数、摩擦系数、构造深度、厚度（△）、中线平面偏位、纵断高程、宽度及横坡

桥梁工程质量检验

序号	项目	基本要求	实测项目
1	桥梁总体	(1) 桥梁工程应按设计文件内容全部完成。 (2) 桥下净空不得小于设计要求。 (3) 特大跨径的桥梁、结构复杂的桥梁和承载能力需验证的桥梁应进行荷载试验，试验结果应满足设计要求和符合相关技术规范的规定	桥面中线偏位、桥面宽（含车行道和人行道）、桥长、桥面高程
2	钻孔灌注桩	(1) 成孔后应清孔，并测量孔径、孔深、孔位和沉淀层厚度，确认满足设计要求并符合施工技术规范规定后，方可灌注水下混凝土。 (2) 水下混凝土应连续灌注，灌注时钢筋笼不应上浮。 (3) 嵌入承台的锚固钢筋长度不得小于设计要求的锚固长度	混凝土强度（△）、桩位、孔深（△）、孔径、钻孔倾斜度、沉淀厚度、桩身完整性（△）
3	混凝土扩大基础	(1) 基础处理及地基承载力应满足设计要求。 (2) 地基超挖后严禁回填虚土	混凝土强度（△）、平面尺寸、基础底面高程、基础顶面高程、轴线偏位

续表

序号	项目	基本要求	实测项目
4	钢筋加工及安装	(1) 钢筋安装应保证设计要求的钢筋根数。 (2) 钢筋的连接方式、同一连接区段内的接头面积应满足设计要求；接头位置应设在受力较小处，任何连接区段内同一根钢筋不得有两个接头。 (3) 钢筋的搭接长度、焊接和机械接头质量应符合施工技术规范的规定。 (4) 受力钢筋表面不得有裂纹及其他损伤。 (5) 钢筋的保护层垫块应分布均匀，数量及材料性能应满足设计要求和有关技术规范的规定。 (6) 钢筋应安装牢固，钢筋网应有足够的钢筋支撑，在混凝土浇筑过程中钢筋不应出现移位	受力钢筋间距（△）、箍筋、构造钢筋、螺旋筋间距，钢筋骨架尺寸，弯起钢筋位置，保护层厚度（△）
5	预应力筋加工和张拉	(1) 预应力束中的钢丝、钢绞线应顺直，不得有缠绕、扭结现象，表面不应有损伤。 (2) 单根钢绞线不得断丝。单根钢筋不得断筋或滑移。 (3) 同一截面预应力筋接头面积不超过预应力筋总面积的25%，接头质量应符合施工技术规范的规定。 (4) 预应力筋张拉或放张时混凝土强度和龄期应满足设计要求，应按设计规定的张拉顺序进行操作。 (5) 预应力钢丝采用镦头锚时，镦头应圆整，不得有斜歪或破裂现象。 (6) 管道应安装牢固，接头密合，弯曲圆顺。锚垫板平面应与孔道轴线垂直。 (7) 张拉设备配套标定和使用，并不得超过标定期限使用。 (8) 锚固后预应力筋应采用机械切割，外露长度符合设计要求	(1) 钢丝、钢绞线先张法实测项目：镦头钢丝同束长度相对差、张拉应力值（△）、张拉伸长率（△）、同一构件内断丝根数不超过钢丝总数的百分数、预应力筋张拉后在横断面上的坐标、无粘结段长度。 (2) 后张法实测项目：管道坐标、管道间距（包含同排和上下层）、张拉应力值（△）、张拉伸长率（△）、断丝滑丝数
6	承台等大体积混凝土结构	(1) 水化热引起的混凝土内最高温度及内表温差应控制在允许范围内。 (2) 施工缝的设置及处理应满足设计要求并符合施工技术规范的规定	混凝土强度（△）、平面尺寸、结构高度、顶面高程、轴线偏位和平整度
7	混凝土墩、台	(1) 模板及支架的强度、刚度、稳定性应符合施工技术规范的规定。 (2) 施工缝的设置及处理应符合施工技术规范的规定	(1) 现浇墩、台身实测项目：混凝土强度（△）、断面尺寸、全高竖直度、顶面高程、轴线偏位（△）、节段间错台、平整度、预埋件位置。 (2) 现浇墩、台帽或盖梁实测项目：混凝土强度（△）、断面尺寸、轴线偏位、顶面高程、支座垫石预留位置、平整度
8	就地浇筑梁、板	(1) 支架和模板的强度、刚度、稳定性应符合施工技术规范的规定。 (2) 预计的支架变形及支承的下沉量应满足施工后梁体设计高程的要求，需要消除支承不均匀沉降、非弹性变形的支架应进行预压。 (3) 预埋件的设置和固定应满足设计要求并符合施工技术规范的规定	混凝土强度（△）、轴线偏位、梁（板）顶面高程、断面尺寸（△）、长度、与相邻梁段间错台、横坡、平整度

续表

序号	项目	基本要求	实测项目
9	预制和安装梁、板	（1）拼接粗糙面的质量和键槽的数量、质量应满足设计要求。 （2）在吊移出预制底座时，混凝土的强度不得低于设计所要求的吊装强度，预制件不得受到损伤；在安装时，支承结构（墩台、盖梁、垫石）的强度应满足设计要求。 （3）安装前，梁、板应检验合格，墩、台支座垫板应稳固；就位后，梁、板两端支座应对位，梁底与支座以及支座底与垫石顶应密贴，临时支撑应稳固。 （4）梁段之间接缝填充材料的种类、规格和性能应满足设计要求，接缝填充密实	（1）梁、板或梁段预制实测项目：混凝土强度（△）、梁长度、断面尺寸（△）、平整度、横系梁及预埋件位置、横坡、斜拉索锚面。 （2）梁、板安装实测项目：支座中心偏位、梁、板顶面高程、相邻梁、板顶面高差
10	悬臂施工梁	（1）悬拼或悬浇块件前，应对桥墩根部（0号块件）的高程、桥轴线作详细复核，满足设计要求后方可进行悬拼或悬浇。 （2）悬臂施工应对称进行，并对轴线和高程进行施工控制。 （3）在施工过程中，梁体不应出现宽度超过设计和相关规范规定的受力裂缝。 （4）应按设计要求对悬浇或悬拼的接头交界面进行处理，梁段间胶结材料的种类、规格、质量应满足要求，接缝应填充密实。 （5）悬臂合龙时，两侧梁段的高差应在设计允许范围内，合龙和体系转换程序应满足设计要求	（1）悬臂浇筑梁的实测项目：混凝土强度（△）、轴线偏位、顶面高程、断面尺寸（△）、合龙后同跨对称点高程差、顶面横坡、平整度、相邻梁段间错台。 （2）悬臂拼装梁的实测项目：合龙段混凝土强度（△）、轴线偏位、顶面高程、合龙后同跨对称点高程差、相邻梁段间错台
11	混凝土桥面铺装	（1）水泥混凝土桥面的基本要求同水泥混凝土路面，沥青混凝土桥面的基本要求同沥青混凝土路面。 （2）桥面泄水孔进水口附近的铺装应有利于桥面积水和渗入水的排除，泄水孔数量不得少于设计要求	（1）水泥混凝土桥面铺装实测项目：混凝土强度（△）、厚度、平整度、横坡、抗滑构造深度。 （2）沥青混凝土桥面铺装实测项目：压实度（△）、厚度、平整度、渗水系数、横坡、抗滑构造深度

隧道工程质量检验

序号	项目	基本要求	实测项目
1	隧道总体质量检验	（1）隧道衬砌内轮廓及所有运营设施均不得侵入建筑地界。 （2）洞口设置应满足设计要求。 （3）洞内外的排水系统设置应满足设计要求。 （4）高速公路、一级公路和二级公路隧道拱部、边墙、路面、设备箱洞应不渗水，有冻害地段的隧道衬砌背后不积水、排水沟不冻结，车行横通道、人行横通道等服务通道拱部不滴水，边墙不淌水。 （5）三级、四级公路隧道拱部、边墙应不滴水，设备箱洞不渗水、路面不积水，有冻害地段的隧道衬砌背后不积水、排水沟不冻结	车行道宽度、内轮廓宽度、内轮廓高度（△）、隧道偏位、边坡或仰坡坡度

续表

序号	项目	基本要求	实测项目
2	喷射混凝土	(1) 开挖断面的质量，超欠挖处理、围岩表面渗漏水处理应符合施工技术规范规定，受喷岩面应清洁。 (2) 喷射混凝土支护应与围岩紧密黏结，结合牢固，不得有空洞。喷层内不应存在片石和木板等杂物。严禁挂模喷射混凝土。 (3) 钢架与围岩之间的间隙应采用喷射混凝土充填密实。 (4) 喷射混凝土表面平整度应符合施工技术规范规定	喷射混凝土强度（△）、喷层厚度、喷层与围岩接触状况（△）

交通安全设施质量检验

序号	项目	实测项目
1	交通标志	标志面反光膜逆反射系数（△）、标志板下缘至路面净空高度、柱式标志板、悬臂式和门架式标志立柱的内边缘距土路肩边缘线距离、立柱竖直度、基础顶面平整度、标志基础尺寸
2	交通标线	标线线段长度、标线宽度、标线厚度（△）、标线横向偏位、标线纵向间距、逆反射亮度系数（△）、抗滑值
3	波形梁钢护栏	波形梁板基底金属厚度（△）、立柱基底金属壁厚（△）、横梁中心高度（△）、立柱中距、立柱竖直度、立柱外边缘距土路肩边缘线距离、立柱埋置深度、螺栓终拧扭矩
4	混凝土护栏	护栏断面尺寸、钢筋骨架尺寸、横向偏位、基础厚度、护栏混凝土强度（△）、混凝土护栏块件之间的错位
5	隔离栅和防落物网	高度、刺钢丝的中心垂度、立柱中距、立柱竖直度、立柱埋置深度
6	轮廓标	安装角度、反射器中心高度、柱式轮廓标竖直度
7	防眩设施	安装高度（△）、防眩板设置间距、竖直度、防眩网网孔尺寸

质量检验评定

序号	项目	内容
1	单位工程、分部工程和分项工程的划分	(1) 单位工程 单位工程是指合同段中，具有独立施工条件和结构功能的工程。 (2) 分部工程 分部工程指在单位工程中，按路段长度、结构部位及施工特点等划分的工程。 (3) 分项工程 分项工程指在分部工程中，根据工序、工艺或材料等划分的工程
2	工程质量评定	(1) 工程质量等级应分为合格与不合格。 (2) 分项工程、分部工程、单位工程质量评定应有符合《公路工程质量检验评定标准 第一册 土建工程》JTG F80/1—2017附录K工程质量检验评定用表规定的资料。

续表

序号	项目	内容
2	工程质量评定	（3）分项工程质量评定合格应符合下列规定：①检验记录应完整；②实测项目应合格；③外观质量应满足要求。 （4）分部工程质量评定合格应符合下列规定：①评定资料应完整；②所含分项工程及实测项目应合格；③外观质量应满足要求。 （5）单位工程质量评定合格应符合下列规定：①评定资料应完整；②所含分部工程应合格；③外观质量应满足要求。 （6）评定为不合格的分项工程、分部工程，经返工、加固、补强或调测，满足设计要求后，可重新进行检验评定。 （7）所含单位工程合格，该合同段评定为合格；所含合同段合格，该建设项目评定为合格

1B420050 公路工程项目安全管理

【考点图谱】

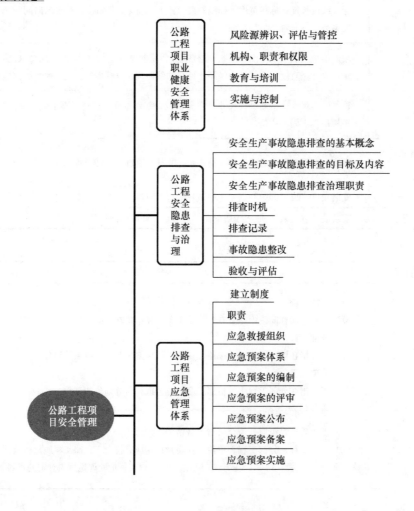

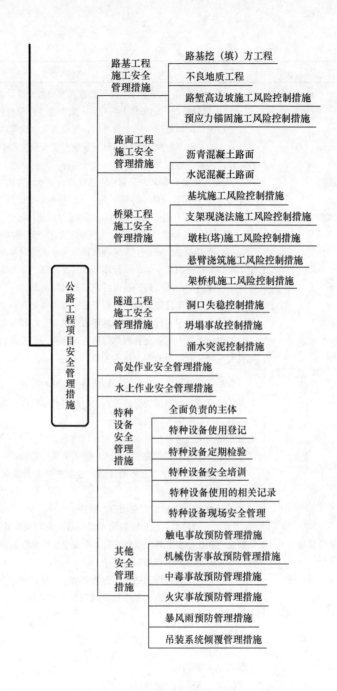

【考点精析】

考点1 公路工程项目职业健康安全管理体系

风险源辨识、评估与管控

序号	项目	内容
1	风险辨识、评估	（1）风险等级按照可能导致安全生产事故的后果和概率，由高到低依次分为重大、较大、一般和较小四个等级。 ① 重大风险是指一定条件下易导致特别重大安全生产事故的风险。 ② 较大风险是指一定条件下易导致重大安全生产事故的风险。

续表

序号	项目	内容
1	风险辨识、评估	③ 一般风险是指一定条件下易导致较大安全生产事故的风险。 ④ 较小风险是指一定条件下易导致一般安全生产事故的风险。 注：以上同时满足两个以上条件的，按最高等级确定风险等级。 (2) 生产经营单位风险辨识应针对影响发生安全生产事故及其损失程度的致险因素进行，致险因素一般包含以下方面： ① 从业人员安全意识、安全与应急技能、安全行为或状态； ② 生产经营基础设施、运输工具、工作场所等设施设备的安全可靠性； ③ 影响安全生产外部要素的可知性和应对措施； ④ 安全生产的管理机构、工作机制及安全生产管理制度合规和完备性。 (3) 生产经营单位安全生产风险辨识分为全面辨识和专项辨识。全面辨识应每年不少于1次，专项辨识应在生产经营环节或其要素发生重大变化或管理部门有特殊要求时及时开展。安全生产风险辨识结束后应形成风险清单。 注：生产经营单位重大风险等级评定、等级变更和销号，可委托第三方服务机构进行评估或成立评估组进行评估，出具评估结论。生产经营单位成立的评估组成员应包括生产经营单位负责人或安全管理部门负责人和相关业务部门负责人、2名以上相关专业领域具有一定从业经历的专业技术人员
2	风险管控	(1) 生产经营单位应依据风险的等级、性质等因素，科学制定管控措施，保障必要的投入，将风险控制在可接受范围内。生产经营单位应针对本单位风险可能导致的安全生产事故，制定或完善应急措施。 (2) 重大风险应单独建立清单和专项档案。 (3) 生产经营单位应按下列要求加强重大风险管控： ① 对重大风险制定动态监测计划，定期更新监测数据或状态，每月不少于1次，并单独建档； ② 重大风险应单独编制专项应急措施； ③ 重大风险确定后按年度组织专业技术人员对风险管控措施进行评估改进，年度评估报告应在次年1个月内通过交通运输安全生产风险管理系统向属地负有安全生产监督管理职责的交通运输管理部门报送。 (4) 重大风险登记分为初次、定期和动态三种方式。 (5) 在确定控制措施或考虑改变现行控制措施时，可考虑按如下顺序选择风险控制方法： ① 消除； ② 替代； ③ 工程控制措施； ④ 标志、警告或管理控制； ⑤ 个人防护设备

专项方案与技术交底

序号	项目	内容
1	专项方案编制	(1) 施工单位应当依据风险评估结论，对风险等级较高的分部分项工程编制专项施工方案，并附安全验算结果。 (2) 项目实施前，施工单位应当按照规定，识别项目危险性较大的分部分项工程（简称"危大工程"）和超过一定规模的危大工程，并组织工程技术人员编制专项施工方案。

续表

序号	项目	内容
1	专项方案编制	（3）专项施工方案应当由施工单位技术负责人审核签字、加盖单位公章，并由总监理工程师审查签字、加盖执业印章后方可实施。 （4）危大工程实行分包并由分包单位编制专项施工方案的，专项施工方案应当由总承包单位技术负责人及分包单位技术负责人共同审核签字并加盖单位公章。 （5）对于超过一定规模的危大工程，施工单位应当组织召开专家论证会对专项施工方案进行论证。实行施工总承包的，由施工总承包单位组织召开专家论证会。专家论证前专项施工方案应当通过施工单位审核和总监理工程师审查
2	专项方案技术交底	（1）专项施工方案实施前，编制人员或者项目技术负责人应当向施工现场管理人员进行方案交底。 （2）施工现场管理人员应当向作业人员进行安全技术交底，并由双方和项目专职安全生产管理人员共同签字确认
3	专项施工方案内容	（1）工程概况：工程基本情况、施工平面布置、施工要求和技术保证条件。 （2）编制依据：相关法律、法规、规范性文件、标准、规范及图纸（国标图集）、施工组织设计等。 （3）施工计划：包括施工进度计划、材料与设备计划。 （4）施工工艺技术：技术参数、工艺流程、施工方法、检查验收等。 （5）施工安全保证措施：组织保障、技术措施、应急预案、监测监控等。 （6）劳动力计划：专职安全管理人员、特种作业人员等。 （7）计算书及图纸

危险性较大分部分项的工程

序号	类别	需编制专项施工方案	需专家论证、审查
1	基坑开挖、支护、降水工程	（1）开挖深度不小于 3m 的基坑（槽）开挖、支护、降水工程。 （2）深度小于 3m 但地质条件和周边环境复杂的基坑（槽）开挖、支护、降水工程	（1）深度不小于 5m 的基坑（槽）的土（石）方开挖、支护、降水。 （2）开挖深度虽小于 5m，但地质条件、周围环境和地下管线复杂，或影响毗邻建（构）筑物安全，或存在有毒有害气体分布的基坑（槽）开挖、支护、降水工程
2	滑坡处理和填、挖方路基工程	（1）滑坡处理。 （2）边坡高度大于 20m 的路堤或地面斜坡坡率陡于 1∶2.5 的路堤，或不良地质地段、特殊岩土地段的路堤。 （3）土质挖方边坡高度大于 20m、岩质挖方边坡高度大于 30m 或不良地质、特殊岩土地段的挖方边坡	（1）中型及以上滑坡体处理。 （2）边坡高度大于 20m 的路堤或地面斜坡坡率陡于 1∶2.5 的路堤，且处于不良地质、特殊治土地段、特殊岩土地段的路堤。 （3）土质挖方边坡高度大于 20m、岩质挖方边坡高度大于 30m 且处于不良地质、特殊岩土地段的挖方边段的挖方边坡
3	基础工程	（1）桩基础。 （2）挡土墙基础。 （3）沉井等深水基础	（1）深度不小于 15m 的人工挖孔桩或开挖深度不超过 15m，但地质条件复杂或存在有毒有害气体分布的人工挖孔桩工程。 （2）平均高度不小于 6m 且面积不小于 1200m^2 的砌体挡土墙的基础。 （3）水深不小于 20m 的各类深水基础

续表

序号	类别	需编制专项施工方案	需专家论证、审查
4	大型临时工程	(1) 围堰工程。 (2) 各类工具式模板工程。 (3) 支架高度不小于5m；跨度不小于10m，施工总荷载不小于10kN/m²；集中线荷载不小于15kN/m。 (4) 搭设高度24m及以上的落地式钢管脚手架工程；附着式整体和分片提升脚手架工程；悬挑式脚手架工程、吊篮脚手架工程；自制卸料平台、移动操作平台工程；新型及异型脚手架工程。 (5) 挂篮。 (6) 便桥、临时码头。 (7) 水上作业平台	(1) 水深不小于10m的围堰工程。 (2) 高度不小于40m的墩柱、高度不小于100m的索塔的滑模、爬模、翻模工程。 (3) 支架高度不小于8m；跨度不小于18m，施工总荷载不小于15kN/m²；集中线荷载不小于20kN/m。 (4) 50m及以上落地式钢管脚手架工程。用于钢结构安装等满堂承重支撑体系，承受单点集中荷载7kN以上。 (5) 猫道、移动模架
5	桥涵工程	(1) 桥梁工程中的梁、拱、柱等构件施工。 (2) 打桩船作业。 (3) 施工船作业。 (4) 边通航边施工作业。 (5) 水下工程中的水下焊接、混凝土浇筑等。 (6) 顶进工程。 (7) 上跨或下穿既有公路、铁路、管线施工	(1) 长度不小于40m的预制梁的运输与安装，钢箱梁吊装。 (2) 跨度不小于150m的钢管拱安装施工。 (3) 高度不小于40m的墩柱、高度不小于100m的索塔等的施工。 (4) 离岸无掩护条件下的桩施工。 (5) 开敞式水域大型预制构件的运输与吊装作业。 (6) 在三级及以上通航等级的航道上进行的水上、水下施工。 (7) 转体施工
6	隧道工程	(1) 不良地质隧道。 (2) 特殊地质隧道。 (3) 浅埋、偏压及邻近建筑物等特殊环境条件隧道。 (4) Ⅳ级及以上软弱围岩地段的大跨度隧道。 (5) 小净距隧道。 (6) 瓦斯隧道	(1) 隧道穿越岩溶发育区、高风险断层、沙层、采空区等工程地质或水文地质条件复杂地质环境；Ⅴ级围岩连续长度占总隧道长度10%以上且连续长度超过100m；Ⅶ级围岩的隧道工程。 (2) 软岩地区的高地应力区、膨胀岩、黄土、冻土等地段。 (3) 埋深小于1倍跨度的浅埋地段；可能产生坍塌或滑坡的偏压地段；隧道上部存在需要保护的建筑物地段；隧道下穿水库或河沟地段。 (4) Ⅳ级及以上软弱围岩地段跨度不小于18m的特大跨度隧道。 (5) 连拱隧道；中夹岩柱小于1倍隧道开挖跨度的小净距隧道；长度大于100m的偏压棚洞。 (6) 高瓦斯或瓦斯突出隧道。 (7) 水下隧道

续表

序号	类别	需编制专项施工方案	需专家论证、审查
7	起重吊装工程	(1) 采用非常规起重设备、方法,且单件起吊重量在 10kN 及以上的起吊吊装工程。 (2) 采用起重机械进行安装的工程。 (3) 起重机械设备自身的安装、拆卸	(1) 采用非常规起重设备、方法,且单件起吊重量在 100kN 及以上的起重吊装工程。 (2) 起吊重量在 300kN 及以上的起重设备安装、拆卸工程
8	拆除、爆破工程	(1) 桥梁、隧道拆除工程。 (2) 爆破工程	(1) 大桥及以上桥梁拆除工程。 (2) 一级及以上公路隧道拆除工程。 (3) C 级及以上爆破工程、水下爆破工程

考点 2 公路工程安全隐患排查与治理

公路工程安全隐患排查与治理要点

序号	项目	内容
1	安全生产事故隐患排查的基本概念	(1) 安全生产事故隐患是指生产经营单位违反安全生产法律、法规、规章、标准、规程和安全生产管理制度的规定,或者因其他因素在生产经营活动中存在可能导致事故发生的物的危险状态、人的不安全行为和管理上的缺失。 (2) 安全生产事故隐患按照隐患的整改、治理和排除的难度及其影响范围为标准分为一般事故隐患和重大事故隐患。 ①一般事故隐患:是指危害和整改难度较小,发现后能够立即整改排除的事故隐患。 ②重大事故隐患:是指危害和整改难度较大,应当全部或者局部停产停业,并经过一定时间整改治理方可排除的隐患;或者因外部因素影响致自身难以排除的隐患。 (3) 可能造成重大人员伤亡和重大财产损失的事故隐患应当确定为重大事故隐患。 (4) 隐患治理工作应坚持"单位负责、行业监管、分级管理、社会监督"的原则
2	安全生产事故隐患排查的目标及内容	(1) "两项达标" ① 施工人员管理达标:一线人员用工登记、施工安全培训记录、安全技术交底记录、施工意外伤害责任保险等都要符合有关规定。 ② 施工现场安全防护达标:施工现场安全防护设施和作业人员安全防护用品都要按照规定实行标准化管理。 (2) "四项严禁" ① 严禁在泥石流区、滑坡体、洪水位下等危险区域设置施工驻地。 ② 严禁违规进行挖孔桩作业,钻孔确有困难的不良地质区,设计单位要进行专项安全设计并按设计变更规定,经批准后实施。 ③ 严禁长大隧道无超前预报和监控量测措施施工。 ④ 严禁违规立体交叉作业。 (3) "五项制度" ① 施工现场危险告知制度。按照《公路水运工程安全生产监督管理办法》,施工单位应当建立健全安全生产技术分级交底制度,明确安全技术分级交底的原则、内容、方法及确认手续。分项工程实施前,施工单位负责项目管理的技术人员应当按规定对有关安全施工的技术要求向施工作业班组、作业人员详细说明,并由双方签字确认。在上述场所应设置明显安全警示标志,在无法封闭施工的工地,还应当悬挂当日施工现场危险告示,以告知行人和社会车辆。

续表

序号	项目	内容
2	安全生产事故隐患排查的目标及内容	② 施工安全监理制度。 ③ 专项施工方案审查制度。施工单位应当依据风险评估结论,对风险等级较高的分部分项工程编制专项施工方案,并附安全验算结果,经施工单位技术负责人签字后报监理工程师批准执行。必要时,施工单位应当组织专家对专项施工方案进行论证、审核。 ④ 设备进场验收登记制度。翻模、滑(爬)模等自升式架设施,以及自行设计、组装或者改装的施工挂(吊)篮、移动模架设施在投入使用前,施工单位应当组织有关单位进行验收,或者委托具有相应资质的检验检测机构进行验收。验收合格后方可使用。 ⑤ 安全生产费用保障制度。公路水运工程安全生产专项费用不得低于建筑安装工程造价的1.5%的比例计取,且不得作为竞争性报价。根据安全生产实际需要,可适当提高安全费用提取标准
3	安全生产事故隐患排查治理职责	(1) 项目施工单位是隐患排查治理的责任主体,应建立相应的工作机制,并层层落实责任人。项目施工单位的主要负责人对隐患排查治理工作全面负责。 (2) 项目施工单位应定期组织开展安全生产隐患排查。公路水运工程中的深基坑、高支模、长大隧道或地质不良隧道、水(海)上作业、大型起重吊装作业以及爆破作业等技术难度大、风险高、参与人员多的施工环节应实施动态排查。对确认存在重大隐患的,在施工现场应设立风险告知牌,并对一线作业人员进行风险告知。重大隐患经项目监理单位确认后应向项目建设单位备案。项目监理、建设单位应及时主动向具有项目管辖权的交通运输主管部门报告。 (3) 施工单位法定代表人、项目经理是安全生产事故隐患排查治理的第一责任人,对管理范围内安全生产事故隐患排查治理工作负全面负责
4	排查时机	(1) 安全生产事故隐患排查一般采取日常安全生产检查、综合安全检查、专项安全检查等方式进行。 (2) 出现下列情况时,应及时进行事故隐患排查: ① 与安全生产相关的法律法规、标准规范发生变更或公布新的法律、法规、标准规范; ② 组织机构发生大的调整; ③ 作业条件、设备设施、工艺技术改变; ④ 相关方进入、撤出; ⑤ 发生事故; ⑥ 重大自然灾害、极端天气、重大节假日、大型活动; ⑦ 其他应当进行专项安全隐患排查的情形
5	排查记录	(1) 对排查出的事故隐患应向责任单位下发隐患整改通知书,明确整改要求和时限。 (2) 对排查出的事故隐患应分类登记,重大事故隐患现场应悬挂醒目标示牌向社会公示,并报地方县级人民政府安全监督管理部门备案
6	事故隐患整改	(1) 一般事故隐患由项目负责人组织相关人员立即整改。 (2) 重大事故隐患应当根据需要停止使用相关设备、设施,局部停产停业或者全部停产停业。 (3) 重大事故隐患必须由项目负责人组织编制"重大事故隐患治理方案"。 (4) 必要时应当组织专家对重大事故隐患整改治理方案进行论证,必须经项目负责人批准并进行安全技术交底后实施。 (5) 项目专职安全员对重大事故隐患治理过程实施全过程监督管理,必要时施工单位安全部门或技术质量部门或设备管理部门派人对重大事故隐患治理过程加强监督管理

续表

序号	项目	内容
7	验收与评估	（1）重大事故隐患治理完成后，应当组织相关技术人员或者专家或者具有相应资质的专业机构进行验收。验收人员应当对以下重大事故隐患治理完成情况进行验收，并出具结论性意见： ① 与隐患整改治理方案符合性； ② 整改过程记录（文字、图片及录像）的真实性； ③ 是否产生新的隐患及等级。 （2）结论性意见应明确隐患是否消除或是否已降为可接受

考点3　公路工程项目应急管理体系

应急管理体系基础知识

序号	项目	内容
1	职责	（1）施工单位应建立应急救援组织领导机构、专（兼）职应急救援队伍，并定期组织训练。 （2）施工单位应开展应急知识教育培训，提高应急工作能力。 （3）施工单位主要负责人接到事故报告后，应当立即启动相应应急预案，迅速采取有效措施，组织抢救，防止事故扩大，减少人员伤亡和财产损失
2	应急救援组织	（1）施工单位建立的专（兼）职应急救援队伍应定期组织训练，确保救援人员具备相应的应急救援能力。 （2）特大型、结构复杂、采用新技术、新工艺等高风险桥梁，以及特长隧道、不良地质隧道、瓦斯隧道等高风险隧道，大型设备、设施、人员密集等场所应当建立专门的应急救援队伍
3	应急预案体系	应急预案体系由综合应急预案、专项应急预案和现场处置方案组成。 （1）综合应急预案，是指生产经营单位为应对各种生产安全事故而制定的综合性工作方案，是本单位应对生产安全事故的总体工作程序、措施和应急预案体系的总纲。 （2）专项应急预案，是指生产经营单位为应对某一种或者多种类型生产安全事故，或者针对重要生产设施、重大危险源、重大活动防止生产安全事故而制定的专项性工作方案。 （3）现场处置方案，是指生产经营单位根据不同生产安全事故类型，针对具体场所、装置或者设施所制定的应急处置措施
4	应急预案的评审	施工单位应当对编制的应急预案组织评审，并形成书面评审纪要。参加应急预案评审的人员应当包括有关安全生产及应急管理方面的专家。且评审人员与施工单位有利害关系的，应当回避
5	应急预案公布	施工单位应急预案经评审或者论证后，由施工单位主要负责人签署公布，并及时发放到本单位有关部门、岗位和相关应急救援队伍
6	应急预案备案	施工单位应当在应急预案公布之日起20个工作日内，按照分级属地原则，向属地安全生产监督管理部门和有关部门进行告知性备案

应急预案的编制

序号	项目	内容
1	总体要求	施工单位主要负责人负责组织编制和实施本单位的应急预案,并对应急预案的真实性和实用性负责;各分管负责人应当按照职责分工落实应急预案规定的职责
2	应急救援预案编制的目的	应急救援预案是为了及时、有效地应对重大生产安全事故,保证职工生命安全与健康和公众生命,最大限度地减少财产损失、环境损害和社会影响而采取的重要措施
3	应急救援预案编制的依据	(1) 有关法律、法规、规章和标准的规定。 (2) 本单位的安全生产实际情况。 (3) 本单位的危险性分析情况。 (4) 应急组织和人员的职责分工明确,并有具体的落实措施。 (5) 有明确、具体的应急程序和处置措施,并与其应急能力相适应。 (6) 有明确的应急保障措施,满足本单位的应急工作需要。 (7) 应急预案基本要素齐全、完整,应急预案附件提供的信息准确。 (8) 应急预案内容与相关应急预案相互衔接
4	应急预案内容	(1) 总则。 (2) 生产经营单位危险性分析。 (3) 应急组织机构及职责。 (4) 预防与预警措施。 (5) 应急响应 ① 响应分级。针对事故危害程度、影响范围和单位控制事态的能力,将事故分为不同的等级。按照分级负责的原则,明确应急响应级别。 ② 响应程序。根据事故的大小和发展态势,明确应急指挥、应急行动、资源调配、应急避险、扩大应急等响应程序。 ③ 应急结束。明确应急终止的条件,事故现场得以控制,环境符合有关标准,导致次生、衍生事故隐患消除后,经事故现场应急指挥机构批准后,现场应急结束。 (6) 信息发布。 (7) 后期处置。 (8) 保障措施 ① 通信与信息保障。明确与应急工作相关联的单位或人员通信联系方式和方法,并提供备用方案。建立信息通信系统及维护方案,确保应急期间信息通畅。 ② 应急队伍保障。明确各类应急响应的人力资源,包括专业应急队伍、兼职应急队伍的组织与保障方案。 ③ 应急物资装备保障。明确应急救援需要使用的应急物资和装备的类型、数量、性能、存放位置、管理责任人及其联系方式等内容。 ④ 经费保障。明确应急专项经费来源、使用范围、数量和监督管理措施,保障应急状态时生产经营单位应急经费的及时到位。 ⑤ 其他保障。根据本单位应急工作需求而确定的其他相关保障措施(如交通运输保障、治安保障、技术保障、医疗保障、后勤保障等)

应急预案实施

序号	项目	内容
1	培训	施工单位应当组织开展应急预案、应急知识、自救互救和避险逃生技能的培训活动,使有关人员了解应急预案内容,熟悉应急职责、应急处置程序和措施

续表

序号	项目	内容
2	演练	（1）施工单位应当制定应急预案演练计划，根据事故风险特点，每年至少组织一次综合应急预案演练或者专项应急预案演练，每半年至少组织一次现场处置方案演练。 （2）应急预案演练结束后，施工单位应当对应急预案演练效果进行评估，撰写应急预案演练评估报告，分析存在的问题，并对应急预案提出修订意见
3	评估	（1）施工单位应当建立应急预案定期评估制度，对预案内容的针对性和实用性进行分析，并对应急预案是否需要修订作出结论。施工单位应当每三年进行一次应急预案评估。 （2）应急预案评估可以邀请相关专业机构或者有关专家、有实际应急救援工作经验的人员参加，必要时可以委托安全生产技术服务机构实施
4	修订	（1）施工单位遇下列情形之一的，应急预案应当及时修订并归档： ① 依据的法律、法规、规章、标准及上位预案中的有关规定发生重大变化的。 ② 应急指挥机构及其职责发生调整的。 ③ 面临的事故风险发生重大变化的。 ④ 重要应急资源发生重大变化的。 ⑤ 预案中的其他重要信息发生变化的。 ⑥ 在应急演练和事故应急救援中发现问题需要修订的。 ⑦ 编制单位认为应当修订的其他情况。 （2）应急预案修订涉及组织指挥体系与职责、应急处置程序、主要处置措施、应急响应分级等内容变更的，修订工作应当参照本办法规定的应急预案编制程序进行，并按照有关应急预案报备程序重新备案

考点4　公路工程项目安全管理措施

路基工程施工安全管理措施

序号	项目	内容
1	路基挖（填）方工程	（1）取土场（坑） ① 取土场（坑）的边坡、深度等应满足设计要求，且不得危及周边建（构）筑物等既有设施的安全。 ② 取土场（坑）底部应平顺并设有排水设施，取土场（坑）边周围应设置警示标志和安全防护设施，宜设置夜间警示和反光标识。 ③ 地面横向坡度陡于1∶10的区域，取土坑应设在路基上侧。 ④ 取土坑与路基间的距离应满足路基边坡稳定的要求，取土坑与路基坡脚间的护坡道应平整密实，表面应设1%～2%向外倾斜的横坡。 （2）路堑开挖 应采取保证边坡稳定的措施，边坡有防护要求的应开挖一级防护，且应自上而下开挖，不得掏底开挖、上下同时开挖、乱挖超挖。 （3）路基高填方路堤施工应符合下列规定： ① 应及时施做边坡临时排水设施。 ② 作业区边缘应设置明显的警示标志。 ③ 应进行位移监测。 （4）靠近结构物处挖土应采取安全防护措施。路基范围内暂时不能迁移的结构物应预留土台，并应设置警示标志

续表

序号	项目	内容
2	不良地质工程	（1）滑坡、崩塌、泥石流等地质灾害，应对地质灾害危险性进行风险等级的划分，风险等级高的区域必须采取支护措施，风险等级相对较低的或无法采取措施的高风险区域进行安全警戒和安全监测。 （2）崩塌危岩体区域，应尽量在施工前将危岩体清除，或采取主动网、被动网防护，采用锚杆、锚索固定，设置挡土墙，采取灌浆固结或柔性支护等措施进行防治，对规模较大的滑坡，施工阶段应当尽量避免对坡脚进行开挖扰动；对于部分覆盖层厚度较大的地段，采用合理的开挖坡比，并辅以相应的挡土墙等防治措施。针对本工程山势陡峭，部分危岩体施工人员无法达到，因此，施工时应加强安全监测，每日记录危岩体的变化有无异常，下方应设置安全警示标志，车辆通过前应仔细观察，确保安全后快速通过。危岩体下方施工时，应设专人警戒，设置有效的声音信号（如安全哨、对讲机等）。 （3）泥石流地段，应采取防排水、排导、清方、拦挡等综合处治措施，流通区设置拦挡结构，堆积区进行排导停淤，针对规模较大的泥石流采取支挡或排导的防治措施。 （4）山体上的危岩体、堆积体应予以清除，不能清除时，应进行安全监测，施工时应安排专人警戒，设备应合理布局，建构筑物和设备应采取防砸措施。 （5）滑坡体未处理之前，严禁在滑坡体上增加荷载，严禁在滑坡前缘减载。滑坡体可采用削坡减载方案整治，减载应自上而下进行，严禁超挖或乱挖，严禁爆破减载。 （6）松散岩堆地段施工前，可视岩堆的具体情况，采取岩堆顶部局部削坡减载的措施。路基施工时应尽量不扰动岩堆体、破坏原有的边坡。在岩堆特别松散的地段填筑路基时，不使用振动碾压设备或振动时采用低振幅。 （7）不良地质地段施工时，应设置醒目的安全警示标志，并设置专职人员进行观察、警戒，配备对讲机或应急喇叭，确保发生异常情况时能及时发出预警信号
3	路堑高边坡施工风险控制措施	（1）在施工前进行实地调查，及早发现老滑坡、潜在滑坡等新情况，完善设计方案和工程措施；在施工过程中及时监测、掌握地质信息，避免边坡失稳事故发生。 （2）开挖前做好坡顶截水沟、临时排水沟，坡顶和各级平台不得有积水。开挖中遇到地下水出露时，必须先做好排水后开挖。 （3）在滑坡体上开挖土方应按照从上向下开挖一级加固一级的顺序施工，对滑坡体加固可按照从滑体边缘向滑体中部逐步推进加固、分段跳槽开挖施工，当开挖一级边坡仍不能保证稳定时应分层开挖分层加固。 （4）有加固工程的土质边坡在开挖后应在1周内完成加固，其他类型边坡开挖后应尽快完成加固工程，不能及时完成加固的应暂停开挖。 （5）人员不在机械作业范围内交叉施工，上方机械挖方施工下方不得有人。挖土机的铲斗不能从运土车驾驶室顶上越过。不得用铲斗载人。 （6）施工车辆保证良好状况；合理确定土方量、运送顺序和行驶路线；人车不混行；维修加固运土便道；大风、大雨、浓雾、雷电时应暂停施工。 （7）高边坡上作业人员应系安全带，施工人员身体不适、喝酒后不得上高边坡作业。大风、大雨、浓雾和雷电时应暂停作业。 （8）边坡上施工机械，应与边缘保持足够的安全距离。出现不稳定现象（如裂缝、局部塌方）时，及时撤离。下雨、停工休息时机械撤到安全区域停放妥当。 （9）爆破器材运输保管施工操作等应按有关规定严格执行，雷雨季节应采用非电起爆法。 （10）采取浅孔少装药、松动爆破等飞石少的方法，放炮前设专人警戒，定时爆破，不得用石块覆盖炮孔，爆破后15min后才能进入现场，按规定检查和处理盲炮，检查处理危石

续表

序号	项目	内容
4	预应力锚固施工风险控制措施	(1) 锚索钻孔注浆后,要立即施工外部框架等结构,及时张拉,对边坡形成有效锚固作用。 (2) 钻孔后要清孔,锚索入孔后1h内注浆。采用二次注浆加大锚固力。正式施工前应进行锚固力基本试验,对锚固力较小的地层应加大钻孔孔径和锚固段长度。 (3) 钻机机手与配合人员之间要分工明确,协调配合,防止机械旋转部分挤、夹、绞伤手指。 (4) 切割机安放稳固,由专人操作,戴安全帽、防护镜,切割时前方不得站人,外露旋转部分要安装防护罩。 (5) 锚索张拉时,千斤顶后区域方严禁站人。 (6) 钻机施工平台脚手架采用钢管和扣件搭设,脚手架立杆应置于稳定的岩土体上,立杆底部应水平并支垫木板防滑。 (7) 脚手架高度在10～15m时,应设置一组(4～6根)缆风索,每增高10m再增加1组,缆风索的地锚应牢固。 (8) 经常检查脚手架完好性,发现扣件松动、钢管损坏、架子整体变形等不安全状况时要立即停止施工,加固完善后再施工。 (9) 混凝土模板用钢管加固,与边坡岩体连接牢固,施工时下方不得站人。 (10) 风管、送浆泵应架空,顺地摆放时应避免车辆碾压和落实砸破

路面工程施工安全管理措施

序号	项目	内容
1	沥青混凝土路面	(1) 封层、透层、粘层施工应符合下列规定: ① 喷洒前应做好检查井、闸井、雨水口的安全防护。 ② 洒布车行驶中不得使用加热系统。洒布地段不得使用明火。 ③ 小型机具洒布沥青时,喷头不得朝外,喷头10m范围内不得站人,不得逆风作业。 ④ 大风天气,不得喷洒沥青。 (2) 沥青储存地点应配备灭火器、消防砂等消防设施,并应设置警示标志。 (3) 沥青脱桶、导热油加热沥青作业应采取防火、防烫伤措施。 (4) 沥青混合料拌合作业应符合下列规定: ① 拌合作业开机前应警示,拌合机前不得站人,拌合过程中人员不得跨越皮带或调整皮带运输机。 ② 拌合机点火失效时,应关闭喷燃器油门,并应通风清吹后再行点火。 ③ 拌合过程中人员不得在石料溢流管、升起的料斗下方站立或通行。 ④ 沥青罐内检查不得使用明火照明。 ⑤ 沥青拌合站应配备灭火器、消防沙等消防设施。 (5) 整平和摊铺作业应临时封闭交通、设明显警示标志,下承层内的各类检查井口应稳固封盖,辅助作业人员应面向压路机方向作业,设备之间应保持安全距离。 (6) 碾压作业应符合下列规定: ① 多台压路机同时作业时,各机械之间应保持安全距离。 ② 作业人员应在行驶机械后方清除轮上黏附物。 ③ 碾压区内人员不得进入,确需人员进入的应安排专人监护

续表

序号	项目	内容
2	水泥混凝土路面	(1) 混凝土拌合前应确认搅拌、供料、控制等系统运行正常。 (2) 维修、保养或检查清理搅拌系统、供料系统应封闭下料门、切断电源、锁定安全保护装置、悬挂"严禁合闸"安全警示标志，并派专人看守。 (3) 混凝土浇筑过程中应检查模板、支架、钢筋骨架的稳定、变形情况，发现异常，应立即停止作业，并应整修加固。 (4) 混凝土养护应符合下列规定： ① 覆盖养护时，预留孔洞周围应设置安全护栏或盖板，并应设置安全警示标志，不得随意挪动。 ② 洒水养护时，应避开配电箱和周围电气设备。 (5) 摊铺作业布料机与振平机应保持安全距离。 (6) 切缝、刻槽作业范围应设警戒区

桥梁工程施工安全管理措施

序号	项目	内容
1	基坑施工风险控制措施	(1) 基坑临近各类管线、建（构）筑物时，开挖前应按施工组织设计的要求实施拆移、加固或保护措施，经检查符合要求后，方可开挖。 (2) 开挖中，出现基坑顶部地面裂缝、坑壁坍塌或涌水、涌沙时，必须立即停止施工，人员撤离危险区，待采取措施确认安全后，方可恢复施工。 (3) 施工现场附近有电力架空线时，应设专人监护。 (4) 基坑外堆土时，堆土应距基坑边缘1m以外，堆土高度不得超过1.5m。 (5) 人工清基应在挖掘机停止运转，且挖掘机指挥人员同意后进行，严禁在机械回转范围内作业。 (6) 基坑内应设安全梯或土坡道等攀登设施。基坑周边应设防护栏杆
2	支架现浇法施工风险控制措施	(1) 支架法施工前，应根据结构特点、混凝土施工工艺和现行的有关要求对支架进行施工专项安全设计，并制定安装、拆除程序及安全技术措施。 (2) 支架立柱应置于平整、坚实的地基上，立柱底部应铺设垫板或混凝土垫块扩散压力；支架地基处应有排水措施，严禁被水浸泡。 (3) 支架的立柱应水平撑和双向斜撑，斜撑的水平夹角以45°为宜；立柱高于5m时，水平撑间距不得大于2m，并在两水平撑之间加剪刀撑。 (4) 支架高度较高时，应设一组缆风绳。 (5) 在河水中支撑支架应设防冲撞设施，并应经常检查防冲撞设计和支架状况，发现松动、变形、沉降应及时加固。 (6) 支架搭设应满足下列要求： ① 立杆应竖直，2m高度的垂直偏差不得大于1.5cm；每搭完一步支架后，应进行校正。立杆的纵、横间距应符合施工设计的要求，每搭完一步支架后，应进行校正。 ② 可调底座的调节螺杆伸出长度超过30cm时，应采取可靠的固定措施。 ③ 满堂红支架的四边和中间每隔四排立杆应设置一道纵向剪刀撑，由底至顶连续设置。 ④ 高于4m的满堂红支架，其两端和中间每隔四排立杆应从顶层开始向下每隔两步设置一道水平剪刀撑。 (7) 支架应按照施工设计要求的方法、程序拆除；严禁使用机械牵引、推倒的方法拆除。 (8) 拆除作业应自上而下进行，不得上下多层交叉作业。 (9) 拆除支架时，必须确保未拆除部分的稳定，必要时应对未拆部分采取临时加固、支撑措施，确认安全后，方可拆除

续表

序号	项目	内容
3	墩柱（塔）施工风险控制措施	(1) 翻模法施工风险防控措施： ① 高墩翻模施工应编制专项施工方案，并组织专家论证。 ② 翻模强度、刚度及稳定性满足要求，模板安装前应组织相关人员验收和试拼装，模板及其支架应采取有效的防倾覆临时固定措施。混凝土强度达到设计要求后方可拆模及进行模板翻转。 ③ 翻模施工时使用起重设备，应经检测合格，安全装置齐全、有效，起重设备操作人员应持证上岗，严格按照操作规程作业。 ④ 翻模施工使用的机械设备、机具应做好日常维护、保养，使用前应进行认真检查，保持良好的状态。 ⑤ 翻模施工搭设作业平台应具备足够的强度、刚度或稳定性，有足够的立足面，设置安全护栏、通道、安全网等安全防护设施，高处作业时应正确使用安全带。 ⑥ 作业面工具、材料应规范规范，吊物捆扎牢固，随身携带工具袋，不用的工具放入工具袋。 ⑦ 高墩施工人员上下必须使用之字形爬梯，安全网、防护栏等防护设施应安全可靠。 (2) 起重设备应经有资质的单位检测合格，塔吊、钢丝绳、挂钩等满足安全要求，安全装置齐全、有效，操作人员持证上岗，严格按照操作规程操作。 (3) 作业平台强度、刚度或稳定性应满足要求，作业面设置安全护栏，临边、悬空作业时正确使用安全带，严禁在危险区域嬉戏、打闹或休息。 (4) 整体模板吊装前，模板要连接牢固，内撑拉杆、箍筋应上紧；吊点要正确牢固；起吊时，应拴好溜绳，并听从信号指挥；不得超载。 (5) 施工单位应按要求对墩柱模板进行检查和验收，模板连接螺栓应施工高强度螺栓，缆风绳应牢固固定。 (6) 钢筋笼吊运和安装过程中，应按要求进行固定，并采取防风措施防止钢筋笼摇摆和跌落。 (7) 用吊斗浇筑混凝土，吊斗提降，应设专人指挥。升降斗时，下部的作业人员必须躲开，上部人员不得身倚栏杆推吊斗，严禁吊斗碰撞模板及脚手架。 (8) 外附脚手架和悬挂脚手架应满铺脚手板或钢板网，脚手架外侧设栏杆、安全网或钢板网。底部满铺脚手板或钢板网，四周设置安全网或钢板网。每步脚手架间应设爬梯，人员应由爬梯上下，进行爬架工作应在爬架内上下，禁止攀爬模板脚手架或由爬架外侧上下。 (9) 作业人员应背工具袋用于存放工具和零件，防止物件跌落，禁止在高空向下抛物。 (10) 模板安装前应组织相关人员验收和试拼装，模板及其支架应采取有效的防倾覆临时固定措施。 (11) 拆除模板应按先支的后拆，后支的先拆顺序进行拆除。作业区域下面应设警戒区域，设明显标志，防止人员进入。模板拆除不得采取硬撬。拆除的模板应随拆随清理，避免发生钉子扎脚、阻碍通行发生事故。 (12) 桥墩人员上下应设置通道，通道应进行强度、刚度、稳定性计算，基础应平整、坚固，通道应使用连接件固定，防护网、防护栏杆等防护设施应安全可靠，通道上严禁堆载。 (13) 墩柱应采取防撞措施

续表

序号	项目	内容
4	悬臂浇筑施工风险控制措施	(1) 施工前应对墩顶段浇注托架、梁墩锚固、挂篮、梁段模板、挠度控制和合龙等进行施工设计。挂篮的安装必须符合设计要求，焊接和栓接必须满足现行《公路桥涵施工技术规范》JTG/T 3650—2020 有关要求。 (2) 挂篮加工完成后应先进行试拼；挂篮正式拼装应在起步长度梁段（墩顶段或0号段）混凝土达到要求的强度后才能进行，拼装时应两边对称进行。 (3) 浇筑墩顶段（0号段）混凝土前，应对托架、模板进行检验和预压，消除杆件连接缝隙、地基沉降和其他非弹性变形。 (4) 挂篮的抗倾覆、锚固和限位结构的安全系数均不得小于2。 (5) 挂篮组拼后应检查锚固系统和各杆件的连接状况，经验收并进行承重试验确认合格，并形成文件后，方可投入使用。 (6) 挂篮行走滑道应平顺、无偏移；挂篮行走应缓慢，速度宜控制在0.1m/min以内，并应由专人指挥。 (7) 挂篮安装后，应进行全面的安装质量检查，确认安装质量符合要求后，应按设计荷载进行加载试验，以检验挂篮的承载能力、测量弹性变形量和残余变形量、控制各段梁体的抛高量（预抬量或预拱度）；加载和卸载要分级进行。 (8) 挂篮应呈全封闭状态，四周应有围护设施，操作平台下应挂安全网、上下应有专用扶梯。 (9) 混凝土浇筑前，应再次检查挂篮的承重结构、锚固系统、悬吊系统、模板系统等的安全性、可靠性。 (10) 挂篮移动行走，在解除挂篮尾部锚同前，应先在挂篮尾部安装足够的平衡重，以防止挂篮倾覆；挂篮的移动行走应两端对称、缓慢地进行。并应加强观测，防止转角、偏位而造成挂篮受扭
5	架桥机施工风险控制措施	(1) 采用架桥机架梁，应制定合理的架设方案和相应的安全技术措施。向全体作业人员（含机械操作工）进行安全技术交底。 (2) 现场安装后须经专业的检测检验机构检验合格，发放使用证、挂验收合格牌后方可投入使用。 (3) 在架梁过程中，施工现场必须根据环境状况设作业区，并设护栏和安全标志，必要时应设专人值守，严禁非施工人员入内。 (4) 架梁时，其电源必须设专人进行控制，并设合格的专职电工；机修工应跟班作业，严防电源突然中断或架桥机电气、机械故障引发各类事故。 (5) 架桥机纵向运行轨道两侧规定高度要求对应水平，保持平稳。前、中、后支腿各横向运行轨道要求水平，并严格控制间距，三条轨道必须平行。 (6) 斜交桥梁混凝土梁安装时，架桥机前、中、后支腿行走轮位置，左右轮要前后错开，其间距可根据斜交角度计算，以便支腿轮可在同一横向轨道上运行。 (7) 架桥机纵向移动要做好一切准备工作，要求一次到位，不允许中途停顿。 (8) 架桥机天车携带混凝土梁纵向运行时，前支腿部位要求用手拉葫芦与横移轨道拉紧固定，加强稳定性。 (9) 安装桥梁有上下纵坡时，架桥机纵向移位要有防止滑行措施。 (10) 架桥机安装作业时，要经常注意安全检查，每安装一孔必须进行一次全面安全检查，发现问题要停止工作并及时处理后才能继续作业，不允许机械电气带故障作业。 (11) 安装作业不准超负荷运行，不得斜吊提升作业。 (12) 连接销子加工材质必须按设计图纸要求进行，不得用低钢号加工代替

续表

序号	项目	内容
5	架桥机施工风险控制措施	(13) 大雨、大雪、大雾、沙尘暴和六级（含）风以上等恶劣天气必须停止架梁作业。五级风以上严禁作业，必须用索具稳固架桥机和起吊天车，架桥机停止工作时要切断电源，以防发生意外。 (14) 架桥机作业必须明确分工，统一指挥，要设专职操作人员、专职电工和专职安全员。要有严格的施工组织及措施，以确保施工安全。 (15) 架桥机应设置避雷装置。 (16) 在架桥机纵移或横移轨道两端，必须设置挡铁，以保证架桥机的移位安全。 (17) 架桥机工作前，应调整前、中、后支腿高度，使架桥机主梁纵向坡度<1.5%。纵向行走轨道的铺设纵坡<3%，不满足时应调整至此要求。 (18) 桥台位置、曲线超高段等不利位置架梁，应制定详细的安全技术措施，防止架桥机坍塌事故发生

高处作业安全管理措施和水上作业安全管理措施

序号	项目	内容
1	高处作业安全管理措施	(1) 在进行高处作业时，除了满足前面提到的高空作业相关要求以外，还应该结合工程特点，制定各种相应的安全防护技术措施，其安全技术相关要求如下： ① 高处作业应符合《建筑施工高处作业安全技术规范》JGJ 80—2016 的有关规定。 ② 高处作业不得同时上下交叉进行。 ③ 高处作业下方警戒区设置应符合《高处作业分级》GB 3608—2008 的有关规定。 ④ 高处作业人员不得沿立杆或栏杆攀登。高处作业人员应定期进行体检。 ⑤ 高处作业场所临边应设置安全防护栏杆。 (2) 高处作业场所的孔、洞应设置防护设施及警示标志。 (3) 安全网质量应符合《安全网》GB 5725—2009 的规定，并应符合下列规定： ① 安全网安装应系挂安全网的受力主绳验收。安装和使用安全网不得系挂网格绳。安装完毕应进行检查、验收。 ② 安全网安装或拆除应根据现场条件采取防坠落安全措施。 ③ 作业面与坠落高度基准面高差超过 2m 且无临边防护装置时，临边应挂设水平安全网。作业面与水平安全网之间的高差不得超过 3.0m，水平安全网与坠落高度基准面的距离不得小于 0.2m。 ④ 安全带使用除应符合现行《安全带》GB 6095—2009 的规定外，还应符合下列规定： A. 安全带除应定期检验外，使用前还应进行检查。织带磨损、灼伤、酸碱腐蚀或出现明显变硬、发脆以及金属部件磨损出现明显缺陷或受到冲击后发生明显变形的，应及时报废。 B. 安全带应高挂低用，并应扣牢在牢固的物体上。 C. 安全带的安全绳不得打结使用，安全绳上不得挂钩。 D. 缺少或不易设置安全带吊点的工作场所宜设置安全带母索。 E. 安全带的各部件不得随意更换或拆除。 F. 安全绳有效长度不应大于 2m，有两根安全绳的安全带，单根绳的有效长度不应大于 1.2m。 G. 严禁安全绳用作悬吊绳。严禁安全绳与悬吊绳共用连接器；新更换安全绳的规格及力学性能必须符合规定，并加设绳套。

续表

序号	项目	内容
1	高处作业安全管理措施	(4) 高处作业上下通道应根据现场情况选用钢斜梯、钢直梯、人行塔梯，各类梯子安装应牢固可靠。 (5) 吊篮作业应符合现行《高处作业吊篮》GB 19155—2017 的有关规定，且应使用专业厂家制作的定型产品，不得自行制作吊篮。 ① 高处作业吊篮安装拆卸工应按照有关规定经专业机构培训，并应取得相应的从业资格。 ② 登高梯上端应固定，吊篮和临时工作台应绑扎牢靠。 ③ 吊篮和工作台的脚手板必须铺平绑牢，严禁出现探头板。 (6) 脚手架的强度、刚度和稳定性应能承受施工期间可能产生的各项荷载。 (7) 高处作业现场所有可能坠落的物件均应预先撤除或固定。所存物料应堆放平稳，随身作业工具应装入工具袋，不得向下抛掷拆卸的物料。 (8) 雨雪季节应采取防滑措施
2	水上作业安全管理措施	(1) 施工准备 ① 应及时了解当地气象、水文、地质等情况，掌握施工区域附近的桥梁、隧道、大坝、架空高压线、水下线管、取水泵房、危险品库、水产品养殖区以及避风锚地、水上应急救援资源等情况。 ② 开工前，应根据施工需要设置安全作业区，并办理水上水下施工作业许可证，发布航行通告。 ③ 水上作业人员应正确穿戴救生衣等个人安全防护用品。 (2) 工程船舶 ① 工程船舶必须持有效的船检证书，船员必须持有与其岗位相适应的适任证书，船员配置必须满足最低安全配员要求。 ② 工程船舶应按规定配备有效的消防、救生、堵漏和油污应急设施，制订安全技术措施和应急预案，并应按规定定期演练。施工船舶应安装船舶定位设备，保证有效的船岸联系。 ③ 工程船舶甲板、通道和作业场所应根据需要设有防滑装置。施工船舶楼梯、走廊等应保持通畅，梯口、应急场所应设有醒目的安全警示标志。 ④ 工程作业船舶作业、航行或停泊时，应按规定显示号灯或号型。 ⑤ 在狭窄水道和来往船舶频繁的水域施工时，应设专人值守通信频道。 ⑥ 遇雨、雾、霾等能见度不良天气时，工程船舶和施工区域应显示规定的信号，必要时应停止航行或作业。 ⑦ 靠泊船舶上下人或两船间倒运货物，应搭设跳板、扶手及安全网。 ⑧ 定位船及抛锚作业船，其锚链、锚缆滚滑区域不得站人，锚缆伸出的水域应设置警示标志。 (3) 起重船作业应符合下列规定： ① 作业前，人员应熟悉吊装方案，明确联系方式和指挥信号。 ② 吊装前，吊钩升降、吊臂仰俯、制动性能良好。安全装置应正常有效。 (4) 打桩船作业应符合下列规定： ① 打桩架上的活动物件应放稳、系牢，打桩架上的工作平台应设有防护栏杆和防滑装置。 ② 穿越群桩的前缆应选择合适位置，绞缆应缓慢操作，缆绳两侧 10m 范围内不得有工程船舶或作业人员进入。

续表

序号	项目	内容
2	水上作业安全管理措施	③桩架底部两侧悬臂跳板的强度和刚度应满足作业要求，跳板的移动和封固装置应灵活、牢固、有效。 ④打桩船电梯笼必须设防坠落安全装置，笼内必须设置升降控制开关。桩锤检修或加油时，严禁启动吊锤卷扬机。 (5) 水中围堰（套箱）和水中作业平台应设置船舶靠泊系统和人员上下通道，临边应设置高度不低于1.2m的防护栏杆，挂设安全网和救生圈。四周应设置警示标志和夜间航行警示灯光信号，通航密集水域应配备警戒船和应急拖轮

特种设备安全管理措施

序号	项目	内容
1	总体规定	(1) 特种设备生产、使用单位的主要负责人应当对本单位特种设备的安全和节能全面负责。 (2) 特种设备使用单位应当在设备投入使用前或者投入使用后30d内到设备所在地市以上的特种设备安全监督管理部门办理特种设备使用登记。登记标志应当置于或者附着于该特种设备的显著位置
2	特种设备定期检验	(1) 特种设备报检。特种设备使用单位应在特种设备检验合格有效期届满前1个月向特种设备检验检测机构提出定期检验要求（各特种设备的检验日期可从检验报告、合格标志查看）。 (2) 特种设备报检要求。起重机械报检时，必须提供保养合同、有效的作业人员证件。 (3) 特种设备换证。特种设备检验合格后，携带使用证、检验合格标志、检验报告、保养合同、保养单位的保养资质到有关主管部门办理年审换证手续
3	特种设备现场安全管理	(1) 悬挂使用登记证。特种设备使用登记证（可使用复印件）应置于特种设备旁边。 (2) 安全标志、标识的张贴： ①警示标志、安全注意事项。 ②禁用标志。特种设备停用后，应将设备的电源断开，在设备显眼的地方张贴"禁止使用"的标志。 (3) 重点监控特种设备标志。纳入本单位安全管理重点监控的特种设备，应在设备明显位置，标注"重点监控特种设备"。 (4) 特种设备管理制度、责任制、操作规程的张贴。将特种设备管理制度、责任制、操作规程张贴到相应的部门、工作岗位、特种设备使用场所。 (5) 设备安全运行情况。 ①特种设备的安全附件在校验有效期内，并灵敏可靠；特种设备在许可条件下使用，无异常情况出现。 ②特种设备作业人员持有效证件上岗（随身携带副证以备检查），对设备运行情况及时进行记录（查验设备运行记录），无违章作业现象。 (6) 设备环境情况。设备的工作环境应整洁、明亮通畅，符合安全环保、节能降耗的使用要求

其他安全管理措施

序号	项目	内容
1	触电事故预防管理措施	（1）施工现场临时安装的电气设备必须符合安全用电要求，并配备专职电工管理，其他人员不得擅自接电、拉线。 （2）施工现场临时用电应符合现行《施工现场临时用电安全技术规范》JGJ 46—2005的有关规定。施工用电设备数量在5台及以上，或用电设备容量在50kW及以上时，应编制用电组织设计。施工现场临时用电工程专用的电源中性点直接接地的220/380V三相四线制低压电力系统，必须符合下列规定： ① 采用三级配电系统。 ② 采用TN-S接零保护系统。 ③ 采用二级保护系统。 （3）坚持"一机、一闸、一漏、一箱"。配电箱、开关箱要合理设置，避免不良环境因素损害和引发电气火灾，其装设位置应避开污染介质、外来固体撞击、强烈振动、高温、潮湿、水溅及易燃易爆物等。 （4）雨天禁止露天电焊作业
2	机械伤害事故预防管理措施	（1）机械设备应按其技术性能的要求正确使用。缺少安全装置或安全装置已失效的机械设备不得使用。 （2）按规范要求对机械进行验收，验收合格后方可使用。 （3）机械操作工持证上岗，工作期间坚守岗位，按操作规程操作，遵守劳动纪律。 （4）处在运行和运转中的机械严禁对其进行维修、保养或调整等作业。 （5）机械设备应按时进行保养，当发现有漏保、失修或超载带病运转等情况时，机料处应停止其使用
3	中毒事故预防管理措施	（1）人工挖孔桩中，要进行毒气试验和配备通风设施。 （2）严禁现场焚烧有害有毒物质。 （3）工人生活设施符合卫生要求，不吃腐烂、变质食品。炊事员持健康证上岗。暑伏天要合理安作息时间，防止中暑脱水现发生
4	火灾事故预防管理措施	（1）施工现场必须设置足够的消防设备。 （2）预防监控措施 ① 施工现场内严禁使用电炉子，使用碘钨灯时，灯与易燃物间距要大于30cm，室内不准使用功率超过60W的灯泡，最好采用低能耗、冷光源的节能灯。 ② 存放易燃气体、易燃物仓库内的照明装置一定要采用防爆型设备，导线敷设、灯具安装、导线与设备连接均应满足有关规范要求
5	暴风雨预防管理措施	（1）项目部应每日了解天气情况，合理组织施工，避免降雨时在不良地质段及其影响区域施工，下雨时停止在不良地质及影响范围内施工，人员应撤至安全位置。降雨后应加强对施工现场的检查巡视。 （2）预防监控措施 ① 基础土方施工应根据实际情况设置有效的排（降）水措施。 ② 六级以上大风严禁登高作业，塔式起重机、施工电梯等应按规定安装接地保护和避雷装置
6	吊装系统倾覆管理措施	（1）梁板吊装施工进行技术交底，加强施工作业人员的安全意识。 （2）梁板吊装系统严格按设计图纸进行施工，保证架桥机的安全性能。 （3）起吊荷载不超过设计荷载。 （4）加强现场检查工作，发现有安全隐患时立即处理排除

1B420060　公路工程施工合同管理

【考点图谱】

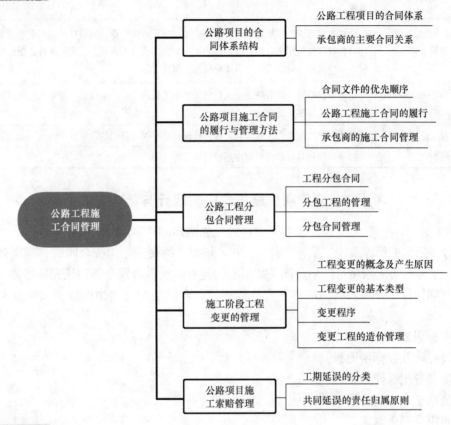

【考点精析】

考点1　公路项目的合同体系结构

承包商的主要合同关系

序号	项目	内容
1	分包合同	（1）承包商在总承包合同下可能订立许多分包合同，而分包人仅完成总承包商分包给自己的工程，向总承包商负责，与业主无合同关系。总承包商仍向业主担负全部工程责任，负责工程的管理和所属各分包人工作之间的协调，以及各分包人之间合同责任界面的划分，同时承担协调失误造成损失的责任，向业主承担工程风险。 （2）在投标书中，承包商必须附上拟定的分包人的名单和工程规模，供业主审查；未列入投标文件的专项工程，承包人不得分包。如果在工程施工中重新委托分包人，必须经过监理工程师（或业主代表）的批准
2	采购合同	承包商为采购和供应工程所必要的材料、设备，与材料、设备供应商所签订的材料、设备采购合同

续表

序号	项目	内容
3	运输合同	运输合同是承包商为解决材料、物资、设备的运输问题而与运输单位签订的合同
4	加工合同	加工合同是承包商将建筑构配件、特殊构件的加工任务委托给加工承揽单位而签订的合同
5	租赁合同	公路工程施工中,承包商需要许多施工设备、运输设备、周转材料。当有些设备、周转材料在现场使用率较低,或自己购置需要大量资金投入而自己又不具备这个经济实力时,可以采用租赁方式,与租赁单位签订租赁合同
6	劳务采购(或分包)合同	由劳务供应商(或劳务分包人)向工程施工提供劳务,承包人与劳务供应商(或劳务分包人)之间签订的合同
7	保险合同	即承包商按施工合同要求对工程进行保险,与保险公司签订保险合同
8	检测合同	即承包商与具有相应资质检测单位签订的合同

考点2 公路项目施工合同的履行与管理方法

合同文件的优先顺序

根据《公路工程标准施工招标文件》(2018年版)的规定,组成合同的各项文件应互相解释,互为说明。除项目专用合同条款另有约定外,解释合同文件的优先顺序如下:

1. 合同协议书及各种合同附件(含评标期间和合同谈判过程中的澄清文件和补充资料)。
2. 中标通知书。
3. 投标函及投标函附录。
4. 项目专用合同条款。
5. 公路工程专用合同条款。
6. 通用合同条款。
7. 工程量清单计量规则。
8. 技术规范。
9. 图纸。
10. 已标价工程量清单。
11. 承包人有关人员、设备投入的承诺及投标文件中的施工组织设计。
12. 其他合同文件。

公路工程施工合同的履行

序号	项目	内容
1	业主的合同履行	(1)严格按照施工合同的规定,履行业主应尽义务。业主履行合同是承包商履行合同的基础,因为业主的很多合同义务都是为承包商施工创造先决条件,如征地拆迁、"三通一平"、原始测量数据、施工图纸等。 (2)按合同规定行使工期控制权、质量检验权、工程计量权、工程款支付权,确保工程目标的实现。 (3)按合同约定行使工程交工、竣工验收权和履行工程款支付、竣工结算义务

续表

序号	项目	内容
2	承包商的合同履行	(1) 全面履行施工合同中的各项义务。在施工过程中,承包商必须通过投入足够的资源,建立精干高效的组织机构和完善的制度体系,采用先进、合理、经济的施工方案和技术,精心组织、科学管理,确保如期、保质、保量完成各项施工任务。 (2) 通过合理的工程变更与索赔,维护自己的合法权益,实现预期经营目标和战略

考点3 公路工程分包合同管理

分包合同管理

序号	项目	内容
1	分包合同的管理关系	(1) 分包合同是承包人将施工合同内对发包人承担义务的部分工作交给分包人实施,双方约定相互之间的权利、义务的合同。分包工程既是施工合同的一部分,又是分包合同的标的,涉及两个合同,所以分包合同的管理比施工合同管理复杂。 (2) 发包人与分包人没有合同关系,但发包人作为工程项目的投资方和施工合同的当事人,对分包合同的管理主要表现为对分包工程的批准。 (3) 监理工程师只与承包人有监理与被监理的关系,对分包人在现场施工不承担协调管理义务。只是依据施工合同对分包工作内容及分包人的资质进行审查,行使确认权或否定权;对分包人使用的材料、施工工艺、工程质量和进度进行监督。监理工程师就分包工程施工发布的任何指示均应发给承包人。 (4) 承包人作为两个合同的当事人,不仅对发包人承担确保整个合同工程按预期目标实现的义务,而且对分包工程的实施具有全面管理责任。承包人应委派代表对分包人的施工进行监督、管理和协调。在接到监理工程师就分包工程发布的指示后,应将其要求列入自己的管理工作内容,并及时以书面确认的形式转发给分包人令其遵照执行
2	分包工程的支付管理	(1) 分包工程的支付,应由分包人在合同约定的时间,向承包人报送该阶段施工的付款申请单,承包人经过审核后,将其列入施工合同的进度付款申请单内一并提交监理工程师审批。由监理工程师向承包人出具经发包人签认的进度付款证书。发包人应在监理工程师收到进度付款申请单后的28d内,将进度应付款支付给承包人。 (2) 分包人不能直接向监理工程师提出支付要求,必须通过承包人。发包人也不能直接向分包人付款,也必须通过承包人
3	分包工程的变更管理	(1) 承包人接到监理工程师依据合同发布的涉及发包工程的变更指令后,以书面确认方式通知分包人执行。承包人也有权根据工程的实际进展情况通过监理工程师向发包人提出有关变更建议。 (2) 监理工程师一般不能直接向分包人下达变更指令,必须通过承包人。分包人不能直接向监理工程师提出分包工程的变更要求,也必须由承包人提出
4	分包工程的索赔管理	(1) 分包合同履行过程中,当分包人认为自己的合法权益受到损害,无论事件起因于发包人或监理工程师,还是承包人的责任,他都只能向承包人提出索赔要求。如果是因发包人或监理工程师的原因或责任造成了分包人的合法利益的损害,承包人应及时按施工合同规定的索赔程序,以承包人的名义就该事件向监理工程师提交索赔报告。 (2) 对于由承包人的原因或责任引起分包人提出索赔,这类索赔产生于承包人与分包人之间,双方通过协商解决。监理工程师不参与该索赔的处理

考点 4　施工阶段工程变更的管理

变更程序

序号	项目	内容
1	变更的提出	（1）在合同履行过程中，可能发生合同约定变更情形的，监理工程师可向承包人发出变更意向书。变更意向书应说明变更的具体内容和发包人对变更的时间要求，并附必要的图纸和相关资料。变更意向书应要求承包人提交包括拟实施变更工作的计划、措施和竣工时间等内容的实施方案。发包人同意承包人根据变更意向书要求提交变更实施方案的，由监理工程师按合同约定发出变更指示。 （2）在合同履行过程中，发生合同约定变更情形的，监理工程师应按照合同约定向承包人发出变更指示。 （3）承包人收到监理工程师按合同约定发出的图纸和文件，经检查认为其中存在合同约定变更情形的，可向监理工程师提出书面变更建议。变更建议应阐明要求变更的依据，并附必要的图纸和说明。监理工程师在收到承包人书面建议后，应与发包人共同研究，确认存在变更的，应在收到承包人书面建议后的14d内作出变更指示。经研究后不同意作为变更的，应由监理工程师书面答复承包人。 （4）若承包人收到监理工程师的变更意向书后认为难以实施此项变更，应立即通知监理工程师，对其说明原因并附详细依据。监理工程师与承包人和发包人协商后确定撤销、改变或不改变原变更意向书
2	承包人的合理化建议	（1）在履行合同过程中，承包人对发包人提供的图纸、技术要求以及其他方面提出的合理化建议，均应以书面形式提交监理工程师。合理化建议书的内容应包括建议工作的详细说明、进度计划和效益以及与其他工作的协调等，并附必要的设计文件。监理工程师应与发包人协商是否采纳建议。建议被采纳并构成变更的，应按合同约定向承包人发出变更指示。 （2）承包人提出的合理化建议缩短了工期，发包人按合同条款中"工期提前"的规定给予奖励；承包人提出的合理化建议降低了合同价格或者提高了工程经济效益的，发包人按项目专用合同条款数据表中规定的金额给予奖励
3	工程变更的审批程序	（1）一般工程变更的审批程序。所谓一般工程变更，通常指一些小型的监理工程师有权直接批准的工程变更工作，其审批程序大致如下： ①工程变更的提出人向驻地监理工程师提出工程变更的申请，包括变更的原因、工程变更对造价的影响等分析，必要时附上有关的变更设计资料。 ②驻地监理工程师对变更申请的可行性进行评估，并写出初步的审查意见。 ③总监理工程师对驻地监理工程师审查的变更申请进行进一步的审定，并签署审批意见。总监理工程师签署工程变更令。 ④承包单位组织变更工程的施工（包括可能的设计工作）。 ⑤监理工程师和承包人协商确定变更工程的造价及办理有关的结算工作。 （2）重要工程变更的审批程序。重要工程变更通常指对工程造价影响较大、需要业主批准的工程变更工作。其审批程序是：监理工程师在下达工程变更令之前，一是要报业主批准，二是要同承包人协商确定变更工程的价格不超过业主批准的范围。如果超过业主批准的总额，监理工程师应在下达工程变更令之前请求业主作进一步的批准或授权。 （3）重大工程变更的审批程序。重大工程变更通常指一些对工程造价的影响很大、可能超出设计概算（甚至投资估算）的工程变更。对这些工程变更工作，业主在审批工程变更之前应事先取得国家计划主管部门的批准

变更工程的造价管理

序号	项目	内容
1	变更估价	(1) 除专用合同条款对期限另有约定外,承包人应在收到变更指示或变更意向书后的14d内,向监理工程师提交变更报价书。报价内容应根据合同约定的估价原则,详细开列变更工作的价格组成及其依据,并附必要的施工方法说明和有关图纸。 (2) 变更工作影响工期的,承包人应提出调整工期的具体细节。监理工程师认为有必要时,可要求承包人提交要求提前或延长工期的施工进度计划及相应施工措施等详细资料。 (3) 除专用合同条款对期限另有约定外,监理工程师应在收到承包人变更报价书后的14d内,根据合同约定的估价原则,按照合同约定商定或确定变更价格
2	变更的估价原则	除专用合同条款另有约定外,因变更引起的价格调整按照如下约定处理: (1) 如果取消某项工作,则该项工作的总额价不予支付。 (2) 已标价工程量清单中有适用于变更工作的子目的,采用该子目的单价。 (3) 已标价工程量清单中无适用于变更工作的子目,但有类似子目的,可在合理范围内参照类似子目的单价,由监理工程师按合同约定商定或确定变更工作的单价。 (4) 已标价工程量清单中无适用或类似子目的单价,可在综合考虑承包人在投标时所提供的单价分析表的基础上,由监理工程师按合同约定商定或确定变更工作的单价。 (5) 如果本工程的变更指示是因承包人过错、承包人违反合同或承包人责任造成的,则这种违约引起的任何额外费用应由承包人承担

考点5 公路项目施工索赔管理

工期延误的分类

序号	项目	内容
1	按延误索赔结果划分	(1) 可原谅可补偿的延误 可原谅可补偿的延误是指由于业主或工程师的错误或失误而造成的工期延误。在这种情况下,承包商不仅可以得到工期延长,还可以得到经济补偿。 (2) 可原谅不可补偿的延误 可原谅不可补偿的延误是指既不是承包商也不是业主的原因,而是由客观原因引起的工期延误。在这种情况下,承包商可获得一定的工期延长作为补偿,但一般得不到经济补偿。 (3) 不可原谅的延误 不可原谅的延误是指由于承包商的原因引起的工期延误。在这种情况下,承包商不但不能得到工期延长和经济补偿,而且由这种延误造成的损失全部都要由承包商来负责
2	按延误是否处于关键路线上划分	(1) 关键性延误 关键性延误是位于网络进度计划的关键线路上的延误。关键性延误肯定会导致总工期的延长,如果是可原谅的延误应该给予承包商工期补偿。 (2) 非关键性延误 非关键性延误是位于非关键线路上的延误。一般而言,当其延误时间没有超过总时差时,便不会造成总工期的延长,即使是可原谅的延误,只要其延误不造成总工期的延长,承包商仍然得不到工期补偿。只有超过总时差时,才对其超过部分予以延期

续表

序号	项目	内容
3	按照延误发生的时间划分	(1) 单一性延误 单一性延误即在同一时间段内干扰事件独立发生。由于时间单一，其处理的关键在于时间原始责任或风险承担的认定。 (2) 共同延误 如果多个索赔事件在一段时段内同时发生，而这些事件又分别属于应由业主、承包商分别承担责任的过错或风险，则称之为共同延误或多事件交叉延误。共同延误又可按照多个事件发生的时间关系分为： ① 同时性延误。当两个或两个以上的延误事件从发生到终止的时间完全相同时，这类延误被称为同时性延误。 ② 交错性延误。当两个或两个以上的延误事件从发生到终止的时间只有部分重合时，这类延误被称为交错性延误

共同延误的责任归属原则

序号	项目	内容
1	初始事件原则	(1) 初始事件原则：在多事件交叉时段中应判断哪一种原因是最先发生的，即找出"初始延误者"，他首先要对延误负责。在初始延误发生作用的期间，其他并发的延误者不承担延误责任。 (2) 依据的原则 ① 首先判断造成拖期的哪一种原因是最先发生的，即确定"初始延误"者，他应对工期拖期负责。 ② 如果初始延误者是发包人原因，则在发包人原因造成的延误期内，承包人既可得到工期延长，又可得到费用补偿。 ③ 如果初始延误者是客观原因，则在客观因素发生影响的延误期内，承包人可得到工期延长，但很难得到费用补偿。 ④ 如果初始延误者是承包人原因，则在承包人原因造成的延误期内，承包人工期补偿和费用补偿均不能得到
2	不利于承包商原则	(1) 不利于承包商原则：在交叉时段内，只要出现了承包商的责任或风险，不管其出现次序，亦不论干扰事件的性质，该时段的责任全部由承包商承担。 (2) 共同延误有以下几种组合： ① 可补偿延误与不可原谅延误同时存在。承包人不能要求工期延长和经济补偿。 ② 不可补偿延误与不可原谅延误同时存在，承包人无权要求工期延长。 ③ 不可补偿延误与可补偿延误同时存在，承包人可获得工期延长，但不能要求经济补偿。 ④ 两项可补偿延误同时存在。承包人只能得到一项工期延长或经济补偿
3	责任分摊原则	(1) 责任分摊原则：当交叉时段内的事件由业主、承包商共同承担责任时，按各干扰事件对干扰结果的影响分摊责任，并由双方共同承担。 (2) 这种折中的处理原则与前两种原则正相反，基本符合公平原则。问题的关键在于没有指明在实际工期索赔中使用该原则时，责任比例如何确定；并且该原则在理论上忽视了引起初始事件的原因在整个工程以及初始原因在延误责任划分归属问题中的重要性

续表

序号	项目	内容
4	工期从宽、费用从严原则	(1) 工期从宽、费用从严原则：工期索赔业主责任优先，费用索赔承包商责任优先。 (2) 具体表现即： ① 在多事件交叉时段内，对于工期索赔，只要存在业主责任或风险，即给予承包商工期补偿。 ② 只要在交叉时段存在承包商责任或风险，则承包商费用索赔均不成立。 ③ 只要在交叉时段存在承包商责任，业主索赔成立

1B420070 公路项目施工成本管理

【考点图谱】

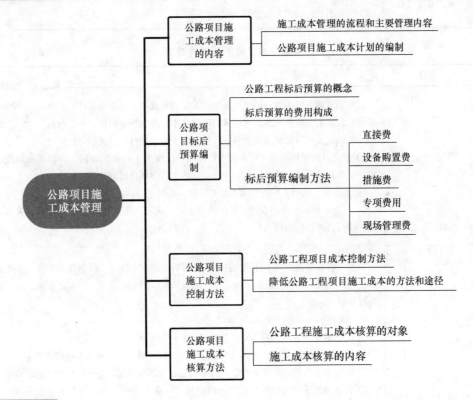

【考点精析】

考点1 公路项目施工成本管理的内容

项目施工成本管理内容

序号	项目	内容
1	施工成本预测	有企业和项目经理部有关人员根据一定的规则和程序确定的项目施工责任成本
2	施工成本计划编制	包括由项目经理部根据项目施工责任成本确定的施工工期内的总施工成本计划（目标成本）和月度施工成本计划的编制

续表

序号	项目	内容
3	施工成本控制	主要指工程项目施工成本的过程控制。这是工程项目施工成本管理活动中不确定因素最多、最复杂、最基础也是最重要的管理内容
4	施工成本核算	是对工程项目施工过程中所直接发生的各种费用,而进行的项目施工成本的核算。通过成本核算确定成本盈亏情况,为及时改善成本管理提供基础依据
5	施工成本分析	成本分析是一个动态的活动,它贯穿于施工项目成本管理的全过程。成本分析的主要目的是利用施工项目的成本核算资料,将目标成本(计划成本)于施工项目的实际成本进行比较,了解成本变动情况,确定成本管理业绩,并找出成本盈亏的主要原因,寻找降低施工成本的途径,减少浪费,达到加强施工成本管理的目的
6	施工成本考核	在施工成本管理的过程或结束后,要定期或按时根据项目施工成本管理的盈亏情况,给予责任者相应的奖励或惩罚

公路项目施工成本计划的编制

序号	项目	内容
1	确定责任目标成本	(1) 编制施工成本计划的关键是确定责任目标成本,这是成本计划的核心,是成本管理所要达到的目标,成本目标通常以项目成本总降低额和降低率来定量地表示。 (2) 确定责任目标成本的过程,应按照以下程序进行: ① 企业组织项目经理及有关部门负责人分析研究工程承包合同。商讨投标阶段已考虑的各项技术经济措施的落实和进一步降低工程成本途径的挖掘。 ② 企业提出项目责任目标成本及其实施的指导意见,并与项目经理协商。 ③ 在企业与项目经理双方认同的基础上,正式书面下达项目经理责任目标成本,签订《项目管理目标责任书》
2	施工成本计划的编制	(1) 工程项目施工成本计划应在项目经理的组织和主持下,根据合同文件、企业下达的责任目标成本、企业施工定额、经优化选择的施工方案以及生产要素成本预测信息等进行编制。 (2) 具体的工作程序是: ① 按照施工方案,计算各分部分项工程的计划工程量。 ② 按照企业施工定额,计算各分部分项工程的计划人工、材料、机械使用量。 ③ 按照企业内部或市场生产要素价格信息,计算各分部分项工程的施工预算成本。 ④ 将各项施工预算成本与相应项的责任目标成本进行比较,计算其计划成本偏差。现场计划成本偏差是指现场施工预算成本与责任目标成本之差,即: 计划成本偏差=施工预算成本-责任目标成本 计划成本偏差反映现场施工成本在计划阶段的预控情况,也称施工成本计划预控偏差。正值表示计划预控不到位,不满足该项责任目标成本的要求。 ⑤ 当计划预控偏差总和为正值时,应进一步改善施工方案,寻找有潜力的分部分项工程,挖掘降低施工预算成本的途径和措施,保证现场计划总成本控制在责任目标总成本的范围内。 (3) 通过以上施工预算成本的计算与平衡之后,形成的现场施工计划成本,作为现场施工成本控制的目标

考点 2　公路项目标后预算编制

项目标后总费用构成

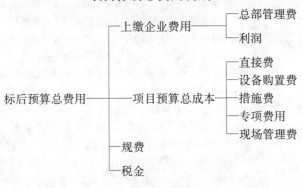

标后预算编制方法

序号	项目	子项目	内容
1	直接费	（1）含义	① 直接费是指施工过程中耗费的构成工程实体的和有助于工程形成的各项费用。 ② 影响直接费高低的因素有三个方面：一是工程量；二是单位实体工、料、机资源的消耗数量；三是各种资源的单价。 ③ 业主在工程量清单中已列明工程量，因此，标后预算清单细目的工程量与报价单中同一细目的工程量相同；单位实体人工和机械的消耗数量一般采用企业定额或根据实施性施工组织设计中计划配置的人力资源、机械设备配套计算；材料消耗量可以根据设计数量和混合料目标配合比计算，并参考同地区同类项目的历史消耗量等分析测算得出；对于从未施工过、没有历史资料的细目，单位实体消耗量也可以部颁定额作为补充；对于新工艺、新技术、新结构的工程项目，既无定额可查，也无历史数据可供参考，可以暂估一个总额价。 ④ 人工和机械台班的单价可以按照企业实际测算确定，材料的预算单价应按实际采购单价并考虑一定场外运输损耗和采购及保管费等计算
		（2）人工费的计算	人工费是指直接从事建筑安装的生产工人开支的各项费用。生产工人主要指钢筋工、混凝土工、辅助工、普工等。人工费的测算方法根据项目经理部的管理模式确定： ① 如果采取内部班组承包形式或者劳务分包形式的，可以根据市场行情和合同谈判情况，测算分包单价。 　　　人工费＝承包（分包）单价×承包（分包）工程量 ② 如果项目经理部自己组织施工的，可按施工组织设计配备的生产工人数量、辅助生产工人数量和计划工期，结合其月平均工资和工资附加费进行测算。 　　　人工费＝（月平均工资＋工资附加费）×用工数量×计划工期（月）
		（3）材料费计算	材料费是指施工过程中耗用的构成工程实体的各种原材料、辅助材料、构（配）件零件、半成品、成品的用量以及周转材料摊销量，根据工程所在地的材料市场价格确定，材料预算价格由材料原价、运杂费、场外运输损耗、采购及保管费组成，其中材料原价、运杂费按不含增值税（可抵扣进项税额）的价格确定。 　　　工程实体材料费用＝∑（工程实体各种材料消耗×相应材料单价）

续表

序号	项目	子项目	内容
1	直接费	(3)材料费计算	钢筋、钢绞线、型钢、管钢等材料消耗量＝设计图纸的设计工程量×(1＋经验损耗率) 混合料中各种原材料消耗量＝设计图纸的设计工程量×工地实验室的生产配合比中该材料所占的比率×(1＋经验损耗率) 经验损耗率可以根据施工过的同类项目的历史经验数据确定。 材料单价＝(材料采购单价＋运杂费)×(1＋场外运输损耗率)×(1＋采购及保管费率)－包装品回收价值 周转材料摊销费＝周转材料设计数量×单价×摊销率×计划使用时间 周转材料设计数量按照实施性施工组织设计中某单项工程设计用量(如模板设计、平台设计、脚手架设计等)计算。 周转材料单价＝(材料的采购原价＋运杂费)×(1＋采购及保管费率) 周转材料摊销率按企业财务部门规定计算。 如周转材料为租赁的，则周转材料费按租赁合同的租金计算，一般计算式为： 租金＝数量×租赁单价×租赁时间
		(4)机械费的计算	①自有机械 　　自有机械总费用＝Σ某种机械型号的(不变费用＋可变费用) 机械设备种类、数量和计划使用时间按实施性施工组织设计进行计算。 不变费用包括折旧费、检修费、维护费和安拆辅助费。 　　折旧费＝设备原值×年折旧率×使用时间(年) 其中年折旧率按企业财务部门规定进行测算。检修费、维护费和安拆辅助费根据经验数据计算。 可变费用包括：燃、油料费，电费，机驾人员工资及其他费用等。可按以下方法计算： 燃油费包括汽油、柴油、重油和煤，根据各机械设备的吨·公里耗油量或小时耗油量测算总耗油量，或以经验数据测算总耗油量，再乘以各燃油料的市场单价计算。 电费根据机械设备民铭牌标注的额定功率和预计使用时间计量用电量，再乘以电的单价得到。 　　机驾人员工资总额＝(月平均工资＋工资附加费)×人数×时间 养路费机车船使用税按实际缴纳计算。 ②租赁机械 根据租赁合同确定计算方法。如果租赁合同约定机驾人员工资、油料、维修等使用费由项目经理部承担，则：机械租赁费＝Σ[(机械租赁单价＋使用费)×租赁数量×租赁时间]。 如果租赁合同约定机驾人员工资油料维修等使用费由出租方承担，则：机械租赁费＝Σ(机械租赁单价×租赁数量×租赁时间)
2	设备购置费		设备购置费是为满足公路初期运营、管理需要购置的构成固定资产标准的设备和虽低于固定资产标准但属于设计明确列入设备清单的设备费用，包括渡口设备，隧道照明、消防、通风的动力设备，公路监控、收费、通信、路网运行监测、供配电及照明设备等

续表

序号	项目	子项目	内容
3	措施费		措施费是指直接费以外施工过程中发生的直接用于工程的费用。其内容包括冬期施工增加费、雨期施工增加费、夜间施工增加费、特殊地区施工增加费、行车干扰工程施工增加费、施工辅助费、工地转移费等内容。编制标后预算时,应根据项目可能遇到的实际情况,并结合实施性施工组织设计中的相关内容进行估算,也可以参考企业的相关费用定额进行计算
4	专项费用		(1) 专项费用包括施工场地建设费和安全生产费。 (2) 施工场地建设费。按照工地建设标准化要求进行承包人驻地、工地试验室建设、办公、生活居住房屋和生产用房屋等费用;场区平整、场地硬化、排水、绿化、标志、污水处理设施、围墙隔离设施等费用,以及以上范围内各种临时工作便道、人行便道,工地临时用水、用电的水管支管和电线支线,临时构筑物、其他小型临时设施等的搭设或租赁、维修、拆除及清理的费用;工地试验室所发生的属于固定资产的试验设备和仪器等折旧、维修或租赁费用以及施工扬尘污染防治措施费和文明施工、职工健康生活的费用。但不包括红线范围内贯通便道、进出场的临时便道、保通便道
5	现场管理费		(1) 保险费。承包商为了防范风险自行为施工生产用财产、机械设备以及职工人身安全等购买的保险所支出的费用,按实际发生计算。 (2) 管理人员工资。根据企业有关定岗、定员及工资总额控制的规定及项目计划工期、项目规模进行测算。 (3) 工资附加费。以管理人员工资总额为基数,按一定比率进行测算。 (4) 指挥车辆使用费。根据企业规定的项目应配备的指挥车辆数量和固定资产折旧率标准及其购买的原值、项目计划工期测算应计提的折旧费;保险费、审验费和购置税等根据实际发生的计列;维修费、养路费、燃油费和过(桥)费,则根据车辆使用中的经验数据和计划工期预测或按实际发生的计列;机驾人员工资总额根据企业核定的月平均工资和计划工期计算。如果为租赁的车辆,根据合同约定的租赁单价和租赁时间计算租赁费用总额。 (5) 通信费、办公费、水电费、主副食运费、差旅交通费、取暖降温费等根据项目的规模、计划工期和经验数据计算。 (6) 不可预见费。根据工程规模、技术含量、施工难易度、市场风险环境等因素进行预测。 (7) 其他费用 ① 业务招待费按企业和财政部有关规定进行测算。 ② 投标费按实际发生计列。 ③ 缺陷责任期费用根据工程规模、缺陷责任期时间和留守人员等情况,按经验数据测算

考点3　公路项目施工成本控制方法

公路工程项目成本控制方法

序号	项目	内容
1	以目标成本控制成本支出	(1) 人工费的控制 项目经理部要根据工程特点和施工范围来选择施工队伍,签订劳务合同。人工费单价采用中标后预算规定的人工费单价,辅工还可再低一些。同时,在施工过程中,必须严格按合同核定劳务分包费用控制支出,并每月底结算一次,发现超支现象应及时分析原因,清退不合格队伍。施工过程中,要注意加强预控管理,防止合同外用工现象的发生。

续表

序号	项目	内容
1	以目标成本控制成本支出	(2) 材料费的控制 由于材料成本是整个项目成本的主要环节，因此，项目经理应对材料成本予以足够的重视。对材料成本控制，一是要以预算价格来控制材料的采购成本。由于材料市场价格变动频繁，往往会发生预算价格与市场价格严重背离而使采购成本失控的情况。材料管理人员有必要经常关注材料市场价格的变动，利用现代化信息手段，广泛收集材料价格信息，并积累系统翔实的市场信息、优化采购，还应对材料价格的上升和下降有一定的预计和准备，以平衡成本支出，降低工程项目成本。二是对材料的数量控制，在工程项目的施工过程中，每月应根据施工进度计划，编制材料需用量计划，建立材料消耗台账，如超出限额领料，要分析原因，及时采取纠正措施；同时通过实行"限额领料"来控制材料领用数量，并控制工序施工质量，争取一次合格，避免因返工而增加材料损耗。 (3) 周转工具使用费的控制 在项目施工责任成本中，周转工具使用费是根据施工组织设计中的有关施工方案计算的；目标成本中该项费用是经过施工组织设计中有关施工方案进一步细化确定的。对周转工具使用费应从以下几个方面进行控制： ① 在计划阶段通过合理地安排施工进度，采用网络计划技术进行优化，采用先进的施工方案和先进的周转工具，控制周转工具使用费计划数低于目标成本的要求。 ② 在施工阶段控制租赁数量和进出场次数，减少租赁数量和时间，选择质优价廉的租赁单位，降低租赁费用。 ③ 在使用过程中，通过建立规章制度，建立约束和激励机制，控制周转工具的损坏、修理和丢失。 (4) 施工机械使用费的控制 机械使用费的控制与周转工具使用费的控制相似。在确定目标成本时尽量充分利用现有机械设备，内部合理调度，力求提高主要机械的利用率；对于租赁的机械，应按照使用数量、使用时间、使用单价逐项进行控制。小型机械及电动工具购置及修理费可采取由劳务队伍包干使用的方法进行控制。 (5) 现场管理费的控制 现场管理费包括项目经理部管理人员工资、奖金、交通费、业务费等。现场管理费内容多，人为因素多，宜采用全面预算管理来控制，对业务费、差旅费等包干使用，对一些不易包干的费用项目，可通过建立严格的审批手续来控制
2	以施工方案控制资源消耗	采用施工方案控制资源消耗的方法和步骤是： (1) 在工程项目开工以前，根据施工图纸和工程现场的实际情况，同时制定施工方案，包括人力物资需用计划、机具设备等，以此作为指导和管理施工的依据。 (2) 组织实施。施工方案是进行工程施工的指导性文件，对生产班组的任务安排，必须签发施工任务单和限额领料单，并向生产班组进行技术交底。在施工任务单和限额领料单的执行过程中，要求生产班组根据实际完成的工程量和实际消耗人工、实际消耗材料做好原始记录，作为施工任务单和限额领料单结算的依据。在任务完成后，根据回收的施工任务单和限额领料单进行结算，并按照结算内容支付报酬。 (3) 采用价值工程，优化施工方案。同一工程项目的施工，可以有不同的方案，选择最合理的方案是降低工程成本的有效途径。采用价值工程，可以优化施工方案。应用价值工程，既要研究技术，又要研究经济，即研究在提高功能的同时不增加成本，或在降低成本的同时不影响功能，把提高功能和降低成本统一在施工方案中

续表

序号	项目	内容
3	用净值法进行工期成本的同步控制	成本控制与施工计划管理、成本与进度之间必然存在着同步关系。因为成本是伴随着施工的进行而发生的，施工到什么阶段应该有什么样的费用，应用成本与进度同步跟踪的方法控制部分项目工程成本。如果成本与进度不对应，则必然会出现虚盈或虚亏的不正常现象，那么就要对此进行分析，找出原因，并加以纠正
4	运用目标管理控制工程成本	（1）运用目标管理控制工程成本，应从组织、经济、合同等多方面采取措施。要有明确的组织机构，有专人负责和明确管理职能分工；技术上要对多种施工方案进行选择；经济上要对成本进行动态管理，严格审核各项费用支出，采取对节约成本的奖励措施等；合同措施主要是收集、整理设计变更、工程签证、费用索赔、决算书发文等。 （2）具体做法有： ① 施工前认真组织图纸会审和技术交底，组织学习操作规程和技术标准，编制质量保证措施、安全保证措施等。 ② 根据施工图等有关技术资料，对拟定的施工方法、顺序、作业形式、机械设备选型、技术组织措施等进行认真的研究分析，制定出具体明确的施工方案。 ③ 台账管理。材料台账应对预算数与实耗数差异进行分析，为成本分析提供尽可能详细的资料。 ④ 设立合同管理机构或者配备合同管理专职人员，建立合同台账统计、检查和报告制度。 （3）在选用成本控制方法时，应该充分考虑与各项施工管理工作相结合。例如在计划管理、施工任务单管理、限额领料单管理、合同预算管理等工作中，跟踪原有的业务管理程序，利用业务管理所取得的资料进行成本控制，不仅省时省力，还能帮助各业务管理部门落实责任成本，从而得到他们的有力配合和支持。因此，综合各种有效的成本控制方法是实现施工项目成本控制的要求，是降低额外消耗、实现目标成本，实现项目盈利的关键

考点4 公路项目施工成本核算方法

施工成本核算的内容

序号	项目	内容
1	人工费的核算	（1）在实行计件工资制度下，所支付的工资一般都能分清受益对象，应根据"工程任务单"和"工资结算汇总表"，将归集的工资直接计入各成本核算对象的人工费成本项目中。 （2）在实行计时工资制度下，只有一个成本核算对象或者所发生的工资能分清是在哪个成本核算对象的施工中，可将其直接计入该成本核算对象的"人工费"项目中；如果工人同时在为多个成本核算对象施工，就需将所发生的工资在各个成本核算对象之间进行分配。 （3）职工福利费、工会经费、职工教育经费等工资附加费，应根据各个成本核算对象当期实际发生或分配计入的工资总额，按规定计提并计入"人工费"项目。 （4）工资性质的津贴，按规定应计入成本的奖金、劳动保护费等人工费，比照计件和计时工资的归集和分配方法，直接计入或分配计入有关成本核算对象的"人工费"项目。 （5）对于支付给分包单位的人工费，直接计入该分包工程的"人工费"项目

续表

序号	项目	内容
2	材料费核算	由于工程项目耗用的材料品种繁多、数量大、领用次数频繁,因此,企业必须建立、健全材料的收、发、领、退等管理制度,制定统一的定额领料单、大堆材料耗用计算单、集中配料耗用计算单、周转材料摊销分配表、退料单等自制原始凭证,并按不同的情况进行费用的归集和分配
3	机械使用费的核算	(1) 租入机械费用的核算。从外单位或本企业内部独立核算单位租入施工机械支付的租赁费,一般可以根据"机械租赁费结算单"所列金额,直接计入成本核算对象的"机械使用费"成本项目中。如果租入的施工机械是为两个或两个以上的工程服务,应以租入机械所服务的各个工程受益对象提供的作业台班数量为基数进行分配。 (2) 自有机械费用的核算。工程项目使用自有施工机械和运输设备进行机械作业所发生的各项费用,首先应通过"机械作业"科目,分别归集,月末根据各个成本核算对象实际使用机械的台班数计算各成本核算对象应分摊的施工机械使用费
4	措施费的核算	项目施工生产过程中实际发生的措施费,包括冬期施工增加费、雨期施工增加费、夜间施工增加费、特殊地区施工增加费、行车干扰工程施工增加费、施工辅助费、工地转移费等。凡能分清受益对象的,应直接计入受益对象的成本核算账户"工程施工—措施",如与若干个成本核算对象有关的,可先归集到项目经理部的"措施费"账户科目,再按规定的方法分配计入有关成本核算对象的"工程施工—措施费"成本项目内
5	间接费用的核算	间接费用主要是指现场施工管理费,主要有管理人员的工资、奖金和按比例计上交企业的职工福利费、工会经费、教育经费、劳保统筹费,以及现场公共生活服务等费用。施工间接费,先在项目"施工间接费"总账归集,再按一定的分配标准计入受益成本核算对象(单位工程)"工程施工—间接成本"

1B420080 公路工程造价管理

【考点图谱】

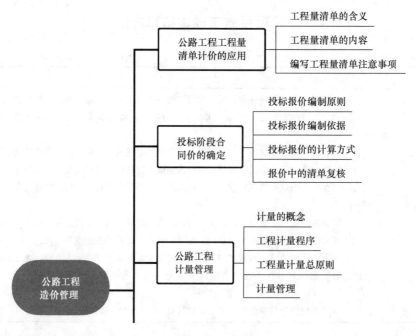

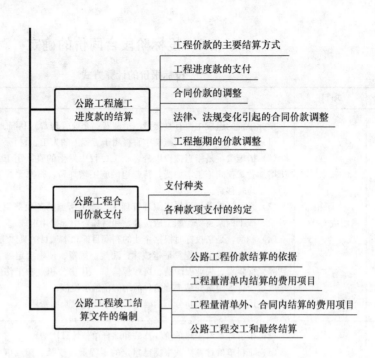

【考点精析】

考点1　公路工程工程量清单计价的应用

编写工程量清单注意事项

序号	项目	内容
1	将开办项目作为独立的工程子目单列出来	开办项目往往是一些一开工就要发生或开工前就要发生的项目,如工程保险、施工环保费、安全生产费、临时工程与设施、承包人驻地建设、施工标准化等。如果将这些项目包含在其他项目的单价中,到承包人开工时,上述各种款项得将得不到及时支付,这不仅影响合同的公平性和承包人的资金周转,而且会增加招标中预付款的数量
2	合理划分工程子目	在工程子目划分时,要注意将不同等级要求的工程区分开。将同一性质但不属于同一部位的工程区分开;将情况不同,可能要进行不同报价的子目区分开。这一做法主要是为了强化工程投标中的竞争性,使投标人报价更加具体,针对不同情况可以采用不同的单价,便于降低造价
3	工程子目的划分要大小合适	工程子目的划分不是绝对的,既要简单明了、高度概括,又不能漏掉项目和应计价的内容,要结合工程实际,具体问题具体对待,灵活掌握
4	工程量的计算整理要细致准确	计算和整理工程量的依据是设计图纸和技术规范,它是一项严谨的技术工作,绝不是简单地罗列设计文件中的工程量。要认真阅读技术规范中的计量和支付方法,仔细核查设计文件中工程量所对应计量方法与技术规范中的计量方法是否一致,如不一致,则需在整理工程量时进行技术处理。此外,在工程量的计算过程中,要做到不重不漏,更不能发生计算错误,否则,会带来一系列问题
5	计日工清单或专项暂定金额不可缺少	计日工清单是用来处理一些附加的或小型的变更工程计价的,清单中计日工的数量完全是由业主虚拟的,用以避免承包人在投标时计日工的单价报得太离谱,有了计日工清单会使合同管理很方便
6	应与工程量清单计量规则一致	工程量清单的编号、子目名称、单位等要求与工程量清单计量规则保持一致,从而保证整个合同的严密性和前后一致性

考点2 投标阶段合同价的确定

投标报价的计算方式

序号	项目	内容
1	投标报价的组成	投标报价的组成主要有直接费、措施费、企业管理费、利润、规费、税金和风险费等： (1) 直接费，是指工程施工中直接用于工程上的人工、材料和施工机械使用费用的总和。 (2) 措施费，是指直接费以外，施工过程中发生的直接用于工程的费用，如冬、雨期施工增加费，夜间施工增加费，特殊地区施工增加费，行车干扰工程施工增加费，施工辅助费，工地转移费。 (3) 企业管理费，是指组织和管理工程施工所需的各项费用。由基本费用、主副食运输补贴、职工探亲路费、职工取暖补贴和财务费用等费用组成。 (4) 利润，是指投标时根据企业的利润目标和本项目的具体情况确定的利润。 (5) 规费和税金，规费是指法律、法规、规章、规程规定施工企业必须缴纳的费用，包括养老保险费、失业保险费、医疗保险费、住房公积金和工伤保险费等；税金是按国家税法规定应计入建筑安装工程造价的增值税销项税额。 (6) 风险费是对风险分析后确定的用于防范风险的费用
2	标价的计算	投标报价计算有工料单价计算法和综合单价计算法两种。 (1) 工料单价计算法。根据已审定的工程量，按照定额或市场的单价，逐项计算每个项目的价格，分别填入招标人提供的工程量清单内，计算出全部工程直接成本费，然后按企业自定的各项费率及法定税率，依次计算出间接费、利润及税金。另外，再考虑一项不可预见费，其费用总和即为基础报价。 (2) 综合单价计算方法。按综合单价计算报价是所填入工程量清单的单价，应包括人工费、材料费、机械使用费、措施费、企业管理费、规费、利润和税金以及风险费等全部费用，构成基础单价，即综合单价。此种方法用于单价合同的报价，报价金额等于工程量清单的汇总金额加上暂定金额
3	标价分析	标价分析评估可从以下几个方面进行： (1) 标价的宏观审核 标价的宏观审核是依据长期的工程实践中积累的大量经验数据，用类比的方法，从宏观上判断初步计算的合理性。 (2) 标价的动态分析 标价的动态分析是假定某些因素发生变化，测算标价的变化幅度，特别是这些变化对计划利润的影响。如工期延误的影响，物价和工资上涨的影响，其他可变因素的影响等。 (3) 标价的盈亏分析 初步计算标价经过宏观审核与进一步分析检查，可能对某些分项的单价作必要调整，然后形成基础标价，再经盈亏分析，提出可能的低标价和高标价，供投标决策时选择
4	报价中的清单复核	(1) 清单项目完整性复核 以合同条款、施工图和技术规范为依据，认真核对所有清单项目，看其是否全面反映了拟建工程的全部内容。 (2) 清单项目一致性复核 ① 清单工程项目编码与项目名称是否一致。 ② 清单工程项目名称与施工图的项目名称是否一致。 ③ 对技术规范规定多个单位的项目，查清单中选用的单位与工程量计算口径是否一致。 ④ 清单工程项目与技术规范及定额计量单位是否一致。 (3) 清单工程量准确性复核 以合同条件、施工图和技术规范和计量规则为依据，对主要分部分项工程工程数量进行计算，将投标人计算结果与招标文件清单中数量进行比较

考点 3　公路工程计量管理

工程计量程序

序号	项目	内容
1	工程计量的组织类型	（1）监理工程师独立计量。计量工作由监理工程师单独承担，然后将计量的记录送承包人。承包人对计量有异议，可在 7d 内以书面形式提出，再由监理工程师对承包商提出的质疑进行复核，并将复议后的结果通知承包人。 （2）承包人进行计量。由承包人对已完的工程进行计量，然后将计量的记录及有关资料报送监理工程师核实确认。 （3）监理工程师与承包人共同计量。在进行计量前，由监理工程师通知承包人计量的时间与工程部位，然后由承包人派人同监理工程师共同计量，计量后双方签字认可
2	现场计量的程序	（1）工程计量由承包人向监理工程师提出并附有必要的中间交工验收资料或质量合格证明。 （2）监理工程师对工程的任何部分进行计量时，应事先通知承包人或承包人的代表。承包人或承包人的代表应立即委派合格人员前往协助监理工程师进行计量工作，还应提供必要的人员、设备和交通工具。计量工作可以由监理工程师和承包人双方委派合格人员在现场进行，也可以采用记录和图纸在室内按计量规则进行计算，其结果都必须经监理工程师和承包人双方同意，签字认可。如果承包人在收到监理工程师的计量通知后，不参加或未派人参加计量工作，根据通用合同条款第 17.1 款第 4 项第 3 目规定，由监理工程师派出人员单方面进行的工程计量，经监理工程师批准的应认为是正确的工程计量，可以用作支付的依据，承包人不可以对此种计量提出异议
3	驻地监理工程师对计量结果的审查	驻地监理工程师对计量结果的审查包括两个方面：一是计量的工程质量是否达到合同标准；二是计量的过程是否符合合同条件
4	总监理工程师代表处对工程计量项目的审定	总监理工程师代表处在审定过程中有权对计量的工程项目的质量进行抽检，抽检不合格的项目不予计量，对计量过程有错误的项目进行修正或不予计量。只有经总监理工程师审查批准的工程项目，才予以支付工程款项

工程量计量总原则

1. 所有工程项目，除个别注明者外，均采用我国法定的计量单位，即国际单位及国际单位制导出的辅助单位进行计量。

2. 任何工程项目的计量，均应按本规则规定或监理工程师书面指示进行。

3. 按合同提供的材料数量和完成的工程数量所采用的测量与计算方法，应符合规范规定。所有这些方法，应经监理工程师批准或指示。承包人应提供一切计量设备和条件，并保证其设备精度符合要求。

4. 除非监理工程师另有准许，一切计量工作都应在监理工程师在场情况下，由承包人测量、记录。有承包人签名的计量记录原本，应提交给监理工程师审查和保存。

5. 工程量应由承包人计算，由监理工程师审核。工程量计算的副本应提交给监理工程师并由监理工程师保存。

6. 除合同特殊约定单独计量之外，全部必需的模板、脚手架、装备、机具、螺栓、垫圈和钢制件等其他材料,应包括在工程量清单中所列的有关支付项目中,均不单独计量。

7. 除监理工程师另有批准外,凡超过图纸所示的面积或体积,都不予计量与支付。

8. 承包人应严格标准计量基础工作和材料采购检验工作。沥青混凝土、沥青碎石、水泥混凝土、高强度等级水泥砂浆的施工现场必须使用电子计量设备称重。因不符合计量规定引发质量问题,所发生的费用由承包人承担。

考点 4　公路工程施工进度款的结算

工程价款的主要结算方式

序号	项目	内容
1	按月结算	实行旬末或月中预支或不预支,月终结算,竣工后清算的办法。跨年度竣工的工程,在年终进行工程盘点,办理年度结算
2	竣工后一次结算	建设项目或单项工程全部建筑安装工程建设期在 12 个月以内,或者工程承包价值在 100 万元以下的,可以实行工程价款每月月中预支,竣工后一次结算
3	分段结算	即当年开工,当年不能竣工的单项工程或单位工程按照工程进度,划分不同阶段进行结算,分段结算可以按月预支工程款
4	目标结算方式	即在工程合同中,将承包工程的内容分解成不同的控制界面,以业主验收界面作为支付工程价款的前提条件。也就是说,将合同中的工程内容分解成不同的验收单元,当承包商完成单元工程内容并经业主(或其委托人)验收后,业主支付构成单元工程内容的工程价款
5	双方约定的其他结算方式	

工程进度款的支付

序号	项目	内容
1	进度付款周期	工程进度款付款周期同计量周期,即单价子目按月支付,总价子目按批准的支付分解报告确定的周期支付
2	进度付款申请单	(1) 承包人应在每个付款周期末,按监理工程师批准的格式和专用合同条款约定的份数,向监理工程师提交进度付款申请单,并附相应的支持性证明文件。 (2) 除专用合同条款另有约定外,进度付款申请单应包括下列内容: ① 截至本次付款周期末已实施工程的价款。 ② 应增加和扣减的变更金额。 ③ 应增加和扣减的索赔金额。 ④ 应支付的预付款和扣减的返还预付款。 ⑤ 应扣减的质量保证金。 ⑥ 根据合同应增加和扣减的其他金额

续表

序号	项目	内容
3	进度付款证书和支付时间	(1) 监理工程师在收到承包人进度付款申请单以及相应的支持性证明文件后的14d内完成核查，提出发包人到期应支付给承包人的金额以及相应的支持性材料，经发包人审查同意后，由监理工程师向承包人出具经发包人签认的进度付款证书。监理工程师有权扣发承包人未能按照合同要求履行任何工作或义务的相应金额。如果该付款周期应结算的价款经扣留和扣回后的款额少于项目专用合同条款数据表中列明的进度付款证书的最低金额，则该付款周期监理工程师可不核证支付，上述金额将按付款周期结转，直至累计应支付的款额达到项目专用合同条款数据表中列明的进度付款证书的最低金额为止。 (2) 发包人应在监理工程师收到进度付款申请单且承包人提交了合格的增值税专用发票后的28d内，将进度应付款支付给承包人。发包人不按期支付的，按项目专用合同条款数据表中约定的利率向承包人支付逾期付款违约金。违约金计算基数为发包人的全部未付款额，时间从应付而未付该款额之日算起（不计复利）。 (3) 监理工程师出具进度付款证书，不应视为监理工程师已同意、批准或接受了承包人完成的该部分工作。 (4) 进度付款涉及政府投资资金的，按照国库集中支付等国家相关规定和专用合同条款的约定办理
4	工程进度付款的修正	在对以往历次已签发的进度付款证书进行汇总和复核中发现错、漏或重复的，监理工程师有权予以修正，承包人也有权提出修正申请。经双方复核同意的修正，应在本次进度付款中支付或扣除

合同价款的调整

序号	项目	内容
1	原工程量清单工程数量	原工程量清单工程数量为合同数量，根据监理工程师确认计量的数量，即实际完成数量对合同价款进行调整
2	工程价款价差调整的主要方法	(1) 工程造价指数调整法。甲乙双方采用当时的预算（或概算）定额单价计算承包合同价，待竣工时，根据合理的工期及当地工程造价管理部门所公布的该月度（或季度）的工程造价指数，对原承包合同价予以调整。 (2) 实际价格调整法。有些合同规定对钢材、水泥、木材等三大材料的价格采取按实际价格结算的方法，对这种办法，地方主管部门要定期发布最高限价。同时，合同文件中应规定建设单位或工程师有权要求承包商选择更廉价的供应来源。 (3) 调价文件计算法。甲乙双方按当时的预算价格承包，在合同期内，按造价管理部门调价文件的规定，进行抽料补差（按所完成的材料用量乘以价差）。 (4) 调值公式法。此种调值公式一般包括固定部分、材料部分和人工部分，调值公式一般为： $$P = P_0(a_0 + a_1 A/A_0 + a_2 B/B_0 + a_3 C/C_0 + \cdots\cdots)$$ 式中　　P——调值后合同价款或工程实际结算款； 　　　　P_0——合同价款中工程预算进度款； 　　　　a_0——固定要素，代表合同支付中不能调整部分占合同总价的比重； 　　　　a_1、a_2、a_3——代表各有关费用（如人工费、钢材费用、水泥费用等）在合同总价中所占的比重 $a_0 + a_1 + a_2 + a_3 + \cdots\cdots = 1$； 　　　　A_0、B_0、C_0——与 a_1、a_2、a_3 对应的各项费用的基期价格指数； 　　　　A、B、C——与 a_1、a_2、a_3 对应的各项费用的现行价格指数，指合同条款约定的付款证书相关周期最后1d的前42d的各可调项费用的价格指数

其他的价款调整规则

序号	项目	内容
1	法律、法规变化引起的合同价款调整	在送交投标文件截止期前28d之后,国家或省(自治区、直辖市)颁布的法律、法规出现修改或变更,因采用新的法律、法规使承包人在履行合同中的费用发生价差调整以外的增加或减少,则此项增加或减少的费用应由监理工程师在与承包人协商并报经业主批准后确定,增加到合同价或从合同价中扣除
2	工程拖期的价款调整	如果承包人未能在投标书附录中写明的工期内完成本合同工程,则在该交工日期以后施工的工程,其价格调整计算应采用该交工日期所在年份的价格指数作为当期价格指数。如果延期符合合同规定的情况,则在该延长的交工日期到期以后施工的工程,其价格调整计算应采用该延长的交工日期所在年份的价格指数作为当期价格指数

考点5 公路工程合同价款支付

各种款项支付的约定

序号	项目	内容
1	预付款	预付款包括开工预付款和材料、设备预付款。 (1) 开工预付款的金额在项目专用条款数据表中约定(开工预付款是一项由业主提供给承包人用于开办费用的无息贷款,国际上一般规定范围是0~20%,国内开工预付款金额一般应为10%签约合同价)。在承包人签订了合同协议书且承包人承诺的主要设备进场后,监理工程师应在当期进度付款证书中向承包人支付开工预付款。承包人不得将该预付款用于与本工程无关的支出,监理工程师有权监督承包人对该项费用的使用,如经查实承包人滥用开工预付款,发包人有权立即向银行索赔履约保证金,并解除合同。 (2) 材料、设备预付款按项目专用合同条款数据表中所列主要材料、设备单据费用(进口的材料、设备为到岸价,国内采购的为出厂价或销售价,地方材料为堆场价)的百分比支付。其预付条件为: ① 材料、设备符合规范要求并经监理工程师认可。 ② 承包人已出具材料、设备费用凭证或支付单据。 ③ 材料、设备已在现场交货,且存储良好,监理工程师认为材料、设备的存储方法符合要求。则监理工程师应将此项金额作为材料、设备预付款计入下一次的进度付款证书中。在预计交工前3个月,将不再支付材料、设备预付款。 (3) 预付款保函 承包人无须向发包人提交预付款保函。发包人向承包人支付的预付款,应按照合同规定使用,承包人提交的履约保证金对预付款的正常使用承担保证责任。 (4) 预付款的扣回与还清 ① 开工预付款在进度付款证书的累计金额未达到签约合同价的30%之前不予扣回,在达到签约合同价30%之后,开始按工程进度以固定比例(即每完成签约合同价的1%,扣回开工预付款的2%)分期从各月的进度付款证书中扣回,全部金额在进度付款证书的累计金额达到签约合同价的80%时扣完。 ② 当材料、设备已用于或安装在永久工程之中时,材料、设备预付款应从进度付款证书中扣回,扣回期不超过3个月。已经支付材料、设备预付款的材料、设备的所有权应属于发包人

续表

序号	项目	内容
2	质量保证金的支付与返还	（1）交工验收证书签发后 14d 内，承包人应向发包人缴纳质量保证金。质量保证金可采用银行保函或现金、支票形式，金额应符合项目专用合同条款数据表的规定。采用银行保函时，出具保函的银行须具有相应担保能力，且按照发包人批准的格式出具，所需费用由承包人承担。质量保证金采用现金、支票形式提交的，发包人应在项目专用合同条款数据表中明确是否计付利息以及利息的计算方式。 （2）发包人应按照合同约定方式预留保证金，保证金总预留比例不得高于工程价款结算总额的 3%。合同约定由承包人以银行保函替代预留保证金的，保函金额不得高于工程价款结算总额的 3%。 （3）在合同条款约定的缺陷责任期满时，且质量监督机构已按规定对工程质量检测鉴定合格，承包人向发包人申请到期应返还承包人剩余的质量保证金金额，发包人应在 14d 内会同承包人按照合同约定的内容核实承包人是否完成缺陷责任。如无异议，发包人应当在核实后将剩余保证金返还承包人。 （4）在合同条款约定的缺陷责任期满时，承包人没有完成缺陷责任的，发包人有权扣留与未履行责任剩余工作所需金额相应的质量保证金余额，并有权根据合同条款约定要求延长缺陷责任期，直到完成剩余工作为止
3	农民工工资保证金的支付与返还	（1）为确保施工过程中农民工工资实时、足额发放到位，承包人应按照项目专用合同条款约定的时间和金额缴存农民工工资保证金。 （2）农民工工资保证金可采用银行保函或现金、支票形式。采用银行保函时，出具保函的银行须具有相应担保能力，且按照发包人批准的格式出具，所需费用由承包人承担。 （3）农民工工资保证金的扣留条件、返还时间按照项目专用合同条款的约定执行
4	其他支付	（1）索赔费用。 （2）计日工费用。 （3）变更工程费用。 （4）价格调整费用。 （5）拖期违约损失赔偿金（违约罚金）。 （6）逾期付款违约金

考点6 公路工程竣工结算文件的编制

工程量清单内结算的费用项目

序号	项目	内容
1	月进度付款	月进度付款是根据承包人每月实际完成的符合质量要求、并经监理工程师计量确认的工程数量乘相应的单价计算确定，即： 月进度付款=本月实际完成的合格工程数量×相应的单价
2	计日工	（1）合同中通常含有计日工明细表，表中列有不同劳务、材料、施工设备的估计数量，计日工单价由承包人报价，然后将汇总的计日工价合计在投标总价中。工程实施中，按监理工程师的指令进行。 （2）在工程实施过程中，发包人认为有必要时，由监理工程师通知承包人以计日工方式实施变更的零星工作。其价款按列入已标价工程量清单中的计日工计价子目及其单价进行计算。

续表

序号	项目	内容
2	计日工	(3) 采用计日工计价的任何一项变更工作，应从暂列金额中支付，承包人应在变更的实施过程中，每天提交以下报表和有关凭证报送监理工程师审批： ① 工作名称、内容和数量； ② 投入该工作所有人员的姓名、工种、级别和耗用工时； ③ 投入该工作的材料类别和数量； ④ 投入该工作的施工设备型号、台数和耗用台时； ⑤ 监理工程师要求提交的其他资料和凭证。 (4) 计日工由承包人汇总后，按合同的约定列入进度付款申请单，由监理工程师复核并经发包人同意后列入进度付款
3	暂列金额	(1) 暂列金额在已标价工程量清单中列出，用于在签订协议书时尚未确定或不可预见变更的施工及其所需材料、工程设备、服务等的金额，包括以计日工方式支付的金额。 (2) 对于经发包人批准的每一笔暂列金额，监理工程师有权向承包人发出实施工程或提供材料、工程设备或服务的指令。这些指令应由承包人完成，监理工程师应根据合同条款约定的变更估价原则和规定，对合同价格进行相应调整。 (3) 当监理工程师提出要求时，承包人应提供有关暂列金额支出的所有报价单、发票、凭证和账单或收据，除非该工作是根据已标价工程量清单列明的单价或总额价进行的估价
4	暂估价	(1) 在工程招标阶段已经确定的材料、工程设备或工程项目，但又无法在当时确定准确价格，而可能影响招标效果时，发包人在工程量清单中给定一个暂估价。因此暂估价是用于支付必然发生但暂时不能确定价格的材料、设备以及专业工程的金额。 (2) 暂估价在工程实施过程中，对于不同类型的材料与专业工程采用不同的计价方法。 (3) 发包人在工程量清单中给定暂估价的材料、工程设备和专业工程属于依法必须招标的范围并达到规定的规模标准的，由发包人和承包人以招标的方式选择供应商或分包人。发包人和承包人的权利义务关系在专用合同条款中约定。中标金额与工程量清单中所列的暂估价的金额差以及相应的税金等其他费用列入合同价格。 (4) 发包人在工程量清单中给定暂估价的材料和工程设备不属于依法必须招标的范围或未达到规定的规模标准的，应由承包人按合同的约定提供。经监理工程师确认的材料、工程设备的价格与工程量清单中所列的暂估价的金额差以及相应的税金等其他费用列入合同价格。 (5) 发包人在工程量清单中给定暂估价的专业工程不属于依法必须招标的范围或未达到规定的规模标准的，由监理工程师按照合同规定进行估价，但专用合同条款另有约定的除外。经估价的专业工程与工程量清单中所列的暂估价的金额差以及相应的税金等其他费用列入合同价格

工程量清单外、合同内结算的费用项目

序号	项目	内容
1	预付款	根据合同规定，承包人有权得到发包人提供的一笔相当于合同价值一定比例（通常规定为合同价的 10%）的无息开工预付款，用于支付开工初期各项准备工作的款项。开工预付款的金额在项目专用条款数据表中约定，并且在施工期间按合同规定分批扣回
2	质量保证金	(1) 质量保证金是指发包人与承包人在工程承包合同中约定的，用以保证承包人在缺陷责任期内对工程出现的缺陷进行维修的资金。已经缴纳履约保证金的，发包人不得同时预留工程质量保证金。

续表

序号	项目	内容
2	质量保证金	（2）保证金的支付。交工验收证书签发后14d内，承包人应向发包人缴纳质量保证金。质量保证金可采用银行保函或现金、支票形式，金额应符合项目专用合同条款数据表的规定。采用银行保函时，出具保函的银行须具有相应担保能力，且按照发包人批准的格式出具，所需费用由承包人承担。质量保证金采用现金、支票形式提交的，发包人应在项目专用合同条款数据表中明确是否计付利息以及利息的计算方式。 （3）保证金的缺陷修复责任。缺陷责任期内，由承包人原因造成的缺陷，承包人应负责维修，并承担鉴定及维修费用。如承包人不维修也不承担费用，发包人可按合同约定扣除保证金，并由承包人承担违约责任。承包人维修并承担相应费用后，不免除对工程的一般损失赔偿责任。由他人原因造成的缺陷，发包人负责组织维修，承包人不承担费用，且发包人不得从保证金中扣除费用。缺陷责任期满时，承包人没有完成缺陷责任的，发包人有权扣留与未履行责任剩余工作所需金额相应的质量保证金余额，并有权根据约定要求延长缺陷责任期，直至完成剩余工作为止。 （4）保证金的返还。缺陷责任期内，承包人认真履行合同约定的责任。在合同条约约定的缺陷责任期满时，且质量监督机构已按规定对工程质量检测鉴定合格，承包人向发包人申请到期应返还承包人剩余的质量保证金金额，发包人应在14d内会同承包人按照合同约定的内容核实承包人是否完成缺陷责任。如无异议，发包人应当在核实后将剩余保证金返还承包人
3	工程变更费用	工程变更是指在工程实施中，对某些工作内容做出修改或追加或取消某一工作内容。当发生工程变更时，监理工程师应根据合同文件和工程实际情况对工程变更费用进行合理的估价
4	价格调整费用	为了避免双方的风险损失，降低投标报价及合理确定工程造价，合同通用条款对价格调整做出了专门的规定，应按规定进行调整
5	逾期交工违约金	（1）逾期交工违约金是指承包人未能按合同工期完成工程施工，或在监理工程师批准的延期内完成工程的施工而给予发包人的补偿。合同通用条款作了专门的规定：由于承包人原因造成工期延误，承包人应支付逾期交工违约金。 （2）逾期交工违约金的计算方法在项目专用合同条款数据表中约定，时间自预定的交工日期起到交工验收证书中写明的实际交工日期止（扣除已批准的延长工期），按天计算，逾期交工违约金累计金额最高不超过项目专用合同条款数据表中写明的限额。发包人可以从应付或到期应付给承包人的任何款项中或采用其他方法扣除此违约金
6	提前竣工奖金	发包人要求承包人提前竣工，或承包人提出提前竣工的建议能够给发包人带来效益的，应由监理工程师与承包人共同协商采取加快工程进度的措施和修订合同进度计划。发包人应承担承包人由此增加的费用，并向承包人支付专用合同条款约定的相应奖金
7	迟付款利息	（1）承包人有权在合同规定的时间期限内从发包人处得到支付。如果发包人不按合同规定时间付款，则应支付承包人迟付款额的利息。 （2）通用条款规定：发包人应在监理工程师收到进度付款申请单后的28天内，将进度应付款支付给承包人。发包人不按规定支付的，按项目专用条款数据表中约定的利率向承包人支付逾期付款违约金。违约金计算基数为发包人的全部未付款额，时间从应付而未付该款额之日算起（不计复利）
8	索赔费用	索赔是双向的，既可以是承包人向发包人的索赔，也可以是发包人向承包人的索赔。在施工结算时，承包人向发包人的索赔金额，经监理工程师确认后计入支付证书，发包人向承包人的索赔金额，则从支付证书中扣除

注：工程量清单以外、合同以内的费用项目，是指那些没有包括在工程量清单以内、但根据合同条款规定应该结算的费用项目，包括开工预付款，材料、设备预付款，质量保证金，工程变更费用，价格调整费用，逾期交工违约金，提前竣工奖金，迟付款利息，索赔费用等费用项目。

公路工程交工和最终结算

序号	项目	内容
1	公路交工结算	（1）承包人的交工支付申请 根据《公路工程标准施工招标文件》专用条款第17.5.1款的规定，工程接收证书颁发后，承包人应按专用合同条款约定的份数和期限向监理工程师提交交工付款申请单，并提供相关证明材料。 （2）交工支付申请的审定与支付 监理工程师在收到承包人提交的竣工付款申请单后的14d内完成核查，提出发包人到期应支付给承包人的价款送发包人审核并抄送承包人。发包人应在收到后14d内审核完毕，由监理工程师向承包人出具经发包人签认的竣工付款证书。监理工程师未在约定时间内核查，又未提出具体意见的，视为承包人提交的竣工付款申请单已经监理工程师核查同意。发包人未在约定时间内审核又未提出具体意见的，监理工程师提出发包人到期应支付给承包人的价款视为已经发包人同意
2	公路工程最终结算	（1）最终支付申请 ①缺陷责任期终止证书签发后，承包人可按专用合同条款约定的份数和期限向监理工程师提交最终结清申请单，并提供相关证明材料； ②发包人对最终结清申请单内容有异议的，有权要求承包人进行修正和提供补充资料，由承包人向监理工程师提交修正后的最终结清申请单。 （2）结清证书和支付时间 ①监理工程师收到承包人提交的最终结清申请单后的14d内，提出发包人应支付给承包人的价款送发包人审核并抄送承包人。发包人应在收到后14d内审核完毕，由监理工程师向承包人出具经发包人签认的最终结清证书。监理工程师未在约定时间内核查，又未提出具体意见的，视为承包人提交的最终结清申请已经监理工程师核查同意；发包人未在约定时间内审核又未提出具体意见的，监理工程师提出应支付给承包人的价款视为已经发包人同意； ②发包人应在监理工程师出具最终结清证书后且承包人提交了合格的增值税专用发票后的14d内，将应支付款支付给承包人。发包人不按期支付的，按合同的约定，将逾期付款违约金支付给承包人； ③承包人对发包人签认的最终结清证书有异议的，按约定办理； ④最终结清付款涉及政府投资资金的，按合同的约定办理

合同终止后的结算

序号	项目	内容
1	承包人违约导致合同终止后的结算	（1）合同解除后，监理工程师按合同要求商定或确定承包人实际完成工作的价值，以及承包人已提供的材料、施工设备、工程设备和临时工程等的价值。 （2）合同解除后，发包人应暂停对承包人的一切付款，查清各项付款和已扣款金额，包括承包人应支付的违约金。 （3）合同解除后，发包人应按合同的约定向承包人索赔由于解除合同给发包人造成的损失。 （4）合同双方确认上述往来款项后，出具最终结清付款证书，结清全部合同款项。 （5）发包人和承包人未能就解除合同后的结清达成一致而形成争议的，按合同的约定办理
2	发包人违约导致合同终止后的结算	（1）因发包人违约解除合同的，发包人应在解除合同后28天内向承包人支付下列金额，承包人应在此期限内及时向发包人提交要求支付下列金额的有关资料和凭证。 （2）发包人应按本项约定支付上述金额并退还质量保证金和履约担保，但有权要求承包人支付应偿还给发包人的各项金额

续表

序号	项目	内容
3	因不可抗力而终止合同后的结算	合同一方当事人因不可抗力不能履行合同的,应当及时通知对方解除合同。合同解除后,承包人应按照合同的约定撤离施工场地。已经订货的材料、设备由订货方负责退货或解除订货合同,不能退还的货款和因退货、解除订货合同发生的费用,由发包人承担,因未及时退货造成的损失由责任方承担。合同解除后的付款,参照合同约定,由监理工程师商定或确定

1B420090 公路工程施工现场临时工程管理

【考点图谱】

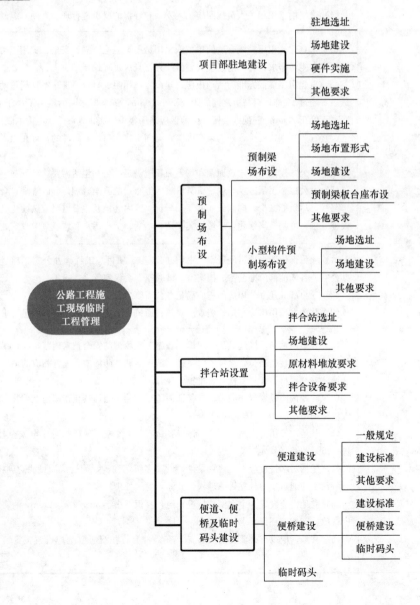

【考点精析】

考点1　项目部驻地建设

项目部驻地建设

序号	项目	内容
1	驻地选址	（1）满足安全、实用、环保的要求，以工作方便为原则，具备便利的交通条件和通电、通水、通信条件。 （2）用地合法，周围无塌方、滑坡、落石、泥石流、洪涝等自然灾害隐患，无高频、高压电源及油、气、化工等其他污染源。 （3）离集中爆破区500m以外，不得占用独立大桥下部空间、河道、互通匝道区及规划的取、弃土场。 （4）进场前组织相关人员按照施工、安全和环保的要求进行现场查勘，编制选址方案
2	场地建设	（1）可自建或租用沿线合适的单位或民用房屋，但应坚固、安全、实用、美观，并满足工作和生活需求，自建房还应安装拆卸方便且满足环保要求。 （2）自建房屋最低标准为活动板房，建议宜选用阻燃材料，搭建不宜超过两层，每组最多不超过10栋，组与组之间的距离不小于8m，栋与栋之间的距离不小于4m，房间净高不低于2.6m。驻地办公区、生活区应采用集中供暖设施，严禁电力取暖。 （3）宜为独立式庭院，四周设有围墙，有固定出入口。有条件的，可在出入口设置保卫人员。 （4）办公、生活用房建筑面积和场地面积应满足办公和生活需要。 （5）办公区、生活区及车辆、机具停放区等布局应科学合理，分区管理，合理规划人车路线，尽可能减少不同区域间的互相干扰。区内场地及主要道路应做硬化处理，排水设施完善，庭院适当绿化，环境优美整洁，生活、生产污水和垃圾集中收集处理
3	硬件实施	（1）项目部一般设项目经理室（书记办公室）、项目总工程师办公室、项目副经理室办公室、各职能部门办公室、档案室、试验室、会议室等。 （2）项目部驻地办公用房面积应满足办公需要。 （3）驻地办公用房应实用、美观、隔热、通风、防潮，各室功能应满足要求
4	其他要求	（1）驻地内消防设施应满足《建设工程施工现场消防安全技术规范》GB 50720—2011的有关规定，在适当位置设置临时室外消防水池和消防沙池，配置相应的消防安全标识和消防安全器材，并经常检查、维护、保养。 （2）驻地内应设置消防通道，并保证消防车道的畅通，禁止在车道上堆物、堆料或挤占消防通道。 （3）驻地内使用的电气设备和临时用电应符合《施工现场临时用电安全技术规范》JGJ 46—2005的规定。 （4）生活污水排放应进行规划设计，设置多级沉淀池，通过沉淀过滤达到排放标准。厕所污水应通过集中独立管道进入化粪池，封闭处理。 （5）驻地内应设置一个大型垃圾堆积池，容积不小于3m×2m×1.5m，将各种垃圾集中存放，定期按环保要求处置。 （6）驻地内设有必要的防雷设施，在条件允许情况下驻地应设置报警装置和监控设施

考点2 预制场布设

预制梁场布设

序号	项目	内容
1	场地选址	(1) 以方便、合理、安全、经济、环保及满足工期为原则,结合施工合同段所属预制梁板的尺寸、数量、架设要求以及运输条件等情况进行综合选址。 (2) 应满足用地合法,周围无塌方、滑坡、落石、泥石流、洪涝等地质灾害。无高频、高压电源及其他污染源;离集中爆破区500m以外;不得占用规划的取、弃土场。 (3) 原则上不宜设在主线征地范围内。若确实存在用地困难等特殊情况需要将预制场设于主线征地范围内时,应报项目建设单位审批
2	场地布置形式	预制场的布置取决于现场的面积、地形、工程规模、安装方法、工期及机械设备情况等,条件不同,布置方法差异较大。以下是预制场的几种布置形式: (1) 路基外预制场。该类型预制场比较普遍,制梁区使用大型龙门吊,在路基外设置预制场。 (2) 路基上预制场。在其他地方设置预制场困难时,可将预制场设在路基上。要求桥头引道上有较长的平坡,并且路基比较宽(一般应大于24m),布置时首先要留足桥头架桥机的拼装场地,并偏向一侧设置梁区,以便留出道路。 (3) 桥上预制场。桥梁施工在城市市区内时,现场没有预制场地,若在城外预制梁片,运梁十分困难,可考虑在桥墩之间拼装支架,制作安装2~3孔主梁,然后把施工完成的跨径部分作为预制场,并依次使预制场扩展出去。要求预制台座可活动,大梁安装采用跨墩龙门吊较方便
3	场地建设	(1) 场地建设前施工单位应将梁场布置方案报监理工程师审批,方案内容应包含各类型梁板的台座数量、模板数量、生产能力、存梁区布置及最大存梁能力等。 (2) 宜采用封闭式管理,场地内应按办公区、生活区、构件加工区、制梁和存梁区、废料处理区等科学合理设置,功能明确,标识清晰。生活区应与其他区隔开,生活用房按照驻地建设相关标准建设。 (3) 各项目预制场应统筹设置,建设规模和设备配备应结合预制梁板的数量和预制工期相适应。 (4) 场内路面宜做硬化处理,主要运输道路应采用不小于20cm厚的C20混凝土硬化,基础不好的道路应增设碎石掺石屑垫层。场内不允许积水,四周设置砖砌排水沟,并采用M7.5砂浆抹面。 (5) 预制梁场应尽量按照"工厂化、集约化、专业化"的要求规划、建设,每个预制梁场预制的梁板数量不宜少于300片。若个别受地形、运输条件限制的桥梁梁板需单独预制,规模可适当减小,但钢筋骨架定位胎膜、自动喷淋养护等设施仍应满足施工生产要求。 (6) 预制梁场钢筋加工、混凝土拌合应尽量使用合同段既有的钢筋加工场、拌合站。 (7) 预制梁板钢筋骨架统一采用定位胎膜进行加工,并设置高强度砂浆垫块确保钢筋保护层。 (8) 设置自动喷淋养护设备,预制梁板采用土工布包裹喷淋养护(北方地区应根据气候情况采用蒸汽保湿养护),养护水应循环使用

续表

序号	项目	内容
4	预制梁板台座布设	(1) 预制梁板的台座强度应满足张拉要求，台座尽量设置于地质较好的地基上，在不良地基段，应先进行地基处理。为防止发生张拉台座不均匀沉降、开裂事故，影响预制梁板的质量，先张法施工的张拉台座不得采用重力式台座，应采用钢筋混凝土框架式台座。 (2) 底模宜采用通长钢板，不得采用混凝土底模。推荐使用不锈钢底模板，钢板厚度不小于6mm。并确保钢板平整、光滑，防止粘结造成底模"蜂窝""麻面"，底模钢板应采取防止变形措施。 (3) 存梁区台座混凝土强度等级不低于C20，台座尺寸应满足使用要求。用于存梁的枕梁应设在离梁两端面各50～80cm处，且不影响梁片吊装，支垫材质应采用承载力足够的非刚性材料，且不污染梁底。 (4) 梁板预制完成后，移梁前应对梁板喷涂统一标识和编号，标识内容包括预制时间、张拉时间、施工单位、梁体编号、部位名称等。 (5) 空心板、箱梁最多存放层数应符合设计文件和相关技术规范要求。设计文件无规定时，空心板叠层不得超过3层，小箱梁和T梁堆叠存放不得超过2层。预制梁存放时（特别是叠层存放）应采取支撑等措施确保安全稳定
5	其他要求	(1) 场站临时用电应符合《施工现场临时用电安全技术规范》JGJ 46—2005的有关规定。 (2) 场站消防设施应满足《建设工程施工现场消防安全技术规范》的有关规定，配置相应的消防安全标识和消防安全器材，并经常检查、维护、保养。 (3) 施工机械设备产生的废水、废油及污水应经过处理后排放，不得直接排入河流、湖泊或其他水域中，不得排入饮用水源附近的土地中。 (4) 预制梁场内标识、标牌设置明确，标识清晰

小型构件预制场布设

序号	项目	内容
1	场地选址	(1) 小型构建预制场选址应以方便、合理、安全、经济及满足工期为原则，结合合同段工程量及运输条件综合选址。 (2) 应满足用地合法，周围无塌方、滑坡、落石、泥石流、洪涝等地质灾害。无高频、高压电源及其他污染源；离集中爆破区500m以外；不得占用规划的取、弃土场
2	场地建设	(1) 宜采用封闭式管理，场地内应按构件生产区、存放区、养护区、废料处理区等科学合理设置，功能明确，标识清晰。 (2) 预制场的建设规模应结合小型构件预制数量和预制工期等参数来规划，场地面积一般不小于2000m²。 (3) 场内路面宜做硬化处理，主要运输道路应采用不小于20cm厚的C20混凝土硬化，基础不好的道路应增设碎石掺石屑垫层，场内不允许积水，四周宜设置砖砌排水沟，并采用M7.5砂浆抹面。 (4) 生产区根据合同段设计图纸确定的预制构件的种类设置生产线，同时配备小型拌合站1座（尽可能利用既有拌合站）。 (5) 养护区采用自动喷淋养护系统结合土工布覆盖对构件进行养护，确保构件处于湿润状态。 (6) 成品按不同规格分层堆码，堆码高度应保证安全，预制件养护期不得堆码存放，以防损伤。运输过程中应采取措施防止缺边掉角

续表

序号	项目	内容
3	其他要求	（1）小型构件预制应选用振动台振捣，振动台电机功率应经过现场试验，对振动台的性能进行分析与比选，确定振动台的电动机功率，一般为1.2～1.5kW，振动台数量根据预制构件生产数量确定。 （2）模板应使用钢模或高强度塑料模具，入模前应进行拼缝检查，对拼缝达不到要求的，辅以双面胶或泡沫剂，应选用优质隔离剂，保证混凝土外观。在周转间隙应有覆盖措施，防止雨淋、生锈、被污染

考点3 拌合站设置

拌合站设置

序号	项目	内容
1	拌合站选址	（1）应满足用地合法，周围无塌方、滑坡、落石、泥石流、洪涝等地质灾害。无高频、高压电源及其他污染源；离集中爆破区500m以外；不得占用规划的取、弃土场。 （2）拌合站选址应根据本合同段的主要构造物分布、运输、通电和通水条件等特点综合选址，尽量靠近主体工程施工部位，做到运输便利，经济合理；并远离生活区、居民区，尽量设在生活区、居民区的下风向
2	场地建设	（1）拌合站应根据工程实际情况集中布置，宜采用封闭式管理，四周设置围墙，入口设置彩门和值班室。 （2）拌合站建设应综合考虑施工生产情况，合理划分拌合作业区、材料计量区、材料库、运输车辆停放区、试验区、集料堆放区及生活区，内设洗车池（洗车台）、污水沉淀池和排水系统。生活区应与其他区隔离，生活用房按照"驻地建设"相关标准建设。 （3）拌合站场地面积、搅拌机组配置及产能应满足生产、施工需求和工程进度要求。 （4）场地（含堆料区、加工区）应做硬化处理，主要运输道路应采用不小于20cm厚的C20混凝土硬化，基础不好的道路应增设碎石掺石屑垫层，场内排水宜按照中间高四周低的原则预设不小于1.5%的排水坡度，四周宜设置砖砌排水沟，并采用M7.5砂浆抹面。 （5）拌合站各罐体宜连接成整体，安装缆风绳和避雷设施，每一个罐体应喷涂成统一的颜色，并绘制项目名称及施工单位的名称，两者竖向平行绘制
3	原材料堆放要求	（1）凡用于工程的砂石料应按级配要求，不同粒径、不同品种分场存放，每区醒目位置设置材料标识牌，并采用不小于30cm厚的混凝土或厚度不小于60cm的浆砌片石隔墙等构造物分隔，隔墙高度应确保不串料（一般不小于2.5m），储料仓预留一定空间方便装载机上料。 （2）水泥混凝土、路面面层储料场应用混凝土进行硬化处理，路面基层储料场可用水稳材料进行硬化处理。料场底部高于外部地面，修筑成向外顺坡（不小于3%），并在料场口设置排水沟，防止料场积水。 （3）水泥混凝土、路面面层储料场应搭设顶棚，防止太阳直接照晒或雨淋，顶棚宜采用轻型钢结构，高度应满足机械设备操作空间（一般不宜小于7m），并满足受力、防风、防雨、防雪等要求，路面基层、底基层储料场地中细集料堆放区宜搭设防雨大棚，防止石料雨淋。 （4）所有拌合机的集料仓应搭设防雨棚，并设置隔板，隔板高度不宜小于100cm，确保不串料

续表

序号	项目	内容
4	拌合设备要求	(1) 混凝土拌合应采用强制式拌合机，单机生产能力不宜低于 90m³/h。拌合设备应采用质量法自动计量，水、外掺剂计量应采用全自动电子称量法计量，禁止采用流量或人工计量方式，保证工作的连续性、自动性，且具备电脑控制及打印功能。减水剂罐体应加设循环搅拌水泵。 (2) 水稳拌合应采用强制式拌合机，设备具备自动计量功能，一般设自动计量补水器加水。 (3) 沥青混合料采用间歇式拌合机，配备计算机及打印设备。 (4) 拌合站计量设备应通过当地有关部门标定后方可投入生产，使用过程中应不定期进行复检，确保计量准确。 (5) 拌合站应根据拌合机的功率配备相应的备用发电机，确保拌合站有可靠的电源使用
5	其他要求	(1) 作业平台、储料仓、集料仓、水泥罐等涉及人身安全的部位均应设置安全防护装置，传动系统裸露的部位应有防护装置和安全检修保护装置。 (2) 每次拌合作业完成后，及时清洗机具，清理现场，做到场地整洁。 (3) 临近居民区施工产生的噪声应符合现行的《建筑施工场界环境噪声排放标准》GB 12523—2011 的规定。 (4) 应根据需要设置机动车辆、设备冲洗设施、排水沟及沉淀池，施工污水处理达标后方可排入市政污水管网或河流。 (5) 砂石料场底部、上料台、上料输送带下部废料应经常性清理并保持清洁，严禁装载机铲料时铲底。地面应定期洒水，对粉尘源进行覆盖遮挡。 (6) 水泥、粉煤灰等材料进料时，应保证材料罐顶的密封性能，预留通气孔应设有降尘措施；当粉尘较大时，应暂时停止上料，待处理完后方可继续。 (7) 沥青混合料拌合站推荐设置碎石加工除尘与石灰水循环水洗，确保细集料洁净无杂质。 (8) 纤维材料、抗车辙剂、抗剥落剂等外加剂必须采用仓库存放，地面设置架空垫层，高度为离地面 30cm，以免受潮

考点 4 便道、便桥及临时码头建设

便道建设

序号	项目	内容
1	一般规定	(1) 施工便道建设应满足施工需要，尽量结合地方道路规划进行专项设计，尽可能提前实施，完工后尽量留地方使用。新建便道、便桥应尽量不占用农田、少开挖山体，节约资源，保护环境。 (2) 施工便道应充分利用既有道路和桥梁。避免与既有铁路线、公路平面交叉，避免对当地居民生活造成困扰。 (3) 施工便道、便桥应结合施工平面布置，满足工程施工机械、材料进场的要求。 (4) 施工便道分为主干线和引入线，主干线尽可能靠近合同段各主要工点，引入线以直达施工现场为原则，并考虑与相邻合同段施工便道的衔接。 (5) 施工便道应畅通，旧、危桥应加固处理

续表

序号	项目	内容
2	建设标准	(1) 根据地形条件，确定便道平纵线形及横断面宽度： ① 便道单车道路基宽度不小于4.5m，路面宽度不小于3.0m，原则上每300m范围内应设置一个长度不小于20m、路面宽度不小于5.5m的错车道。 ② 便道在急弯、陡坡处应视地形情况适当加宽，并进行硬化处理。 (2) 便道路面最低标准应采用泥结碎石或级配碎石。在条件允许的情况下，便道路面可采用隧道洞渣或矿渣铺筑。特大桥、隧道洞口、拌合站和预制场等大型作业区进出便道200m范围路面宜采用不小于20cm厚的C20混凝土硬化。 (3) 便道两侧设置排水系统，在汇水面积较大的低凹处设置涵洞，以满足排水泄洪要求
3	其他要求	(1) 施工期间应指定专人（队）负责施工便道的日常检查和养护，及时修复路面坑槽、清理排水沟和涵洞的淤泥、杂物，保障便道畅通。 (2) 每个合同段至少配备1台洒水车用于晴天洒水，做到晴天少粉尘，雨天不泥泞，日常无投诉。 (3) 对施工便道应统一进行数字编号，并标明便道通往的方向和主要工程名称。 (4) 便道路口应设置限速标志，与建筑物、城市道路转角、视线不良地段应设置明示标志，跨越（临近）道路施工应设置警告标志，道路危险段应设置防护及警告标牌。途经小桥，应设置限载、限宽标志，途经通道，应设置限宽、限高警告标志。路线明显变化处、便道平面交叉处，应设置指路和警告标志

便桥建设

序号	项目	内容
1	建设标准	(1) 便桥结构按照实际情况专门设计，同时应满足排洪要求，人行便桥宽度不小于2.5m，人车混行便桥宽度不小于4.5m。若便桥长度超过1公里，宜适当增加宽度。 (2) 便桥高度不低于上年最高洪水位，桥头设置限高、限重、限速标牌，桥面设立柱间距1.5~2.0m、高1.2m的栏杆防护，栏杆颜色标准统一，在适当位置设置醒目的警示反光标志
2	便桥建设	(1) 便桥的类型有墩架式梁桥、装配式公路钢桥（俗称贝雷桥）、浮桥和索桥。 (2) 便桥的适用条件：当河窄、水浅时可选用墩架梁桥；当河宽且具备贝雷桁架部件时，可选用贝雷桥；由于任务紧急，临时桥梁的修建不能短期完成时，或河水很深，河床泥土松软，桩基承载力不够且施工困难时，或河流通航，墩架梁桥净宽、净高不能满足要求时，可以考虑建造部分桥段易于拆散、组建的浮桥；当遇深山峡谷时，可选用索桥。 (3) 贝雷桥架设方法：常采用的架设方法是悬臂推出法、履带吊机架设法和浮运架设法

1B420100 公路工程施工机械设备的使用管理

【考点图谱】

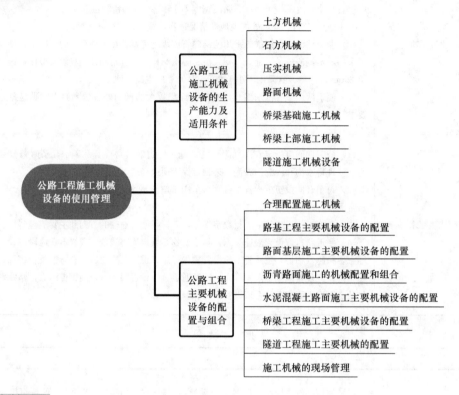

【考点精析】

考点1 公路工程施工机械设备的生产能力及适用条件

公路工程施工机械设备的适用条件

序号	项目	内容
1	土方机械	(1) 推土机 推土机装有推土铲刀,主要对土石方或散状物料进行切削或短距离搬运。推土机一般适用于季节性较强、工程量集中、施工条件差的施工环境。主要用于 50～100m 短距离作业,如路基修筑、基坑开挖、平整场地、清除树、推集石碴等,并可为铲运机与挖装机械松土和助铲及牵引各种拖式工作装置等作业。 (2) 铲运机 铲运机主要用于中距离的大规模土方转运工程。铲运机广泛用于公路与铁路建设,铲运机应在Ⅰ、Ⅱ级土中施工,如遇Ⅲ、Ⅳ级土应预先疏松。在土的湿度方面,最适宜湿度较小(含水量在 25% 以下)松散砂土和黏土中施工,但不适宜于在干燥的粉砂土和潮湿的黏土中作业,更不宜在地下水位高的潮湿地区和沼泽地带以及岩石类地区作业。

续表

序号	项目	内容
1	土方机械	（3）装载机 在公路、特别是高等级公路施工中，装载机主要用于工程的填挖，沥青和水泥混凝土料场的集料、装料等作业。 （4）挖掘机 挖掘机械主要用于土石方的挖掘装载，包括单斗挖掘机和多斗（轮斗式）挖掘机，各种挖掘机械都安装挖斗。单斗挖掘机适应于挖掘Ⅰ～Ⅳ级土及爆破后的Ⅴ～Ⅵ级岩石；剥离型单斗挖掘机有履带式和步行式，履带式为正铲工作装置，可开挖Ⅰ～Ⅳ级土壤；步行式工作装置为拉铲，适宜于在松软、沼泽地面工作。在公路工程施工中，遇到开挖量较大的路堑和填筑高路堤等大工程量时，选用挖掘机配合运输车辆组织施工比较合理。 （5）平地机 平地机主要用于路基、砂砾路面的整平及土方工程中场地整形和平地作业，还可用于修整路基的横断面、修刮路堤和路堑的边坡、开挖边沟和路槽等。此外还可用来在路基上拌合稳定土或其他路面材料、摊铺材料、修整和养护土路、松土、回填、清除杂草和积雪等
2	石方机械	（1）凿岩机械 凿岩机械有凿岩机和钻孔机。凿岩机是石质隧道和石料开采等石方工程钻炮眼的主要工具，还可以用来改作破坏器，用于破碎原有混凝土之类的坚硬层。公路机械化施工中，气动凿岩机和空气压缩机为必配的设备，是石方工程施工的关键设备，主要用在硬岩上钻凿炮孔。 （2）破碎机械 ① 颚式破碎机，这种破碎机可用于粗碎和中碎。 ② 锥式破碎机，这种破碎机可用于中碎和细碎。 ③ 锤式破碎机，这种破碎机可用于中碎和细碎。 ④ 反击式破碎机，这种破碎机可用于粗碎、中碎和细碎。 ⑤ 辊式破碎机常用双辊式破碎机，这种破碎机可用于中碎和细碎。 （3）砂石料的筛分设备 砂石料的筛分设备有干式和湿式两种
3	压实机械	（1）光轮振动压路机最适用于压实非黏土壤、碎石、沥青混凝土及沥青混凝土铺层。 （2）羊足或凸块式振动压路机既可压实非黏土，又可压实含水量不大的粘性和细粒砂砾石混合料。 （3）YZ（单钢轮）系列振动压路机主要用于各种材料的基础层、次基础层及填方的压实作业。 （4）YZC（双钢轮）系列振动压路机主要用于高等级公路、机场、停车场及工业性场院等工程施工中的沥青混凝土、水泥混凝土等面层的压实，也适用于大型基础、次基础及路堤填方的压实。 （5）XP（轮胎）系列压路机主要适用于各种材料的基础层、次基础层、填方及沥青面层的压实作业。 （6）3Y、2Y（静碾）钢轮系列压路机主要适用于各种材料的基础层及面层的压实作业

续表

序号	项目	内容
4	路面机械	(1) 沥青混凝土搅拌设备 沥青混凝土搅拌设备分类。分间歇式和连续滚筒式。间歇式搅拌机又分为强制式和自落式，高等级公路建设应使用强制间歇式搅拌设备，连续滚筒式搅拌设备用于普通公路建设。 (2) 沥青混凝土摊铺机 沥青混凝土摊铺机按行走方式可分为自行式和拖式两种，自行式摊铺机又可分为履带式、轮胎式及复合式三种。最大摊铺宽度小于 3600mm 摊铺机主要用于路面养护和城市街道路面修筑工程；最大摊铺宽度在 4000～6000mm 摊铺机主要用于一般公路路面的修筑和养护；最大摊铺宽度在 7000～9000mm 摊铺机主要用于高等级公路路面工程；摊铺宽度大于 9000mm 摊铺机，主要用于业主有要求的高速公路路面施工。 (3) 水泥混凝土搅拌设备 水泥混凝土拌合设备分为水泥混凝土搅拌机和水泥混凝土搅拌站（楼）两大类。混凝土搅拌机按其结构形式可分为鼓筒式、双锥反转出料式和强制式三种。强制式搅拌设备可拌制低塑性混凝土，适用于水泥混凝土路面工程等。大型搅拌设备主要用于预拌混凝土厂和制品厂；中型搅拌设备主要在中、小型建筑工程和道路工程现场使用；小型搅拌设备主要适用于零散浇筑混凝土的简易式单机站。 (4) 水泥混凝土摊铺机 水泥混凝土摊铺机分为轨道式和滑模式。主要用于修筑水泥混凝土路面。 (5) 石屑撒布机、粉料撒布机 ①石屑撒布机分为拖式、悬挂式和自行式。适用于层铺法铺筑沥青路面。 ②粉料撒布机适用于道路稳定土路拌施工中撒布粉料。 (6) 稳定土厂拌设备、稳定土拌合机 稳定土厂拌设备分为移动式、固定式等结构形式。广泛用于公路和城市道路的基层、底基层施工。移动式厂拌设备多用于工程分散、频繁移动的公路施工工程；固定式厂拌设备适用于城市道路施工或工程量大且集中的施工工程。 稳定土拌合机主要适用于路拌法施工。 (7) 沥青场（站）设备 沥青场（站）设备主要有沥青储存设备、沥青加热设备和沥青的脱桶装置，主要用于沥青储存和加热。 (8) 工程运输车辆 ① 大型平板拖拉车。主要运送大型或大宗工程材料和工程机械设备。 ② 倾翻式运输车，主要运送工程建筑材料。 ③ 粉料运输车，这种运输车辆本身配备粉料抽送泵，能将粉料抽入料箱和从料箱将粉料送出去。 ④ 沥青运输车。 ⑤ 洒水车和沥青洒布车，沥青洒布车的罐内安装了加热装置，而洒水车则不需要
5	桥梁基础施工机械	(1) 钻孔设备 ① 全套管钻机：主要用于大型桥梁钻孔桩的钻孔施工。 ② 旋转钻机：旋转钻机按其钻孔装置可分为有钻杆和无钻杆钻机（潜水钻机），按排渣方式可分为正循环钻机和反循环钻机。有钻杆旋转钻机适应性很强，变更钻头类型和对钻杆施加的压力，就可以应付各种覆盖层直到极硬的岩层，但对直径大于 2/3 钻杆内径的松散卵石层却无能为力；潜水钻机可以完成直径 1～3m 桩的施工，施工经济孔深 50m，这种钻机在 25MPa 以内的覆盖层或风化软岩中钻孔，有较大的局限性。

续表

序号	项目	内容
5	桥梁基础施工机械	③ 螺旋钻机：用于灌注桩、深层搅拌桩、混凝土预制桩钻打结合法等工艺，适用土质的地质条件。 ④ 冲击钻机：用于灌注桩钻孔施工，尤其在卵石、漂石地质条件下具有明显的优点。 ⑤ 回转斗钻机：适用于除岩层外的各种土质地质条件。 ⑥ 液压旋挖钻孔机：适用于除岩层、卵石、漂石地质外的各种土质地质条件，尤其在市政桥梁及场地受限的工程中使用。 (2) 桩工机械 ① 桩工机械分为冲击式打桩机械和振动打桩机械两大类。 ② 柴油打桩机是目前最广泛采用的打桩设备。 ③ 振动打桩机。振动锤按动力源分有电动式和液压式两种
6	桥梁上部施工机械	(1) 预应力张拉成套设备 预应力张拉成套设备主要由千斤顶、油泵车、卷管机、穿索机和压浆机组成。 (2) 架桥设备 ① 导梁式架桥设备 A. 贝雷片组装成导梁的架桥设备通常称之为"公路常备架桥设备"。 B. 用万能杆件组装成导梁的架桥设备在国内使用也较为普遍，可适应较大跨度预制梁的架设。 C. 战备军用桁梁组装成导梁的架桥设备，因这种设备承载能力大，适用于大跨度桥梁的架设。 ② 缆索式架桥设备：是利用万能杆件或者圆木拼成索塔架式人字形扒杆，用架设的钢丝绳组成吊装设备和行走装置，将梁架设在墩台上。 ③ 专用架桥设备（专用架桥机）：专用架桥机是在导梁式架桥设备基础上，进行改善而发展起来的专用施工机械，它可按移梁方式、导梁形式以及送梁方式的不同分类
7	隧道施工机械设备	(1) 凿岩台机、臂式隧道掘进机 ① 凿岩台机主要用于地质条件好，不要临时支护的大断面隧道施工。 ② 臂式隧道掘进机又称悬臂式掘进机，是集开挖、装卸于一体的隧道掘进机。 (2) 喷锚机械、衬砌设备 ① 衬砌设备专用于隧道工程衬砌混凝土、衬砌模板设备。 ② 喷锚机械主要有锚杆台车、混凝土喷射机等。主要用于隧道工作面进行支撑时，进行混凝土喷射和在岩体中打入锚杆。 (3) 全断面隧道掘进机、盾构机 ① 全断面隧道掘进机是刀头直径与开挖隧道的直径大小一致，在岩层中进行隧道掘进的机械，是根据隧道的断面尺寸设计生产的专用机械。 ② 盾构机是一种集开挖、支护、衬砌等多种作业于一体的大型隧道施工机械，是根据隧道的断面尺寸设计生产的专用机械

考点2　公路工程主要机械设备的配置与组合

根据作业内容选择机械参考

作业内容		使用机械	说明
清理草木	铲除杂草	平地机、小型推土机	铲除矮草、杂草及表土
	除掉灌木丛、树木、漂石	推土机、空气压缩机、凿岩机	根据树木的种类和直径，除了推土机之外，还可使用耙齿推土机、伐木机、剪切机，以便提高效率

续表

作业内容		使用机械	说明
挖方	软土开挖	平地机	修补道路、平整场地
		推土机	短距离铲土、运土
		拖式铲运机	中等距离铲土、运土
		自行式铲运机	中长距离铲土、运土
	硬土开挖	中、大型推土机（带液压松土器）	适用于风化岩、软岩、漂石混合土质的挖方
		凿岩机、空气压缩机	松土器不能挖掘时，利用炸药来爆破
挖土装载	一般性挖土、装载	推土机	推土机适用于100m以内的运路距，在堆土场等地方，作为挖掘机装载的辅助机械来进行挖掘作业时以中大型推土机为宜
		履带式装载机、轮式装载机、挖掘机	对于挖掘能力要求不大而较松的土质，以使用轮式装载机为适宜，挖掘能力要求较大时，挖掘机或履带式装载机较能发挥效益
		拖式铲运机、自行式铲运机	拉铲机根据运距、地形、土质来选用。松软土质或坡度较大，一般使用拖式铲运机；远距较长，而现场条件好的时候，则使用自行式铲运机
		挖掘机	挖掘机工作半径大，并能旋转360°，可在比地面高或低的地方进行工作，其工作范围很广
		拉铲挖掘机	拉铲挖掘机适用于河川等低而广的地方进行挖掘
	构筑物基地的挖掘	推土机、拉铲挖掘机	基础较大时，用推土机铲土、运土，也可用装载机进行挖掘、装载
		挖掘机、拉铲挖掘机	基础较小时，在地面上对其基础进行挖掘、装载
	沟的开挖	平地机	适用于侧沟的开挖
		推土机	适用于简易排水沟的开挖
		挖掘机	适用于埋设水管等沟的开挖，挖掘精度要求较高
运输	道路上运输	推土机	适用于100m以内的短距离运土
		拖式铲运机	适用于500m以内的中距离运土
		自行式铲运机	适用于500m以上的中长距离运土
		装载机、翻斗车	适用于500m以上的中长距离运土。搬运岩石时，不能使用铲运机的情况下，运距在50~150m处，可使用轮式装载机来装运
铺土	一般性铺平作业	推土机、铲运机、平地机	一般的铺平作业可用推土机、铲运机，平地机可用于铺平已经推土机、铲运机初平的场所
	大面积或精度高的铺平作业	平地机	用于道路填土的平整。一般可在推土机之后。地形条件好时也可单独作业
	铺砌材料等铺平作业	碎石撒布机、石屑撒布机	铺砌材料的铺平厚度受到严格限制时，可使用碎石或石屑撒布机

续表

作业内容		使用机械	说明
压实	道路的填土、填筑堤坝等的压实	静力式压路机	适用于黏土、粉土的压实
		轮胎压路机	适用于砂砾石、砂质土及黏土和粉土的压实
		振动压路机	适用于砂砾石、砂质土的压实
		羊脚碾	适用于黏土、粉土的压实
	填土坡面的压实	振动板	沿着坡面进行压实时使用
		牵引式振动压路机	规模小时使用振动板，规模大时使用牵引式振动压路机
	沥青混凝土路表面的压实	静力式压路机、轮胎压路机、振动压路机	根据不同的沥青路面结构形式可以采用不同的组合

路基路面工程机械设备配置

序号	项目	内容
1	路基工程主要机械设备的配置	(1) 设备种类 主要包括推土机、装载机、挖掘机、铲运机、平地机、压路机、凿岩机以及石料破碎和筛分设备，根据工程的作业要求，选择不同的机械设备。 (2) 根据作业内容选择施工机械 ① 对于清基和料场准备等路基施工前的准备工作，选择的机械与设备主要有：推土机、挖掘机、装载机和平地机等；遇有沼泽地段的土方挖运任务，应选用湿地推土机。 ② 对于土方开挖工程，选择的机械与设备主要有：推土机、铲运机、挖掘机、装载机和自卸汽车等。 ③ 对于石方开挖工程，选择的机械与设备主要有：挖掘机、推土机、移动式空气压缩机、凿岩机、爆破设备等。 ④ 对于土石填筑工程，选择的机械与设备主要有：推土机、铲运机、羊足碾、压路机、洒水车、平地机和自卸汽车等。 ⑤ 对于路基整形工程，选择的机械与设备主要有：平地机、推土机和挖掘机等
2	路面基层施工主要机械设备的配置	(1) 基层材料的拌合设备：集中拌合（厂拌）采用成套的稳定土拌合设备，现场拌合（路拌）采用稳定土拌合机。 (2) 摊铺平整机械：包括拌合料摊铺机、平地机、石屑或场料撒布车。 (3) 装运机械：装载机和运输车辆。 (4) 压实设备：压路机。 (5) 清除设备和养护设备：清除车、洒水车
3	沥青路面施工的机械配置和组合	(1) 沥青混凝土搅拌设备的配置 根据工作量和工期选择生产能力和移动方式，一般生产能力要相当于摊铺能力的70%左右，沥青混合料拌合厂一般包括原材料存放场地，沥青贮存及加热设备，搅拌设备，试验室及办公用房。高等级公路一般选用生产量高的强制间歇式沥青混凝土搅拌设备。高等级公路路面的施工机械应优先选择自动化程度较高和生产能力较强的机械，以摊铺、拌合为主导机械并与自卸汽车、碾压设备配套作业，进行优化组合，使沥青路面施工全部实现机械化。 (2) 沥青混凝土摊铺机的配置 通常每台摊铺机的摊铺宽度不宜超过 7.5m，可以按照摊铺宽度选用、确定摊铺机的台数。 (3) 沥青路面压实机械配置 沥青路面的压实机械配置有光轮压路机、轮胎压路机和双轮双振动压路机

续表

序号	项目	内容
4	水泥混凝土路面施工主要机械设备的配置	（1）水泥混凝土路面施工设备主要有混凝土搅拌楼、装载机、运输车、布料机、挖掘机、吊车、滑模摊铺机、整平梁、拉毛养护机、切缝机、洒水车等。 （2）按施工方法配置 ①滑模式摊铺施工 A. 水泥混凝土搅拌楼容量应满足滑模摊铺机施工速度 1m/min 的要求。 B. 高等级公路施工宜选配宽度为 7.5～12.5m 的大型滑模摊铺机。 C. 远距离运输宜选混凝土罐送车。 D. 可配备一台轮式挖掘机辅助布料。 ②轨道式摊铺施工：除水泥混凝土生产和运输设备外，还要配备卸料机、摊铺机、振捣机、整平机、拉毛养护机等

桥梁工程施工主要机械设备的配置

序号	项目	内容
1	通用施工机械	（1）常用的有各类吊车，各类运输车辆和自卸车等； （2）桥梁混凝土生产与运输机械，主要有混凝土搅拌站、混凝土运输车、混凝土泵和混凝土泵车
2	下部施工机械	（1）预制桩施工机械：常用的有蒸汽打桩机，液压打桩机，振动沉拔桩机，静压沉桩机等。 （2）灌注桩施工机械：根据施工方法的不同配置不同的施工机械。 ①全套管施工法：相应配置全套管钻机。 ②旋转钻施工法：相应配置有钻杆旋转机和无钻杆旋转机（潜水钻机）。 ③旋挖钻孔法：相应配置旋挖钻桩机。 ④冲击钻孔法：相应配置冲击钻机。 ⑤螺旋钻孔法：相应配置螺旋钻孔机
3	上部施工机械	（1）顶推法：主要施工设备有油泵车、大吨位千斤顶、穿心式千斤顶、导向装置等。 （2）滑模施工方法：主要施工设备有滑移模架、卷扬机油泵、油缸、钢模板等。 （3）悬臂施工方法：主要施工设备有吊车、悬挂用专门设计的挂篮设备。 （4）预制吊装施工方法：主要施工设备有各类吊车或卷扬机、万能杆件、贝雷架等。 （5）满堂支架现浇法：主要施工设备有各类万能杆件、贝雷架和各类轻型钢管支架等。 （6）对海口大桥的施工需配置相应的专业施工设备，如打桩船、浮吊、搅拌船等

隧道工程施工主要机械的配置

序号	项目	内容
1	不同施工方法的机械配置不同	（1）由于隧道的类型不同，使用的施工机械也不相同，有的隧道用一般的土石方机械即可施工，有的隧道需专用施工机械，如：使用全断面掘进机（TBM）、臂式掘进机（EPB）、液压冲击锤等。 （2）盾构法施工盾构的形式多样，按开挖方式的不同，可分为手工挖掘式、半机械挖掘式、机械化挖掘式三种；机械化盾构有多种形式，主要有刀盘式、行星轮式、铲斗式、钳爪式、铣削臂式和网格切割式盾构，所以根据施工方法的不同需配置不同的设备

续表

序号	项目	内容
2	暗挖施工法机械配置	（1）钻孔机械：风动凿岩机、液压凿岩机、凿岩台车。 （2）装药台车。 （3）找顶及清底机械。 （4）初次支护机械：锚杆台车、混凝土喷射机。 （5）注浆机械（包括钻孔机、注浆泵）。 （6）装碴机械（包括轮胎式、履带式装载机、扒爪装岩机、耙斗式装岩机、铲斗式装岩机）。 （7）运输机械（包括自卸汽车、矿车）。 （8）二次支护衬砌机械：模板衬砌台车（混凝土搅拌站、搅拌运输车、混凝土输送泵）

1B430000　公路工程项目施工相关法规及标准

1B431000　公路建设管理法规和标准

1B431010　公路建设法规体系和标准体系

【考点图谱】

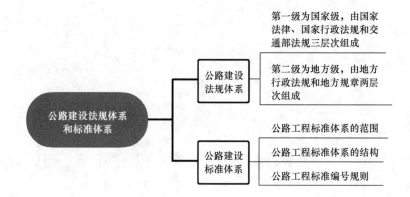

【考点精析】

考点1　公路建设法规体系

公路建设法规体系构成

公路建设管理法规体系是梯形，分为二级五层次：
（1）第一级为国家级，由国家法律、国家行政法规和交通部法规三层次组成。
（2）第二级为地方级，由地方行政法规和地方规章两层次组成。

考点2　公路建设标准体系

公路工程标准体系的结构

序号	项目	内容
1	层次	公路工程标准的体系结构分为三层： （1）第一层为板块，按照公路建设、管理、养护、运营协调发展要求所做的标准分类。 （2）第二层为模块，在各板块中归纳现有、应有和计划制定和修订的标准的具体类别。 （3）第三层为标准

续表

序号	项目	内容
2	板块	公路工程标准体系由总体、通用、公路建设、公路管理、公路养护、公路运营六个板块构成： (1) 总体板块由《公路工程标准体系》《公路工程标准制修订管理导则》和《公路工程标准编写导则》等标准构成。 (2) 通用板块由基础、安全、绿色、智慧等模块构成。 (3) 公路建设板块由项目管理、勘测、设计、试验、检测，施工、监理、造价等模块构成。 (4) 公路管理板块由站所、装备、信息系统、执法、路域环境、造价等模块构成。 (5) 公路养护板块由综合、检测评价、养护决策、养护设计、养护施工、造价等模块构成。 (6) 公路营运板块由运行监测、出行服务、收费服务、应急处置、车路协同、造价等模块构成

1B431020 公路建设管理相关规定

【考点图谱】

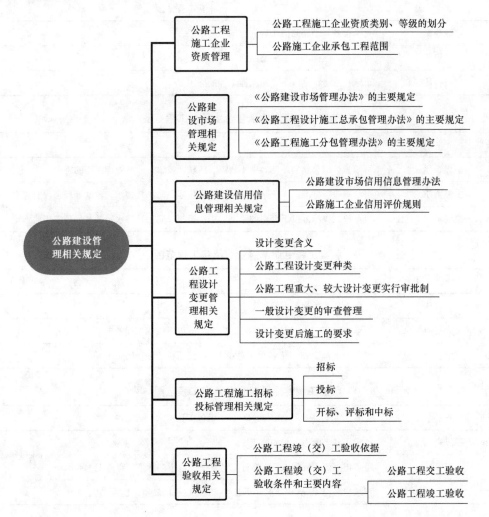

【考点精析】

考点1 公路工程施工企业资质管理

公路工程施工总承包企业承包工程范围

序号	企业等级	承包工程范围
1	特级企业	可承担各等级公路及其桥梁、隧道工程的施工
2	一级资质	可承担各级公路及其桥梁、长度3000m以下的隧道工程的施工
3	二级资质	可承担一级标准以下公路,单座桥长1000m以下、单跨跨度150m以下的桥梁,长度1000m以下的隧道工程的施工
4	三级资质	可承担二级标准以下公路,单座桥长500m以下、单跨跨度50m以下的桥梁工程的施工

公路路面工程专业承包企业承包工程范围

序号	企业等级	承包工程范围
1	一级资质	可承担各级公路路面工程的施工
2	二级资质	可承担一级标准以下公路路面工程的施工
3	三级资质	可承担二级标准以下公路路面工程的施工

公路路基工程专业承包企业承包工程范围

序号	企业等级	承包工程范围
1	一级资质	可承担各级公路的路基、中小桥涵、防护及排水、软基处理工程的施工
2	二级资质	可承担一级标准以下公路的路基、中小桥涵、防护及排水、软基处理工程的施工
3	三级资质	可承担二级标准以下公路的路基、中小桥涵、防护及排水、软基处理工程的施工

桥梁工程专业承包企业承包工程范围

序号	企业等级	承包工程范围
1	一级资质	可承担各类桥梁工程的施工
2	二级资质	可承担单跨150m以下、单座总长1000m以下桥梁工程的施工
3	三级资质	可承担单跨50m以下、单座总长120m以下桥梁工程的施工

隧道工程专业承包企业承包工程范围

序号	企业等级	承包工程范围
1	一级资质	可承担各类隧道工程的施工
2	二级资质	可承担断面60m^{2}以下且单洞长度1000m以下的隧道工程施工
3	三级资质	可承担断面40m^{2}以下且单洞长度500m以下的隧道工程施工

考点 2　公路建设市场管理相关规定

《公路建设市场管理办法》的主要规定

序号	项目	内容
1	市场准入管理	（1）凡符合法律、法规规定的市场准入条件的从业单位和从业人员均可进入公路建设市场，任何单位和个人不得对公路建设市场实行地方保护，不得对符合市场准入条件的从业单位和从业人员实行歧视待遇。 （2）公路建设项目依法实行项目法人负责制。项目法人可自行管理公路建设项目，也可委托具备法人资格的项目建设管理单位进行项目管理。项目法人或者其委托的项目建设管理单位的组织机构、主要负责人的技术和管理能力应当满足拟建项目的管理需要，符合国务院交通运输主管部门有关规定的要求。 （3）收费公路建设项目法人和项目建设管理单位进入公路建设市场实行备案制度
2	市场主体行为管理	（1）国家投资的公路建设项目，项目法人与施工、监理单位应当按照国务院交通运输主管部门的规定，签订廉政合同。 （2）项目施工应当具备以下条件： ①项目已列入公路建设年度计划； ②施工图设计文件已经完成并经审批同意； ③建设资金已经落实，并经交通运输主管部门审计； ④征地手续已办理，拆迁基本完成； ⑤施工、监理单位已依法确定； ⑥已办理质量监督手续，已落实保证质量和安全的措施。 （3）公路工程实行政府监督、法人管理、社会监理、企业自检的质量保证体系。 （4）公路建设项目法人应当合理确定建设工期，严格按照合同工期组织项目建设。项目法人不得随意要求更改合同工期。如遇特殊情况，确需缩短合同工期的，经合同双方协商一致，可以缩短合同工期，但应当采取措施，确保工程质量，并按照合同规定给予经济补偿。 （5）勘察、设计单位经项目法人批准，可以将工程设计中跨专业或者有特殊要求的勘察、设计工作委托给有相应资质条件的单位，但不得转包或者二次分包。监理工作不得分包或者转包。 （6）施工单位可以将非关键性工程或者适合专业化队伍施工的工程分包给具有相应资格条件的单位，并对分包工程负连带责任。允许分包的工程范围应当在招标文件中规定。分包工程不得再次分包，严禁转包。任何单位和个人不得违反规定指定分包、指定采购或者分割工程。项目法人应当加强对施工单位工程分包的管理，所有分包合同须经监理审查，并报项目法人备案。 （7）施工单位可以直接招用农民工或者将劳务作业发包给具有劳务分包资质的劳务分包人。施工单位招用农民工的，应当依法签订劳动合同，并将劳动合同报项目监理工程师和项目法人备案

《公路工程设计施工总承包管理办法》的主要规定

序号	项目	内容
1	总承包单位选择及合同要求	（1）总承包单位由项目法人依法通过招标方式确定。项目法人负责组织公路工程总承包招标。公路工程总承包招标应当在初步设计文件获得批准并落实建设资金后进行。 （2）总承包单位应当具备以下要求： ①同时具备与招标工程相适应的勘察设计和施工资质，或者由具备相应资质的勘察设计和施工单位组成联合体；

续表

序号	项目	内容
1	总承包单位选择及合同要求	② 具有与招标工程相适应的财务能力，满足招标文件中提出的关于勘察设计、施工能力、业绩等方面的条件要求； ③ 以联合体投标的，应当根据项目的特点和复杂程度，合理确定牵头单位，并在联合体协议中明确联合体成员单位的责任和权利； ④ 总承包单位（包括总承包联合体成员单位，下同）不得是总承包项目的初步设计单位、代建单位、监理单位或以上单位的附属单位。 (3) 总承包招标文件的编制应当使用交通运输部统一制定的标准招标文件。 在总承包招标文件中，应当对招标内容、投标人的资格条件、报价组成、合同工期、分包的相关要求、勘察设计与施工技术要求、质量等级、缺陷责任期工程修复要求、保险要求、费用支付办法等作出明确规定。 (4) 总承包招标应当向投标人提供初步设计文件和相应的勘察资料，以及项目有关批复文件和前期咨询意见。 (5) 总承包投标文件应当结合工程地质条件和技术特点，按照招标文件要求编制。 (6) 招标人应当合理确定投标文件的编制时间，自招标文件开始发售之日起至投标人提交投标文件截止时间止，不得少于 60 天。 (7) 项目法人和总承包单位应当在招标文件或者合同中约定总承包风险的合理分担。除项目法人承担的风险外，其他风险可以约定由总承包单位承担。 (8) 总承包费用或者投标报价应当包括相应工程的施工图勘察设计费、建筑安装工程费、设备购置费、缺陷责任期维修费、保险费等。总承包采用总价合同，除应当由项目法人承担的风险费用外，总承包合同总价一般不予调整。项目法人应当在初步设计批准概算范围内确定最高投标限价
2	总承包管理	(1) 项目法人应当依据合同加强总承包管理，督促总承包单位履行合同义务，加强工程勘察设计管理和地质勘察验收，严格对工程质量、安全、进度、投资和环保等环节进行把关。项目法人对总承包单位在合同履行中存在过失或偏差行为，可能造成重大损失或者严重影响合同目标实现的，应当对总承包单位法人代表进行约谈，必要时可以依据合同约定，终止总承包合同。 (2) 总承包单位应当按照合同规定和工程施工需要，分阶段提交详勘资料和施工图设计文件，并按照审查意见进行修改完善。施工图设计应当符合经审批的初步设计文件要求，满足工程质量、耐久和安全的强制性标准和相关规定，经项目法人同意后，按照相关规定报交通运输主管部门审批。施工图设计经批准后方可组织实施。 (3) 项目法人根据建设项目的规模、技术复杂程度等要素，依据有关规定程序选择社会化的监理开展工程监理工作。监理单位应当依据有关规定和合同，对总承包施工图勘察设计、工程质量、施工安全、进度、环保、计量支付和缺陷责任期工程修复等进行监理，对总承包单位编制的勘察设计计划、采购与施工的组织实施计划、施工图设计文件、专项技术方案、项目实施进度计划、质量安全保障措施、计量支付、工程变更等进行审核。 (4) 工程永久使用的大宗材料、关键设备和主要构件可由项目法人依法招标采购，也可由总承包单位按规定采购。招标人在招标文件中应当明确采购责任。由总承包单位采购的，应当采取集中采购的方式，采购方案应当经项目法人同意，并接受项目法人的监督。 (5) 总承包工程应当按照招标文件明确的计量支付办法与程序进行计量支付。

续表

序号	项目	内容
2	总承包管理	当采用工程量清单方式进行管理时，总承包单位应当依据交通运输主管部门批准的施工图设计文件，按照各分项工程合计总价与合同总价一致的原则，调整工程量清单，经项目法人审定后作为支付依据；工程实施中，按照清单及合同条款约定进行计量支付；项目完成后，总承包单位应当根据调整后最终的工程量清单编制竣工文件和工程决算。 (6) 总承包工程实施过程中需要设计变更的，较大变更或者重大变更应当依据有关规定报交通运输主管部门审批。一般变更应当在实施前告知监理单位和项目法人，项目法人认为变更不合理的有权予以否定。任何设计变更不得降低初步设计批复的质量安全标准，不得降低工程质量、耐久性和安全度。设计变更引起的工程费用变化，按照风险划分原则处理。其中，属于总承包单位风险范围的设计变更（含完善设计），超出原报价部分由总承包单位自付，低于原报价部分，按第 5 条规定支付。属于项目法人风险范围的设计变更，工程量清单与合同总价均调整，按规定报批后执行。项目法人应当根据设计变更管理规定，制定鼓励总承包单位优化设计、节省造价的管理制度

《公路工程施工分包管理办法》的主要规定

序号	项目	内容
1	管理职责	(1) 发包人应当按照本办法规定和合同约定加强对施工分包活动的管理，建立健全分包管理制度，负责对分包的合同签订与履行、质量与安全管理、计量支付等活动监督检查，并建立台账，及时制止承包人的违法分包行为。 (2) 除承包人设定的项目管理机构外，分包人也应当分别设立项目管理机构，对所承包或者分包工程的施工活动实施管理。项目管理机构应当具有与承包或者分包工程的规模、技术复杂程度相适应的技术、经济管理人员，其中项目负责人和技术、财务、计量、质量、安全等主要管理人员必须是本单位人员
2	分包的条件	(1) 承包人可以将适合专业化队伍施工的专项工程分包给具有相应资格的单位。不得分包的专项工程，发包人应当在招标文件中予以明确。分包人不得将承接的分包工程再进行分包。 (2) 承包人对拟分包的专项工程及规模，应当在投标文件中予以明确。未列入投标文件的专项工程，承包人不得分包。但因工程变更增加了有特殊性技术要求、特殊工艺或者涉及专利保护等的专项工程，且按规定无须再进行招标的，由承包人提出书面申请，经发包人书面同意，可以分包
3	合同管理	(1) 承包人有权依据承包合同自主选择符合资格的分包人。任何单位和个人不得违规指定分包。 (2) 承包人和分包人应当按照交通运输主管部门制定的统一格式依法签订分包合同，并履行合同约定的义务。分包合同必须遵循承包合同的各项原则，满足承包合同中的质量、安全、进度、环保以及其他技术、经济等要求。承包人应在工程实施前，将经监理审查同意后的分包合同报发包人备案。 (3) 承包人应当建立健全相关分包管理制度和台账，对分包工程的质量、安全、进度和分包人的行为等实施全过程管理，按照本办法规定和合同约定对分包工程的实施向发包人负责，并承担赔偿责任。分包合同不免除承包合同中规定的承包人的责任或者义务。 (4) 分包人应当依据分包合同的约定，组织分包工程的施工，并对分包工程的质量、安全和进度等实施有效控制。分包人对其分包的工程向承包人负责，并就所分包的工程向发包人承担连带责任

续表

序号	项目	内容
4	行为管理	(1) 承包人未在施工现场设立项目管理机构和派驻相应人员对分包工程的施工活动实施有效管理，并且有下列情形之一的，属于转包： ① 承包人将承包的全部工程发包给他人的； ② 承包人将承包的全部工程肢解后以分包的名义分别发包给他人的； ③ 法律、法规规定的其他转包行为。 (2) 有下列情形之一的，属于违法分包： ① 承包人未在施工现场设立项目管理机构和派驻相应人员对分包工程的施工活动实施有效管理的； ② 承包人将工程分包给不具备相应资格的企业或者个人的； ③ 分包人以他人名义承揽分包工程的； ④ 承包人将合同文件中明确不得分包的专项工程进行分包的； ⑤ 承包人未与分包人依法签订分包合同或者分包合同未遵循承包合同的各项原则，不满足承包合同中相应要求的； ⑥ 分包合同未报发包人备案的； ⑦ 分包人将分包工程再进行分包的； ⑧ 法律、法规规定的其他违法分包行为。 (3) 按照信用评价的有关规定，承包人和分包人应当互相开展信用评价，并向发包人提交信用评价结果。发包人应当对承包人和分包人提交的信用评价结果进行核定，并且报送相关交通运输主管部门。交通运输主管部门应当将发包人报送的承包人和分包人的信用评价结果纳入信用评价体系，对其进行信用管理。 (4) 发包人应当在招标文件中明确统一采购的主要材料及构、配件等的采购主体及方式。承包人授权分包人进行相关采购时，必须经发包人书面同意。 (5) 为确保分包合同的履行，承包人可以要求分包人提供履约担保。分包人提供担保后，如要求承包人同时提供分包工程付款担保的，承包人也应当予以提供。 (6) 分包人有权与承包人共同享有分包工程业绩。分包人业绩证明由承包人与发包人共同出具。分包人以分包业绩证明承接工程的，发包人应当予以认可。分包人以分包业绩证明申报资质的，相关交通运输主管部门应当予以认可。劳务合作不属于施工分包。劳务合作企业以分包人名义申请业绩证明的，承包人与发包人不得出具

考点3　公路建设信用信息管理相关规定

公路建设市场信用信息管理办法

序号	项目	内容
1	信用信息含义	公路建设市场信用信息，是指各级交通运输主管部门、公路建设管理有关部门或单位、公路行业社团组织、司法机关在履行职责过程中，以及从业单位和从业人员在工作过程中产生、记录、归集的能够反映公路建设从业单位和从业人员基本情况、市场表现等信用状况的各类信息
2	信用信息内容	(1) 公路建设市场信用信息包括公路建设从业单位基本信息、表彰奖励类良好行为信息、不良行为信息和信用评价信息。 (2) 从业单位基本信息是区分从业单位身份、反映从业单位状况的信息。

续表

序号	项目	内容
2	信用信息内容	(3) 从业单位表彰奖励类良好行为信息主要有： ① 模范履约、诚信经营，受到市级及以上交通运输主管部门、与公路建设有关的政府监督部门或机构表彰和奖励的信息； ② 被省级及以上交通运输主管部门评价为最高信用等级（AA级）的记录。 (4) 从业单位不良行为信息主要有： ① 从业单位在从事公路建设活动以及信用信息填报过程中违反有关法律、法规、标准等要求，受到市级及以上交通运输主管部门、与公路建设有关的政府监督部门或机构行政处罚及通报批评的信息； ② 司法机关、审计部门认定的违法违规信息； ③ 被省级及以上交通运输主管部门评价为最低信用等级（D级）的记录
3	信用信息发布与管理	(1) 从业单位基本信息公布期限为长期。 (2) 表彰奖励类良好行为信息、不良行为信息公布期限为2年，信用评价信息公布期限为1年，期满后系统自动解除公布，转为系统档案信息。 (3) 行政处罚期未满的不良行为信息将延长至行政处罚期满。 (4) 上述期限均自认定相应行为或作出相应决定之日起计算

公路施工企业信用评价规则

1. 公路施工企业信用评价是指省级及以上交通运输主管部门或其委托机构依据有关法律法规、标准规范、合同文件等，通过量化方式对具有公路施工资质的企业在公路建设市场从业行为的评定。

2. 公路施工企业信用评价工作实行定期评价和动态管理相结合的方式。

3. 定期评价工作每年开展一次，对公路施工企业上一年度（1月1日至12月31日期间）的市场行为进行评价。

4. 评价内容由公路施工企业投标行为、履约行为和其他行为构成。投标行为以公路施工企业单次投标为评价单元，履约行为以单个施工合同段为评价单元。

5. 投标行为和履约行为初始分值为100分，实行累计扣分制。其中，投标行为占20%，履约行为占80%，若有其他行为的，从企业信用评价总得分中扣除。

6. 公路施工企业投标行为由招标人负责评价，履约行为由项目法人负责评价，其他行为由负责行业监管的相应地方人民政府交通运输主管部门负责评价。招标人、项目法人、负责行业监管的相应地方人民政府交通运输主管部门等评价人对评价结果签认负责。

7. 下列资料可以作为公路施工企业信用评价依据：

(1) 交通运输主管部门及其质量监督机构督查、检查结果或做出的处罚通报、决定。

(2) 招标人、项目法人管理工作中的正式文件。

(3) 举报、投诉或质量、安全事故调查处理结果。

(4) 司法机关做出的司法认定及审计部门的审计意见。

(5) 其他可以认定不良行为的有关资料。

8. 评价程序

(1) 投标行为评价。招标人完成每次招标工作后,对参与投标的公路施工企业不良投标行为进行评价。无不良投标行为的公路施工企业不进行评价。联合体有不良投标行为的,联合体各方均按相应标准扣分。

(2) 履约行为评价。项目法人结合日常建设管理状况,对参与项目建设的公路施工企业上一年度的履约行为进行评价。对当年组织交工验收的工程项目,项目法人可在交工验收时提前确定参与项目建设的公路施工企业本年度的履约行为评价结果。联合体有不良履约行为的,联合体各方均按相应标准扣分。

(3) 其他行为评价。负责行业监管的相应地方人民政府交通运输主管部门对公路施工企业其他行为进行评价。

9. 公路施工企业信用评价等级分为 AA、A、B、C、D 五个等级,各信用等级对应的企业评分 X 分别为:

AA 级:95 分 $\leqslant$ X $\leqslant$ 100 分,信用好。

A 级:85 分 $\leqslant$ X$<$95 分,信用较好。

B 级:75 分 $\leqslant$ X$<$85 分,信用一般。

C 级:60 分 $\leqslant$ X$<$75 分,信用较差。

D 级:X$<$60 分,信用差。

10. 对存在直接定为 D 级或降级的行为,招标人、项目法人或负责行业监管的相应地方人民政府交通运输主管部门发现后即报省级交通运输主管部门。自省级交通运输主管部门认定之日起企业在该省信用评价等级为 D 级或降一等级。被 1 个省级交通运输主管部门直接认定为 D 级的企业,其全国综合评价直接定为 C 级;被 2 个及以上省级交通运输主管部门直接认定为 D 级以及被国务院交通运输主管部门行政处罚的公路施工企业,其全国综合评价直接定为 D 级。

11. 公路施工企业信用升级实行逐级上升制,每年只能上升一个等级,不得越级。公路施工企业信用降级按照实际评定的等级确定。

12. 公路施工企业信用评价结果有效期 1 年,下一年度公路施工企业在该省份无信用评价结果的,其在该省份信用评价等级可延续 1 年。2 年以上在该省份无信用评价结果的,按照初次进入该省份确定,但不得高于其在该省份原评价等级的上一等级。

13. 公路施工企业资质升级的,其信用评价等级不变。企业分立的,按照新设立企业确定信用评价等级,但不得高于原评价等级。企业合并的,按照合并前信用评价等级较低企业等级确定。

14. 公路施工企业在某省级行政区域的信用评价等级可使用本省级综合评价结果,也可使用全国综合评价结果,具体由省级交通运输主管部门规定。由国务院交通主管部门负责全国综合评价的公路施工企业初次进入某省份公路建设市场时,其等级按照全国综合评价结果确定。尚无全国综合评价的企业,若无不良信用记录,可按 A 级对待。若有不良信用记录,视其严重程度按 B 级及以下对待。联合体参与投标时,其信用等级按照联合体各方最低等级认定。

考点4　公路工程设计变更管理相关规定

公路工程设计变更管理相关规定

序号	项目	内容
1	设计变更含义	设计变更指自公路工程初步设计批准之日起至通过竣工验收正式交付使用之日止，对已批准的初步设计文件、技术设计文件或施工图设计文件所进行的修改、完善等活动
2	设计变更类型	公路工程设计变更分为重大设计变更、较大设计变更和一般设计变更。 (1) 有下列情形之一的属于重大设计变更： ① 连续长度 10km 以上的路线方案调整的； ② 特大桥的数量或结构形式发生变化的； ③ 特长隧道的数量或通风方案发生变化的； ④ 互通式立交的数量发生变化的； ⑤ 收费方式及站点位置、规模发生变化的； ⑥ 超过初步设计批准概算的。 (2) 有下列情形之一的属于较大设计变更： ① 连续长度 2km 以上的路线方案调整的； ② 连接线的标准和规模发生变化的； ③ 特殊不良地质路段处置方案发生变化的； ④ 路面结构类型、宽度和厚度发生变化的； ⑤ 大中桥的数量或结构形式发生变化的； ⑥ 隧道的数量或方案发生变化的； ⑦ 互通式立交的位置或方案发生变化的； ⑧ 分离式立交的数量发生变化的； ⑨ 监控、通信系统总体方案发生变化的； ⑩ 管理、养护和服务设施的数量和规模发生变化的； ⑪ 其他单项工程费用变化超过 500 万元的； ⑫ 施工图设计批准预算的。 (3) 一般设计变更是指除重大设计变更和较大设计变更以外的其他设计变更
3	公路工程重大、较大设计变更实行审批制	(1) 公路工程重大、较大设计变更，属于对设计文件内容作重大修改，应当按照规定的程序进行审批。 (2) 未经审查批准的设计变更不得实施。 (3) 任何单位或者个人不得违反规定擅自变更已经批准的公路工程初步设计、技术设计和施工图设计文件。 (4) 不得肢解设计变更规避审批。 (5) 经批准的设计变更一般不得再次变更。 (6) 重大设计变更由交通运输部负责审批。 (7) 较大设计变更由省级交通运输主管部门负责审批
4	其他规定	(1) 项目法人负责对一般设计变更进行审查，并应当加强对公路工程设计变更实施的管理。公路工程勘察设计、施工及监理等单位可以向项目法人提出公路工程设计变更的建议。设计变更的建议应当以书面形式提出，并应当注明变更理由。项目法人也可以直接提出公路工程设计变更的建议。对一般设计变更建议，由项目法人根据审查核实情况或者论证结果决定是否开展设计变更的勘察设计工作。对较大设计变更和重大设计变更建议，项目法人经审查论证确认后，向省级交通主管部门提出公路工程设计变更的申请，设计变更申请书包括拟变更设计的公路工程名称、公路工程的基本情况、原设计单位、设计变更的类别、变更的主要内容、变更的主要理由等。 (2) 施工单位不按照批准的设计变更文件施工的，交通运输主管部门责令改正；造成建设工程质量不符合规定的质量标准的，负责返工、修理，并赔偿因此造成的损失；情节严重的，责令停业整顿，降低资质等级或者吊销资质证书

考点 5 公路工程施工招标投标管理相关规定

招标投标管理相关规定

序号	项目	内容
1	招标	(1) 公路工程建设项目履行项目审批或者核准手续后，方可开展勘察设计招标；初步设计文件批准后，方可开展施工监理、设计施工总承包招标；施工图设计文件批准后，方可开展施工招标。施工招标采用资格预审方式的，在初步设计文件批准后，可以进行资格预审。 (2) 有下列情形之一的公路工程建设项目，可以不进行招标： ① 涉及国家安全、国家秘密、抢险救灾或者属于利用扶贫资金实行以工代赈、需要使用农民工等特殊情况； ② 需要采用不可替代的专利或者专有技术； ③ 采购人自身具有工程施工或者提供服务的资格和能力，且符合法定要求； ④ 已通过招标方式选定的特许经营项目投资人依法能够自行施工或者提供服务； ⑤ 需要向原中标人采购工程或者服务，否则将影响施工或者功能配套要求； ⑥ 国家规定的其他特殊情形。 招标人不得为适用前款规定弄虚作假，规避招标。 (3) 公路工程建设项目采用资格预审方式公开招标的，应当按照规定程序进行。 (4) 资格预审文件和招标文件应当载明详细的评审程序、标准和方法，招标人不得另行制定评审细则。 (5) 招标人应当自资格预审文件或者招标文件开始发售之日起，将其关键内容上传至具有招标监督职责的交通运输主管部门政府网站或者其指定的其他网站上进行公开，公开内容包括项目概况、对申请人或者投标人的资格条件要求、资格审查办法、评标办法、招标人联系方式等，公开时间至提交资格预审申请文件截止时间 2 日前或者投标截止时间 10 日前结束。招标人发出的资格预审文件或者招标文件的澄清或者修改涉及到前款规定的公开内容的，招标人应当在向交通运输主管部门备案的同时，将澄清或者修改的内容上传至前款规定的网站。 (6) 招标人可以实行设计施工总承包招标、施工总承包招标或者分专业招标。 (7) 招标人结合招标项目的具体特点和实际需要，设定潜在投标人或者投标人的资质、业绩、主要人员、财务能力、履约信誉等资格条件，不得以不合理的条件限制、排斥潜在投标人或者投标人。除《中华人民共和国招标投标法实施条例》第三十二条规定的情形外，招标人有下列行为之一的，属于以不合理的条件限制、排斥潜在投标人或者投标人： ① 设定的资质、业绩、主要人员、财务能力、履约信誉等资格、技术、商务条件与招标项目的具体特点和实际需要不相适应或者与合同履行无关； ② 强制要求潜在投标人或者投标人的法定代表人、企业负责人、技术负责人等特定人员亲自购买资格预审文件、招标文件或者参与开标活动； ③ 通过设置备案、登记、注册、设立分支机构等无法律、行政法规依据的不合理条件，限制潜在投标人或者投标人进入项目所在地进行投标。 (8) 招标人应当根据国家有关规定，结合招标项目的具体特点和实际需要，合理确定对投标人主要人员以及其他管理和技术人员的数量和资格要求。投标人拟投入的主要人员应当在投标文件中进行填报，其他管理和技术人员的具体人选由招标人和中标人在合同谈判阶段确定。对于特别复杂的特大桥梁和特长隧道项目主体工程和其他有特殊要求的工程，招标人可以要求投标人在投标文件中填报其他管理和技术人员。这里所称主要人员是指设计负责人、总监理工程师、项目经理和项目总工程师等项目管理和技术负责人。

续表

序号	项目	内容
1	招标	（9）招标人可以自行决定是否编制标底或者设置最高投标限价。招标人不得规定最低投标限价。 （10）招标人在招标文件中要求投标人提交投标保证金的，投标保证金不得超过招标标段估算价的2%。投标保证金有效期应当与投标有效期一致。依法必须进行招标的公路工程建设项目的投标人，以现金或者支票形式提交投标保证金的，应当从其基本账户转出。投标人提交的投标保证金不符合招标文件要求的，应当否决其投标。 （11）招标人应当按照国家有关法律法规规定，在招标文件中明确允许分包的或者不得分包的工程和服务，分包人应当满足的资格条件以及对分包实施的管理要求。招标人不得在招标文件中设置对分包的歧视性条款。招标人有下列行为之一的，属于歧视性条款： ① 以分包的工作量规模作为否决投标的条件； ② 对投标人符合法律法规以及招标文件规定的分包计划设定扣分条款； ③ 按照分包的工作量规模对投标人进行区别评分； ④ 以其他不合理条件限制投标人进行分包的行为。 （12）以暂估价形式包括在招标项目范围内的工程、货物、服务，属于依法必须进行招标的项目范围且达到国家规定规模标准的，应当依法进行招标。招标项目的合同条款中应当约定负责实施暂估价项目招标的主体以及相应的招标程序
2	投标	（1）投标人应当按照招标文件要求装订、密封投标文件，并按照招标文件规定的时间、地点和方式将投标文件送达招标人。公路工程勘察设计和施工监理招标的投标文件应当以双信封形式密封，第一信封内为商务文件和技术文件，第二信封内为报价文件。对公路工程施工招标，招标人采用资格预审方式进行招标且评标方法为技术评分最低标价法的，或者采用资格后审方式进行招标的，投标文件应当以双信封形式密封，第一信封内为商务文件和技术文件，第二信封内为报价文件。 （2）投标文件按要求送达后，在招标文件规定的投标截止时间前，投标人修改或者撤回投标文件的，应当以书面函件形式通知招标人。修改投标文件的函件是投标文件的组成部分，其编制形式、密封方式、送达时间等，适用对投标文件的规定。投标人在投标截止时间前撤回投标文件且招标人已收取投标保证金的，招标人应当自收到投标人书面撤回通知之日起5日内退还其投标保证金。投标截止后投标人撤销投标文件的，招标人可以不退还投标保证金。 （3）投标人根据招标文件有关分包的规定，拟在中标后将中标项目的部分工作进行分包的，应当在投标文件中载明。投标人在投标文件中未列入分包计划的工程或者服务，中标后不得分包，法律法规或者招标文件另有规定的除外
3	开标、评标和中标	（1）开标应当在招标文件确定的提交投标文件截止时间的同一时间公开进行；开标地点应当为招标文件中预先确定的地点。投标人少于3个的，不得开标，投标文件应当当场退还给投标人；招标人应当重新招标。 （2）开标由招标人主持，邀请所有投标人参加。开标过程应当记录，并存档备查。投标人对开标有异议的，应当在开标现场提出，招标人应当当场作出答复，并制作记录。未参加开标的投标人，视为对开标过程无异议。

续表

序号	项目	内容
3	开标、评标和中标	(3) 投标文件按照招标文件规定采用双信封形式密封的,开标分两个步骤公开进行:第一步骤对第一信封内的商务文件和技术文件进行开标,对第二信封不予拆封并由招标人予以封存;第二步骤宣布通过商务文件和技术文件评审的投标人名单,对其第二信封内的报价文件进行开标,宣读投标报价。未通过商务文件和技术文件评审的,对其第二信封不予拆封,并当场退还给投标人;投标人未参加第二信封开标的,招标人应当在评标结束后及时将第二信封原封退还投标人。 (4) 公路工程勘察设计和施工监理招标,应当采用综合评估法进行评标,对投标人的商务文件、技术文件和报价文件进行评分,按照综合得分由高到低排序,推荐中标候选人。评标价的评分权重不宜超过10%,评标价得分应当根据评标价与评标基准价的偏离程度进行计算。 (5) 公路工程施工招标,评标采用综合评估法或者经评审的最低投标价法。综合评估法包括合理低价法、技术评分最低标价法和综合评分法。 ① 合理低价法,是指对通过初步评审的投标人,不再对其施工组织设计、项目管理机构、技术能力等因素进行评分,仅依据评标基准价对评标价进行评分,按照得分由高到低排序,推荐中标候选人的评标方法。 ② 技术评分最低标价法,是指对通过初步评审的投标人的施工组织设计、项目管理机构、技术能力等因素进行评分,按照得分由高到低排序,对排名在招标文件规定数量以内的投标人的报价文件进行评审,按照评标价由低到高的顺序推荐中标候选人的评标方法。招标人在招标文件中规定的参与报价文件评审的投标人数量不得少于3个。 ③ 综合评分法,是指对通过初步评审的投标人的评标价、施工组织设计、项目管理机构、技术能力等因素进行评分,按照综合得分由高到低排序,推荐中标候选人的评标方法。其中评标价的评分权重不得低于50%。 ④ 经评审的最低投标价法,是指对通过初步评审的投标人,按照评标价由低到高排序,推荐中标候选人的评标方法。 注:公路工程施工招标评标,一般采用合理低价法或者技术评分最低标价法。技术特别复杂的特大桥梁和特长隧道项目主体工程,可以采用综合评分法。工程规模较小、技术含量较低的工程,可以采用经评审的最低投标价法。 (6) 实行设计施工总承包招标的,招标人应当根据工程地质条件、技术特点和施工难度确定评标办法。设计施工总承包招标的评标采用综合评分法的,评分因素包括评标价、项目管理机构、技术能力、设计文件的优化建议、设计施工总承包管理方案、施工组织设计等因素,评标价的评分权重不得低于50%。 (7) 除评标价和履约信誉评分项外,评标委员会成员对投标人商务和技术各项因素的评分一般不得低于招标文件规定该因素满分值的60%;评分低于满分值60%的,评标委员会成员应当在评标报告中作出说明。招标人应当对评标委员会成员在评标活动中的职责履行情况予以记录,并在招标投标情况的书面报告中载明。 (8) 评标委员会发现投标人的投标报价明显低于其他投标人报价或者在设有标底时明显低于标底的,应当要求该投标人对相应投标报价作出书面说明,并提供相关证明材料。投标人不能证明可以按照其报价以及招标文件规定的质量标准和履行期限完成招标项目的,评标委员会应当认定该投标人以低于成本价竞标,并否决其投标。 (9) 评标委员会对投标文件进行评审后,因有效投标不足3个使得投标明显缺乏竞争的,可以否决全部投标。未否决全部投标的,评标委员会应当在评标报告中阐明理由并推荐中标候选人。

续表

序号	项目	内容
3	开标、评标和中标	① 投标文件按照招标文件规定采用双信封形式密封的，通过第一信封商务文件和技术文件评审的投标人在3个以上的，招标人应当按照本办法第三十七条规定的程序进行第二信封报价文件开标；在对报价文件进行评审后，有效投标不足3个的，评标委员会应当按照本条第一款规定执行。 ② 通过第一信封商务文件和技术文件评审的投标人少于3个的，评标委员会可以否决全部投标；未否决全部投标的，评标委员会应当在评标报告中阐明理由，招标人应当按照本办法第三十七条规定的程序进行第二信封报价文件开标，但评标委员会在进行报价文件评审时仍有权否决全部投标；评标委员会未在报价文件评审时否决全部投标的，应当在评标报告中阐明理由并推荐中标候选人。 (10) 依法必须进行招标的公路工程建设项目，招标人应当自收到评标报告之日起3日内，在对该项目具有招标监督职责的交通运输主管部门政府网站或者其指定的其他网站上公示中标候选人，公示期不得少于3日。投标人或者其他利害关系人对依法必须进行招标的公路工程建设项目的评标结果有异议的，应当在中标候选人公示期间提出。招标人应当自收到异议之日起3日内作出答复；作出答复前，应当暂停招标投标活动。 (11) 招标人和中标人应当自中标通知书发出之日起30日内，按照招标文件和中标人的投标文件订立书面合同，合同的标的、价格、质量、安全、履行期限、主要人员等主要条款应当与上述文件的内容一致。招标人和中标人不得再行订立背离合同实质性内容的其他协议。招标人最迟应当在中标通知书发出后5日内向中标候选人以外的其他投标人退还投标保证金，与中标人签订书面合同后5日内向中标人和其他中标候选人退还投标保证金。以现金或者支票形式提交的投标保证金，招标人应当同时退还投标保证金的银行同期活期存款利息，且退还至投标人的基本账户。 (12) 招标文件要求中标人提交履约保证金的，中标人应当按照招标文件的要求提交。履约保证金不得超过中标合同金额的10%。招标人不得指定或者变相指定履约保证金的支付形式，由中标人自主选择银行保函或者现金、支票等支付形式。 (13) 依法必须进行招标的公路工程建设项目，有下列情形之一的，招标人在分析招标失败的原因并采取相应措施后，应当依照本办法重新招标： ① 通过资格预审的申请人少于3个的； ② 投标人少于3个的； ③ 所有投标均被否决的； ④ 中标候选人均未与招标人订立书面合同的。 (14) 重新招标的处理 ① 重新招标的，资格预审文件、招标文件和招标投标情况的书面报告应当按照本办法的规定重新报交通运输主管部门备案。 ② 重新招标后投标人仍少于3个的，属于按照国家有关规定需要履行项目审批、核准手续的依法必须进行招标的公路工程建设项目，报经项目审批、核准部门批准后可以不再进行招标；其他项目可由招标人自行决定不再进行招标。 ③ 依照规定不再进行招标的，招标人可以邀请已提交资格预审申请文件的申请人或者已提交投标文件的投标人进行谈判，确定项目承担单位，并将谈判报告报对该项目具有招标监督职责的交通运输主管部门备案

考点6　公路工程验收相关规定

公路工程交工验收

序号	项目	内容
1	公路工程交工验收应具备的条件	(1) 合同约定的各项内容已全部完成。各方就合同变更的内容达成书面一致意见。 (2) 施工单位按《公路工程质量检验评定标准》及相关规定对工程质量自检合格。 (3) 监理单位对工程质量评定合格。 (4) 质量监督机构按"公路工程质量鉴定办法"对工程质量进行检测，并出具检测意见。检测意见中需整改的问题已经处理完毕。 (5) 竣工文件按公路工程档案管理的有关要求，完成"公路工程项目文件归档范围"第三、四、五部分（不含缺陷责任期资料）内容的收集、整理及归档工作。 (6) 施工单位、监理单位完成本合同段的工作总结报告
2	交工验收程序	(1) 施工单位完成合同约定的全部工程内容，且经施工自检和监理检验评定均合格后，提出合同段交工验收申请报监理单位审查。交工验收申请应附自检评定资料和施工总结报告。 (2) 监理单位根据工程实际情况、抽检资料以及对合同段工程质量评定结果，对施工单位交工验收申请及其所附资料进行审查并签署意见。监理单位审查同意后，应同时向项目法人提交独立抽检资料、质量评定资料和监理工作报告。 (3) 项目法人对施工单位的交工验收申请、监理单位的质量评定资料进行核查，必要时可委托相应资质的检测机构进行重点抽查检测，认为合同段满足交工验收条件时应及时组织交工验收。 (4) 对若干合同段完工时间相近的，项目法人可合并组织交工验收。对分段通车的项目，项目法人可按合同约定分段组织交工验收。 (5) 通过交工验收的合同段，项目法人应及时颁发"公路工程交工验收证书"。 (6) 各合同段全部验收合格后，项目法人应及时完成"公路工程交工验收报告"
3	交工验收的主要工作内容	(1) 检查合同执行情况。 (2) 检查施工自检报告、施工总结报告及施工资料。 (3) 检查监理单位独立抽检资料、监理工作报告及质量评定资料。 (4) 检查工程实体，审查有关资料，包括主要产品的质量抽（检）测报告。 (5) 核查工程完工数量是否与批准的设计文件相符，是否与工程计量数量一致。 (6) 对合同是否全面执行、工程质量是否合格做出结论。 (7) 按合同段分别对设计、监理、施工等单位进行初步评价。 注：项目法人负责组织公路工程各合同段的设计、监理、施工等单位参加交工验收。路基工程作为单独合同段进行交工验收时，应邀请路面施工单位参加。拟交付使用的工程，应邀请运营、养护管理单位参加。交通运输主管部门、公路管理机构、质量监督机构视情况参加交工验收
4	交工验收质量评定	(1) 合同段工程质量评分采用所含各单位工程质量评分的加权平均值。即工程各合同段交工验收结束后，由项目法人对整个工程项目进行工程质量评定，工程质量评分采用各合同段工程质量评分的加权平均值。即投资额原则使用结算价，当结算价暂时未确定时，可使用招标合同价，但在评分计算时应统一。 (2) 交工验收工程质量等级评定分为合格和不合格，工程质量评分值大于等于75分的为合格，小于75分的为不合格

公路工程竣工验收

序号	项目	内容
1	竣工验收应具备的条件	（1）通车试运营2年以上。 （2）交工验收提出的工程质量缺陷等遗留问题已全部处理完毕，并经项目法人验收合格。 （3）工程决算编制完成，竣工决算已经审计，并经交通运输主管部门或其授权单位认定。 （4）竣工文件已完成"公路工程项目文件归档范围"的全部内容。 （5）档案、环保等单项验收合格，土地使用手续已办理。 （6）各参建单位完成工作总结报告。 （7）质量监督机构对工程质量检测鉴定合格，并形成工程质量鉴定报告
2	竣工验收准备工作程序	（1）公路工程符合竣工验收条件后，项目法人应按照公路工程管理权限及时向相关交通运输主管部门提出验收申请，其主要内容包括：交工验收报告；项目执行报告、设计工作报告、施工总结报告和监理工作报告；项目基本建设程序的有关批复文件；档案、环保等单项验收意见；土地使用证或建设用地批复文件；竣工决算的核备意见、审计报告及认定意见。 （2）相关交通运输主管部门对验收申请进行审查，必要时可组织现场核查。审查同意后报负责竣工验收的交通运输主管部门。 （3）以上文件齐全且符合条件的项目，由负责竣工验收的交通运输主管部门通知所属的质量监督机构开展质量鉴定工作。 （4）质量监督机构按要求完成质量鉴定工作，出具工程质量鉴定报告，并审核交工验收对设计、施工、监理初步评价结果，报送交通运输主管部门。 （5）工程质量鉴定等级为合格以上的项目，负责竣工验收的交通运输主管部门及时组织竣工验收
3	竣工验收的主要工作内容	（1）成立竣工验收委员会。 （2）听取公路工程项目执行报告、设计工作报告、施工总结报告、监理工作报告及接管养护单位项目使用情况报告。 （3）听取公路工程质量监督报告及工程质量鉴定报告。 （4）竣工验收委员会成立专业检查组检查工程实体质量，审阅有关资料，形成书面检查意见。 （5）对项目法人建设管理工作进行综合评价。审定交工验收对设计单位、施工单位、监理单位的初步评价。 （6）对工程质量进行评分，确定工程质量等级，并综合评价建设项目。 （7）形成并通过《公路工程竣工验收鉴定书》。 （8）负责竣工验收的交通运输主管部门印发《公路工程竣工验收鉴定书》。 （9）质量监督机构依竣工验收结论，对各参建单位签发"公路工程参建单位工作综合评价等级证书"。 注：（1）竣工验收委员会由交通运输主管部门、公路管理机构、质量监督机构、造价管理机构等单位代表组成。国防公路应邀请军队代表参加。大中型项目及技术复杂工程，应邀请有关专家参加项目法人、设计单位、监理单位、施工单位、接管养护等单位参加竣工验收工作。 （2）项目法人、设计、施工、监理、接管养护等单位代表参加竣工验收工作，但不作为竣工验收委员会成员
4	参加竣工验收工作各方的主要职责	（1）竣工验收委员会负责对工程实体质量及建设情况进行全面检查。对工程质量进行评分，对各参建单位及建设项目进行综合评价，确定工程质量和建设项目等级，形成工程竣工验收鉴定书。 （2）项目法人负责提交项目执行报告及验收工作所需资料，协助竣工验收委员会开展工作。 （3）设计单位负责提交设计工作报告，配合竣工验收检查工作。 （4）施工单位负责提交施工总结报告，提供各种资料，配合竣工验收检查工作。 （5）监理单位负责提交监理工作报告，提供工程监理资料，配合竣工验收检查工作。 （6）接管养护单位负责提交项目使用情况报告，配合竣工验收检查工作。 （7）公路建设项目设计、施工、监理、接管养护等有多家单位的，项目法人应组织汇总设计工作报告、施工总结报告、监理工作报告、项目使用情况报告。竣工验收时选派代表向竣工验收委员会汇报

续表

序号	项目	内容
5	竣工验收质量评定	(1) 竣工验收工程质量评分采取加权平均法计算，其中交工验收工程质量得分权值为0.2，质量监督机构工程质量鉴定得分权值为0.6，竣工验收委员会对工程质量的评分权值为0.2。 (2) 对于交工验收和竣工验收合并进行的小型项目，质量监督机构工程质量鉴定得分权值为0.6，监理单位对工程质量评定得分权值为0.1，竣工验收委员会对工程质量的评分权值为0.3。 (3) 工程质量评分大于等于90分为优良，小于90分且大于等于75分为合格，小于75分为不合格

1B432000　公路施工安全生产和质量管理相关规定

1B432010　公路工程施工安全生产相关规定

【考点图谱】

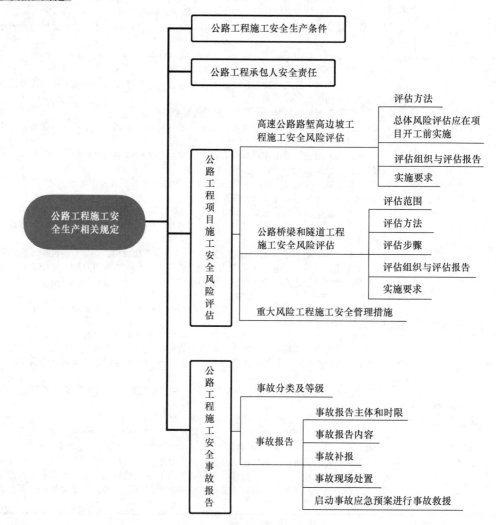

【考点精析】

考点1　公路工程施工安全生产条件

对公路工程施工安全生产条件规定

1. 从业单位从事公路水运工程建设活动，应当具备法律、法规、规章和工程建设强制性标准规定的安全生产条件。任何单位和个人不得降低安全生产条件。

2. 施工单位从事公路水运工程建设活动，应当取得安全生产许可证及相应等级的资质证书。施工单位的主要负责人和安全生产管理人员应当经交通运输主管部门对其安全生产知识和管理能力考核合格。施工单位应当设置安全生产管理机构或者配备专职安全生产管理人员。施工单位应当根据工程施工作业特点、安全风险以及施工组织难度，按照年度施工产值配备专职安全生产管理人员，不足5000万元的至少配备1名；5000万元以上不足2亿元的按每5000万元不少于1名的比例配备；2亿元以上的不少于5名，且按专业配备。

3. 从业单位应当依法对从业人员进行安全生产教育和培训。未经安全生产教育和培训合格的从业人员，不得上岗作业。

4. 公路水运工程从业人员中的特种作业人员应当按照国家有关规定取得相应资格，方可上岗作业。

5. 翻模、滑（爬）模等自升式架设设施，以及自行设计、组装或者改装的施工挂（吊）篮、移动模架等设施在投入使用前，施工单位应当组织有关单位进行验收，或者委托具有相应资质的检验检测机构进行验收。验收合格后方可使用。

6. 施工单位与从业人员订立的劳动合同，应当载明有关保障从业人员劳动安全、防止职业危害等事项。施工单位还应当向从业人员书面告知危险岗位的操作规程。

考点2　公路工程承包人安全责任

公路工程承包人安全责任规定

1. 从业单位应当建立健全安全生产责任制，明确各岗位的责任人员、责任范围和考核标准等内容。从业单位应当建立相应的机制，加强对安全生产责任制落实情况的监督考核。

2. 施工单位应当按照法律、法规、规章、工程建设强制性标准和合同文件组织施工，保障项目施工安全生产条件，对施工现场的安全生产负主体责任。施工单位主要负责人依法对项目安全生产工作全面负责。建设工程实行施工总承包的，由总承包单位对施工现场的安全生产负总责。分包单位应当服从总承包单位的安全生产管理，分包单位不服从管理导致生产安全事故的，由分包单位承担主要责任。

3. 施工单位应当书面明确本单位的项目负责人，代表本单位组织实施项目施工生产。项目负责人对项目安全生产工作负有下列职责：

（1）建立项目安全生产责任制，实施相应的考核与奖惩；

（2）按规定配足项目专职安全生产管理人员；

（3）结合项目特点，组织制定项目安全生产规章制度和操作规程；

（4）组织制定项目安全生产教育和培训计划；

(5) 督促项目安全生产费用的规范使用;

(6) 依据风险评估结论,完善施工组织设计和专项施工方案;

(7) 建立安全预防控制体系和隐患排查治理体系,督促、检查项目安全生产工作,确认重大事故隐患整改情况;

(8) 组织制定本合同段施工专项应急预案和现场处置方案,并定期组织演练;

(9) 及时、如实报告生产安全事故并组织自救。

4. 施工单位的专职安全生产管理人员履行下列职责:

(1) 组织或者参与拟订本单位安全生产规章制度、操作规程,以及合同段施工专项应急预案和现场处置方案;

(2) 组织或者参与本单位安全生产教育和培训,如实记录安全生产教育和培训情况;

(3) 督促落实本单位施工安全风险管控措施;

(4) 组织或者参与本合同段施工应急救援演练;

(5) 检查施工现场安全生产状况,做好检查记录,提出改进安全生产标准化建设的建议;

(6) 及时排查、报告安全事故隐患,并督促落实事故隐患治理措施;

(7) 制止和纠正违章指挥、违章操作和违反劳动纪律的行为。

5. 施工单位应当根据施工规模和现场消防重点建立施工现场消防安全责任制度,确定消防安全责任人,制定消防管理制度和操作规程,设置消防通道,配备相应的消防设施、物资和器材。施工单位对施工现场临时用火、用电的重点部位及爆破作业各环节应当加强消防安全检查。

6. 施工单位应当将专业分包单位、劳务合作单位的作业人员及实习人员纳入本单位统一管理。

7. 新进人员和作业人员进入新的施工现场或者转入新的岗位前,施工单位应当对其进行安全生产培训考核。施工单位采用新技术、新工艺、新设备、新材料的,应当对作业人员进行相应的安全生产教育培训,生产作业前还应当开展岗位风险提示。

考点3　公路工程项目施工安全风险评估

高速公路路堑高边坡工程施工安全风险评估

序号	项目	内容
1	评估方法	高速公路路堑高边坡工程施工安全风险评估划分为总体风险评估和专项风险评估两个阶段,一般采用专家调查评估法、指标体系法
2	实施时间	(1) 总体风险评估应在项目开工前实施。 (2) 专项风险评估应在路堑边坡分项工程开工前完成。 (3) 施工中,经论证出现新的重大风险源,或发生生产安全事故(险情)等情况,应补充开展施工过程专项评估
3	评估组织与评估报告	(1) 总体风险评估工作由建设单位负责组织,专项风险评估工作由施工单位负责组织。组织单位按照"谁组织谁负责"的原则对评估工作质量负责。 (2) 总体风险评估和施工前专项风险评估应分别形成评估报告,施工过程专项风险评估可简化形成评估报表。评估报告应反映风险评估过程的全部工作,报告内容应包括编制依据、工程概况、评估方法、评估步骤、评估内容、评估结论及对策建议等

续表

序号	项目	内容
4	实施要求	（1）项目总体风险评估的重大风险源应按规定报监理单位、建设单位、地方行业主管部门备案。 （2）施工单位应根据风险评估结论，完善路堑高边坡工程施工组织设计和专项施工方案，分类制定相应的专项应急预案，对项目施工过程实施预警预控。对重大风险源应建立日常巡查、监测预警、定期报告、销号等制度，并严格实施。对暂时无有效措施的Ⅳ级风险，应立即停工。 （3）施工安全风险评估工作费用在项目安全生产费用中列支

公路桥梁和隧道工程施工安全风险评估

序号	项目	内容
1	评估范围	（1）桥梁工程 ① 多跨或跨径大于40m的石拱桥，跨径大于或等于150m的钢筋混凝土拱桥，跨径大于或等于350m的钢箱拱桥，钢桁架、钢管混凝土拱桥； ② 跨径大于或等于140m的梁式桥，跨径大于400m的斜拉桥，跨径大于1000m的悬索桥； ③ 墩高或净空大于100m的桥梁工程； ④ 采用新材料、新结构、新工艺、新技术的特大桥、大桥工程； ⑤ 特殊桥型或特殊结构桥梁的拆除或加固工程； ⑥ 施工环境复杂、施工工艺复杂的其他桥梁工程。 （2）隧道工程 ① 穿越高地应力区、岩溶发育区、区域地质构造、煤系地层、采空区等工程地质或水文地质条件复杂的隧道，黄土地区，水下或海底隧道工程； ② 浅埋、偏压、大跨度、变化断面等结构受力复杂的隧道工程； ③ 长度3000m及以上的隧道工程，Ⅵ、Ⅴ级围岩连续长度超过50m或合计长度占隧道全长的30%及以上的隧道工程； ④ 连拱隧道和小净距隧道工程； ⑤ 采用新技术、新材料、新设备、新工艺的隧道工程； ⑥ 隧道改扩建工程； ⑦ 施工环境复杂、施工工艺复杂的其他隧道工程
2	评估方法	（1）施工安全风险评估分为总体风险评估和专项风险评估。 （2）评估方法应根据被评估项目的工程特点，选择相应的定性或定量的风险评估方法。一般采用风险指标体系法、作业条件危险性分析法等
3	评估步骤	风险评估工作包括：制定评估计划、选择评估方法、开展风险分析、进行风险估测、确定风险等级、提出措施建议、编制评估报告等方面。评估步骤一般为： （1）开展总体风险评估。 （2）确定专项风险评估范围。 （3）开展专项风险评估。 （4）确定风险控制措施

续表

序号	项目	内容
4	评估组织与评估报告	(1) 施工安全风险评估工作原则上由项目施工单位具体负责。当被评估项目含多个合同段时，总体风险评估应由建设单位牵头组织，专项风险评估工作仍由合同施工单位具体实施。当施工单位的施工经验或能力不足时，可委托行业内安全评估机构承担相关风险评估工作。 (2) 评估工作负责人应当具有5年以上的工程管理经验，并有参与类似工程施工的经历。 (3) 风险评估工作应形成评估报告。评估报告应反映风险评估过程的主要工作。报告内容应包括评估依据、工程概况、评估方法、评估步骤、评估内容、评估结论及对策建议等。评估结论应当明确风险等级、可能发生事故的关键部位、区域或节点、事故可能性等级、规避或者降低风险的建议措施等内容
5	实施要求	(1) 施工单位应根据风险评估结论，完善施工组织设计和危险性较大工程专项施工方案，制定相应的专项应急预案，对项目施工过程实施预警预控。专项风险等级在Ⅲ级（高度风险）及以上的施工作业活动（施工区段）的风险控制，还应符合下列规定： ① 重大风险源的监控与防治措施、应急预案经施工企业技术负责人和项目总监理工程师审批后，由建设单位组织论证或复评估； ② 施工单位应建立重大风险源的监测及验收、日常巡查、定期报告等工作制度，并组织实施； ③ 施工项目经理或技术负责人在工程施工前应对施工人员进行安全技术教育与交底；施工现场应设立相应的危险告知牌； ④ 适时组织对典型重大风险源的应急救援演练； ⑤ 当专项风险等级为Ⅳ级（极高风险）且无法降低时，必须提高现场防护标准，落实应急处置措施，视情况开展第三方施工监测；未采取有效措施的，不得施工。 (2) 公路桥梁和隧道工程施工安全风险评估应遵循动态管理的原则，当工程设计方案、施工方案、工程地质、水文地质、施工队伍等发生重大变化时，应重新进行风险评估。 (3) 施工安全风险评估工作费用应在项目安全生产费用中列支

考点4 公路工程施工安全事故报告

安全事故的分类

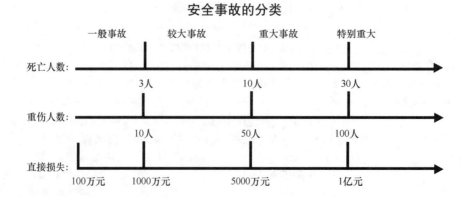

事故报告

序号	项目	内容
1	报告时间	（1）事故发生后，事故现场有关人员应当立即向本单位负责人报告；单位负责人接到报告后，应当于1h内向事故发生地县级以上人民政府应急管理部门和负有安全生产监督管理职责的有关部门报告。 （2）情况紧急时，事故现场有关人员可以直接向事故发生地县级以上人民政府应急管理部门和负有安全生产监督管理职责的有关部门报告
2	报告内容	（1）事故发生单位概况； （2）事故发生的时间、地点以及事故现场情况； （3）事故的简要经过； （4）事故已经造成或者可能造成的伤亡人数（包括下落不明的人数）和初步估计的直接经济损失； （5）已经采取的措施； （6）其他应当报告的情况
3	事故补报	自事故发生之日起30日内，事故造成的伤亡人数发生变化的，应当及时补报。道路交通事故、火灾事故自发生之日起7日内，事故造成的伤亡人数发生变化的，应当及时补报
4	现场处置要求	（1）事故发生后，有关单位和人员应当妥善保护事故现场以及相关证据，任何单位和个人不得破坏事故现场、毁灭相关证据。 （2）因抢救人员、防止事故扩大以及疏通交通等原因，需要移动事故现场物件的，应当做出标志，绘制现场简图并做出书面记录，妥善保存现场重要痕迹、物证
5	应急预案启动	事故发生单位负责人接到事故报告后，应当立即启动事故相应应急预案，或者采取有效措施，组织抢救，防止事故扩大，减少人员伤亡和财产损失

1B432020 公路工程质量管理相关规定

【考点图谱】

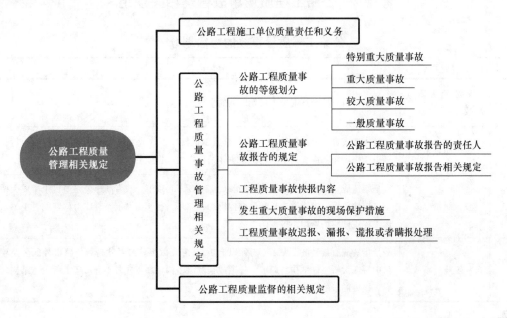

【考点精析】

考点1 公路工程施工单位质量责任和义务

公路工程施工单位质量责任和义务（部分）

1. 从业单位应当建立健全工程质量保证体系，制定质量管理制度，强化工程质量管理措施，完善工程质量目标保障机制。公路水运工程施行质量责任终身制。建设、勘察、设计、施工、监理等单位应当书面明确相应的项目负责人和质量负责人。从业单位的相关人员按照国家法律法规和有关规定在工程合理使用年限内承担相应的质量责任。

2. 施工单位对工程施工质量负责，应当按合同约定设立现场质量管理机构、配备工程技术人员和质量管理人员，落实工程施工质量责任制。

3. 施工单位应当严格按照工程设计图纸、施工技术标准和合同约定施工，对原材料、混合料、构配件、工程实体、机电设备等进行检验；按规定施行班组自检、工序交接检、专职质检员检验的质量控制程序；对分项工程、分部工程和单位工程进行质量自评。检验或者自评不合格的，不得进入下道工序或者投入使用。

4. 施工单位应当加强施工过程质量控制，并形成完整、可追溯的施工质量管理资料，主体工程的隐蔽部位施工还应当保留影像资料。对施工中出现的质量问题或者验收不合格的工程，应当负责返工处理；对在保修范围和保修期限内发生质量问题的工程，应当履行保修义务。

5. 勘察、设计、施工单位应当依法规范分包行为，并对各自承担的工程质量负总责，分包单位对分包合同范围内的工程质量负责。

6. 施工、监理单位应当按照合同约定设立工地临时试验室，严格按照工程技术标准、检测规范和规程，在核定的试验检测参数范围内开展试验检测活动。

考点2 公路工程质量事故管理相关规定

公路工程质量事故的等级划分

序号	项目	内容
1	特别重大质量事故	是指造成直接经济损失1亿元以上的事故
2	重大质量事故	是指造成直接经济损失5000万元以上1亿元以下，或者特大桥主体结构垮塌、特长隧道结构坍塌，或者大型水运工程主体结构垮塌、报废的事故
3	较大质量事故	是指造成直接经济损失1000万元以上5000万元以下，或者高速公路项目中桥或大桥主体结构垮塌、中隧道或长隧道结构坍塌、路基（行车道宽度）整体滑移，或者中型水运工程主体结构垮塌、报废的事故
4	一般质量事故	是指造成直接经济损失100万元以上1000万元以下，或者除高速公路以外的公路项目中桥或大桥主体结构垮塌、中隧道或长隧道结构坍塌，或者小型水运工程主体结构垮塌、报废的事故

公路工程质量事故报告的规定

序号	项目	内容
1	公路工程质量事故报告的责任人	工程项目交工验收前，施工单位为工程质量事故报告的责任单位；自通过交工验收至缺陷责任期结束，由负责项目交工验收管理的交通运输主管部门明确项目建设单位或管养单位作为工程质量事故报告的责任单位
2	公路工程质量事故报告相关规定	（1）一般及以上工程质量事故均应报告。事故报告责任单位应在应急预案或有关制度中明确事故报告责任人。事故报告应及时、准确，任何单位和个人不得迟报、漏报、谎报或瞒报。 （2）事故发生后，现场有关人员应立即向事故报告责任单位负责人报告。事故报告责任单位应在接报 2h 内，核实、汇总并向负责项目监管的交通运输主管部门及其工程质量监督机构报告。接收事故报告的单位和人员及其联系电话应在应急预案或有关制度中予以明确。 （3）重大及以上质量事故，省级交通运输主管部门应在接报 2h 内进一步核实，并按工程质量事故快报统一报交通运输部应急办转报工程质量监督管理部门；出现新的经济损失、工程损毁扩大等情况的应及时续报。省级交通运输主管部门应在事故情况稳定后的 10 日内汇总、核查事故数据，形成质量事故情况报告，报交通运输部工程质量监督管理部门。 （4）对特别重大质量事故，交通运输部将按《交通运输部突发事件应急工作暂行规范》由交通运输部应急办会同部工程质量监督管理部门及时向国务院应急办报告

考点 3　公路工程质量监督相关规定

对公路工程进行质量监督的规定

1. 公路水运工程实行质量监督管理制度。交通运输主管部门或者其委托的建设工程质量监督机构依法要求建设单位按规定办理质量监督手续。建设单位应当按照国家规定向交通运输主管部门或者其委托的建设工程质量监督机构提交材料，办理工程质量监督手续。

2. 建设单位提交的材料符合规定的，交通运输主管部门或者其委托的建设工程质量监督机构应当在 15 个工作日内为其办理工程质量监督手续，出具公路水运工程质量监督管理受理通知书。公路水运工程质量监督管理受理通知书中应当明确监督人员、内容和方式等。

3. 建设单位在办理工程质量监督手续后、工程开工前，应当按照国家有关规定办理施工许可或者开工备案手续。交通运输主管部门或者其委托的建设工程质量监督机构应当自建设单位办理完成施工许可或者开工备案手续之日起，至工程竣工验收完成之日止，依法开展公路水运工程建设的质量监督管理工作。

4. 公路水运工程交工验收前，建设单位应当组织对工程质量是否合格进行检测，出具交工验收质量检测报告，连同设计单位出具的工程设计符合性评价意见、监理单位提交的工程质量评定或者评估报告一并提交交通运输主管部门委托的建设工程质量监督机构。交通运输主管部门委托的建设工程质量监督机构应当对建设单位提交的报告材料进行审核，并对工程质量进行验证性检测，出具工程交工质量核验意见。工程交工质量核验意见应当包括交工验收质量检测工作组织、质量评定或者评估程序执行、监督管理过程中发现的质量问题整改以及工程质量验证性检测结果等情况。

5. 公路水运工程竣工验收前，交通运输主管部门委托的建设工程质量监督机构应当根据交通运输主管部门拟定的验收工作计划，组织对工程质量进行复测，并出具项目工程质量鉴定报告，明确工程质量水平；同时出具项目工程质量监督管理工作报告，对项目建设期质量监督管理工作进行全面总结。工程质量鉴定报告应当以工程交工质量核验意见为参考，包括交工遗留问题和试运行期间出现的质量问题及整改、是否存在影响工程正常使用的质量缺陷、工程质量用户满意度调查及工程质量复测和鉴定结论等情况。交通运输主管部门委托的建设工程质量监督机构应当将项目工程质量鉴定报告和项目工程质量监督管理工作报告提交负责组织竣工验收的交通运输主管部门。

6. 交通运输主管部门委托的建设工程质量监督机构具备相应检测能力的，可以自行对工程质量进行检测；不具备相应检测能力的，可以委托具有相应能力等级的第三方试验检测机构负责相应检测工作。委托试验检测机构开展检测工作的，应当遵守政府采购有关法律法规的要求。

7. 交通运输主管部门或者其委托的建设工程质量监督机构可以采取随机抽查、备案核查、专项督查等方式对从业单位实施监督检查。公路水运工程质量监督管理工作实行项目监督责任制，可以明确专人或者设立工程项目质量监督组，实施项目质量监督管理工作。

8. 交通运输主管部门或者其委托的建设工程质量监督机构应当制定年度工程质量监督检查计划，确定检查内容、方式、频次以及有关要求等。

9. 实施监督检查时，应当有 2 名以上人员参加，并出示有效执法证件。检查人员对涉及被检查单位的技术秘密和商业秘密，应当为其保密。

10. 监督检查过程中，检查人员发现质量问题的，应当当场提出检查意见并做好记录。质量问题较为严重的，检查人员应当将检查时间、地点、内容、主要问题及处理意见形成书面记录，并由检查人员和被检查单位现场负责人签字。被检查单位现场负责人拒绝签字的，检查人员应当将情况记录在案。

11. 交通运输主管部门或者其委托的建设工程质量监督机构履行监督检查职责时，有权采取下列措施：

（1）进入被检查单位和施工现场进行检查；

（2）询问被检查单位工作人员，要求其说明有关情况；

（3）要求被检查单位提供有关工程质量的文件和材料；

（4）对工程材料、构配件、工程实体质量进行抽样检测；

（5）对发现的质量问题，责令改正，视情节依法对责任单位采取通报批评、罚款、停工整顿等处理措施。

12. 依照《建设工程质量管理条例》规定给予单位罚款处罚的，对单位直接负责的主管人员和其他直接责任人员处单位罚款数额 5% 以上 10% 以下的罚款。

下篇 考点归纳

一、工艺流程、施工步骤和工作顺序

1. 袋装砂井施工工艺程序

整平原地面→摊铺下层砂垫层→机具定位→打入套管→沉入砂袋→拔出套管→机具移位→埋砂袋头→摊铺上层砂垫层。

2. 塑料排水板施工工艺程序

整平原地面→摊铺下层砂垫层→机具就位→塑料排水板穿靴→插入套管→拔出套管→割断塑料排水板→机具移位→摊铺上层砂垫层。

3. 振动沉管法成桩施工工艺程序

整平地面→振冲器就位对中→成孔→清孔→加料振密→关机停水→振冲器移位。

4. 水泥路面改造加铺沥青面层——直接加铺法

对于板块脱空、桥头沉陷、板的不均匀沉陷及弯沉较大的部位,应钻穿板块,然后用水泥浆高压灌注处理。具体的工艺流程:定位→钻孔→制浆→灌浆→灌浆孔封堵→交通控制→弯沉检测。

5. 旧沥青路面再生——现场热再生法

重铺再生法施工工艺流程:

(1) 加热→旧料再生(翻松、添加再生剂、搅拌等)→摊铺整形→压入碎石工艺。

(2) 加热→旧料再生(翻松、添加再生剂、搅拌等)→摊铺整型→罩新面工艺。

6. 土路肩施工——培土路肩施工流程

备料→推平→平整→静压→切边→平整→碾压。

7. 模板制作与安装施工工艺流程

选择模板及支撑材料→模板设计与绘图→构件基础平整及支撑系统施工→模板加工制作与安装→模板表面及接缝处理→模板安装质量检验→钢筋安装及质量检验→混凝土浇筑→混凝土养护→拆除模板。

8. 先张法预应力筋张拉程序

预应力筋种类		张拉程序
钢丝、钢绞线	夹片式等具有自锚性能的锚具	低松弛预应力筋:0→初应力→σ_{con}(持荷5min锚固)
	其他锚具	0→初应力→$1.05\sigma_{con}$(持荷5min)→0→σ_{con}(锚固)
螺纹钢筋		0→初应力→$1.05\sigma_{con}$(持荷5min)→$0.9\sigma_{con}$→σ_{con}(锚固)

9. 先张法预制梁板施工工艺流程

张拉台座准备→穿预应力筋、调整初应力→张拉预应力筋→钢筋骨架制作→立模→浇筑混凝土→混凝土养护→拆模→放松预应力筋→成品存放、运输。

10. 后张法预应力筋张拉程序

锚具和预应力筋种类		张拉程序
夹片式等具有自锚性能的锚具	钢绞线束、钢丝束	低松弛力筋:0→初应力→σ_{con}(持荷5min锚固)

续表

锚具和预应力筋种类		张拉程序
其他锚具	钢绞线束	0→初应力→1.05σ_{con}（持荷5min）→σ_{con}（锚固）
	钢丝束	0→初应力→1.05σ_{con}（持荷5min）→0→σ_{con}（锚固）
螺母锚固锚具	螺纹钢筋	0→初应力→σ_{con}（持荷5min）→0→σ_{con}（锚固）

11．双导梁架桥机施工工艺流程

（1）梁体预制及运输、铺设轨道→（2）架桥机及导梁拼装→（3）试吊→（4）架桥机前移至安装跨→（5）支顶前支架→（6）运梁、喂梁→（7）吊梁、纵移到位→（8）降梁、横移到位→（9）安放支座、落梁→（10）重复第（5）～（9）步，架设下一片梁→（11）铰缝施工，完成整跨安装→（12）架桥机前移至下一跨，直至完成整桥安装。

12．支架现浇梁单个施工单元施工工艺流程

地基处理→支架搭设→模板系统安装→支架加载预压→钢筋、预应力安装→内模安装→混凝土浇筑→混凝土养护→预应力张拉→预应力孔道压浆→落架、模板支架拆除。

13．桥梁上部结构施工——悬臂拼装施工

（1）长线法梁段预制工序

预制台座建造→台座立面、平面线形调整→外模安装→刷脱模剂、堵缝→安装底腹板普通钢筋及预应力管道→内模安装→安装普通钢筋及预应力管道→混凝土浇筑及养护→拆除模板→台座立面、平面线形调整（预制下一节段）。

（2）短线法梁段预制工序

台车及模板系统加工→端模、底模及外侧模安装→匹配梁段定位→钢筋骨架吊装→内模就位→固定端模复测→混凝土浇筑及养护→拆除模板→匹配梁段转运存放→新浇筑梁段移至匹配梁位置→匹配梁段定位（下一块段施工）。

（3）1号块湿接缝拼装梁段施工程序

吊机就位→提升、起吊1号梁段→安装波纹管→中线测量→丈量湿接缝的宽度→调整波纹管→高程测量→检查中线→固定1号梁段→安装湿接缝的模板→浇筑湿接缝混凝土→湿接缝养护、拆模→张拉预应力筋→压浆→下一梁段拼装。

（4）其他梁段拼装采用移动式导梁架桥机施工

① 悬臂节段拼装工艺流程

架桥机安装及调试→运梁就位→架桥机落钩起吊箱梁至桥面→节段胶结层涂抹→临时预应力张拉→胶结层养护至固化→悬拼预应力钢束张拉→架桥机解钩、前移至下一个节段施工。

② 整跨拼装工艺流程

架桥机安装及调试→运梁就位→梁段吊装及调整→节段胶结层涂抹→临时预应力张拉→胶结层养护至固化→整孔预应力张拉→整孔落梁就位→架桥机纵移过孔、吊钩前移至下一个节段施工。

（5）其他梁段拼装采用悬拼吊机法施工

悬拼吊机法节段拼装工艺流程：吊机安装及调试→梁端就位→起吊梁段、试拼→节段胶结层涂抹→临时预应力张拉→胶结层养护至固化→悬拼预应力钢束张拉→吊机解钩、前

移至下一个节段施工。

（6）其他梁段拼装采用浮吊悬拼法施工

浮吊悬拼工艺流程：浮吊船移动就位→梁预制节段驳船运输到位→移动浮吊挂钩，固定缆风绳，起吊→浮吊调整梁段起吊高度，停钩靠近待吊墩位→稳住浮吊、起钩→就位停钩，稳住浮吊，梁段调正→调整梁段，浮吊落钩→摘钩，移船。

（7）悬臂拼装合龙段施工

悬臂拼装合龙段施工工艺流程：合龙段起吊就位→合龙段临时锁定→湿接缝预应力管道连接→穿合龙预应力束→安装湿接缝模板→现浇湿接缝，养护，脱模→张拉预应力束→解除临时锁定。

14．桥梁上部结构施工——悬臂浇筑施工工艺流程

（1）连续刚构桥悬臂浇筑施工流程

0号块支架搭设、预压→0号块混凝土浇筑→0号块预应力钢束张拉→组拼挂篮→挂篮预压→对称悬臂浇筑1号块→1号块预应力钢束张拉→挂篮分离，前移就位→悬臂浇筑2号块（下一块段施工）→边跨合龙（边跨现浇混凝土浇筑）→中跨合龙。

（2）连续梁桥悬臂浇筑施工流程

0号块支架搭设、预压→0号块混凝土浇筑→0号块预应力钢束张拉→墩梁临时固结→组拼挂篮→挂篮预压→对称悬臂浇筑1号块→1号块预应力钢束张拉→挂篮前移就位→悬臂浇筑2号块（下一块段施工）→边跨合龙（边跨现浇混凝土浇筑）→解除临时固结→中跨合龙。

（3）悬臂浇筑边跨合龙施工流程

施工准备及模架安装→设置平衡重→普通钢筋及预应力管道安装→合龙锁定→浇筑合龙段混凝土→预应力施工→拆模、落架。

（4）悬臂浇筑中跨合龙施工流程

吊架及模板安装→设置平衡重→普通钢筋及预应力管道安装→合龙锁定→解除连续梁墩顶临时固结，完成体系转换→浇筑合龙段混凝土→预应力施工→拆除模板及吊架。

15．桥梁上部结构顶推施工——顶推法施工工序

预制场准备工作→制作模板与安装钢导梁→顶推设备安装→预制节段→张拉预应力筋→顶推预制节段→管道压浆（循环第四～七步骤）→顶推就位→放松临时预应力筋及拆除辅助设备→张拉后期预应力筋→管道压浆→落梁与更换支座→桥面工程→验收。

16．悬索桥施工主要工序

基础施工→塔柱和锚碇施工→先导索渡海工程→牵引系统和猫道系统→猫道面层和抗风缆架设→索股架设→索夹和吊索安装→加劲梁架设和桥面铺装施工。

17．悬索桥——主缆锚固体系

（1）型钢锚固系统施工程序

锚杆、锚梁制作→现场拼装锚支架（部分）→安装后锚梁→安装锚杆于锚支架→安装前锚梁→精确定位→浇筑锚体混凝土。

（2）预应力锚固系统施工程序

基础施工→安装预应力管道→浇筑锚体混凝土→穿预应力筋→安装锚固连接器→预应力筋张拉→预应力管道压浆→安装与张拉索股。

18. 悬索桥——索塔施工

(1) 塔身施工——钢塔架制作工艺程序主要包括：放样尺寸→冲孔→拼装→焊接→定中线→切削试拼。

(2) 索鞍施工——主索鞍施工程序包括：安装塔顶门架→钢框架安装→吊装上下支承板→吊装鞍体等。

19. 贯入式沥青碎石基层施工步骤

(1) 撒布主层集料。撒布时应避免颗粒大小不均，并应检查松铺厚度。撒布后严禁车辆在铺好的集料层上通行。

(2) 主层集料撒布后应采用6～8t的钢筒式压路机进行初压，碾压速度宜为2km/h。碾压应自路边缘逐渐移向路中心，每次轮迹重叠约30cm，接着应从另一侧以同样方法压至路中心，以此为碾压一遍。然后检验路拱和纵向坡度，当不符合要求时，应调整找平再压，至集料无显著推移为止。然后再用10～12t压路机进行碾压，每次轮迹重叠1/2左右，宜碾压4～6遍，直至主层集料嵌挤稳定，无显著轮迹为止。

(3) 主层集料碾压完毕后，应立即浇洒第一层沥青。浇洒方法应按规范进行。沥青的浇洒温度应根据沥青标号及气温情况选择。当采用乳化沥青贯入时，为防止乳液下漏过多，可在主层集料碾压稳定后，先撒布一部分上一层嵌缝料，再浇洒主层沥青。乳化沥青在常温下洒布，当气温偏低需要加快破乳速度时，可将乳液加温后洒布，但乳液温度不得超过60℃。

(4) 主层沥青浇洒后，应立即均匀撒布第一层嵌缝料，嵌缝料撒布后应立即扫匀，不足处应找补。当使用乳化沥青时，石料撒布必须在乳液破乳前完成。

(5) 嵌缝料扫匀后应在立即用8～12t钢筒式压路机进行碾压，轮迹重叠1/2左右，宜碾压4～6遍，直至稳定为止。碾压时随压随扫，使嵌缝料均匀嵌入。因气温过高使碾压过程中发生较大推移现象时，就立即停止碾压，待气温稍低时再继续碾压。

(6) 浇洒第二层沥青，撒布第二层嵌缝料，然后碾压，再浇洒第三层沥青。

(7) 撒布封层料。施工要求应与撒布嵌缝相同。

(8) 最后碾压，宜采用6～8t压路机碾压2～4遍。

20. 高性能混凝土的配合比应根据原材料品质、设计强度等级、耐久性以及施工工艺对工作性能的要求，通过计算、试配和调整等步骤确定。

21. 悬索桥施工步骤

(1) 索塔、锚碇的基础工程施工，同时加工制造上部施工所需构件。

(2) 索塔、锚碇施工及上部施工准备。包括塔身及锚体施工、上部施工技术准备、机具和物资准备、预埋件等上部施工准备工作。

(3) 上部结构安装。即缆索系统安装，包括主、散索鞍安装，先导索施工，猫道架设，主缆架设，紧缆，索夹安装，吊索安装，主缆缠丝防护等。

(4) 桥面系施工。即加劲梁和桥面系施工，包括加劲梁节段安装，工地连接，桥面铺装，桥面系及附属工程施工，机电工程等。

22. 履带吊机架设法步骤

(1) 利用履带吊机打设架设孔的钢桩基础和墩身。

(2) 架设第一孔时，在岸边陆地上拼装第一孔两侧桁架，利用履带吊机安装两侧桁架。在架设第二孔和其他孔时,利用已架设好的孔拼装架设孔两侧桁架,再用位于前一孔的履带吊机安装架设孔的两侧桁架。

(3) 安装架设孔的横梁、纵梁、桥面板及连接件等。

(4) 在架设下一孔时重复以上步骤。

23. 采用施工方案控制资源消耗的方法和步骤

(1) 在工程项目开工以前,根据施工图纸和工程现场的实际情况,同时制定施工方案,包括人力物资需用计划、机具设备等,以此作为指导和管理施工的依据。

(2) 组织实施。施工方案是进行工程施工的指导性文件,对生产班组的任务安排,必须签发施工任务单和限额领料单,并向生产班组进行技术交底。在施工任务单和限额领料单的执行过程中,要求生产班组根据实际完成的工程量和实际消耗人工、实际消耗材料做好原始记录,作为施工任务单和限额领料单结算的依据。在任务完成后,根据回收的施工任务单和限额领料单进行结算,并按照结算内容支付报酬。

(3) 采用价值工程,优化施工方案。同一工程项目的施工,可以有不同的方案,选择最合理的方案是降低工程成本的有效途径。采用价值工程,可以优化施工方案。应用价值工程,既要研究技术,又要研究经济,即研究在提高功能的同时不增加成本,或在降低成本的同时不影响功能,把提高功能和降低成本统一在施工方案中。

24. 施工机械的现场管理

做好机械的验收和交付使用工作。根据机械来源的不同,应经过不同的检验和试验,一般检验的方法和步骤可分为:外部检验、空运转试验和重载试验。

25. 双信封形式密封投标文件的开标步骤

投标文件按照招标文件规定采用双信封形式密封的,开标分两个步骤公开进行。

第一步骤对第一信封内的商务文件和技术文件进行开标,对第二信封不予拆封并由招标人予以封存。

第二步骤宣布通过商务文件和技术文件评审的投标人名单,对其第二信封内的报价文件进行开标,宣读投标报价。未通过商务文件和技术文件评审的,对其第二信封不予拆封,并当场退还给投标人;投标人未参加第二信封开标的,招标人应当在评标结束后及时将第二信封原封退还投标人。

26. 风险评估步骤

风险评估工作包括:制定评估计划、选择评估方法、开展风险分析、进行风险估测、确定风险等级、提出措施建议、编制评估报告等方面。评估步骤一般为:

(1) 开展总体风险评估。根据设计阶段风险评估结果(若有),以及类似结构工程安全事故情况,用定性与定量相结合的方法初步分析本项目危险环境与致险因子,估测施工中发生重大事故的可能性,确定项目总体风险等级。

(2) 确定专项风险评估范围。总体风险评估等级达到Ⅲ级(高度风险)及以上工程应进行专项风险评估。其他风险等级的可视情况开展专项风险评估。

(3) 开展专项风险评估。通过对施工作业活动(施工区段)中的风险源普查,在分析物的不安全状态、人的不安全行为的基础上,确定重大风险源和一般风险源。宜采用指标体系法等定量评估方法,对重大风险源发生事故的概率及损失进行分析,评估其发生重大事故的可能性与严重程度,对照相关风险等级标准,确定专项风险等级。

（4）确定风险控制措施。根据风险接受准则的相关规定，对专项风险等级在Ⅲ级（高度风险）及以上的施工作业活动（施工区段），应明确重大风险源的监测、控制、预警措施以及应急预案。其他风险等级工程可根据工程实际情况，按照成本效益原则确定相应的风险控制措施。

27. 软土地基处理施工技术——真空预压施工

应按排水系统施工、抽真空系统施工、密封系统施工及抽气的顺序进行。

28. 软土地基处理施工技术——水泥粉煤灰碎石桩

群桩施工，应合理设计打桩顺序、控制打桩速度，宜采用隔桩跳打的打桩顺序，相邻桩打桩间隔时间应不小于7d。

29. 沥青路面用料要求

液体石油沥青宜采用针入度较大的石油沥青，使用前按先加热沥青后加稀释剂的顺序，掺配煤油或轻柴油，经适当的搅拌、稀释制成。掺配比例根据使用要求由试验确定。

30. 模板、支架的拆除

应遵循后支先拆、先支后拆的原则顺序进行。墩、台的模板宜在其上部结构施工前拆除。

31. 拆除梁、板等结构的承重模板时，在横向应同时、在纵向应对称均衡卸落。简支梁、连续梁结构的模板宜从跨中向支座方向依次循环卸落；悬臂梁结构的模板宜从悬臂端开始顺序卸落。

32. 普通钢筋的加工制作

钢筋骨架焊接时，不同直径钢筋的中心线应在同一平面上，较小直径的钢筋在焊接时，下面宜垫以厚度适当的钢板。施焊顺序宜由中到边对称地向两端进行，先焊骨架下部，后焊骨架上部。相邻的焊缝应采用分区对称跳焊，不得顺方向一次焊成。

33. 先张法预应力筋的放张要求

（1）预应力筋的放张顺序应符合设计规定；设计未规定时，应分阶段、均匀、对称、相互交错地放张。

（2）长线台座上预应力筋的切断顺序，应由放张端开始，依次向另一端切断。

34. 后张法预应力筋的张拉和锚固规定

预应力筋的张拉顺序应符合设计规定；设计未规定时，可采取分批、分阶段的方式对称张拉。

35. 后张法预应力孔道压浆及封锚

压浆时，对曲线孔道和竖向孔道应从最低点的压浆孔压入；对水平直线孔道可从任意一端的压浆孔压入；对结构或构件中以上下分层设置的孔道，应按先下层后上层的顺序进行压浆。同一孔道的压浆应连续进行，一次完成。压浆应缓慢、均匀地进行，不得中断，并应将所有最高点的排气孔依次打开和关闭，使孔道内排气通畅。

36. 桩基础施工——沉入桩施工

沉桩顺序宜由一端向另一端进行，当基础尺寸较大时，宜由中间向两端或四周进行；如桩埋置有深浅，宜先沉深的，后沉浅的；在斜坡地带，应先沉坡顶的，后沉坡脚的。在桩的沉入过程中，应始终保持锤、桩帽和桩身在同一轴线上。

37. 钢板桩围堰的施工规定

施打钢板桩应有导向装置,应能保证桩的位置准确。施打顺序应按既定的施工技术方案进行,并宜从上游开始分两头向下游方向合龙。施打时应随时检查其位置和垂直度是否准确,不符合要求的应立即纠正或拔起重新施打。施打完成后所有钢板桩的锁口均应闭合。

38. 双壁钢围堰结构的制作宜在工厂按设计要求进行,各节、块应按预定的顺序对称组装拼焊,制作完成后应进行焊接质量检验,并应进行水密性试验。

39. 桥梁圬工结构墩台施工

台背回填的顺序应符合设计规定。设计未规定时,拱桥的台背填土宜在主拱圈安装或砌筑以前完成;梁式桥轻型桥台的台背填土宜在梁体安装完成以后,在两端桥台平衡地进行;埋置式桥台的台背填土宜在柱侧对称、平衡地进行。

40. 桥梁上部结构支架现浇施工(以现浇箱梁为例叙述)

(1) 混凝土浇筑:要安排好浇筑顺序,其浇筑速度要确保下层混凝土初凝前覆盖上层混凝土。梁桥现浇施工时,梁体混凝土在顺桥向宜从低处向高处进行浇筑,在横桥向宜对称进行浇筑。混凝土浇筑过程中,应对支架的变形、位移、节点和卸架设备的压缩及支架地基的沉降等进行监测,如发现超过允许值的变形、变位,应及时采取措施予以处理。混凝土如采用分次浇筑,第二次混凝土浇筑时,应将接触面上第一次混凝土凿毛,清除浮浆。

(2) 预应力张拉:张拉顺序按图纸要求进行,无明确规定时按分段、分批、对称的原则进行张拉。

41. 桥梁上部结构缆索吊装施工——各段拱肋松索规定

松索的流程应根据施工控制的要求经计算确定,松索前应校正拱轴线位置及各接头高程,使之符合要求。松索应按拱脚段扣索、次拱脚段扣索、起重索三者的先后顺序,并按比例定长、对称、均匀地松卸。

42. 石拱桥拱圈砌筑的程序规定

(1) 砌筑拱圈前,应根据拱圈的跨径、矢高、厚度及拱架等情况,设计并确定拱圈砌筑的程序。砌筑时,应在适当的位置设置变形观测缝,随时监测拱架的变形情况,必要时应对砌筑程序进行调整,控制拱圈的变形。

(2) 跨径小于 10m 的拱圈,当采用满布式拱架砌筑时,可从两端拱脚起顺序向拱顶方向对称、均衡地砌筑,最后砌拱顶石;当采用拱式拱架砌筑时,宜分段、对称地先砌筑拱脚和拱顶段,后砌 1/4 跨径段。

(3) 跨径 10~20m 的拱圈,不论采用何种拱架,每半跨均应分成三段砌筑,先砌拱脚段和拱顶段,后砌 1/4 跨径段,且两半跨应同时对称地进行。对分段砌筑的拱段,当其倾斜角大于砌块与模板间的摩擦角时,应在拱段下部设置临时支撑,避免拱段滑移。

(4) 跨径大于 20m 的拱圈,其砌筑程序应符合设计规定;设计未规定时,宜采用分段砌筑或分环分段相结合的方法砌筑,必要时应对拱架预加一定的压力。分环砌筑时,应待下环砌筑合龙、砌缝砂浆强度达到设计强度的 85% 以上后,再砌筑上环。

(5) 多孔连续拱桥拱圈的砌筑,应考虑连拱的影响,并应专门制定相应的砌筑程序。

43. 高强度螺栓施拧要求

施工高强度螺栓时,应按一定顺序,从板束刚度大、缝隙大之处开始,对大面积节点板应从中间部分向四周的边缘进行施拧,并应在当天终拧完毕;施拧时,不得采用冲击拧紧和间断拧紧的方式作业。大六角头高强度螺栓的施拧,仅应在螺母上施加扭矩。

44. 桥梁钢结构在工地焊接连接规定

(1) 钢构件的工地施焊连接应按设计规定的顺序进行。

(2) 箱形梁梁段间的焊接连接,应按顶板、底板、纵隔板的顺序对称进行;梁段间的焊缝经检验合格后,应按先对接后角接的顺序焊接U形肋嵌补件。

(3) 当桥梁钢结构为焊接与高强度螺栓合用连接时,栓接结构应在焊缝检验合格后再终拧高强度螺栓连接副。

(4) 工地焊接前应做工艺评定试验,施焊应严格按已评定的焊接工艺进行。焊接前应对接头坡口、焊缝间隙和焊接板面高低差等进行检查,并对焊缝区域进行除锈,且工地焊接应在除锈后的12h内进行。

(5) 工地焊接时应设立防风、防雨设施,遮盖全部焊接处。工地焊接的环境要求为:风力应小于5级;温度应大于5℃;相对湿度应小于80%;在箱梁内焊接时应有通风防护安全措施。

45. 悬索桥主缆的防护工程及检修道安装施工完成后,可进行猫道的拆除工作。拆除前应利用锚固调节系统适当收紧承重索,减小猫道改挂绳的受力;猫道拆除时,宜分节段拆除其面层和底梁,拆除宜按中跨从塔顶向跨中方向、边跨从塔顶向锚碇方向的顺序进行;在拆除过程中,应采取措施保证改挂绳的受力在允许范围内,并应采取适当措施保护主缆、吊索和桥面附属设施等已施工完成的结构。

46. 悬索桥主缆的紧缆

应分为预紧缆和正式紧缆两阶段进行,并应符合下列规定:

(1) 预紧缆应在温度稳定的夜间且应将主缆全长分为若干区段分别进行。预紧缆完成处应采用不锈钢带捆紧,并应保持主缆的形状,不锈钢带的间距可为5~6m,外缘索股上的绑扎带宜边紧缆边拆除。预紧缆的目标空隙率宜为26%~28%。

(2) 正式紧缆时,应采用紧缆机将主缆挤压整形成圆形,其作业可在白天进行。紧缆的顺序宜从跨中向两侧方向进行,紧缆挤压点的间距宜为1m;紧缆的空隙率应符合设计规定,其允许误差为(0,+3%),不圆度宜不超过主缆设计直径的5%。紧缆点空隙率达到要求后,应在靠近紧缆机的压蹄两侧打上两道钢带,带扣宜设在主缆的侧下方,其间距宜为100mm。

47. 悬索桥主缆的缠丝工作

宜在二期恒载完成后进行,缠丝的总体方向宜由高处向低处进行,两个索夹之间则应自低到高进行。

48. 悬索桥加筋梁施工

(1) 钢箱加劲梁安装:安装的顺序应符合设计规定。从吊装第二节段开始,应与相邻节段间预偏0.5~0.8m的工作间隙,吊至高程后再牵拉连接,并应避免吊装过程中与相邻节段发生碰撞。安装合龙段前,应根据实际的合龙长度,对合龙长度进行修正。

(2) 钢桁架梁安装:采取单构件方式安装时,宜根据钢桁架梁和吊索的受力情况及桥位的气候条件,选择全铰接法或逐次固结法。架设的顺序可从索塔处开始,向中跨跨中及边跨的端部方向进行。

49. "先梁后缆"方法施工的自锚式悬索桥

(1) 索夹的安装顺序在中跨宜从跨中向塔顶进行,边跨宜从锚固点附近向塔顶进行。对空间线形主缆,索夹在安装时应注意偏角的变化。

(2) 吊索宜分2~3次进行张拉,逐步到位。张拉顺序宜从索塔向跨中进行,张拉时应同步、分级、均匀施力,且应以拉力和拉伸长度进行双控,并以拉力为主;同时在张拉过程中应根据吊索张拉实施步骤,适时顶推鞍座,并应对索塔的倾斜度、主缆和加劲梁的线形进行严密的监测和控制。

(3) 桥面铺装等二期恒载施工时,应对其施工顺序进行重点控制,控制时应遵循均衡加载保证吊索受力平衡的原则;对预应力混凝土箱梁,尚应控制其结构变形,防止开裂。

50. 围岩级别的判定方法

隧道围岩分级的综合判断方法宜采用两步分级,并按以下顺序进行:

(1) 根据岩石的坚硬程度和岩体完整程度两个基本因素的定性特征和定量的岩体基本质量指标BQ,综合进行初步分级。

(2) 对围岩进行详细定级时,应在岩体基本质量分级基础上考虑修正因素的影响,修正岩体基本质量指标值。按修正后的基本质量指标BQ,结合岩体的定性特征综合评判、确定围岩的详细分级。

51. 预裂爆破及光面爆破

预裂爆破实质上也是光面爆破的一种形式,其爆破原理与光面爆破原理相同。只是在爆破的顺序上,光面爆破是先引爆掏槽眼,接着引爆辅助眼,最后才引爆周边眼;而预裂爆破则是首先引爆周边眼,使沿周边眼的连心线炸出平顺的预裂面,由于这个预裂面的存在,对后爆的掏槽眼和辅助眼的爆炸波能起反射和缓冲作用,可以减轻爆炸波对围岩的破坏影响,爆破后的开挖面整齐规则。由于成洞过程和破岩条件不同,在减轻对围岩的扰动程度上,预裂爆破较光面爆破的效果更好一些。

52. 公路隧道支护与衬砌——模筑混凝土衬砌

衬砌施工顺序,目前多采用由下到上、先墙后拱的顺序对称连续浇筑。在隧道纵向,则需分段进行,分段长度一般为8~12m。在全断面开挖成形或大断面开挖成形的隧道衬砌施工中,则应尽量使用金属模板台车灌注混凝土整体衬砌。

53. 公路隧道防水与排水——注浆防水

钻孔注浆顺序应由下往上、由少水处到多水处、隔孔钻注。

54. 涌水地段施工特点——超前围岩预注浆堵水应符合的规定

钻孔及注浆顺序应由外圈向内圈进行,同一圈钻孔应间隔施工。

55. 桥涵工程施工方法

(1) 桥涵工程施工方法与施工顺序在结构设计时已大体决定。

(2) 例如,桥梁主体工程包括下部工程、上部建筑以及附属工程(河床加固、锥体护坡等)。

(3) 例如桥墩(台)的施工顺序为:挖基、立模板、基础片石混凝土、基础回填土、墩(台)身混凝土、绑扎钢筋、墩(台)帽钢筋混凝土、锥坡填土、浆砌片石护坡。

(4) 又如涵管的施工顺序为:挖基、砌基础、安装管节、砌洞口、防水层、进出口铺砌、回填土。

56. 公路工程所有项目施工顺序均应按照"先地下、后地上,先深、后浅,先主体、后附属，先结构、后装饰"的原则进行安排。

57. 风险管控要求

在确定控制措施或考虑改变现行控制措施时，可考虑按如下顺序选择风险控制方法：

（1）消除。

（2）替代。

（3）工程控制措施。

（4）标志、警告或管理控制。

（5）个人防护设备。

58. 路堑高边坡施工风险控制

（1）在施工前进行实地调查，及早发现老滑坡、潜在滑坡等新情况，完善设计方案和工程措施；在施工过程中及时监测、掌握地质信息，避免边坡失稳事故发生。

（2）开挖前做好坡顶截水沟、临时排水沟，坡顶和各级平台不得有积水。开挖中遇到地下水出露时，必须先做好排水后开挖。

（3）在滑坡体上开挖土方应按照从上向下开挖一级加固一级的顺序施工，对滑坡体加固可按照从滑体边缘向滑体中部逐步推进加固、分段跳槽开挖施工，当开挖一级边坡仍不能保证稳定时应分层开挖分层加固。

（4）有加固工程的土质边坡在开挖后应在1周内完成加固，其他类型边坡开挖后应尽快完成加固工程，不能及时完成加固的应暂停开挖。

（5）人员不在机械作业范围内交叉施工，上方机械挖方施工下方不得有人。挖土机的铲斗不能从运土车驾驶室顶上越过。不得用铲斗载人。

（6）施工车辆保证良好状况；合理确定土方装、运顺序和行驶路线；人车不混行；维修加固运土便道；大风、大雨、浓雾、雷电时应暂停施工。

（7）高边坡上作业人员应系安全带，施工人员身体不适、喝酒后不得上高边坡作业。大风、大雨、浓雾和雷电时应暂停作业。

（8）边坡上施工机械，应与边缘保持足够的安全距离。出现不稳定现象（如裂缝、局部塌方）时，及时撤离。下雨、停工休息时机械撤到安全区域停放妥当。

（9）爆破器材运输保管施工操作等应按有关规定严格执行，雷雨季节应采用非电起爆法。

（10）采取浅孔少装药、松动爆破等飞石少的方法，放炮前设专人警戒，定时爆破，不得用石块覆盖炮孔，爆破后15分钟后才能进入现场，按规定检查和处理盲炮，检查处理危石。

59. 合同文件的优先顺序

根据《公路工程标准施工招标文件》（2018年版）的规定，组成合同的各项文件应互相解释，互为说明。除项目专用合同条款另有约定外，解释合同文件的优先顺序如下：

（1）合同协议书及各种合同附件（含评标期间和合同谈判过程中的澄清文件和补充资料）。

（2）中标通知书。

（3）投标函及投标函附录。

（4）项目专用合同条款。

（5）公路工程专用合同条款。

（6）通用合同条款。

(7) 工程量清单计量规则。
(8) 技术规范。
(9) 图纸。
(10) 已标价工程量清单。
(11) 承包人有关人员、设备投入的承诺及投标文件中的施工组织设计。
(12) 其他合同文件。

60. 便桥建设——墩架式梁桥

桥面可常用木桥面和钢桥面。木桥面由木纵梁、桥面板和车道板组成。铺设顺序是先安装木纵梁，再在木纵梁上铺设桥面板，最后铺设车道板。钢桥面由纵、横梁和钢面板组成，一般先将钢桥面分节制作好，采用机械设备吊装。

61. 公路工程施工招标

(1) 合理低价法，是指对通过初步评审的投标人，不再对其施工组织设计、项目管理机构、技术能力等因素进行评分，仅依据评标基准价对评标价进行评分，按照得分由高到低排序，推荐中标候选人的评标方法。

(2) 技术评分最低标价法，是指对通过初步评审的投标人的施工组织设计、项目管理机构、技术能力等因素进行评分，按照得分由高到低排序，对排名在招标文件规定数量以内的投标人的报价文件进行评审，按照评标价由低到高的顺序推荐中标候选人的评标方法。招标人在招标文件中规定的参与报价文件评审的投标人数量不得少于3个。

(3) 综合评分法，是指对通过初步评审的投标人的评标价、施工组织设计、项目管理机构、技术能力等因素进行评分，按照综合得分由高到低排序，推荐中标候选人的评标方法。其中评标价的评分权重不得低于50％。

(4) 经评审的最低投标价法，是指对通过初步评审的投标人，按照评标价由低到高排序，推荐中标候选人的评标方法。

(5) 公路工程施工招标评标，一般采用合理低价法或者技术评分最低标价法。技术特别复杂的特大桥梁和特长隧道项目主体工程，可以采用综合评分法。工程规模较小、技术含量较低的工程，可以采用经评审的最低投标价法。

62. 土质路堑施工工艺流程图

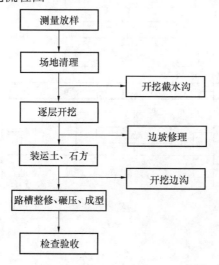

63. 填石路堤施工工艺流程图

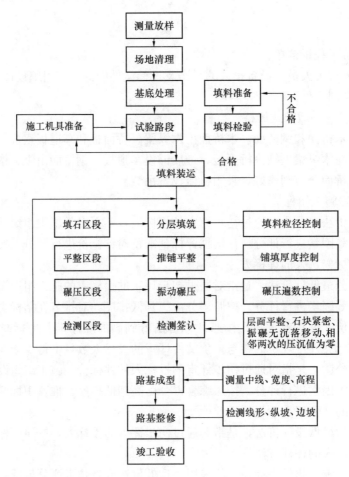

64. 无机结合料稳定材料设计流程图

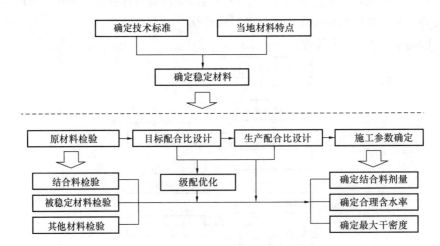

65. 混合料人工路拌法施工的工艺流程图

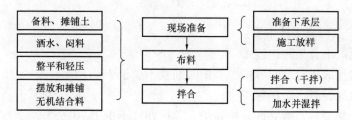

66. 热拌沥青混凝土路面施工工艺流程图

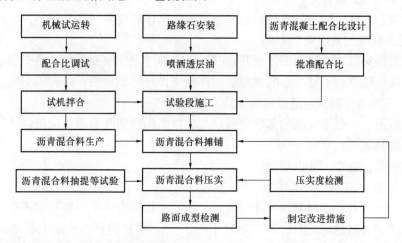

67. 就地热再生的基本工艺流程图

68. 施工成本管理流程

二、养护要求

1. 常用防护工程施工技术要点

（1）水泥混凝土骨架防护施工

混凝土浇筑完成后应及时养护。养护时间宜不少于 14d。

（2）坡面喷射混凝土防护施工

喷射混凝土初凝后，应立即开始养护。养护期宜不少于 7d。

（3）浆砌片石护坡施工

砂浆初凝后，应立即进行养护。砂浆终凝前，砌体应覆盖。

2. 乳化沥青碎石基层施工方法

碾压时发现局部混合料有松散或开裂时，应立即挖除并换补新料，整平后继续碾压密实。修补处应保证路面平整。压实成型后的路面应做好早期养护，并封闭交通 2～6h。

3. 路面无机结合料稳定基层（底基层）施工

碾压贫混凝土等强度较高的基层材料成型后可采用预切缝措施，应符合下列规定：

（1）预切缝的间距宜为 8～15m。

（2）宜在养护的 3～5d 内切缝。

4. 无机结合料基层（底基层）——一般规定

（1）无机结合料稳定材料层碾压完成并经压实度检查合格后，应及时养护。

（2）无机结合料稳定材料的养护期宜不少于 7d，养护期宜延长至上层结构开始施工的前 2d。

（3）养护可采取洒水养护、薄膜覆盖养护、土工布覆盖养护、铺设湿砂养护、草帘覆盖养护、洒铺乳化沥青养护等方式，宜结合工程实际情况选择适宜的方式。

（4）养护期间应封闭交通，除洒水车和小型通勤车辆外严禁其他车辆通行。

（5）无机结合稳定材料层过冬时应采取必要的保护措施。

（6）根据结构层位的不同和施工工序的要求，应择机进行层间处理。

5. 无机结合料基层（底基层）——养护方式

（1）洒水养护宜作为水泥稳定材料的基本养护方式，并应符合下列规定：

① 每天洒水次数应视气候而定。高温期施工，宜上、下午各洒水 2 次。

② 养护期间，稳定材料层表面应始终保持湿润。

③ 对于石灰稳定或石灰粉煤灰稳定材料层应注意表层情况，必要时，可用两轮压路机补充压实。

（2）薄膜覆盖养护应符合下列规定：

① 混合料摊铺碾压成型后，可覆盖薄膜，薄膜厚度宜不小于 1mm。

② 薄膜之间应搭接完整，避免漏缝，薄膜覆盖后应用砂土等材料呈网格状堆填，局部薄膜破损时，应及时更换。

③ 养护至上层结构层施工前 1～2d，方可将薄膜掀开。

④ 对蒸发量较大的地区或养护时间大于 15d 的工程，在养护过程中应适当补水。

（3）土工布养护应符合下列规定：

① 宜采用透水式土工布全断面覆盖，也可铺设防水土工布。

② 铺设过程中应注意缝之间的搭接，不应留有间隙。
③ 铺设土工布后，应注意洒水，每天洒水次数应视气候而定。高温期施工，上、下午宜各洒水一次。
④ 养护至上层结构层施工前1~2d，方可将土工布掀开。
⑤ 在养护过程中应采取有效措施防止土工布破损。

(4) 铺设湿砂养护应符合下列规定：
① 砂层厚宜为70~100mm。
② 砂铺匀后，宜立即洒水，并在整个养护期间保持砂的潮湿状态，不得用湿黏性土覆盖。
③ 养护结束后，应将覆盖物清除干净。

(5) 草帘覆盖养护应符合下列规定：
① 全断面铺设草帘。
② 草帘铺设后应注意洒水，每天洒水的次数应视气候而定。高温期施工，上、下午宜各洒水一次，每次洒水应将草帘浸湿。
③ 必要时可采用土工布与草帘双层覆盖养护。

(6) 对沥青面层厚度大于20cm的结构或二级及二级以下公路的无机结合料稳定材料的基层可采用洒铺乳化沥青方式养护，并应符合下列规定：
① 表面干燥时，宜先喷洒少量水，再喷洒沥青乳液。
② 采用稀释沥青时，宜待表面略干时再喷洒沥青。
③ 在用乳液养护前，应将基层清扫干净。
④ 沥青乳液的沥青用量宜采用0.8~1.0kg/m^2，分两次喷洒。
⑤ 第一次喷洒时，宜采用沥青含量约35%的慢裂沥青乳液，第二次宜喷洒浓度较大的沥青乳液。
⑥ 不能避免施工车辆通行时，应在乳液破乳后撒布粒径4.75~9.5mm的小碎石，做成下封层。

6. 无机结合料基层（底基层）——交通管制
(1) 正式施工前宜建好施工便道。对高速公路和一级公路，无施工便道，不应施工。
(2) 无机结合料稳定材料养护期间，小型车辆和洒水车的行驶速度应小于40km/h。
(3) 无机结合料稳定材料养护7d后，施工需要通行重型货车时，应有专人指挥，按规定的车道行驶，且车速应不大于30km/h。
(4) 无法安排施工便道而需要车辆通行时，应合理安排施工工序，保障7~15d的养护期。

7. 无机结合料基层（底基层）——其他规定
(1) 无机结合料稳定材料层之间的处理
在上层结构施工前，应将下层养护用材料彻底清理干净。
(2) 无机结合料稳定材料基层与沥青面层之间的处理
在沥青面层施工前1~2d内，应清理基层顶面。应彻底清除基层顶面养护期间的覆盖物。
(3) 基层收缩裂缝的处理

基层在养护过程中出现裂缝，经过弯沉检测，结构层的承载能力满足设计要求时，可继续铺筑上面的沥青面层，也可采取措施处理裂缝。

8. 乳化沥青品种及适用范围

分类	品种及代号	适用范围
阳离子乳化沥青	PC-1	表面处治、贯入式路面及下封层用
	PC-2	透层油及基层养护用
	PC-3	粘层油用
	BC-1	稀浆封层或冷拌沥青混合料用阴离子乳
乳化沥青	PA-1	表面处治、贯入式路面及下封层用
	PA-2	透层油及基层养护用
	PA-3	粘层油用
	BA-1	稀浆封层或冷拌沥青混合料用
阴离子乳化沥青	PN-2	透层油用
	BN-1	与水泥稳定集料同时使用（基层路拌或再生）

9. 沥青路面透层油洒布后的养护时间随透层油的品种和气候条件由试验确定，确保液体沥青中的稀释剂全部挥发，乳化沥青渗透且水分蒸发，然后尽早铺筑沥青面层，防止工程车辆损坏透层。

10. 水泥混凝土路面用料要求——养护材料

（1）水泥混凝土面层用养护剂应采用由石蜡、适宜高分子聚合物与适量稳定剂、增白剂经胶体磨制成水乳液，不得采用以水玻璃为主要成分的养护剂。养护剂宜为白色胶体乳液，不宜为无色透明的乳液。养护剂的质量应符合相关规定。

（2）使用养护剂时，高速公路、一级公路水泥混凝土面层应使用满足一级品要求的养护剂，其他等级公路可使用满足合格品要求的养护剂。

（3）水泥混凝土面层用节水保湿养护膜应由高分子吸水保水树脂和不透水塑料面膜制成，其质量应符合相关规定。

（4）高温期施工时，宜选用白色反光面膜的节水保湿养护膜；低温期施工时，宜选用黑色或蓝色吸热面膜的产品。

11. 水泥混凝土面层滑模摊铺机铺筑

抗滑纹理做毕，应立即开始保湿养护。养护龄期不应少于5d，且混凝土强度满足要求后，方可连接摊铺相邻车道面板。履带在新铺面层上行走时，钢履带底部应铺橡胶垫或使用有橡胶垫履带的摊铺机。纵缝横向连接高差不应大于2mm。

12. 水泥混凝土路面施工技术

（1）混凝土路面养护

① 混凝土路面铺筑完成或软作抗滑构造完毕后立即开始养护。机械摊铺的各种混凝土路面、桥面及搭板宜采用喷洒养护剂同时保湿覆盖的方式养护。在雨天或养护用水充足的情况下，也可采用覆盖保湿膜、土工毡、土工布、麻袋、草袋、草帘等洒水湿养护方式，不宜使用围水养护方式。

② 养护时间根据混凝土弯拉强度增长情况而定，不宜小于设计弯拉强度的80%，应

特别注重前 7d 的保湿（温）养护。一般养护天数宜为 14~21d，高温天不宜小于 14d，低温天不宜小于 21d。掺粉煤灰的混凝土路面，最短养护时间不宜少于 28d，低温天应适当延长。

③ 混凝土板养护初期，严禁人、畜、车辆通行，在达到设计强度 40% 后，行人方可通行。在路面养护期间，平交道口应搭建临时便桥。面板达到设计弯拉强度后，方可开放交通。

（2）灌缝

常温施工式填缝料的养护期，低温天宜为 24h，高温天宜为 12h。加热施工时填缝料的养护期，低温天宜为 12h，高温天宜为 6h。在灌缝料养护期间应封闭交通。

13. 桥梁混凝土工程施工——一般规定

混凝土抗压强度应为标准方式成型的试件，置于标准养护条件下（温度为 20±2℃ 及相对湿度不低于 95%）养护 28d 所测得的抗压强度值（MPa）进行评定。采用蒸汽养护的混凝土抗压强度，试件应先随构件同条件蒸汽养护，再转入标准条件下养护，累计养护时间应为 28d。当混凝土中掺用粉煤灰等矿物掺合料时，确定混凝土抗压强度时的龄期应符合设计规定。

14. 桥梁混凝土工程施工——混凝土的养护及修饰

（1）对于在施工现场集中养护的混凝土，应根据施工对象、环境、水泥品种、外加剂以及对混凝土性能的要求，提出具体的养护方案，并应严格执行规定的养护制度。

（2）混凝土浇筑完成后，应在其收浆后尽快予以覆盖和洒水养护。对干硬性混凝土、高强度和高性能混凝土、炎热天气浇筑的混凝土以及桥面等大面积裸露的混凝土，应加强初始保湿养护，具备条件的可在浇筑完成后立即加设棚罩，待收浆后再予以覆盖和洒水养护。覆盖时不得损伤或污染混凝土的表面。

（3）混凝土的养护严禁采用海水。混凝土的洒水保湿养护时间应不少于 7d，对重要工程或有特殊要求的混凝土，应根据环境湿度、温度、水泥品种以及掺用的外加剂和掺合料等情况，酌情延长养护时间，并应使混凝土表面始终保持湿润状态。当气温低于 5℃ 时，应采取保温养护措施，不得向混凝土表面洒水。当采用喷洒养护剂对混凝土进行养护时，所使用的养护剂应不会对混凝土产生不利影响，且应通过试验验证其养护效果。

（4）新浇筑的混凝土与流动的地表水或地下水接触时，应采取临时防护措施，保证混凝土在 7d 以内且强度达到设计强度的 50% 以前，不受水的冲刷侵袭；当环境水具有侵蚀作用时，应保证混凝土在 10d 以内且强度达到设计强度的 70% 以前，不受水的侵袭。混凝土处于冻融循环作用的环境时，宜在结冰期到来 4 周前完成浇筑施工，且在混凝土强度未达到设计强度等级的 80% 前不得受冻，否则应采取技术措施，防止发生冻害。

15. 桥梁混凝土工程施工——大体积混凝土

（1）大体积混凝土的温度控制宜按照"内降外保"的原则，对混凝土内部采取设置冷却水管通循环水冷却，对混凝土外部采取覆盖蓄热或蓄水保温等措施进行。在混凝土内部通水降温时，进出口水的温差宜小于或等于 10℃，且水温与内部混凝土的温差宜不大于 20℃，降温速率宜不大于 2℃/d；利用冷却水管中排出的降温用水在混凝土顶面蓄水保温养护时，养护水温度与混凝土表面温度的差值应不大于 15℃。

（2）大体积混凝土采用硅酸盐水泥或普通硅酸盐水泥时，其浇筑后的养护时间宜不少于14d，采用其他品种水泥时宜不少于21d。在寒冷天气或遇气温骤降天气时浇筑的混凝土，除应对其外部加强覆盖保温外，尚宜适当延长养护时间。

16. 桥梁混凝土工程施工——高性能混凝土

新浇筑的混凝土应及早养护，并应减少暴露时间，防止表面水分的蒸发；终凝后，应立即开始对混凝土进行持续潮湿养护。洒水养护时不得采用海水，应采用淡水。当缺乏淡水时可采用养护剂喷涂养护，养护剂应符合现行《水泥混凝土养护剂》JC 901—2002的规定。持续潮湿养护在养护期内不应间断，且不得形成干湿循环，在常温下养护应不少于14d，气温较低时应适当延长潮湿养护的时间。

17. 后张法预应力筋的安装

（1）对在混凝土浇筑及养护之前安装在孔道中但在设计文件或技术规范规定时限内未压浆的预应力筋，应采取防止锈蚀或其他防腐蚀的措施，直至压浆。

（2）预应力筋安装在管道中后，应将管道端部开口密封防止湿气进入。采用蒸汽养护混凝土时，在养护完成之前不应安装预应力筋。

18. 后张法预应力孔道压浆及封锚

压浆时，每一工作班应制作留取不少于3组尺寸为40mm×40mm×160mm的试件，标准养护28d，进行抗压强度和抗折强度试验，作为质量评定的依据。

19. 高度小于40m的桥墩施工

浇筑混凝土时，串筒、溜槽等的布置应便于混凝土的摊铺和振捣，并应明确划分工作区域。混凝土浇筑完成后，应及时进行养护，养护时间应不少于7d。

20. 高度大于或等于40m的高墩施工

混凝土的浇筑施工应符合相关规定，每一节段混凝土的养护时间应不少于7d。养护用的水管可布设在墩身上，且应与电缆分开设置。

21. 先简支后连续梁的养护要求

湿接头的混凝土宜在一天中气温相对较低的时段浇筑，且一联中的全部湿接头应尽快浇筑完成。湿接头混凝土的养护时间应不少于14d。

22. 预应力混凝土箱梁施工

箱梁混凝土浇筑完成后，应按《公路桥涵施工技术规范》JTG/T 3650—2020的有关规定及时进行覆盖和养护，并应符合下列规定：

（1）当采取蒸汽养护时，除应符合《公路桥涵施工技术规范》JTG/T 3650—2020的冬期施工规定外，尚宜分为静停、升温、恒温、降温及自然养护五个阶段。静停期间应保持蒸养棚内的温度不低于5℃；混凝土浇筑完成4h后方可升温，且升温的速度应不大于10℃/h；恒温时应将温度控制在50℃以下，恒温时间宜由试验确定；降温的速度应不大于5℃/h；蒸汽养护结束后，应立即进入自然养护阶段，且养护时间宜不少于7d。蒸养期间、拆除保温设施及模板时，梁体混凝土表层的温度与环境温度之差应不大于15℃。

（2）当采取自然养护时，对暴露于大气环境中的混凝土表面应采用适宜的材料进行覆盖，并洒水养护；拆模后尚未达到养护时间的梁体混凝土表面，宜采用喷淋方式或采用养护剂喷洒养护。当环境相对湿度小于60%时，自然养护的时间宜不少于28d；相对湿度大于或等于60%时，宜不少于14d。

23. 悬臂拼装施工应注意的要点

(1) 节段预制混凝土的浇筑应根据环境温度、水泥品种、外加剂、施工进度及对混凝土性能的要求等制订养护方案，总体养护时间宜不少于 14d，对节段的外立面混凝土宜采用喷湿或其他适宜的方式进行养护。

(2) 节段的存放时间应符合设计要求；设计未要求时，宜不少于 90d。对未达到养护时间的节段，应在存放时继续养护。

24. 悬臂浇筑混凝土梁的合龙和体系转换规定

合龙段的混凝土宜在一天中气温最低且稳定的时段内浇筑，浇筑后应及时覆盖洒水养护，养护时间宜不少于 14d。

25. 斜拉桥索塔施工

混凝土浇筑完成后，应及时养护，养护的方法和措施应根据结构特点、气温、环境条件等因素综合确定，每一节段现浇混凝土的养护时间应不少于 7d。

26. 钢筋混凝土梁桥预拱度偏差的防治

严格控制张拉时的混凝土强度，控制张拉的试块应与梁板同条件养护，对于预制梁还需控制混凝土的弹性模量。

27. 公路隧道支护与衬砌——模筑混凝土衬砌时的混凝土养护

(1) 混凝土养护时间不得少于 7d。

(2) 掺加引气剂或引气型减水剂时，混凝土养护时间不得少于 14d。

(3) 隧道内空气湿度不小于 90% 时，可不进行洒水养护。

28. 水泥混凝土抗折强度与抗压强度的测定

(1) 水泥混凝土抗折（抗弯拉）强度试验是以 150mm×150mm×550mm 的梁形试件在标准养护条件下达到规定龄期后，在净跨径 450mm 的双支点荷载作用下进行弯拉破坏，并按规定的计算方法得到强度值。水泥混凝土抗折强度是混凝土主要力学指标之一，通过试验取得的检测结果是路面混凝土组成设计的重要参数。

(2) 水泥混凝土抗压强度试验是以边长为 150mm 的正立方体标准试件，标准养护到 28d，再在万能试验机上按规定方法进行破坏试验测得抗压强度。当混凝土抗压强度采用非标准试件应进行换算得到抗压强度值。通过水泥混凝土抗压强度试验，可以确定混凝土强度等级，作为评定混凝土品质的重要指标。

29. 水泥混凝土路面的混凝土养护

(1) 覆盖养护时，预留孔洞周围应设置安全护栏或盖板，并应设置安全警示标志，不得随意挪动。

(2) 洒水养护时，应避开配电箱和周围电气设备。

30. 预制梁场布设

设置自动喷淋养护设备，预制梁板采用土工布包裹喷淋养护（北方地区应根据气候情况采用蒸汽保湿养护），养护水应循环使用。

31. 小型构件预制场布设

(1) 养护区采用自动喷淋养护系统结合土工布覆盖对构件进行养护，确保构件处于湿润状态。

(2) 成品按不同规格分层堆码，堆码高度应保证安全，预制件养护期不得堆码存放，以防损伤。运输过程中应采取措施防止缺边掉角。

三、有关系数（安全、松铺、渗透、压缩、稳定等）

1. 大部分软土的天然含水率30%～70%，孔隙比1.0～1.9，渗透系数为10^{-8}～10^{-7}cm/s，其压缩系数$a_{0.1～0.2}$一般为0.7～1.5MPa^{-1}，抗剪强度低（快剪黏聚力在10kPa左右，快剪内摩擦角0～5°），具有触变性，流变性显著。

2. 袋装砂井施工规定

宜采用中、粗砂，粒径大于0.5mm颗粒的含量宜大于50%，含泥量应小于3%，渗透系数应大于5×10^{-2}mm/s。砂袋的渗透系数应不小于砂的渗透系数。

3. 粒料桩施工规定

砂桩宜采用中、粗砂，粒径大于0.5mm颗粒含量宜占总质量的50%以上，含泥量应小于3%，渗透系数应大于5×10^{-2}mm/s；也可使用砂砾混合料，含泥量应小于5%。

4. 路面热拌沥青碎石基层施工——沥青混合料的松铺系数

机械摊铺1.15～1.30，人工摊铺1.20～1.45。

5. 水泥混凝土面层滑模摊铺机铺筑

当坍落度在10～30mm时，布料松铺系数宜在1.08～1.15。

6. 模板、支架的设计

（1）拱架设计荷载应根据结构特点和施工荷载特性分析取用，拱圈的自重荷载宜乘以1.2倍系数。在计算荷载作用下，应按可能产生的最不利荷载组合验算拱架的强度、刚度和稳定性。

（2）验算模板、支架在自重和风荷载等作用下的抗倾覆稳定性时，其抗倾覆稳定系数应不小于1.3。

（3）稳定性的验算应包括拱架的整体稳定和局部稳定，抗倾覆稳定系数应不小于1.5。对拱架在拼装过程中的稳定性亦应进行验算，当不能满足拼装要求时，应采取必要的辅助稳定措施。

7. 先张法——墩式台座结构

承力台座应进行专门设计，并应具有足够的强度、刚度和稳定性，其抗倾覆安全系数应不小于1.5，抗滑移系数应不小于1.3。

8. 基坑降排水

采用井点降水法排水采用帷幕防渗方法施工时应进行施工设计。帷幕防渗层的厚度应满足基坑防渗的要求，止水帷幕的渗透系数宜小于10×10^{-6}mm/s。

9. 简支梁、板的安装

采用架桥机进行安装作业时，其抗倾覆稳定系数应不小于1.3；架桥机过孔时，应将起重小车置于对稳定最有利的位置，且抗倾覆稳定系数应不小于1.5；不得采用将梁、板吊挂在架桥机后部配重的方式进行过孔作业。

10. 预应力混凝土箱梁的架设安装

采用架桥机安装作业时，其抗倾覆稳定系数应不小于1.3；架桥机过孔时，起重小车应位于对稳定最有利的位置，且抗倾覆稳定系数应不小于1.5。

11. 移动支架逐孔现浇施工（移动模架法）

模架横移和纵向移动过孔前，应解除作用于模架上的全部约束。纵向移动时两侧的承重钢梁应保持基本同步，不同步的最大距离偏差应符合产品设计的规定，且应有限位和紧急制动装置；移动到下一孔位置后，应立即对模架进行准确就位并固定。模架在移动过孔时的抗倾覆稳定系数应不小于1.5。

12. 悬臂拼装施工规定

施工前应按施工荷载对起吊设备进行强度、刚度和稳定性验算，其安全系数应不小于2。节段起吊安装前，应对起吊设备进行全面安全技术验收，并应分别进行1.25倍设计荷载的静载和1.1倍设计荷载的动载试验。

13. 悬臂浇筑施工规定

（1）挂篮与悬浇梁段混凝土的重量比宜不大于0.5，且挂篮的总重应控制在设计规定的限重之内。

（2）挂篮的最大变形（包括吊带变形的总和）应不大于20mm。

（3）挂篮在浇筑混凝土状态和行走时的抗倾覆安全系数、锚固系统的安全系数、斜拉水平限位系统的安全系数及上水平限位的安全系数均应不小于2。

14. 平转法施工——有平衡重转体施工

采用内、外锚扣体系时，扣索宜采用钢绞线或带镦头锚的高强钢丝等高强材料，其安全系数应大于2。

15. 竖转法施工

扣索宜选用钢丝绳或钢绞线，扣索的锚碇宜采用钢筋混凝土结构。扣索系统应经计算确定，钢丝绳的安全系数应不小于6；钢绞线的安全系数应不小于2；锚碇的抗拔、抗滑安全系数应不小于2。

16. 缆索吊装法

（1）进行拱桥的无支架安装施工时，缆索吊装系统规定：

① 主塔和扣塔宜采用常备式定型钢构件在墩、台顶上拼装，其基础应牢固可靠，周围应设置防排水设施；塔的纵横向宜设置风缆，且风缆的安全系数应不小于2，当塔自身能满足横向受力及抗风要求时，可不设横向风缆；塔顶部应设置可靠的避雷装置。

② 塔顶分配梁应与塔身结构可靠连接；主索鞍在横向应设支撑装置，防止倾倒；如需移动索鞍，应做专项设计、采取有效措施后方可进行。扣塔上索鞍顶面的高程应高于拱肋扣点高程。

③ 主缆宜采用钢丝绳，其直径和数量应根据吊装构件的重量通过计算确定，安全系数应不小于3，且每根主缆应受力均匀；抗风钢丝绳的安全系数应不小于2；起吊绳的安全系数应不小于5；牵引绳的安全系数应不小于3；钢丝绳扣索的安全系数应不小于3，钢绞线扣索的安全系数应大于2。地锚的设置应满足主缆可靠锚固的要求，抗拔安全系数应不小于2，抗滑、抗倾安全系数应不小于1.4，主缆与地锚连接处的水平夹角宜在25°～35°。

（2）拱桥的拱圈采取单肋吊装或单肋合龙时，单肋的横向稳定必须满足安全验算的要求，且其稳定安全系数应不小于4；当不能满足时，应采用双肋合龙松索成拱的方式施工，且应在双肋合龙后采取有效的横向联结措施，增强其稳定性，使之形成基肋后再安装其他肋段。

17. 拱桥施工——钢管拱肋的安装规定

采用斜拉扣挂悬拼法施工时，拱肋上的扣挂节点应进行专门设计，并应在工厂制造时设置。扣索宜采用多根钢绞线或高强钢丝束，并应根据使用环境设防腐护套，扣索的强度安全系数应大于2；对钢绞线扣索，应有防止扣索松弛以及减少风致振动影响的可靠措施。

18. 高强度螺栓连接副与摩擦面处理

（1）在工地以高强度螺栓栓接的构件和梁段板面（摩擦面）应进行处理，处理后抗滑移系数值应符合设计规定；设计未规定时，抗滑移系数出厂时应不小于0.55，工地安装前的复验值应不小于0.45。

（2）抗滑移系数试验用的试件应按制造批每批制作6组，其中3组用于出厂试验，2组用于工地复验。抗滑移系数试件应与构件同材质、同工艺、同批制造，并应在同条件下运输、存放且试件的摩擦面不得损伤。

19. 猫道承重索强度计算的荷载组合与安全系数

	荷载组合	安全系数	备注
静力结构强度验算	恒载	≥3.2	
	恒载+施工荷载	≥2.7	
	恒载+施工荷载+温度荷载	≥2.7	温度荷载按温降15℃考虑
风荷载组合结构强度验算	恒载+施工荷载+施工阶段风荷载组合	≥2.7	按6级风考虑
	恒载+最大阵风荷载组合	≥2.5	

20. 公路隧道结构防排水

隧道防水应提高混凝土自防水性能，防水混凝土抗渗等级应符合设计要求。在有冻害地区，防水混凝土的抗渗等级应适当提高。防水混凝土处于侵蚀性介质中时，其耐侵蚀系数不应小于0.8。

21. 公路隧道盾构施工壁后注浆

同步注浆注浆量、充填系数应根据地层条件、施工状态和环境要求确定，充填系数宜为1.30~2.50。注浆速度应根据注浆量、注浆压力和掘进速度确定。

22. 悬臂浇筑施工

挂篮的抗倾覆、锚固和限位结构的安全系数均不得小于2。

23. 便桥建设——贝雷桥

悬臂推出法就是在河流两岸安置滚轴，桥梁的大部分部件在推出岸的滚轴上安装好，然后用人力或用机械牵引，将桥梁徐徐向前推出，直达对岸。桥梁推出时的倾覆稳定系数不小于1.2，以防止桥梁尚未推达对岸滚轴之前发生倾倒。

四、强 度 要 求

1. 静态破碎法：将膨胀剂放入炮孔内，利用产生的膨胀力，缓慢地作用于孔壁，经过数小时至24小时达到300~500MPa的压力，使介质裂开。该法适用于在设备附近、高压线下以及开挖与浇筑过渡段等特定条件下的开挖。优点是安全可靠，没有爆破产生的公害。缺点是破碎效率低，开裂时间长。

2. 路基基底的填石渗沟，应采用水稳性好的石料，其饱水抗压强度应不小于30MPa，粒径应为100~300mm。

3. 水泥路面改造加铺沥青面层（采用直接加铺法）：对于板块脱空、桥头沉陷、板的不均匀沉陷及弯沉较大的部位，应钻穿板块，然后用水泥浆高压灌注处理。

（1）灌浆：《公路水泥混凝土路面养护技术规范》JTJ 073.1—2001规定，灌浆孔布置在四角和板中，不少于5孔，边孔距板边大于50cm。当灌入180℃热沥青，设备压力为200~400kPa，压满后持压半分钟，堵塞。水泥类浆，设备灌注压力为1.5~2.0MPa，邻孔出浆后堵孔。

（2）交通控制：压浆完成后的板块，禁止车辆通行，待灰浆强度达到3MPa方可开放交通。

（3）弯沉检测：强度达到要求后，复测压浆板四角的回弹弯沉值，当弯沉值超过0.3mm时，应重新钻孔补压。

4. 水泥混凝土路面用料要求——纤维：用于面层水泥混凝土的合成纤维可采用聚丙烯腈（PANF）、聚丙烯（PPF）、聚酰胺（PAF）和聚乙烯醇（PVAF）等材料制成的单丝纤维或粗纤维，其质量应符合相关规定，且实测单丝抗拉强度最小值不得小于450MPa。

5. 水泥混凝土路面施工技术

（1）模板及其架设与拆除：模板拆除应在混凝土抗压强度不小于8.0MPa方可进行。

（2）灌缝：应先采用切缝机清除接缝中夹杂的砂石，凝结的泥浆等，再使用压力大于等于0.5MPa的压力水和压缩空气彻底清除接缝中的尘土及其他污染物，确保缝壁及内部清洁、干燥。缝壁检验以擦不出灰尘为灌缝标准。

6. 常用模板、支架和拱架的设计

（1）一般要求：在模板上设置的吊环应采用HPB300钢筋，严禁采用冷加工钢筋制作。每个吊环应按两肢截面计算，在模板自重标准值作用下，吊环的拉应力应不大于65MPa。

（2）模板、支架和拱架的拆除：非承重侧模板应在混凝土抗压强度达到2.5MPa，且能保证其表面及棱角不致因拆模而受损坏时方可拆除。芯模和预留孔道的内模，应在混凝土强度能保证其表面不发生塌陷或裂缝现象时，方可拆除。钢筋混凝土结构的承重模板、支架，应在混凝土强度能承受其自重荷载及其他可能的叠加荷载时，方可拆除。

（3）拱架的拆卸应符合下列规定：

① 现浇混凝土拱圈的拱架，其拆除期限应符合设计规定；设计未规定时，应在拱圈混凝土强度达到设计强度的85%后，方可卸落拆除。

② 卸落拱架应按提前拟定的卸落程序进行，且宜分步卸落；在纵向应对称均衡卸落，在横向应同时一起卸落。满布式落地拱架卸落时，可从拱顶向拱脚依次循环卸落；拱式拱架可在两支座处同时均匀卸落；多孔拱桥卸架时，若桥墩允许承受单孔施工荷载，可单孔卸落，否则应多孔同时卸落，或各连续孔分阶段卸落。卸落拱架时，应设专人对拱圈的挠度和墩台的位移等情况进行监测，当有异常时，应暂停卸落，查明原因并采取相应措施后方可继续进行。

(4) 石拱桥的拱架卸落时间应符合下列要求：

① 浆砌石拱桥，应待砂浆强度达到设计强度的85%后方可卸落；设计另有规定时，应从其规定。

② 跨径小于10m的小拱桥，宜在拱上建筑全部完成后卸架；中等跨径的实腹式拱，宜在护拱砌完后卸架；大跨径空腹式拱，宜在拱上小拱横墙砌好（未砌小拱圈）时卸架。

③ 当需要进行裸拱卸架时，应对裸拱进行截面强度及稳定性验算，并采取必要的辅助稳定措施。

7. 钢筋工程施工一般规定

钢筋的级别、种类和直径应按设计规定采用，当需要代换时，应得到设计人员的书面认可。预制构件的吊环，必须采用未经冷拉的热轧光圆钢筋制作，且其使用时的计算拉应力应不大于65MPa。

8. 混凝土工程施工一般规定

(1) 在进行混凝土强度试配和质量检测时，混凝土的抗压强度应以边长为150mm的立方体尺寸标准试件测定，且应取其保证率为95%。试件以同龄期者三块为一组，并以同等条件制作和养护，每组试件的抗压强度应以三个试件测值的算术平均值为测定值，如有一个测值与中间值的差值超过中间值的15%时，则取中间值为测定值；如有两个测值与中间值的差值均超过15%时，则该组试件无效。

(2) 混凝土抗压强度应为标准方式成型的试件，置于标准养护条件下（温度为20±2℃及相对湿度不低于95%）养护28d所测得的抗压强度值（MPa）进行评定。采用蒸汽养护的混凝土抗压强度，试件应先随构件同条件蒸汽养护，再转入标准条件下养护，累计养护时间应为28d。当混凝土中掺用粉煤灰等矿物掺合料时，确定混凝土抗压强度时的龄期应符合设计规定。

9. 混凝土浇筑

(1) 施工缝的位置应在混凝土浇筑之前确定，且宜置在结构受剪力和弯矩较小且便于施工的部位，对施工缝的处理应符合下列规定：施工缝处混凝土表面的光滑表层、松弱层应予凿除，凿毛的最小深度应不小于8mm。对施工缝处混凝土的强度，当采用水冲洗凿毛时，应达到0.5MPa；人工凿除时，应达到2.5MPa；采用风动机凿毛时，应达到10MPa。

(2) 在环境相对湿度较小、风速较大的条件下浇筑混凝土时，应采取适当措施防止混凝土表面过快失水。浇筑混凝土期间，应随时检查支架、模板、钢筋、预应力管道和预埋件等的稳固情况，并应及时填写混凝土施工记录。新浇筑混凝土的强度达到2.5MPa之前，不得使其承受行人、运输工具、模板、支架及脚手架等荷载。

10. 后张法预应力施工：采用胶管抽芯法制孔时，胶管内应插入芯棒或充以压力水增加刚度；采用钢管抽芯法制孔时，钢管表面应光滑，焊接接头应平顺。抽芯时间应通过试验确定，以混凝土抗压强度达到0.4~0.8MPa时为宜，抽拔时不得损伤结构混凝土。抽芯后，应采用通孔器或压气、压水等方法对孔道进行检查，如发现孔道堵塞或有残留物或与邻孔有串通，应及时处理。

11. 后张法预应力孔道压浆及封锚

(1) 对水平或曲线孔道，压浆的压力宜为0.5~0.7MPa；对超长孔道，最大压力宜不超过 1.0MPa；对竖向孔道，压浆的压力宜为 0.3~0.4MPa。压浆的充盈度应达到孔道另一端饱满且排气孔排出与规定流动度相同的水泥浆为止，关闭出浆口后，宜保持一个不小于 0.5MPa 的稳压期，该稳压期的保持时间宜为 3~5min。

(2) 采用真空辅助压浆工艺时，在压浆前应对孔道进行抽真空，真空度宜稳定在 -0.06~-0.10MPa 范围内。真空度稳定后，应立即开启孔道压浆端的阀门，同时启动压浆泵进行连续压浆。

12. 桥梁基础工程施工技术——基坑开挖：基坑坑壁采用喷射混凝土、锚杆喷射混凝土、预应力锚索和土钉支护等方式进行加固时，采用锚杆挂网喷射混凝土加固坑壁时，各层锚杆进入稳定层的长度、间距和钢筋的直径应符合设计要求。孔深小于或等于 3m 时，宜采用先注浆后插入锚杆的施工工艺；孔深大于 3m 时，宜先插入锚杆后注浆。锚杆插入孔内后应居中固定，注浆应采用孔底注浆法，注浆管应插至距孔底 50~100mm 处，并随浆液的注入逐渐拔出，注浆的压力宜不小于 0.2MPa。

13. 桩基础施工——沉入桩施工：锤击沉桩应考虑锤击振动对其他新浇筑混凝土结构物的影响，当结构物混凝强度未达到 5MPa 时，距结构物 30m 范围内，不得进行沉桩；锤击能量超过 280kN·m 时，应适当加大沉桩处与结构物的距离。

14. 桩基础施工——挖孔桩施工的技术要求：采用混凝土护壁支护的桩孔，护壁混凝土的强度等级，当桩径小于或等于 1.5m 时应不小于 C25，桩径大于 1.5m 时应不小于 C30。挖孔作业时必须挖一节浇筑一节护壁，护壁的节段高度必须按专项施工方案执行，且不得超过 1m，护壁模板应在混凝土强度达到 5MPa 以上后拆除。严禁只挖、不及时浇筑护壁的冒险作业。护壁外侧与孔壁间应填实，不密实或有空洞时，应采取措施进行处理。

15. 沉井基底检验合格及沉降稳定后，应及时封底。不排水下沉的沉井应采用水下混凝土进行封底；对排水下沉的沉井，基底渗水的上升速度不大于 6mm/min 时，可按普通混凝土的浇筑方法进行封底，但应设置引流排水设施，及时排除明水，且应采取可靠措施使混凝土强度在达到 5MPa 前不受到压力水的作用；渗水上升速度大于上述规定时，宜采用水下混凝土进行封底。沉井的封底如设计为水下压浆混凝土时，应按设计要求施工。沉井的混凝土封底厚度应根据基底的水压力和地基土的向上反力经计算确定，且封底混凝土的顶面高度应高出刃脚根部 0.5m 及以上。封底混凝土的强度等级不应低于 C25。

16. 高度小于 40m 的桥墩施工：桥墩高度小于或等于 10m 时可整体浇筑施工；高度超过 10m 时，可分节段施工，节段的高度宜根据施工环境条件和钢筋定尺长度等因素确定。上一节段施工时，已浇节段的混凝土强度应不低于 2.5MPa。各节段之间浇筑混凝土的间歇期宜控制在 7d 以内。

17. 用移动支架逐孔现浇施工（移动模架法）：任一孔梁的混凝土浇筑施工完成后，内模中的侧向模板应在混凝土抗压强度达到 2.5MPa 后，顶面模板应在混凝土抗压强度达到设计强度等级的 75% 后，方可拆除；外模架应在梁体建立预应力后方可卸落。

18. 悬臂拼装施工应注意的要点

(1) 节段的脱模时间应符合设计规定；设计未规定时，应在混凝土强度达到设计强度的 75% 后方可脱模并拆除。在脱模、拆除或移动节段时，应采取措施防止损伤节段混凝土的棱角和剪力键。

（2）胶粘剂宜采用机械拌合，且在使用过程中应连续搅拌并保持其均匀性，胶粘剂应涂抹均匀，覆盖整个匹配面，涂抹厚度宜不超过 3mm。对胶接缝施加临时预应力进行挤压时，挤压力宜为 0.2MPa，胶粘剂应在梁体的全断面挤出，且胶接缝的挤压应在 3h 以内完成；当施工时间超过明露时间的 70% 时，在固化之前应清除被挤出的胶结料。胶粘剂在涂抹和挤压时，应采取措施对预应力孔道的端口处进行防护，防止胶粘剂进入孔道内。

（3）对采用胶接缝的节段，在拼装工作结束并经检查符合要求后，应立即施加预应力对接缝进行挤压；对采用湿接缝的节段，应在接缝混凝土强度达到设计强度的 80% 以上时方可对其施加预应力。

19. 悬臂浇筑施工时预应力的施工：对竖向预应力孔道，压浆时应从下端的压浆孔压入，压力宜为 0.3～0.4MPa，且压入的速度不宜过快。

20. 公路隧道超欠挖控制：当岩层完整、岩石抗压强度大于 30MPa，并确认不影响衬砌结构稳定和强度时，允许岩石个别突出部分（每 $1m^2$ 内不宜大于 $0.1m^2$）欠挖，但其隆起量不得大于 50mm。拱脚、墙脚以上 1m 范围内及净空图折角对应位置严禁欠挖。

21. 公路隧道支护与衬砌

（1）模筑混凝土衬砌时，仰拱和仰拱填充混凝土应在其强度达到 2.5MPa 后方可拆模。仰拱填充和垫层混凝土强度达到设计强度 100% 后方可允许运渣车辆通行。

（2）初期支护喷射混凝土时，潮喷法是将骨料预加少量水，使之呈潮湿状，再加水泥拌合，送至喷嘴处并与压力水混合后进行喷射的方法。与干喷相比，上料、拌合及喷射时的粉尘少，潮喷混凝土强度可达到 C20。

22. 公路隧道防水与排水

（1）结构防排水：防水板的搭接缝焊接质量应按充气法检查，当压力表达到 0.25MPa 时停止充气，保持 15min，压力下降在 10% 以内，焊缝质量合格。

（2）注浆防水：注浆压力应根据水文地质条件合理确定，宜比静水压力大 0.5～1.5MPa。

23. 旋转钻机：旋转钻机按其钻孔装置可分为有钻杆机和无钻杆机（潜水钻机），按排碴方式可分为正循环钻机和反循环钻机。有钻杆旋转钻机适应性很强，变更钻头类型和对钻杆施加的压力，就可以应付各种覆盖层直到极硬的岩层，但对直径大于 2/3 钻杆内径的松散卵石层却无能为力；潜水钻机可以完成直径 1～3m 桩的施工，施工经济孔深 50m，这种钻机在 25MPa 以内的覆盖层或风化软岩中钻孔，有较大的局限性。

24. 填方路基施工——路堤施工技术中台背与墙背填筑施工要求

（1）部位狭窄时，可采用低强度等级混凝土、浆砌片石等材料回填。

（2）台背与墙背回填，应在结构物强度达到设计强度的 75% 以上时进行。

25. 软土地基处理施工技术

（1）粒料桩

可采用振冲置换法或振动沉管法成桩。振冲置换法适用于处理十字板抗剪强度不小于 15kPa 的软土地基；振动沉管法适用于处理十字板抗剪强度不小于 20kPa 的软土地基。

（2）加固土桩

① 加固土桩适用于处理十字板抗剪强度不小于 10kPa、有机质含量不大于 10% 的软

土地基。加固土桩包括粉喷桩与浆喷桩。

② 加固土桩的固化剂宜采用生石灰或水泥。生石灰应采用磨细Ⅰ级生石灰，应无杂质，最大粒径应小于2mm。水泥宜采用强度等级不低于32.5级的普通硅酸盐水泥。

(3) 水泥粉煤灰碎石桩

① 水泥粉煤灰碎石桩（CFG桩）适用于处理十字板抗剪强度不小于20kPa的软土地基。

② 集料可采用碎石或砾石，泵送混合料时砾石最大粒径宜不大于25mm；碎石最大粒径宜不大于20mm；振动沉管灌注混合料时，集料最大粒径宜不大于50mm。水泥宜选用32.5级普通硅酸盐水泥。粉煤灰宜选用Ⅱ、Ⅲ级粉煤灰。

(4) 刚性桩

① 刚性桩主要包括现浇混凝土大直径管桩与预制管桩。刚性桩适用于处理深厚软土地基上荷载较大、变形要求较严格的高路堤段、桥头或通道与路堤衔接段。刚性桩可按正方形或等边三角形布置。刚性桩桩顶应设桩帽，形状可采用圆柱体、台体或倒锥台体。桩帽直径或边长宜为1.0~1.5m，厚度宜为0.3~0.4m，宜采用水泥混凝土现场浇筑而成。

② 现浇混凝土大直径管桩施工规定：桩尖、桩帽混凝土强度等级宜不低于C30。桩尖表面应平整、密实，桩尖内外面圆度偏差不得大于1%，桩尖端头支承面应平整。

26. 重力式挡土墙：基础应在基础砂浆强度达到设计强度的75%后及时分层回填夯实。回填应在表面留3%的向外斜坡。挡土墙混凝土或砂浆强度达到设计强度的75%时，应及时进行墙背回填。距墙背0.5~1.0m内，不得使用重型振动压路机碾压。

27. 抗滑桩

(1) 相邻桩不得同时开挖。开挖桩群应从两端沿滑坡主轴间隔开挖，桩身强度达到设计强度的75%后方可开挖邻桩。

(2) 开挖应在上一节护壁混凝土终凝后进行，护壁混凝土模板支撑应在混凝土强度达到能保持护壁结构不变形后方可拆除。

(3) 桩板式抗滑挡土墙施工时：挡土板应在桩身混凝土达到设计强度后安装。

28. 路基地下水排水设置与施工要求——渗沟：路基基底的填石渗沟，应采用水稳性好的石料，其饱水抗压强度应不小于30MPa，粒径应为100~300mm。

29. 无机结合料稳定基层原材料的技术要求——水泥及外加剂：强度等级为32.5或42.5，且满足规范要求的普通硅酸盐水泥等均可使用。

30. 无机结合料稳定类（也称半刚性类型）基层分类及适用范围——混合料生产、摊铺及碾压：拌合厂场地应平整并具有足够的承载能力。高速公路和一级公路的拌合厂，场地应采用混凝土硬化，混凝土强度等级应不低于C15，厚度应不小于200mm。

31. 水泥混凝土路面用料要求

(1) 水：符合现行《生活饮用水卫生标准》GB 5749—2006的饮用水可直接作为混凝土搅拌和养护用水。非饮用水应进行水质检验，并符合规范规定。还应与蒸馏水进行水泥凝结时间与水泥胶砂强度的对比试验；对比试验的水泥初凝与终凝时间差均不应大于30min，水泥胶砂3d和28d强度不应低于蒸馏水配制的水泥胶砂3d和28d强度的90%。养护用水可不检验不溶物质含量和其他杂质，其他指标应符合规范规定。

(2) 纤维：钢纤维抗拉强度不宜低于600级。

32. 水泥混凝土路面施工技术——混凝土路面养护

（1）养护时间根据混凝土弯拉强度增长情况而定，不宜小于设计弯拉强度的80%，应特别注重前7d的保湿（温）养护。一般养护天数宜为14～21d，高温天不宜小于14d，低温天不宜小于21d。掺粉煤灰的混凝土路面，最短养护时间不宜少于28d，低温天应适当延长。

（2）混凝土板养护初期，严禁人、畜、车辆通行，在达到设计强度40%后，行人方可通行。在路面养护期间，平交道口应搭建临时便桥。面板达到设计弯拉强度后，方可开放交通。

33. 预应力钢筋的加工制作：高强度钢丝的镦头宜采用液压冷镦，镦头前应确认钢丝的可镦性，钢丝镦头的强度不得低于钢丝强度标准值的98%。

34. 混凝土工程施工——一般规定

（1）在进行混凝土强度试配和质量检测时，混凝土的抗压强度应以边长为150mm的立方体尺寸标准试件测定，且应取其保证率为95%。试件以同龄期者三块为一组，并以同等条件制作和养护，每组试件的抗压强度应以三个试件测值的算术平均值为测定值，如有一个测值与中间值的差值超过中间值的15%时，则取中间值为测定值；如有两个测值与中间值的差值均超过15%时，则该组试件无效。

（2）混凝土抗压强度应为标准方式成型的试件，置于标准养护条件下（温度为20±2℃及相对湿度不低于95%）养护28d所测得的抗压强度值（MPa）进行评定。采用蒸汽养护的混凝土抗压强度，试件应先随构件同条件蒸汽养护，再转入标准条件下养护，累计养护时间应为28d。当混凝土中掺用粉煤灰等矿物掺合料时，确定混凝土抗压强度时的龄期应符合设计规定。

35. 混凝土工程施工——混凝土的运输、浇筑及间歇的全部允许时间表

混凝土强度等级	气温不高于25℃	气温高于25℃
≤C30	210	180
>C30	180	150

注：当混凝土中掺有促凝或缓凝剂时，其允许时间应根据试验结果确定。

36. 混凝土工程施工——混凝土的养护及修饰：新浇筑的混凝土与流动的地表水或地下水接触时，应采取临时防护措施，保证混凝土在7d以内且强度达到设计强度的50%以前，不受水的冲刷侵袭；当环境水具有侵蚀作用时，应保证混凝土在10d以内且强度达到设计强度的70%以前，不受水的侵袭。混凝土处于冻融循环作用的环境时，宜在结冰期到来4周前完成浇筑施工，且在混凝土强度未达到设计强度等级的80%前不得受冻，否则应采取技术措施，防止发生冻害。

37. 混凝土工程施工——大体积混凝土进行配合比设计及质量评定时，可按60d龄期的抗压强度控制。

38. 混凝土工程施工——高强度混凝土

（1）高强度混凝土水泥宜选用硅酸盐水泥和普通硅酸盐水泥。掺合料可选用粉煤灰、粒化高炉矿渣粉和硅灰等，粉煤灰等级应不低于Ⅱ级。

（2）高强度混凝土的配合比应有利于减少温度收缩、干燥收缩和自身收缩引起的体积

变形，避免早期开裂，高强度混凝土的水泥用量宜不大于 500kg/m³，胶凝材料总量宜不大于 600kg/m³。

(3) 高强度混凝土的设计配合比确定后，尚应采用该配合比进行不少于 6 次的重复试验进行验证，其平均值应不低于配制强度。

(4) 高强度混凝土的施工应采用强制式搅拌机拌制，不得采用自落式搅拌机搅拌。搅拌混凝土时高效减水剂宜采用后掺法，且宜制成溶液后再加入，并应在混凝土用水量中扣除溶液用水量。加入减水剂后，混凝土拌合料在搅拌机中继续搅拌的时间宜不少于 30s。

39. 混凝土工程施工——高性能混凝土

① 对不同强度等级混凝土的胶凝材料总量应进行控制，C40 以下宜不大于 400kg/m³；C40～C50 宜不大于 450kg/m³；C60 及以上的非泵送混凝土宜不大于 500kg/m³，泵送混凝土宜不大于 530kg/m³；且胶凝材料浆体体积宜不大于混凝土体积的 35%。

② 水胶比应根据混凝土的配制强度、抗氯离子渗透性能、抗渗性能和抗冻性能等要求确定。在满足混凝土工作性能的前提下，宜降低用水量，并控制在 130～160kg/m³。

③ 混凝土中宜适量掺加优质的粉煤灰、粒化高炉矿渣粉或硅灰等矿物掺合料，用以提高其耐久性，改善其施工性能和抗裂性能，其掺量宜根据混凝土的性能要求通过试验确定，且宜不小于胶凝材料总量的 20%。当混凝土中粉煤灰掺量大于 30% 时，混凝土的水胶比不得大于 0.45；在预应力混凝土及处于冻融环境的混凝土中，粉煤灰的掺量宜不大于 30%，且粉煤灰的含碳量宜不大于 2%。对暴露于空气中的一般构件混凝土，粉煤灰的掺量宜不大于 20%，且单方混凝土胶凝材料中的硅酸盐水泥用量宜不小于 240kg。

④ 对耐久性有较高要求的混凝土结构，试配时应进行混凝土和胶凝材料抗裂性能的对比试验，并从中优选抗裂性能良好的混凝土原材料和配合比。

40. 先张法预应力筋的放张规定：预应力筋放张时构件混凝土的强度和弹性模量（或龄期）应符合设计规定；设计未规定时，混凝土的强度应不低于设计强度等级值的 80%，弹性模量应不低于混凝土 28d 弹性模量的 80%。当采用混凝土龄期代替弹性模量控制时应不少于 5d。

41. 后张法预应力筋的张拉和锚固规定：张拉时，结构或构件混凝土的强度、弹性模量（或龄期）应符合设计规定；设计未规定时，混凝土的强度应不低于设计强度等级值的 80%，弹性模量应不低于混凝土 28d 弹性模量的 80%，当采用混凝土龄期代替弹性模量控制时应不少于 5d。

42. 后张法预应力孔道压浆及封锚：水泥应采用性能稳定、强度等级不低于 42.5 的低碱硅酸盐或低碱普通硅酸盐水泥，外加剂应与水泥具有良好的相容性，且不得含有氯盐、亚硝酸盐或其他对预应力筋有腐蚀作用的成分。减水剂应采用高效减水剂或高性能减水剂，且应满足现行国家标准《混凝土外加剂》GB 8076—2008 中高效减水剂一等品的要求，其减水率应不小于 20%。

43. 地下连续墙施工：导墙宜采用钢筋混凝土构筑，混凝土强度等级不宜低于 C20。导墙的形式根据土质情况可采用板墙形、形或 L 形，墙体的厚度应满足施工需要。

44. 桥梁承台施工

(1) 钢套箱围堰的施工：钢套箱内的排水应在封底混凝土符合设计规定的强度后或达到设计强度的 80% 及以上时方可进行，在封底混凝土未达到规定强度之前，应打开套箱上设置的连通器，保持套箱内外水头一致，排水时不应过快，并应在排水过程中加强对套箱情况变化的监测；对有底钢套箱，必要时可设反压装置抵抗过大的浮力。

（2）承台底的处理：承台基底为非黏性土或干土时，在施工前应将其润湿，并应按设计要求浇筑混凝土垫层，垫层顶面不得高于基础底面设计高程；地基为淤泥或承载力不足时，应按设计要求处理后方可进行基础的施工；基底为岩石时，应采用水冲洗干净，且在基础施工前应铺设一层不低于基础混凝土强度等级的水泥砂浆。

45.圬工结构墩台施工——墩、台身圬工砌体的施工要求：各砌层应先砌外圈定位行列，再砌筑里层，其外圈砌块应与里层砌块交错连成一体。砌体外露面石料的镶面种类应符合设计规定，对有流冰或有漂浮物河流中的墩台，当设计未明确要求时，其镶面宜选用强度等级不低于 MU30 且较坚硬的石料或 C30 以上较高强度等级的混凝土预制块进行镶砌。砌体里层应砌筑整齐，分层应与外圈一致，应先铺一层适当厚度的砂浆再安放砌块和填塞砌缝。砌体的外露面应进行勾缝，并应在砌筑时靠外露面预留深约 20mm 的空缝备作勾缝之用。砌体隐蔽面的砌缝可随砌随刮平，不另勾缝。

46.桥梁上部结构装配式施工——钢筋混凝土和预应力混凝土梁（板）桥施工一般要求

（1）装配式桥的构件在脱底模、移运、存放和安装时，混凝土的强度应不低于设计规定的吊装强度；设计未规定时，应不低于设计强度的 80%。

（2）对分层、分段安装的构件，应在先安装的构件可靠固定且受力较大的接头混凝土达到设计强度的 80%后，方可继续安装；设计有规定时，应从其规定。

（3）分段拼装梁的接头混凝土或砂浆，其强度应不低于构件的设计强度；不承受内力的构件的接缝砂浆，其强度应不低于 M10。需与其他混凝土或砌体结合的预制构件的砌筑面应按施工缝处理。

47.钢筋混凝土和预应力混凝土梁（板）桥施工一般要求：后张预应力混凝土梁、板在预制台座上进行孔道压浆后再移运的，移运时其压浆浆体的强度应不低于设计强度的 80%。

48.预应力混凝土箱梁施工：梁体混凝土的抗压强度达到设计强度的 1/3 以上、弹性模量不低于设计值的 50%时，可对部分预应力钢束进行初张拉，但其张拉应力不应超过设计张拉控制应力的 1/3，且初张拉的预应力钢束编号及张拉应力应符合设计规定。对箱梁预应力钢束的终张拉，应在其混凝土抗压强度达到设计强度的 80%、弹性模量不小于设计值的 80%后进行。设计对张拉有具体规定时应从其规定。

49.桥梁上部结构支架现浇施工：当梁体混凝土强度达到设计规定的张拉强度（试压与梁体同条件养护的试件）时，方可进行张拉。

50.桥梁上部结构转体施工——无平衡重平转施工：合龙口混凝土符合设计规定的强度或达到设计强度的 85%后，应按对称均衡的原则，分级卸除扣索，卸除过程中应对拱体的拱轴线和高程以及扣索的内力进行监测；全部扣索卸除后，应测量拱体的最终轴线位置和高程。

51.桥梁上部结构缆索吊装施工——施工中的注意要点：少支架施工时对支架安装和拆卸的技术要求：当拱肋接头混凝土及拱肋横向联结构件混凝土的强度符合设计规定或达到设计强度的 85%时，方可开始卸架。卸架宜在主拱圈安装完成后，分次缓慢卸落，使拱圈及墩、台逐渐成拱受力，卸架时应监测拱圈挠度和墩、台变位等情况，并应避免拱圈发生较大变形。

52. 拱桥施工

（1）拱（支）架上现浇混凝土拱圈：大跨径钢筋混凝土箱形拱圈采用在拱架上组装部分预制部件然后现浇混凝土的方法进行施工时，组装和现浇均应从两拱脚向拱顶对称进行。箱形拱圈的底板施工时，应按拱架的变形情况设置间隔缝，缝内的混凝土应在底板合龙时浇筑；拱圈的底、腹板混凝土强度达到设计强度的85％后方可安装盖板，铺设钢筋，现浇顶板混凝土。

（2）无支架和少支架预制安装：箱形拱预制时，可先预制横隔板、腹板，然后在拱胎上进行组装，并浇筑底、顶板和接头混凝土。混凝土强度达到设计强度的85％后，方可起吊运输到存放场地存放。

（3）石拱桥：跨径大于20m的拱圈，其砌筑程序应符合设计规定；设计未规定时，宜采用分段砌筑或分环分段相结合的方法砌筑，必要时应对拱架预加一定的压力。分环砌筑时，应待下环砌筑合龙、砌缝砂浆强度达到设计强度的85％以上后，再砌筑上环。

（4）拱上建筑：主拱圈的混凝土强度达到设计规定强度后，方可进行拱上结构的施工。

53. 公路隧道明洞施工：明洞拱背回填应在外模拆除、防水层和排水盲管施工完成后进行；人工回填时，拱圈混凝土强度不应小于设计强度的75％。机械回填时，拱圈混凝土强度不应小于设计强度。

54. 交通安全设施的施工技术要求——标志的施工技术要求：标志支撑结构应在基础混凝土强度达到设计强度的80％以上后，经监理工程师批准后安装。

55. 水泥混凝土抗折强度与抗压强度的测定是混凝土材料质量检验的两个重要试验。

（1）水泥混凝土抗折（抗弯拉）强度试验是以150mm×150mm×550mm的梁形试件在标准养护条件下达到规定龄期后，在净跨径450mm的双支点荷载作用下进行弯拉破坏，并按规定的计算方法得到强度值。水泥混凝土抗折强度是混凝土主要力学指标之一，通过试验取得的检测结果是路面混凝土组成设计的重要参数。

（2）水泥混凝土抗压强度试验是以边长为150mm的正立方体标准试件，标准养护到28d，再在万能试验机上按规定方法进行破坏试验测得抗压强度。当混凝土抗压强度采用非标准试件应进行换算得到抗压强度值。通过水泥混凝土抗压强度试验，可以确定混凝土强度等级，作为评定混凝土品质的重要指标。

56. 预制梁场布设——预制梁板台座布设

存梁区台座混凝土强度等级不低于C20，台座尺寸应满足使用要求。用于存梁的枕梁应设在离梁两端面各50～80cm处，且不影响梁片吊装，支垫材质应采用承载力足够的非刚性材料，且不污染梁底。

五、温度（℃）要求

1. 粉煤灰路堤施工技术

大风或气温低于0℃时不宜施工。

2. 路基冬期施工技术

在季节性冻土地区，昼夜平均温度在-3℃以下且连续10d以上，或者昼夜平均温度虽在-3℃以上但冻土没有完全融化时，均应按冬期施工办理。

3. 热拌沥青碎石基层施工

当高速公路和一级公路施工气温低于10℃、其他等级公路施工气温低于5℃时，不宜摊铺热拌沥青混合料。

4. 贯入式沥青碎石基层施工方法

主层集料碾压完毕后，应立即浇洒第一层沥青。浇洒方法应按规范进行。沥青的浇洒温度应根据沥青标号及气温情况选择。当采用乳化沥青贯入时，为防止乳液下漏过多，可在主层集料碾压稳定后，先撒布一部分上一层嵌缝料，再浇洒主层沥青。乳化沥青在常温下洒布，当气温偏低需要加快破乳速度时，可将乳液加温后洒布，但乳液温度不得超过60℃。

5. 无机结合料稳定材料结构层

施工应选择适宜的气候环境，针对当地气候变化制订相应的处置预案，并应符合下列规定：

（1）宜在气温较高的季节组织施工。无机结合料稳定材料施工期的日最低气温应在5℃以上，在有冰冻的地区，应在第一次重冰冻到来的15～30d完成施工。

（2）宜避免在雨期施工，且不应在雨期施工。

6. 路面无机结合料稳定基层（底基层）施工——混合料集中厂拌与运输

气温高于30℃时，水泥进入拌缸温度宜不高于50℃；高于50℃时应采取降温措施。气温低于15℃时，水泥进入拌缸温度应不低于10℃。

7. 无机结合料稳定材料基层与沥青面层之间的处理

对极重、特重交通荷载等级或较薄的沥青面层，基层顶面应采用热洒沥青的方式加强层间结合，并应符合下列规定：碎石撒布前应通过拌合设备加热、除尘、筛分，碎石撒布到路面前的温度应不低于80℃。

8. 沥青路面用料要求——液体石油沥青

液体石油沥青在制作、贮存、使用的全过程中必须通风良好，并有专人负责，确保安全。基质沥青的加热温度严禁超过140℃，液体沥青的贮存温度不得高于50℃。

9. 沥青路面用料要求——改性沥青

改性沥青宜在固定式工厂或在现场设厂集中制作，也可在拌合厂现场边制造边使用，改性沥青的加工温度不宜超过180℃。胶乳类改性剂和制成颗粒的改性剂可直接投入拌合缸中生产改性沥青混合料。

10. 沥青路面用料要求——纤维

应在250℃的干拌温度不变质、不发脆，使用纤维必须符合环保要求，不危害身体健康。纤维必须在混合料拌合过程中能充分分散均匀。

11. 沥青路面面层施工——沥青混合料的拌合

沥青的加热温度控制在规范规定的范围之内，即150～170℃。集料的加热温度控制在160～180℃；混合料的出厂温度控制在140～165℃。当混合料出厂温度过高时应废弃。混合料运至施工现场的温度控制在120～150℃。

12. 沥青路面面层施工——混合料的摊铺

沥青混凝土的摊铺温度根据气温变化进行调节。一般正常施工控制在不低于110~130℃，不超过165℃，在摊铺过程中随时检查并做好记录。开铺前将摊铺机的熨平板进行加热至不低于100℃。

13. 沥青路面面层施工——混合料的压实

初压：采用双轮双振压路机静压1~2遍，正常施工情况下，温度应不低于110℃并紧跟摊铺机进行；复压：采用胶轮压路机和双轮双振压路机振压等综合碾压4~6遍，碾压温度多控制在80~100℃；终压：采用双轮双振压路机静压1~2遍，碾压温度应不低于65℃。边角部分压路机碾压不到的位置，使用小型振动压路机碾压。

14. 沥青路面透层施工

气温低于10℃或大风、即将降雨时不得喷洒透层油。

15. 沥青路面粘层施工

气温低于10℃时不得喷洒粘层油，寒冷季节施工不得不喷洒时可以分成两次喷洒。路面潮湿时不得喷洒粘层油。

16. 沥青路面封层施工

（1）封层宜选择在干燥和较热的季节施工，并在最高温度低于15℃到来以前半个月及雨季前结束。

（2）稀浆封层施工气温不得低于10℃，严禁在雨期施工，摊铺后尚未成型混合料遇雨时应予铲除。

17. 水泥混凝土路面材料要求

采用滑模摊铺机铺筑时，宜选用散装水泥。高温期施工时，散装水泥的入罐最高温度不宜高于60℃；低温期施工时，水泥进入搅拌缸前的温度不宜低于10℃。

18. 混凝土工程施工——混凝土的运输、浇筑及间歇的全部允许时间（min）

混凝土强度等级	气温不高于25℃	气温高于25℃
≤C30	210	180
>C30	180	150

19. 混凝土工程施工——混凝土的养护

混凝土的养护严禁采用海水。混凝土的洒水保湿养护时间应不少于7d，对重要工程或有特殊要求的混凝土，应根据环境湿度、温度、水泥品种以及掺用的外加剂和掺合料等情况，酌情延长养护时间，并应使混凝土表面始终保持湿润状态。当气温低于5℃时，应采取保温养护措施，不得向混凝土表面洒水。当采用喷洒养护剂对混凝土进行养护时，所使用的养护剂应不会对混凝土产生不利影响，且应通过试验验证其养护效果。

20. 大体积混凝土的施工

应提前制定专项施工技术方案，并应对混凝土采取温度控制措施。大体积混凝土的浇筑、养护和温度控制应符合下列规定：

（1）施工前应根据原材料、配合比、环境条件、施工方案和施工工艺等因素，进行温控设计和温控监测设计，并应在浇筑后按该设计要求对混凝土内部和表面的温度实施监测和控制。对大体积混凝土进行温度控制时，应使其内部最高温度不大于75℃、内表温差不大于25℃，混凝土表面与大气温差不大于20℃。

（2）大体积混凝土可分层、分块浇筑，分层、分块的尺寸宜根据温控设计的要求及浇筑能力合理确定；当结构尺寸相对较小或能满足温控要求时，可全断面一次浇筑。

（3）分层浇筑时，在上层混凝土浇筑之前应对下层混凝土的顶面作凿毛处理，且新浇混凝土与下层已浇筑混凝土的温差宜小于20℃，并应采取措施将各层间的浇筑间歇期控制在7d以内。

（4）分块浇筑时，块与块之间的竖向接缝面应平行于结构物的短边，并应在浇筑完成拆模后按施工缝的要求进行凿毛处理。分块施工所形成的后浇段，应在对大体积混凝土实施温度控制且其温度场趋于稳定后方可浇筑；后浇段宜采用微膨胀混凝土，并应一次浇筑完成。

（5）大体积混凝土的浇筑宜在气温较低时进行，但混凝土的入模温度应不低于5℃；热期施工时，宜采取措施降低混凝土的入模温度，且其入模温度宜不高于28℃。

（6）大体积混凝土的温度控制宜按照"内降外保"的原则，对混凝土内部采取设置冷却水管通循环水冷却，对混凝土外部采取覆盖蓄热或蓄水保温等措施进行。在混凝土内部通水降温时，进出口水的温差宜小于或等于10℃，且水温与内部混凝土的温差宜不大于20℃，降温速率宜不大于2℃/d；利用冷却水管中排出的降温用水在混凝土顶面蓄水保温养护时，养护水温度与混凝土表面温度的差值应不大于15℃。

（7）大体积混凝土采用硅酸盐水泥或普通硅酸盐水泥时，其浇筑后的养护时间宜不少于14d，采用其他品种水泥时宜不少于21d。在寒冷天气或遇气温骤降天气时浇筑的混凝土，除应对其外部加强覆盖保温外，尚宜适当延长养护时间。

21. 后张法预应力孔道压浆及封锚

压浆过程中及压浆后48h内，结构或构件混凝土的温度及环境温度不得低于5℃，否则应采取保温措施，并应按冬期施工的要求处理，浆液中可适量掺用引气剂，但不得掺用防冻剂。当环境温度高于35℃时，压浆宜在夜间进行。

22. 桥梁基础工程施工技术——多年冻土地基的处理

按保持冻结原则设计的明挖基坑的地基，其多年平均地温大于或等于−3℃时，应在冬期施工；多年平均地温低于−3℃时，可在其他季节施工，但应避开高温季节。

23. 桩基础施工——沉入桩

对钢管桩，环境温度在−10℃以下时，应暂停钢管桩锤击沉桩和焊接接桩施工。

24. 墩台身圬工砌体工程材料的相关要求

（1）石料应符合设计规定的类别和强度，石质应均匀、不易风化、无裂纹。1月份平均气温低于−10℃的地区，除干旱地区的不受冰冻部位外，所用石料应通过冻融试验，其抗冻性指标合格后方可使用。

（2）砂浆的配合比应通过试验确定，当变更砂浆的组成材料时，其配合比应重新经试验确定。砂浆应具有良好的和易性，用于石砌体时其稠度宜为50~70mm，气温较高时可适当增大。砂浆的配制宜采用质量比，并应随拌随用，保持适宜的稠度，且宜在3~4h内使用完毕；气温超过30℃时，宜在2~3h内使用完毕。在运输过程或在储存器中发生离析、泌水的砂浆，砌筑前应重新拌和；已凝结的砂浆，不得使用。

25. 预应力混凝土箱梁施工

（1）模板的拆除期限除应符合有关规定外，对外侧模和端模，尚应满足箱梁混凝土的表层温度与环境温度之差不大于15℃的要求；当气温急剧变化时，不宜进行拆模作业。

（2）当采取蒸汽养护时，除应符合《公路桥涵施工技术规范》JTG/T 3650—2020 的冬期施工规定外，尚宜分为静停、升温、恒温、降温及自然养护五个阶段。静停期间应保持蒸养棚内的温度不低于5℃；混凝土浇筑完成4h后方可升温，且升温的速度应不大于10℃/h；恒温时应将温度控制在50℃以下，恒温时间宜由试验确定；降温的速度应不大于5℃/h；蒸汽养护结束后，应立即进入自然养护阶段，且养护时间宜不少于7d。蒸养期间、拆除保温设施及模板时，梁体混凝土表层的温度与环境温度之差应不大于15℃。

26. 钢桥施工

（1）焊接工作宜在室内进行，焊接环境的相对湿度应小于80%；焊接环境的温度，对低合金高强度结构钢应不低于5℃，普通碳素结构钢应不低于0℃。主要钢构件应在组装后24h内焊接。

（2）钢构件矫正

① 冷矫的环境温度宜不低于5℃，矫正时应缓慢加力，冷矫的总变形量应不大于变形部位原始长度的2‰。时效冲击值不满足要求的拉力钢构件，不得矫正。

② 热矫时加热温度应控制在600～800℃，严禁过烧，且不宜在同一部位多次重复加热。

③ 涂装施工时，钢构件表面不应有雨水或结露，相对湿度应不高于80%；环境温度对环氧类漆不得低于10℃，对水性无机富锌防锈底漆、聚氨酯漆和氟碳面漆不得低于5℃。在风沙天、雨天和雾天不应进行涂装施工；涂装后4h内应采取保护措施，避免遭受雨淋。

④ 工地焊接时应设立防风、防雨设施，遮盖全部焊接处。工地焊接的环境要求为：风力应小于5级；温度应大于5℃；相对湿度应小于80%；在箱梁内焊接时应有通风防护安全措施。

27. 悬索桥主缆架设——索股的线形调整

对索股线形的垂度调整应在夜间温度稳定时进行。温度稳定的条件为：长度方向索股的温差 Δt 应不大于2℃；横截面索股的温差 ΔT 应不大于1℃。

28. 公路隧道支护与衬砌——模筑混凝土衬砌

混凝土浇筑应采用混凝土输送泵送料入模、均匀布料；混凝土入模温度应控制在5～32℃。

29. 隧道衬砌裂缝病害的防治

确定分段灌筑长度及浇筑速度；混凝土拆模时，内外温差不得大于20℃；加强养护，混凝土温度的变化速度不宜大于5℃/h。

30. 供配电及照明系统主要设施的施工技术要求——配电工程安装要求

塑料管直埋于现浇混凝土内时，应采取防止发生机械损伤的措施，敷设时其温度不宜低于－15℃。

六、术语简称

1. 碾压过程中，有"弹簧"、松散、起皮等现象时，应及时翻开重新拌合或用其他方法处理。

2. 大体积混凝土的温度控制宜按照"内降外保"的原则，对混凝土内部采取设置冷却水管通循环水冷却，对混凝土外部采取覆盖蓄热或蓄水保温等措施进行。

3. 隧道防排水应遵循"防、排、截、堵相结合，因地制宜，综合治理"的原则，保证隧道结构物和营运设备的正常使用和行车安全，并对地表水、地下水妥善处理，形成一个完整通畅的防排水系统。

4. 预防隧道塌方，选择安全合理的施工方法和措施至关重要。在掘进到地质不良围岩破碎地段，应采取"先治水、短开挖、弱爆破、强支护、早衬砌、勤量测"的施工方法。必须制定出切实可行的施工方案及安全措施。

5. 隧道塌方应根据发生的部位、规模及地质条件，采取"治塌先治水、治塌先加强"的原则，采取喷锚支护、注浆、管棚、加强二次衬砌、设置护拱等技术措施，不失时机、不留隐患地进行处理。

6. 隧道通过岩溶区，施工前应根据设计资料并结合施工现场情况，采用综合超前地质预报，探明溶洞分布范围、类型、规模、发育程度、地下水的情况（有无长期补给来源、雨季水量有无增长等）及岩层的稳定程度等，按照以疏为主、堵排结合、因地制宜、综合治理的原则，分别以"疏导、堵填、注浆加固、跨越、宣泄"等措施进行处理。

7. 隧道通过流沙地段，处理地下水的问题，是解决隧道流沙、流泥施工难题中的首要关键技术。施工时，因地制宜，采用"防、截、排、堵"的治理方法。

8. 所有项目施工顺序均应按照"先地下、后地上，先深、后浅，先主体、后附属，先结构、后装饰"的原则进行安排。

9. 施工方案的编制坚持"谁施工、谁编制、谁负责"的原则。

10. 施工测量工作是工程建设的重要环节。在测量布局上，应遵循"由整体到局部"的原则；在测量精度上，应遵循"由高级到低级"的原则；在测量次序上，应遵循"先控制后碎部"的原则；在测量过程中，应遵循"随时检查，杜绝错误"、"前一步工作未作复核不进行下一步工作"的原则。

11. 公路水路行业安全生产风险管理工作应坚持"单位负责、行业监管、动态实施、科学管控"的原则。

12. 必须坚持"安全第一、预防为主、综合治理"的方针，强化和落实企业安全生产主体责任，建立生产经营单位负责、职工参与、政府监管、行业自律和社会监督的机制。

13. 以安全生产责任制为核心，建立健全本单位安全生产规章制度，落实"一岗双责、党政同责、失职追责"和"管行业必须管安全、管业务必须管安全、管生产经营必须管安全"的"三个必须"原则。体现在计划、布置、检查、总结、评比生产工作的同时，计划、布置、检查、总结、评比安全生产工作，即安全管理"五同时"。

14. 隐患治理工作应坚持"单位负责、行业监管、分级管理、社会监督"的原则。

15. 公路工程施工安全生产隐患排查的目标是：落实工程项目安全生产主体责任和相关单位的安全管理责任，深入排查治理交通基础设施建设过程中的安全隐患，从而实现"两项达标""四项严禁""五项制度"的总目标。

16. "两项达标"指：（1）施工人员管理达标：一线人员用工登记、施工安全培训记录、安全技术交底记录、施工意外伤害责任保险等都要符合有关规定。（2）施工现场安防护达标：施工现场安全防护设施和作业人员安全防护用品都要按照规定实行标准化管理。

17．"四项严禁"指：（1）严禁在泥石流区、滑坡体、洪水位下等危险区域设置施工驻地。（2）严禁违规进行挖孔桩作业，钻孔确有困难的不良地质区，设计单位要进行专项安全设计并按设计变更规定，经批准后实施。（3）严禁长大隧道无超前预报和监控量测措施施工。（4）严禁违规立体交叉作业。

18．"五项制度"指：（1）施工现场危险告知制度。（2）施工安全监理制度。（3）专项施工方案审查制度。（4）设备进场验收登记制度。（5）安全生产费用保障制度。

19．坚持"一机、一闸、一漏、一箱"。配电箱、开关箱要合理设置，避免不良环境因素损害和引发电气火灾，其装设位置应避开污染介质、外来固体撞击、强烈振动、高温、潮湿、水溅以及易燃易爆物等。

20．业主和承包人依法签订的施工合同是"核心合同"，业主又处于合同体系中的"核心位置"。

21．共同延误责任归属原则的初始事件原则：在多事件交叉时段中应判断哪一种原因是最先发生的，即找出"初始延误者"，他首先要对延误负责。在初始延误发生作用的期间，其他并发的延误者不承担延误责任。

22．预制梁场应尽量按照"工厂化、集约化、专业化"的要求规划、建设，每个预制梁场预制的梁板数量不宜少于300片。

23．总体风险评估工作由建设单位负责组织，专项风险评估工作由施工单位负责组织。组织单位按照"谁组织谁负责"的原则对评估工作质量负责。

24．事故处理坚持"四不放过"原则，是指在发生安全生产事故时必须坚持的处理原则，即事故原因不查清不放过，事故责任人没受到处理不放过，事故相关人员没受到教育不放过，防范类似事故再次发生的措施没落实不放过。